Arbeitsbuch für Gesellschaftslehre

Menschen | Zeiten | Räume

Herausgegeben von
Dr. Thomas Berger-von der Heide

mit Beiträgen von
Dr. Thomas Berger-von der Heide, Peter Brokemper, Peter Fischer,
Prof. Dr. Martina Flath, Karl-Heinz Holstein, Dr. Elisabeth Köster,
Prof. Dr. Udo Margedant, Karl-Heinz Müller, Jürgen Neumann,
Prof. Dr. Hans-Gert Oomen, Hans-Otto Regenhardt, Ellen Rudyk

Beratende Mitarbeit
Kerstin Menning (Oberhausen), Norbert Achtelik (Essen)
in Zusammenarbeit
mit der Verlagsredaktion

Redaktion	Dr. Frank Erzner
Bildredaktion	Elke Schirok
Illustration	Silke Bachmann; Klaus Becker, Oberursel; Thomas Binder, Magdeburg; Elisabeth Galas, Bad Breisig; Peter Herlitze, Berlin; Daniel Hoesch, Berlin; Peter Lowin, Bremen; Matthias Pflügner, Berlin; Michael Teßmer, Hamburg; Dorothee Wolter, Köln; Hans Wunderlich, Berlin
Grafik	Dr. Volkhard Binder, Berlin; Franz-Josef Domke, Hannover; Elisabeth Galas, Bad Neuenahr; Dieter Stade, Hemmingen
Kartenherstellung	Elisabeth Galas, Bad Neuenahr; Peter Kast, Ingenieurbüro für Kartographie, Schwerin
Layout	L101 Mediengestaltung, Berlin
technische Umsetzung	zweiband.media, Berlin

www.cornelsen.de

Die Links zu externen Webseiten Dritter, die in diesem Lehrwerk angegeben sind, wurden vor Drucklegung sorgfältig auf ihre Aktualität geprüft. Der Verlag übernimmt keine Gewähr für die Aktualität und den Inhalt dieser Seiten oder solcher, die mit ihnen verlinkt sind.

Dieses Werk berücksichtigt die Regeln der reformierten Rechtschreibung und Zeichensetzung.

1. Auflage, 1. Druck 2011

Alle Drucke dieser Auflage sind inhaltlich unverändert und können im Unterricht nebeneinander verwendet werden.

© 2011 Cornelsen Verlag, Berlin

Das Werk und seine Teile sind urheberrechtlich geschützt. Jede Nutzung in anderen als den gesetzlich zugelassenen Fällen bedarf der vorherigen schriftlichen Einwilligung des Verlages. Hinweis zu den §§ 46, 52a UrhG: Weder das Werk noch seine Teile dürfen ohne eine solche Einwilligung eingescannt und in ein Netzwerk eingestellt werden oder sonst öffentlich zugänglich gemacht werden.
Dies gilt auch für Intranets von Schulen und sonstigen Bildungseinrichtungen.

Druck	CS-Druck CornelsenStürtz, Berlin
ISBN	978-3-06-064952-5

 Inhalt gedruckt auf säurefreiem Papier aus nachhaltiger Forstwirtschaft.

Inhalt

Das Schulbuch im Überblick 6

1 Europa entdecken 8

Wo liegen Europas Grenzen? 10
Welche Großlandschaften gibt es in Europa? 12
Gibt es nur ein einziges Klima in Europa? 14
Wie leben unsere niederländischen Nachbarn? 16
Was verbindet die Europäer? 18
Wie wächst Europa zusammen? 20
Wie verändern Erfindungen die Seefahrt? 22
SCHAUPLATZ: Entdeckungsreisen 24
Entdeckt Kolumbus Indien? 26
Wie lebten die Azteken? 28
Wie wurde Lateinamerika erobert? 30
Wir vergleichen Quellentexte 32
Der Aufbau der Kolonialherrschaft 33
Wie entstanden Weltreiche? 34
Warum verlassen Menschen ihre Heimat? 36
Sind die Flüchtlinge in Europa willkommen? 38
Sind wir ein Einwanderungsland? 40
METHODE: Wir lesen eine thematische Karte 42
Wie gelingt das Zusammenleben? 44
CHECK: Das kann ich… 46

2 Zusammenleben von Christen, Juden und Muslimen 48

Wie stellten sich die Menschen im Mittelalter die Welt vor? 50
Wie wirkte sich die muslimische Herrschaft in Spanien aus? 52
Warum endete das Zusammenleben von Christen und Muslimen? 54
Welches Ziel hatten die Kreuzzüge? 56
Wie wurde Jerusalem erobert? 58
Wie kam es zum „Neuen Denken"? 60
Warum kam es zur Reformation? 62
Warum führten die Bauern Krieg? 64
Welche Folgen hatte die Glaubensspaltung? 66
War der Dreißigjährige Krieg nur ein Glaubenskrieg? 68
Wie wirkte sich der Westfälische Frieden von 1648 aus? 70
METHODE: Wir untersuchen die Bevölkerungsentwicklung 71
CHECK: Das kann ich… 72

3 Naturräume und Naturgefahren 74

Wie entstehen Vulkane? 76
Wie ist die Erde aufgebaut? 78
Wie bewegen sich die Kontinente? 80
Welche Ursachen haben Erdbeben und Seebeben? 82
Was geschah in Japan im März 2011? 84
Was können Stürme bewirken? 86
Kann man sich vor Naturgefahren schützen? 88
METHODE: Wir werten Klimadiagramme aus 90
Welche Klimazonen gibt es auf der Erde? 92
Wie viele Vegetationszonen gibt es? 94
Wie leben die Menschen in den feucht-heißen Gebieten? 96
Ist der tropische Regenwald besonders fruchtbar? 98
Nutzt nachhaltiges Wirtschaften im tropischen Regenwald? 100
Wie sind das Klima und die Vegetation in der gemäßigten Zone? 102
Die gemäßigte Zone – ein landwirtschaftlicher Gunstraum 104
Was wächst in den Savannen? 106
Wie werden Trockenräume genutzt? 108
GRUPPENARBEIT: Mali – ein Land in der Sahelzone 109
GRUPPENARBEIT: Hoffen auf Regen 110
GRUPPENARBEIT: Nomaden und ihre Viehherden 111
GRUPPENARBEIT: Ackerbau und Trockenheit 112
GRUPPENARBEIT: Bevölkerungszuwachs und Energiemangel 113
GRUPPENARBEIT: Die Rolle der Frauen 114
GRUPPENARBEIT: Hoffnung für Mali? 115
METHODE: Wir präsentieren Arbeitsergebnisse 116
CHECK: Das kann ich… 118

4 Auswirkungen des Medienkonsums 120

METHODE: Wir erarbeiten eine Untersuchung: Medien im Alltag (1)	122
METHODE: Wir erarbeiten eine Untersuchung: Medien im Alltag (2)	124
Wie unterscheiden sich ARD und ZDF von privaten Sendern?	126
Welche Rolle spielen die Medien in der Demokratie?	128
METHODE: Wir untersuchen Rollenbilder in der Werbung	130
GRUPPENPUZZLE: Rund ums Internet – Chancen und Gefahren	132
GRUPPENPUZZLE: Jugendsünden? – das Internet vergisst nichts!	134
GRUPPENPUZZLE: Der digitale Fußabdruck – welche Schuhgröße hast du?	136
GRUPPENPUZZLE: Zensur im Internet – sinnvoller Schutz oder Ende der Freiheit?	138
CHECK: Das kann ich…	140

5 Industrielle Revolution und Strukturwandel 142

Warum begann die Industrialisierung in England?	144
Wie kam es zur Industrialisierung in Deutschland?	146
Welche Rolle spielten Kohle und Eisen für die Industrialisierung?	148
METHODE: Wir bereiten den Besuch eines Industriemuseums vor	150
Wie waren die Arbeits- und Lebensbedingungen?	152
Wie lebten Arbeiterkinder und die Frauen der Arbeiter?	154
Nur gemeinsam sind wir stark	156
Wie wurde den Arbeitern geholfen?	158
Wie gestaltet das Ruhrgebiet seine wirtschaftliche Zukunft?	160
„Kohlenpott" – oder Kulturhauptstadt Europas?	162

METHODE: Wir untersuchen einen Raum mit WebGIS	164
Was geschieht auf dem Markt?	166
Warum ist Wettbewerb nötig?	168
Was macht eigentlich das Kartellamt?	170
CHECK: Das kann ich…	172

6a Der Kampf um die politische Mitbestimmung – ein Längsschnitt 174

Wie regierte Karl der Große?	176
Worüber streiten König und Papst?	178
Welche Macht hatten die Könige in England und Frankreich?	180
Kann der französische König allein herrschen?	182
METHODE: Wir lesen ein Verfassungsschema	184
Wie kam es 1788 in Frankreich zur Staatskrise?	186
Was führte zur Französischen Revolution?	188
Für wen gelten die Menschenrechte?	190
Wie wurde Frankreich zur Republik?	192
Wie kam es zur blutigen Terrorherrschaft?	194
Wie veränderte Napoleon Europa?	196
Womit sind die Bürger in Deutschland unzufrieden?	198
METHODE: Wir verstehen politische Lieder	199
Wie kam es zur Revolution von 1848?	200
Woran scheiterte die Einführung der Demokratie?	202
Wie wurde das Deutsche Reich gegründet?	204
War das Deutsche Reich demokratisch?	206
CHECK: Das kann ich…	208

6b Mitwirken und Mitbestimmen bei uns 210

Was bedeutet Demokratie?	212
Demokratieverständnis: direkt oder repräsentativ?	214
Deutschland – ein demokratischer Bundesstaat	216
Politische Willensbildung durch Parteien	218

METHODE: Wir führen eine amerikanische Debatte	220
Wählen mit 16?	221
Wer hat die Macht im Staat?	222
Das Parlament – Herzstück der Demokratie?	224
Welche Aufgaben haben Regierung und Opposition?	226
Die Gesetzgebung	228
Welche Macht haben Verbände?	230
Demokratie in Nordrhein-Westfalen	232
CHECK: Das kann ich…	234

7 Grundrechte: Basis des Rechtsstaates — 236

Darf man eigentlich gar nichts?	238
Welche Aufgaben erfüllt der Rechtsstaat?	240
Hat man mit 18 mehr Rechte?	242
Warum werden Jugendliche kriminell?	244
Grund- und Menschenrechte	246
METHODE: Wir erarbeiten ein Projekt	248
PROJEKT: Die Würde des Menschen…	249
PROJEKT: Alle Menschen sind vor dem Gesetz gleich…	250
PROJEKT: „Der Brief gehört mir"	251
PROJEKT: Politisch Verfolgte genießen Asylrecht	252
PROJEKT: Menschenrechte – weltweit?	253
Zwischen Girls' Day, Gleichberechtigung und Gender	254
Wann ist ein Mann ein Mann?	256
CHECK: Das kann ich…	258

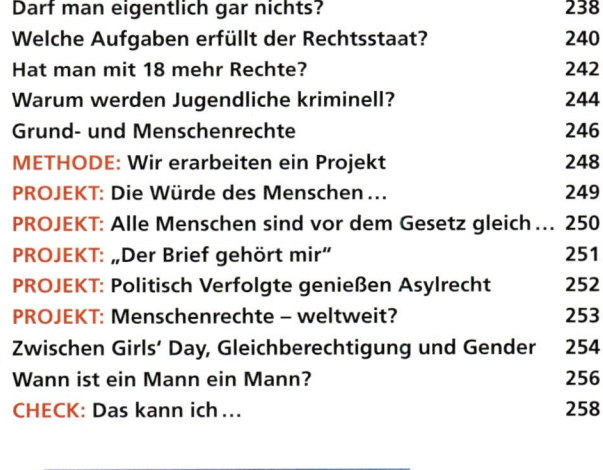

8 Vom Imperialismus zur Entwicklungszusammenarbeit — 260

Warum teilten die Europäer die Welt unter sich auf?	262
Welche Folgen hatte die Aufteilung Afrikas?	264
Wie kam es zum Völkermord in Namibia?	266
Welche Spuren der Vergangenheit gibt es in Namibia?	268
Wie verteilt sich die Weltbevölkerung?	270
METHODE: Wir werten Bevölkerungsdiagramme aus	272
Warum reisen Waren um die Welt?	274
Wodurch entstehen wirtschaftliche Abhängigkeiten?	276
Wie erreicht Entwicklungshilfe Nachhaltigkeit?	278
METHODE: Wir untersuchen Raumentwicklungen	280
Wie entwickelt sich Mumbai?	282
CHECK: Das kann ich…	284

9 Der Erste Weltkrieg und seine Folgen — 286

Warum will Deutschland aufrüsten?	288
Ist ein Krieg unvermeidbar?	290
Warum war der Frieden nicht zu erhalten?	292
Wie sah der Kriegsalltag aus?	294
Wie endete der Krieg?	296
Wie kam es zur Novemberrevolution?	298
Wie verlief der Weg zu einer demokratischen Ordnung?	300
Was regelte die Weimarer Verfassung?	302
Welche Staaten entstanden nach 1918?	304
Was behinderte die Entwicklung einer demokratischen Ordnung?	306
SCHAUPLATZ: Arbeitsamt Hannover 1930	308
Warum ging die Weimarer Republik unter?	310
CHECK: Das kann ich…	312
Methoden	314
Lexikon	322
Sachregister	328
Textquellenverzeichnis	334
Bildquellenverzeichnis	336

Menschen | Zeiten | Räume

Auftakt
Die blauen Auftaktdoppelseiten eröffnen ein Kapitel. Bilder und ein einführender Text mit Fragen erschließen das Thema und laden zur Mitarbeit ein.

Unterkapitel
Über der Seitenüberschrift der Inhaltsseite (Doppelseite) zeigt die gelbe, kleinere Überschrift das Unterkapitel an. Dadurch könnt ihr sofort sehen, um welchen Teilbereich es auf dieser Doppelseite geht.

Begriffserklärungen
Hier werden Wörter erklärt, die ihr noch nicht kennt. Im Text sind sie mit einem Sternchen* markiert.

Inhaltsfeld
Diese Eintragungen wiederholen die Angaben Lehrplans, den das Schulministerium erlassen hat.

Webcode
Über den Webcode könnt ihr im Internet unter www.cornelsen.de/webcode weitere Informationen zum Thema einer Doppelseite abrufen. Auf dieser Website findet ihr oben ein Feld, in das ihr die Zahlenkombination eingebt, die ihr in dem Webcode findet, zum Beispiel MZ649525-085.

Methode

In jedem Kapitel gibt es „Methodenseiten", mit denen ihr schrittweise lernen könnt, wie ihr fachgerecht die vielfältigen Materialien des Faches Gesellschaftslehre aufschließen und erarbeiten könnt. Niemand kann alles wissen, aber wie man an das Wissen kommt, sollte jede und jeder können.

Das kann ich …

Am Ende eines Kapitels könnt ihr eurer Wissen überprüfen. Mit den Fragen auf dieser Seite könnt ihr feststellen, ob ihr über die in diesem Kapitel geforderten Fähigkeiten (Kompetenzen) verfügt.

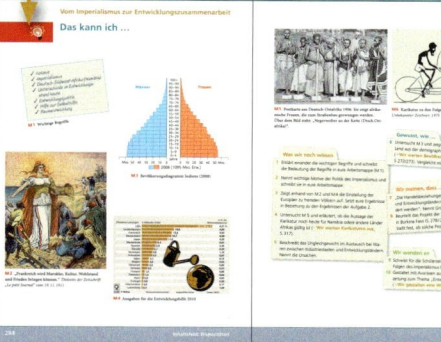

Inhaltsseiten

Auf diesen Seiten könnt ihr mithilfe verschiedener Materialien eine Frage bearbeiten, die immer links oben steht. Texte, Bilder, Karten und andere Materialien (M) erschließen den Sachverhalt, um den es geht. Aufgaben rechts unten auf der Doppelseite helfen euch, die Materialien zu erarbeiten.

Quellentexte

Texte aus früherer Zeit sind mit „Q" gekennzeichnet und werden auf blauem Hintergrund abgedruckt.

Schauplatz

Ein oder zwei große Bilder verdeutlichen ohne weiteren Text ein Thema aus einem Kapitel.

Anhang

Der „Anhang" beginnt auf der Seite 314. Zunächst sind hier noch einmal alle Methoden (mit Seitenverweisen) aufgelistet. Dann folgen ein kleines Lexikon (S. 322–327) und ein Sachregister (S. 328–331).

Inhaltsfeld: Internationalisierung und Globalisierung

1 Europa entdecken

1400　　　1500　　　1600　　　1700　　　18

Europa ist ein vielfältiger Kontinent, der sich in verschiedene Räume gliedert. Zahlreiche Völker mit verschiedenen Sprachen leben hier. Trotz aller Unterschiede gibt es aber auch eine gemeinsame Kultur und Geschichte, welche die Europäer miteinander verbindet.

In diesem Kapitel könnt ihr
- feststellen, wo die Grenzen von Europa verlaufen,
- die verschiedenen Teilräume Europas mit den unterschiedlichen klimatischen Bedingungen erarbeiten,
- die kulturellen Gemeinsamkeiten und Unterschiede der Völker Europas kennenlernen,
- die Ursachen und Folgen der Entdeckungsfahrten der Europäer um 1500 untersuchen und
- beschreiben, warum so viele Menschen aus anderen Kontinenten heute ihre Heimatländer verlassen, um in Europa zu leben.

Am Ende des Kapitels könnt ihr Quellentexte vergleichen und auswerten.

1900   2000

Orientierung in Europa

Wo liegen Europas Grenzen?

M 1 Yannis aus Griechenland

M 2 Olja aus Russland

Europa – der Kontinent

Europa ist nach Australien der zweitkleinste **Kontinent**. Der Name „Europa" ist abgeleitet von „erob" (Abend oder Sonnenuntergang). So bezeichneten Seefahrer des Altertums die Westküste des Ägäischen Meeres. Die Ostküste wurde „aszu" (Sonnenaufgang) genannt, wovon sich der Name „Asien" ableitet.

Ein Drittel der Fläche Europas besteht aus Inseln und Halbinseln. Europa hat mit 37 000 Kilometern eine längere Küstenlinie als das dreimal so große Afrika (30 000 km).

Die Grenze zu Asien

Im Norden, Westen und Süden bilden Meere die natürliche Grenze des Kontinents Europa. Im Osten bilden die Kontinente Europa und Asien eine zusammenhängende Landmasse. Man fasst sie auch unter dem Namen **Eurasien** (Europa und Asien) zusammen.

Da es im Osten keine natürliche Abgrenzung zu Asien gibt, haben Wissenschaftler die Grenze zwischen den beiden Kontinenten festgelegt. Dabei gibt es verschiedene Ansichten. Am häufigsten wird die Abgrenzung entlang des Uralgebirges und des Uralflusses bis ins Kaspische Meer und von dort durch die Manytschniederung bis zum Nordrand des Schwarzen Meeres verwendet.

Unterschiedliche Lebensbedingungen

In den **Teilräumen** Europas (M3) leben die Menschen unter ganz unterschiedlichen Bedingungen. Yannis (M 1, M 4) und Olja (M 2, M 5) berichten von ihrem Alltag in zwei ganz unterschiedlichen europäischen Teilräumen.

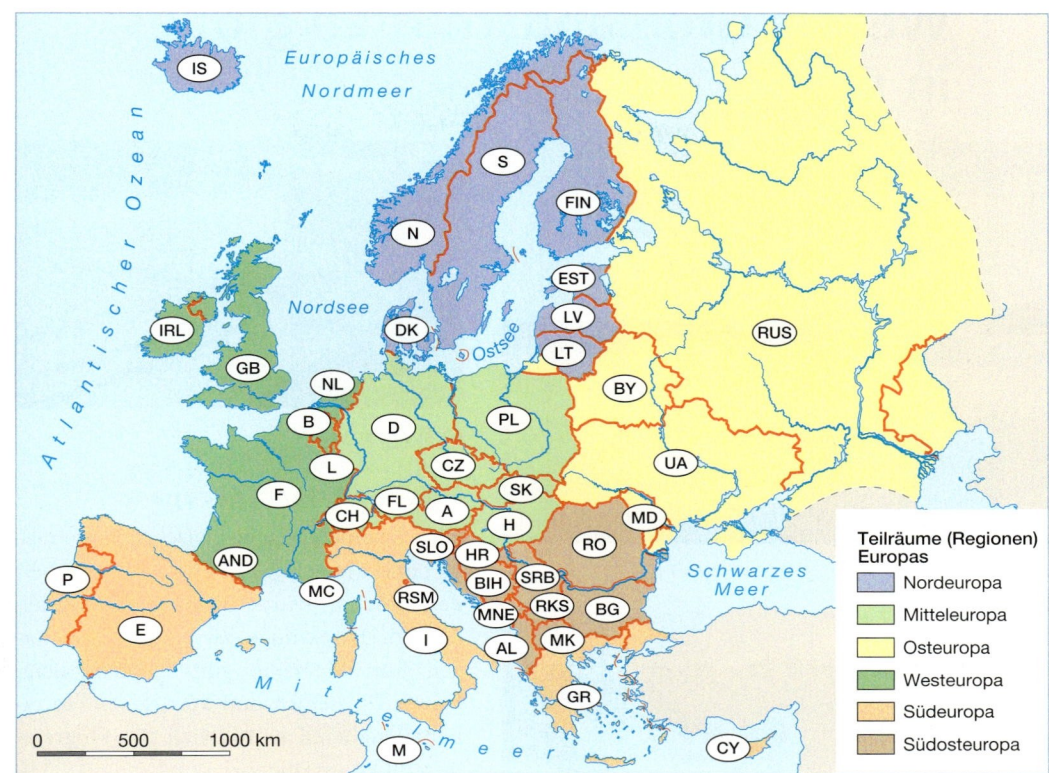

M 3 Die Staaten und Teilräume Europas

M 4 Ich heiße Yannis.

Ich wohne mit meinen Eltern und Geschwistern in einem Vorort von Athen, der Hauptstadt Griechenlands. Wir besitzen ein eigenes Haus mit einer kleinen Gaststätte im Erdgeschoss. In unserem kleinen Hof wächst ein Weinstock, der so groß ist, dass seine Äste und Blätter den ganzen Hof überdecken und uns vor der Sonnenglut im Sommer schützen. In meiner Freizeit spiele ich am liebsten Fußball, aber nicht im Hochsommer. Dann ist es zu heiß und ich gehe lieber zum Baden. Man kann mich auch oft auf der Skaterbahn finden. Im Sommer treffe ich mich dort mit meinen Freunden erst am frühen Abend, wenn die größte Hitze vorbei ist. Der Winter beginnt in Athen erst spät. Im November haben wir manchmal sogar noch mehr als 20 Grad warme Tage.

M 5 Ich bin Olja

und lebe in Moskau. Meine Mutter arbeitet in einem Büro. Ich möchte einmal Balletttänzerin werden. Deshalb besuche ich die klassische Tanzschule. Am Vormittag haben wir Unterricht wie alle anderen Kinder auch. Dazu kommt jeden Nachmittag der Ballettunterricht. Wir wohnen in einem Hochhaus. Zur Schule fahre ich mit der Metro. Im Winter, wenn es bei uns eiskalt ist, ziehe ich meinen Lammfellmantel an und setze meine Schapka mit den Ohrenklappen auf. Ich freue mich auf den Sommer, wenn es bei uns wieder warm ist.

1 Beschreibt die natürlichen Grenzen Europas, nennt dabei die Meere.

2 Ermittelt, aus welchen Teilräumen Europas und welchen anderen Kontinenten die Schülerinnen und Schüler eurer Klasse kommen.

3 Ordnet in einer Tabelle den Teilräumen Europas mindestens drei Staaten zu.

4 Sucht im Internet jeweils zu einem Staat in Nordeuropa und in Südosteuropa, in dem ihr gerne Urlaub machen würdet, weitere Informationen.

5 Vergleicht die Lebensbedingungen von Olja und Yannis in einer Tabelle.

Orientierung in Europa

Welche Großlandschaften gibt es in Europa?

M 1 In Dänemark

M 2 Im Schwarzwald

M 3 Am Montblanc

M 4 EuroCity

Eine Fahrt durch Europa

1800 Kilometer liegen zwischen Kopenhagen und Marseille. Ein Flug zwischen beiden Städten würde rund drei Stunden dauern. Direktflüge zwischen Kopenhagen und Marseille gibt es aber nicht. Durch Umsteigen und Wartezeiten an einem Flughafen würde sich die Flugreise wesentlich verlängern.

Wir fahren deshalb lieber einen großen Teil der Strecke mit Zügen der EuroCity-Linien. Das dauert zwar etwa 20 Stunden, aber wir erleben mehr von den verschiedenen Großlandschaften.

Die Großlandschaften Europas

Zu Beginn unserer Fahrt sehen wir zahlreiche Meeresbuchten, die in das Festland hineinragen. Das ist ein typisches Merkmal der europäischen Küsten, denn Halbinseln und große Inseln gliedern Europa stark.

Die Reise führt danach in eine ebene Landschaft mit Weiden, Getreidefeldern, und kleinen Hügeln.

Wir befinden uns jetzt im Tiefland. Häufig führen Brücken über breite Flüsse. Auf etwa 200 Kilometern verändert sich das Landschaftsbild nur wenig. Auch von West nach Ost, über 4000 Kilometer, vom Atlantischen Ozean bis zum Gebirgsrand des Ural, ist die Landschaft des europäischen Tieflandes ähnlich.

M 5 Die Oberflächengestalt Europas

Nach etwa 700 Kilometern ändert sich das Landschaftsbild erneut. Es wird abwechslungsreicher. Wälder reichen bis auf die Berghöhen.

Wir befinden uns jetzt in der Mittelgebirgslandschaft. Sie setzt sich aus vielen Mittelgebirgen zusammen und erstreckt sich von Nord nach Süd über mehr als 400 Kilometer.

Einige Stunden später erblicken wir die schneebedeckten Gipfel des Hochgebirges. Es sind die Alpen. Steile Felswände ragen hier aus den grünen Tälern auf.

Die Alpen sind ein Teil des europäischen Hochgebirgsgürtels. Er erstreckt sich am südlichen Rand Europas von Südeuropa bis nach Mittel- und Südosteuropa.

Es dauert nicht mehr lang, bis wir unser Ziel am Mittelmeer erreichen.

M 6 Am alten Hafen von Marseille

1 Beschreibt M 1 bis M 3. Benennt typische Landschaftsmerkmale des Tieflandes (M 1), des Mittelgebirgslandes (M 2) und des Hochgebirges (M 3).

2 Ordnet die Fotos M 1 bis M 3 und M 6 der Karte M 5 zu.

3 Nennt große Inseln und Halbinseln, die Meeresteile vom Atlantischen Ozean abtrennen (M 5, Atlas).

Orientierung in Europa

Gibt es nur ein einziges Klima in Europa?

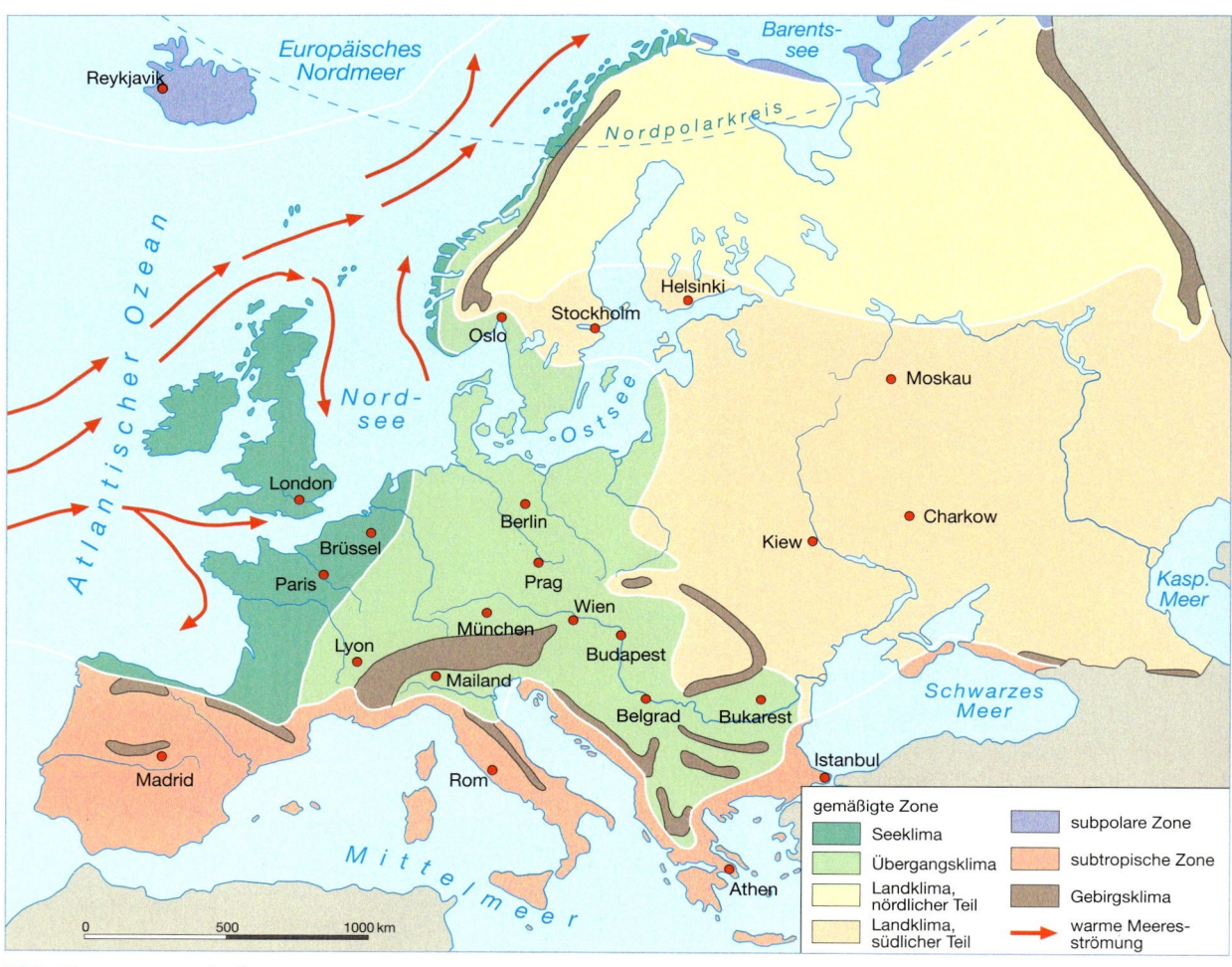

M 1 Klimatypen und Klimazonen in Europa

Das Klima in Europa

Als **Klimazonen** bezeichnet man große Räume der Erde, in denen das Klima weitgehend einheitlich ist. Diese Gebiete sind durch ähnliche **Temperaturen** und **Niederschläge** gekennzeichnet.

In Europa unterscheiden wir mehrere Klimazonen:

Im Norden Europas liegen Island, Spitzbergen sowie kleine Flächen von Norwegen und Russland in der subpolaren Zone, in der die Sommer kurz und kühl, die Winter lang und sehr kalt sind. Der Süden gehört zur subtropischen Zone mit heißem trockenen Sommer und mildem feuchten Winter.

Der größte Teil Europas liegt in der gemäßigten Zone. Im langjährigen Durchschnitt sind hier die Winter nicht so kalt wie in der subpolaren Zone. Die Sommer sind nicht so heiß wie in der subtropischen Zone. Niederschläge fallen zu allen Jahreszeiten.

Innerhalb dieser gemäßigten Klimazone gibt es jedoch neben Gemeinsamkeiten auch deutliche Unterschiede.

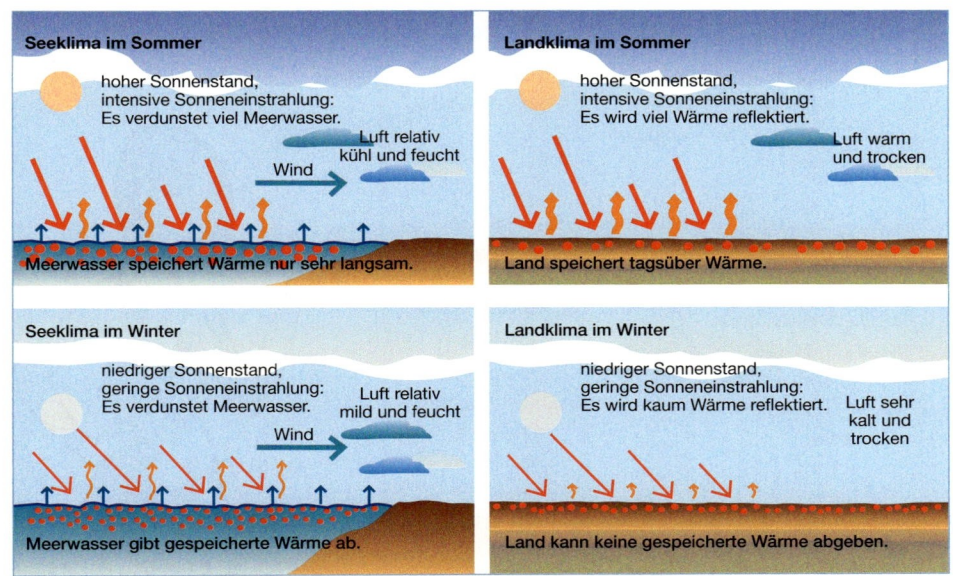

M 2 Bildung von Seeklima (ozeanisches Klima) und Landklima (kontinentales Klima)

Klimatypen

Je nachdem, ob sich ein Gebiet in Meeresnähe oder weit im Inneren des Festlandes befindet, unterscheiden wir die Klimatypen **Seeklima** und **Landklima**. Zwischen beiden liegt ein breiter Raum mit **Übergangsklima**.

In Europa wehen überwiegend Westwinde. Sie transportieren maritime Luft (feuchte Meeresluft) über das Festland. Das Seeklima („maritimes Klima" oder „ozeanisches Klima") hat folgende Kennzeichen: Die Winter sind mild, die Sommer relativ kühl. Ganzjährig fallen hohe Niederschlagsmengen, besonders in Küstennähe. Kennzeichen des Landklimas („kontinentales Klima" oder „Binnenklima"): Die Winter sind sehr kalt, die Sommer sehr warm bis heiß. Die Niederschlagsmengen sind gering. Niederschläge fallen besonders im Sommer bei Gewittern.

Die Zone des Übergangsklimas steht – je nach der Großwetterlage – unter dem Einfluss der feuchten maritimen Westwinde oder der trockenen kontinentalen Luftmassen aus östlicher Richtung.

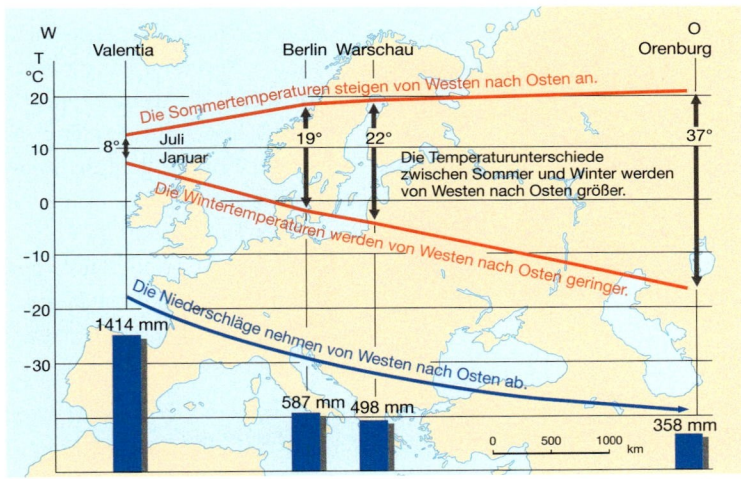

M 3 Temperaturen und Niederschläge in Europa

1 Erklärt den Begriff „Klimazone".

2 Bestimmt mithilfe von M 1, in welcher Klimazone
   a Berlin   c Madrid   e Oslo
   b euer Schulort   d Wien   f Paris liegen.

3 Beschreibt das Land- und Seeklima mit eigenen Worten (Text, M 2, M 3).

4 Nennt je zwei Hauptstädte in Europa, die Land- bzw. Seeklima haben.

5 Stellt mithilfe des Atlas fest, welche europäischen Länder in der subtropischen Zone liegen (→ **Wir arbeiten mit dem Atlas**, S. 314).

Orientierung in Europa

Wie leben unsere niederländischen Nachbarn?

M 1 Gespräch unter Geschwistern

Kurzurlaub

Familie Conrad aus Waltrop möchte einen Kurzurlaub in den Niederlanden verbringen. Da sie wissen, dass es dort viele flache Gebiete und gut ausgebaute Fahrradwege gibt, freuen sich auch die weniger sportlichen Familienmitglieder auf den Trip. Jana, die Tochter der Familie, geht in die siebente Klasse und hat sich im Unterricht mit den Niederlanden beschäftigt.
Daher weiß sie, dass die Niederlande eine Menge Geld und Energie aufbringen müssen, um sich gegen das eindringende Meerwasser zu behaupten.

*Holland
Westliches Teil des Niederlande; umgangssprachlich wird „Holland" oft mit den Niederlanden gleichgesetzt.

Land unter Wasser

Ungefähr die Hälfte des Landes liegt weniger als einen Meter über, rund ein Viertel des Landes liegt sogar unterhalb des Meeresspiegels. Die Flachlandgebiete werden durch Deiche vor Sturmfluten geschützt. Die gesamte Länge beträgt etwa 3000 Kilometer. Teile der Niederlande wurden dem Meer durch Landgewinnung abgerungen. Sie werden als „Polder" bezeichnet. Ungefähr ein Fünftel der Niederlande ist mit Wasser bedeckt, wovon das Ijsselmeer (sprich: Eißelmeer) den größten Teil ausmacht.

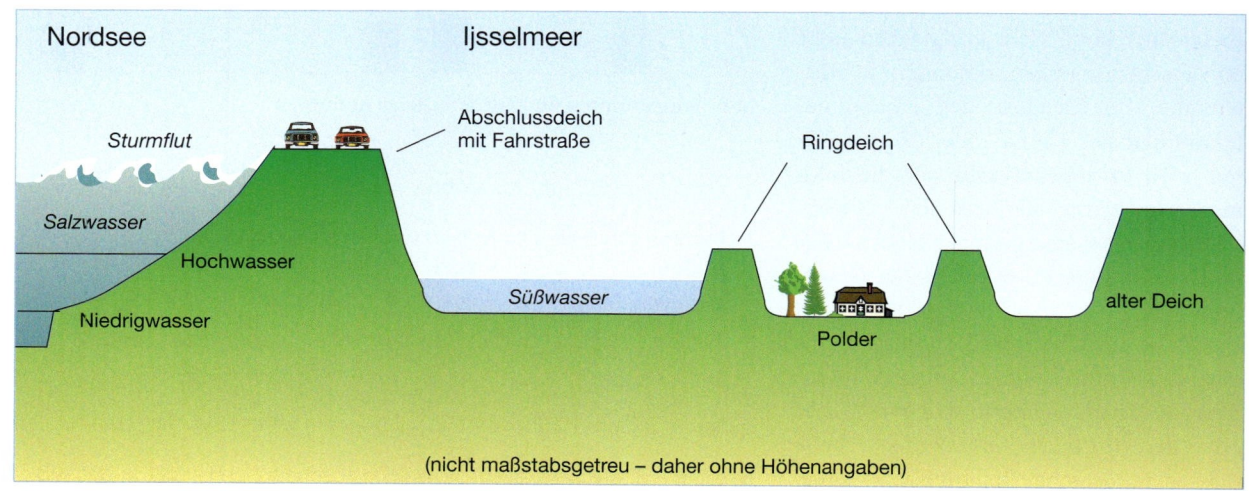

M 2 Querschnitt durch das Ijsselmeer

Inhaltsfeld: Internationalisierung und Globalisierung

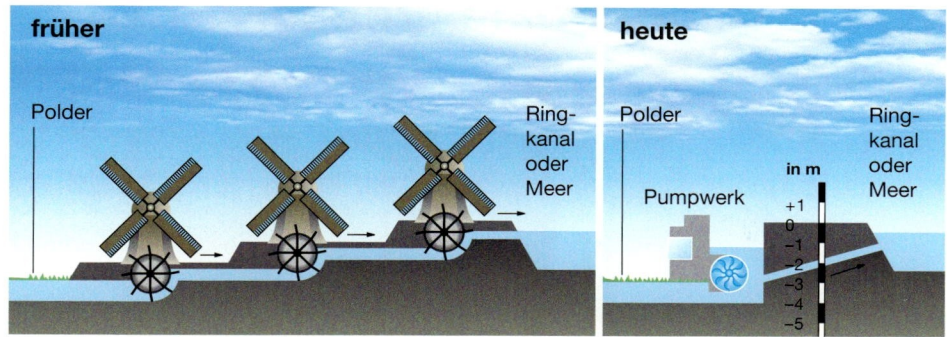

M 3 Trockenlegung und Entwässerung

M 4 Sturmflutwehr bei Hoek van Holland

Sturmflutwehre

An verschiedenen Stellen – wie auch am so genannten „Nieuwe Waterweg" (sprich: Niüwe Waaterweech = Neue Wasserstraße) – wird das Land durch große Sturmflutwehre geschützt.

Das Sturmflutwehr bei Hoek (sprich: Huk) van Holland wurde 1997 nach sechsjähriger Bauzeit fertiggestellt und besteht aus zwei jeweils 15 000 Tonnen schweren Stahltoren. Sie wurden an den beiden Seiten des Kanals angebracht. Der Nieuwe Waterweg ist an dieser Stelle 360 Meter breit. Hier würde der Pariser Eiffelturm spielend hineinpassen.

Bei Bedarf werden diese riesigen Tore (auf Zahnrädern) in den Kanal gefahren, um ihn – vor allem bei starkem Westwind – vor der Flut zu schützen.

Mit dieser Verriegelung des Kanals werden sowohl der Rotterdamer Hafen als auch das Hinterland vor Überschwemmungen geschützt.

M 5 Die Niederlande – am Rande der Nordsee

1 Betrachtet M 5 und erläutert die dargestellten Höhenverhältnisse. Vergleicht auch mit einer Atlaskarte und nennt Städte, die unterhalb des Meeresspiegels liegen.

2 Berichtet über Sturmflutwehre in den Niederlanden (Text, M 4).

3 Beschreibt den Querschnitt durch das Ijsselmeer (Text, M 2). Ordnet den Querschnitt M 2 in M 5 ein.

4 Erklärt anhand von M 3, wie sich die frühere Trockenlegung und Entwässerung von der heutigen Technik unterscheidet.

Gemeinsame Werte in Europa

Was verbindet die Europäer?

M1 Europa um 1500

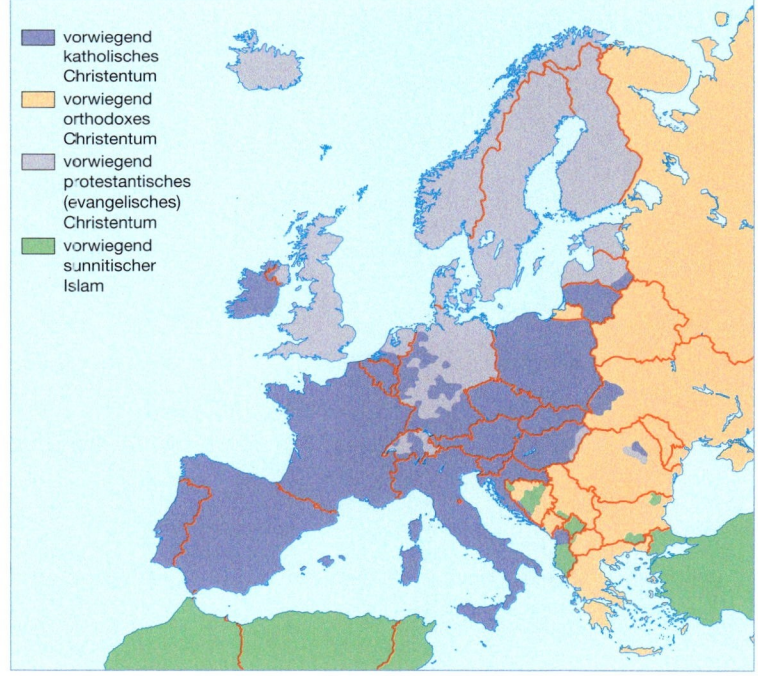

M2 Verteilung der Religionen in Europa 2011

Gemeinsame Werte

Alle europäischen Völker sind durch die christliche Religion und die gemeinsame Geschichte geprägt. Die Kultur der Griechen und der Römer beeinflusste alle Völker. Sie verbindet grausame Kriege untereinander, aber auch einen fruchtbaren gegenseitigen Austausch in Friedenszeiten. Die katholische Religion mit dem Papst in Rom als Oberhaupt bildete über viele Jahrhunderte hin das einigende Band zwischen europäischen Völkern. Auch nach der Reformation (1517) (vgl. S. 62) blieb das **Christentum** in seinen unterschiedlichen Ausprägungen die gemeinsame kulturelle Wurzel Europas.

Sichtbares Zeichen der Gemeinsamkeit der christlichen Europäer sind die in ganz Europa in ähnlichen Baustilen errichteten großen Gotteshäuser. Könige, Fürsten und Bischöfe ließen seit dem 11. Jahrhundert

M3 Kathedrale von Canterbury, England (ab 1175). *Foto*

M4 Magdeburger Dom (ab 1209; erster gotischer Bau in Deutschland). *Foto*

M5 Santa Maria del Mar in Barcelona, Spanien (ab 1329). *Foto*

Kirchen mit runden Fensterbögen im „romanischen Stil" bauen.

Ab dem 13. Jahrhundert entstanden in ganz Europa neuartig gebaute Kirchen, die teilweise auch von den Bürgern der Städte geplant, gebaut und finanziert wurden.

Diese neuen **Kathedralen** im „gotischen Stil" zeichneten sich durch ihre Höhe, ihre schlanken Bauelemente und durch die dem Himmel zulaufenden Spitzbögen aus. Das Innere der Kirchen mit den bunten Glasfenstern sollte den Gläubigen eine Vorstellung vom Himmel vermitteln. Noch heute spielt die Religion in vielen europäischen Staaten eine wichtige Rolle.

In den 70 unterschiedlichen Sprachen der Europäer finden sich darüber hinaus viele gemeinsame Wörter, die zum Teil auf die Sprache der Römer und auf das Christentum zurückzuführen sind.

Um 1500 verband die Sprache der Römer, das Latein, alle gebildeten Menschen, vor allem die Geistlichen und Gelehrten. Heute verbindet die englische Sprache die Menschen in ganz Europa.

Demokratie und Menschenrechte

Die Forderungen nach Demokratie und allgemeinen Menschenrechten, die während der Französischen Revolution 1789 (vgl. S. 190) formuliert wurden, prägen seit dieser Zeit die Geschichte aller Völker Europas. Noch immer jedoch sind die Menschenrechte nicht in allen Staaten Europas voll verwirklicht.

1 Schreibt die Werte, die alle europäischen Völker verbindet, in eine Liste in eure Arbeitsmappen.

2 Untersucht M 1 und vergleicht die Karte mit einer heutigen politischen Karte im Atlas (→ **Wir lesen Geschichtskarten**, S. 315). Welche Staaten gibt es heute nicht mehr, welche haben in etwa dieselbe Ausdehnung?

3 Untersucht M 2 und findet mithilfe des Internets heraus, wie und wann in den verschiedenen Ländern Europas Weihnachten gefeiert wird (→ **Wir führen eine Internetrecherche durch**, S. 316).

4 Sucht mit euren ausländischen Mitschülern nach englischen Ausdrücken in unserer und ihrer Sprache und schreibt sie auf.

Gemeinsame Werte in Europa

Wie wächst Europa zusammen?

M 1 Europa ohne Binnengrenzen – was bringt mir das?

Die Europäische Union (EU)

Die europäische Einigung hat 1958 mit sechs Staaten begonnen: mit Frankreich, der Bundesrepublik Deutschland, Italien, Belgien, den Niederlanden und Luxemburg. Ihr Ziel war es, Kriege zwischen den Ländern durch ein neues Zusammengehörigkeitsgefühl zu verhindern und wirtschaftlich eng zusammenzuarbeiten.

Der Weg dahin war weit und mühsam und lange Zeit schien es, dass die europäische Einigung scheitern würde. Die Interessen der Regierungen und Völker Europas waren zu unterschiedlich. Deswegen konnte man sich nur mühsam auf gemeinsame Regeln einigen. Im Lauf der Zeit wollten aber immer mehr Staaten Europas Mitglied werden, weil der wirtschaftliche Erfolg des Zusammenschlusses überzeugte. Die EU besteht gegenwärtig aus 27 europäischen Ländern. Damit leben etwa 500 Millionen Menschen in der EU.

Innerhalb der EU-Mitgliedsstaaten gibt es keine Grenzkontrollen für Waren. An vielen Grenzen sind auch die Personenkontrollen weggefallen. Dies fördert die Zusammenarbeit und den Handel. In 17 Ländern der EU wird mit der gleichen Währung, dem Euro, bezahlt. Neben dem US-Dollar ist der Euro die wichtigste Währung der Welt. Wer zum Beispiel Ferien in Italien, Österreich oder Frankreich macht, braucht kein Geld zu tauschen.

M 2 Abriss einer Autobahngrenzanlage im November 2005

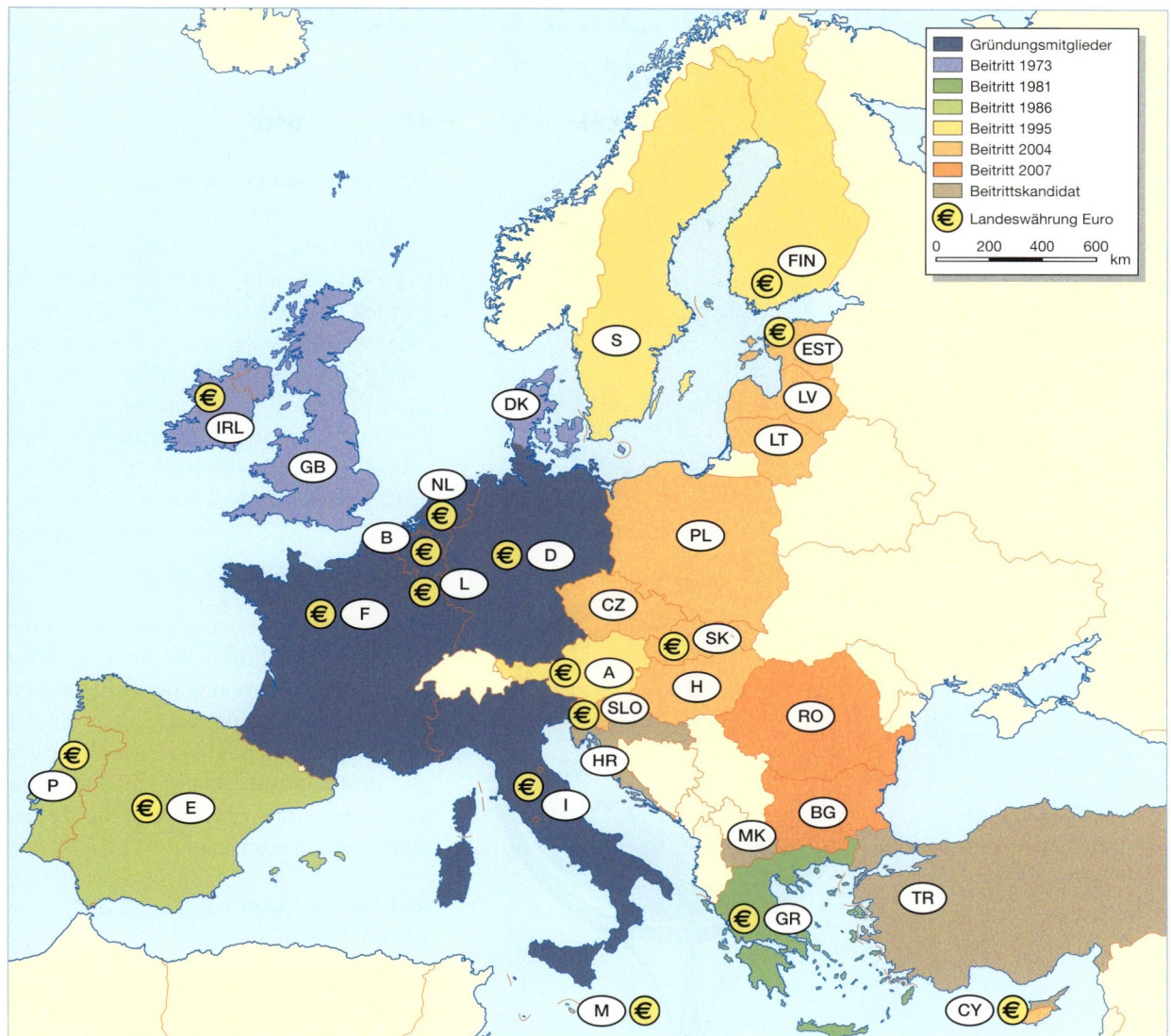

M 3 Die Europäische Union (EU)

Europa ist mehr als die EU

Europa ist zwar der zweitkleinste Kontinent, aber auf ihm leben rund 730 Millionen Menschen in 46 Staaten. 82 Millionen Menschen leben heute davon allein in Deutschland. Länder wie die Schweiz oder Norwegen, die nicht der EU angehören, sind ebenso europäische Staaten wie Belarus (Weißrussland) oder die Ukraine. Gebiete Russlands und der Türkei liegen auf dem europäischen Kontinent, andere Teile dieser Staaten liegen in Asien.

1 Listet in einer Tabelle auf, welche Vorteile der EU die Jugendlichen nennen (M 1):

Für Ausbildung/Beruf	Für Urlaub/Reisen	Für die Wirtschaft
…	…	…
…	…	…

2 Ordnet den Ländern der EU ihre Hauptstädte zu. Sortiert sie nach dem Jahr des Beitritts zur EU und markiert jene, in denen ihr mit dem Euro bezahlen könnt.

3 Führt in der Schule eine Befragung zum Thema: „Woran denkst du beim Begriff Europa?" durch.

Europäer erobern fremde Welten

Wie verändern Erfindungen die Seefahrt?

M 1 Ein Seeungeheuer verschlingt ein Segelschiff. *Holzschnitt, um 1550*

M 2 Ein Seefahrer bei Eintragungen auf dem Globus. *Holzschnitt, um 1517*

M 3 Federuhr des Peter Henlein (1510). *Foto*

M 4 Globus des Martin Behaim (1492). *Foto*

M 5 Kompass (um 1550). *Foto*

Eine Uhr für die Tasche

Q 1 Johannes Cochlaeus, ein Gelehrter, schrieb im Jahr 1512:
[…] Die Nürnberger Handwerker erfinden von Tag zu Tag immer feinere Dinge. So bringt Peter Henlein […] Werke hervor, die selbst die gelehrtesten Mathematiker in Staunen setzen. Aus wenig Eisen fertigt er Uhren an, die, wie man sie auch wendet, ohne irgendein Gewicht 40 Stunden gehen und die Stunden anzeigen, selbst wenn sie an der Brust oder im Beutel getragen werden. […]

Die Erfindung der ersten Federzuguhren (M 3) im 15. Jahrhundert kam zunächst einer genauen Regelung der Arbeitszeiten zugute, wurde dann aber auch in der Seefahrt sehr wichtig. Nur wenn man die genaue Zeit wusste, konnte man aus dem Stand der Sonne oder der Sterne die genaue Position errechnen.

Mit Globus und Kompass auf hoher See

Ganz neue Möglichkeiten für die Seefahrt eröffneten sich, als immer mehr Forscher die Ansicht vertraten, dass die Erde keine Scheibe, sondern eine Kugel sei.
Verdeutlicht wurde diese Entdeckung mit einem Globus (M 4), den der Kaufmann Martin Behaim 1492 in Nürnberg anfertigen ließ. Eine Kugel aus Pappe wurde mit Pergamentblättern beklebt. Auf die Blätter wurden die damals bekannten Länder eingezeichnet. Wenn die Erde eine Kugel ist, dann kann man sich auch auf das offene Meer hinauswagen, ohne befürchten zu müssen, hinunterzufallen. Wollte man aber auf das offene Meer hinausfahren, brauchte man geeignete Schiffe

M 6 Karavelle. *Modell*

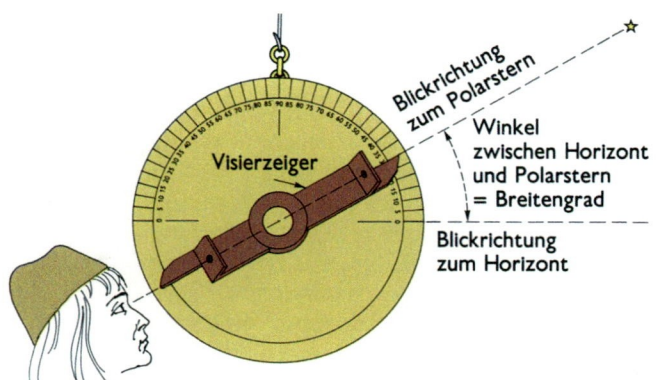

M 8 Astrolabium. *Zeichnung*

M 7 Karacke. *Zeichnung*

M 9 Jakobsstab. *Zeichnung*

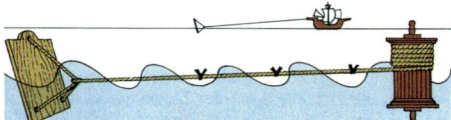

M 10 Log mit Knoten. *Zeichnung*

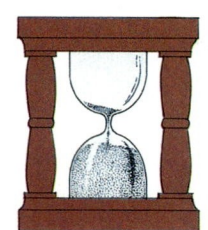

M 11 Sanduhr und Lot. *Zeichnung*

und Messinstrumente, um auch wieder zurückzufinden.

Es war daher sehr wichtig, dass gerade zu dieser Zeit ein Kompass (M 5) erfunden wurde, der auch bei rauer See zu verwenden war. Außerdem gab es jetzt Tabellen, die den täglichen Stand der Sterne angaben. Wusste man, wie hoch ein Stern zu einer bestimmten Zeit über dem Horizont stand, brauchte man nur in den Tabellen nachzusehen und fand dort, auf welchem Breitengrad man sich befand. Die Sternenhöhe über dem Horizont wurde mit dem Jakobsstab angepeilt (M 9).

Gebaut wurden jetzt auch neue Schiffe, die Karacke (etwa 30 Meter lang) und die Karavelle (etwa 20 Meter). Die gedrungene Form des Schiffskörpers machte sie sehr seetüchtig. Sie hatten in der Mitte den Hauptmast mit einem großen Viereck-segel, das bei Rückenwind für eine hohe Geschwindigkeit sorgte. Die kleineren Dreiecksegel am vorderen und hinteren Mast erlaubten aber auch ein Segeln fast gegen den Wind. So waren alle Voraussetzungen für weite Seefahrten geschaffen.

1 Notiert, bei welchen Gelegenheiten ihr täglich auf die genaue Uhrzeit angewiesen seid.

2 Besorgt euch einen Kompass und erklärt, wie er funktioniert.

3 Seht euch die Abbildungen M 8 bis M 11 an und ordnet die folgenden Erklärungen den Erfindungen zu:
 – dient zur Messung der Meerestiefe,
 – gibt an, auf welchem Breitengrad sich das Schiff befindet,
 – misst Entfernungen,
 – misst die Fahrgeschwindigkeit eines Schiffes.

4 Wenn man von Europa immer nach Westen oder Osten fährt, kommt man schließlich wieder am Ausgangspunkt an. Überprüft diese Behauptung mithilfe eines Globus.

Entdeckungsreisen

M 1 Wichtige Entdeckungsfahrten im 15. und 16. Jahrhundert

Die Entdeckungsreisen der Chinesen

Viele Jahre, bevor die Europäer Entdeckungsfahrten unternahmen, erkundeten chinesische Seefahrer im Auftrag des Kaisers Zhu Di in der Zeit zwischen 1405 und 1433 den Indischen Ozean. Unter dem Kommando des Admirals Zheng He fuhren bis zu 300 große Segelschiffe auf sieben Erkundungsreisen bis an die Küsten Afrikas. Die Schiffe waren wesentlich größer als die der Europäer.

Die Entdeckung Amerikas

1492 unternahm Christoph Kolumbus eine Entdeckungsreise, um deinen Seeweg nach Indien zu finden (vgl. S. 26/27). Tatsächlich landete er in Mittelamerika.

Nach Kolumbus gingen viele weitere Seefahrer auf Entdeckungsreisen. Einer von ihnen war Vasco da Gama (1469–1524). Er brach am 8. Juli 1497 mit vier Schiffen auf, um einen östlichen Seeweg nach Indien zu finden. Er segelte südwärts um Afrika herum, vorbei am Kap der Guten Hoffnung und dann in nordöstlicher Richtung weiter. Tatsächlich erreichte er schließlich am 20. Mai 1498 den indischen Hafen Caligut.

Erste Weltumsegelung

Unter dem Kommando Ferdinand Magellans begann im Auftrag der spanischen Krone 1519 die erste Weltumsegelung in westlicher Richtung. Er umrundete die Südspitze Südamerikas, das Kap Hoorn, und erreichte im November 1520 die Südsee.

Europäer erobern fremde Welten

Entdeckt Kolumbus Indien?

① Admiralskajüte
② Steuerruder
③ Kompass
④ Luke zum Schiffsladeraum
⑤ Entwässerungspumpe
⑥ Hebevorrichtung für Anker und Segel
⑦ Waffen- und Munitionskammer
⑧ Essensvorräte
⑨ Wasservorrat
⑩ Lagerraum/Weinfässer
⑪ Abstellkammer für Segel, Lagerraum für Taue
⑫ Steine als Ballast

M 1 Schnitt durch die Karavelle „Santa Maria", das Schiff des Kolumbus. *Zeichnung*

Mit den Schiffen **„Pinta"**, **„Nina"** und **„Santa Maria"** verließ Kolumbus 1492 Spanien.

Pinta

Nina

Santa Maria

M 2 Schiffe des Kolumbus

*Kartographie
Lehre und Technik, Karten herzustellen; die ersten aussagekräftigen Karten stammen von den Griechen der Antike. Mit den Entdeckungsfahrten des 15. und 16. Jahrhunderts erlebte die Kartographie einen neuen Aufschwung.

Auf dem Seeweg nach Indien?

Christoph Kolumbus, geboren 1451 in Genua, fuhr seit seinem 14. Lebensjahr zur See. Auf diesen Fahrten lernte er die technischen Neuerungen und Erfindungen seiner Zeit kennen. Gleichzeitig informierte er sich über die neuesten Erkenntnisse der Sternenkunde, Kartographie* und Seefahrt. Beides machte ihn zu einem erfahrenen Seefahrer.

Mit Waren aus Indien und China hatten europäische Kaufleute lange Zeit regen Handel getrieben. Begehrt waren vor allem Seidenstoffe sowie Gewürze. Die wichtigsten Handelswege verliefen dabei von Europa über Konstantinopel nach Indien. Im Jahr 1453 eroberten die Türken Konstantinopel. Sie konnten nun die Preise bestimmen. Wenn die Waren auf dem Landweg zu teuer wurden, musste man es eben auf dem Seeweg versuchen. Im Auftrag ihres Königs suchten portugiesische Seeleute jahrzehntelang nach einem Weg um die Südspitze Afrikas. Jedes Mal drangen sie ein Stück weiter vor.

Kolumbus sah eine andere Möglichkeit. Er wollte Indien erreichen, indem er nicht, wie sonst üblich, in östliche Richtung segelte, sondern westwärts fuhr.

Q 1 Der berühmte Arzt und Astronom Paolo Toscanelli aus Florenz unterstützte Kolumbus mit einem Brief (nach 1477):

[…] Ich habe Kenntnis genommen von deinem hochherzigen und großartigen Plan, auf dem Weg nach Westen, den dir meine Karte anzeigt, zu den Ländern des Ostens zu segeln. Besser hätte es sich mithilfe einer runden Kugel klarmachen lassen. Es freut mich, dass du mich richtig verstanden hast. Der genannte Weg ist nicht nur möglich, sondern wahr und sicher. […]

Eine Fahrt bis an das Ende der Welt?

Neun Jahre lang bemühte sich Kolumbus zunächst beim portugiesischen, dann beim spanischen König um Unterstützung. Im Jahr 1492 erhielt er vom spanischen König und der Königin drei Schiffe, von denen das größte, die „Santa Maria", 21 Meter lang und sechs Meter breit war. Am 3. August 1492 verließ Kolumbus mit drei Schiffen den spanischen Hafen Palos mit dem Ziel Indien.

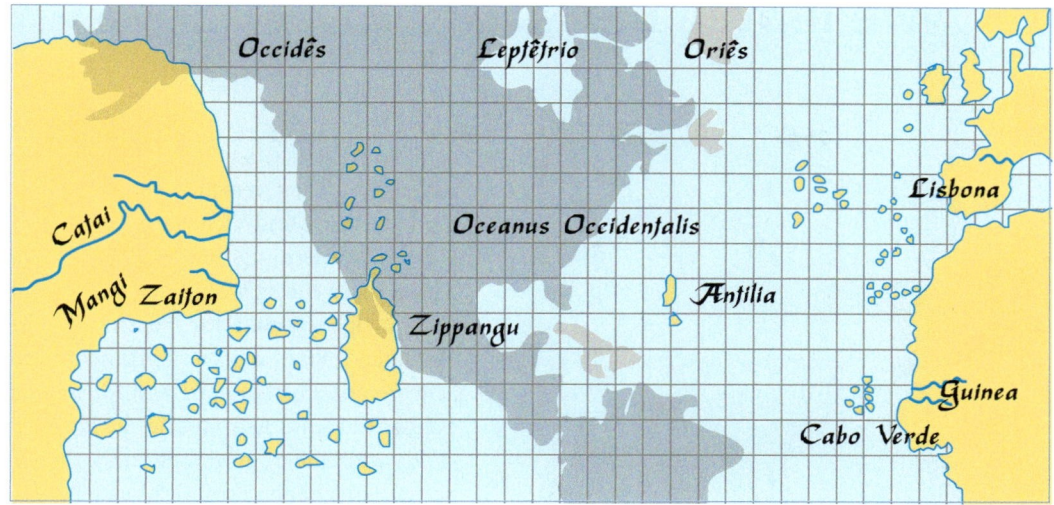

M3 Rekonstruktionszeichnung der Weltkarte von Toscanelli um 1470. Die Umrisse Amerikas (grau) wurden nachträglich eingezeichnet.

Lange Reise nach Westen

Woche um Woche fuhren die drei Segelschiffe westwärts. Die Vorräte an Bord wurden langsam knapp, die Schiffsbesatzung wurde zunehmend unruhig. Weit und breit war kein Land zu sehen. Wochenlang umgab die Seeleute nur Wasser – nichts als Wasser. War die Erde doch nur eine Scheibe, wie die Matrosen glaubten? „In ihren Augen" – so notiert Kolumbus in sein Tagebuch – „sehe ich nur Hass." Doch Kolumbus hielt unbeirrt an seinem Kurs fest.

Endlich, am 12. Oktober 1492, wurde Land gesichtet. Im Namen des spanischen Königs ergriff Kolumbus von der Insel Besitz und nannte sie „San Salvador" – „Heiliger Erlöser". Die Bewohner nannten ihre Insel „Guanahani".

Q2 Kolumbus schrieb über sie:
[...] Die Eingeborenen sind ohne Zweifel gutmütig und sanft. Da ich ihre Freundschaft gewinnen wollte, gab ich einigen von ihnen ein paar bunte Mützen und Halsketten aus Glasperlen und andere Dinge von geringem Wert, worüber sie sich ungemein freuten. [...]

Sie sind gewiss hervorragende Diener. Sie haben einen aufgeweckten Verstand, denn ich sehe, dass sie sehr schnell alles nachsagen können, was man ihnen vorspricht. [...]

Kolumbus wurde im Zuge seiner ersten Entdeckungsreise des Jahres 1492 zum spanischen Vizekönig der neu entdeckten Länder und zum Großadmiral ernannt. Bis 1504 unternahm er noch drei weitere Erkundungsreisen in die Karibik. Erst nach seinem Tod aber wurde erkannt, dass er nicht einen neuen Weg nach Indien, sondern einen neuen Kontinent entdeckt hatte.

M4 Christoph Kolumbus (1451–1506) aus Genua in Italien. *Gemälde*

1. Seht euch M1 an und erklärt, wozu die dort gezeigten Dinge auf die Seereise mitgenommen wurden.

2. Gebt Toscanellis Brief an Kolumbus mit euren Worten wieder und prüft, ob ihr daraufhin eine solche Reise gewagt hättet (Q1 und M3).

3. Versetzt euch in die Rolle von Kolumbus und notiert Gründe, warum ihr als Kolumbus eine solche Entdeckungsfahrt unternommen hättet.

4. Erläutert mithilfe von Q2, wie Kolumbus die Inselbewohner einschätzt (→ **Wir untersuchen Textquellen**, S. 320).

5. Schreibt einen Bericht über die Ankunft des Kolumbus aus der Sicht eines spanischen Besatzungsmitgliedes und eines Inselbewohners.

Europäer erobern fremde Welten

Wie lebten die Azteken?

M 1 Azteken, Maya und die spanischen Eroberer bis 1532

*Hochkultur
Kulturen verschiedener Epochen, die einen hohen Entwicklungsstand erreicht haben; eine Hochkultur war z. B. das alte Ägypten.

Alte Kulturen in der „Neuen Welt"

Die Spanier glaubten, dass sie die ersten Europäer wären, die auf dem amerikanischen Kontinent landeten. Ausgrabungen beweisen jedoch: Bereits 1000 n. Chr. haben die Wikinger, Seefahrer aus Nordeuropa, Handelsfahrten an die Ostküste Nordamerikas unternommen.

Auf Karten des 16. Jahrhunderts werden die entdeckten Gebiete als „Neue Welt" bezeichnet. Für die Spanier und Portugiesen war es tatsächlich eine „Neue Welt", die sie betraten und eroberten. Aber „neu" war dieser Erdteil natürlich nicht. Auf dem amerikanischen Kontinent lebten zahlreiche Völker verschiedener Kulturen, als Ackerbauer und Viehzüchter. Drei Völker, die **Azteken**, die **Maya** und die **Inka** hatten jedes für sich eine den Europäern ebenbürtige „Hochkultur"* entwickelt. Sie verfügten über eigene Sprachen und Schriften und hatten hohe Kenntnisse von Mathematik und Astronomie. Sie konnten Gold und Silber gewinnen und daraus besonders schönen Schmuck herstellen.

Der aztekische Staat

An der Spitze des aztekischen Staates stand ein mächtiger Herrscher. Er war Oberbefehlshaber der Armee und oberster Priester. Ihm zur Seite standen Adelige. Sie waren tätig als königliche Ratgeber, Richter, Offiziere oder Priester. Ihre Söhne lernten in den Priesterschulen Lesen, Schreiben, die Kalenderkunde und vor allem auch Geschichte. Zusammen mit den Jungen der übrigen Bevölkerung wurden sie zudem in Kampfsportarten unterrichtet. Außerdem gab es Architekten und Künstler, die für den religiösen Kult prachtvolle Pyramiden bauten.

Die große Mehrheit der Bevölkerung bestand aus Handwerkern, Bauern, Fischern oder Sklaven. Ihre Frauen mussten ebenso wie sie selbst hart arbeiten. Viele Stunden brachten die Frauen täglich damit zu, den Mais für die Fladenbrote zu mahlen. Die Kleidung für die ganze Familie stellten sie auf Webrahmen her. Außerdem wurden sie regelmäßig zu Arbeiten im Palast eines Adeligen verpflichtet.

Vom Leben der Azteken

Tenochtitlan war die Hauptstadt eines großen Staates. Mithilfe von Beamten und Priestern regierte der König Montezuma seit 1502 das Reich der Azteken.

M 2 Tenochtitlan. Breite Straßendämme verbanden die Hauptstadt der Azteken, die in einem Salzsee angelegt worden war, mit dem Festland. *Moderne Rekonstruktionszeichnung*

Die Religion spielte im Leben dieser Menschen eine sehr große Rolle. Die Azteken glaubten an viele Götter, von denen sie meinten, dass sie auf verschiedene Weise in das Leben der Menschen eingriffen. Besonders wichtig war der Sonnengott Huitzilopochtli; denn die Sonne galt als Voraussetzung für alles Leben.

Dieser Sonnengott, so glaubten die Azteken, verbrauchte für seinen Tageslauf seine ganze Energie. Deshalb brauchte er, um jeden Tag wieder neu aufzustehen, Nahrung – Menschenblut. Menschenopfer waren das einzige Mittel, das Überleben der Menschheit zu sichern. Ohne ständige neue Menschenopfer käme die Sonne zum Stillstand und die Welt müsse sterben. Durch die geopferten Menschen könnten alle Menschen die Sonne weiter genießen, weiterleben. Deshalb wurden jährlich Tausende von Menschen geopfert.

Auch der Kalender wurde durch die Religion bestimmt. Das Jahr war in 18 Monate mit je 20 Tagen und fünf Schalttagen eingeteilt. Jeder Monat war einer Göttin oder einem Gott geweiht. Wie die Christen glaubten auch die Azteken an ein Leben nach dem Tod.

Bis zum 15. Lebensjahr erzogen die Mütter die Mädchen und die Väter die Jungen. Von klein auf nahmen die Kinder an den Arbeiten der Eltern teil. Die Jugendlichen konnten in öffentliche Schulen gehen.

M 3 Huitzilopochtli Gott des Krieges und der Sonne sowie Schutzgott der Azteken

M 4 Quetzalcoatl Gott der Weisheit und der Schöpfung

M 5 Aztekische Jaguarkrieger in fester Rüstung aus Baumwolle und Federn

1 Findet im Atlas die Namen der heutigen Staaten der drei damaligen Hochkulturen in Mittel- und Südamerika.

2 Beschreibt M 2 und vergleicht Tenochtitlan mit einer heutigen Stadt.

3 Erklärt, warum die Azteken ihren Göttern Menschen opferten.

4 Erläutert, wie die Menschenopfer aus Sicht der damaligen Europäer und aus unserer heutigen Sicht beurteilt werden können.

Europäer erobern fremde Welten

Wie wurde Lateinamerika erobert?

M 1 Begegnung zwischen dem Spanier Cortés und dem Azteken Montezuma in Tenochtitlan. Hinter Cortés steht die indianische Dolmetscherin. *Mexikanische Darstellung, 1590*

M 2 Diesen Kopfschmuck trug vermutlich Montezuma. Er bestand aus 500, fast einen Meter langen Federn. 250 Vögel mussten für den Federschmuck sterben.

Ankunft der Götter

1519 landete der spanische Adelige Hernando Cortés mit 550 Männern, 16 Pferden und elf Kanonen auf dem Festland Amerikas. Er wollte die sagenhaften Goldschätze erbeuten, von denen er gehört hatte. Die Spanier zogen von der Küste aus in das Binnenland von Mexiko.

Dort herrschte seit 1502 Montezuma als König der Azteken. Die Azteken lebten in ständiger Furcht vor Göttern und Dämonen. In ihren Sagen hieß es, eines Tages würde der Gott Quetzalcoatl von Osten her ins Land kommen. Weiße Boten würden seine Ankunft melden. Das Eindringen der Spanier wurde Montezuma mit den Worten gemeldet: „Weiße Männer sind an der Küste gelandet." Montezuma erschrak. Waren das die Boten des Gottes? Montezuma sandte den Fremden eine Gesandtschaft mit reichen Geschenken. Die Gesandten baten Cortés, nicht weiter ins Land einzudringen. Der aber ließ sich durch die Bitten und Geschenke nicht aufhalten. Er marschierte mit seinen Männern nach Tenochtitlan, der Hauptstadt des Aztekenreiches.

Montezuma hatte von seinen zurückgekehrten Gesandten gehört, dass die Spanier sich ganz in Eisen kleideten und von Hirschen auf dem Rücken getragen würden. Nur ihre Gesichter seien nicht bedeckt und die Haut weiß wie Kalk. Weiß wie das Gesicht Quetzalcoatls. Montezuma begrüßte die Fremden.

> **Q 1** Die Begrüßungsrede Montezumas hat Bernal Diaz del Castillo, ein spanischer Soldat, der dabei war, aufgeschrieben:
>
> […] O unser Herr, mit Mühsal hast du es erreicht, […] dass du in deiner Stadt angekommen bist, dass du auf deinem Stuhl Platz nehmen kannst, den ich für dich eine Weile gehütet habe.
> Das haben uns die Häuptlinge überliefert, dass du kommen wirst, deine Stadt aufzusuchen. […] Und jetzt ist es wahr geworden. Du bist zurückgekehrt. Mit Ermüdung hast du es erreicht. Sei nun wohl angekommen! Ruhe dich aus. Besuche deinen Palast. […]

Montezuma führte die Spanier in seinen Palast und ließ ihnen wieder reiche Geschenke übergeben. Sie aber wollten das königliche Schatzhaus sehen.

> **Q 2** In dem aztekischen Bericht heißt es dann:
>
> […] Alles Gold rafften die Spanier zu einem Haufen. An die anderen Kostbarkeiten legten sie Feuer und alles verbrannte. Das Gold schmolzen sie zu Barren, von den wertvollsten grünen Edelsteinen nahmen sie nur die besten. […] Das ganze Schatzhaus durchwühlten die Spanier, sie drängten und fragten und griffen nach allem, was ihnen gefiel. […]

M 3 Spanischer Überfall auf Indianer.
Kupferstich von Theodor de Bry, 1596

M 4 Aztekischer Angriff auf die in einem Palast eingeschlossenen Spanier. Oben links spricht Montezuma beruhigende Worte zu den Azteken.
Mexikanische Darstellung, 16. Jahrhundert

Der Aufstand der Azteken

Als dann noch der aztekische Tempeldienst durch die Spanier gestört wurde und als ihre Götterbilder aus den Tempeln geworfen wurden, erhoben sich die Azteken. Nach blutigen Kämpfen mussten die Spanier fliehen. Sie verloren fast die gesamte Beute. Bei den Kämpfen wurde Montezuma getötet.

Cortés sammelte seine Leute nach der Flucht, zog Verstärkung heran und bereitete einen neuen Angriff auf Tenochtitlan vor. Nachdem er sich mit anderen Indianerfürsten verbündet hatte, ließ er Tenochtitlan einschließen. Die Bewohner wurden ausgehungert. Die Belagerung dauerte 93 Tage. Die ehemals glänzende Stadt wurde völlig vernichtet. Man schätzt, dass im Kampf 300 000 Azteken starben.

Q 3 Über das Ende der Stadt berichtet eine aztekische Chronik:

[…] Noch einmal fingen die Spanier an zu morden. Und viele Azteken starben. Die Flucht aus der Stadt begann. […] Viele flohen über den See, andere auf den großen Dammstraßen. Auch da wurden viele getötet. […] [Die Spanier] suchten einige Männer aus. Man trennte sie von den anderen. Das waren die stärksten und tapfersten Krieger, die männliche Herzen hatten. Aber auch Jüngere, die ihnen als Diener nützlich waren, suchten sie aus. Die Spanier zeichneten sie sofort. Mit heißen Eisen drückten sie ihnen Brandmale auf die Wangen. […]

M 5 Montezuma wird als Gefangener in Eisen gelegt. *Holzstich*

1 Erklärt, was Montezuma meinte, wenn er sagte: „Du bist in deiner Stadt angekommen" (Q 1, → **Wir untersuchen Textquellen**, S. 320).

2 Benennt das Ziel der Spanier und beurteilt ihr Verhalten aus der Sicht der Azteken.

3 Beschreibt die Spanier aus der Sicht der Azteken sowie die Azteken aus der Sicht der Spanier.

4 Stellt Vermutungen darüber an, warum sich die Stimmung der Azteken geändert hatte.

5 Vergleicht die Abbildungen M 3 und M 4 miteinander. Achtet besonders darauf, wie die Menschen dargestellt sind.

6 Findet heraus, welche Ansichten in den Abbildungen zum Ausdruck kommen, sodass sie Partei ergreifen.

Europäer erobern fremde Welten

Wir vergleichen Quellentexte

M 1 Checkliste: Quellentexte vergleichen

Man sollte sich beim Lesen von historischen Berichten immer fragen:
- Von wem ist der Bericht?
- War der Autor Augenzeuge oder weiß er etwas nur aus anderen Berichten?
- Aus welchem zeitlichen Abstand ist der Bericht geschrieben?
- Aus welcher Sicht (Perspektive) ist ein Bericht geschrieben?
- An wen ist der Bericht gerichtet?
- Was will der Autor oder die Autorin bezwecken?
- Aus dem Vergleich unterschiedlicher Berichte (Quellen) kann man dann versuchen, eine möglichst genaue und neutrale Darstellung eines Ereignisses zu schreiben.

Unterschiedliche Sichtweisen

Von zahlreichen Ereignissen gibt es unterschiedliche Berichte (Quellen), die das Ereignis aus einer bestimmten Sicht beschreiben. So berichten die Sieger einer Schlacht aus einer anderen Perspektive als die Verlierer. Manchmal wird ein Ereignis ganz übertrieben dargestellt, z. B. wenn der Schreiber einen Erfolg besonders herausstellen will. Auf der anderen Seite werden in Berichten Dinge verschwiegen, weil sie dem Autor nicht wichtig erscheinen, weil seine damaligen Leser das für selbstverständlich hielten oder weil etwas nicht bekannt werden soll (z. B. Verbrechen oder unerlaubte Handlungen).

Das Massaker von Cholula

Auf dem Vormarsch auf Tenochtitlan eroberte der spanische Heerführer Hernan Cortés die Stadt Cholula, die zum Herrschaftsbereich der Azteken gehörte. Dort kam es nach dem Einzug der Spanier und der mit ihnen verbündeten Indianer in die Stadt im Oktober 1519 zu einem fünfstündigen Massaker, bei dem Tausende der Einwohner ermordet wurden.

Q 1 Darüber berichtet Cortés am 30. Oktober 1520 an den spanischen König:

[…] Während der ersten drei Tage versahen die Einwohner mich mit immer weniger Lebensmitteln. […] Das beunruhigte mich aufs Äußerste. Da hinterbrachte meinem Dolmetscher eine Frau aus Cholula […], dass die Leute Montezumas sich in großer Anzahl und in nächster Nähe versammelt, dass die Bewohner der Stadt […] über uns herfallen wollten, um uns niederzumetzeln. […] So berief ich denn einige der Stadtältesten zu mir. […] Sie kamen, und ich sperrte sie in einem Saal ein. Meinen Leuten gab ich Weisung […], auf das Signal eines Büchsenschusses über die ganze Menge der Indianer, die sich im Hofe und in der Umgebung aufhielten, herzufallen. Sie gehorchten […] und fielen über die Masse der Indianer her, von denen wir in zwei Stunden mehr denn 2000 umbrachten. Wenn wir sie überrumpelt und so völlig geschlagen haben, so kommt das daher, dass sie keine Führer hatten, da diese nämlich von mir vergiftet worden waren. […] Wir ließen viele dieser Leute über die Klinge springen, viele verbrannten lebendig, und ihre falschen Götter halfen ihnen nicht. […]

Q 2 Der spanische Franziskanerpater Bernardino de Sahagun sammelte ab 1540 Augenzeugenberichte der Azteken. Dort heißt es:

[…] Das Volk von Cholula war ohne Argwohn gekommen, die Krieger waren ohne Waffen. Ohne Schwerter und ohne Schilder standen sie vor den Spaniern. Durch hinterlistigen Verrat kam es zu diesem Blutbad und durch die Lügen […] starben sie, ohne zu wissen, warum. Und als das Blutbad zu Ende war, brachte man Montezuma die Nachricht. Boten kamen und gingen, eilten von Tenochtitlan nach Cholula und hasteten wieder zurück. Und das einfache Volk war bestürzt durch die Kunde und konnte nichts anderes mehr tun als zittern in Furcht und Entsetzen. […]

1 Lest Q 1 und Q 2 durch. Notiert jeweils zu den Fragen (M 1) eure Untersuchungsergebnisse für jeden Bericht.

2 Kennzeichnet die Sichtweisen von Q 1 und Q 2 jeweils in Stichworten.

Der Aufbau der Kolonialherrschaft

Alle Indianer müssen Christen werden

Nach der Eroberung des Aztekenreichs kamen auf Befehl des spanischen Königs viele Geistliche nach Mexiko. Sie führten in allen Gebieten den christlichen Glauben ein und bekämpften die Religion der Indianer als Götzendienst*. Tausende von Indianern wurden zwangsweise getauft.

Die Zerstörung aztekischer Kultur

Der erste Bischof von Mexiko ordnete an, dass aztekische Schriften verbrannt und die Tempel zerstört werden mussten. Er rühmte sich damit, dass er in nur fünf Jahren 500 Tempel und mehr als 20 000 „Götzenbilder" zerstört hatte.

Ziele der Missionierung* der Indianer

Wissenschaftler unterscheiden zwei wichtige Ziele, welche die Spanier mit der Missionierung der Indianer verfolgten: erstens die Verbreitung des christlichen Glaubens unter den Indianern (christliches Sendungsbewusstsein) und zweitens die Erziehung der „wilden" Indianer zu gehorsamen, an die spanische Lebensweise gewöhnte Untertanen.

Die Behandlung der Indianer durch die Kirche

Die Einstellung der spanischen Geistlichen gegenüber den Indianern war sehr unterschiedlich. Es gab Geistliche, die sich durch ihre Habgier in nichts von den spanischen Großgrund- und Bergwerksbesitzern unterschieden: Sie hielten die Indianer ihres Kirchenbezirks wie Sklaven. Diese arbeiteten dann für die Priester als Hirten, Baumwollarbeiter und Tagelöhner. Bei all diesen Beschäftigungen wurden die kirchlichen Aufgaben vernachlässigt.

Es gab aber auch Mönche, denen das Wohlergehen der Indianer am Herzen lag. Sie wollten sie nicht ausbeuten, um eigene Reichtümer anzuhäufen, sondern „gute Christen" aus ihnen machen. Sie sorgten dafür, dass die Indianer in ihrem Kirchenbezirk nicht unterdrückt wurden. Sie erlernten die verschiedenen Indianersprachen. Dadurch erhielten sie tiefe Einblicke in die Lebenswelt der mexikanischen Indianer. Sie übersetzten die Bibel in die verschiedenen Indianersprachen und konnten so ihren Missionsauftrag wirksamer durchführen. Die Unterdrückung der Indianer und ihre Missionierung hingen also oft eng zusammen.

M 1 Die Kirche Nuestra Señora de los Remedios auf den Resten der aztekischen Tempelpyramide von Cholula. *Foto*

*Götzendienst
abwertende Bezeichnung für die Ausübung einer anderen, dem Sprecher fremden Religion

*Missionierung
Verbreitung der christlichen Glaubenslehre unter Nichtchristen (Heiden)

1 Begründet, weshalb die Spanier ihre Kirchen auf den Ruinen aztekischer Tempel bauen ließen (M 1).

2 Bewertet das Verhalten der Spanier gegenüber den Indios aus damaliger und heutiger Sicht.

Europäer erobern fremde Welten

Wie entstanden Weltreiche?

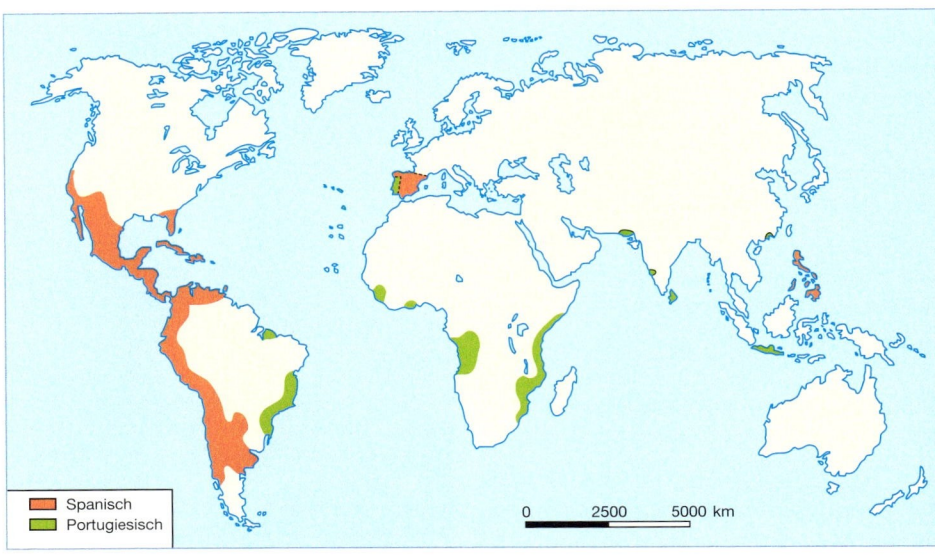

M 1 Spanische und portugiesische Kolonien um 1550

*Kolonien / Kolonialismus
Die Eroberung zumeist überseeischer Gebiete durch militärisch überlegene Staaten (vor allem Europas) seit dem Ende des 15. Jahrhunderts bezeichnet man als „Kolonialismus". Die Kolonialmächte errichteten in den unterworfenen Ländern Handelsstützpunkte und Siedlungskolonien. Sie verfolgten vor allem wirtschaftliche und militärische Ziele.

Kolonialreiche entstehen

Die Eroberung Mexikos ist nur ein Beispiel aus der langen Reihe der Eroberungen. Meist spielten List, Grausamkeit und Habgier eine Rolle.

So brachten Spanien und Portugal die Länder unter ihre Herrschaft, die von den Seefahrern entdeckt worden waren. Die unterworfenen Gebiete wurden **Kolonien*** genannt und von Europa aus verwaltet.

Am spanischen Königshof vertrat man die Auffassung, dass das eroberte Land in Amerika kein Ausland sei, sondern als „las Indias" ein neues Land der Krone.

In allen spanischen Kolonien gründeten die Eroberer nach ihrer Ankunft Städte. Von den Städten aus wurde das umliegende Land verwaltet und beherrscht. Seine Bewohner sollten freie Untertanen der Krone sein. Da man sich Heiden aber nicht als Untertanen vorstellen konnte, sollten sie zum christlichen Glauben erzogen werden.

Die Ausbeutung der Kolonien

Hauptziel der spanischen Herrschaft in Amerika war es, in den Kolonien einen möglichst großen Gewinn für Spanien zu erwirtschaften. Deshalb wurde die gesamte Wirtschaft, besonders der Handel, von Spanien aus gelenkt und kontrolliert. Überall, wo es Bodenschätze gab, wurden Bergwerke angelegt. Der König von Spanien bekam von allen gefundenen Edelmetallen (Gold, Silber) ein Fünftel als Steuer. Deswegen achteten die königlichen Beamten genau auf die Produktion.

Die jährlichen Silberlieferungen nach Spanien stiegen von 17,5 Tonnen im Jahr 1550 auf 27 Tonnen im Jahr 1600.

Einen hohen Gewinn erzielten die europäischen Eroberer auch in der Landwirtschaft. Nach der Eroberung wurden die Felder der Indios an die wenigen Eroberer verteilt. So entstanden große landwirtschaftliche Güter: Sie heißen „Latifundien" (= Lateinisch: groß + Bauernhof). Auf ihnen wurde vor allem angebaut, was man in Europa benötigte, also z. B. Zucker, Tabak, Baumwolle oder Mais.

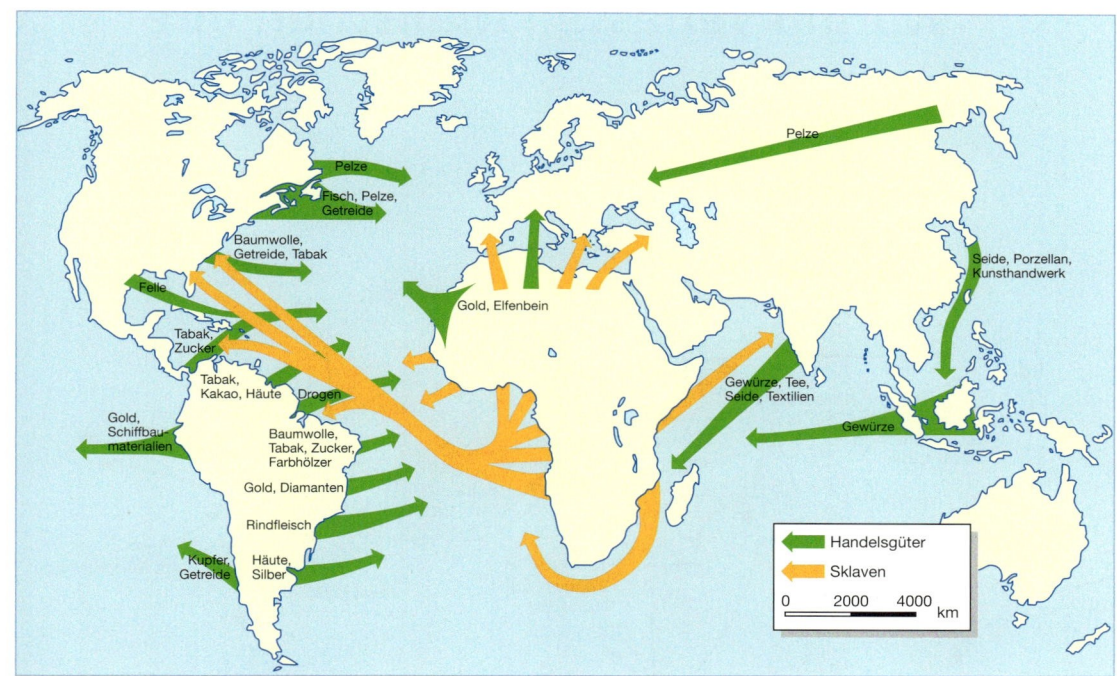

M 2 Welthandelsströme im 17. und 18. Jahrhundert

Bartolomé de las Casas – Anwalt der Indios

Die Indios mussten auf den Latifundien und in den Bergwerken unter den härtesten Bedingungen Sklavenarbeit leisten. Der Dominikanermönch und spätere Bischof von Mexiko Bartolomé de las Casas (1484 bis 1566) schrieb mehrere Berichte an den spanischen König, in denen er das Verhalten der Kolonialherren gegenüber den Indios anprangerte.

Die Zahl der Indios, die in den spanischen Kolonien lebten, wurde immer geringer. Neben der Behandlung durch die Spanier waren eingeschleppte Krankheiten wie Typhus, Pest und Masern die Ursachen für den Tod vieler Indios.

Die Bemühungen des Bartolomé de las Casas hatten Erfolg: In Spanien wurden neue Gesetze erlassen. Sie sollten die Indios schützen. Aber die gut gemeinten Gesetze konnten in den Kolonien nicht durchgesetzt werden.

Die Spanier in Amerika richteten sich nicht nach ihnen. Als las Casas einsehen musste, dass auf diesem Weg den Indios nicht zu helfen war, machte er den Vorschlag, schwarze Sklaven aus Afrika zu holen. So wollte er das Los der Indios erleichtern. Er bereute diesen Vorschlag allerdings schon sehr bald.

Der **Sklavenhandel** breitete sich aufgrund des Arbeitskräftemangels in den spanischen Besitzungen stark aus. Millionen von Afrikanern wurden aus ihrer Heimat verschleppt.

Jahr	Menschen
1519	11 000 000
1540	6 500 000
1560	4 400 000
1597	2 500 000

M 3 Geschätzte Einwohnerzahlen in Mittelamerika 1519 bis 1597

1 Nennt die heutigen Gebiete, die von Spaniern oder Portugiesen erobert waren. Begründet, warum diese Gebiete erobert wurden.

2 Erläutert mithilfe von M 3 die Folgen der europäischen Herrschaft in Lateinamerika.

3 Schreibt auf, wie Bartolomé de las Casas später über seinen Vorschlag, Arbeitskräfte aus Afrika zu holen, gedacht hat. Wie beurteilt ihr seinen Lösungsversuch?

4 Führt zum Thema „Sklavenhandel" eine Internetrecherche durch und berichtet in der Klasse (→ **Wir führen eine Internetrecherche durch**, S. 316).

Hoffnung Europa?

Warum verlassen Menschen ihre Heimat?

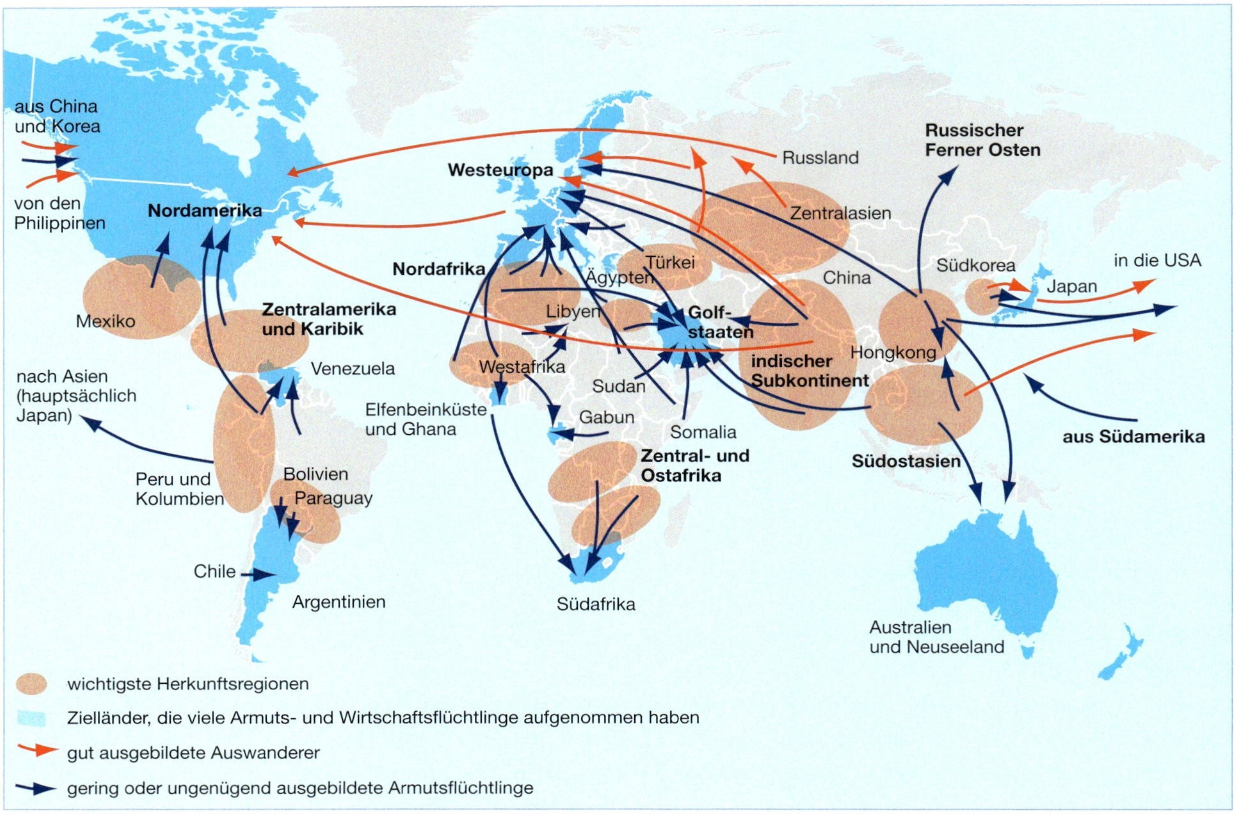

M 1 Weltweite Wanderungen zu Beginn des 21. Jahrhunderts

M 2 Flüchtlingslager auf Lampedusa (5.04.2011)

Menschen unterwegs

Weltweit sind Millionen von Menschen auf der Sucht nach einer neuen Heimat. Sie verlegen vorübergehend oder dauerhaft ihren Wohnsitz. Diese Wanderungen werden auch als **Migration** bezeichnet. Wandern die Menschen aus einem Land aus, werden sie als **Emigranten** bezeichnet, wandern sie ein, handelt es sich um **Immigranten**.

Die meisten Menschen hängen an ihrer Heimat und verlassen sie deswegen nur aus schwerwiegenden Gründen. Das können wirtschaftliche Probleme, Arbeitssuche, Krieg, Vertreibung oder Verfolgung sein.

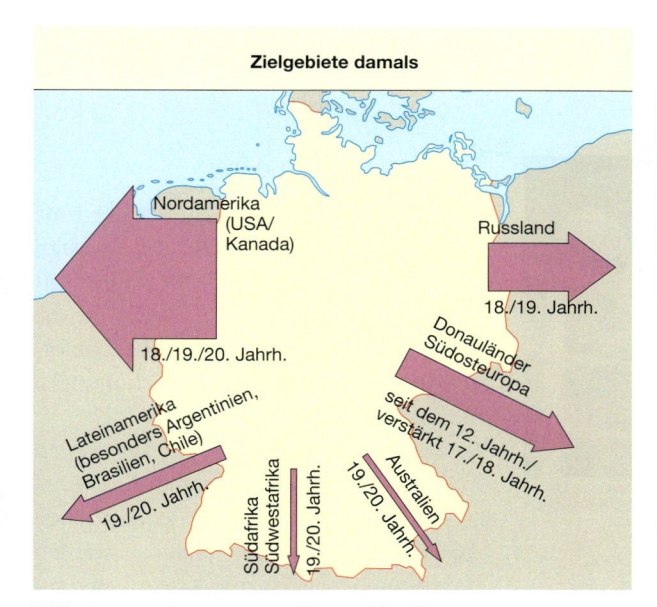

M 3 Auswanderungen aus Deutschland

M 4 Einwanderungen nach Deutschland

Auswanderung früher

Auswanderungen hat es schon immer gegeben. Bereits im 12. Jahrhundert wanderten viele Menschen aus dem heutigen Deutschland aus. Sie begaben sich auf eine Suche nach noch unerschlossenen fruchtbaren Gebieten im Osten Europas, um dort als Bauern ein besseres Leben führen zu können.

Im 16. und 17. Jahrhundert verließen viele Menschen aus **religiösen Gründen** das heutige Deutschland. Damals konnten die Könige und Fürsten allein bestimmen, welche Religion in ihren Staaten zugelassen war. Menschen anderer Glaubensrichtungen blieb dann oft nur die Flucht.

Wesentlich mehr Personen verließen im 19. und 20. Jahrhundert aus **wirtschaftlichen und politischen Gründen** ihre alte Heimat – hauptsächlich mit dem Ziel Nordamerika. Bei steigender Bevölkerungszahl und **Missernten** kam es immer wieder zu Hungersnöten. So waren viele Menschen gezwungen, ihre Heimat zu verlassen, sich in der Fremde Arbeit zu suchen und sich dort niederzulassen.

M 5 Deutsche Auswanderer in Bremerhaven (1880)

1 Erklärt den Begriff „Migration". Nennt Gründe für Migration.

2 Erläutert anhand von M1, wo sich die Regionen befinden, aus denen die Menschen heute abwandern. Nennt auch die Zielgebiete der Auswanderer.

3 Untersucht M2 und recherchiert, warum Menschen in dieses Lager geflohen sind (→ **Wir führen eine Internetrecherche durch**, S. 316).

4 Beschreibt M3 und M4. Verortet an einer Wandkarte die Ziel- und Herkunftsgebiete der Menschen.

5 Beschreibt M5. Stellt euch vor, ihr hättet 1880 am Kai gestanden. Erzählt euren Mitschülern von euren Hoffnungen und Ängsten.

Hoffnung Europa?

Sind die Flüchtlinge in Europa willkommen?

M1 Ankunft von Flüchtlingen auf Lampedusa am 8.05.2011

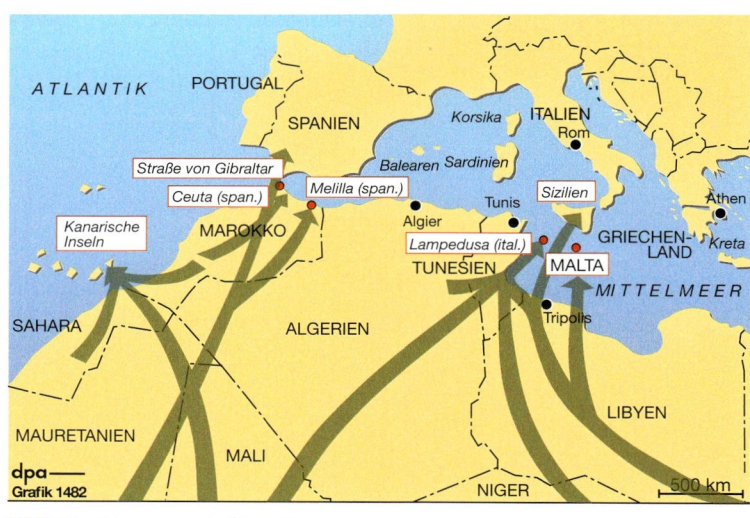

M2 Fluchtwege nach Europa

Die Situation in Afrika

Von den zehn ärmsten Ländern der Erde liegen neun in Afrika. In den meisten Familien leben vier oder mehr Kinder. Oft reicht das Nahrungsmittelangebot für die große Familie nicht aus. Missernten infolge von Dürrekatastrophen verschlimmern die Lage zusätzlich.

In zahlreichen Regionen Afrikas finden Kriege oder Bürgerkriege statt. Die Menschen müssen vor den kriegerischen Auseinandersetzungen fliehen, werden vertrieben oder auch zum Kriegsdienst gezwungen. In den Flüchtlingslagern und den vom Krieg zerstörten Dörfern herrscht daher große Not. In ihrer Not machen sich viele Menschen auf den Weg nach Europa, in der Hoffnung dort bessere Lebenumstände zu finden. Dabei gehen sie große Gefahren ein. Immer wieder verunglücken die nur unzureichend ausgestatteten Boote, die sie zur Überfahrt nach Europa benutzen.

Durch die politischen Umwälzungen in Nordafrika im Jahre 2011 schwoll der Flüchtlingstrom nach Europa in bisher nicht gekanntem Ausmaß an (Revolutionen in Ägypten, Tunesien, Krieg in Libyen).

M3 Flüchtlinge aus Afrika

Am 11. Juni 2011 berichtete die „Süddeutsche Zeitung":

[...] Eine neue Flüchtlingswelle schwappt nach Süditalien. Mehr als 1500 Immigranten* kamen am Samstag wieder auf der winzigen Mittelmeer-Felseninsel Lampedusa an. Wie italienische Medien berichteten, stammen die meisten von ihnen aus Tunesien.

Rund 300 der Immigranten kämen hingegen aus Libyen, hieß es. Ihr Kahn mit zahlreichen Frauen und Kindern an Bord

Inhaltsfeld: Internationalisierung und Globalisierung

war schon in der Nacht von der Küstenwache in den Hafen geleitet worden.

Ein Anfang April geschlossenes Abschiebeabkommen zwischen Rom und Tunis hatte den Strom der Tunesier eine Zeit lang aufgehalten. Vorher – nach dem Sturz des tunesischen Präsidenten Zine el Abidine Ben Ali im Januar – hatten bereits mehr als 23 000 tunesische Migranten von ihrem Heimatland über die gefährliche Mittelmeerroute Lampedusa erreicht.

In den vergangenen Wochen hingegen flohen zunehmend Menschen vor dem blutigen Bürgerkrieg aus Libyen nach Süditalien. Nach jüngsten Angaben des italienischen Innenministeriums trafen seit Beginn der Unruhen in Nordafrika im Januar insgesamt mehr als 42 800 Immigranten an den italienischen Küsten ein, davon mehr als 33 000 allein auf Lampedusa. […]

M4 Heribert Prantl, Redakteur der „Süddeutschen Zeitung", schrieb am 8.4.2011 einen Kommentar zur Flüchtlingspolitik der europäischen Länder:

[…] Die italienische Insel Lampedusa ist der Name für eine europäische Schande. Die EU versagt in ihrem Umgang mit Flüchtlingen, weil sie diese als Feinde des Wohlstands betrachtet und ihnen Menschlichkeit verweigert. […]

Die EU schützt sich vor Flüchtlingen wie vor Terroristen und behandelt sie so. Wer Lampedusa erreicht, wird nicht aufgenommen nach dem Prinzip „Leistung muss sich lohnen", sondern rücktransportiert nach dem Motto „Wir können uns euch nicht leisten". Flüchtlinge gelten als Feinde des Wohlstands. Man fürchtet sie wegen ihrer Zahl. Europa ist zwar nach seiner Selbstbeschreibung ein „Raum der Freiheit, der Sicherheit und des Rechts" – aber nur für die, die schon in Europa leben.

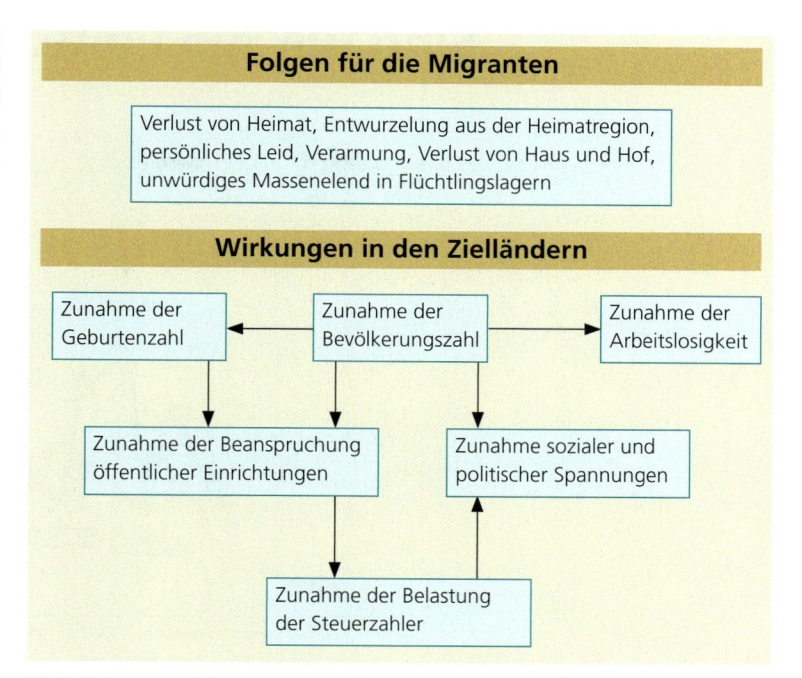

Folgen für die Migranten

Verlust von Heimat, Entwurzelung aus der Heimatregion, persönliches Leid, Verarmung, Verlust von Haus und Hof, unwürdiges Massenelend in Flüchtlingslagern

Wirkungen in den Zielländern

- Zunahme der Geburtenzahl
- Zunahme der Bevölkerungszahl
- Zunahme der Arbeitslosigkeit
- Zunahme der Beanspruchung öffentlicher Einrichtungen
- Zunahme sozialer und politischer Spannungen
- Zunahme der Belastung der Steuerzahler

M5 Folgen von Migration und Wirkungen in den Zielländern

Früher nannte man die Leute, die auf Booten ein neues Leben suchten, Boatpeople*. Aber dieser halbwegs wohlmeinende Begriff ist den Vietnamesen vorbehalten. […] Die Zahl war überschaubar. Bei den Flüchtlingen aus Nordafrika ist sie unüberschaubar. Deswegen gibt es keine Hilfsaktionen. Deshalb gibt es keine Pläne, auch nur eine kleine Zahl dieser Flüchtlinge aufzunehmen. Solche Humanität* wäre ein falsches Signal, heißt es. Inhumanität* ist demzufolge das Richtige. […]

*Immigrant
Einwanderer

*Boatpeople
Flüchtlinge aus Vietnam, die um 1970 vor den Folgen des Vietnamkrieges über das Meer flohen.

*Humanität
Menschlichkeit

*Inhumanität
Unmenschlichkeit

1. Beschreibt mithilfe des Textes und anhand von M1 bis M3 die Situation von Flüchtlingen aus Afrika.

2. Zeigt mithilfe von M5 die Ursachen und die Folgen der Migration für die Herkunftländer und die Zielländer auf.

3. Untersucht M4 und setzt euch mit der Meinung des Autors auseinander.

4. Sucht in den Medien Nachrichten über die aktuelle Situation von Menschen, die ihr Land verlassen müssen oder verlassen (→ **Wir führen eine Internetrecherche durch**, S. 316).

Hoffnung Europa?

Sind wir ein Einwanderungsland?

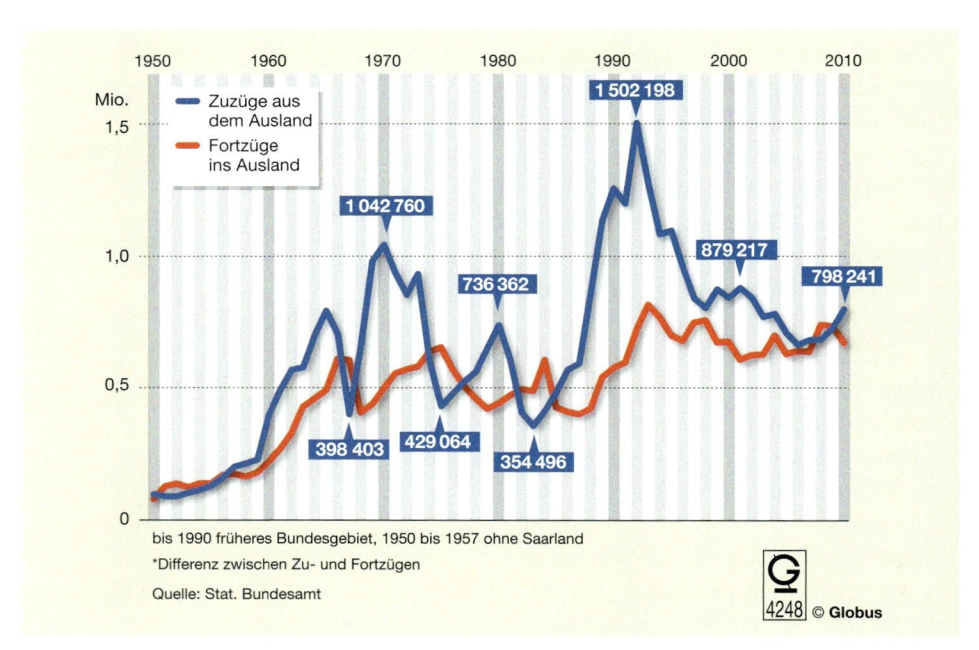

M1 Verlauf der Zuwanderung seit 1950

M2 Ein Einwanderungsland
Die Beauftragte der Bundesregierung für Migration, Flüchtlinge und Integration, Maria Böhmer, sagte in einem Interview der Tagesschau (ARD) im November 2010 anlässlich einer Konferenz im Bundeskanzleramt:

[…] Der überwiegende Anteil der Migranten ist gut in unserem Land angekommen. Die Diskussion zeigt aber, dass wir die Debatte um Integration in Deutschland noch einmal grundsätzlich führen müssen.
Inzwischen sind wir – im Gegensatz zu der lange vertretenen These* – ein Einwanderungsland. 20 Prozent unserer Bevölkerung sind Migranten, da spüren natürlich viele Menschen, dass sich in diesem Land etwas verändert. Wir müssen uns nun darüber verständigen, was unser Land zusammenhält und welche Werte gelten. Maßstab dabei ist unser Grundgesetz*, also die Achtung der Menschenwürde, die Meinungs- und Religionsfreiheit und die Gleichberechtigung von Mann und Frau.
tagesschau.de: Um welche Schwerpunkte geht es beim Treffen im Kanzleramt?
Böhmer: Ein Schwerpunkt ist die Sprachförderung und die bessere Bildung von Migranten. Jugendliche sollen bessere Chancen bei einer Ausbildung bekommen – etwa durch die Unterstützung im Ausbildungspakt. Außerdem wollen wir uns um den Arbeitsmarkt kümmern. So soll die Anerkennung ausländischer Berufsabschlüsse schnell geregelt werden.

These
Behauptung

Grundgesetz
Verfassung unseres Staates, in der grundlegende Bestimmungen festgelegt sind, die für alle gelten

M3 Zuwanderung nötig
Die Zeitschrift „Der Stern" schrieb:
Die UN hat nun ihre neuesten Prognosen zur Entwicklung der Erdbevölkerung herausgegeben. Danach werden in Deutschland im Jahr 2050 nur noch 71 Millionen Menschen leben. Aktuell sind es 82 Millionen. Doch der Rückgang könnte deutlich stärker ausfallen, wenn nicht jährlich

Inhaltsfeld: Internationalisierung und Globalisierung

110 000 Einwanderer kommen würden. Treffen die Vorhersagen der Vereinten Nationen ein, dann würde Deutschland Platz sechs der Top-Einwanderungsländer weltweit belegen – hinter Staaten wie den USA (1,1 Millionen), Großbritannien (178 000) und Italien (157 000).

M4 Warnung bereits 2006
Bereits 2006 schrieb eine große Wirtschaftszeitung:
[…] Ohne eine schnelle und grundlegende Reform des seit 2005 geltenden Zuwanderungsgesetzes, ohne eine radikale* Öffnung werden wir den weltweiten Wettlauf um die besten Köpfe verlieren. Und werden die längste Zeit Einwanderungsland gewesen sein.
Tatsächlich war klar, dass das Gesetz wenige Wissenschaftler, IT-Spezialisten*, leitende Angestellte ins Land locken würde. Es ist in vieler Hinsicht ein Zuwanderungsverhinderungsgesetz. […] Die Zahl der Einbürgerungen ist in den vergangenen fünf Jahren um ein Drittel abgesackt. Gerade Topleuten aus Schwellenländern präsentiert sich Deutschland keineswegs als Ort der besten Chancen. […]

M5 Einbürgerungstest
Seit dem September 2008 müssen Ausländer, die die deutsche Staatsbürgerschaft erwerben wollen, neben dem Nachweis von genügenden Sprachkenntnissen auch einen Einbürgerungstest bestehen.
Hier einige Fragen des Tests:

2 In Deutschland dürfen Menschen offen etwas gegen die Regierung sagen, weil …
 a) hier Religionsfreiheit gilt,
 b) die Menschen Steuern zahlen,
 c) die Menschen das Wahlrecht haben,
 d) die Meinungsfreiheit gilt.

M6 Karikatur: Erich Rauschenbach

12 Wie viele Einwohner hat Deutschland?
 a) 70 Millionen, b) 78 Millionen
 c) 82 Millionen d) 90 Millionen.
13 Welches ist ein Landkreis in Nordrhein-Westfalen?
 a) Ammerland, b) Rhein-Sieg-Kreis
 c) Nordfriesland d) Vogtlandkreis.
14 Ab welchem Alter darf man in Nordrhein-Westfalen bei Kommunalwahlen wählen?
 a) 14 b) 16 c) 18 d) 20.

*radikal
gründlich, bis in die Wurzeln wirksam

*IT-Spezialist
Fachfrau/-mann für Computertechnik (IT-Informationstechnologie)

1 Untersucht die Materialen M1 bis M6 dieser Doppelseite. Erarbeitet mit ihrer Hilfe Argumente für einen Vortrag: „Ist Deutschland ein Einwanderungsland?" (→ **Wir halten einen Kurzvortrag**, S. 317, → **Wir werten Karikaturen aus**, S. 317).

2 Mithilfe des Webcodes auf dieser Seite findet ihr den Einbürgerungstest als Online-Test. Füllt den Test zusammen mit Mitschülerinnen und Mitschülern aus und stellt fest, ob ihr den Test bestanden hättet.

3 Welche Fragen/Aufgaben fandet ihr überraschend bzw. unpassend? Begründet eure Antworten.

Hoffnung Europa?

Wir lesen eine thematische Karte

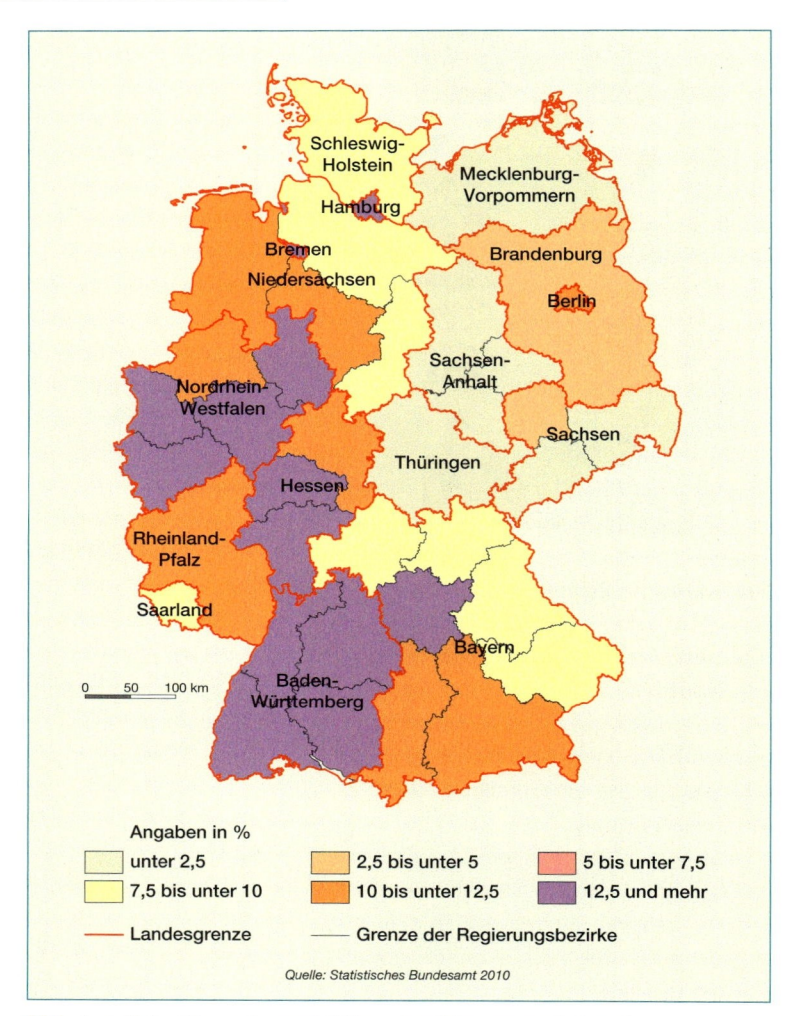

M1 Anteil der Deutschen mit Migrationshintergrund. *Stand 2009*

Legende:
- unter 2,5
- 2,5 bis unter 5
- 5 bis unter 7,5
- 7,5 bis unter 10
- 10 bis unter 12,5
- 12,5 und mehr
- Landesgrenze
- Grenze der Regierungsbezirke

Angaben in %

Quelle: Statistisches Bundesamt 2010

Das „Thema" einer Karte

Das „Thema" einer Karte ist maßgeblich für die zeichnerische Darstellung. M 1 zeigt die Bundesländer als farbige Flächen. Die Informationen der physischen Karte fehlen hier (Berge, Gewässer, Städte usw.). Die Bundesländer sind wiederum unterteilt in Regierungsbezirke (s. Lexikon). In Nordrhein-Westfalen gibt es fünf Regierungsbezirke: Arnsberg, Detmold, Düsseldorf, Köln und Münster.

M2 Checkliste für die Auswertung von thematischen Karten

1. Schritt: Einlesen

Ziel: sachliche, räumliche, zeitliche Orientierung

a) Thema: Aussage der Karte, Überschrift (bzw. Bildunterschrift)?
b) Raum und Zeit: Welcher Raum ist dargestellt? Zeitpunkt bzw. Zeitspanne?
c) Legende: Inhalt der Darstellung, Art der Informationen (Erläuterungen), Wert und Menge der Informationen (Zahlenangaben), Form der Darstellung, Art der Signaturen (siehe M 3), Diagramme?
d) Maßstab? Messleiste?

2. Schritt: Beschreiben

Ziel: Erfassen/Ordnen der Informationen

a) Lage: Lage im Gradnetz, Ausdehnung nach Himmelsrichtungen, Entfernungen?
b) räumliche Verteilung (Auffälligkeiten): regelhafte Anordnungen, auffällige Verteilungen? Raumstrukturen und Prozesse (Häufigkeit, Dichte und Ausdehnung der Signaturen, Messen, Auszählen und Berechnen von Flächen und Anteilen)
c) räumliche Entwicklung (zeitlicher Aspekt): Beschreibung des Raumwandels, Vergleich verschiedener Karten mit gleichem Raumausschnitt

Karten

In der Erdkunde (Geographie) gibt es verschiedene Möglichkeiten, Räume darzustellen. Fotos zeigen beispielsweise die Vegetation oder die Bodennutzung. Der Raumausschnitt ist dabei meist klein. Karten hingegen informieren über prägende Merkmale eines größeren Raumes. Thematische Karten berücksichtigen dabei eine bestimmte Fragestellung, beispielsweise die Bevölkerungszusammensetzung eines Raumes.

3. Schritt: Erklären

Ziel: Verknüpfung der Informationen
a) Erklärungsansätze aus der Karte: Anhaltspunkte für eine Erklärung aus der Karte selbst? Beziehungen zwischen verschiedenen Inhalten der Karte?
b) eigene Kenntnisse: physisch-geographische, wirtschaftliche, soziale und/oder politische Faktoren zur Erklärung
c) ergänzende Informationen: andere Karten, Schulbuch, Lexika, Fachliteratur, Internet

4. Schritt: Bewerten

Ziel: Beurteilen der Informationen und Kartenkritik
a) Form: Aussagen zur Kartendarstellung, Auswahl der Signaturen, Abstufung und Übersichtlichkeit
b) Inhalt: Überprüfung von Karteninhalt und Kartenüberschrift auf Übereinstimmung, Wahl der Begriffe, Übereinstimmung von räumlicher und zeitlicher Abgrenzung der Karte mit der von ihr beabsichtigten Aussage.

Flächensignaturen
Hervorhebung durch Farben, Punkt- oder Linienraster, Kontrastierung

Liniensignaturen
dienen zur Darstellung von Grenzen, Verkehrswegen, Höhenlinien; Pfeile für Bewegungsrichtung und Intensität

Bildsignaturen
geometrisch (Kreis, Quadrat usw.); naturalistisch (Pferd, Auto, Kaffeebohne); stilisiert, entspricht leicht verständlichen Piktogrammen

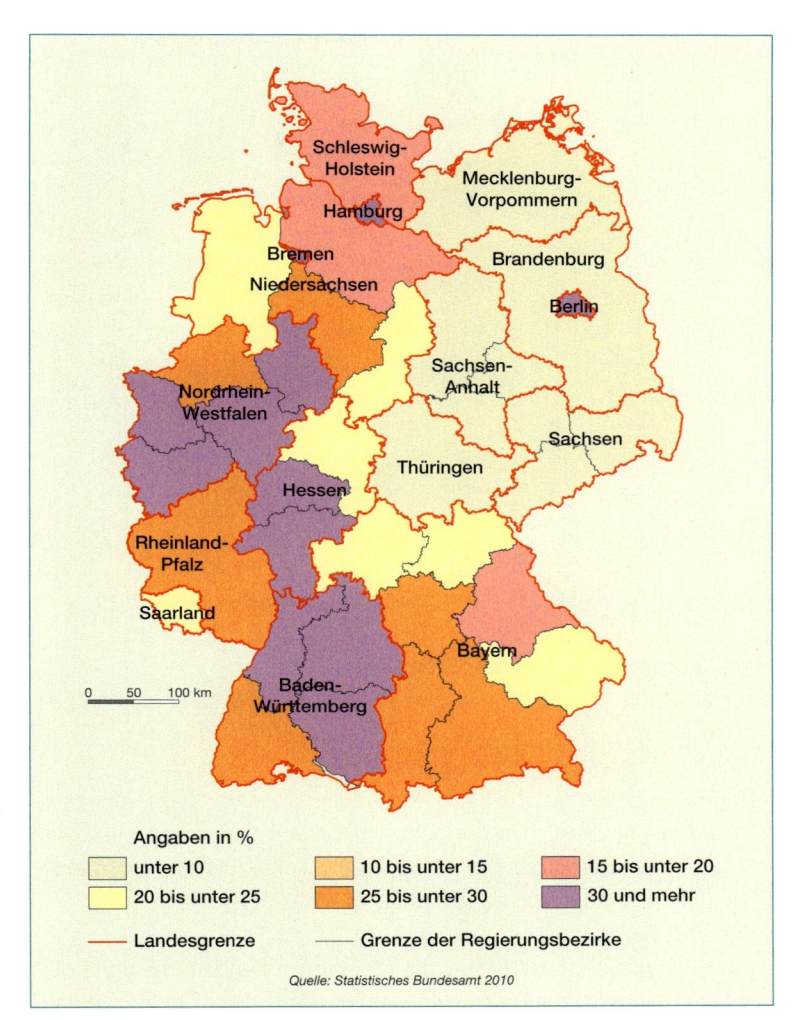

M3 Hinweise zu Kartenlegenden

M4 Anteil der unter 10-Jährigen mit Migrationshintergrund. *Stand 2009*

Angaben in %
- unter 10
- 10 bis unter 15
- 15 bis unter 20
- 20 bis unter 25
- 25 bis unter 30
- 30 und mehr
- Landesgrenze
- Grenze der Regierungsbezirke

Quelle: Statistisches Bundesamt 2010

1 Zeigt die fünf Regierungsbezirke Nordrhein-Westfalens in der thematischen Karte M1.

2 Lest die Checkliste M2 und wendet die ersten drei Arbeitsschritte auf die thematische Karte M1 an.

3 Wertet die thematische Karte M4 mithilfe der ersten drei Arbeitsschritte von M2 aus.

4 Zeigt mithilfe von M3 in diesem Buch fünf Karten, auf denen mit verschiedenen Signaturen gearbeitet wird.

5 Versucht, den vierten Arbeitsschritt der Checkliste M2 auf die thematische Karte M1 anzuwenden.

Hoffnung Europa?

Wie gelingt das Zusammenleben?

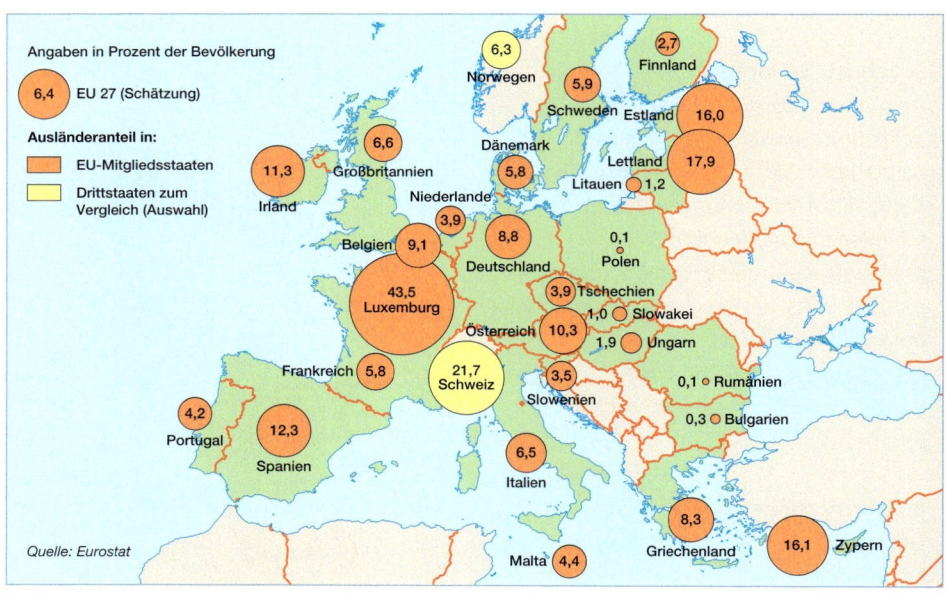

M 1 Ausländer in der EU im Jahr 2010

Angaben in Prozent der Bevölkerung
- 6,4 EU 27 (Schätzung)
- Ausländeranteil in:
  - EU-Mitgliedsstaaten
  - Drittstaaten zum Vergleich (Auswahl)

Norwegen 6,3; Finnland 2,7; Schweden 5,9; Estland 16,0; Dänemark 6,6; Lettland 17,9; Litauen 1,2; Großbritannien 11,3; Irland 6,6 (?); Niederlande 5,8; Belgien 9,1; Deutschland 8,8; Polen 0,1; Tschechien 3,9; Slowakei 1,0; Luxemburg 43,5; Österreich 10,3; Ungarn 1,9; Frankreich 5,8; Schweiz 21,7; Slowenien 3,5; Rumänien 0,1; Bulgarien 0,3; Portugal 4,2; Spanien 12,3; Italien 6,5; Malta 4,4; Griechenland 8,3; Zypern 16,1

Quelle: Eurostat

M 2 Vorurteile gegenüber Fremden

Interview mit Ümit, einem jungen Türken, der in Deutschland aufgewachsen ist:

Welche Vorurteile nimmst du wahr?

Ümit: Es gibt das Vorurteil, dass Türken jedem an die Kehle springen, sobald es um ihre Schwester geht. Ich bin seit drei Jahren mit einer Deutschen zusammen. Die Großmutter wollte wissen, ob meine Freundin jetzt Kopftuch tragen muss.

Wie sind die Vorurteile entstanden?

Ümit: Ich glaube, dass es sich um Meinungen handelt, die ohne die entsprechenden Erfahrungen entstanden sind. Diese Bilder werden weitergetragen durch Medien, Bekannte und Witze.

Was tragen Türken zu den bestehenden Vorurteilen bei?

Ümit: Wenn Türken in ihrer abgeschlossenen Gesellschaft leben, wie soll man dann zueinanderkommen? Viele Türken zeigen wenig Interesse an der deutschen Gesellschaft. Es gibt viele Beispiele, in denen Deutsche massive Schwierigkeiten mit türkischen Jugendlichen haben. Dafür gibt es Gründe: andere Wertvorstellungen, unterschiedliches Aggressionspotential, niedrigere Hemmschwellen.

Wie begegnet ihr den Vorurteilen?

Ümit: Wir sollten den Deutschen zeigen, wie wir Türken sind.

Wie wünschst du dir das türkische Leben in Deutschland?

Ümit: Dass wir gar nicht mehr darüber reden, welcher Herkunft jemand ist. Im Grunde zählt doch nur, wo ich bin, was ich mache und wie ich bin.

Zusammenleben – nicht einfach

Wir alle essen gerne beim Italiener oder Griechen, kaufen Obst und Gemüse beim Türken, benutzen japanische Fernsehgeräte und MP3-Player und reisen in alle Welt. Aber im **Zusammenleben** mit unseren ausländischen Mitbürgern gibt es immer wieder Probleme.

Den Menschen, die vor einigen Jahrzehnten dringend als Arbeitskräfte benötigt wurden, begegnen heute viele mit Misstrauen und Ablehnung. Da es heute nur noch wenige Arbeitsplätze gibt, sind sie nun Konkurrenten.

Andererseits haben z. B. viele Türken nur türkische und Russlanddeutsche nur russlanddeutsche Bekannte. So bleibt man sich gegenseitig fremd und Vorurteile werden nicht abgebaut. Außerdem führt das Leben nur unter den eigenen Landsleuten dazu, dass selbst Kinder aus ausländischen Familien, die schon Jahrzehnte in Deutschland leben, die deutsche Sprache nicht beherrschen. Das verringert ihre

Chancen in der Schule und auf dem Arbeitsmarkt.

Sowohl die Bundesregierung als auch viele Institutionen und Verbände bemühen sich deshalb darum, die ausländischen Mitbürger besser in die Gesellschaft zu **integrieren** (einzugliedern), damit aus Fremden mit der Zeit Mitbürger werden.

M 3 Der ehemalige Bundespräsident (1984–1994) Richard von Weizsäcker sagte zum Thema „Ausländer in Deutschland":
[…] Das Fremde und das uns Vertraute macht uns entweder Angst oder gibt uns ein gutes Gefühl. Damit ist aber nicht notwendigerweise gesagt, dass der Ausländer in jedem Fall der Fremde und der Deutsche der Vertraute ist.
Ein Hooligan* ist fast allen Deutschen etwas vollkommen Fremdes, das ihnen zuwider ist, aber ein ausländischer Kollege am Arbeitsplatz oder auch der italienische und griechische Gastwirt sind uns doch vollkommen vertraut. […]

Integration in Schule und Beruf

Seit dem 1. Januar 2005 ist das Zuwanderungsgesetz in Kraft, das die Zuwanderung regelt und auch die **Integrationsförderung** beinhaltet. Zuwanderung und Integration gehören eng zusammen, denn die zugewanderten Menschen müssen auf Dauer erfolgreich eingegliedert werden. Deshalb erhalten alle Neuzuwanderer, die sich rechtmäßig und dauerhaft in Deutschland aufhalten, ein Grundangebot zur Integration. Damit Integration dauerhaft gelingt, müssen die Menschen im Alltag aufeinander zugehen.

Ein besonderes Problem ist die **mangelhafte Schulbildung**. Sie ist Folge davon, dass selbst in der dritten Generation vor allem viele türkischstämmige Kinder sehr schlecht Deutsch sprechen können.

Aufgrund der schlechteren Schulabschlüsse haben ausländische Jugendliche auch schlechtere Chancen auf dem Arbeitsmarkt. Nur knapp ein Drittel der Jugendlichen findet einen Ausbildungsplatz.

M 4 Fremd in Deutschland? *Foto, 2008*

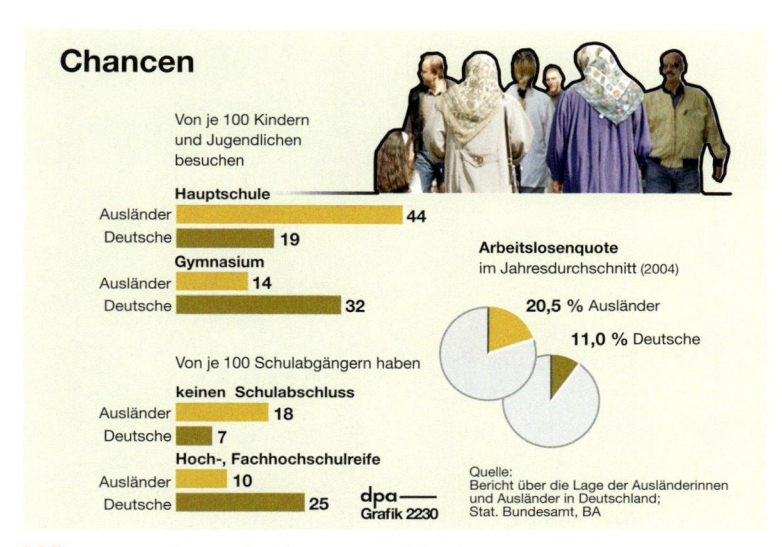

M 5 Zur Lage der Ausländer in Deutschland

*Hooligan (aus der englischen Sprache) Schlägertyp

1 Berichtet mithilfe von M 1 über die unterschiedlichen Anteile von Ausländern in den einzelnen Ländern Europas.

2 Beschreibt anhand von M 2, wie Menschen mit Migrationshintergrund ihr Leben bei uns sehen.

3 Lest M 3 und prüft, ob die Personen auf M 4 euch fremd erscheinen. Für wen könnten sie „fremd" sein?

4 Wertet M 5 aus und notiert, welche Probleme von Ausländern und Migranten im Bildungssystem sowie auf dem Arbeitsmarkt deutlich werden.

5 Notiert Vorschläge, wie ihr Mitschülerinnen und Mitschüler mit Migrationshintergrund in der Schule unterstützen könnt.

Europa entdecken

Das kann ich …

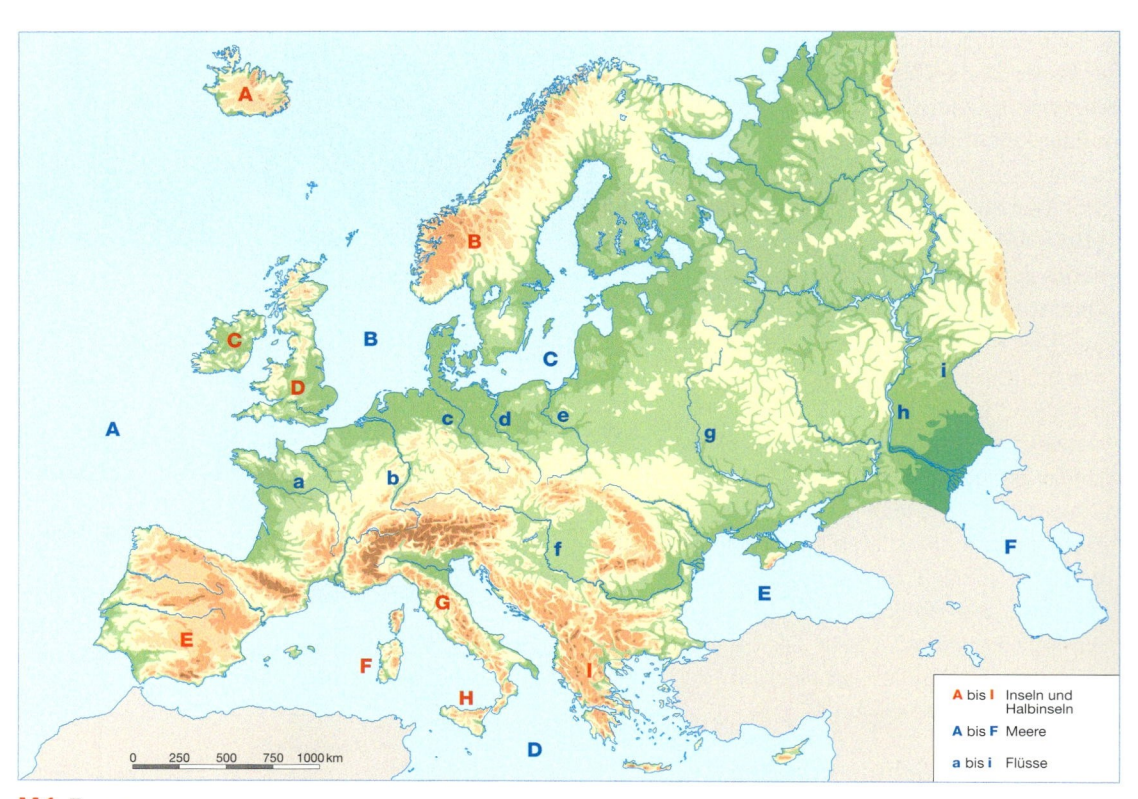

M1 Europa

A bis I Inseln und Halbinseln
A bis F Meere
a bis i Flüsse

- ✓ Grenzen Europas
- ✓ Großlandschaften Europas
- ✓ kulturelle Gemeinsamkeiten der Europäer
- ✓ Entdeckungsreisen
- ✓ Eroberung Lateinamerikas
- ✓ Migration
- ✓ Einwanderungsland
- ✓ Zusammenleben von Menschen mit unterschiedlicher Herkunft

M2 Wichtige Begriffe

M3 Landung des Kolumbus auf der Insel Guanahani. *Kupferstich, 1594.* Der Künstler Theodor de Bry schuf dieses Bild in Frankfurt zur Illustration eines Reiseberichts, er selbst war nie in Lateinamerika.

Inhaltsfeld: Internationalisierung und Globalisierung

M4 Gegen Ausländer

Die Umfrage zeigt zudem, dass die Ablehnung von Ausländern in Ostdeutschland auf einem hohen Niveau verharrt, obwohl lediglich etwa zwei Prozent Ausländer dort leben, deutlich weniger als im Westen. 41 Prozent sind der Meinung, dass zu viele Ausländer im Land leben, im vergangenen Jahr waren es 40 Prozent gewesen.

35 Prozent der Befragten waren der Meinung, dass die Zuwanderer viele soziale Probleme wie Wohnungsnot, Arbeitslosigkeit oder Kriminalität verschärften. Die Ablehnung treffe eine Gruppe, die auch von der Politik „als Problemverursacher hingestellt werde", sagte der Leiter der Umfrage. […]

M5 Auf einem Wochenmarkt in einer deutschen Großstadt

Was wir noch wissen

1 Erklärt euch gegenseitig die wichtigen Begriffe und schreibt die Bedeutung der Begriffe in eure Arbeitsmappe (M2).

2 Löst die stumme Karte Europas (M1).

3 Beschreibt, was die unterschiedlichen Völker Europas verbindet.

4 Schildert die Entdeckungsfahrten der Europäer, ihre Beweggründe und die Folgen für die Menschen in Lateinamerika (M3).

5 Nennt Gründe, warum heute viele Menschen ihre Heimatländer verlassen und sich auf den Weg nach Europa machen.

Wir meinen, dass …

7 Beurteilt die Folgen der Entdeckungsreisen und die Herrschaft der Europäer in Lateinamerika. Erstellt dazu eine Liste mit Vor- und Nachteilen für beide Seiten.

8 Nehmt Stellung zu der Aussage: „Für die Herkunftsländer ist die Auswanderung ein Verlust, für die Zielländer eine Chance!"

9 Lest M4 und sucht Gründe dafür, warum Menschen in Gegenden, in denen wenig Ausländer wohnen, sich eher ablehnend ihnen gegenüber verhalten.

Wir wenden an

10 Ladet die Mitschülerinnen und Mitschüler eurer Klasse/eurer Schule aus anderen Ländern zu einem „Fest der Kulturen" ein und bereitet es gemeinsam vor.

Gewusst, wie …

6 Bereitet eine Pro-und-Kontra-Diskussion zum Thema: „Ist Deutschland ein Einwanderungsland?" vor (→ **Wir führen eine Pro-und-Kontra-Diskussion**, S. 319).

Inhaltsfeld: Menschenbild und Weltauffassung

2 Zusammenleben von Christen, Juden und Muslimen

| 1000 | 1100 | 1200 | 1300 | 14

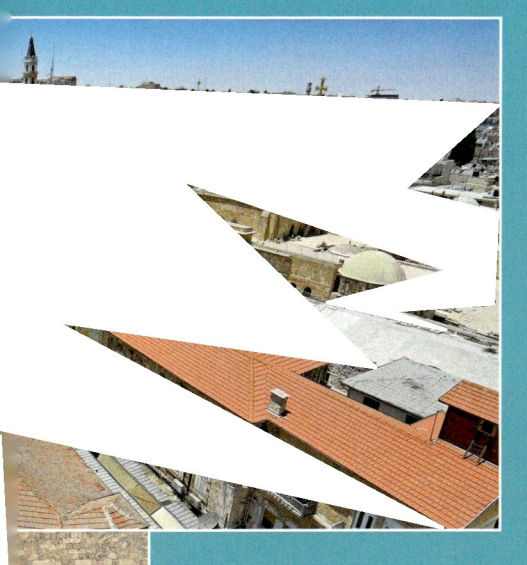

Noch heute ist Jerusalem für die drei großen Religionen eine heilige Stadt. Juden, Christen und Muslime haben hier ihre heiligen Orte: die Klagemauer, die Grabeskirche und die Al-Aqsa-Moschee (Felsendom).

Das Mit- und Gegeneinander der Anhänger dieser drei großen Religionen ist ein wichtiges Thema dieses Kapitels.

In diesem Kapitel könnt ihr
- die mittelalterlichen Weltvorstellungen und die geographischen Kenntnisse der damaligen Menschen erarbeiten und ermitteln, wie sich jene um 1500 veränderten,
- das zunächst friedliche Miteinander von Christen, Juden und Muslimen beschreiben,
- die Konflikte im Zeichen der Kreuzzüge kennenlernen und
- die Bedeutung und Auswirkungen der Erneuerung des christlichen Glaubens durch Martin Luther für die Geschichte Europas erfahren und bewerten.

Am Ende des Kapitels könnt ihr Karten zur Entwicklung der Bevölkerung auswerten.

1500   1600

Das mittelalterliche Weltbild

Wie stellten sich die Menschen im Mittelalter die Welt vor?

M 1 Karte aus einem englischem Gebetbuch, 13. Jahrhundert

Weltvorstellungen auf Karten

Historische Weltkarten sind für uns wichtige Quellen, weil sie uns zeigen, welche Vorstellungen die damals lebenden Menschen von der Erde hatten und wie sie die Welt gesehen haben. Diese Karten stammen von Seefahrern, Entdeckern und Wissenschaftlern. Wenn man Weltkarten aus unterschiedlichen Zeiten miteinander vergleicht, kann man die Veränderung des „Weltbildes" der Menschen und ihrer Raumvorstellungen erkennen.

Im mittelalterlichen Europa war das Weltbild vom christlichen Glauben und den Aussagen der Bibel geprägt. Ergänzt wurden diese Vorstellungen durch die Überlieferungen aus der Zeit der griechischen Antike.

Die christliche Karte

Die Karte M 1 aus dem 13. Jahrhundert will ein Bild von der Erde zeigen, sie dient aber nicht zur genauen Orientierung für Reisende oder Seefahrer.

Das Land ist vom Wasser umgeben, die Karte ist nach Osten ausgerichtet. Im Mittelpunkt der Weltkarte liegt Jerusalem. Europa und Afrika sind zu sehen; sie gehen ineinander über.

Der Zeichner will keine genauen geographischen Kenntnisse seiner Zeit vermitteln, sondern seine religiös geprägte Vorstellung von der Erde. Christus wird als Herr der Welt gezeigt.

M 2 Weltkarte des arabischen Kartographen Idrisi, 12. Jahrhundert

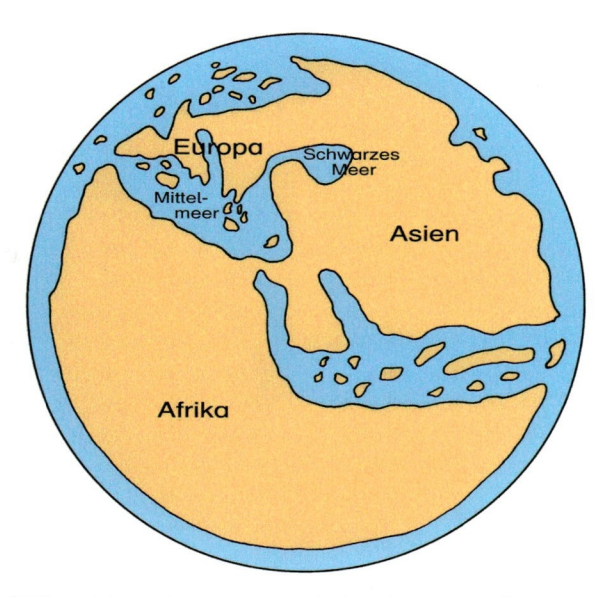

M 3 Weltkarte des Idrisi, 12. Jahrhundert. *Umzeichnung*

Es ist nicht genau zu erkennen, ob der Zeichner der Karte M 1 die Erde als Scheibe oder Kugel sieht.

Islamische Karten

Islamische Weltkarten aus derselben Zeit zeigen die Welt deutlich genauer. Die arabischen Kartenzeichner denken wie Griechen in der Antike, dass die Erde eine kugelförmige Gestalt habe. Europa wird als ein Teil Asiens und nicht wie auf der christlichen Karte als selbstständiger Kontinent gesehen.

Auf den islamischen Karten sind keine religiösen Darstellungen zu finden, da es unüblich war, Gott abzubilden. Die islamischen Karten waren hauptsächlich für die Orientierung von Reisenden und Seefahrern gedacht.

Chinesische Karten

In der alten chinesischen Auffassung von der Welt wird der Himmel als rund, die Erde jedoch als quadratisch angenommen. Zusammengesetzte und ummauerte Quadrate stehen um einen Kern herum.

M 4 Weltkarte in der alten chinesichen Auffassung

1. Vergleicht die Karten M 1 und M 2 und beschreibt, welche Gebiete auf ihnen gezeigt werden.

2. Stellt mihilfe eines Atlas (Weltkarte) fest, welche Gebiete auf den Karten fehlen.

3. Formuliert mit euren Worten, welche Weltvorstellungen in den Karten M 1, M 2 und M 4 sichtbar werden.

4. Beurteilt die Weltvorstellung der Christen und der Muslime aus heutiger Sicht. Notiert dazu Begründungen für eure Bewertungen.

Muslime und Christen in Andalusien

Wie wirkte sich die muslimische Herrschaft in Spanien aus?

*Emirat
arabisches Fürstentum

*El Cid
spanischer Ritter, der im 11. Jahrhundert ein Königreich errichtete

*Almoraviden, Almohaden
nordafrikanische Herrschergeschlechter

*Nasriden
muslimisches Herrschergeschlecht des Königreiches Granada

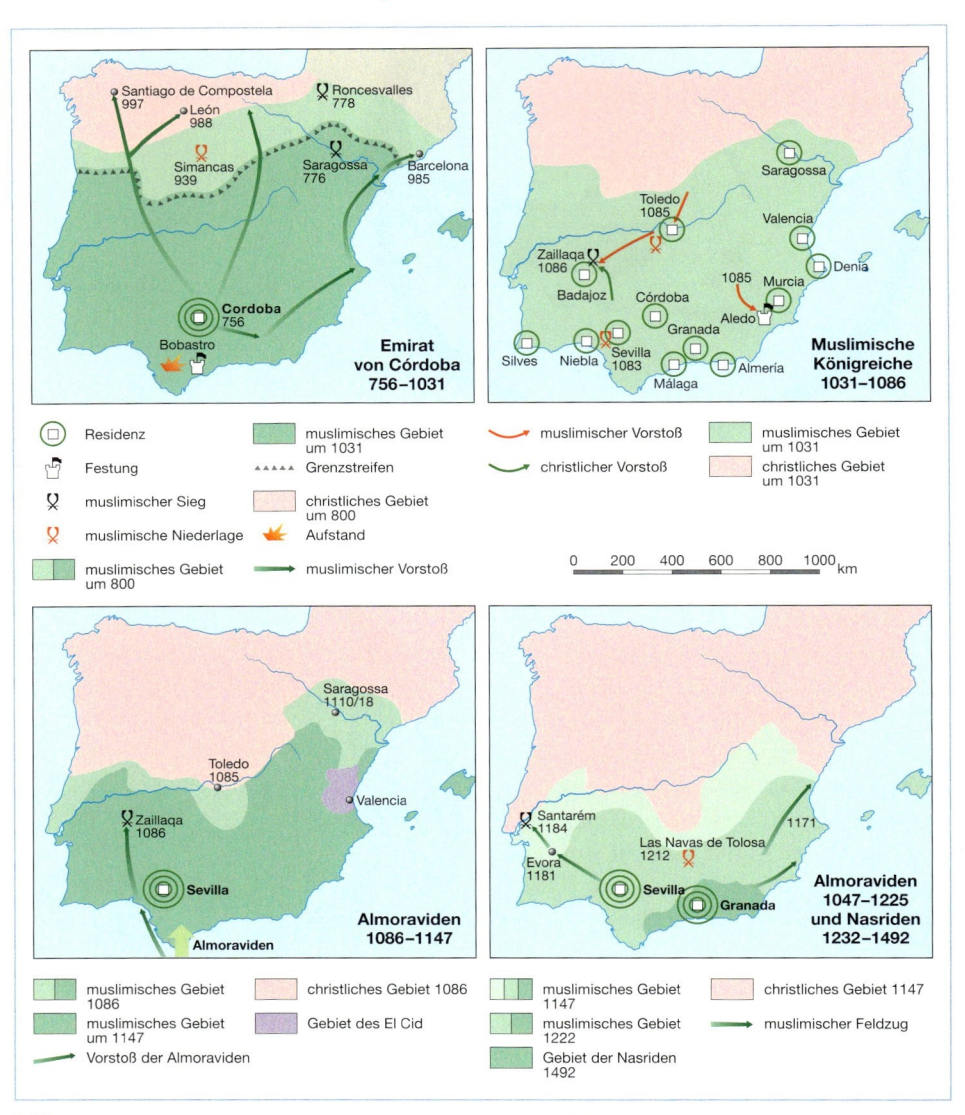

M 1 Islamische Herrschaft in Spanien vom 8. bis zum 15. Jahrhundert

Al-Andalus

„Spanien" – das war im Mittelalter keine geographische Einheit, sondern enthielt viele Herrschaftsgebiete, aus denen im 8. bis 10. Jahrhundert die christlichen Königreiche Navarra, Aragon, Leon und Kastilien und im 12. Jahrhundert das Königreich Portugal entstanden. Politisch, wirtschaftlich und kulturell bedeutend wurde jedoch Al-Andalus, das im Süden der Iberischen Halbinsel gelegene muslimische Spanien.

Der Beginn der islamischen Herrschaft

M2 Der Journalist Rainer Traub schrieb 1998 in einer Zeitschrift über die Eroberung Spaniens durch die Muslime:

[…] Europa liegt Afrika nirgends näher als in Tarifa. Mit den weißen Häusern der kleinen Hafenstadt am Südzipfel Spaniens endet das christliche Abendland. Deutlich zeichnen sich jenseits der Meerenge, die an dieser Stelle mit gerade zwölf Kilometern noch schmaler als bei Gibraltar ist, das Atlas-Gebirge und die marokkanische Küste ab. Von dort setzte im Jahr 710 ein muslimischer Vortrupp über, um die in Nordafrika umlaufenden Gerüchte vom Reichtum des benachbarten Landes zu überprüfen. Der Anführer Tarif – ihm verdankt Tarifa seinen Namen – war so beeindruckt, dass die Muslime im Mai 711 mit einem Heer von 7000 Kriegern wiederkehrten. Die jüngste der monotheistischen* Religionen – sie war noch keine hundert Jahre alt – eroberte die Iberische Halbinsel blitzartig. Bis zum Jahr 716 […] war deren weitaus größter Teil in muslimischer Hand. Wie war das möglich? Die Historiker dieser Epoche weisen darauf hin, dass den Mannen aus Afrika nicht nur die innere Zerrissenheit und die Unbeliebtheit des westgotischen Königreichs zugute kam, das sie hinwegfegten. Sie fanden auch spontane Verbündete im jüdischen, dem alten Regime* verhassten Teil der Bevölkerung.

Die große Mehrheit der Einheimischen akzeptierte die Eroberer rasch. Zum einen hatten die Neuen sozial und kulturell mehr zu bieten als die gestürzten Herren. Zum anderen verlangten sie keine bedingungslose Unterwerfung. […]

M3 Blick in die Mezquita, die ehemalige Große Moschee von Córdoba, erbaut 786–990. Seit 1236 ist sie die katholische Kathedrale der Stadt. *Foto*

Politik der Toleranz

Die Muslime zwangen weder Juden noch Christen, den muslimischen Glauben anzunehmen. Juden und Christen konnten weiterhin ihren Glauben ausüben, wenn sie sich der muslimischen Herrschaft unterwarfen. Sie mussten den muslimischen Herrschern allerdings eine Kopfsteuer bezahlen.

Die unterschiedlichen Kulturen standen in einem regen Austausch und wuchsen eng zusammen.

*monotheistisch, (Monotheismus)
Glaube an einen einzigen Gott, der die Existenz anderer Götter ausschließt; monotheistische Religionen sind das Judentum, das Christentum und der Islam.

*Regime
Regierungsform, Herrschaft

1 Beschreibt mithilfe der linken oberen Karte in M1 die Gebiete Spaniens, die 756 n. Chr. unter muslimischer Herrschaft waren.

2 Schildert mit euren Worten, wie und warum die afrikanischen Muslime Spanien eroberten (M2).

3 Berichtet und beurteilt, wie die muslimischen Herrscher mit der Bevölkerung im eroberten Andalusien umgingen.

4 Erläutert anhand der Karten in M1 die Rückeroberung Spaniens durch die Christen bis zum Jahre 1402.

Muslime und Christen in Andalusien

Warum endete das Zusammenleben von Christen und Muslimen?

Córdoba – ein Kulturzentrum

M 3 Der Journalist Rainer Traub schrieb über Córdoba unter islamischer Herrschaft:
[…] Der Aufstieg der andalusischen Metropole zur reichsten und größten Stadt Europas gründete auf mehreren Faktoren. Die Araber brachten ein ausgeklügeltes Bewässerungssystem mit. Sie führten das Dromedar als Lasttier ein. Sie machten orientalische Bodenprodukte wie Zuckerrohr und Baumwolle, Pfirsichbaum und Dattelpalme in Andalusien heimisch. Und sie trieben intensiven Handel mit dem afrikanischen Kontinent.
Gegen Ende des ersten Jahrtausends gab Córdoba mit einer Million Einwohnern dreimal so viel Menschen Raum wie heute. Sie erquickten sich in über 900 maurischen Bädern und verfügten über eine Bibliothek mit gut 400 000 Bänden. […]

Toledo – Zentrum der Wissenschaft

1085 eroberten die Christen Toledo zurück. Die Stadt blieb auch unter christlicher Herrschaft ein Zentrum der Wissenschaft. Von hier gelangten alle wichtigen Schriften der antiken griechischen Schriftsteller und die wichtigsten Werke der arabischen Wissenschaftler in Übersetzungen in den Westen Europas.

M 4 Der Autor Arnold Hottinger schrieb zur ersten Übersetzerschule von Toledo:
[…] Von höchster Bedeutung für die gesamte Kultur Europas sollten die Übersetzungen arabischer Texte der Philosophie und Naturwissenschaften werden, die in der seit 1085 kastilischen* Stadt Toledo und auch schon zuvor in Barcelona durch die Zusammenarbeit von jüdischen und muslimischen Fachleuten mit christlichen Gelehrten entstanden. Die arabischen Texte gingen zu bedeutenden Teilen auf griechische Originale zurück, die schon zwei Jahrhunderte zuvor in Bagdad ins Arabische übersetzt worden waren. Die hellenistische* Medizin, Astronomie, Botanik*, Geometrie, Mathematik und Philosophie […] gelangten auf diesem Umweg über das Arabische zum ersten Mal an die Hochschulen von Paris, Oxford und Oberitalien. […]

Kulturelle Blütezeit in Granada

Als letzter muslimischer Staat bildete sich im Jahre 1237 das Sultanat von Granada. Durch die Zahlung hoher Tribute an Kastilien konnte dieser muslimische Staat eine Zeitlang bestehen und eine neue Blütezeit erleben. Der kunstvolle Ausbau und die Vollendung der Alhambra, einer Stadtburg in Granada, sowie ein erneuter Aufschwung der Wissenschaften und Bildung fielen in die Zeit Muhammads V. (Regierungszeiten: 1354 bis 1359 und 1362 bis 1391).

Das Ende der Toleranz: Glaubenskriege

Seit dem 13. Jahrhundert erklärten die spanischen Christen die Rückeroberung aller Teile Spaniens, die noch unter arabischer Herrschaft waren, zu einem Hauptziel ihrer Politik (Reconquista*).
Die Berber* wiederum, die seit dem 12. Jahrhundert in Al-Andalus an der Macht waren, verfolgten die Christen im Namen des heiligen Krieges (Dschihad).

M 1 Archimedische Schraube. *Rekonstruktionszeichnung*

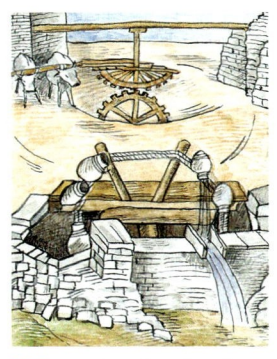

M 2 Räderschöpfwerk. *Rekonstruktionszeichnung*

*Kastilien
Königreich im Herzen Spaniens

*hellenistisch (Hellenismus)
Bezeichnung für die Epoche von Alexander dem Großen bis zur römischen Kaiserzeit, die durch die gegenseitige Beeinflussung griechischer und orientalischer Kulturelemente gekennzeichnet ist

*Botanik
Pflanzenkunde

M 5 Alhambra, Löwenhof. *Foto*

M 6 Arabische Wissenschaftler. Auf dem Bild zu erkennen: Zirkel, Lineal, Globus, Sanduhr und ein Astrolabium (oben rechts), mit dem die geographische Breite bestimmt werden konnte. *Türkische Buchmalerei, 16. Jahrhundert*

Christliche Verfolgung Andersgläubiger

Als letztes Gebiet unter arabischer Herrschaft wurde 1492 Granada von den Truppen der katholischen Königin Isabella von Kastilien und König Ferdinand von Aragon eingenommen. Zunächst wurde den Muslimen die freie Religionsausübung zugesagt. Doch bereits 1502 wurden diese Rechte aufgehoben. „Taufe" oder „Auswanderung" lauteten nun die Alternativen. Auch die Juden wurden vor diese Entscheidung gestellt: Wer sich nicht taufen lassen wollte, wurde 1492 ausgewiesen. Ab 1523 wurde inmitten der Großen Moschee von Córdoba (Mezquita) eine katholische Kirche gebaut.

*Reconquista
(Span. = Rückgewinnung) Kampf der christlichen Bevölkerung Spaniens gegen die arabische Herrschaft im Mittelalter

*Berber
Angehörige einer nordafrikanischen Völkergruppe

1 Berichtet mithilfe des Textes sowie anhand von M 1, M 2, M 5 und M 6 über die kulturelle Entwicklung in den muslimischen Gebieten Spaniens.

2 Erklärt, auf welchem Weg die Kenntnis der antiken und arabischen Wissenschaften an die Universitäten Westeuropas gelangten.

3 Führt im Internet eine Recherche zu Toledo durch und berichtet über die Bedeutung der Stadt in der Zeit von 1000 bis 1400 (→ **Wir führen eine Internetrecherche durch**, S. 316).

4 Beschreibt, wie das friedliche Miteinander der unterschiedlichen Religionen und Kulturen verloren ging.

Gewalt und Krieg im Namen Christi

Welches Ziel hatten die Kreuzzüge?

M 1 Kreuzfahrer schleudern während der Belagerung Niceas (1097) die Köpfe der Feinde in die belagerte Stadt. *Buchillustration 13. Jahrhundert*

Der Papst ruft zum Kreuzzug auf

Wie auf der Iberischen Halbinsel lebten Christen und Muslime auch in den übrigen Teilen des islamischen Weltreichs über lange Zeit friedlich miteinander. Obwohl Palästina bereits um die Mitte des 7. Jahrhunderts von den Arabern erobert worden war, konnten Christen ungestört Pilgerreisen zu den heiligen Stätten wie Jerusalem oder Nazareth unternehmen. Diese Situation änderte sich schlagartig im 11. Jahrhundert. Die Seldschuken, ein türkisches Reitervolk aus Mittelasien, eroberten Syrien, Palästina, Kleinasien und bedrohten Byzanz. Die Pilgerwege wurden unterbrochen.

Der byzantinische Kaiser, der zu schwach war, um diesen Angriff abzuwehren, richtete deshalb im Jahr 1095 einen Hilferuf an Papst Urban II.

Zum Abschluss einer Kirchenversammlung in Frankreich forderte der Papst die Teilnehmer und alle Christen auf, in einem Kreuzzug Jerusalem von der Herrschaft der Muslime zu befreien, denn „Gott will es!"

*Heiliges Grab
Bezeichnung für das Grab in Jerusalem, in das Jesus gelegt wurde

Q 1 Ein Zuhörer, der Mönch Robert von Reims gab 1107, also zwölf Jahre später, die Rede Papst Urbans wieder:

[…] Ihr Volk der Franken, ihr seid Gottes geliebtes und auserwähltes Volk. An euch richtet sich unsere Rede: Von Jerusalem und Konstantinopel kam schlimme Nachricht zu uns. Ein fremdes und gottloses Volk hat die Länder der dortigen Christen besetzt und durch Mord, Raub und Brand entvölkert. Die Kirchen wurden gründlich zerstört oder beschlagnahmt. […] Unerschrockene Ritter, gedenkt der Tapferkeit eurer Väter. Das Land, in dem ihr wohnt, ist von euch viel zu dicht bevölkert. Es hat keinen Überfluss an Reichtum und liefert seinen Bauern kaum die nötigste Nahrung.
Tretet den Weg zum Heiligen Grab* an, nehmt das Land dort dem gottlosen Volk, macht es euch untertan. Jerusalem ist der Mittelpunkt der Erde, das fruchtbarste aller Länder. Wir aber erlassen allen gläubigen Christen, die gegen die Heiden die Waffen erheben, alle Strafen, die die Kirche für ihre Sünden über sie verhängt hat. […]

Was treibt die die Kreuzfahrer an?

Q 2 Die Würzburger Jahrbücher berichten 1147 über die Motive der Kreuzfahrer Folgendes:

[…] Verschieden aber waren ihre Absichten: Die einen nämlich, gierig nach Neuigkeiten, gingen, um neue Länder zu sehen. Andere, gezwungen durch Armut, […] waren bereit, gegen die Feinde des christlichen Kreuzes zu kämpfen, wo immer es ihnen günstig erschien, um ihre Armut zu lindern. Ferner gab es Leute, die von Schulden gedrückt wurden, wie-

Inhaltsfeld: Menschenbild und Weltauffassung

der andere waren bestrebt, die ihrem Herrn geschuldeten Dienste loszuwerden, oder sie erwarteten sogar für ihre Verfehlungen die verdienten Strafen. [...] Es fanden sich kaum welche, die von heiliger oder heilsamer Absicht geleitet wurden. [...]

Aufbruch zum ersten Kreuzzug

Wanderprediger verbreiteten den Aufruf des Papstes zum Kreuzzug in ganz Europa. Die Begeisterung der Menschen war groß. Hunderttausende waren bereit, ihre Familien und ihre Heimat zu verlassen, um unter dem Zeichen des Kreuzes ins Heilige Land zu ziehen. Aber nicht nur religiöse Aspekte wie die versprochene Vergebung der Sünden und das ewige Leben für die im Kampf Gefallenen, sondern auch Abenteuerlust und wirtschaftliche Gründe, vor allem die Aussicht auf reiche Beute, führten zu einem Massenaufbruch von Adeligen und Rittern, Bauern und Handwerkern, aber auch Dieben und Räubern. Noch im Jahr 1096 brachen mehrere Ritterheere auf, u. a. geführt von dem Herzog von Lothringen, Gottfried von Bouillon. Daneben zogen auch ungeordnete, „wilde Haufen" des einfachen Volkes unter dem Einsiedler mit dem Namen Peter von Amiens nach Jerusalem.

Verfolgung der Juden am Rhein

Für die auf ihrem Weg liegenden jüdischen Gemeinden hatten die Kreuzzüge furchtbare Folgen: In Worms und Speyer, Köln, Prag und anderen Städten wurden jüdische Häuser und Synagogen geplündert und zerstört, über 5000 Juden wurden ermordet.

Q3 Über die Vorgänge in Worms im Mai 1096 berichtet der jüdische Geschichtsschreiber Salomo bar Simson: [...] Als die Kreuzfahrer durch die Städte kamen, in denen Juden wohnten, sprachen sie in ihrem Herzen: „Wir ziehen dahin, das Heilige Grab aufzusuchen, und Rache an den Muslimen zu üben, und hier sind die Juden, die Jesus umgebracht und gekreuzigt haben. Lasst uns zuerst an ihnen Rache nehmen und sie austilgen, sodass sie kein Volk mehr bilden; oder sie sollen sich zu unserem Glauben bekennen." Sie überfielen die Juden in ihren Häusern und brachten sie um, Männer, Frauen und Kinder, Jünglinge und Greise. [...]

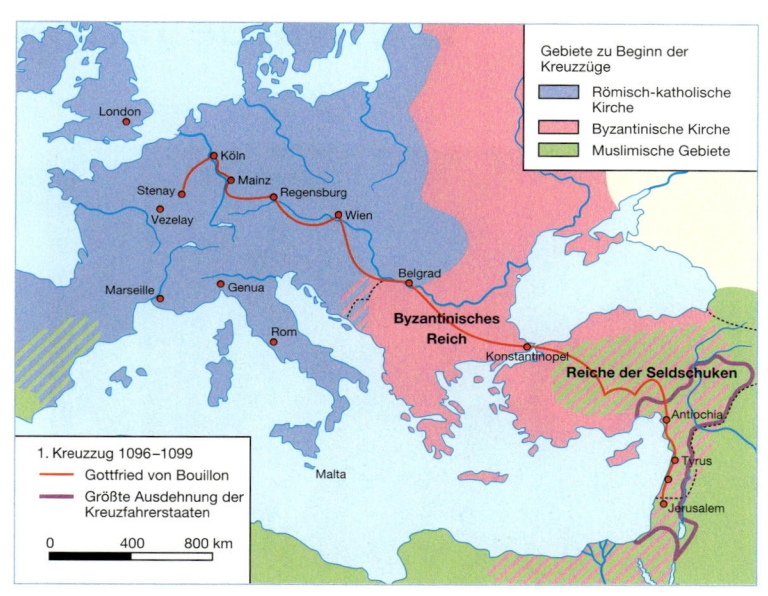

M2 Der erste Kreuzzug

1. Untersucht Q1 und nennt die Hinweise, mit denen der Papst die Zuhörer für den Kreuzzug gewinnen will (→ **Wir untersuchen Textquellen**, S. 320).

2. Zeigt mithilfe von Q1, welches Bild von den Muslimen der Papst in seiner Predigt entwirft.

3. Schreibt die unterschiedlichen Gründe für die Teilnahme am Kreuzzug auf (Q2).

4. Beschreibt, wie die christlichen Kreuzfahrer mit den Juden in Städten am Rhein umgingen und nennt Gründe für dieses Verhalten (Q3).

5. Informiert euch über die Ausdehnung des islamischen Weltreiches im 12. Jahrhundert.

6. Beurteilt die Motive für die Kreuzzüge (Q1 und Q2).

Gewalt und Krieg im Namen Christi

Wie wurde Jerusalem erobert?

M 1 Lager der Kreuzfahrer vor Jerusalem. *Zeitgenössische Miniatur*

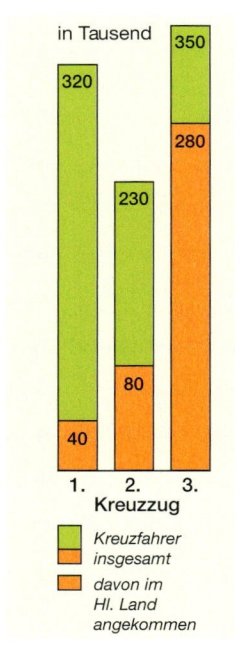

M 2 Beteiligung von Kreuzfahrern an den drei Kreuzzügen

(in Tausend)
- 1. Kreuzzug: 320 / 40
- 2. Kreuzzug: 230 / 80
- 3. Kreuzzug: 350 / 280

Legende: Kreuzfahrer insgesamt / davon im Hl. Land angekommen

Blutbad in Jerusalem

Nach drei Jahren erst erreichten die Kreuzfahrerheere das Heilige Land, aber die Strapazen des Marsches, Krankheiten, das ungewohnte Klima und die ständigen Überfälle der Seldschuken hatten bereits hohe Verluste gefordert. Weitere schwere Kämpfe folgten, bis die Kreuzritter vor ihrem Ziel standen: Jerusalem. Fünf Wochen lang dauerte die Belagerung, dann erst konnten sie nach erbittertem Widerstand der Verteidiger im Juli 1099 in die Stadt eindringen und sie erobern.

Q 1 Über die Eroberung Jerusalems, (15. Juli 1099) berichtete ein christlicher Augenzeuge:

[…] Am Freitag ganz früh unternahmen wir einen allgemeinen Sturm auf die Stadt, ohne etwas ausrichten zu können. In diesem Augenblick erkletterte einer unserer Ritter die Stadtmauer; alle Verteidiger flohen und die Unsrigen folgten ihnen und trieben sie tötend und mordend vor sich her. Am Tempel Salomons gab es ein Blutbad, dass die Unsrigen im Blut wateten […] auch im Tempel ergriffen sie eine große Zahl Männer und Frauen und töteten sie oder ließen sie leben, wie es ihnen gut schien. Bald durcheilten die Kreuzfahrer die Stadt und rafften Gold, Silber, Pferde und Maulesel an sich. Glücklich und vor Freude weinend gingen die Unsrigen hin, das Grab Unseres Erlösers zu verehren. Am folgenden Tag erkletterten die Unsrigen das Dach des Tempels, griffen die Muslime an, Frauen und Männer, zogen das Schwert und schlugen ihnen die Köpfe ab. […]

Q 2 Der arabische Geschichtsschreiber Ibn al-Atir, der von 1160 bis 1233 lebte, schrieb:

[…] Die Franken nahmen Jerusalem von der Nordseite am Freitag dem 22. Scha'ban 492. Die Einwohner wurden ans Messer geliefert. […] In der Al-Aksa Moschee töteten die Franken mehr als 70 000 Muslime. […] Aus dem Felsendom raubten sie unermessliche Beute. Die Flüchtlinge erreichten Bagdad im Ramadan. Sie flehten unter Tränen um Hilfe und rührten alle mit ihrer Erzählung, was die Muslime in dieser erhabenen heiligen Stadt erlitten hatten: die Männer getötet, die Frauen und Kinder gefangen, alle Habe geplündert. Die verschiedenen muslimischen Fürsten lagen untereinander in Streit, deswegen konnten die Franken das Land besetzen. […]

Q 3 Wilhelm von Tyrus, Kanzler des Königreiches Jerusalem und später Erzbischof von Tyrus, schrieb 1170 in einer Geschichte der Kreuzzüge über die Eroberung Jerusalems:

[…] Das Haus aber, das einer erbrach, nahm er sich mit allem, was darin war, für immer rechtlich in Besitz. Denn man war vor der Eroberung der Stadt miteinander übereingekommen, dass jeder seine Erwerbungen nach Eigentumsrecht ohne Widerspruch für immer besitzen solle, wenn die Stadt im Sturm genommen sei. Deshalb durchstreiften sie die Stadt sorgfältig und drängten sehr ungestüm auf die Ermordung der Bürger. […] Als endlich […] in der Stadt die Ordnung hergestellt war, wuschen sie sich die Hände, zogen reine Kleider an und gingen dann mit demütigen und zerknirschtem Herzen an den ehrwürdigen Orten umher […] und küssten dieselben in größter Andacht. […]

Die Rückeroberung Jerusalems

Dem ersten Kreuzzug folgten bis zum Jahre 1270 noch sechs weitere. Den Muslimen gelang es unter ihrem Sultan Saladin, ab 1170 die meisten von den Christen besetzten Gebiete zurückzuerobern. Bei der Rückeroberung kam es auf beiden Seiten zu großen Grausamkeiten und Massakern. Im Jahre 1187 gelang Saladin auch die Besetzung Jerusalems, das gegen eine große Summe Lösegeld kampflos von den Kreuzrittern übergeben wurde. Saladin verzichtete auf Rache für die Behandlung der Muslime durch die Kreuzritter im Jahre 1099.

Q 4 Der muslimische Chronist Imad ad-Din berichtete:
[…] Manche Christen zahlten neben dem Lösegeld noch einen Tribut und blieben in Jerusalem in aller Ruhe ansässig. Es wurden […] vier Priester zum Dienst in der Grabeskirche bestimmt, die von der Steuer befreit wurden. […] Tausende von Christen blieben in der Stadt und ihrer Umgebung und gingen friedlichen Beschäftigungen nach. […]

M 3 Plünderung des Felsendoms, eines muslimischen Heiligtums.
Arabische Miniaturmalerei 14. Jahrhundert

Q 5 Der christliche Chronist Ernoul schrieb um 1197:
[…] Ich werde erzählen, wie Saladin die Stadt Jerusalem bewachen lies, damit die Sarazenen (Muslime) den Christen in der Stadt nichts Übles antun konnten. […] Saladin ließ die Christen Tag und Nacht vom Heer beschützen, damit ihnen kein Übel angetan werde und die Übeltäter sich nicht anschleichen konnten. […]

Jerusalem war nun wieder für Muslime, Juden und Christen zur Verehrung ihrer heiligen Stätten zugänglich.
Im Jahre 1291 wurde die Hafenstadt Akkon, die letzte christliche Festung, von den Muslimen erobert. Damit war das Ende der christlichen Herrschaft im Heiligen Land gekommen.

1095 Aufruf zum Kreuzzug und zur Befreiung Jerusalems von muslimischer Herrschaft

1099 Eroberung Jerusalems

ab **1099** Gründung von Kreuzfahrerstaaten

1187 Saladin, Sultan von Ägypten, erobert das von Christen besetzte Palästina zurück

1291 Ende der christlichen Herrschaft in Palästina

M 4 Zeittafel

1 Untersucht Q1, Q2 und Q3 und stellt die Eroberung Jerusalems aus christlicher sowie muslimischer Sicht dar (→ **Wir untersuchen Textquellen**, S. 320).

2 Schildert, wie Sultan Saladin mit den Christen nach der Rückeroberung Jerusalems verfährt.

3 Beurteilt das Verhalten der Christen und Muslime in der Zeit der Kreuzzüge aus damaliger und heutiger Sicht.

Renaissance und Reformation

Wie kam es zum „Neuen Denken"?

M 1 Verkündigung. *Kölner Meister um 1310*

kern als **Renaissance*** (Wiedergeburt) bezeichnet und gilt heute als eine Bezeichnung für die Zeit von 1500 bis 1600.

Der „neue Mensch"

> **Q 1 Die Rolle des „neuen Menschen" beschrieb der italienische Gelehrte Gianozzo Manetti bereits 1452 so:**
>
> [...] Die Welt ist wohl von Gott geschaffen, aber der Mensch hat sie verwandelt und verbessert. Denn alles, was uns umgibt, ist unser eigenes Werk, das Werk des Menschen, alle Wohnstätten, alle Schlösser, alle Gebäude aus der ganzen Welt. [...] Von uns sind die Gemälde, die Skulpturen; von uns kommen der Handel, die Wissenschaften und philosophischen Systeme. Von uns kommen alle Erfindungen und alle Arten von Sprachen und Literaturen*. [...]

Die Wiederentdeckung der Lebensfreude

Die gebildeten Menschen der Zeit um 1500 lösten sich aus der Vormundschaft von Religion und Kirche. Sie fühlten sich als eigenständige Persönlichkeiten.

Sie gaben sich nicht mehr damit zufrieden, ein beschwerliches, trostloses Leben zu führen und sich von der Kirche auf das Jenseits vertrösten zu lassen. Bereits im Diesseits wollten sie glücklich sein, sich am Schönen erfreuen und ihr Leben in vollen Zügen genießen.

Der selbstbewusste, stolze und glückliche Bürger wurde zur Idealvorstellung.

Die Wissenschaftler und Künstler entdeckten die lange in Bibliotheken vergessenen Schriften der antiken Schriftsteller, vor allem der Griechen, wieder. Die Wiederentdeckung der Antike in Wissenschaft und Kunst wurde später von den Histori-

Der Humanismus*

Durch das Studium der antiken Schriften wollten die Gelehrten um 1500 das verlorengegangene Wissen der Antike wiedergewinnen.

Das „alte Denken" der Griechen und Araber war um 1500 ausgesprochen neu und modern. Es sollte helfen den Menschen und die Erde zu erforschen, ohne an die Vorgaben der Kirche und der Bibel gebunden zu sein. Dazu war es nötig, selbst zu beobachten, zu sammeln, zu vergleichen, zu prüfen und eigene Schlüsse zu ziehen. Diese geistige Bewegung wurde später „Humanismus" genannt und breitete sich von Italien über ganz Europa aus. Der allseits gebildete Mensch wurde zum Idealbild. Die festgefügten Lehren der Kirche wurden dadurch zunehmend in Frage gestellt.

---

*Renaissance
(Frz. = Wiedergeburt) Bezeichnung für die Zeit am Ende des Mittelalters, in der in Wissenschaft und Kunst die Schriften sowie Kunstwerke der griechischen und römischen Antike „wiederentdeckt" wurden und großen Einfluss auf das Denken sowie Fühlen der Menschen hatten

*Literaturen
schriftliche Texte, Bücher

*Universalgenie
Gelehrter, der sich in vielen Wissensgebieten auskennt

Inhaltsfeld: Menschenbild und Weltauffassung

M 2 Die Geburt der Venus. In der Themenwahl und der Lichtführung bricht der Maler mit der bisherigen traditionellen Malweise. Statt einer Heiligen malt er die heidnische Göttin Venus, die im Mittelalter als Verkörperung der Lasterhaftigkeit galt. Seine nackte Frauenfigur orientiert sich an antiken Vorbildern. *Gemälde von Sandro Botticelli, um 1486*

Vorbild und Beispiel: Leonardo da Vinci

Der Italiener Leonardo da Vinci (1452–1519) war ein Universalgenie*. Er war Maler, Bildhauer, Forscher und Erfinder. Ihn interessierte beinahe alles. Obwohl das Sezieren* menschlicher Körper durch die Kirche verboten war, nahm Leonardo über 30 Leichenöffnungen selbst vor, um sich ein genaues Bild vom menschlichen Körper und seinen Organen sowie den Krankheitsursachen zu machen.

Q 2 Seine Vorgehensweise begründete Leonardo mit folgenden Worten:

[…] Mir aber scheint, es sei alles Wissen eitel und voller Irrtümer, das nicht von der Erfahrung, der Mutter aller Gewissheit, zur Welt gebracht wird. Hüte dich vor den Lehren jener […], deren Überlegungen nicht von der Erfahrung bestätigt sind. […] Wir müssen von der Erfahrung ausgehen und mit dieser das (Natur)Gesetz erforschen. […]

Die neue Kunst

Auch der Inhalt der Kunstwerke änderte sich: Die Verherrlichung Gottes trat in den Hintergrund; die genaue Darstellung des Menschen wurde wichtig. Die Bildhauer wollten den Menschen möglichst naturgetreu und vollkommen abbilden. Aus diesem Grund stellten sie, wie die antiken Künstler, die Figuren nackt dar. Die Bildhauer und Maler glaubten sogar, den vollkommen schönen Körper mithilfe mathematischer Formeln berechnen zu können.

*Sezieren
Öffnen und Zergliedern des toten menschlichen Körpers zu Forschungszwecken

*Humanismus
(Lat.: *humanum* = das Menschliche, den Menschen betreffend) geistige Bewegung, die sich während der Renaissance von Italien aus in ganz Europa verbreitete

1 Gebt mit euren Worten wieder, was die Begriffe „Renaissance" und „Humanismus" bedeuten.

2 Vergleicht M 1 und M 2: Wie werden die Menschen dargestellt, wie wird der Hintergrund gestaltet (→ **Wir lesen Bilder**, S. 314)? Erklärt nun die neue Sichtweise der Künstler der Zeit der Renaissance gegenüber dem Mittelalter.

3 Untersucht Q 1 und Q 2 und erklärt, warum in ihnen ein neues Denken gegenüber der Zeit des Mittelalters sichtbar wird (→ **Wir untersuchen Textquellen**, S. 320).

Renaissance und Reformation

Warum kam es zur Reformation?

M 1 Nonnen und ein Abt auf dem Heimweg von einem Trinkgelage. *Holzschnitt um 1450*

*Reformation
Erneuerung

*Ablass
von der katholischen Kirche versprochener Nachlass von Sündenstrafen, der gegen Geld oder gute Werke zu erlangen war; zur Finanzierung des Baus der Peterskirche in Rom wurde der Verkauf von Ablassbriefen in großem Maße missbräuchlich eingesetzt.

*Kurfürst
Fürst, der das Recht hatte, den deutschen König zu wählen; abgeleitet vom mittelalterlichen Wort für „wählen" (cure)

Angst und Unsicherheit um 1500

In den Jahrzehnten vor der Reformation* um 1500 war das Lebensgefühl der Menschen von Sorge um ihr Seelenheil geprägt. In ihrer Not erwarteten die Menschen Trost und Hilfe von der Kirche.
Doch viele Priester und Bischöfe vernachlässigten zu dieser Zeit ihre Pflichten und kümmerten sich mehr um ihr eigenes Wohlergehen. So wurde der Ruf nach einer Reform der Kirche immer lauter.
Mit seiner Kritik an den Missbräuchen in der katholischen Kirche löste der Mönch **Martin Luther** 1517 eine der größten Veränderungen innerhalb des Christentums aus.

Die Reformation beginnt

Q 1 Am 31. Oktober 1517 veröffentlichte ein junger Professor der Theologie, der Augustinermönch Martin Luther, in Wittenberg eine Schrift gegen den Missbrauch des Ablasses* durch die Kirche:

[…] 21. Es irren die Ablassprediger, die da sagen, dass durch des Papstes Ablässe der Mensch von aller Sündenstrafe losgesprochen und erlöst werde.
27. Eine falsche Lehre predigt man, wenn man sagt: Sobald das Geld im Kasten klingt, die Seele aus dem Fegfeuer springt.
32. Wer glaubt, durch Ablassbriefe das ewige Heil erlangen zu können, wird auf ewig verdammt werden samt seinen Lehrmeistern.
36. Jeder Christ, der wahrhaft Reue empfindet, hat einen Anspruch auf vollkommenen Erlass der Schuld auch ohne Ablassbrief.
43. Man soll die Christen lehren, dass, wer den Armen gibt und dem Bedürftigen leiht, besser tut, als wer Ablassbriefe kauft. […]

Luther schickte seine lateinisch geschriebene Schrift an mehrere Bischöfe und bat darum, den Ablasshandel zu verbieten. Er erhielt aber keine Antwort. Infolge der Erfindung des Buchdrucks war es möglich, dass Luthers Thesen in kurzer Zeit in ganz Deutschland verbreitet wurden. Die Bischöfe berichteten dem Papst von der Sympathie des Volkes für Luthers Lehren und dem Unmut des Volkes über die Missbräuche in der Kirche.
Da Luther sich weigerte, seine Lehre zurückzunehmen, wurde er 1521 aus der Kirche ausgestoßen. Luthers Landesherr, Kurfürst* Friedrich, erreichte, dass Luther von Kaiser Karl V. zum Verhör vor den Reichstag in Worms geladen wurde. Die Reise Luthers zum Reichstag wurde zum Triumphzug; überall winkten und jubelten die Menschen ihm zu.
Vor dem Reichstag in Worms wurde Luther in Anwesenheit des Kaisers Karl V. gefragt, ob er seine Schriften widerrufe.

Inhaltsfeld: Menschenbild und Weltauffassung

Ablass-Brief ❌	Allein durch den Glauben gewinnt man das ewige Leben.	Allein aus Gnade spricht Gott den Menschen frei von Schuld.	Nur die Heilige Schrift bestimmt, was geglaubt werden muss.
Gute Werke ❌ sind gottgefällig, aber durch sie allein kann das Seelenheil nicht erwirkt werden.		**Heiligenverehrung** ❌ Der Vermittlung der Heiligen zwischen Gott und Mensch bedarf es nicht.	**Kirchengesetze und Regeln** ❌ die bestimmen, dass • der Papst und das Konzil nicht irren können, • nur geweihte Männer Priester sein können, • Priester nicht heiraten dürfen, • Gottesdienste nur in lateinischer Sprache stattfinden, sind daher ungültig.

M 2 Die Kritik Luthers an der kirchlichen Lehre und seine Reformen

Luther bat um einen Tag Bedenkzeit und antwortete dann am 18. April 1521, dass er nicht widerrufe, weil es unmöglich sei, etwas gegen das eigene Gewissen zu tun.

Luther übersetzt die Bibel

Unmittelbar nach dem Reichstag sprach der Kaiser über Luther die Reichsacht* aus und ordnete zugleich an, seine Schriften zu vernichten (Wormser Edikt).
Durch die Verhängung der Reichsacht über ihn war Luther „vogelfrei" geworden, wer ihn töten würde, hätte keinerlei Strafe zu befürchten.
Kurfürst Friedrich ließ Luther auf der Rückreise nach Wittenberg zum Schein entführen und auf die Wartburg bei Eisenach bringen. Er wollte dadurch sein Leben vor dem Papst und dem Kaiser schützen. Auf der Wartburg übersetzte Luther die Bibel in eine Sprache, die jeder verstehen konnte.
Luther schuf mit der Bibelübersetzung die Grundlage für eine einheitliche deutsche Schriftsprache.

Ausbreitung und Anerkennung der Reformation

In vielen Kirchen wurden die bisherigen Priester verjagt, oft kam es zu handgreiflichen Auseinandersetzungen in den Gottesdiensten. Die Bibelübersetzung und die von Luther neu gedichteten Kirchenlieder machten den neuen Glauben allgemein verständlich. Laienprediger zogen durch die Orte und predigten das Wort Gottes.
Besonders das städtische Bürgertum und ein Teil des Adels schlossen sich der Reformation an. Viele bisher katholische Kirchen in den Städten wurden von Luthers Anhängern übernommen.

M 3 Martin Luther (1483–1546). *Kupferstich*

*****Reichsacht**
Ausschluss aus der Rechtsgemeinschaft

1 Stellt Luthers Thesen in einer Liste mit eigenen Worten zusammen (Q 1, → **Wir untersuchen Textquellen**, S. 320).

2 Erläutert mithilfe von M 2 Luthers Kritik und seine Reformabsichten.

3 Erkundigt euch, wann in eurer Gemeinde der lutherische (evangelische) Glaube Einzug hielt.

4 Befragt eure Religionslehrerin, euren Religionslehrer über die Zusammenarbeit von katholischer und evangelischer Kirche heute.

5 Findet im Internet Informationen zum Leben Luthers (→ **Wir führen eine Internetrecherche durch**, S. 316).

Renaissance und Reformation

Warum führten die Bauern Krieg?

M1 Ein Fahnenträger der Bauern mit der Bundschuhfahne. *Holzschnitt*

M2 Aufstehlied. Mit Flugblättern und Liedern warben die Bauern für ihren Kampf:

Steh auf, gemeiner Mann!
Der Winter, der ist um.
Jetzt musst du ran, ran!
Jetzt hilft nicht Bitten, hilft nicht Beten,
Gerechtigkeit marschiert voran.
Steh auf, gemeiner Mann!
Da geht ein Frühlingswind.
Jetzt musst du ran, ran.
Dies ist des Glücksrads Stund und Zeit,
Gott weiß, wer oberst bleibt.

„Gott will's nicht länger haben!"

Immer wieder kam es im 15. Jahrhundert vor allem im Südwesten Deutschlands zu Bauernaufständen. Dreimal hatte z. B. Joß Fritz, ein leibeigener Bauer des Bischofs von Speyer, Aufstände der Bauern organisiert. Die Bauern waren über die ständig steigenden Abgaben unzufrieden und ihre Kritik lautete: „Was ist das für ein Wesen? – Wir mögen von den Pfaffen genesen."
Eine Fahne mit dem bäuerlichen Schuh, der mit langen Riemen geschnürt wurde, war das gemeinsame Zeichen der Bauern. Joß Fritz forderte die Abschaffung der Leibeigenschaft. Kirchen und Klostergüter sollten aufgeteilt werden, Wasser, Wald und Weide der Gemeinde sollten alle Bauern nutzen dürfen. Doch die Aufstandsversuche der Bauern wurden verraten. Den Fürsten und Herren war es immer wieder gelungen, die örtlich begrenzten Aufstände niederzuschlagen. Dennoch warnte Luther die Fürsten vor der Unzufriedenheit der Bauern.

Q1 In einem Brief Luthers heißt es:
[…] Gott will's nicht länger haben! – Es ist nicht mehr dieselbe Welt wie früher, da ihr die Bauern wie das Wild jagen und treiben konntet. Darum lasst ab von eurem Frevel und eurer Gewalttat. Bemüht euch, gerecht zu handeln und lasst Gottes Wort seinen Lauf nehmen.

Doch die Fürsten hörten nicht auf Luther. Sie waren völlig überrascht, als die Aufstände im Sommer 1524 begannen und sich über weite Teile des Deutschen Reiches ausdehnten.
Frühere Aufstände waren meist örtlich begrenzt gewesen. Daher wollten die Herren Zeit gewinnen und forderten die Bauern auf, ihre Klagen schriftlich einzureichen.

Forderungen der Bauern

Q2 Die Bauern gaben über 300 Klageschriften ab. Die wichtigsten Forderungen fasste der Memminger Sebastian Lotzer im Februar 1525 in „12 Artikeln" zusammen.

[…] 1 Zum Ersten ist unser demütig Bitte und Begehr, dass in Zukunft jede Gemeinde ihren Pfarrer selbst wählen und auch wieder absetzen kann. […]
2 Den Kornzehnten* wollen wir gern geben. […] Da man ihn Gott und den Seinen geben soll, gebührt er einem Pfarrer, so er das Wort Gottes klar verkündet. Was über bleibt, soll man teilen mit armen Bedürftigen, wenn solche im Dorfe vorhanden sind.
Den kleinen Zehnt (= Viehzehnt) wollen wir nicht geben, denn Gott der Herr hat das Vieh frei dem Menschen geschaffen.
3 Zum Dritten ist es bisher Brauch gewesen, uns als Leibeigene zu halten, was zum Erbarmen ist. […] Es ergibt sich aus der Heiligen Schrift, dass wir frei sind, und wir wollen es sein. Nicht, dass wir völlig frei sein und keine Obrigkeit haben wollen; das lehrt uns Gott nicht. […]
5 Zum Fünften sind wir auch beschwert im Hinblick auf die Holznutzung. Denn unsere Herrschaften haben sich die Wälder alle allein zugeeignet. Unsere Meinung ist: Was es an Waldungen gibt, mögen sie nun Geistlichen oder Weltlichen gehören, das soll, wenn jene sie nicht gekauft haben, der ganzen Gemeinde wieder gehören. […]

Inhaltsfeld: Menschenbild und Weltauffassung

M 3 Aufrührerische Bauern umringen einen Ritter. Holzschnitt

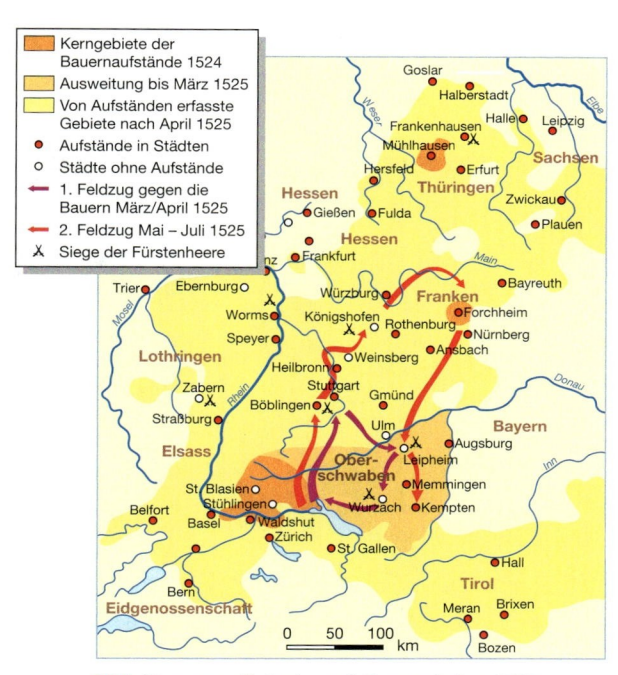

M 4 Bauernaufstände und Bauernkrieg 1525

Die Bauern forderderten weiter:
- Die Frondienste* müssen verringert werden,
- der Herr darf von den Bauern keine willkürlichen Dienste verlangen,
- zu hohe Pachtzinsen müssen ermäßigt werden,
- Witwen und Waisen sollte der Grundherr nichts von ihrem Erbe nehmen.

Sollte eine der Forderungen der Heiligen Schrift widersprechen, wollten die Bauern sie sofort fallen lassen.

Bauernaufstände und Bauernkrieg

Die Bauern merkten schnell, dass die adeligen Herren an ernsthaften Verhandlungen nicht interessiert waren. Sie griffen deshalb zu den Waffen. In Schwaben, im Elsass, in Franken und in Thüringen kam es zu blutigen Aufständen. In kurzer Zeit schlossen sich fast 60 000 Bauern den verschiedenen Bauernheeren an. Auf ihrer Seite – so glaubten die Bauern – standen das Recht und Martin Luther. Doch Luther schwieg zunächst, dann wandte er sich in scharfen Worten gegen die Bauern und forderte die Fürsten auf, die Bauern niederzuschlagen.

Der ungleiche Kampf dauerte nur wenige Wochen. Trotz verzweifelter Gegenwehr wurden die Bauern in mehreren Schlachten vernichtend geschlagen. Ihr Aufstand brach völlig zusammen. Das Strafgericht der Herren begann.

Folgen des Krieges

Etwa 70 000 Bauern waren in den Kämpfen gefallen oder auf der Flucht umgekommen. Die überlebenden Bauern mussten an die Herren eine Entschädigung zahlen, die Anführer der Bauern wurden hingerichtet.

Aus Sorge vor neuen Aufständen ließen die Herren die Forderungen der Bauern untersuchen und die schlimmsten Missstände abstellen.

*Zehnt
Steuer in der Höhe von zehn Prozent (Kornzehnt = ein Zehntel der geernteten Menge des Getreides)

*Frondienste
Arbeitsleistungen der Bauern für ihren Grundherren

1 Fasst in eurer Arbeitsmappe die Forderungen der Bauern zusammen (Q 2, → **Wir untersuchen Textquellen**, S. 320).

2 Beschreibt die Vorgänge in M 3. Erfindet Sprechblasen, was der Ritter den Bauern wohl zugerufen haben mag.

3 Nennt mithilfe der Karte M 4 die Zentren der Bauernaufstände.

4 Schildert die Stimmung der aufständischen Bauern, wie sie in dem Lied (M 2) zum Ausdruck kommt.

5 Findet in den Medien Informationen zu heutigen Bauernprotesten.

Renaissance und Reformation

Welche Folgen hatte die Glaubensspaltung?

M 1 Reichstag zu Augsburg 1530. Überreichung der Augsburger Konfession* an Kaiser Karl V. Die Protestanten bekennen sich in dieser Schrift zur Glaubenslehre Luthers. *Kolorierter Kupferstich, 1650*

*****Konfession**
Gruppe von Christen mit einem gemeinsamen Glaubensbekenntnis

*****Protestanten**
Seit dem Reichstag zu Speyer im Jahr 1529 wurden die Anhänger Luthers auch als „Protestanten" bezeichnet. Unter dem Vorsitz des Kaisers wurde in Speyer beschlossen, gegen die Reformation energisch vorzugehen. Dagegen „protestierten" fünf Landesherren und 14 Reichsstädte.

Der Kaiser in Bedrängnis

Kaiser Karl V. hatte 1521 in Worms geschworen, die Einheit der Kirche zu erhalten und gegen Luther und seine Lehre vorzugehen. Doch zahlreiche Landesfürsten und Reichsstädte beachteten seine Befehle nicht.

Dies war möglich, weil Karl V., der zugleich König von Spanien war, im Deutschen Reich wenig Macht besaß. Hinzu kam, dass Karl V. zahlreiche Kriege führte, um die Vorherrschaft seines Hauses Habsburg gegen das katholische Frankreich und das Osmanische Reich (Türkei) zu verteidigen.

Auf dem Augsburger Reichstag im Jahre 1530 forderte der Kaiser von den protestantischen* Fürsten energisch die Rückkehr zum katholischen Glauben, doch die Fürsten lehnten es ab.

Der Schmalkaldische Krieg

Im Jahre 1531 bildeten die protestantischen Fürsten zur Verteidigung ihres Glaubens und ihrer Fürstenrechte den Schmalkaldischen Bund. Karl V. musste jahrelang warten, bis er gegen seine Gegner vorgehen konnte. Doch 1545 entschloss er sich, den Glaubensstreit militärisch zu beenden. Zwistigkeiten der protestantischen Fürsten untereinander kamen ihm gelegen. Bei Mühlberg in Sachsen besiegte er die Truppen des Schmalkaldischen Bundes vernichtend.

Der Augsburger Religionsfriede

Der Kaiser erließ nun eine Religionsordnung, die das Ziel hatte, die Protestanten wieder in die katholische Kirche einzugliedern. Zugleich verlangte er die völlige Unterordnung der deutschen Fürsten unter seine Herrschaft, was diese aber einhellig ablehnten. Es kam zu einem Aufstand der Fürsten, mit dem Karl V. nicht gerechnet hatte.

Der Bruder des Kaisers, König Ferdinand, erreichte schließlich die Einigung der streitenden Parteien, die auf einem weiteren **Augsburger Reichstag 1555** bestätigt wurde:

- Das katholische und das lutherische Bekenntnis sind gleichberechtigt.
- Die Reichsstädte und Landesherren (Fürsten, Grafen und Städte) konnten wählen, ob sie den katholischen oder den lutherischen Glauben annehmen wollten.
- Die Untertanen mussten den Glauben ihres Landesherrn annehmen oder auswandern.

Karl V. hatte sein Ziel, die Einheit der Christenheit, nicht erreicht. 1556 dankte er ab und übertrug die Kaiserwürde seinem Bruder Ferdinand.

Calvin und der Genfer Gottesstaat

Johannes Calvin gilt neben Luther als einer der großen Reformatoren in Europa. In Genf, das er zu einem „protestantischen Rom" machen wollte, führte er eine strenge Kirchenordnung ein. Calvin lehrte, dass das Schicksal der Menschen von Gott vorherbestimmt sei. Nur wenige Menschen seien auserwählt, in den Himmel zu kommen. Durch Anstrengung, Fleiß und Erfolg auf Erden könne man herausfinden, ob man zu den Auserwählten gehöre.
Calvin fand in Westeuropa zahlreiche Anhänger. In Schottland und England nannten sie sich „Puritaner", in Frankreich hießen sie „Hugenotten".

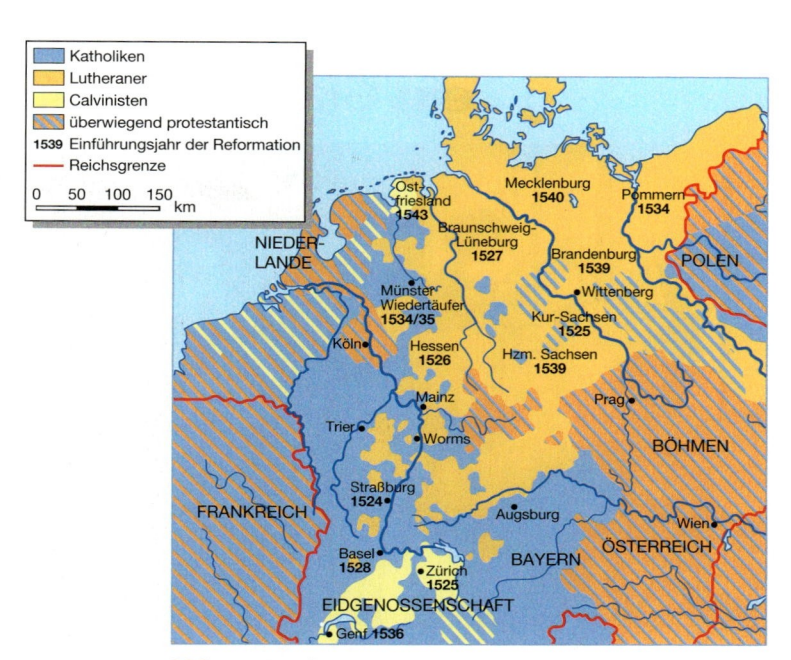

M 2 Die Konfessionen in Deutschland und Mitteleuropa 1555

M 3 Kaiser Karl V. (1519–1556). *Gemälde von Tizian, 1548*

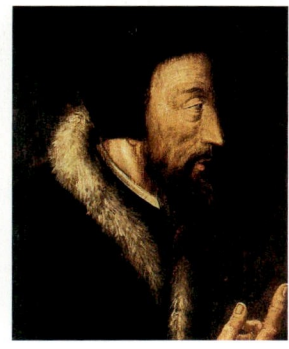

M 4 Johannes Calvin (1509–1564). *Gemälde*

1. Nennt Gründe, warum es Kaiser Karl V. nicht gelungen ist, die Einheit der Christenheit zu erhalten.

2. Erklärt die Bestimmungen des Augsburger Religionsfriedens. Erläutert, welche Schwierigkeiten dem Einzelnen durch die Augsburger Regelung entstehen konnten.

3. Beschreibt anhand der Karte M 2 die Folgen des Augsburger Religionsfriedens (→ **Wir lesen Geschichtskarten**, S. 315).

4. Vergleicht M 2 mit M 2 auf der Seite 18. Formuliert eine Aussage über die langfristigen Auswirkungen der Reformation.

Renaissance und Reformation

War der Dreißigjährige Krieg nur ein Glaubenskrieg?

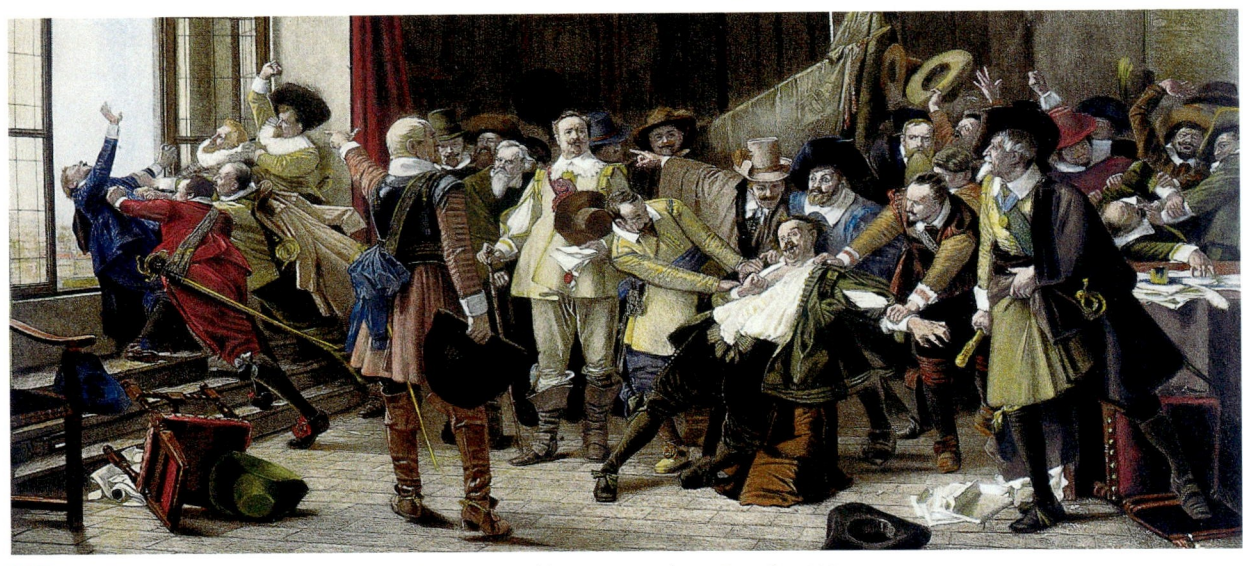

M 1 Der Prager Fenstersturz am 23. Mai 1618. *Gemälde von Wenzel von Brozik, 1889*

*Prager Fenstersturz
Er ging für die kaiserlichen Beamten zwar glimpflich aus, wurde aber zum zündenden Funken für den Dreißigjährigen Krieg.

*Parole
gleichbedeutend mit: Wahlspruch, Devise und Motto

*Devise
deutliche (zugespitzte) Formulierung für ein anzustrebendes Ziel des eigenen Handelns (auch: „Wahlspruch")

Kriegsausbruch

Im Augsburger Religionsfrieden (siehe S. 67) wurden Lutheraner und Katholiken als gleichberechtigt anerkannt. Doch das Misstrauen blieb auf beiden Seiten bestehen.

Zur Verteidigung ihrer Interessen schlossen sich 1608 die protestantischen Fürsten und Städte in einem Bündnis, der **Union**, zusammen. Nur ein Jahr später bildeten die katholischen Fürsten ein Gegenbündnis: die **Liga**. Katholische und protestantische Fürsten standen sich nun, tief verfeindet, gegenüber.

Beide Bündnisse stellten Heere auf und suchten nach Verbündeten: Das katholische Frankreich unterstützte, aus Furcht vor dem deutschen Kaiser, die Union. Spanien, mit Frankreich verfeindet, unterstützte die Liga.

Fenstersturz

Im Jahr 1617 ereignete sich in Prag ein eigentlich eher belangloser Zwischenfall: Protestanten errichteten eine Kirche auf einem Grundstück, das Katholiken gehörte. Es kam zu einem Prozess, den die Protestanten verloren. Die Kirche musste 1618 wieder abgerissen werden. Voller Empörung drangen protestantische Adlige in die königliche Burg, den Hradschin, ein und warfen voller Zorn zwei hohe Beamte und ihren Sekretär aus dem Fenster.

Dieser Vorfall heizte die ohnehin schon äußerst gespannte Stimmung im Reich noch weiter an. Es genügte jetzt nur noch ein kleiner Funke, um den Kriegsausbruch herbeizuführen. Nur ein Jahr später war es so weit. Kaiser Ferdinand II., zugleich auch König von Böhmen, schränkte die Glaubensfreiheit der protestantischen Adligen in Böhmen erheblich ein. Die böhmischen Adligen setzten Ferdinand daraufhin als König ab. An seine Stelle wählten sie Kurfürst Friedrich von der Pfalz zu ihrem König. Kaiser Ferdinand, der um sein Ansehen und seine Macht fürchtete, gab die Parole* aus: „Ich will lieber ein verwüstetes als ein verdammtes Land." Mit dem Kampf um die Vorherrschaft in Böhmen begann ein Krieg, der dreißig Jahre dauern sollte.

Inhaltsfeld: Menschenbild und Weltauffassung

Der Krieg überzieht das Land

Der Krieg wurde zu einem Kampf um die Vorherrschaft in Europa, den Österreich, Spanien, die Niederlande, Dänemark und Schweden sowie die deutschen Fürsten in wechselnden Bündnissen austrugen.

Fast dreißig Jahre lang zogen deutsche, schwedische und französische Truppen durch Deutschland; sie plünderten folterten und mordeten, steckten Dörfer und Städte in Brand. „Nehmen wir's nicht, so nimmt's der Feind" – nach dieser Devise* handelten viele Soldaten und verwüsteten, zerstörten oder schleppten hinweg, was immer sie bekommen konnten.

Q1 Voller Verzweiflung heißt es in einem damaligen Bericht:

[…] Der wirtschaftliche Niedergang, ja Untergang der meisten deutschen Städte war aber nicht allein durch Brandschatzung, Plünderung und Brand hervorgerufen, sondern ebenso sehr, wenn nicht mehr, durch Hunger und Seuchen. Sie wüteten in ihren Mauern entsetzlicher als Kugel und Schwert. In Augsburg schoss man bei einer Belagerung 1634 jeden Vogel aus der Luft, der zur Stadt flog. Als alle gewöhnlichen Nahrungsmittel aufgezehrt waren, verkaufte man auf den öffentlichen Brücken Fleisch von Hunden, Pferden, Katzen. Die armen Leute, denen auch das noch zu kostbar war, kochten sich Leder, speisten Ratten und Mäuse. Der wütende Reiz des Hungers vertilgte zuletzt den Schauder vor faulendem Aas, und die Gier verschmähte selbst das Fleisch menschlicher Leichname nicht. […]

Die Auswirkungen des Dreißigjährigen Krieges waren in Deutschland sehr unterschiedlich. Während einige Gebiete kaum betroffen waren, ging in manchen Städten Südwestdeutschlands die Bevölkerungszahl um 70 bis 80 Prozent zurück.

M2 Söldner plündern einen Bauernhof. *Gemälde von Sebastian Vrancx, um 1620*

M3 Belagerung von Bautzen. *Kolorierter Kupferstich, um 1620*

1. Schildert in eigenen Worten, wie es zum Kriegsausbruch kam.
2. Unterscheidet zwischen der Ursache und dem Anlass des Krieges und notiert dies in eure Arbeitsmappe.
3. Beschreibt mithilfe des Textes sowie Q1, M2 und M3 die Leiden der Bevölkerung (→ **Wir untersuchen Textquellen**, S. 320).
4. Erkundigt euch im Museum oder Stadtarchiv eurer Gemeinde, ob es auch in eurem Heimatort Spuren des Dreißigjährigen Krieges gibt.

Renaissance und Reformation

Wie wirkte sich der Westfälische Frieden von 1648 aus?

M 1 Das Heilige Römische Reich nach dem Westfälischen Frieden 1648

Der Friedensvertrag

Keine der am Krieg beteiligten Parteien konnte den Krieg auf den Schlachtfeldern gewinnen. Das Land war ausgeblutet, die Heere waren erschöpft. Im Jahr 1643 begannen endlich die Friedensverhandlungen. Doch erst fünf Jahre später wurde der Friedensvertrag in den westfälischen Städten Münster und Osnabrück, der **Westfälische Frieden***, unterzeichnet. Dieser Frieden hatte für das Deutsche Reich tiefgreifende Folgen:

- Die Rechte des Kaisers wurden stark eingeschränkt. Wollte der Kaiser im Reich neue Gesetze erlassen oder Steuern erheben, so benötigte er dazu die Zustimmung der Fürsten.
- Die Fürsten wurden politisch völlig selbstständig. Damit zerfiel das Deutsche Reich in 300 Einzelstaaten.
- Wechselte ein Fürst die Religion, mussten ihm die Untertanen nicht mehr folgen.
- Es kam außerdem zu folgenden Gebietsveränderungen: Schweden erhielt die Küstengebiete an der Nord- und Ostsee, Frankreich erhielt Gebiete im Elsass sowie Breisach und Philippsburg auf dem rechten Rheinufer. Die Oberpfalz kam zu Bayern. Die Schweiz und die Niederlande schieden aus dem Heiligen Römischen Reich Deutscher Nation aus.

*Westfälischer Frieden
Er läutete eine Zeit des Friedens ein, die in Deutschland fast 150 Jahre dauerte. Das Deutsche Reich aber war durch die Aufsplitterung in zahlreiche Kleinstaaten machtpolitisch handlungsunfähig geworden.

1 Nennt die Folgen des Dreißigjährigen Krieges für das Deutsche Reich.

2 Beurteilt die Ergebnisse des Westfälischen Friedens aus der Sicht des Kaisers und der deutschen Fürsten sowie aus der Sicht der Bevölkerung.

Wir untersuchen die Bevölkerungsentwicklung

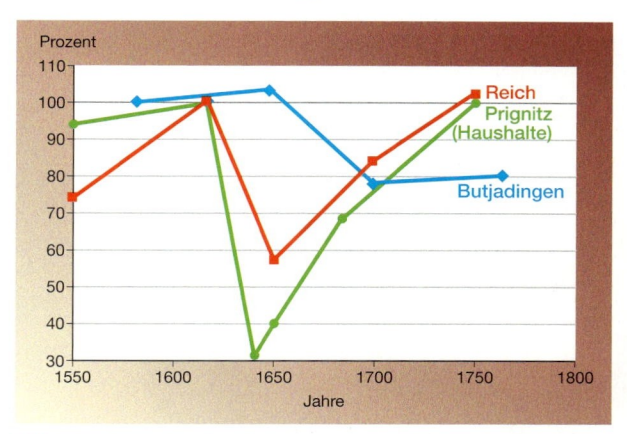

M 1 Vergleich der Bevölkerungsentwicklung 1550 bis 1750 in Deutschland, in der vom Dreißigjährigen Krieg betroffenen Prignitz (Brandenburg) und Butjadingen (Niedersachsen), das vom Krieg nicht betroffen war. Die von den Soldaten eingeschleppten Seuchen forderten die meisten Toten; Butjadingen (1618 = 100).

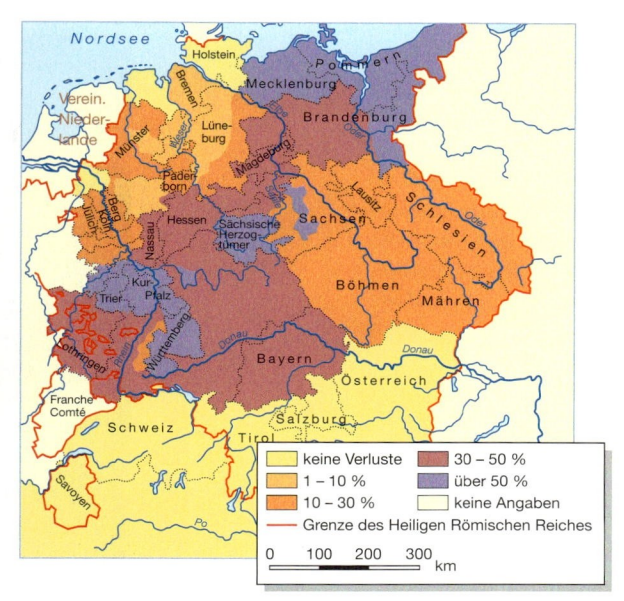

M 2 Bevölkerungsverluste im Dreißigjährigen Krieg

Bevölkerungsentwicklung im Dreißigjährigen Krieg

Die Angaben zur Bevölkerungsentwicklung im Dreißigjährigen Krieg sind für einzelne Gebiete sehr ungenau und beruhen auf Schätzungen der Forscher. Deren Zahlen liegen zum Teil weit auseinander.

Einig sind sich die Forscher, dass Seuchen wie die Pest und der Hunger aufgrund von Missernten und der Verwüstung der Felder zu mehr Toten führten als die eigentlichen Kriegshandlungen. Ebenso einig sind sich die Forscher, dass im Jahre 1750 die Bevölkerungsverluste in Deutschland wieder ausgeglichen waren. Die Schätzungen sind auch deswegen so ungenau, weil die Kriege der Jahre 1618 bis 1648 große Wanderungsbewegungen auslösten. Viele Menschen flohen aus den Kriegsgebieten in ruhigere Landstriche, sodass ein Bevölkerungsverlust in einem Gebiet nicht direkt bedeuten muss, dass dort viele Menschen gestorben sind.

1600	1650	1750
18–20	11–13	18–20

M 3 Entwicklung der Bevölkerungszahl in Deutschland in Millionen (Schätzungen)

	1618	1648
Niedersachsen	920 000	920 000
Württemberg	450 000	130 000
Berlin	12 000	6 000
Augsburg	48 000	16 000
Hamburg	40 000	60 000

M 4 Einwohnerzahlen vor und nach dem Dreißigjährigen Krieg (Schätzungen)

1 Beschreibt mithilfe von M 2 die Gebiete in Deutschland, die die höchsten Bevölkerungsverluste hatten.

2 Verfolgt auf M 1 die Bevölkerungsentwicklung in Deutschland (Reich), in der Prignitz und in Butjadingen. Formuliert jeweils Stichwörter in eurer Arbeitsmappe zum Verlauf der Kurven.

3 Erläutert die gesellschaftlichen Folgen der Bevölkerungsentwicklung für die Regionen und Städte (M 1, M 4).

Zusammenleben von Christen, Juden und Muslimen

Das kann ich …

✓ mittelalterliche Weltvorstellungen
✓ religiöse Toleranz
✓ Kreuzzüge
✓ Verfolgung der Juden
✓ Renaissance
✓ Humanismus
✓ Reformation
✓ Dreißigjähriger Krieg
✓ Westfälischer Friede

M1 Wichtige Begriffe

M3 Mona Lisa. *Gemälde von Leonardo da Vinci 1503–1506*

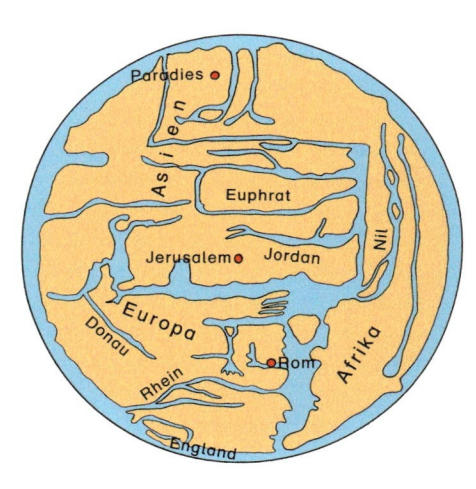

M2 Moderne Umzeichnung der Ebstdorfer Weltkarte von 1250

M4 Globus des Martin Behaim (1492). *Foto*

M5 David. *Skulptur von Michelangelo, 1501–1504*

Inhaltsfeld: Menschenbild und Weltauffassung

M 6 Darstellung eines Muslim, eines Juden, eines christlichen Dichters und eines Kreuzfahrers um 1270. *Illustration einer Handschrift*

Gott

Kirche (römisch-katholisch)
- **Papst** (Stellvertreter Christi auf Erden)
- **Priester**
- **Gläubige Laien**
  - Getaufte Gläubige
  - Sündenvergebung durch Buße (Gebete/Fasten) und gute Werke
  - Erlösung über die Kirche

Luthers Lehre
- **Gläubige**
  - Kein Mittler zwischen Gläubigen und Gott nötig
  - Erlösung allein aus der Gnade Gottes und durch den Glauben
  - Lehre vom „Priestertum aller Gläubigen": Jeder Mensch wird durch die Taufe zum Verkünder von Gottes Wort.
  - Richtschnur ist die Heilige Schrift

M 7 Die Lehre Luthers im Vergleich zur spätmittelalterlichen Lehre der katholischen Kirche

Was wir noch wissen

1. Erklärt euch gegenseitig die wichtigen Begriffe und schreibt die Bedeutung der Begriffe in eure Arbeitsmappe (M1).

2. Beschreibt mithilfe von M2 die mittelalterliche Weltvorstellung und die damaligen geographischen Kenntnisse.

3. Berichtet über das zunächst friedliche Zusammenleben von Muslimen, Juden und Christen in Andalus (M6).

4. Entwerft ein Plakat zum Thema: „Kreuzzüge: Gewalt und Verfolgung Andersgläubiger".

5. Zeigt mithilfe von M3 bis M5 die tiefgreifenden Veränderungen im Denken und Handeln der Menschen um 1500 im Vergleich mit dem Mittelalter.

6. Erklärt anhand von M7 die Lehre Luthers im Unterschied zur damaligen Lehre der katholischen Kirche.

7. Erläutert mithilfe von M2 auf der Seite 65 die Auswirkungen der Reformation.

Gewusst, wie …

8. Erklärt euch gegenseitig, was man aus der Karte M2 auf der Seite 71 über die Folgen des Dreißigjährigen Krieges entnehmen kann.

Wir meinen, dass …

9. Beurteilt das Verhalten der Christen und Muslime in der Zeit der Kreuzzüge.

10. „Noch heute bestimmt das neue Denken der Zeit um 1500 im Bereich der Wissenschaften und der Religion unser Leben". Nehmt Stellung zu dieser Behauptung.

Wir wenden an

11. Besprecht untereinander, welche Rolle religiöse Überzeugungen in eurem Leben und im Leben eurer Eltern spielen. Inwiefern bestimmen sie noch euren Alltag?

Inhaltsfeld: Ökologie, Ökonomie und Gesellschaft

3 Naturräume und Naturgefahren

Immer wieder berichten die Medien von Erdbeben, Stürmen und Vulkanausbrüchen sowie den schlimmen Folgen für die Menschen. Unsere Lebensräume sind durch die „unruhige Erde" bedroht. Ein Teil der Gefahren ergibt sich aber aus der unsachgemäßen Nutzung dieser Räume durch die Menschen.

In diesem Kapitel könnt ihr erarbeiten,
- wie es zu den genannten Naturereignissen kommt,
- welche Landschaftszonen es gibt,
- wie Menschen Regenwald und Trockenräume nutzen und
- wie Landwirtschaft in den so genannten „Gunsträumen" betrieben wird.

Am Ende des Kapitels könnt ihr Klimadiagramme lesen und interpretieren.

Die Erdoberfläche verändert sich

Wie entstehen Vulkane?

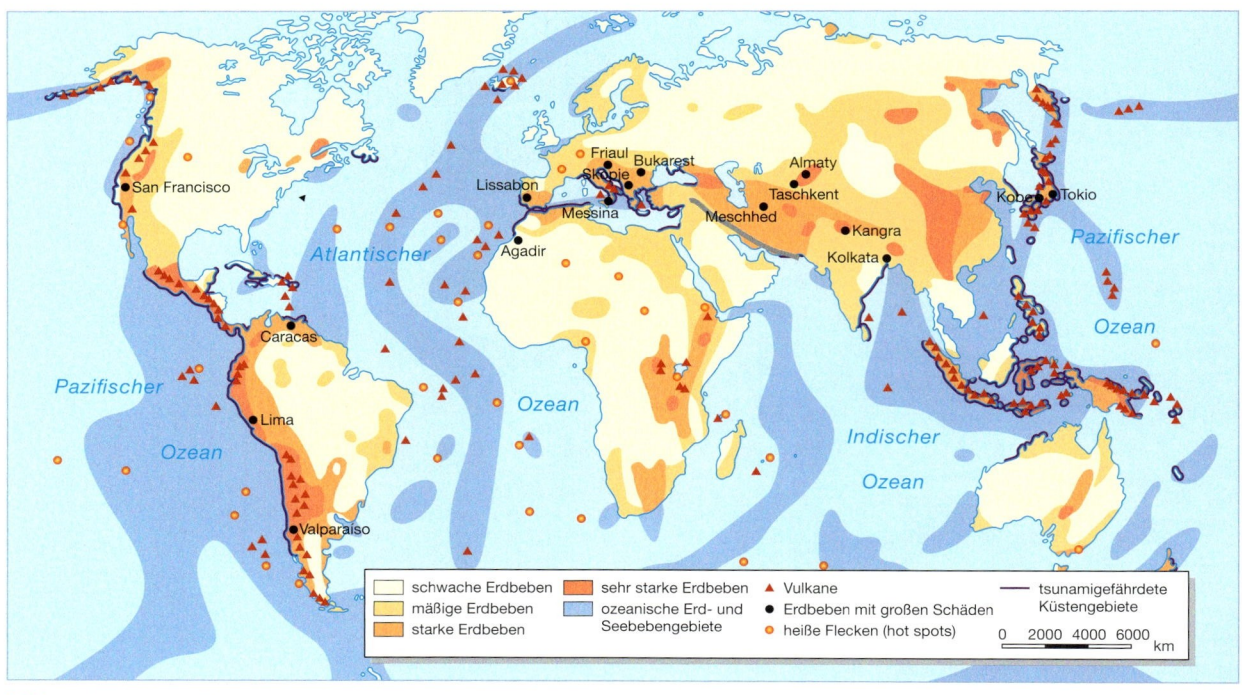

M 1 Erdbeben- und Vulkanregionen der Erde

M 2 Der Vulkan Semeru auf Java bei einem Ausbruch. Im Vordergrund der Vulkan Bromo. *Foto, 1989*

Kräfte aus dem Erdinnern

Veränderungen der Erdoberfläche werden durch erdinnere (endogene) und erdäußere (exogene) Kräfte verursacht. Die innere Kraft wird durch die starke Wärme im Erdinnern gespeist, der äußere durch die Energie der Sonnenstrahlen. Die Erdwärme lässt z. B. Gesteine schmelzen und Vulkane entstehen. Diese Vorgänge werden als **Vulkanismus** bezeichnet und finden sich auf der Erde in unterschiedlicher Intensität.

Vulkantypen

Es gibt verschiedene Formen von Vulkanen. Mit etwa 60 Prozent Anteil sind die **Schichtvulkane** am häufigsten. Sie entstehen aus abwechselnden Ablagerungen von Lavaergüssen und verfestigtem vulkanischem Lockermaterial. Da die Lava der Schichtvulkane zähflüssig ist, bilden sich kürzere, steilere Lavaströme. Schicht um Schicht entsteht der meist steile Vulkangipfel mit dem Hauptkrater.

Der Austritt von Gasen, die in der Gesteinsschmelze enthalten sind, erfolgt bei den Schichtvulkanen abrupt. Lavafetzen werden hochgeschleudert, erstarren und fallen als Bomben, kleinere (etwa walnussgroße) Steine und Asche zurück.

Anders ist es bei den **Schildvulkanen**. Ihre Lava ist dünnflüssig. Dies führt zu einem gleichmäßigen Ausfluss. Ein Schildvulkan bildet sich, wenn nur aus einem Schlot Gesteinsschmelze gefördert wird. Bestehen mehrere Austrittsstellen, bilden sich ausgedehnte Lavadecken.

Mit seinen 3350 Metern Höhe ist der Ätna der größte Vulkan Europas. Seit mehr als 200 Jahren ist er dauerhaft aktiv – eine Eigenschaft, die er mit nur acht anderen Vulkanen weltweit teilt. Der Mauna Loa auf Hawaii ist mit mehr als 4000 Metern Höhe der größte aktive Vulkan der Erde.

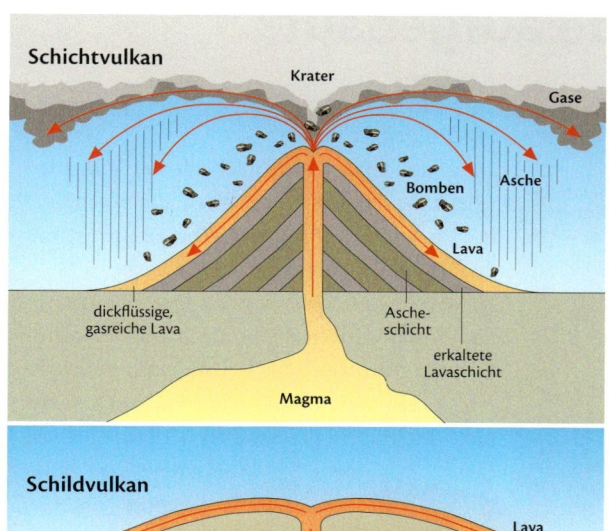

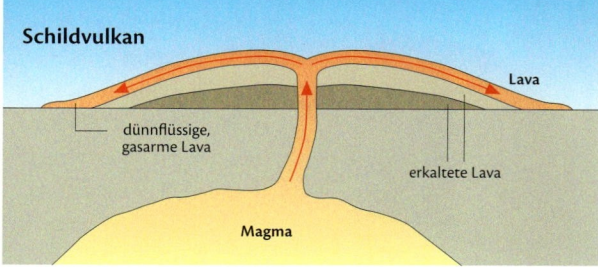

M 3 Schicht- und Schildvulkan

M 4 Ausbruch des Ätna im Jahre 2002. *Foto*

Nutzen und Schaden

Auch wenn die Menschen immer wieder von Vulkanausbrüchen bedroht waren, war doch der Nutzen, den ihnen Vulkane brachten, größer als der Schaden. Baustoffe und Energiegewinnung sind nur zwei Stichwörter, die sich mit der Nutzung vulkanischer Gesteine verbinden.

Verwitterte vulkanische Gesteine liefern äußerst fruchtbare Böden. Man nutzt sie beispielsweise zum Kaffeeanbau in Südkolumbien, zum Ackerbau in Indonesien und für den intensiven Anbau in Europa. Auf teilweise terrassierten Flächen wird intensiver Gartenbau betrieben. So wird am Fuße des Ätna auf den stark mineralhaltigen Böden Wein angebaut.

Der größte europäische Festlandsvulkan, der Vesuv, begrub nach einem Ausbruch im Jahre 79 v. Chr. die Stadt Pompeji.

M 5 Weinanbau am Ätna. *Foto, 2008*

1 Benennt Kräfte, die die Erdoberfläche gestalten.

2 Begründet, ob der Semeru (M 2) ein Schicht- oder Schildvulkan ist.

3 Beschreibt mithilfe von M 1, wo sich die Vulkane der Erde häufen.

4 Vergleicht den Aufbau von Schild- und Schichtvulkanen (M 3, Text).

5 Erläutert Gefahren und Vorteile, die durch Vulkanismus entstehen.

6 Informiert euch über Baustoffe aus vulkanischen Materialien (auch aus Deutschland) und berichtet der Klasse.

Die Erdoberfläche verändert sich

Wie ist die Erde aufgebaut?

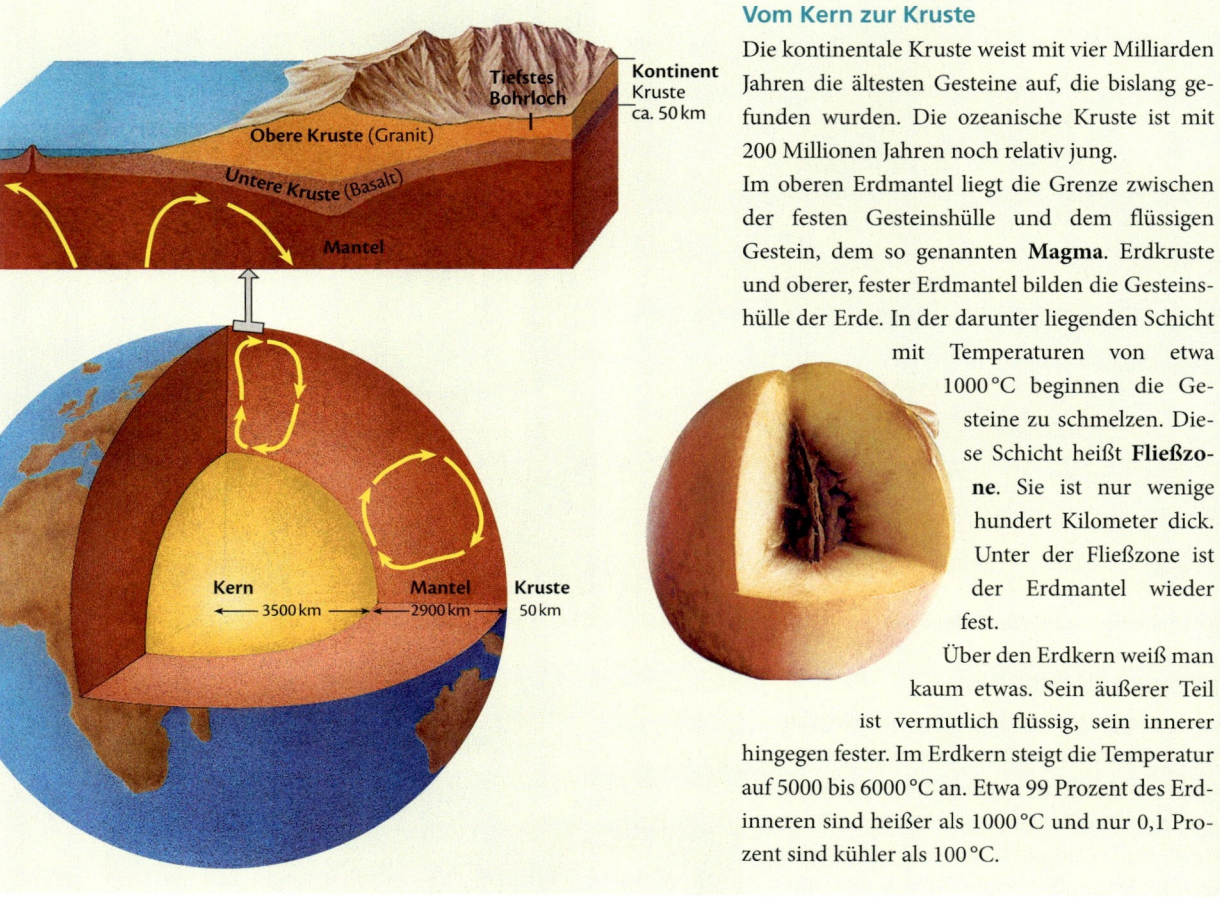

Vom Kern zur Kruste

Die kontinentale Kruste weist mit vier Milliarden Jahren die ältesten Gesteine auf, die bislang gefunden wurden. Die ozeanische Kruste ist mit 200 Millionen Jahren noch relativ jung.

Im oberen Erdmantel liegt die Grenze zwischen der festen Gesteinshülle und dem flüssigen Gestein, dem so genannten **Magma**. Erdkruste und oberer, fester Erdmantel bilden die Gesteinshülle der Erde. In der darunter liegenden Schicht mit Temperaturen von etwa 1000 °C beginnen die Gesteine zu schmelzen. Diese Schicht heißt **Fließzone**. Sie ist nur wenige hundert Kilometer dick. Unter der Fließzone ist der Erdmantel wieder fest.

Über den Erdkern weiß man kaum etwas. Sein äußerer Teil ist vermutlich flüssig, sein innerer hingegen fester. Im Erdkern steigt die Temperatur auf 5000 bis 6000 °C an. Etwa 99 Prozent des Erdinneren sind heißer als 1000 °C und nur 0,1 Prozent sind kühler als 100 °C.

M 1 Der Schalenaufbau der Erde

Unsere Erde – in Schalen aufgebaut

Obwohl noch niemand im Erdinneren war, haben Geowissenschaftler eine Vorstellung davon, wie es dort aussieht.

Erkenntnisse über das Erdinnere können zum Beispiel durch Tiefbohrungen gewonnen werden. Diese Bohrungen kosten sehr viel Geld, unter anderem weil sie stabile, dauerhafte Bohrtürme benötigen und mehrere Jahre dauern.

Derartige Bohrungen sind zudem trotz des technischen Aufwands nur winzige Nadelstiche in die **Erdkruste**. Sie können allerdings keine erschöpfende Auskunft über das Erdinnere geben.

Erdbeben bieten die einzige Möglichkeit, das Erdinnere zu erforschen. Über die Ausbreitung von Erdbebenwellen lassen sich Rückschlüsse auf den Aufbau der Erde ziehen. Diese Wellen werden in bestimmten Tiefen wie an einem Hindernis abgelenkt oder es ändert sich ihre Ausbreitungsgeschwindigkeit.

Die Ursache dafür kann nur sein, dass die Erde in Schalen aus unterschiedlich dichtem Material aufgebaut ist (**Schalenaufbau der Erde**).

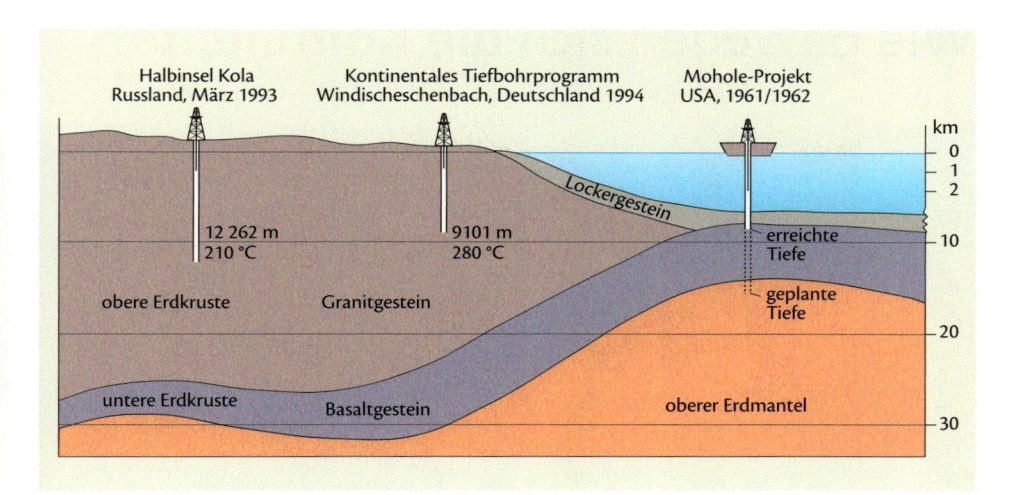

M 2 Bedeutende Tiefbohrprojekte

Die Kontinentale Tiefbohrung (KTB) Windischeschenbach

1986 kündigte die Bundesregierung ein Projekt zur Erkundung des Erdinneren an. In Bayern in der Nähe des kleinen Ortes Windischeschenbach (nahe der Grenze zur Tschechischen Republik) sollte das tiefste Loch der Welt entstehen.

1987 wurde mit der Vorbohrung begonnen. 4000 Meter fraßen sich die Bohrmeißel in den Erdboden. Dabei stiegen die Temperaturen schneller als erwartet – der Grenzwert von 300 °C, der die Hitzegrenze für das Bohrgerät bedeutete, würde früher als erwartet erreicht werden. Somit stand fest, dass es wohl doch keinen Tiefenrekord geben würde.

1990 wurde die Hauptbohrung gestartet. Es musste möglichst senkrecht gebohrt werden, um das Bohrgestänge gleichmäßig zu belasten. Anfang 1994 erreichte die Bohrung eine Tiefe von 8600 Metern. Bei 9000 Metern stieg die Temperatur auf 270 °C an. Am 6. Oktober wurde die Bohrung schließlich bei 9101 Metern abgebrochen – geplant waren einmal 12 000 Meter.

Die Auswertung der Daten und Gesteinsproben beschäftigt die Fachleute noch über viele Jahre.

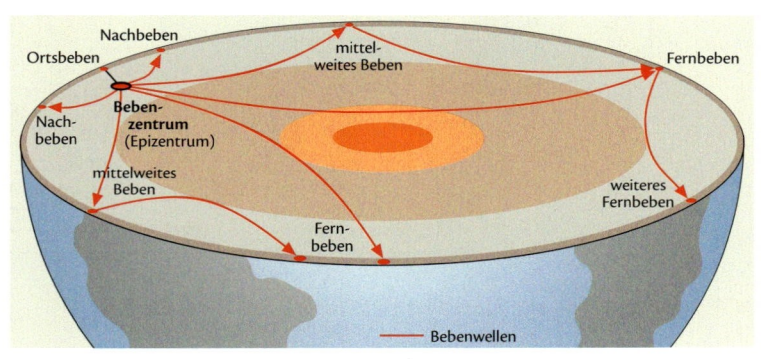

M 3 Wege von Erdbebenwellen

M 4 Ein Seismologe bei der Auswertung von Seismogrammen. *Foto, 2008*

1 Vergleicht den Aufbau des Pfirsichs mit dem Schalenbau der Erde (M 1).

2 Beschreibt den Aufbau der Erdkruste im Bereich der Kontinente und der Ozeane (M 1).

3 Berichtet über das Projekt Windischeschenbach. Beachtet dabei den Aufbau der Erde (M 1 und M 2).

4 Erläutert, wie Erdbeben zur Erkundung des Erdinneren genutzt werden (M 3, M 4).

Die Erdoberfläche verändert sich

Wie bewegen sich die Kontinente?

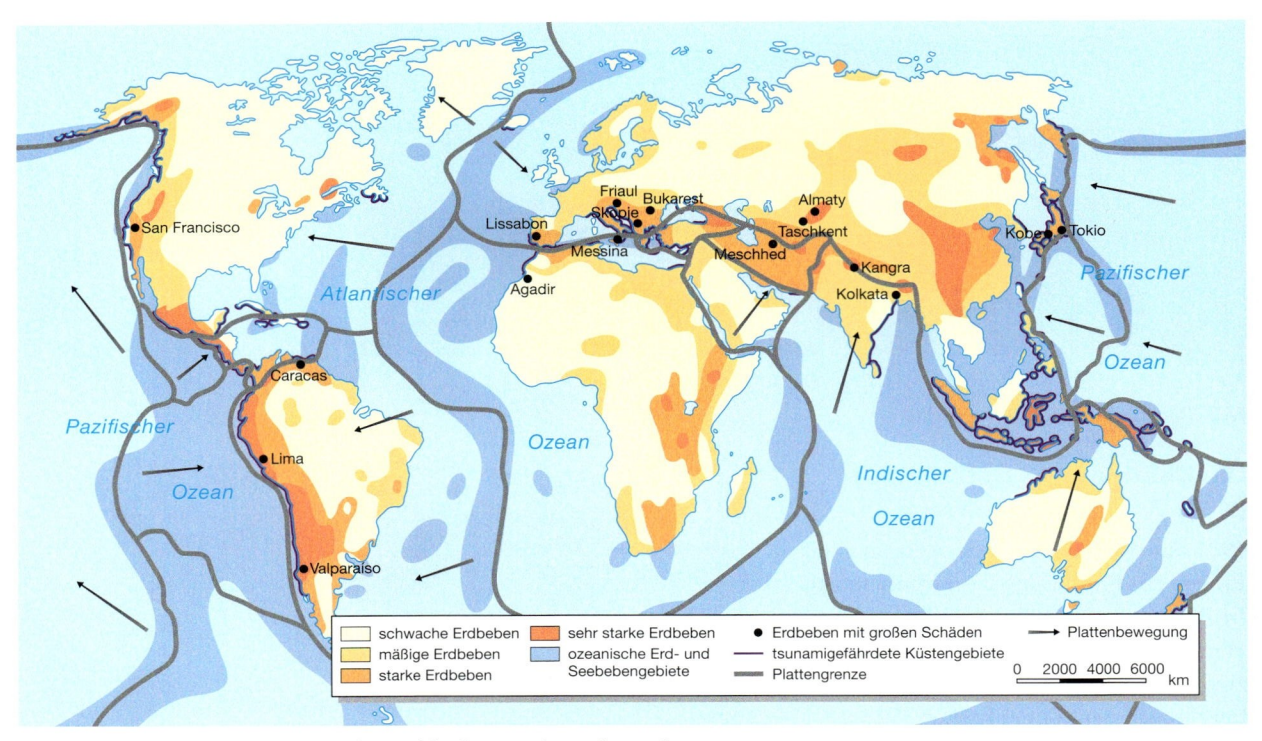

M 1 Die Erdplatten und die erdbebengefährdeten Gebiete der Erde

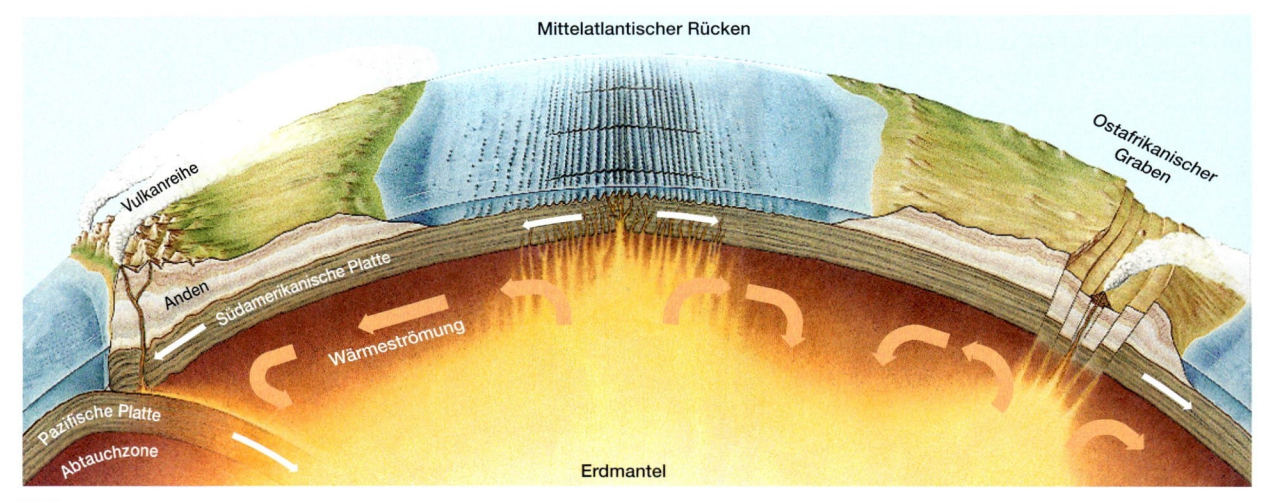

M 2 Modell der Plattentektonik

Erdplatten

Vor vielen Jahrmillionen existierten die Kontinente nicht so, wie wir sie heute kennen. Stattdessen gab es einen einzigen Urkontinent, der als **Pangäa** bezeichnet wird.

Als Erster hat der Wissenschaftler Alfred Wegener 1912 diese Theorie des Urkontinents vertreten. Doch andere Geowissenschaftler wollten seinen Überlegungen lange Zeit nicht folgen.

Inhaltsfeld: Ökologie, Ökonomie und Gesellschaft

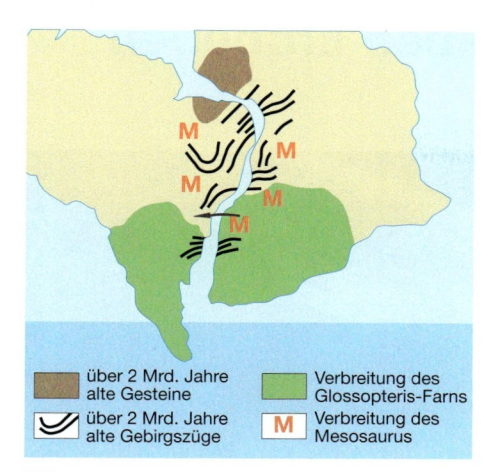

M 3 Spuren von Pangäa

- über 2 Mrd. Jahre alte Gesteine
- über 2 Mrd. Jahre alte Gebirgszüge
- Verbreitung des Glossopteris-Farns
- M Verbreitung des Mesosaurus

Die Bewegungen der Platten

Da heute die Kontinente teilweise Tausende Kilometer voneinander entfernt sind, war es den Wissenschaftlern unvorstellbar, wie sich diese gigantischen Bewegungen vollzogen haben könnten.

Inzwischen gilt die Theorie Wegeners als gesicherte Erkenntnis, denn beispielsweise finden sich im westlichen Afrika und im östlichen Südamerika viele Hinweise auf eine gemeinsame Vergangenheit in zuvor räumlich enger Nachbarschaft. Die **Kontinentalverschiebungen** vollziehen sich zwar relativ langsam, aber sie laufen unaufhörlich ab.

Antriebskraft für diese enormen Bewegungen der **Plattentektonik** ist die Gluthitze im Inneren der Erde.

Ähnlich, wie man es bei einem Topf mit einer dickeren Suppe (z. B. Erbsensuppe) beobachten kann, wirken die Kräfte der Physik auch auf der Erde (Geophysik): Von der Hitzequelle bewegt sich eine Strömung zur Oberfläche. Dort kühlt sich die Flüssigkeit ein wenig ab, wird schwerer und sinkt allmählich wieder.

Heißes Material strömt nach und das kühlere Material bewegt sich in der Tiefe wieder auf die Hitzequelle zu. Dieses Phänomen wird auch **Konvektionsströmung** genannt.

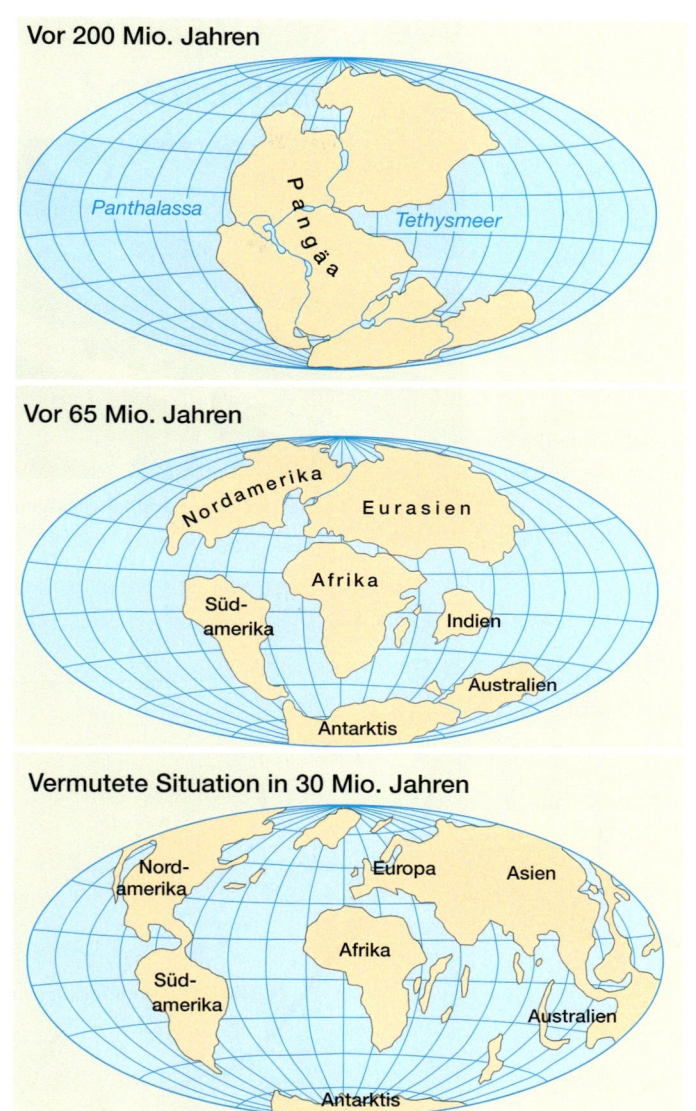

Vor 200 Mio. Jahren

Vor 65 Mio. Jahren

Vermutete Situation in 30 Mio. Jahren

M 4 Die Verschiebung der Erdplatten

Wegeners Theorie stimmt aber nur in etwa, denn nicht die Kontinente allein bewegen sich, sondern die Erdplatten „wachsen" und verschieben sich dabei.

1 Notiert wichtige Punkte von Alfred Wegeners Theorie der Kontinentalverschiebung in eurer Arbeitsmappe (Text, M 3, M 4).

2 Beschreibt und erläutert M 2.

3 Betrachtet die großen Platten der Erdkruste. Berichtet, wo Abtauchzonen liegen und wo sich neuer Ozeanboden bildet (M 1, M 2).

Die Erdoberfläche verändert sich

Welche Ursachen haben Erdbeben und Seebeben?

Stärke 1–2:	Nur durch Instrumente nachweisbar
Stärke 3:	Selten nahe dem Bebenherd zu spüren
Stärke 4–5:	Im Umkreis von 30 Kilometern um das Bebenzentrum spürbar, leichte Schäden
Stärke 6:	Mäßiges Beben, Todesopfer und schwere Schäden in dicht besiedelten Regionen
Stärke 7:	Starkes Beben, das zu Katastrophen führen kann
Stärke 8–9:	Großbeben

M 1 Richterskala

M 2 Zerstörungen an einem doppelstöckigen Highway in San Francisco nach dem Erdbeben von 1989. *Foto*

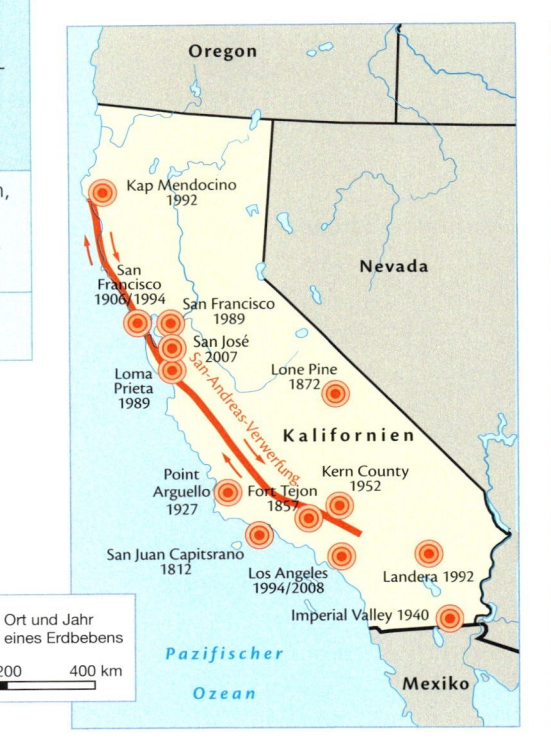

M 3 Erdbeben in Kalifornien

M 4 Die San-Andreas-Verwerfung*

*Verwerfung
Spalte in der Erdkruste, wo sich Teile gegeneinander verschoben haben

Erdbeben in Kalifornien

Die Ursache für die Erdbeben in Kalifornien ist die San-Andreas-Verwerfung, ein etwa 1000 Kilometer großer Bruch in der Erdkruste. An dieser Verwerfung verschieben sich Teile der Erdkruste gegeneinander. Bei dieser Bewegung verhakt sich das Gestein und baut eine große Spannung auf. Wird sie zu groß, verschiebt sich das Gestein beiderseits der Verwerfung ruckartig um bis zu mehrere Meter: Ein Erdbeben wird ausgelöst.

Inhaltsfeld: Ökologie, Ökonomie und Gesellschaft

Messung von Erdbeben

Die Erschütterungen bei einem großen Erdbeben breiten sich über große Entfernungen aus. Mithilfe eines Seismographen kann man sie messen und den Verlauf von Erdbeben aufzeichnen. Eine solche Aufzeichnung heißt Seismogramm. Forscher fanden heraus, dass die meisten Erdbeben in Tiefen bis zu 100 Kilometern entstehen. Die Stärke eines Erdbebens kann z. B. mit der **Richterskala** angegeben werden.

Tsunami im Indischen Ozean

Am 26. Dezember 2004 erzeugte ein Seebeben vor der Insel Sumatra eine gewaltige Flutwelle, die in kurzer Zeit zahlreiche Länder rund um den Indischen Ozean erreichte. Sie führte zu einer Katastrophe von unermesslicher Größe. Die riesige Welle riss alles mit, was sich ihr in den Weg stellte. Vor Sumatra erreichte sie eine Geschwindigkeit von rund 700 Stundenkilometern, beinahe so schnell wie ein Verkehrsflugzeug.
Insgesamt wurden über 200 000 Menschen Opfer der Naturgewalten.

Vorhersage von Beben

Eine sichere Vorhersage von Erdbeben ist nicht möglich. Nur in seltenen Fällen konnten sich Menschen aufgrund von Veränderungen an der Erdoberfläche oder durch Beobachtung ungewöhnlichen Verhaltens von Tieren auf ein kommendes Erdbeben vorbereiten.
Die Aufgabe für Seismologen ist nicht einfach. Immerhin gilt es andererseits ja auch, nicht zu viele Fehlalarme auszulösen, denn Erdbebenwarnungen können große Beunruhigung in der Bevölkerung und Panik bei den Flüchtenden verursachen.

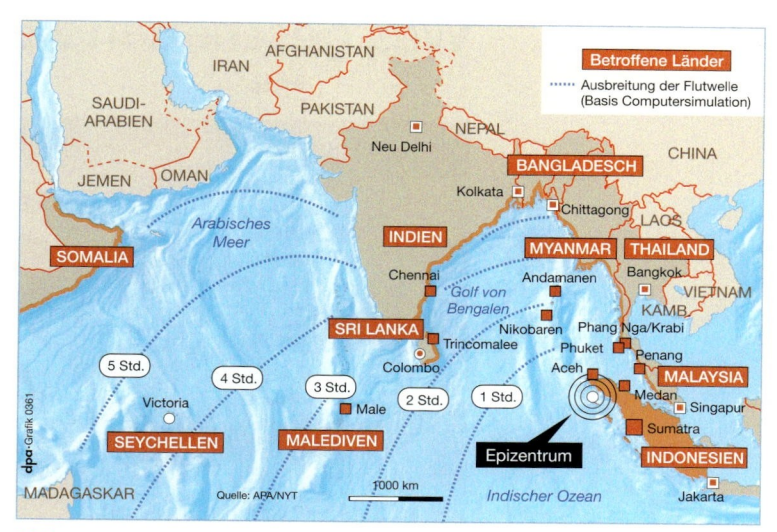

M 5 Räumliche Ausbreitung der Flutwelle von 2004

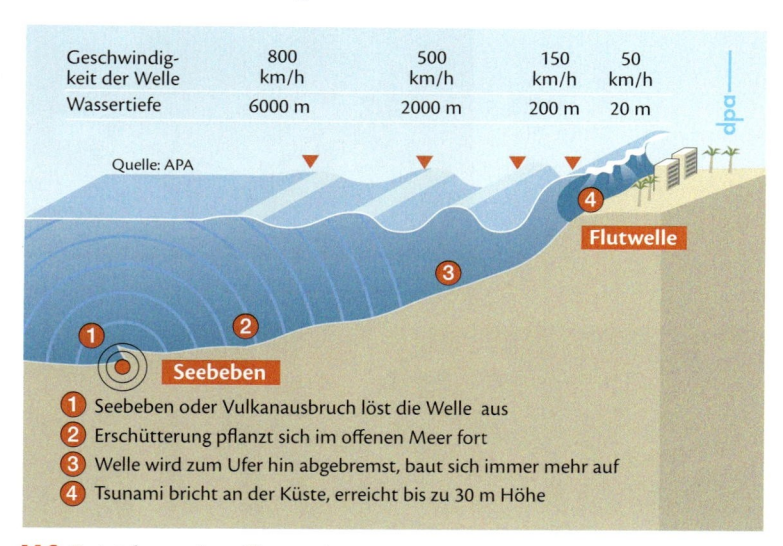

M 6 Entstehung eines Tsunamis

1. Seebeben oder Vulkanausbruch löst die Welle aus
2. Erschütterung pflanzt sich im offenen Meer fort
3. Welle wird zum Ufer hin abgebremst, baut sich immer mehr auf
4. Tsunami bricht an der Küste, erreicht bis zu 30 m Höhe

---

1. Beschreibt die Auswirkungen von Erdbeben (M 1, M 2, M 4).

2. Erklärt die Entstehung von Erdbeben in Kalifornien (M 2, M 3, Text).

3. Nennt Ursachen und Folgen des Tsunamis von 2004 (M 5, M 6, Text).

4. Erläutert, warum eine frühe Warnung der Bevölkerung vor Beben äußerst wichtig ist (Text).

5. Informiert euch zum Thema: „Erdbeben – auch bei uns?".

Die Erdoberfläche verändert sich

Was geschah in Japan im März 2011?

M 1 Luftbild von der Nordostküste Japans im März 2011

*MEZ
Abkürzung für „Mitteleuropäische Zeit"

M 2 In Nordostjapan am 15. 03. 2011

See- und Erdbeben in Japan 2011

Der 11. März 2011 wird weltweit noch lange in Erinnerung bleiben. Ein Seebeben der Stärke 9 ereignete sich um 14.46 Uhr Ortszeit (06.46 Uhr MEZ*) wenige Kilometer vor der japanischen Nordostküste. Das Seebeben führte zugleich zu einem bis zu zehn Meter hohen Tsunami, der insbesondere die Küste von Sendai im Nordosten der japanischen Hauptinsel Honschu erfasste.

Da sich das Zentrum des Bebens unter dem Meer befand (das so genannte „Hypozentrum" = hypo: unterhalb), müsste es korrekterweise als „Seebeben" bezeichnet werden. Allerdings wurde auch die japanische Hauptinsel stark erschüttert, sodass auch hier zu Recht von einem „Erdbeben" gesprochen werden kann.

Das Beben und der Tsunami führten zu mehr als 20 000 Todesopfern.

Inhaltsfeld: Ökologie, Ökonomie und Gesellschaft

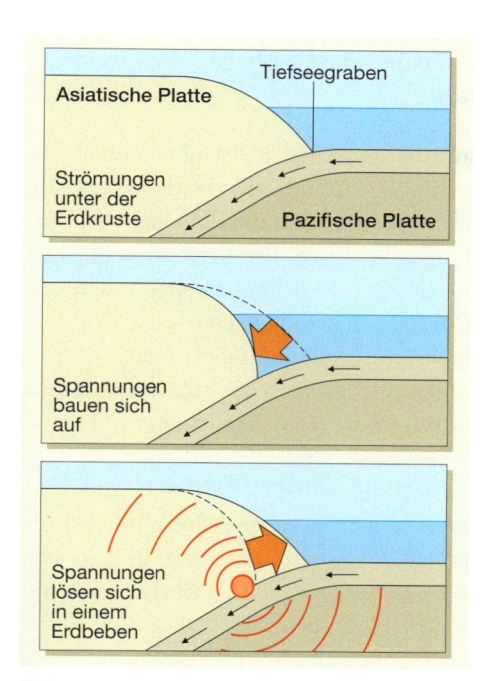

M 3 Ursache des Seebebens in Japan

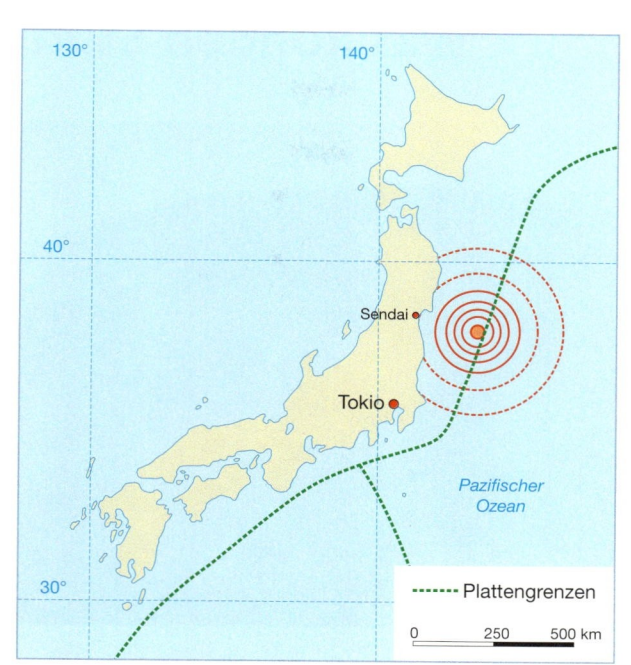

M 4 Lage des Hypozentrums

Fukushima

Fukushima ist eine Stadt in Japan, die in besonderer Weise mit dem Folgen des Bebens zu kämpfen hatte. Das Wort „Fukushima" bedeutet eigentlich „Glücksinsel", aber das Unglück, das über diese Stadt kam, ist nahezu unermesslich.

In Fukushima befand sich in der Nähe der Küste ein Atomkraftwerk, das durch das Beben und den anschließenden Tsunami schwerste Beschädigungen erlitt. In der Folge der Beschädigungen kam es zu einem so genannten schweren „atomaren Unfall", der gefährliche radioaktive Strahlungen freisetzte.

Ein weitläufiges Gebiet um die Kraftwerksanlagen musste sofort abgeriegelt werden. Viele Menschen verloren so von einem Moment auf den anderen ihr gesamtes Hab und Gut. Sie dürfen ihre Häuser nie wieder betreten.

Der durch den Tsunami verursachte „größtmögliche" Atomunfall in Fukushima führte dazu, dass Deutschland bis 2022 alle Atomkraftwerke abschaltet, da Atomkraftwerke nicht sicher genug sind.

M 5 Protestkundgebung in Deutschland am 25.04.2011

1 Beschreibt die unmittelbaren Auswirkungen des Bebens und Tsunamis in Japan vom 11. März 2011 (M 1, M 2, Text).

2 Erklärt den Unterschied zwischen einem „Seebeben" und einem „Erdbeben" (M 4, Text).

3 Erläutert die Entstehung des Bebens von Japan (M 3, M 4).

4 Informiert euch über die Spätfolgen der japanischen Naturkatastrophe vom März 2011 (→ **Wir führen eine Internetrecherche durch**, S. 316).

5 Nehmt begründet Stellung zu der Aussage: „Fukushima ist überall" (Text, M 5).

Der Umgang mit Naturgefahren
Was können Stürme bewirken?

M 1 Sturmschäden durch den Orkan „Kyrill" in Deutschland 2007. *Foto, 2007*

*****Beaufortskala**
von Francis Beaufort im 19. Jahrhundert entwickelte Einteilung der Windgeschwindigkeiten mit den Stufen 0 (Windstille) bis 12 (Orkan)

Stürme
Stürme entstehen, wenn die Druckunterschiede zwischen einem **Hoch-** und einem **Tiefdruckgebiet** sehr groß sind. Ein Sturmtief ist ein Tiefdruckgebiet, das zu einem Sturm führt, also die Stärke 9 bis 11 auf der Beaufortskala* erreicht; bei einem stärkeren Sturm spricht man von einem „Orkan".

Stürme entstehen meist über dem Meer. Wenn der Wind aufs Festland auftrifft, kann es dort zu erheblichen Verwüstungen kommen. Die Kraft eines Sturmes reicht aus, um Bäume zu entwurzeln und Gebäude zu beschädigen.
Je nach Entstehungsort eines Sturms unterscheidet man zwischen tropischen und außertropischen Stürmen.

Tropische Wirbelstürme
Jedes Jahr richten tropische Wirbelstürme gewaltige Zerstörungen an und kosten viele Menschenleben. Wirbelstürme sind rotierende Starkwinde.
Sie bilden sich über den Ozeanen in den Tropen, wenn dort eine Wassertemperatur von mindestens 27 Grad herrscht. Wenn Wirbelstürme auf Küsten treffen, können dort riesige Flutwellen entstehen. Ziehen die Stürme über Land, hinterlassen sie eine Schneise der Verwüstung.
Mithilfe von Satelliten und Beobachtungsflugzeugen lassen sich heute die Zugbahnen der Wirbelstürme ziemlich genau vorhersagen, sodass die Bevölkerung gewarnt werden kann.

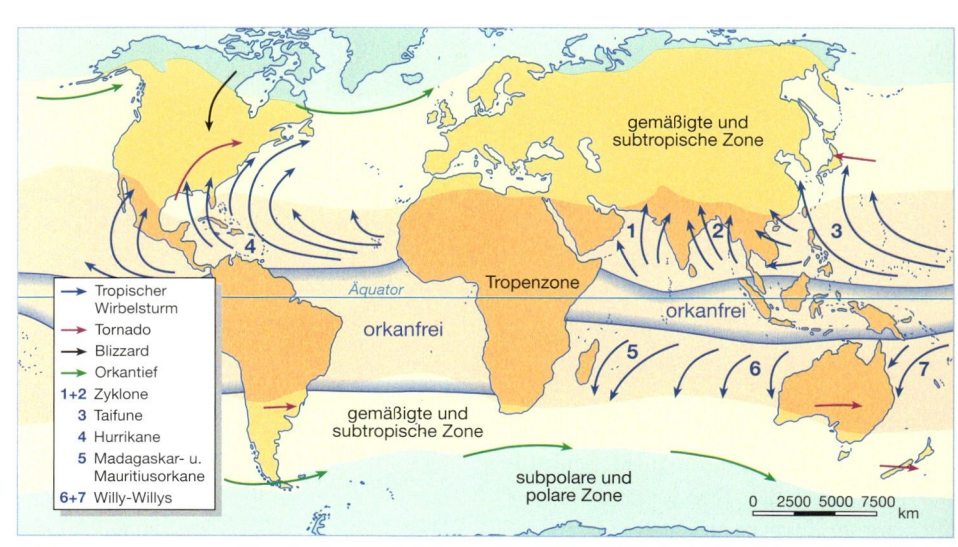

M 2 Zugbahnen von Wirbelstürmen

Inhaltsfeld: Ökologie, Ökonomie und Gesellschaft

M 3 Zyklon Nargis 2008

Anfang Mai 2008 traf der Zyklon „Nargis" mit Windgeschwindigkeiten von zum Teil 200 Kilometern pro Stunde auf die Küste von Myanmar. Er hatte sich im April über dem Golf von Bengalen gebildet. Beim Auftreffen auf die sehr dicht besiedelte Küstenregion an einer Flussmündung zerstörten der Sturm und die Flutwelle Zehntausende von Häusern.

Madinal Haq lebt auf einer Insel vor der Flussmündung. Früher besaß er sechs Hektar Land, von denen er mit seiner Familie gut leben konnte. Seit der Ozean seine Felder überflutete, gehört er zu den Landlosen. Unter ein paar Bäumen stand seine Hütte, umgeben von einem winzigen Garten, der die Familie mit Gemüse versorgte. Familie Haq wohnte keine zehn Meter vom Meer entfernt. Mardinal konnte zusehen, wie die Strömung alles wegriss. Nun wird er fortziehen müssen – er besitzt nichts mehr. Wenn er Glück hat, wird es anderswo an der Flussmündung ein paar Quadratmeter Land geben. Der fruchtbare Löss [...], der durch natürliche Aufschüttung entstanden ist, erlaubte bis zu vier Ernten im Jahr.

Blizzards – Schneestürme in Nordamerika

Blizzards richten jedes Jahr in Nordamerika enorme Schäden an und fordern zahlreiche Todesopfer. Sie treten in der Zeit zwischen Dezember und März auf. Ihnen geht meist mildes Wetter voraus. Sie entstehen durch starke Kaltlufteinbrüche aus nördlicher und nordwestlicher Richtung. Die kalte Luft kann beinahe ungehindert bis zum Golf von Mexiko vordringen, da sich ihr kein Hindernis in Form von Gebirgen entgegenstellt. Bei einem Blizzard fallen in der Regel in kurzer Zeit große Mengen Schnee, die durch den Sturm verweht werden. Dadurch kommen der Verkehr und das öffentliche Leben zum Erliegen.

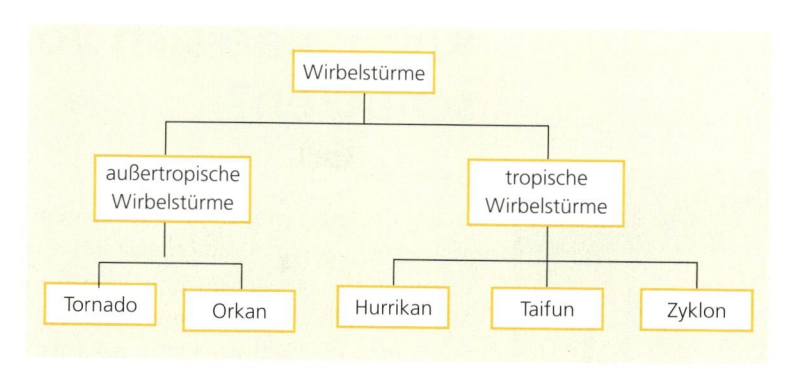

M 4 Einteilung der Wirbelstürme

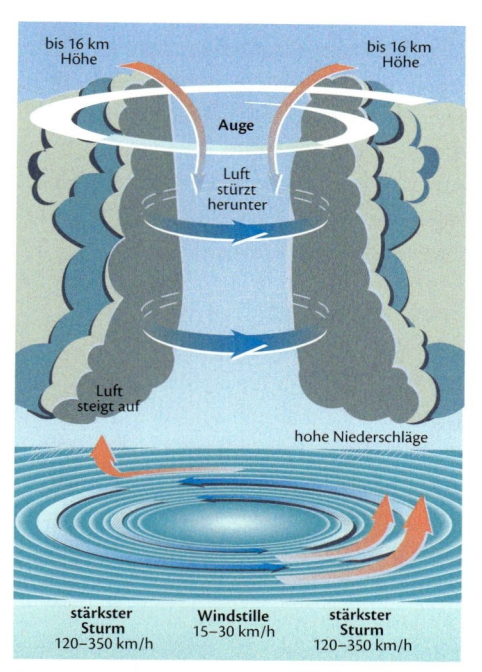

Wirbelstürme
- außertropische Wirbelstürme
  - Tornado
  - Orkan
- tropische Wirbelstürme
  - Hurrikan
  - Taifun
  - Zyklon

M 5 Schnitt durch einen Hurrikan

1 Beschreibt die Verbreitungsgebiete der verschiedenen Stürme (M 2, → **Wir lesen eine thematische Karte**, S. 42/43).

2 Gliedert die Wirbelstürme nach ihrem Entstehungsgebiet in tropische und außertropische Wirbelstürme (M 2, M 4).

3 Erstellt eine Tabelle, in die ihr die tropischen Wirbelstürme mit ihren Entstehungsgebieten und den Küsten, die von ihnen bedroht sind, eintragt (M 2 bis M 4).

4 Erklärt den Aufbau eines Hurrikans (M 5).

5 Leben an der Küste bedeutet „Leben am Rande der Katastrophe". Beurteilt diese Aussage (M 2 bis M 5).

Der Umgang mit Naturgefahren

Kann man sich vor Naturgefahren schützen?

Gefahren

Jedes Jahr verlieren mehrere Zehntausend Menschen durch Naturereignisse ihr Leben, und es entstehen Sachschäden in Milliardenhöhe. In den kommenden Jahren könnte die Zahl der Opfer nach Ansicht von Experten noch weiter steigen, da die größten Städte der Erde an Küsten liegen, die von Stürmen bedroht sind.

Auch die Zahl der Menschen steigt, die in Erdbeben- und Vulkangebieten leben. Um die Zahl der Opfer und Schäden möglichst niedrig zu halten, werden genaue Vorhersagen über den Zeitpunkt eines Naturereignisses immer notwendiger.

Frühwarn- und Erdbeobachtungssysteme

Mithilfe von Wettersatelliten lassen sich heute die Zugbahnen und die Geschwindigkeit von Wirbelstürmen sehr genau vorhersagen. So bleibt den Menschen in den betroffenen Gebieten ausreichend Zeit, ihre Häuser zu schützen und sich in Sicherheit zu bringen.

Weitaus schwieriger ist die Vorhersage und damit auch die Frühwarnung bei Erdbeben und Vulkanausbrüchen.

Die meisten aktiven Vulkane der Erde werden ständig überwacht. Fest installierte Messgeräte überprüfen automatisch, ob vermehrt Gase austreten, sich die Temperatur in einem Krater erhöht, ob stärkere Erdbeben zu verzeichnen sind oder ob sich die Oberfläche des Vulkans verformt. Die Daten werden an die Überwachungsstationen gesendet, die sie auswerten und gegebenenfalls Alarm auslösen.

Anhand dieser Daten können die Wissenschaftler zwar feststellen, ob sich die Wahrscheinlichkeit eines Ausbruchs erhöht hat, wann und ob dieser aber tatsächlich stattfinden wird, lässt sich noch nicht sicher vorhersagen. Dennoch konnten aber zum Beispiel beim Ausbruch des Mount St. Helens (im Süden des US-Bundesstaates Washington) 1980 viele Menschenleben gerettet werden, weil die Umgebung des Vulkans rechtzeitig geräumt wurde.

Frühwarnung ist schwierig

Noch schwieriger ist die Frühwarnung vor Erdbeben. Seit Jahrhunderten wird beobachtet, dass sich Tiere oft schon Tage vor starken Erdbeben merkwürdig verhalten.

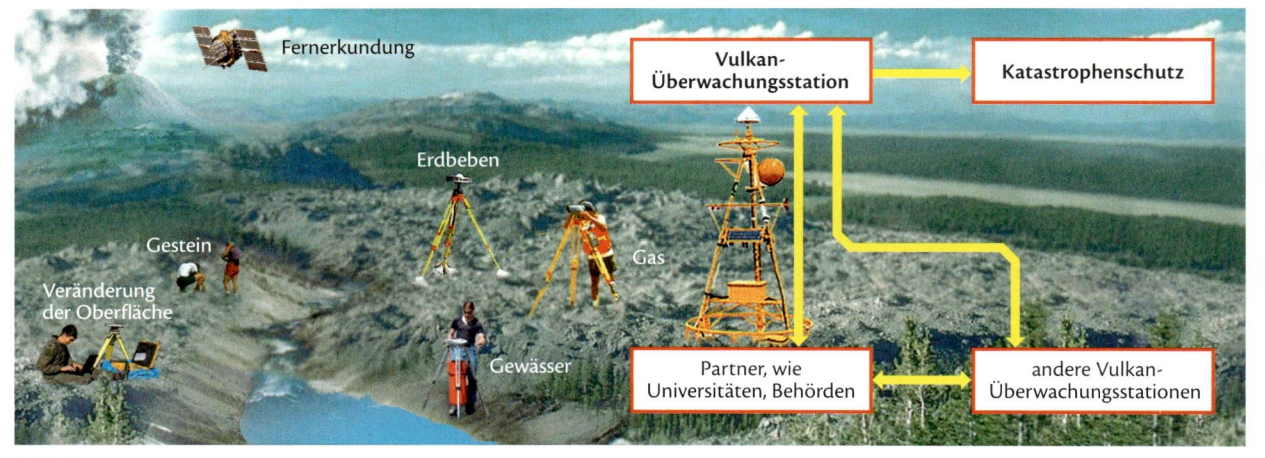

M 1 Schutzmaßnahmen vor einem Hurrikan in Florida. *Foto, 2008*

M 2 Erdbebensicheres Hochhaus – das „Taipei 101" in Taiwan. *Foto, 2008*

M 3 Überwachung von Vulkanen

Inhaltsfeld: Ökologie, Ökonomie und Gesellschaft

Man vermutet, dass sie viel eher als Menschen kleinste Erschütterungen der Erdkruste oder austretende Gase wahrnehmen.

Die einzige kurzfristige Warnung, die heute schon möglich ist, basiert auf Frühwarnsystemen, die wenige Minuten oder Sekunden vor der größten Zerstörungswucht eines Erdbebens Alarm schlagen. Messgeräte registrieren bei einem Erdbeben bereits schwache Erdbebenwellen, die schneller durchs Gestein wandern als die zerstörerischen Wellen, und können vorwarnen. In den Sekunden, die bis zum Eintreffen des Bebens bleiben, können zum Beispiel Fahrstühle angehalten oder Hochgeschwindigkeitszüge gestoppt werden.

Erdbebensicheres Bauen

Beim letzten stärkeren Erdbeben in San Francisco fiel auf, dass zwar viele kleinere Gebäude stark beschädigt wurden oder einstürzten, die Hochhäuser aber dem Beben standhielten.

Moderne Hochhäuser bestehen aus Beton und einem Stahlgerüst, das durch Querstreben verstärkt ist. Das sind ideale Baustoffe in Erdbebengebieten, da Stahl sehr elastisch ist und nicht gleich bricht. Zusätzlich sind einige Gebäude auf Stoßdämpfern gelagert, um die durch ein Erdbeben ausgelösten Erschütterungen abzuschwächen.

Ein Problem bei Hochhäusern ist, dass sie bei einem Erdbeben im oberen Bereich sehr stark anfangen würden zu schwingen. Um dies zu verhindern, wurde in dem bis 2007 höchsten Gebäude der Erde, dem „Taipei 101" in Taiwan, eine Stahlkugel in die obersten der 101 Stockwerke gehängt. Sie soll im Falle eines Erdbebens die Schwingungen des Gebäudes verringern.

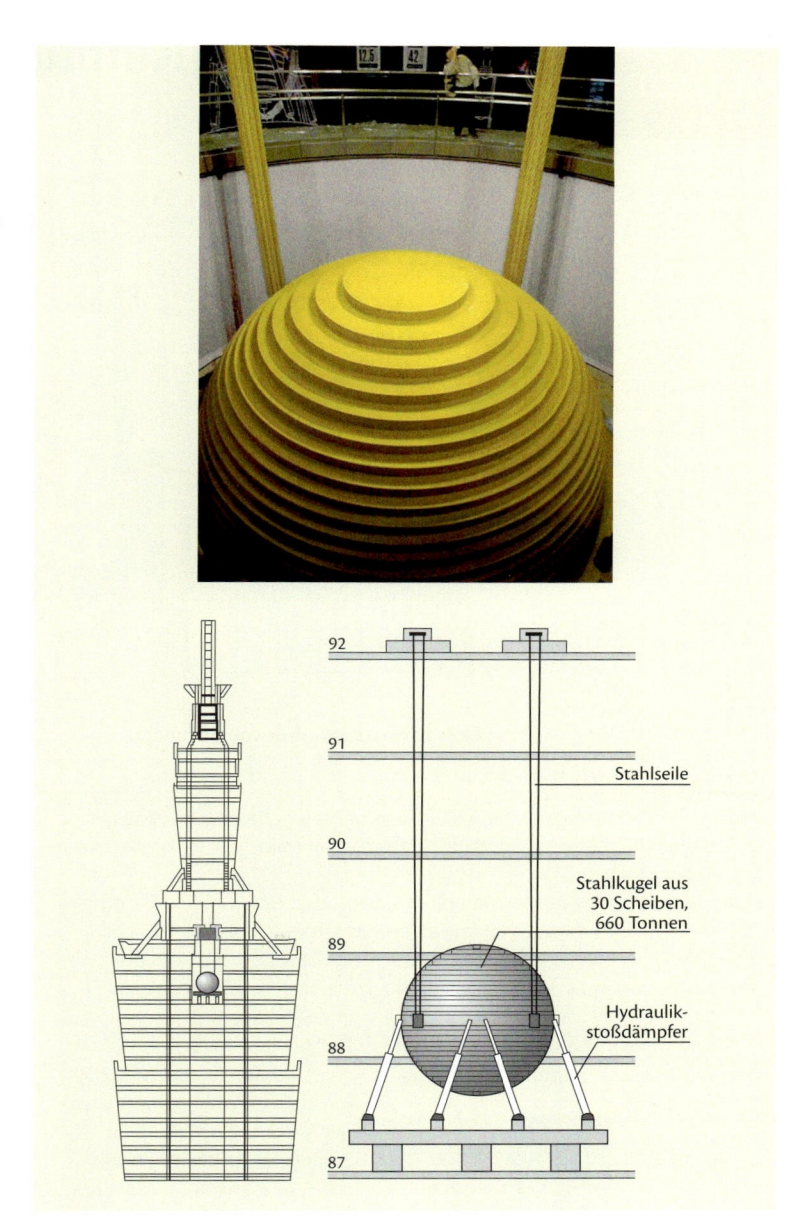

M 4 Erdbebensicheres Hochhaus – das „Taipei 101" in Taiwan. *Bauskizze mit Foto*

1 Beschreibt die verschiedenen Warnsysteme und notiert Stichwörter.

2 Erstellt eine Tabelle, in die ihr die Naturgefahren (Vulkanausbruch, Erdbeben, Stürme), die jeweiligen Möglichkeiten der Frühwarnung und Schutzmaßnahmen eintragt (M1 bis M4).

3 Erläutert die einzelnen Schritte der Überwachung von Vulkanen (M3).

4 Verfolgt in den Medien aktuelle Berichte zu Naturgefahren und prüft, inwieweit rechtzeitig gewarnt werden konnte.

Leben in unterschiedlichen Klimazonen

Wir werten Klimadiagramme aus

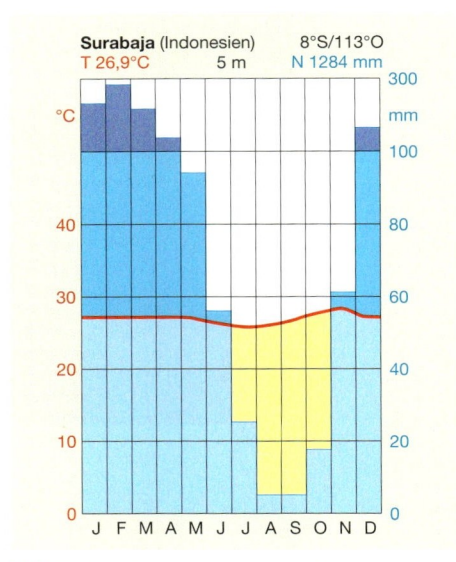

Surabaja (Indonesien) 8°S/113°O
T 26,9°C 5 m N 1284 mm

M 1 Klimadiagramm von Surabaja

Aufbau eines Klimadiagramms

In **Klimatabellen** werden die langjährigen Mittelwerte von Temperatur und Niederschlägen für die einzelnen Monate angegeben. Werden diese Werte zeichnerisch umgesetzt, erhält man **Klimadiagramme**. Sie erleichtern Vergleiche der Klimate verschiedener Orte.

Die Temperatur wird in Grad Celsius (°C) gemessen, und zwar um 7 Uhr, 14 Uhr und 21 Uhr. Das Tagesmittel wird aus vier Werten für jeden Tag gebildet – der Wert für 21 Uhr wird doppelt gezählt (also z. B. 14 + 22 + 16 + 16 = 68 : 4 = 17, der Tagesmittelwert betrüge bei diesem Beispiel demnach 17 °C).

Das **Monatsmittel der Temperatur** erhält man, wenn die Summe der einzelnen Tagesmittel durch die Anzahl der Tage des Monats dividiert wird. Die Summe der Monatsmittel, geteilt durch zwölf, ergibt das Jahresmittel.

Die Mittelwerte der Monate werden im Diagramm als Punkte gekennzeichnet und durch eine zusammenhängende Linie verbunden, sodass eine (rote) Temperaturkurve entsteht. Die Maßeinheiten der Temperatur werden auf der linken Hochwertachse angegeben.

Die **Menge der Niederschläge** wird mit in Millimetern (mm) angegeben. Ein Millimeter Niederschlag bedeutet: Auf einen Quadratmeter fällt ein Liter Niederschlag. Die monatlichen Summen erhält man aus der Addition der Tagesmengen. Addiert man die Monatssummen, so ergibt dies die Jahresmenge. Da es sich um Summen handelt, werden die Niederschläge eines Monats im Diagramm als Säulen dargestellt. Die Maßeinheiten werden auf der rechten Hochwertachse angegeben.

Patna ist ein Ort in Indien – nur relativ wenige Meter oberhalb des Meeresspiegels (um 53 Meter). Er liegt auf der nördlichen Halbkugel in der wechselfeuchten tropischen Zone.
Die durchschnittliche Jahrestemperatur beträgt 25,9 Grad Celsius. Die durchschnittlichen Lufttemperaturen im Laufe eines Jahres schwanken zwischen rund fünfzehn und etwas mehr als dreißig Grad Celsius. In den Monaten Dezember und Januar ist die Temperatur am geringsten, im Mai erreicht sie ihren Höhepunkt.
Der jährliche Niederschlag summiert sich auf knapp 1200 Millimeter. In den Sommermonaten der Nordhalbkugel (Juni bis September) fallen mit deutlichem Abstand zu den anderen Monaten des Jahres die meisten Niederschläge.
Das Maximum im August mit über 300 Millimetern macht allein mehr als ein Viertel des Gesamtniederschlags eines Jahres aus. Arid sind die restlichen Monate Januar bis Mai sowie November und Dezember. Im Dezember fällt üblicherweise fast kein Niederschlag in Patna.

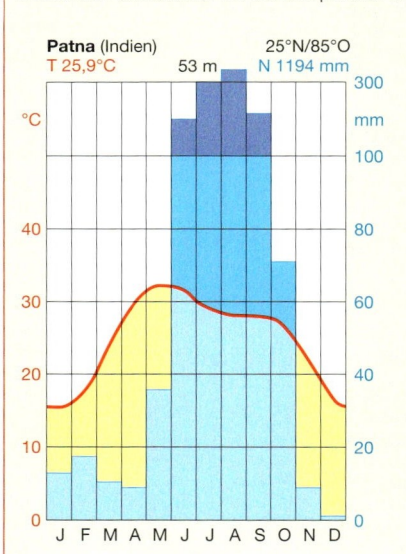

Patna (Indien) 25°N/85°O
T 25,9°C 53 m N 1194 mm

M 2 Beispiel für die Auswertung eines Klimadiagramms

Diagramm: Aufbau eines Klimadiagramms

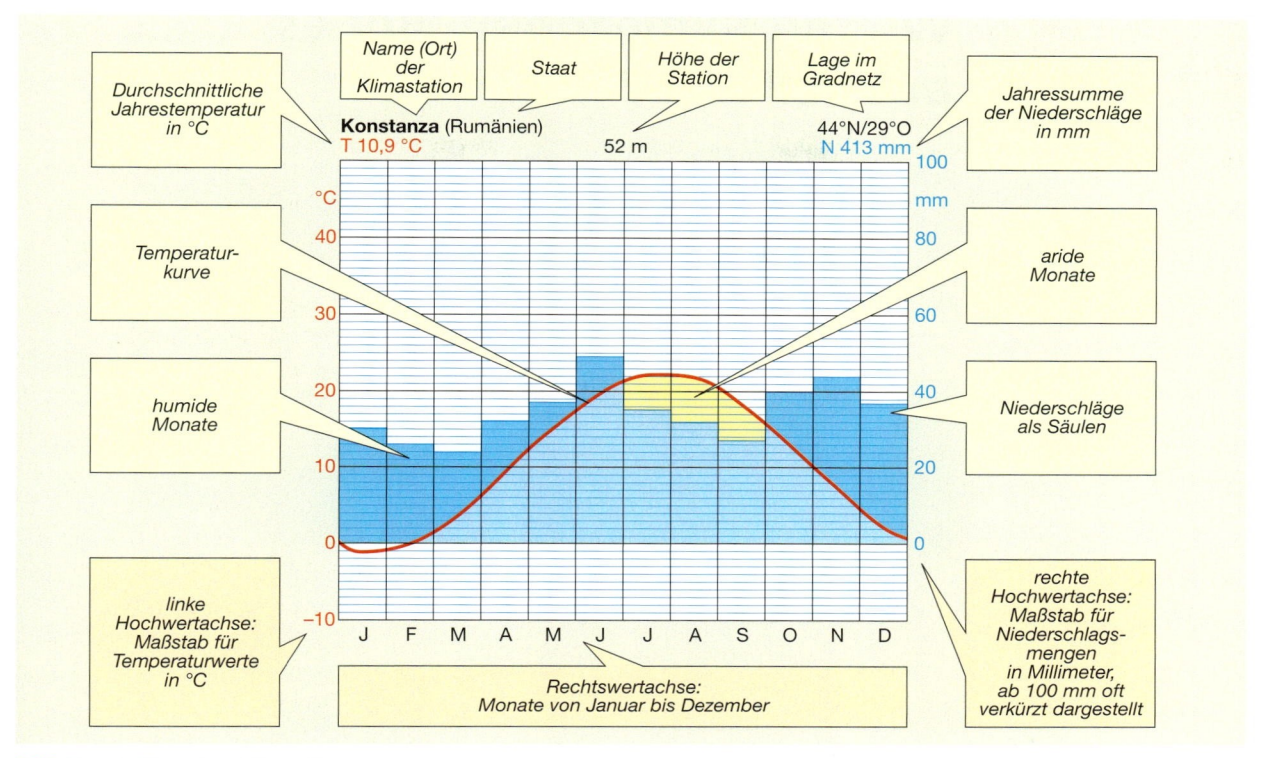

Konstanza (Rumänien) 44°N/29°O
T 10,9 °C   52 m   N 413 mm

Beschriftungen:
- Durchschnittliche Jahrestemperatur in °C
- Name (Ort) der Klimastation
- Staat
- Höhe der Station
- Lage im Gradnetz
- Jahressumme der Niederschläge in mm
- Temperaturkurve
- aride Monate
- humide Monate
- Niederschläge als Säulen
- linke Hochwertachse: Maßstab für Temperaturwerte in °C
- Rechtswertachse: Monate von Januar bis Dezember
- rechte Hochwertachse: Maßstab für Niederschlagsmengen in Millimeter, ab 100 mm oft verkürzt dargestellt

M 3 Der Aufbau eines Klimadiagramms

Werden Temperaturkurve und Niederschlagssäulen in einem Diagramm dargestellt, erhält man ein Klimadiagramm. Mit einem Blick kann man erkennen, welche Monate die höchsten und welche die niedrigsten Werte bei Temperaturen und Niederschlägen aufweisen. Man spricht dabei von einem **Maximum** (höchster Werte) und einem **Minimum** (niedrigster Wert) der Temperatur bzw. der Niederschläge.

Der Maßstab wird am besten so gewählt, dass 10 °C Temperatur 20 mm Niederschlag entsprechen. Dies hat den Vorteil, dass man sofort sieht, ob ein Monat **humid** (feucht) oder **arid** (trocken) ist:

- Wo die Temperaturkurve über den Niederschlagssäulen verläuft, wird die Fläche zwischen der Kurve und den Säulen gelb eingefärbt. Dies zeigt aride Monate an.
- In den humiden Monaten liegt die Temperaturkurve innerhalb der Niederschlagssäulen. Die Niederschlagsmenge unterhalb der Temperaturkurve entspricht in etwa der Wassermenge, die verdunstet.

Da die Werte aus einem 30-jährigen Mittel berechnet werden, sagt das Klimadiagramm nichts über mögliche Extremwerte einzelner Jahre aus, z. B. besonders heiße Sommer, überdurchschnittlich kalte Winter oder ungewöhnlich feuchte oder trockene Zeiten.

Jan.	1,5 °C	73 mm
Feb.	1,9 °C	63 mm
März	5,3 °C	47 mm
April	8,9 °C	61 mm
Mai	13,1 °C	63 mm
Juni	16,0 °C	75 mm
Juli	17,5 °C	86 mm
Aug.	17,3 °C	90 mm
Sept.	14,6 °C	66 mm
Okt.	10,0 °C	67 mm
Nov.	5,8 °C	72 mm
Dez.	2,8 °C	66 mm

M 4 Klimadaten von Essen

1 Fasst in einem kurzen mündlichen Vortrag zusammen, auf welcher Datengrundlage Klimadiagramme erstellt werden (Text).

2 Erläutert den Aufbau eines Klimadiagramms (M 3).

3 Wertet – entsprechend dem Beispiel in M 2 – das Klimadiagramm von Surabaja (M 1) aus.

4 Zeichnet ein eigenes Klimadiagramm mit den Daten aus M 4 und wertet es ebenfalls – entsprechend dem Beispiel in M 2 – aus.

Leben in unterschiedlichen Klimazonen

Welche Klimazonen gibt es auf der Erde?

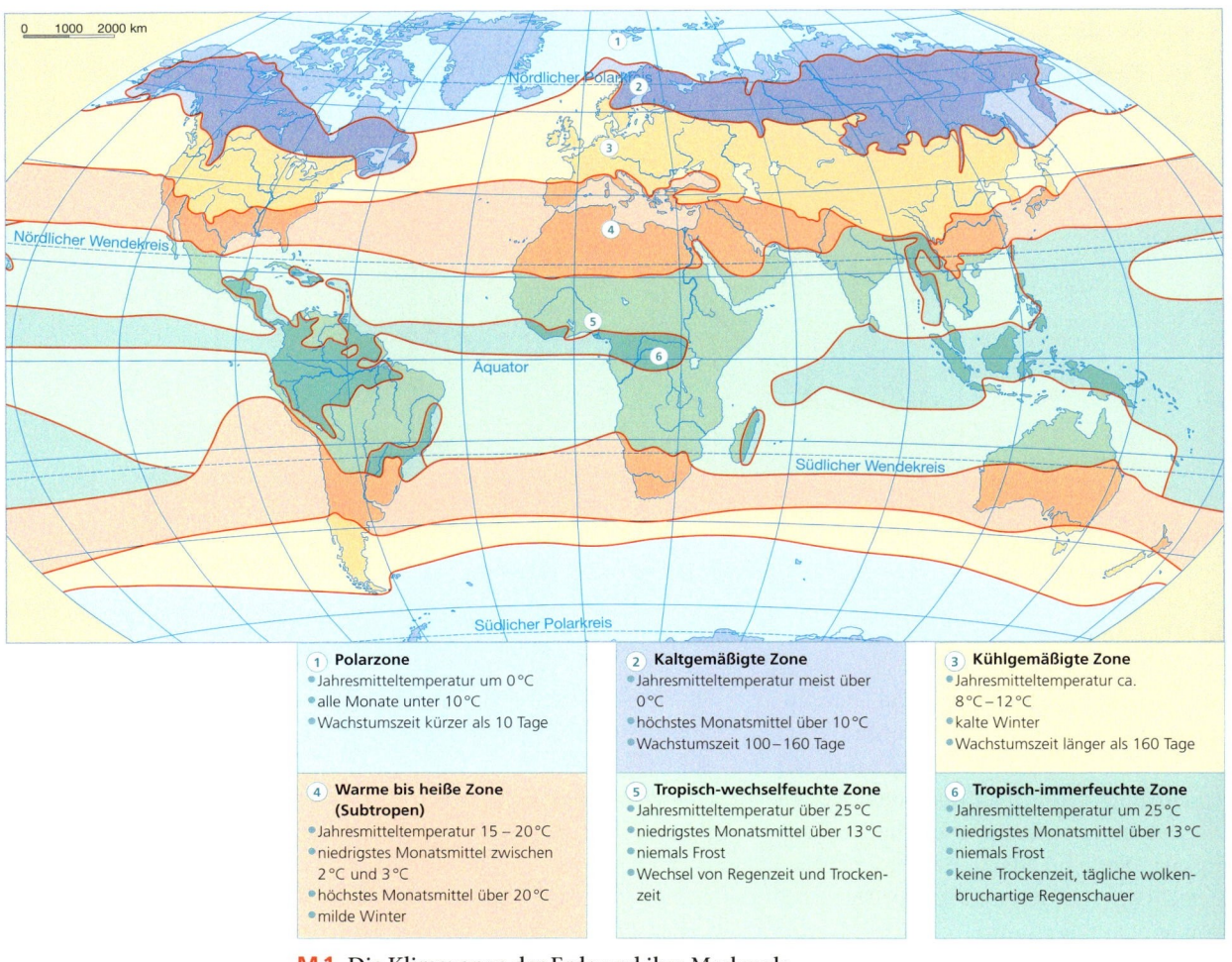

M1 Die Klimazonen der Erde und ihre Merkmale

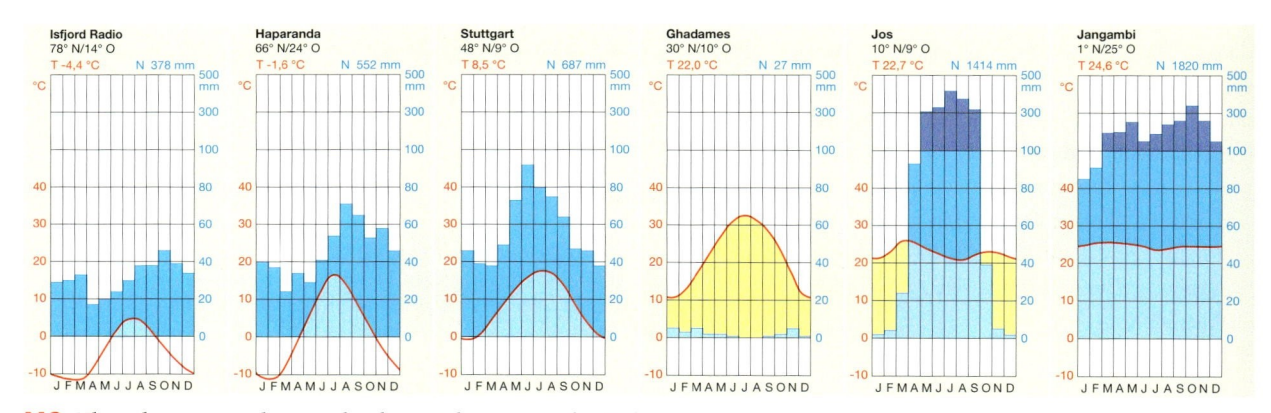

① Polarzone
- Jahresmitteltemperatur um 0 °C
- alle Monate unter 10 °C
- Wachstumszeit kürzer als 10 Tage

② Kaltgemäßigte Zone
- Jahresmitteltemperatur meist über 0 °C
- höchstes Monatsmittel über 10 °C
- Wachstumszeit 100–160 Tage

③ Kühlgemäßigte Zone
- Jahresmitteltemperatur ca. 8 °C–12 °C
- kalte Winter
- Wachstumszeit länger als 160 Tage

④ Warme bis heiße Zone (Subtropen)
- Jahresmitteltemperatur 15–20 °C
- niedrigstes Monatsmittel zwischen 2 °C und 3 °C
- höchstes Monatsmittel über 20 °C
- milde Winter

⑤ Tropisch-wechselfeuchte Zone
- Jahresmitteltemperatur über 25 °C
- niedrigstes Monatsmittel über 13 °C
- niemals Frost
- Wechsel von Regenzeit und Trockenzeit

⑥ Tropisch-immerfeuchte Zone
- Jahresmitteltemperatur um 25 °C
- niedrigstes Monatsmittel über 13 °C
- niemals Frost
- keine Trockenzeit, tägliche wolkenbruchartige Regenschauer

M2 Klimadiagramme der verschiedenen Klimazonen der Erde

- Isfjord Radio, 78° N/14° O, T −4,4 °C, N 378 mm
- Haparanda, 66° N/24° O, T −1,6 °C, N 552 mm
- Stuttgart, 48° N/9° O, T 8,5 °C, N 687 mm
- Ghadames, 30° N/10° O, T 22,0 °C, N 27 mm
- Jos, 10° N/9° O, T 22,7 °C, N 1414 mm
- Jangambi, 1° N/25° O, T 24,6 °C, N 1820 mm

Inhaltsfeld: Ökologie, Ökonomie und Gesellschaft

Die Temperaturzonen der Erde

Die Erde umläuft die Sonne innerhalb eines Jahres (genau in 365,25 Tagen) einmal. Infolge der Schrägstellung der Erdachse zur Umlaufebene um 23,5 Grad treffen die Sonnenstrahlen nur innerhalb der Tropen senkrecht auf die Erde. Durch diesen intensiven Sonneneinfall hat sich hier die wärmste Zone der Erde entwickelt.
Nach Norden und Süden schließen sich die gemäßigte und die kalten Zone an.

Von den immerfeuchten Tropen zur Polarzone

Die Erde kann über diese grobe Dreiteilung hinaus in sechs **Klimazonen** untergliedert werden.
Wie bei den Temperaturzonen gibt es auch bei den Klimazonen eine Abfolge von warm nach kalt zwischen dem Äquator und den beiden Polen. Die kaltgemäßigte Zone gibt es nur auf der Nordhalbkugel.
Für die Ausprägung von Klimazonen sind die Stärke der Sonneneinstrahlung sowie zahlreiche andere Elemente ausschlaggebend – hierzu gehören:
- die Höhenlage eines Ortes
- der Verlauf von Gebirgen (sowie ihr Einfluss auf Windverhältnisse und Niederschläge)
- die Verteilung von Land und Meer
- der Einfluss kalter oder warmer Meeresströmungen
- die Menge und jahreszeitliche Verteilung der Niederschläge.

Klimadiagramme

Jeder Ort auf der Welt hat seine eigenen klimatischen Erkennungszeichen (z. B. je nach Nähe oder Ferne zum Meer oder entsprechend seiner Höhenlage in einem Gebirge). Die Klimadiagramme (wie sie in M2 abgebildet sind) charakterisieren jeden Ort. Die Klimadiagramme benachbarter Orte können mehr oder weniger ähnlich sein.

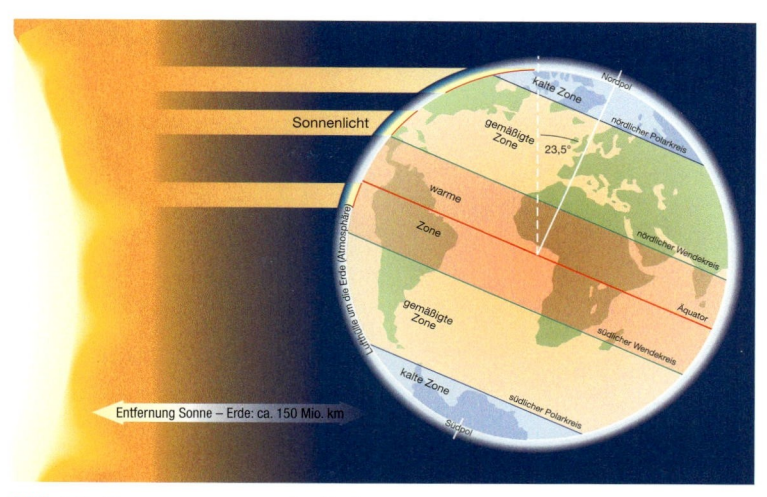

M 3 Die Temperaturzonen der Erde

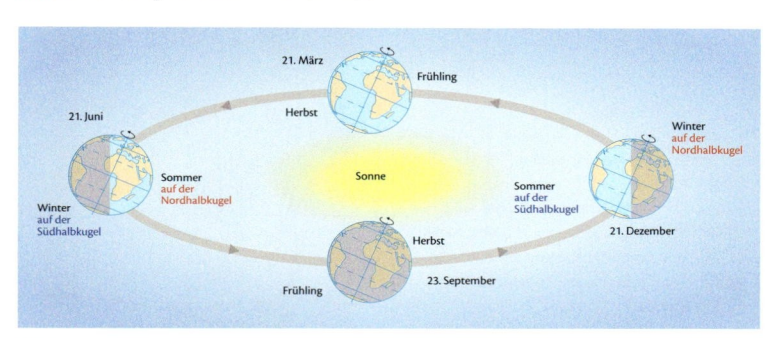

M 4 Umlauf der Erde um die Sonne

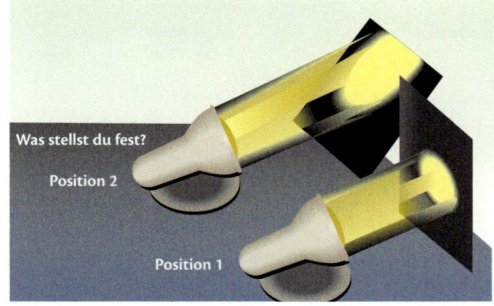

M 5 Experiment

1 Beschreibt die Abfolge und Merkmale der Temperatur- und Klimazonen der Erde (M1, M3, Text).

2 Findet heraus, in welcher jeweiligen Klimazone sich die Orte in M2 befinden. Begründet eure Angaben.

3 Erläutert den Zusammenhang zwischen M3, M4 und M5.

4 Stellt den Umlauf der Erde um die Sonne mit einem Globus im Klassenraum nach (M4, Text). Achtet besonders auf die Erdachse.

Leben in unterschiedlichen Klimazonen

Wie viele Vegetationszonen gibt es?

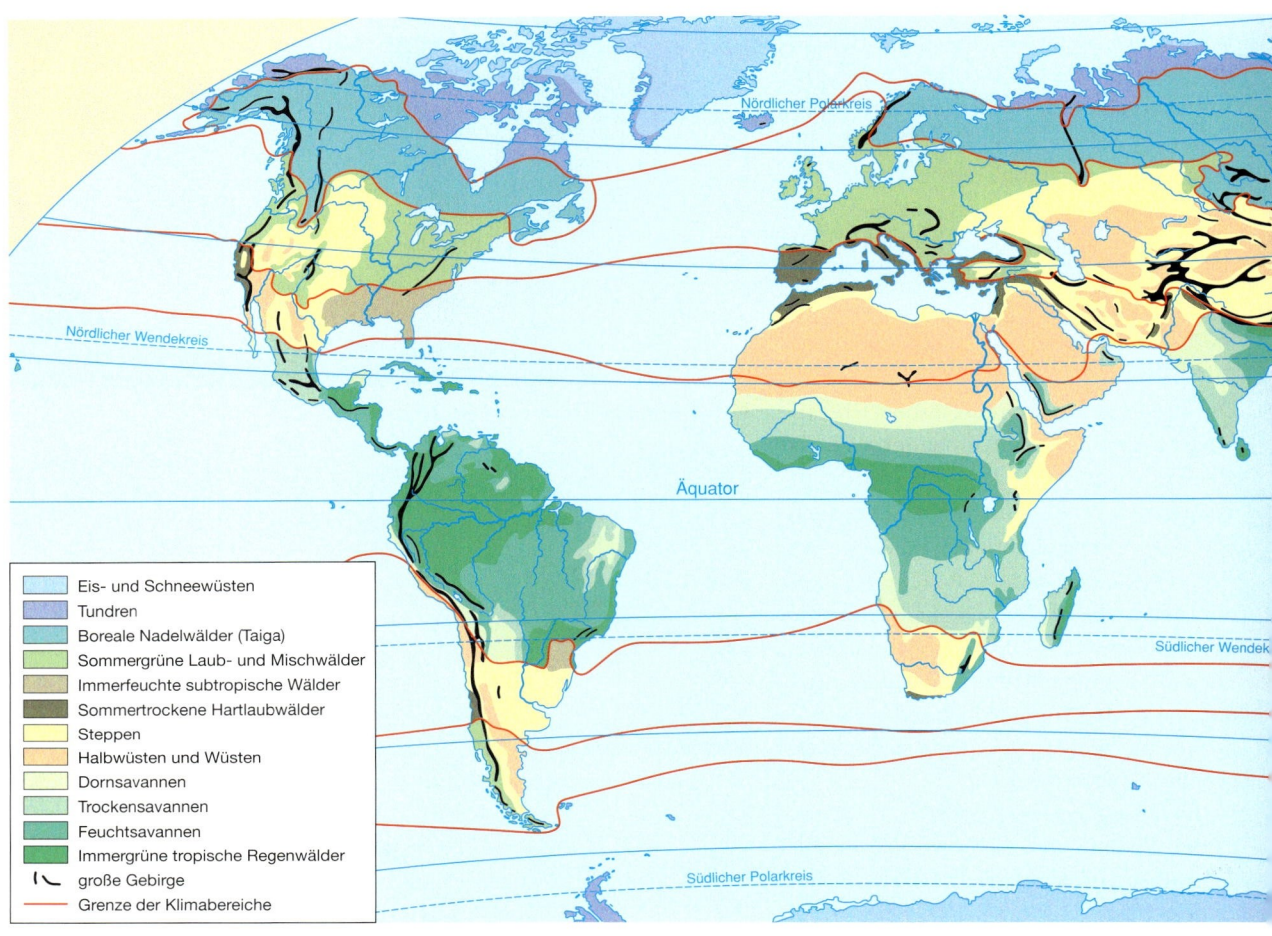

Legende:
- Eis- und Schneewüsten
- Tundren
- Boreale Nadelwälder (Taiga)
- Sommergrüne Laub- und Mischwälder
- Immerfeuchte subtropische Wälder
- Sommertrockene Hartlaubwälder
- Steppen
- Halbwüsten und Wüsten
- Dornsavannen
- Trockensavannen
- Feuchtsavannen
- Immergrüne tropische Regenwälder
- große Gebirge
- Grenze der Klimabereiche

M 1 Vegetationszonen der Erde

Natürliche Vegetation

Die **natürliche Vegetatio**n ist das von Natur aus vorkommende „Pflanzenkleid" und besteht aus den an das Klima angepassten „standorttypischen" Pflanzen.
Würde sich die Vegetation ohne menschliche Eingriffe entfalten, so sähe die Pflanzendecke in vielen Regionen anders aus. Die natürliche Vegetation würde sich als „Spiegelbild" des Klimas wieder herausbilden und die Landschaft prägen. Es würden andere natürliche Vegetationszonen der Erde entstehen.

Trotz der großen Entfernungen zwischen den Kontinenten findet man bei gleichem Klima große Übereinstimmung in der Vegetation.
Doch der Mensch betreibt beispielsweise Ackerbau und Forstwirtschaft oder versiegelt den Boden mit Straßen, Plätzen und Gebäuden.
Infolge dieser Nutzung des Raumes ist die natürliche Vegetation in vielen Teilen der Erde heute zurückgedrängt.

M 3 Bilder verschiedener Vegetationszonen. *Fotos*

M 2 Aussagen zur Vegetation
1. immergrüne Waldzonen
2. größte Waldzone der Erde, obwohl nur auf der Nordhalbkugel vorhanden
3. artenreiche Waldgebiete am Äquator
4. baumlose Landschaften
5. vegetationsarme Landschaften
6. Pflanzen sind an Trockenheit angepasst
7. Pflanzen sind an Kälte angepasst
8. Grasländer

1 Ihr fliegt von Düsseldorf nach Kapstadt (Südafrika). Beschreibt, welche Vegetationszonen ihr bei diesem Flug überquert (M 1).

2 Beschreibt, wie die Vegetationszonen der Erde angeordnet sind (M 1).

3 Welche natürliche Vegetation zeigen die Bilder A bis H von M 3? Beschreibt jeweils die Lage der Vegetationszone auf der Erde.

4 Auf welche Vegetationszonen treffen die Aussagen von M 2 im Einzelnen zu?

5 Findet zu jeder Vegetationszone drei Staaten, die jeweils einen bedeutenden Anteil an ihr haben.

6 Sucht Staaten, die möglichst viele verschiedene Vegetationszonen in ihrem Staatsgebiet haben. Welcher Staat hat die meisten?

Leben in unterschiedlichen Klimazonen

Wie leben die Menschen in den feucht-heißen Gebieten?

Raum ohne Jahreszeiten

Manche Europäer vermissen im tropischen Regenwald die ihnen vertrauten Jahreszeiten. Es gibt nur die ständig feuchte Hitze. Die Pflanzen befinden sich einem ununterbrochenen Kreislauf von Blühen, Hervorbringen von Früchten und Laubwurf. Dies alles geschieht gleichzeitig. Die Bäume des Waldes werden niemals kahl.

Unter dem bis zu 60 Metern hohen Dach der Baumwipfel gibt es kaum Dickicht. Das liegt an der Dunkelheit am Waldboden. Die Bäume streben zum Licht. Sie breiten ihre Kronen oben aus wie einen grünen Schirm. Kletterpflanzen winden sich nach oben, um etwas Licht zu erhalten. Viele große Bäume haben Brettwurzeln, die ihnen einen festen Stand geben.

Die meisten Tiere sind ziemlich klein und nicht besonders gefährlich. Nur Tausende Stechmücken und Ameisen peinigen die Menschen. Die Mücken übertragen auch gefährliche Krankheiten (z. B. Malaria).

M 1 Yanomami bei der Jagd

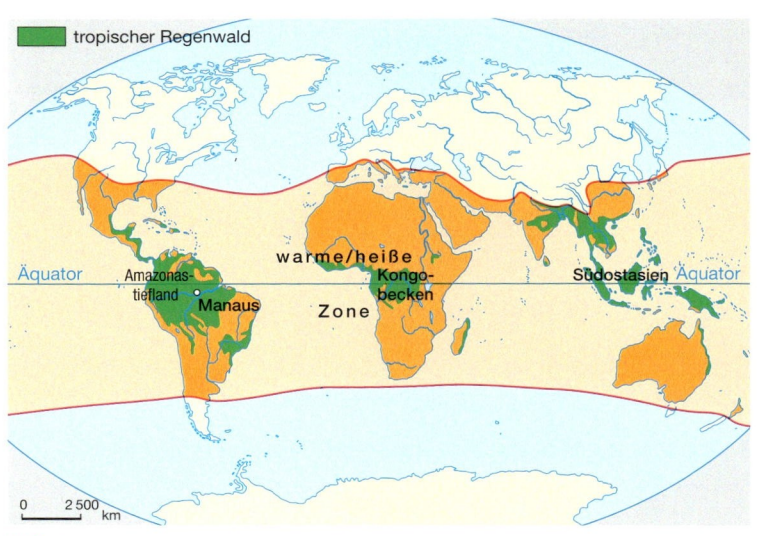

M 2 Verbreitung des tropischen Regenwaldes in den warmen/heißen Gebieten der Erde

M 3 Die Yanomami

An einem Nebenfluss des Rio Negro liegt ein Dorf mit etwa 20 Yanomami. Zum Dorf gehört auch ein Schweif- und Jagdgebiet. Täglich durchstreifen die Männer, Frauen und Kinder den Wald auf der Suche nach Nahrung. Vorräte halten sich nicht in der feuchten Hitze. Sie würden schnell verderben. Nicht die wild lebenden Tiere, sondern Hunger und Krankheiten sind Feinde der Menschen.

Das Roden von Bäumen ist harte Arbeit. Männer fällen mit Steinäxten die dünneren Stämme. Das Unterholz wird abgebrannt, um dem wuchernden Wald kleine Flächen für den Ackerbau abzuringen. Seit Jahrzehnten dringen Fremde aus dem Osten Brasiliens, aus den USA, aus China, Japan und Europa in den Regenwald vor. Sie zerstören den Lebensraum

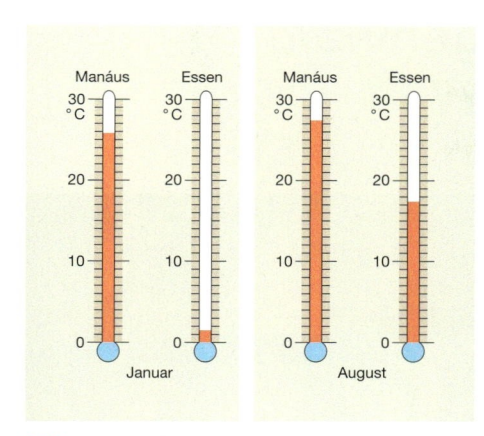

M 4 Durchschnittstemperaturen im Januar und August in Manáus und in Essen

M 6 Rodungsinsel im tropischer Regenwald

der Urvölker, indem sie großflächig den tropischen Regenwald zur Holzgewinnung, für den Abbau von Bodenschätzen, für Acker- und Weideflächen, für den Straßen- und Siedlungsbau sowie für Flugplätze roden.
Von der brasilianischen Regierung werden den Urvölkern Schutzgebiete zugewiesen, die aber meist zu klein sind, um wie bisher leben zu können.

M 5 Pygmäen im Regenwald

Nur noch in sehr dünn besiedelten Gebieten der Tropen hat sich die Wirtschaftsform der Jäger und Sammler erhalten. Die Pygmäen in Zentralafrika zum Beispiel leben in Gruppen von etwa 20 Familien. Die Männer gehen auf die Jagd, die Frauen sammeln Früchte, Insekten und andere essbare Tiere. Die Jagdbeute der Männer, Vögel, Affen und vereinzelt auch Großtiere, die mit Giftpfeilen, Speeren und Messern erlegt werden, wird auf alle Jäger verteilt. Die Familien leben in einfachen Laubhütten, welche verlegt werden, wenn ein neues Jagdrevier ausgesucht wird. Durch die Erschließung des Regenwaldes für Viehwirtschaft, Ackerbau und Rohstoffgewinnung nehmen die Lebensgrundlagen der Jäger und Sammler immer weiter ab.

M 7 Brandrodungsfläche der Yanomami

M 8 Brettwurzeln

Manáus (Brasilien), 3° 8'S, 60° 1'W, Höhe 48 m über NN													
	J	F	M	A	M	J	J	A	S	O	N	D	Jahr
Mittlere Temperatur in °C	26,2	26,2	26,4	26,2	26,3	26,6	26,8	27,5	27,9	27,8	27,6	27,8	26,9
Mittlerer Niederschlag in mm	266	247	269	267	194	100	64	38	60	124	152	216	1997

M 9 Klimatabelle von Manáus

1. Stellt die Merkmale des tropischen Regenwaldes zusammen (Text, M 2, M 4, M 6).
2. Erläutert, wie die Menschen im tropischen Regenwald bisher gelebt haben (M 3, M 5).
3. Nennt die Folgen, die das Eindringen Fremder für die Völker im tropischen Regenwald hat (Text, M 3, M 5).
4. Vergleicht die Temperaturen von Manáus und Essen (M 4).
5. Zeichnet das Klimadiagramm von Manáus (M 9).

Leben in unterschiedlichen Klimazonen

Ist der tropische Regenwald besonders fruchtbar?

*zirkulieren
einen Kreislauf bilden

M 1 24 Stunden im tropischen Regenwald

M 2 Der Wasserkreislauf

Klima und Wasserkreislauf

Das ganze Jahr über fallen in den Tropen die Sonnenstrahlen sehr steil bis senkrecht ein. Die starke Sonneneinstrahlung bewirkt, dass ein Großteil des Regens im tropischen Regenwald sofort wieder verdunstet. Die feuchtwarme Luft steigt auf, kühlt sich mit zunehmender Höhe ab und der in ihr enthaltene Wasserdampf kondensiert zu Wolken. Es kommt beinahe täglich zu starken Niederschlägen.

Jedoch nur ein Viertel des Wassers versickert im Boden und verlässt den Regenwald über die Flüsse. Drei Viertel des Wassers hingegen zirkulieren* innerhalb des tropischen Regenwaldes. So entsteht hier ein zusammenhängender eigener Wasserkreislauf.

Der tropische Regenwald

In keiner Region der Erde gibt es so viele Pflanzen und Tiere wie im tropischen Regenwald – und täglich werden neue Arten entdeckt. Rund 90 Prozent der Tiere des Regenwaldes sind Insekten.

Nach Schätzungen von Forschern gibt es im Regenwald über 10 000 Baumarten. Im Vergleich dazu sind in Deutschland nur etwa 50 Baumarten bekannt.

Inhaltsfeld: Ökologie, Ökonomie und Gesellschaft

In den immerfeuchten Tropen herrscht ein beständig feuchtwarmes Klima. Wasser und Wärme bewirken ein ganzjährig kräftiges Pflanzenwachstum. Frische und welkende Blätter, Blüten und Früchte können sich gleichzeitig an einem Baum befinden. Der tropische Regenwald ist immergrün.

Der Boden

Lange vermutete man, dass die Böden des tropischen Regenwaldes besonders fruchtbar seien. Das ist jedoch ein Irrtum. Denn im warmen und immerfeuchten tropischen Klima verwittern Gesteine recht schnell.

In dem seit zehn Millionen Jahren kaum veränderten Klima am Äquator hat sich ein so genannter „tiefgründiger" Boden entwickelt. Die täglichen Regengüsse waschen die Mineralien im Boden bis in tiefe Schichten aus, sodass an der Oberfläche ein harter, weitgehend unfruchtbarer Boden entsteht.

Die „Nährstofffalle" im Boden des tropischen Regenwaldes

Blätter und Zweige, abgestorbene Äste und Stämme, die auf den Boden des tropischen Regenwaldes fallen, sowie verendete Tiere werden von Ameisen, Termiten und Würmern zernagt und zersetzt. Diese Zersetzung und Umwandlung in Nährstoffe läuft sehr schnell ab, sodass sich kaum Humus* bilden kann.

Die Bäume haben deshalb nur sehr flache Wurzeln, die direkt unter der Oberfläche bleiben. Ihre Standfestigkeit erhalten sie durch meterhohe, verzweigte Brettwurzeln über der Erde.

Die Wurzeln der Pflanzen sind von Pilzen umkleidet, die die Nährstoffe „abfangen" und langsam an die Pflanzen abgeben.

Da tropische Böden nährstoffarm sind, ist eine landwirtschaftliche Nutzung nur in relativ kurzen Zeiträumen möglich. Ohne Verbesserungsmaßnahmen (Düngung) gehen die Ernteerträge schnell zurück.

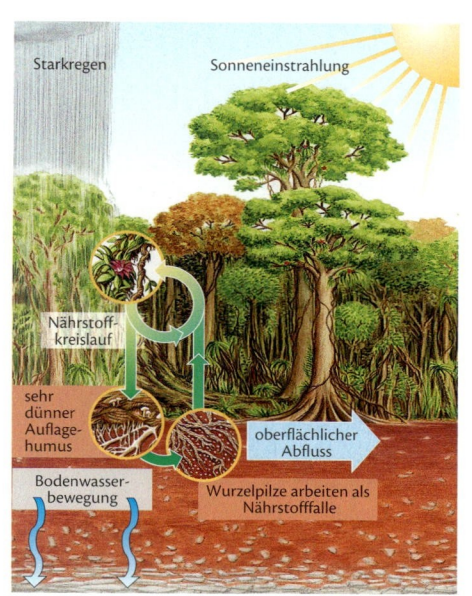

M 3 Der Nährstoffkreislauf

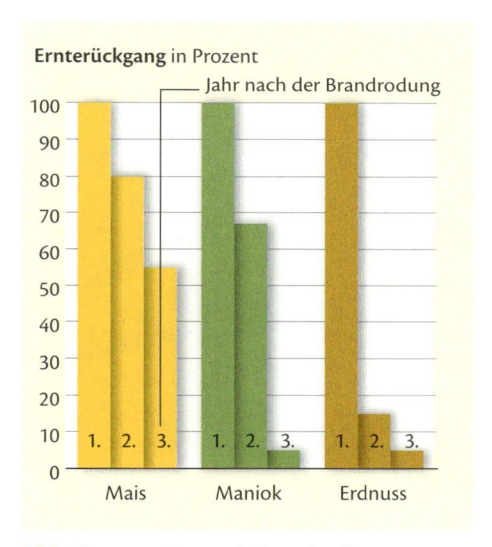

M 4 Ernteerträge nach Brandrodung

*****Humus**
der zersetzte organische Anteil in einem Boden; ein hoher Humusgehalt bedeutet eine große Fruchtbarkeit

1 Beschreibt einen „typischen Tag" im tropischen Regenwald und geht dabei insbesondere auf die Niederschläge und Uhrzeiten ein (Text, M 1).

2 Erläutert den weitgehend „geschlossenen" Wasserkreislauf im tropischen Regenwald (Text, M 2).

3 Stellt dar, welchen Zusammenhang es zwischen dem Nährstoffkreislauf und der Entwicklung der Ernteerträge nach einer Brandrodung im tropischen Regenwald gibt (Text, M 3, M 4).

Leben in unterschiedlichen Klimazonen

Nutzt nachhaltiges Wirtschaften im tropischen Regenwald?

M 1 Abholzung im tropischen Regenwald

M 2 Schnell wachsen!!!

Schatzkammer Regenwald

Die tropischen Regenwälder bieten viele Möglichkeiten für eine umfangreiche Nutzung: Tropenholz, tropische Früchte, Grundstoffe für die chemische und pharmazeutische (medizinische) Industrie, aber auch Erze (Mineralien) und andere Rohstoffe sind stark nachgefragte Produkte auf dem Weltmarkt.

Auch im weltweiten Klimasystem spielen die tropischen Regenwälder eine wichtige Rolle. Je mehr tropischer Regenwald vernichtet wird, desto stärker sind die klimatischen Auswirkungen – auch noch Tausende Kilometer weit entfernt vom Äquator. Welche klimatischen Folgen der Verlust tropischen Regenwaldes mit sich bringt, können Wissenschaftler heute noch nicht genau vorhersagen. Das Abbrennen großer Flächen tropischen Regenwaldes jedoch – das gilt unter Klimaforschern als sicher – erzeugt eine große Menge Kohlenstoffdioxid. Hierbei handelt es sich um ein gefährliches Gas, das maßgeblich zum so genannten „Klimawandel" beiträgt.

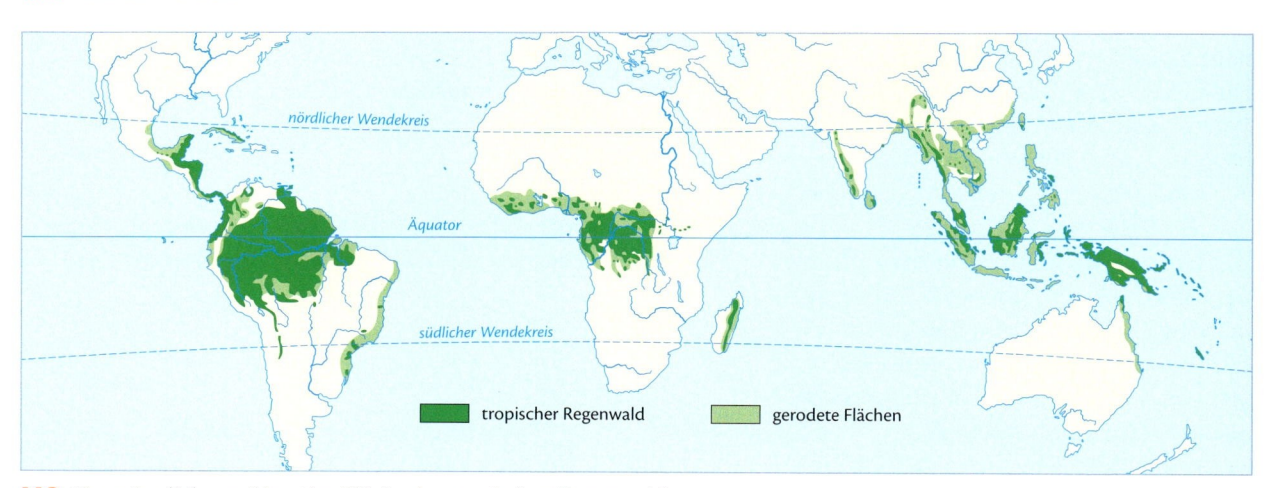

M 3 Ursprüngliche und heutige Fläche des tropischen Regenwaldes

Inhaltsfeld: Ökologie, Ökonomie und Gesellschaft

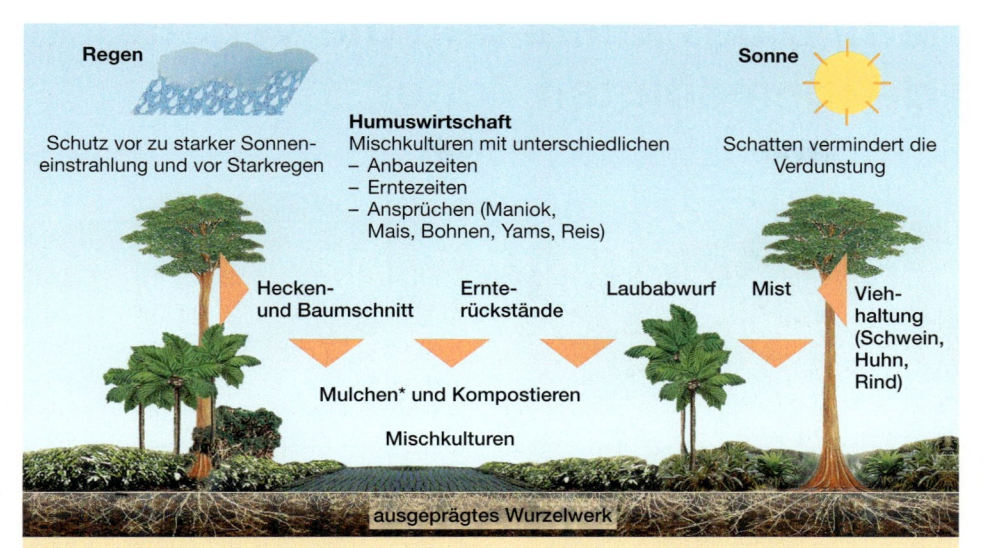

M 4 Mischanbau und Humuswirtschaft im tropischen Regenwald

M 6 Holzschutzsiegel – FSC = Forest Stewardship Council*

*Mulchen
Bedecken des Bodens mit unverrottetem Pflanzenmaterial

*Forest Stewardship Council
(Engl.: *forest* = Wald, *stewardship* = Verantwortung, *council* = Rat); 1993 gegründete Organisation, die weltweit nachhaltige Forstwirtschaft unterstützt; Sitz der Organisation ist seit 2003 Bonn.

*ökologisch
die Beziehung zwischen Lebewesen und ihrer Umwelt betreffend

M 5 Aus einer großen deutschen Tageszeitung vom 8.06.2011

[...] Die gute Nachricht zuerst: Von 2005 bis 2010 ist die Fläche des nachhaltig bewirtschafteten tropischen Regenwaldes auf der Welt um rund 50 Prozent gestiegen. Sie wuchs von 36 auf 50 Millionen Hektar; das entspricht ungefähr der Größe Thailands. Die schlechte Nachricht: Das sind immer noch weniger als zehn Prozent der Gesamtfläche dieser ökologisch* wichtigen Regionen, die insgesamt 761 Millionen Hektar des Planeten bedecken. In der Zukunft könnten insbesondere steigende Preise für Nahrung und Biotreibstoffe selbst diesen kleinen Fortschritt wieder zunichtemachen, sodass die Zerstörung der Wälder ungebremst weitergeht.

Nachhaltige Forstwirtschaft

Nachhaltige Forstwirtschaft ist eine spezielle Nutzungsform, die Wälder insgesamt und die tropischen Regenwälder im Besonderen möglichst gering belastet.

Aufgrund seiner besonderen Eigenschaften – Härte und Widerstandsfähigkeit gegen Feuchtigkeit – ist Tropenholz ein weltweit begehrter Rohstoff. Der beste Schutz des tropischen Regenwaldes wäre ein generelles Abholzungsverbot. Da das jedoch unrealistisch wäre, entwickeln Umweltschutzorganisationen Maßnahmen und Rahmensetzungen, die geeignet sind, langfristig den Naturraum zu schonen. Ebenso achten sie darauf, dass auch die Menschen, die in der Forstwirtschaft arbeiten, nicht schonungslos ausgebeutet werden.

Nachhaltiges Wirtschaften

Um die tropischen Regenwälder einerseits zu nutzen, andererseits so gut wie möglich zu schützen, verfolgt man das Ziel des „nachhaltigen Wirtschaftens". Damit ist gemeint, dass „die Natur" nur so viel und in solcher Weise genutzt wird, wie sie selbst in der Lage ist, sich von Eingriffen zu „erholen".

1 Erläutert die weltweiten Folgen der Abholzung (Verbrennung) tropischen Regenwaldes (Text, M 1, M 3).

2 Beschreibt das Prinzip nachhaltigen Wirtschaftens (Text, M 4).

3 Gebt den Inhalt von M 5 mit euren Worten wieder.

4 Informiert euch über den FSC und berichtet darüber (Text, M 6, → **Wir führen eine Internetrecherche durch**, S. 316).

5 Wertet M 2 aus (→ **Wir werten Karikaturen aus**, S. 317).

Leben in unterschiedlichen Klimazonen

Wie sind das Klima und die Vegetation in der gemäßigten Zone?

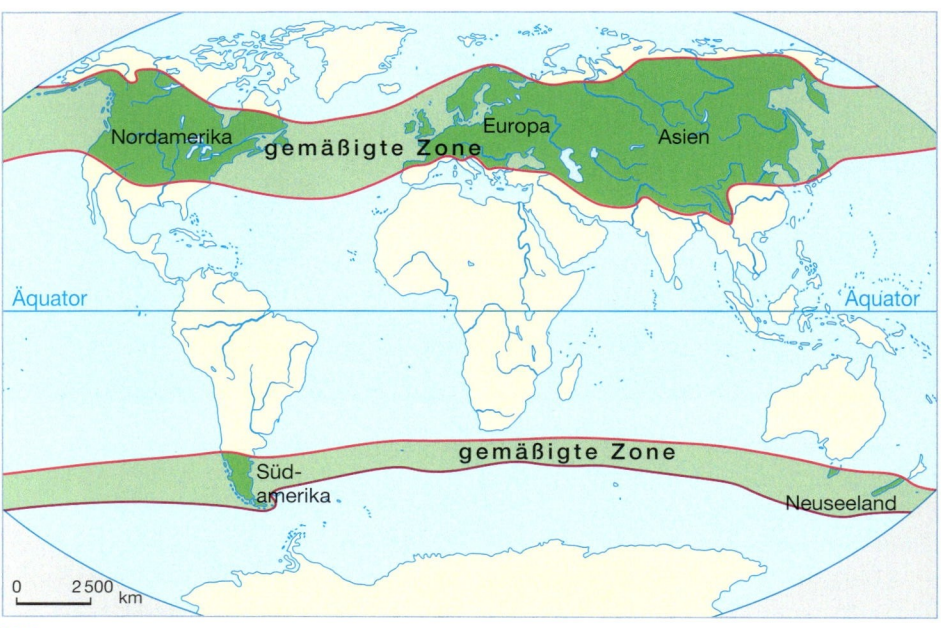

M 1 Die gemäßigte Zone der Erde

M 2 Kastanienbaum im Laufe der vier Jahreszeiten

Vier Jahreszeiten

In der gemäßigten Zone bei uns bestimmt der Wechsel der **vier Jahreszeiten** das Klima und die Lebensbedingungen.

Im Herbst verlieren die Bäume ihr Laub, damit sie im Winter nicht erfrieren. Die im Freien lebende Säugetiere legen sich einen Winterpelz zu. Die Zugvögel verlassen Deutschland im Herbst, um in wärmeren Regionen zu überwintern.

Mit den steigenden Temperaturen im Frühling beginnt die Natur ihren ständigen Kreislauf von neuem: Es bilden sich wieder Blätter an den Bäumen und die Zugvögel kehren zurück.

Merkmale des gemäßigten Klimas

Die gemäßigte Zone auf der Nordhalbkugel wird in zwei Bereiche unterteilt: Die kaltgemäßigte Zone liegt am nördlichen Rand und die kühlgemäßigte am südlichen (vgl. S. 92, M 1). In der kaltgemäßigten Zone beträgt die Wachstumszeit etwa

Inhaltsfeld: Ökologie, Ökonomie und Gesellschaft

M 3 Weinbaugebiet in Argentinien

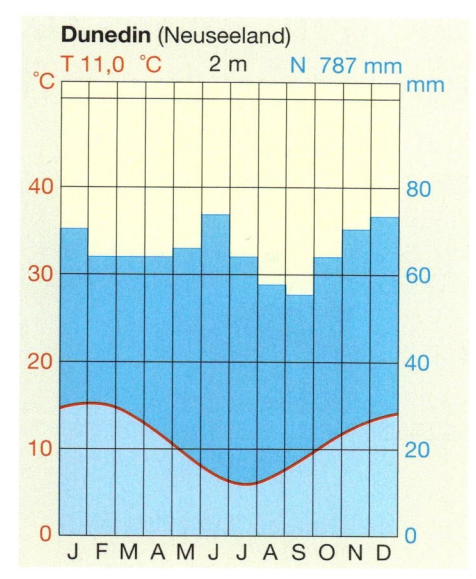

M 4 Klimadiagramm von Dunedin

100 bis 160 Tage, die Jahresmitteltemperatur beträgt etwas mehr als null Grad Celsius. In der kühlgemäßigten Zone ist das Klima milder (die Jahresmitteltemperatur liegt zwischen acht und zwölf Grad Celsius). Die Vegetationszeit ist deutlich länger als 160 Tage. Diese Voraussetzungen führen dazu, dass die kühlgemäßigte Zone in hohem Maße landwirtschaftlich genutzt wird.

Gemäßigtes Klima – nicht nur in Deutschland

Die klimatischen Verhältnisse im südlichen Südamerika und im Süden von Australien sowie auf der Südinsel Neuseelands sind dem Klima in Deutschland ähnlich. Allerdings sind die Niederschlagsmengen infolge der dort vorherrschenden Westwinde und der großen Meeresflächen (hohe Verdunstung) an den Westküsten deutlich höher als etwa an der deutschen Nordseeküste.

Entsprechend den weitgehend übereinstimmenden klimatischen Verhältnissen sind die Vegetationen ebenfalls ähnlich. Weinbau gibt es in Deutschland, Südamerika, Australien und Neuseeland.

M 5 Wein aus Neuseeland

1 Beschreibt mithilfe von M 1 die geographische Lage der gemäßigten Zone der Erde.

2 Erklärt (auch anhand von M 3 auf der Seite 93), warum es in der gemäßigten Zone vier Jahreszeiten gibt.

3 Begründet, warum es Weinbau sowohl in Deutschland (Europa) als auch in Südamerika, Australien und Neuseeland gibt (M 3, M 5, Text).

4 Nanu – der Juli ist der kälteste Monat in Dunedin (M 4)? Warum?

Leben in unterschiedlichen Klimazonen

Die gemäßigte Zone – ein landwirtschaftlicher Gunstraum

M 1 Weizenernte in den USA

M 2 Weizen

Weizen

Gemessen an der Fläche war der Weizen 2010 das weltweit am meisten angebaute Getreide. Die Gesamtfläche betrug mehr als das Sechsfache der Fläche Deutschlands. Auch in Deutschland war der Weizen das Getreide, das flachenmäßig am meisten angebaut wurde. Alle Flächen zusammengezählt kam dabei in etwa die Größe Nordrhein-Westfalens zusammen. Der Weizen gehört (neben Roggen, Gerste, Hafer, Hirse, Mais und Reis) zur Pflanzenart der Süßgräser. Süßgräser gehören zu den ältesten Nutzpflanzen der Menschheit und haben eine entsprechend hohe Bedeutung. Sie stellen die weltweite Grundlage der Ernährung dar, zumal sie auch für die Fütterung von Vieh eingesetzt werden können.

Durch die mögliche Umwandlung in so genannten „Biokraftstoff" kommt dem Getreide eine weitere wirtschaftliche Bedeutung zu.

Prärien – Kornkammern der USA

Die USA sind eines der größten Weizenanbauländer der Welt. Sie stehen nach China, der Europäischen Union und Indien an vierter Stelle. Etwa die Hälfte der Ernte wird exportiert.

Für den Getreideanbau eignen sich die Graslandschaften der Prärien besonders gut. Das erkannten auch die ersten Siedler, die schon Ende des 19. Jahrhunderts das Gras- und Weideland umpflügten und Weizen anbauten. Da die Nachfrage groß war, legten sie trotz der Ernterisiken durch Trockenheit und Staubstürme immer mehr Weizenfelder an. Das rächte sich in den folgenden Jahrzehnten, als regelmäßig Dürreperioden eintraten. Wegen der Missernten konnten die Farmer ihre Schulden nicht bezahlen. Sie mussten ihre Farmen aufgeben und wanderten ab.

M 3 Niederschläge und Getreideanbau

Weizenanbau und Bewässerungswirtschaft

Kleine Familienbetriebe mit einer überschaubaren Fläche und einigen Lohnarbeitern haben auch heute keine Chance mehr. Ihnen fehlt das Geld für die Anschaffung von Geräten und Maschinen. Stattdessen prägen Großbetriebe den Anbau. Durchschnittlich umfasst eine Weizenfarm 128 Hektar, aber es gibt auch Farmen mit über zehntausend Hektar.

Knapp drei Viertel der Anbaufläche wird mit Winterweizen bestellt, der im Herbst ausgesät und im Sommer geerntet wird. Während der Vegetationszeit benötigt Winterweizen 400 bis 900 Millimeter Niederschlag. Um möglichen Ernteausfällen durch Trockenheit zu begegnen, werden die Felder mit riesigen rotierenden Sprinkleranlagen* kreisförmig bewässert. Die Bewässerung führt aber zu einer starken Absenkung der Grundwasservorräte.

Sommerweizen wird im Frühjahr ausgesät. Für die Wachstumszeit sind mindestens hundert frostfreie Tage nötig. Die Erträge sind jedoch niedriger als beim Winterweizen.

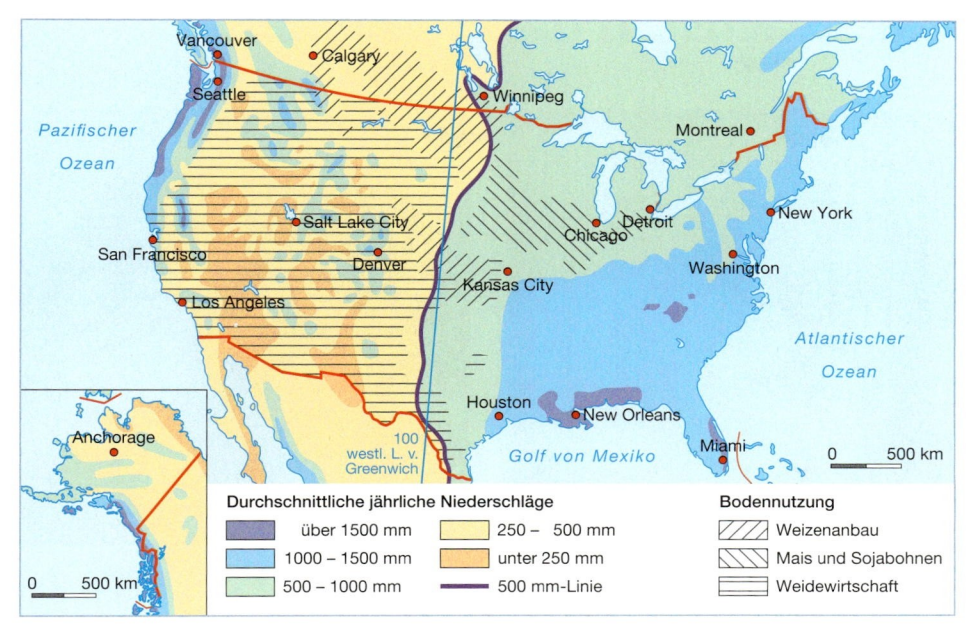

*Sprinkleranlage
Beregnungsanlage (auch in Gebäuden zum Schutz gegen Feuer)

M 4 Kreisförmig bewässerte Äcker in Idaho

1 Haltet einen kurzen mündlichen Vortrag zum Stichwort „Weizen" (M 2, Text, → **Wir halten einen Kurzvortrag**, S. 317).

2 Erläutert den Zusammenhang zwischen Prärien und Kornkammern. (Text, M 1).

3 Beschreibt die geographische Verbreitung des Weizenanbaus und der Weidewirtschaft unter besonderer Berücksichtigung der Niederschlagszonen (M 3, M 4, → **Wir lesen eine thematische Karte**, S. 42/43).

4 Nehmt begründet Stellung zu der Frage: „Die gemäßigte Zone – ein (landwirtschaftlicher) Gunstraum?" (Text, M 1).

Leben in unterschiedlichen Klimazonen

Was wächst in den Savannen?

M 1 Affenbrotbaum (Baobab) während der Trockenzeit

M 2 Affenbrotbaum in der Regenzeit

Die wechselfeuchten Savannen

An den immerfeuchten tropischen Regenwald schließt sich beiderseits des Äquators die Zone der Savannen an.

Savannen sind weite Grasländer, die mit Bäumen und Sträuchern durchsetzt sind. Das Klima der Savannen ist durch den Wechsel von Regenzeiten und Trockenzeiten gekennzeichnet. Dadurch kommt es zum Wechsel von ariden und humiden Monaten (siehe S. 90/91). Je weiter ein Gebiet vom Äquator entfernt liegt, desto kürzer ist die **Regenzeit** und umso länger die **Trockenzeit**. Die Dauer der Regenzeit bestimmt die Zusammensetzung der Savannenvegetation.

Die Feuchtsavanne

Die Feuchtsavanne ist eine Landschaft mit bis zu drei Meter hohem Gras, dichtem Baumbewuchs und Palmen. Die Bäume erreichen jedoch nicht dieselbe Höhe wie im tropischen Regenwald. Die Bäume sind immergrün, nur einige werfen in der Trockenzeit ihr Laub ab.

Die Flüsse führen ganzjährig Wasser. An ihren Ufern wächst ein dichter Wald mit Pflanzen des tropischen Regenwaldes. Diese so genannten „Galeriewälder" nutzen das flach liegende Grundwasser in der Flussnähe und sind immergrün. Die Regenzeit dauert über sechs Monate.

Die Trockensavanne

In der Trockensavanne kann das Gras bis zu 1,50 Meter hoch wachsen. Aber auch Bäume kommen vor, die in der Trockenzeit ihre meist kleinen und harten Blätter abwerfen. Ein typischer Baum ist die Schirmakazie, die mit ihren langen Pfahlwurzeln auch noch Wasser aus großer Tiefe nutzen kann. Der Affenbrotbaum übersteht die Trockenzeit, weil er in seinem Stamm über Monate Wasser speichern kann.

Die Flüsse der Trockensavanne führen nicht ganzjährig Wasser. Dennoch hat sich auch hier an den Flussufern ein dichter, ganzjährig grüner Baumstreifen herausgebildet. Vier bis sechs Monate dauert die Regenzeit in der Trockensavanne.

Die Dornsavanne

In der Dornsavanne kommt Gras nur büschelweise vor und wird höchstens 25 Zentimeter hoch. Ganz vereinzelt stehen Bäume in der Dornsavanne. Sie sind die meiste Zeit des Jahres ohne Blätter.

Baobab	Dornsträucher	Affenbrotbaum	Schirmakazie	Galeriewald		regengrüne Feuchtwälder (Laub abwerfend)
Wüste	**Dornsavanne**		**Trockensavanne**		**Feuchtsavanne**	**tropischer Regenwald**
< 200 mm	200–400 mm		400–700 mm		700–1300 mm	> 1300 mm Niederschlag
0	2–4		4–6		6–9,5	9,5–12 humide Monate

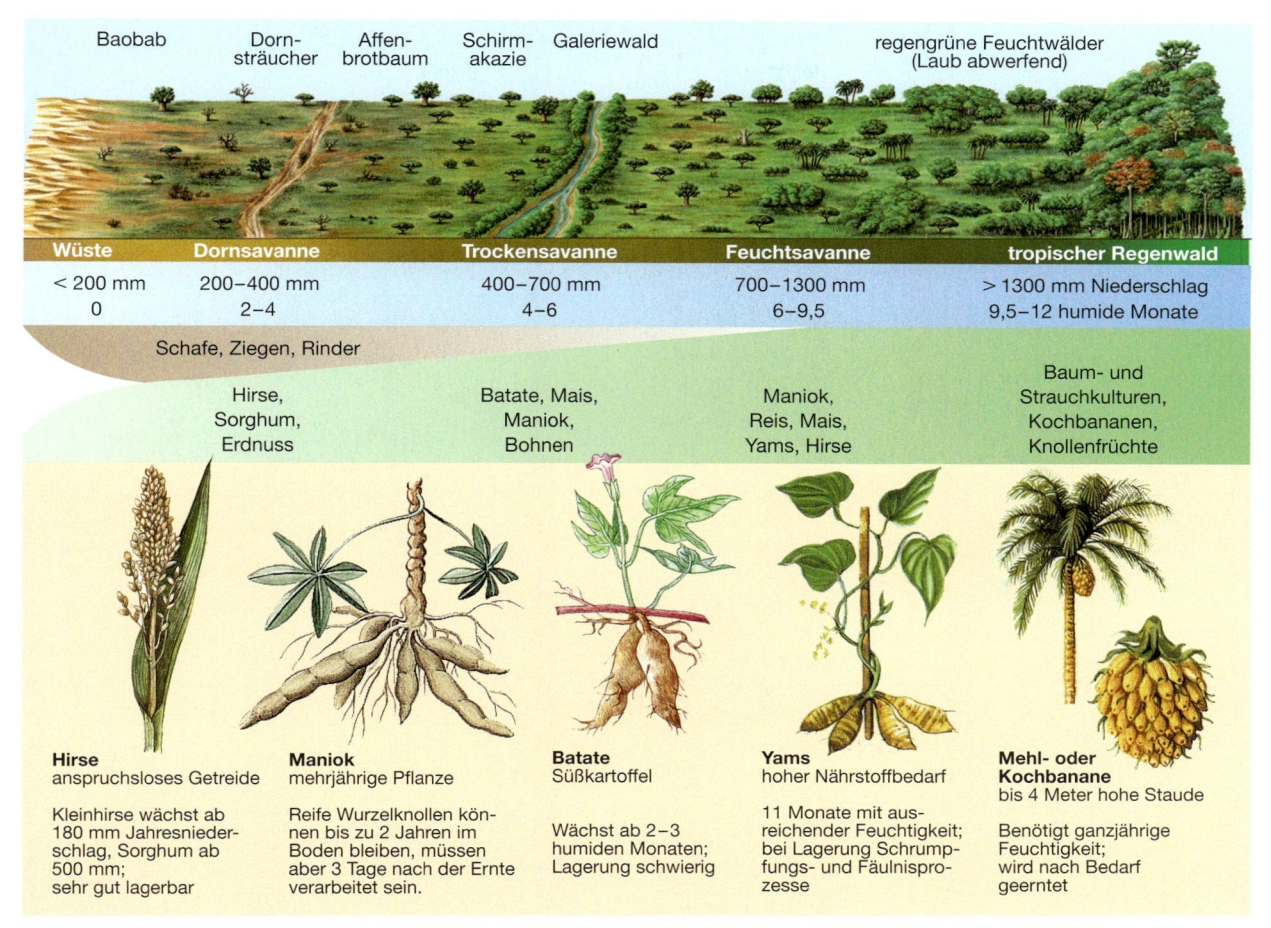

Schafe, Ziegen, Rinder

	Hirse, Sorghum, Erdnuss	Batate, Mais, Maniok, Bohnen	Maniok, Reis, Mais, Yams, Hirse	Baum- und Strauchkulturen, Kochbananen, Knollenfrüchte

Hirse
anspruchsloses Getreide

Kleinhirse wächst ab 180 mm Jahresniederschlag, Sorghum ab 500 mm; sehr gut lagerbar

Maniok
mehrjährige Pflanze

Reife Wurzelknollen können bis zu 2 Jahren im Boden bleiben, müssen aber 3 Tage nach der Ernte verarbeitet sein.

Batate
Süßkartoffel

Wächst ab 2–3 humiden Monaten; Lagerung schwierig

Yams
hoher Nährstoffbedarf

11 Monate mit ausreichender Feuchtigkeit; bei Lagerung Schrumpfungs- und Fäulnisprozesse

Mehl- oder Kochbanane
bis 4 Meter hohe Staude

Benötigt ganzjährige Feuchtigkeit; wird nach Bedarf geerntet

M 3 Vegetation und Nutzungsformen in den Landschaftszonen im nördlichen Afrika

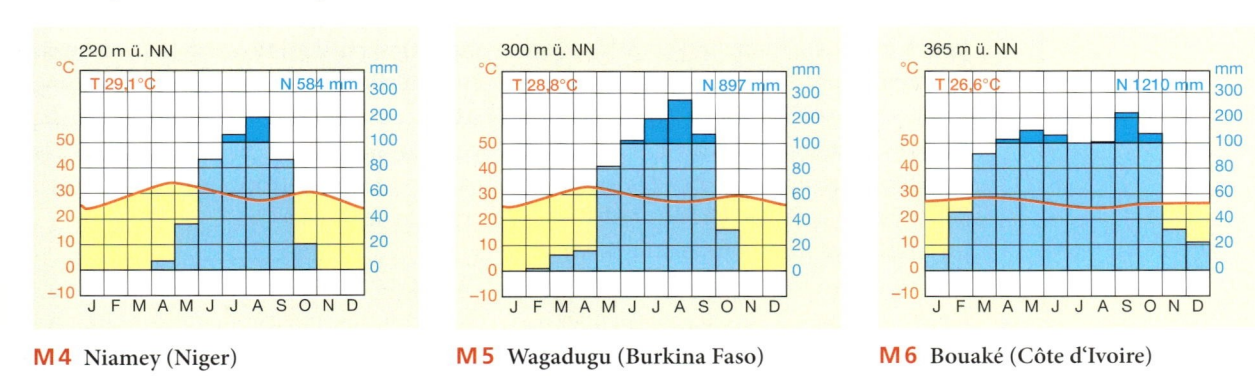

M 4 Niamey (Niger)

M 5 Wagadugu (Burkina Faso)

M 6 Bouaké (Côte d'Ivoire)

Vorherrschend sind Kakteen, die Wasser speichern können, und Dornbüsche, die mit ihren kleinen Blättern kaum Verdunstungsoberfläche bieten.
Die Flüsse führen nur während der Regenzeit Wasser. Die Regenzeit dauert zwei bis vier Monate.

1 Schlagt die Karte M 1 auf der Seite 94 auf und untersucht, wie die verschiedenen Vegetationszonen Afrikas vom Äquator aus gesehen aufeinander anschließen.

2 Beschreibt mithilfe von M 3 und dem Text die Savannenformen und notiert ihre Kennzeichen in einer Übersicht in eurer Arbeitsmappe.

3 Ordnet die Klimadiagramme den zugehörigen Landschaftsformen zu.

Wir lernen in Gruppen

Wie werden Trockenräume genutzt?

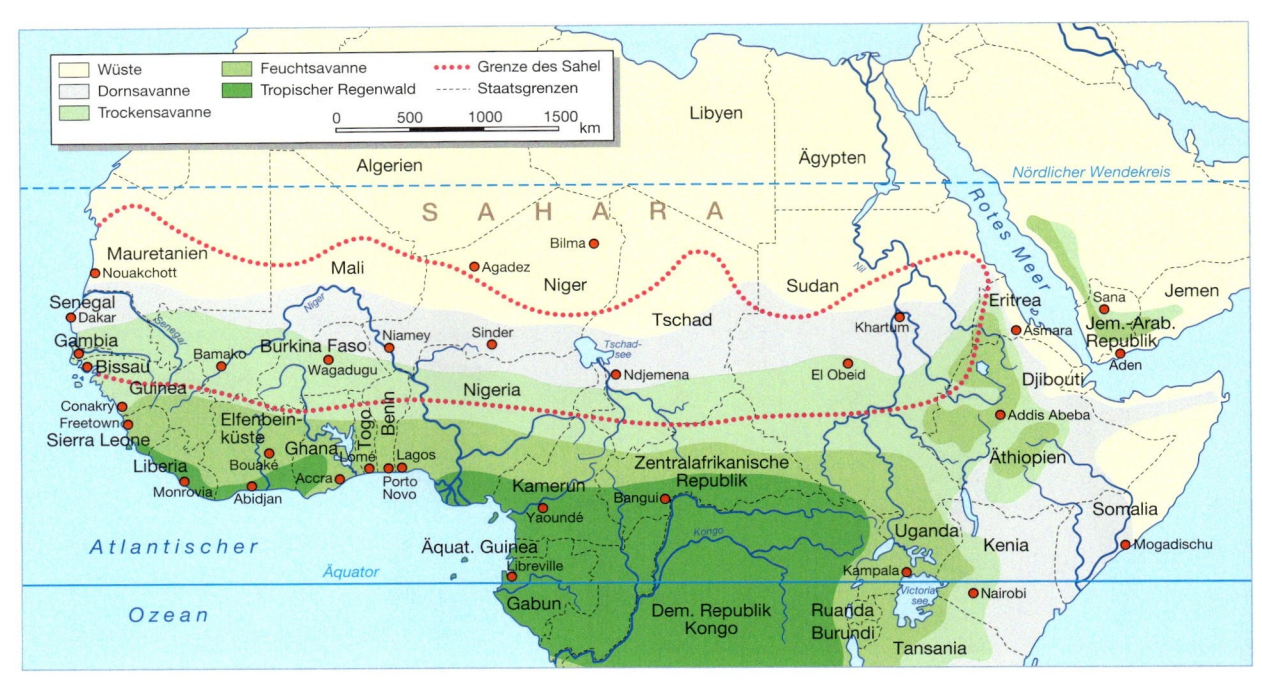

M 1 Landschaftszonen im nördlichen Afrika

Die Sahelzone

Die Sahelzone erstreckt sich über den ganzen afrikanischen Kontinent am Südrand der Sahara mit einer West-Ost-Erstreckung von etwa 6000 Kilometern und einer Nord-Süd-Ausdehnung von 150 bis 800 Kilometern. Ihren Namen erhielt sie von arabischen Händlern, denen nach der Durchquerung der scheinbar endlosen Sahara das Grün der Gräser und Bäume als „rettendes Ufer" (arabisch: *sahil*) erschien. Heute ist mit „Sahel" ein größeres Gebiet gemeint, das große Teile der Savannen im Nordteil Afrikas einschließt.

In der Sahelzone kommt es immer wieder zu verheerenden Dürrezeiten. Die Folge sind und waren große Hungernöte. Die größte Hungersnot ereignete sich im Jahr 2011. In den Jahren 2007 und 2009 kam es hingegen zu weiträumigen Überschwemmungen, die große Schäden verursachten.

Desertifikation

Der Rand der Wüste bewegt sich jährlich um 7 bis 15 Kilometer nach Süden. Diesen Prozess der Ausbreitung der Wüste nennt man **Desertifikation**. Man schätzt, dass etwa 40 Prozent der Gesamtbevölkerung Afrikas und Asiens in Gebieten leben, die von Desertifikation bedroht sind. Viele Staaten der Sahelzone gehören zu den ärmsten der Welt.

Gruppenarbeitsseiten

Auf den folgenden Seiten könnt ihr am Beispiel des Staates Mali die Nutzung von Trockenräumen in der Sahelzone erarbeiten. Teilt euch in Gruppen auf, wählt ein Thema und präsentiert eure Ergebnisse in der Klasse.

Lest auf Seite 315 nach, wie ihr am besten in Gruppen arbeitet. Die Seite 109 sollten alle Gruppen bearbeiten.

Wir lernen in Gruppen

Mali – ein Land in der Sahelzone

Ländername: Republik Mali, République du Mali
Klima: Überwiegend feucht-heißes Klima im Süden, trockenes Wüstenklima im Norden, November – Februar: warm und trocken, März – Mai: heiß und trocken; Juni – Oktober: feucht-warme Regenzeit
Größe des Landes: 1 240 000 qkm (Bundesrepublik Deutschland: 357 000 qkm), davon 60 % Wüste
Hauptstadt: Bamako – rund 1,5 Millionen Einwohner
Bevölkerung: ca. 12,7 Millionen Einwohner; (1969: 4,1), Wachstumsrate: 3,0 %, 45 % der Einwohner sind jünger als 14 Jahre
Wichtigste Volksgruppen: Bambara, Malinke, Peul (Fulbe), Songhai, Sarakollé, Tuareg, Dogon

Religionen: 75 % Moslems, 5 % Christen, 20 % Naturreligionen
Unabhängigkeit von Frankreich: 22. 09. 1960
Regierungsform: Präsidialdemokratie
Bruttoinlandsprodukt (BIP): ca. 5,05 Mrd. Euro (2007), Bundesrepublik ca. 2400 Mrd.
Pro-Kopf-Einkommen: ca. 414 US-Dollar (2007), Bundesrepublik ca. 25 000 US-Dollar (2007)
Durchschnittliche Lebenserwartung (in Jahren): 54 (2006), Bundesrepublik: 79 (2006)
Aktuell: 2009 warnte die Bundesregierung vor Reisen in den Norden Malis. Dort kam es wiederholt zu bewaffneten Aufständen der Tuareg.

M 1 Mali – im Überblick

Ein armes Land

Mali gehört zu den zehn ärmsten Ländern der Welt (2007: Rang 173 von 177). Die Sahara nimmt etwa 60 Prozent der Landesfläche ein. Die Wirtschaft des Landes wird vom Agrarsektor geprägt, in dem mehr als die Hälfte der Menschen beschäftigt sind. Es werden vor allem Getreide, Baumwolle und Erdnüsse angebaut, hinzu kommt eine intensive Haltung von Rindern, Schafen und Ziegen.

Das Land hat große Wirtschafts- und Umweltprobleme. Die mangelnde Infrastruktur behindert die wirtschaftliche Entwicklung Malis. Die Bevölkerungszahl Malis wächst sehr schnell. Gerade viele Jugendliche sind arbeitslos und wandern vom Land in die Städte ab. Immer wieder kommt es aufgrund von Heuschreckenschwärmen oder einer ausbleibenden Regenzeit zu Hungerkrisen (z. B. 2004). Es gibt aber auch Zeichen der Hoffnung: 2007 und 2008 konnten überdurchschnittliche Getreideernten eingebracht werden.

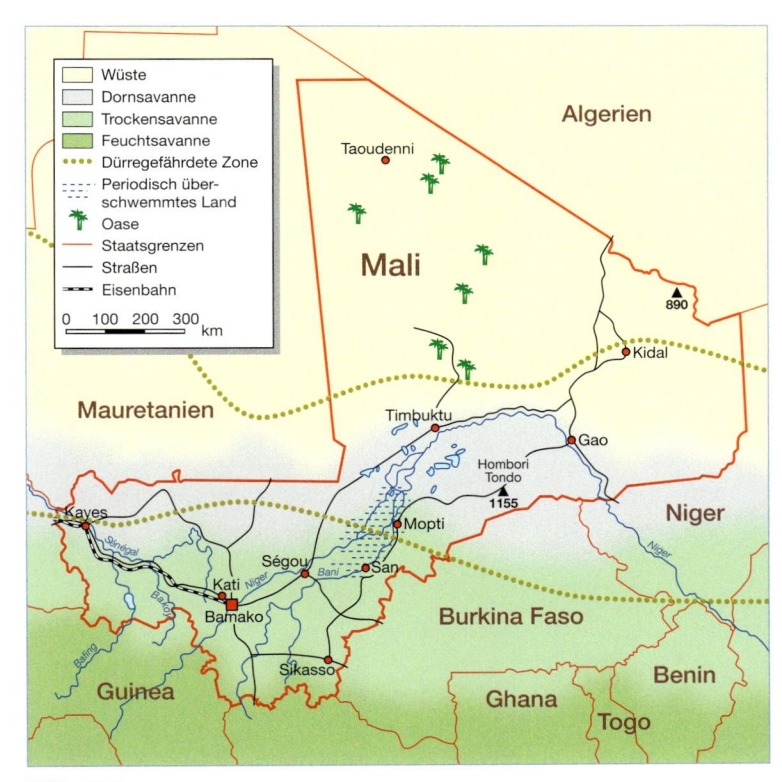

M 2 Mali

1 Wertet das Material dieser Seite aus. Vervollständigt eure Ergebnisse mit interessanten Informationen z. B. aus dem Internet und Büchern.

Wir lernen in Gruppen

Hoffen auf Regen

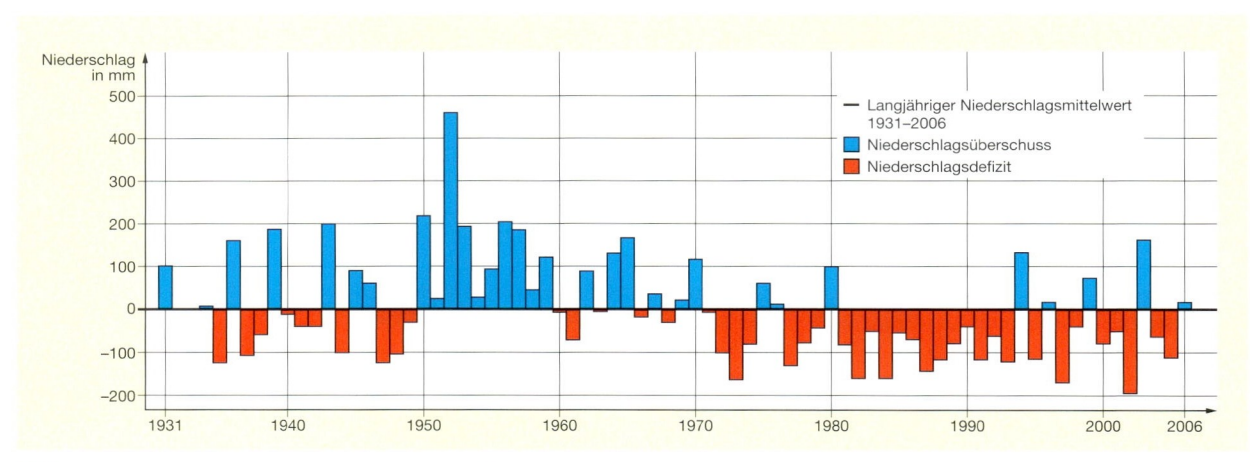

M 1 Abweichung des Niederschlags vom langjährigen Durchschnitt, Station Mopti, Mali

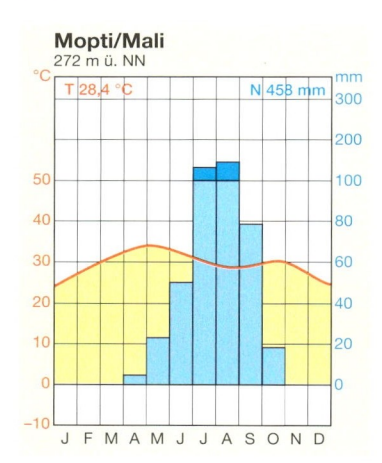

M 2 Klimadiagramm Mopti, Mali

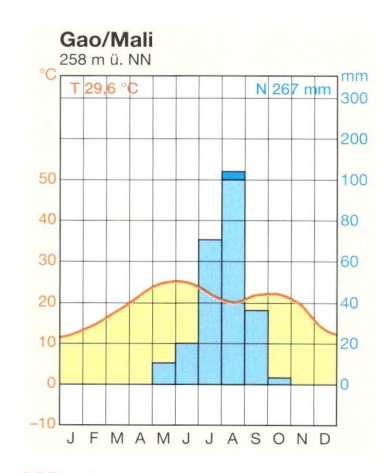

M 3 Klimadiagramm Gao, Mali

M 4 Die Regenzeit beginnt. *Foto, 2008*

Niederschlagsschwankungen

Anders als bei uns bleibt der Regen in Mali oft aus, die Niederschlagsmenge schwankt im langjährigen Vergleich sehr (M 1). Man spricht in diesem Zusammenhang von einer hohen **Niederschlagsvariabilität**. Hinzu kommt, dass der Niederschlag in Mali sehr unterschiedlich fällt: Er nimmt vom Norden nach Süden zu, im Westen regnet es mehr als im Osten Malis. Die Dürreperioden haben schlimme Folgen: Missernten und dadurch Hunger für viele Menschen; ferner die Ausbreitung der Wüste nach Süden. Die Häufigkeit der Dürreperioden hat zugenommen.

1 Wertet das Material dieser Seite aus und stellt der Klasse das Problem der extremen Niederschlagsschwankungen vor. Benutzt möglichst zusätzliche Informationen z. B. aus dem Internet.

2 Vergleicht die Klimadiagramme (M 2, M 3) und schreibt ein zusammenfassendes Ergebnis in eure Arbeitsmappe.

3 Vergleicht M 2 (Mopti) mit dem Klimadiagramm von Stuttgart (S. 92, M 2). Notiert euer Ergebnis.

Wir lernen in Gruppen

Nomaden und ihre Viehherden

Wandern, um zu überleben

Für einen ertragreichen Ackerbau reichen die niedrigen Niederschläge und starken Niederschlagsschwankungen in der Dornsavanne häufig nicht mehr aus.
Der Wechsel von Trocken- und Regenzeiten bestimmt das Leben der seit Jahrhunderten hier lebenden **Nomaden**. Sie legen im Laufe eines Jahres mit ihren Herden Hunderte von Kilometern zurück und sind immer auf der Suche nach Wasser und Weiden. Die Nomaden haben keinen festen Wohnsitz, sondern leben in Zelten oder einfachsten Hütten, die nach Bedarf auf- oder abgebaut werden können. Der Hausbau ist Aufgabe der Frauen.

Wandern mit dem Regen

Wenn die Regenzeit beginnt, treiben die Männer ihre Herden in die Dornsavanne. Ist ein Platz abgeweidet, ziehen die Nomaden mit ihren Herden weiter. Die Trockenzeit verbringen sie in Flusstälern oder in der Nähe von Wasserstellen. Dennoch reicht oft das zur Verfügung stehende Gras nicht aus. Viele Tiere magern stark ab oder verenden. Mit dem Einsetzen der Regenzeit beginnt wieder die Wanderung in die Dornsavanne.
Die Nomaden in den Savannen haben vor allem Rinder-, Ziegen- und Schafherden. Diese liefern vor allem Fleisch und Milch. Ferner sind sie oft die einzige Möglichkeit, um an Bargeld zu gelangen, das z. B. für Steuerzahlungen, Medikamente, Schulgeld und Haushaltsgeräte benötigt wird.

Wandern unerwünscht

Früher konnten die Nomaden ungehindert mit ihren Herden über Grenzen hinweg umherziehen. Heute verbieten immer mehr Staaten den Nomadismus, da sie den unkontrollierten Durchzug durch ihr Land nicht wollen. Stattdessen fordern sie das Sesshaftwerden der Nomaden. Doch die an das freie Umherziehen gewöhnten Menschen können sich oft nur mit großen Schwierigkeiten an feste Häuser und den Ackerbau gewöhnen.
Überall dort, wo feste Siedlungen mit Feldern und Zäunen angelegt werden, sind die Nomaden von ihren traditionellen Weidegebieten abgeschnitten.

M 1 Viehherde in Mali. *Foto, 2008*

	1970	2007
Einwohnerzahl	5 484 000	12 700 000
Anzahl der Kamele	217 700	476 000
Anzahl der Rinder	531 000	7 917 000
Weidefläche für Rinder (um ein Rind in der Trockensavanne zu ernähren braucht man eine Weidefläche von ca. 4,5 ha)	4,4 ha	3,3 ha
Anzahl der Ziegen	5 500 000	13 010 000
Anzahl der Schafe	5 750 000	8 595 000

M 2 Viehwirtschaft in Mali

1 Wertet das Material dieser Seite aus und stellt der Klasse die Probleme der Viehwirtschaft in Mali vor. Zieht möglichst zusätzliche Informationen z. B. aus dem Internet und Büchern mit heran.

2 Findet heraus, warum gerade der Zuwachs an Ziegen besonders schädliche Folgen hat.

Wir lernen in Gruppen

Ackerbau und Trockenheit

M 1 Ein Acker wird zur Aussaat vorbereitet. *Foto, 2008*

	1970	2007
Einwohnerzahl	5 484 000	12 700 000
Ackerland pro Einwohner	0,5 ha	0,2 ha
Baumwolle	52 762 t	414 965 t
Anbaufläche für Baumwolle	65 703 ha	480 000 ha
Sojabohnen	0 t	2200 t
Tee	0 t	150 t
Zuckerrohr	60 504 t	350 000 t
Reis	169 400 t	955 000 t
Hirse	715 000 t	1 982 406 t
Anbaufläche für Hirse	908 000 ha	2 345 000 ha

M 2 Ackerbau in Mali 1970 und 2007

M 3 Hirse. *Foto, 2008*

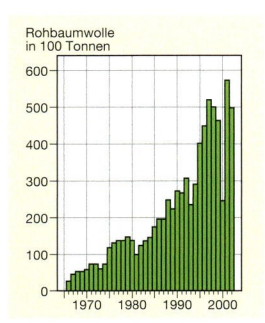

M 4 Entwicklung der Baumwollproduktion in Mali

Ohne Wasser kein Pflanzenwachstum

In den Savannen muss sich der Ackerbau an den Wechsel von Regen- und Trockenzeiten anpassen. Ackerbau ist überall dort möglich, wo es nicht mehr als siebeneinhalb aride Monate gibt und mindestens 250 Millimeter Niederschlag im Jahr fallen. Diese Niederschlagsmengen markieren die **Trockengrenze**. Werden diese Niederschlagsmengen nicht erreicht, ist nur noch Viehhaltung möglich.

Regenfeldbau

Die Landwirtschaft in den Savannen ist den natürlichen Bedingungen angepasst. Die Bauern leben in festen Siedlungen und bestellen ihre Felder ohne Bewässerung. Diese Form des Anbaus nennt man **Regenfeldbau**.

Am Ende der Trockenzeit beginnen die Bauern mit dem Bestellen ihrer Felder. Mit einfachen Hacken lockern sie die oberste Bodenschicht etwa zehn Zentimeter tief auf. Dieser Hackbau ist sehr mühsam, da der Boden ausgetrocknet und hart ist. Nach den ersten Regenfällen muss schnell gesät werden, damit die Pflanzen die ohnehin geringen Niederschläge voll nutzen können.

Hirse – das Getreide der Savanne

Hirse ist ein anspruchsloses Getreide, dessen Körner aber einen hohen Nährwert haben. Die Pflanze braucht viel Wärme, aber nur wenig Feuchtigkeit. Deshalb kann Hirse selbst in der Dornsavanne noch angebaut werden. Die Pflanze kann trotz einer kurzen Wachstumszeit bis zu fünf Meter hoch werden.

Die Hirsebauern in der Dorn- und Trockensavanne besitzen meistens nur Felder von maximal drei bis fünf Hektar, die mit allen Familienmitgliedern bestellt werden. Die Feldarbeit ist mühsam, da kaum Maschinen vorhanden sind. Es gibt nur eine Ernte pro Jahr gegen Ende der Regenzeit. Von den geringen Erträgen müssen ausreichend Körner als Saatgut für das kommende Jahr zurückgelegt werden.

Der Regenfeldbau ist abhängig von den Niederschlagsmengen. Bleiben die Niederschläge aus oder fallen nicht ausreichend in der Wachstumsperiode der Pflanzen, kommt es zu Ernteverlusten und Hungersnöten.

1 Wertet das Material dieser Seite aus und stellt der Klasse das Problem Ackerbau in Mali vor. Benutzt möglichst zusätzliche Informationen z. B. aus dem Internet.

Wir lernen in Gruppen

Bevölkerungszuwachs und Energiemangel

Bevölkerungsentwicklung

Ähnlich wie in Mali wuchs die Bevölkerungszahl in allen Sahelstaaten (M 3). Ursachen hierfür waren unter anderem
- die Verbesserung der medizinischen Versorgung,
- dadurch bedingt weniger Sterbefälle in der Gesamtbevölkerung,
- bei gleichbleibender Kinderzahl (als Vorsorge für das Alter),
- daneben mangelnde Berufsaussichten für Frauen und
- unzureichende Informationen über Methoden der Familienplanung.

Folgen des Bevölkerungsanstiegs

Die stark gestiegene Bevölkerungszahl führte zur intensiveren Nutzung des Bodens – auch dort, wo normalerweise aufgrund der geringen Niederschläge bisher nichts angebaut wurde. Hinzu kam, dass der vermehrte Anbau von Baumwolle für den Export den Anbau von Lebensmitteln in weniger ertragreiche Gegenden verdrängte. Der traditionelle Wechsel zwischen Zeiten der Brache, in der sich die Felder erholen konnten, und Anbauzeiten fiel weg. Oft müssen die Felder in wenig fruchtbaren Gegenden künstlich bewässert werden. Dies führt mittelfristig zur Verringerung der Grundwasservorräte und zum Trockenfallen zahlreicher Brunnen. Zusätzlich bewirkt die künstliche Bewässerung häufig die Versalzung der Böden.
Bleiben die Niederschläge aus, kann es durch die Übernutzung leicht zur Versorgungsschwierigkeiten und **Hungerkatastrophen** kommen. Da die Lebensmittelpreise in Jahren mit geringem Niederschlag stark ansteigen, kam es im Nachbarland Burkina Faso im Jahre 2007 zu großen Protestaktionen und sozialen Unruhen.

M 1 Kinder in Mali. *Foto, 2008*

M 2 Frauen sammeln Brennholz. *Foto, 2008*

Abholzung

Holz ist der wichtigste Energieträger in der Sahelzone, der durch den Bevölkerungsanstieg immer knapper wird. Holz dient weiter als Baumaterial für Wohnhütten; Zweige und Dorngestrüpp dienen als Hof- und Gartenbegrenzungen sowie für Viehpferche.
Holz und Gestrüpp werden vor allem zum Kochen benötigt, auf dem Lande ebenso wie in der Stadt. Denn Öl ist für viele Menschen zu teuer, Energiegewinnung über Solaranlagen gibt es kaum. Eine sechsköpfige Familie verbraucht jede Woche etwa eine Eselsladung Brennholz. Das entspricht etwa einem Baum mittlerer Größe. Die stetig steigende Abholzung verstärkt die Desertifikation.

	1970	2008
Burkina Faso	5,4	15,2
Mali	5,0	12,7
Mauretanien	1,3	3,2
Niger	4,2	14,7
Senegal	4,4	12,7
Sudan	14,5	39,4
Tschad	3,7	10,1

M 3 Bevölkerungszahl der Sahelstaaten 1970 und 2008 (in Mio.). Das Bevölkerungswachstum beträgt etwa 3 % jährlich; etwa 70 % der Bevölkerung sind in der Landwirtschaft beschäftigt.

1 Wertet das Material dieser Seite aus und stellt der Klasse die Probleme der Bevölkerungsentwicklung in Mali und den Sahelstaaten vor. Zieht möglichst zusätzliche Informationen z. B. aus dem Internet und Büchern heran.

Wir lernen in Gruppen

Die Rolle der Frauen

M 1 Frauenarbeit in Mali. *Fotos, 2008*

Auf die Frauen kommt es an

Viele Frauen in Mali – besonders auf dem Land – haben ein arbeitsreiches Leben. Die Lebensmittel werden überwiegend von ihnen produziert. Frauen holen Wasser und sammeln Holz, bestellen die Felder, kochen und versorgen die Kinder. Sie verkaufen auf den Märkten ihre Ernte oder selbst hergestellte Waren. Entsprechend den in Mali herrschenden Traditionen helfen die Männer kaum mit. Daher müssen die Töchter früh mitarbeiten. Viele von ihnen gehen deswegen nicht zur Schule und bleiben Analphabetinnen.

In Notzeiten versuchen die Männer, in den Städten oder in benachbarten Ländern als Tagelöhner Geld zu verdienen, um ihre Familien zu unterstützen.

Hilfe zur Selbsthilfe

Mit Selbsthilfeprojekten und mit Projekten internationaler Hilfsorganisationen versuchen die Frauen in Mali und in den anderen Ländern der Sahelzone, ihre Situation zu verbessern.

M 2 In einer Ankündigung zu dem Film des Hessischen Fernsehen : „Gemeinsam sind wir stark – Mali: Ein Motor für die Frauen" hieß es:

[…] In Lontola, einem Dorf im Süden des Landes, haben Aïssata Bagayogo und ihre Nachbarinnen jetzt einen Wandel eingeläutet. Mit Unterstützung des Entwicklungsprogramms der Vereinten Nationen haben sie die technischen Voraussetzungen geschaffen, um Getreide mahlen zu können – eine Dienstleistung, die jeder gegen Bezahlung in Anspruch nehmen kann. Mit dem Umsatz erzielen die Frauen von Lontola Gewinne und schaffen Arbeitsplätze – und sie gewinnen Zeit, Zeit, in der sie lesen und schreiben lernen können. […]

1 Wertet das Material dieser Seite aus und stellt der Klasse die Arbeit der Frauen in Mali vor. Nutzt auch das Internet.

Wir lernen in Gruppen

Hoffnung für Mali?

Einfache Hilfe

Mit einfachen Mitteln versuchen die Bewohner der Sahelzone, der Ausbreitung der Wüste zu trotzen und die durch die Übernutzung zerstörten Böden wieder nutzbar zu machen. Besonders in Burkina Faso, in Niger und in Mali waren ihre Versuche erfolgreich.

Aufforstung

Mithilfe der von Bauern in Burkina Faso entwickelten Zai-Methode* ist es gelungen, in Mali und Niger Millionen von Bäumen zu pflanzen und Boden wieder fruchtbar zu machen.

M 2 Baumanpflanzungen auf insgesamt 42 Hektar in Mali. *Foto, 2008*

M 1 Aus einer Reportage von 2009:
[…] Das Dorf Dan Saga in Niger schien todgeweiht, gefangen im Teufelskreis aus Dürre und Not. Um dem Hunger zu entkommen, gingen viele junge Männer als Hilfsarbeiter ins benachbarte Nigeria, das wegen seiner Petrodollar im Vergleich als reich gilt.
Doch dann geschah etwas Erstaunliches. Als im Juni die Regenzeit wieder begann, gedieh die Hirse auf den Feldern dieser Männer deutlich besser – denn die hatten keine Gelegenheit gehabt, ihre Gao abzuhacken, wie die dornigen, robusten Akazien hier genannt werden.
Es war wie ein ungeplantes Experiment mit eindeutigem Ergebnis: „Gaos bieten Windschutz für die Hirse. Sie spenden Schatten für das Vieh, man kann Äste abschneiden für Feuerholz, und in der Trockenzeit können die Ziegen und Kamele das Laub fressen", erklärt Ali Neino, mit 31 Jahren der Wortführer der jüngeren Generation im Dorf. Bald begannen auch die anderen Bauern, ihre Äcker gezielt mit Akazien zu durchsetzen – und sahen sich im Jahr 2005 bestätigt. […]

M 3 Weiter wurde berichtet:
„Weil die Akazien gute Schattenspender sind, ziehen sie das Vieh an, was ihnen wiederum eine natürliche Form von Düngung verschafft." „Sie tragen Blätter in der Trockenzeit, wenn kaum Gras wächst." Das Biotop*, fährt er fort, ziehe zudem Termiten an, die mit ihren Gängen den Boden auflockern und Nährstoffe aus der Tiefe nach oben buddeln.
Die Aufforstung selbst ist dabei fast kostenlos, denn sie geschieht meist von selbst wie durch eine unsichtbare Hand: Die Bauern hacken flache Mulden in den teils sandigen, teils steinharten Boden, so genannte „Zaï", und schon bald sprießen dort Bäume, denn der Kot der Viehherden ist meist voller Samenkörner. […].

*Zai-Methode
In den harten Boden eines unfruchtbar gewordenen Ackers werden in größerem Abstand Löcher von 30 cm Größe und 20 cm Tiefe gegraben und mit Viehdung oder Kompost gefüllt. Durch das Graben der Löcher, in denen sich das Wasser sammelt, kann der Ertrag eines Ackers um 500 kg gesteigert werden. Entscheidend ist die Zugabe von Mist oder Kompost.

*Biotop
wörtlich: „Lebensort", kleinste Einheit in einem Lebensraum

1 Wertet das Material dieser Seite aus und stellt der Klasse die von den Bauern im Sahel angewandten Methoden gegen die Wüstenausbreitung vor. Nutzt auch das Internet und andere Medien.

Wir lernen in Gruppen

Wir präsentieren Arbeitsergebnisse

M 1 Präsentation mit Plakaten (oben); Präsentation mithilfe des Overheadprojektors (unten); freier Vortrag mit Notizen auf Karteikarten (rechts). *Fotos, 2007*

Eine Präsentation vorbereiten

Wenn die verschiedenen Arbeitsgruppen eurer Klasse die einzelnen Themen zu Mali erarbeitet haben, steht die Präsentation der Arbeitsergebnisse auf der Tagesordnung. Nichts ist langweiliger als ein langweiliger Vortrag. Also solltet ihr die Präsentation eurer Arbeitsergebnisse gut vorbereiten.

M 2 Checkliste für eine Präsentation
1. Gliederung der Präsentation erarbeiten (Einführung, Hauptteil, Schluss)
2. Gliederung und Kernaussagen veranschaulichen (z. B. Overhead, PowerPoint)
3. Vortrag vorbereiten und evtl. einüben

Zum 1. Schritt: Gliederung der Präsentation

In der Einleitung solltet ihr die Aufmerksamkeit der Zuhörerinnen und Zuhörer wecken, indem ihr das Thema benennt und beschreibt, welche Frage ihr untersucht und klären wollt. Ein Bild, eine Karikatur oder eine kleine Geschichte hilft, das Interesse zu wecken. Am Ende der Einleitung informiert ihr eure Zuhörer auch darüber, auf welche Materialien und Quellen ihr eure Präsentation stützt.

Im Hauptteil, der wiederum gut gegliedert sein muss, informiert ihr anhand von Materialien (Schaubildern, Grafiken, Tabellen, Textauszügen) schrittweise über euer Thema, indem ihr die Frage aus der Einleitung wieder aufnehmt und mit klaren Aussagen beantwortet.

Der Schlussteil (Zusammenfassung) fasst die wesentlichen Aussagen zum Thema nochmals zusammen und zeigt auf, welche Fragen offen geblieben sind.

Zum 2. Schritt: Gliederung und Kernaussagen visualisieren (veranschaulichen)

Ihr alle wisst aus Erfahrung, dass nach kurzer Zeit während eines Vortrages die Aufmerksamkeit nachlässt. Dem kann

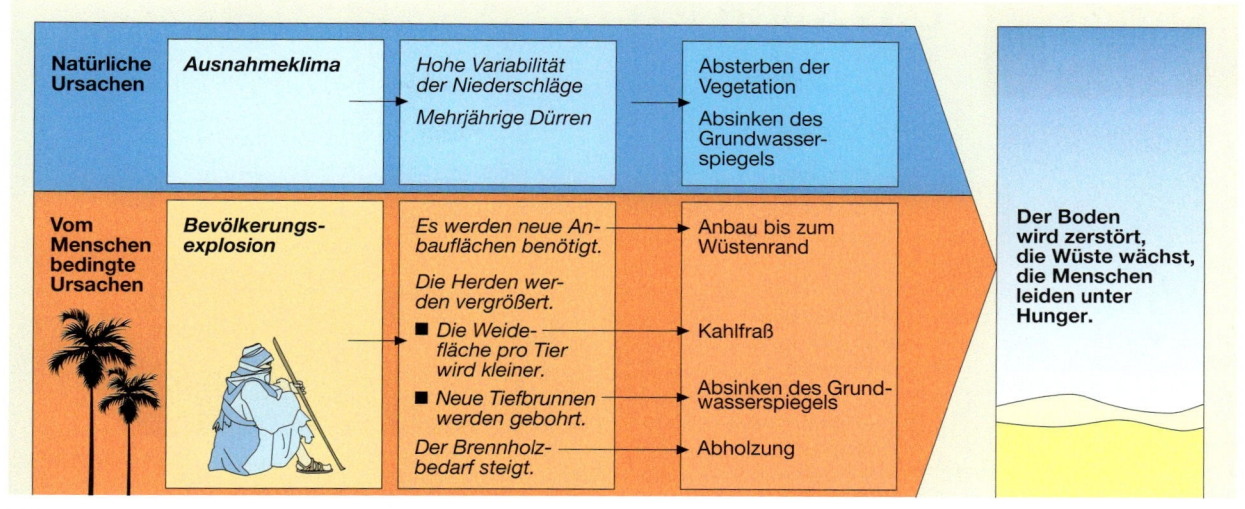

M 3 Beispiel für ein Wirkungsgefüge zum Ablauf des Desertifikationsprozesses im Sahel

man mit verschiedenen Hilfsmitteln entgegenwirken. Auf jeden Fall sollte man die Gliederung der Präsentation an die Tafel oder auf eine Overheadfolie schreiben.

Wenn man die wichtigsten Aussagen des Hauptteils auf Overheadfolien oder in eine PowerPoint-Präsentation in den Vortrag einblendet, unterstützt man die Zuhörerinnen und Zuhörer. Die Erstellung einer PowerPoint-Präsentation lohnt nur bei einem längeren Vortrag. Der Einsatz der Folien (Overhead/PowerPoint) muss sparsam erfolgen. Eingeblendete Materialien sind kein Selbstzweck, vielmehr sollen sie den Informationsgehalt der Präsentation verstärken und nicht von ihr ablenken. Anstelle einer PowerPoint-Präsentation könnt ihr euer Material auch an einer Wandzeitung oder an der Tafel darstellen.

Zum 3. Schritt: Frei und zur Klasse sprechen

Abgelesene Texte schläfern ein. Also müsst ihr versuchen, möglichst frei zu sprechen und immer zur Klasse und nicht zur Tafel oder zu der Projektionswand. Das freie Sprechen kann man üben: Zunächst notiert ihr euch Stichwörter eures Vortrages und lernt die Reihenfolge auswendig.

Dann „probt" ihr den Vortrag vor Freunden oder vor einer kleinen Gruppe – das machen Politiker und bekannte Redner auch. Jetzt seid ihr fit für eine spannende und interessante Präsentation. Wenn ihr beim Vortrag hängen bleibt, sagt ihr einfach: „Jetzt muss ich mal auf meinen Zettel schauen", das nimmt euch niemand übel.

4. Schritt: Handout verteilen

Am Ende eurer Präsentation verteilt ihr ein Blatt (Handout) mit den wichtigsten Ergebnissen an die Klasse und fordert zur Diskussion auf.

Wichtiger Hinweis

Oft scheitert eine Präsentation daran, dass im entscheidenden Augenblick der Laptop oder der Beamer nicht funktioniert oder gerade ausgeliehen ist bzw. ein wichtiges Kabel fehlt. Deswegen müsst ihr das benötigte Gerät frühzeitig reservieren, überprüfen und ausprobieren.

1 Erarbeitet mithilfe der vier Schritte die Präsentation eurer Gruppenarbeitsergebnisse zum Thema „Nutzung von Trockenräumen: Beispiel Mali".

2 Bittet nach eurer Präsentation um eine Rückmeldung (Feedback) zu Inhalt und Darstellung eurer Arbeit.

Naturräume und Naturgefahren

Das kann ich ...

- ✓ Erdbeben
- ✓ Vulkanausbruch
- ✓ Wirbelsturm
- ✓ Naturgefahren
- ✓ Naturkatastrophe
- ✓ Landschaftszone
- ✓ Trockenraum
- ✓ Desertifikation
- ✓ tropischer Regenwald
- ✓ Gunst- und Ungunsträume
- ✓ nachhaltiges Wirtschaften

M1 Wichtige Begriffe

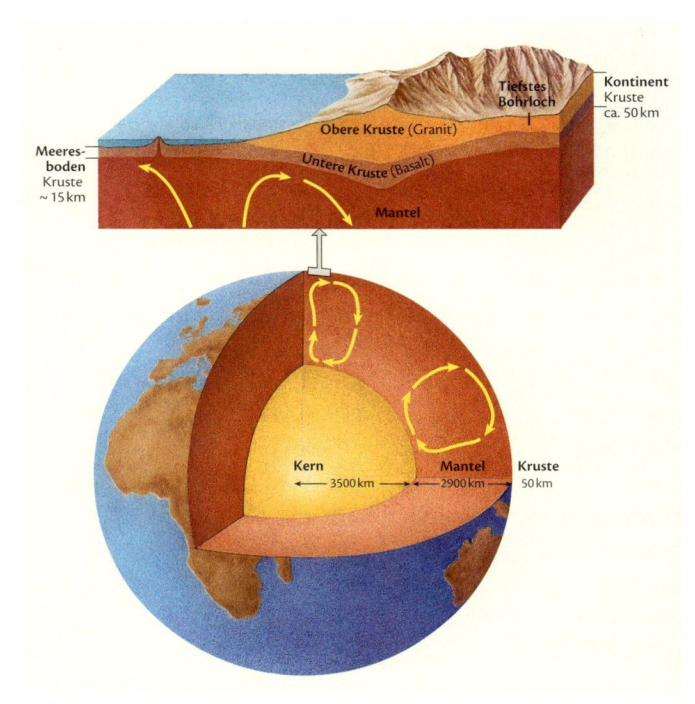

M2 Schalenaufbau der Erde

M3 Ausbruch des Ätna (2011)

M4 Nach dem Tsunami in Fukushima (2011)

Inhaltsfeld: Ökologie, Ökonomie und Gesellschaft

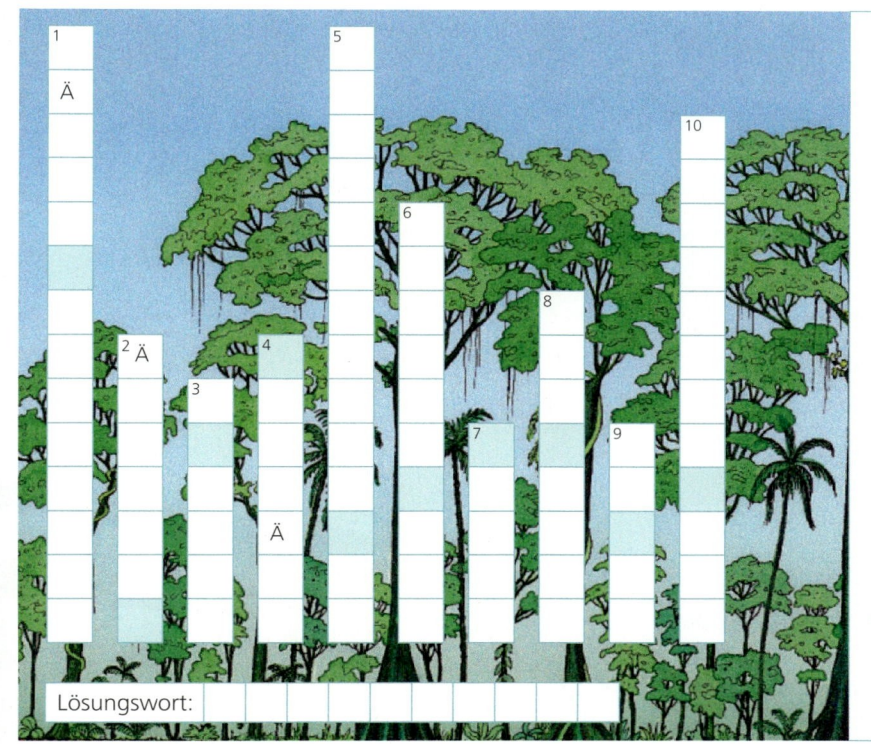

M 5 Regenwaldrätsel

1. Wort mit drei „F" – gut für die Pflanzenversorgung
2. etwa 40 000 Kilometer lang
3. Abholzen von Bäumen
4. Urvolk im tropischen Regenwald (Afrika)
5. dauerhafter Anbau zum Nutzen der Natur
6. Einsatz verschiedener Nutzpflanzen
7. mineralhaltige, nährstoffreiche Schicht des oberen Bodens
8. Urvolk im tropischen Regenwald (Südamerika)
9. Sie wandeln Nährstoffe um.
10. Hierdurch erhalten Baumriesen einen sicheren Stand.

Lösungswort:

Hinweis: Bitte nicht in das Buch schreiben.

Was wir noch wissen

1. Erklärt euch gegenseitig die wichtigen Begriffe und schreibt die Bedeutung der Begriffe in eure Arbeitsmappe (M 1).
2. Erklärt die Entstehung von Erdbeben und Vulkanausbrüchen (M 2 bis M 4).
3. Stellt das Entstehen von Wirbelstürmen und die Folgen für die Menschen in den betroffenen Räumen dar.
4. Beschreibt die Nutzung von Trockenräumen und nennt die dort zu bewätigenden Probleme.
5. Nennt Beispiele für Landschaftszonen und das in ihnen herrschende Klima.
6. Erläutert das Wirkungsgefüge des tropischen Regenwaldes mit einer Skizze.
7. Löst das Regenwaldrätsel (M 5).
8. Beschreibt die landwirtschaftliche Produktion in einem Gunstraum.

Gewusst, wie …

9. Erklärt euch gegenseitig am Beispiel von S. 103 M 4, wie man ein Klimadiagramm liest.
10. Schildert, was alles zu einer gelungenen Präsentation gehört.

Wir meinen, dass …

11. der in den Medien oft gebrauchte Begriff „Naturkatastrophe" falsch ist. Begründet.
12. „Menschen übernutzen Regenwald und Trockenräume aus Not". Beurteilt diese Aussage.

Wir wenden an

13. Gestaltet eine Wandzeitung zum Thema: „Menschenrechte müssen überall gelten"(→ **Wir gestalten eine Wandzeitung**, S. 321).

Inhaltsfeld: Innovationen, neue Technologien und Medien

4 Auswirkungen des Medienkonsums

Die Nutzung moderner Medien wie des Fernsehens und des Internets sind aus unserem Alltag, auch aus dem Alltag von Schülerinnen und Schülern, nicht mehr wegzudenken. Sie dienen zur Wissensvermittlung und zur Unterhaltung, sie prägen Beruf und Freizeit.

In diesem Kapitel könnt ihr erarbeiten,
- wie wir die modernen Medien nutzen,
- welchen Einfluss die Medien auf euer Leben nehmen,
- welche Regeln bei der Nutzung des Internets beachtet werden sollten und
- welchen Einfluss die Medien auf die politische Meinungsbildung nehmen.

Am Ende des Kapitels wisst ihr,
- wie man ein Gruppenpuzzle durchführt und
- wie man die Auswirkungen von Werbung untersucht.

Der Einfluss der Medien

Wir erarbeiten eine Untersuchung: Medien im Alltag (1)

M 1 Checkliste: Untersuchung erarbeiten
1. Fragestellung(en) zum Thema finden
2. Arbeitsform klären (Einzel-, Partner-, Gruppenarbeit)
3. Untersuchung durchführen (Befragung, Interview, Fragebogen, Tagebuch)
4. Ergebnisse auswerten und zur Präsentation vorbereiten
5. Ergebnisse präsentieren und vergleichen
6. Bewertung der eigenen Arbeit (was kann verbessert werden?)

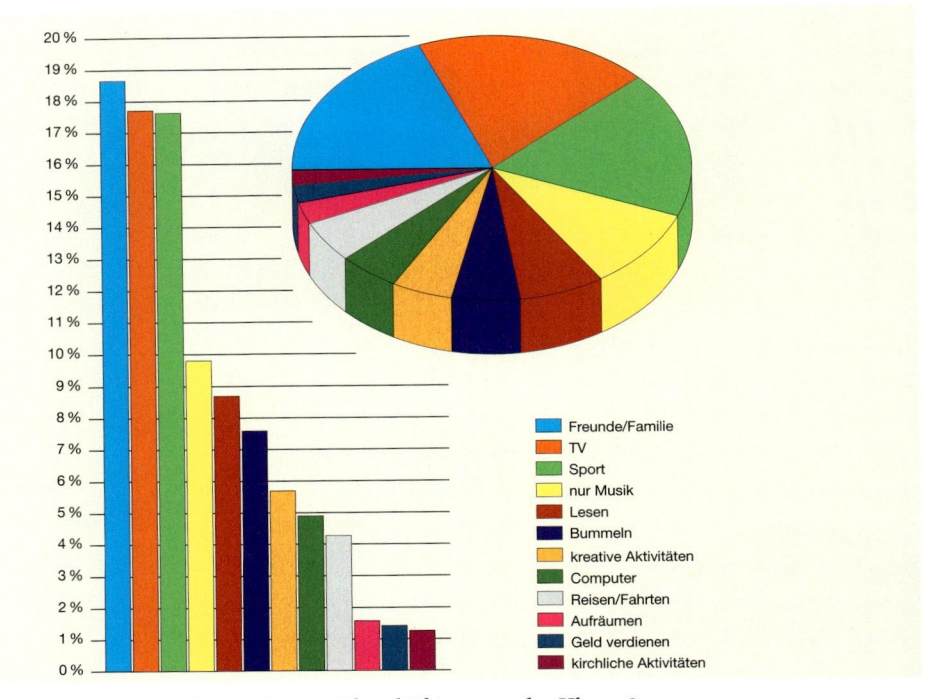

M 2 Freie Zeit – Medienzeit? Freizeitbeschäftigungen der Klasse 8 a

Medien und die Klasse 8 a

Die Schülerinnen und Schüler der Klasse 8 a wollten herausfinden, welche Bedeutung Medien für ihren Alltag haben. Als Erstes haben sie gesammelt, welche Fragen sie dabei besonders interessieren und was sie zur Beantwortung der Fragen unternehmen können. Alle Vorschläge und Ideen zum Thema wurden gesammelt. Natürlich hatten die Schülerinnen und Schüler viel mehr Ideen, als sich tatsächlich durchführen ließen. Sie mussten sich auf wenige Bereiche beschränken, die sie in Gruppen erarbeiteten.

Mitglieder einer Gruppe haben eine Woche lang notiert, was sie in ihrer freien Zeit getan haben. Das Ergebnis wurde in zwei Diagrammen dargestellt, in einem Torten- und einem Säulendiagramm (M 2).

Eine andere Gruppe wollte mit einem Fragebogen herausfinden, über welche Medien Schülerinnen und Schüler ihrer Klasse verfügen. Dabei unterschieden sie zwischen der Verfügbarkeit im Haushalt und dem Eigenbesitz (M 3). Um eine Hitliste der Medien zu erstellen, wurde gleich mitgefragt, auf welches Medium die Schülerinnen und Schüler der Klasse am wenigsten verzichten wollen (M 4).

Die dritte Gruppe führte über eine Woche lang ein Fernsehtagebuch (M 5). Alle notierten möglichst genau, welche Sendungen sie im Fernsehen gesehen haben. Abschließend werteten die Schülerinnen und Schüler ihre Tabellen aus. Sie haben die Durchschnittszeit errechnet, die jede/-r vor dem Fernseher verbringt, und auch herausgefunden, welche Arten von Sendungen besonders beliebt sind. Dazu haben sie einen Fragenkatalog entwickelt (M 6).

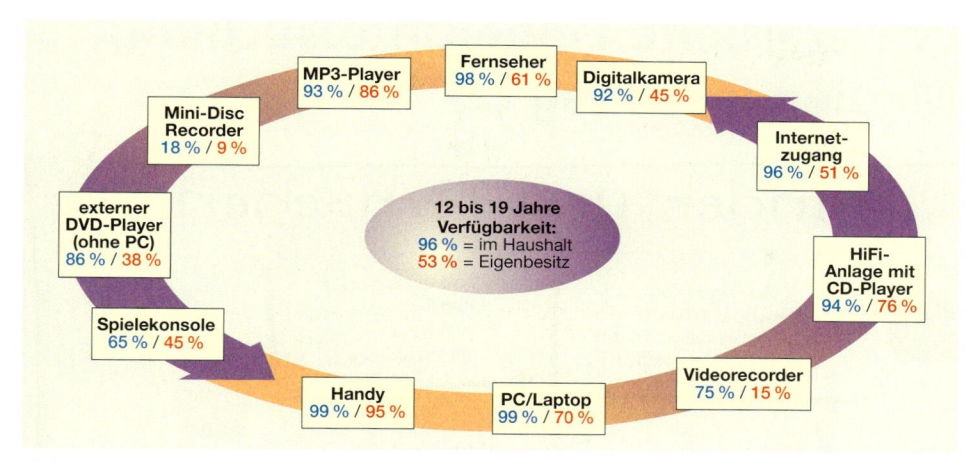

M 3 Verfügbarkeit von Medien

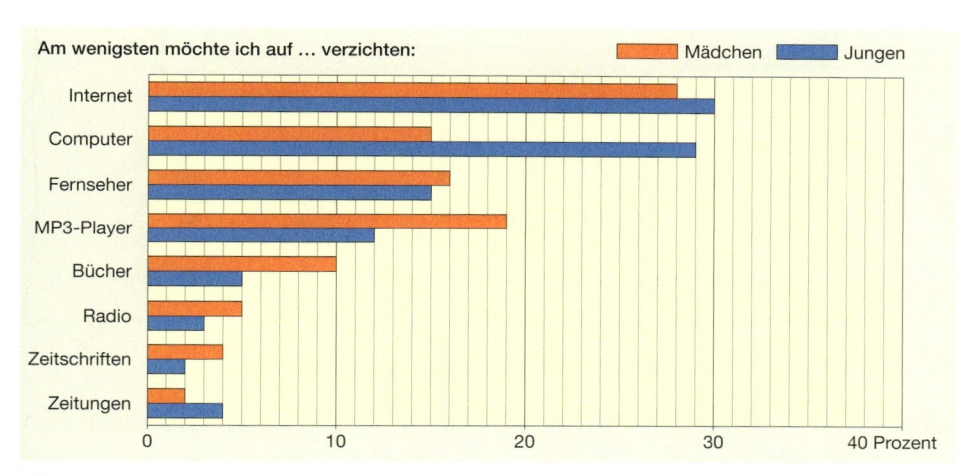

Verfügbarkeit (12 bis 19 Jahre): 96 % = im Haushalt; 53 % = Eigenbesitz

- MP3-Player: 93 % / 86 %
- Fernseher: 98 % / 61 %
- Digitalkamera: 92 % / 45 %
- Mini-Disc Recorder: 18 % / 9 %
- Internetzugang: 96 % / 51 %
- externer DVD-Player (ohne PC): 86 % / 38 %
- HiFi-Anlage mit CD-Player: 94 % / 76 %
- Spielekonsole: 65 % / 45 %
- Videorecorder: 75 % / 15 %
- Handy: 99 % / 95 %
- PC/Laptop: 99 % / 70 %

M 4 Medienhitliste

Am wenigsten möchte ich auf ... verzichten (Mädchen / Jungen, in Prozent):
- Internet: Mädchen ~28, Jungen ~30
- Computer: Mädchen ~15, Jungen ~29
- Fernseher: Mädchen ~16, Jungen ~15
- MP3-Player: Mädchen ~19, Jungen ~12
- Bücher: Mädchen ~10, Jungen ~5
- Radio: Mädchen ~5, Jungen ~3
- Zeitschriften: Mädchen ~4, Jungen ~2
- Zeitungen: Mädchen ~2, Jungen ~4

Tag	Titel	Art der Sendung	Uhrzeit der Sendung	Dauer	Sender
Mo.	Simpsons	Comicserie	16.50–17.20	30 Minuten	Pro7
Mo.	Marienhof	Vorabendserie	18.05–18.40	35 Minuten	ARD
Mo.	Länderspiel Deutschland gegen Wales	Sport	19.00–20.45	105 Minuten (15 Min. Pause)	ZDF
Di.	Frühstücksfernsehen				

M 5 Fernsehtagebuch der Klasse 8 a

- Sehen wir oft fern, weil wir nichts anderes zu tun haben?
- Unternehmen wir wenig anderes, weil wir fernsehen?
- Sehen die Mädchen oder die Jungen mehr fern?
- Welche Sendungen werden verstärkt von Mädchen gesehen, welche von Jungen?
- ...

M 6 Fragenkatalog der Klasse 8 a

Der Einfluss der Medien

Wir erarbeiten eine Untersuchung: Medien im Alltag (2)

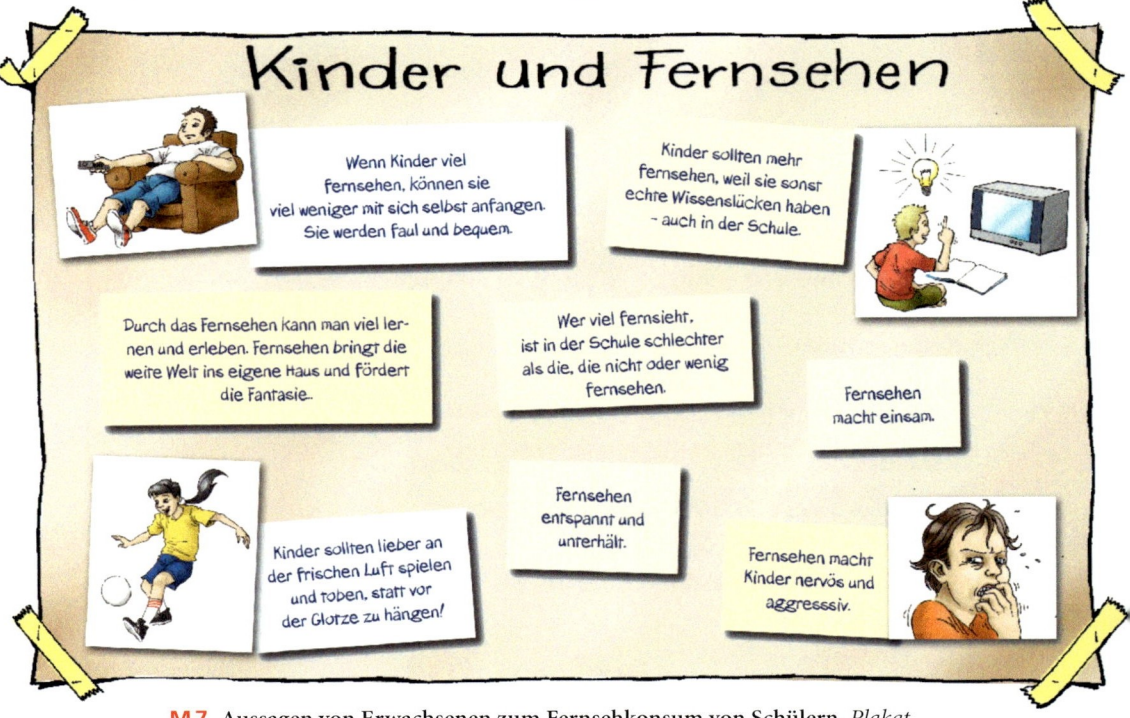

Kinder und Fernsehen

Wenn Kinder viel fernsehen, können sie viel weniger mit sich selbst anfangen. Sie werden faul und bequem.

Kinder sollten mehr fernsehen, weil sie sonst echte Wissenslücken haben – auch in der Schule.

Durch das Fernsehen kann man viel lernen und erleben. Fernsehen bringt die weite Welt ins eigene Haus und fördert die Fantasie.

Wer viel fernsieht, ist in der Schule schlechter als die, die nicht oder wenig fernsehen.

Fernsehen macht einsam.

Kinder sollten lieber an der frischen Luft spielen und toben, statt vor der Glotze zu hängen!

Fernsehen entspannt und unterhält.

Fernsehen macht Kinder nervös und aggressiv.

M 7 Aussagen von Erwachsenen zum Fernsehkonsum von Schülern. *Plakat*

Für eine eigene Umfrage solltet ihr folgende Arbeitsschritte beachten:

M 8 Checkliste für eine Umfrage
1. Schritt: Thema eingrenzen
2. Schritt: Fragebogen erstellen
3. Schritt: Umfrage durchführen
4. Schritt: Umfrage auswerten
5. Schritt: Ergebnisse präsentieren

zu 1: Wenn ihr genauer wissen möchtet, welche Bedeutung Medien für euch oder für andere haben, könnt ihr das durch eine Umfrage herausfinden. Dazu solltet ihr euch eine Personengruppe aussuchen, die vermutlich viel zum Thema sagen kann. Das kann eure Klasse sein, Schülerinnen und Schüler an eurer Schule oder Menschen aus eurer Gemeinde.

zu 2: Für eine schriftliche Meinungsumfrage ist ein ausgearbeiteter Fragebogen die Grundlage. Legt die Anzahl der Fragen fest. Dabei entscheidet ihr über die Dauer der Befragung und den eigenen Zeitaufwand bei der Auswertung. Achtet darauf, dass die Fragen klar formuliert sind und sich von allen Beteiligten gut beantworten lassen. Man unterscheidet zwischen offenen Fragen, bei denen keine Antworten vorgegeben sind, und geschlossenen Fragen („Wie viele Stunden verbringst du durchschnittlich vor dem Fernsehschirm?" a) 1 Stunde, b) 2 Stunden usw.).

Geschlossene Fragen (auch „Auswahlfragen" genannt) lassen sich leichter beantworten und besser auswerten. Ein Nachteil ist, dass die Befragten nur im Rahmen der Vorgaben antworten können. Die Befragung selbst erfolgt anonym, also ohne dass der Name des Befragten festgehalten wird. Es kann aber sinnvoll sein, sowohl das Alter als auch das Geschlecht der Befragten festzuhalten.

Tipp: Führt vor der eigentlichen Umfrage eine Testumfrage durch, dann kann nichts schiefgehen. Ihr könnt auch eine Testumfrage mit offenen Fragen durchführen und die Ergebnisse verwenden, um passende geschlossene Fragen zu formulieren.

zu 3: Die Schulleitung muss informiert werden, wenn ihr eine Befragung an der eigenen Schule durchführen wollt. Wenn ihr eine Befragung außerhalb eurer Klasse durchführt, müsst ihr euch den Befragten vorstellen und ihnen erklären, warum ihr die Befragung macht. Seid freundlich, hilfsbereit und übt keinen Zeitdruck auf die Befragten aus. Die Befragten sollen sich gerne äußern und auch sagen, was sie wirklich denken. Nur so ist der Erfolg der Befragung gesichert.

zu 4: Wertet eure Umfrage aus. Bedenkt dabei, wie ihr eure Ergebnisse anderen vorstellen wollt (Punkt 5).

zu 5: Damit auch andere etwas vom Ergebnis eurer Umfrage haben, sollten die Antworten einer Umfrage grafisch dargestellt, also in Form gebracht werden. Grundlage dafür sind die Zahlenwerte, die ihr durch die Auswertung eurer Fragebogen gewinnt. Dazu könnt ihr zum Beispiel Strichlisten anlegen (hierzu die Fragen ausschneiden und einzeln auf leere Seiten kleben):

1. Welche Bedeutung hat das Fernsehen für dich in deiner Freizeit?	
A. ist absolut unverzichtbar	‖‖‖ ‖
B. ist wichtig, aber es muss nicht unbedingt sein	‖‖‖ ‖‖‖ ‖‖‖
C. hat keine große Bedeutung für meine Freizeit	‖‖‖ ‖‖‖ ‖‖‖
D. ist fast bedeutungslos	‖‖

Ihr könnt auch Tabellen mit dem Gesamtergebnis erstellen (das Ergebnis kann direkt in einen leeren Fragebogen eingetragen werden):

2. Hast du schon einmal nachteilige Wirkungen nach einem langen Fernsehtag an dir festgestellt (z. B. Kopfschmerzen, Schlaflosigkeit, Nervosität)?		
ja (**24**)	ungefähr (**27**)	nein (**8**)

Dann solltet ihr die Diagrammart wählen. Achtung: Kreis- oder Tortendiagramme wirken unübersichtlich, wenn zu viele verschiedene Angaben hineinkommen. Ein Säulen- oder ein Balkendiagramm kann in solchen Fällen übersichtlicher wirken.

Beim Kreisdiagramm müssen die Zahlenwerte vorab in Prozente umgerechnet werden (bei hohen Zahlenwerten ist das auch für die anderen Diagrammarten sinnvoll).

Tipp: Ihr könnt eure Diagramme auch mithilfe eines Computerprogramms erstellen. Die Aussage des Diagramms müsst ihr aber auch in diesem Fall mit eigenen Worten zusammenfassen.

> Aktuelle Statistiken zum Medienkonsum von Kindern und Jugendlichen veröffentlicht der mpfs (Medienpädagogischer Forschungsverbund Südwest). Die Ergebnisse der jährlichen Umfrage „JIM" (Jugendmedienstudie) findet ihr unter: www.mpfs.de

M 9 Hinweis zum Medienkonsum

1 Beschreibt, was das Tortendiagramm und was das Säulendiagramm (S. 120, M 2) jeweils deutlich zeigt (→ **Wir werten ein Diagramm aus**, S. 314).

2 Erklärt, warum es wichtig ist, dass in In M 3 (S. 123) zwischen der Verfügbarkeit im Haushalt und dem Eigenbesitz unterschieden wird.

3 Die Medienhitlisten von Jungen und Mädchen in M 4 (S. 123) unterscheiden sich. Beschreibt die Unterschiede. Nennt Gründe für diese Unterschiede.

4 Diskutiert in der Klasse über die Aussagen der Erwachsenen in M 7. Sammelt weitere Thesen zum Fernsehkonsum von Kindern.

5 Vergleicht das Untersuchungsergebnis der Klasse 8a mit euren eigenen Vorstellungen zur Freizeitgestaltung.

Der Einfluss der Medien

Wie unterscheiden sich ARD und ZDF von privaten Sendern?

M 1 TV-Programm (Ausschnitt)

Privatsender sind Wirtschaftsunternehmen. Ihr Ziel ist es, Gewinne zu erzielen. Sie dürfen daher ein Programm bringen, das viele Zuschauer anlockt oder sich auf bestimmte Bereiche beschränkt. Dafür haben sie aber keinen Anspruch auf Gebühren und müssen sich durch Werbung finanzieren. Dabei gilt: Je mehr Zuschauer eine Sendung einschalten, desto höher sind auch die Kosten für die Werbeminute und damit auch die Einnahmen des Senders.

M 2 Leistung der privaten Fernsehsender

In einem Beitrag der Zeitschrift „Informationen zur Politischen Bildung" schreibt Klaus Goldhammer 2010:

[...] Die Privaten haben wesentliche Entwicklungen der Programmgestaltung im deutschen Fernsehen geprägt. Sie führten neue Sport-, Unterhaltungs- und Erotiksendungen ein und gewannen immer größere Zuschaueranteile. Vor dem Start der Privaten endete das TV-Programm oftmals schon gegen Mitternacht. Vorabendserien und große Familien-Shows, Gewinnspiele und Talk-Formate bekamen von den Privaten einen frischeren Anstrich. Sie führten auch ganz neue Formate wie Reality-TV* ein. Viele dieser Sendungen sorgten für öffentliche Debatten und herbe Kritiken, was den Programmen aber trotzdem mehr Zuschauer brachte. Als RTL II im Jahr 2000 die erste Reality-TV-Show „Big Brother" startete, in der die Zuschauer das Leben einer Wohngemeinschaft ununterbrochen verfolgen konnten, trat der Sender damit eine Welle der Entrüstung los – der Beliebtheit der Show tat dies keinen Abbruch. Nach der zehnten Staffel im Jahre 2010 überlegt RTL II aber aufgrund des

Der duale Rundfunk

Bis in die 1980er-Jahre wurde Rundfunk (Hörfunk und Fernsehen) in der Bundesrepublik Deutschland ausschließlich von den öffentlich-rechtlichen Rundfunkanstalten ARD* und ZDF angeboten. Neue Entwicklungen in der Kabel- und Satellitentechnologie eröffneten privaten Anbietern die Möglichkeit eigener Übertragungen. Seit 1986 ist ein **duales** (zweigleisiges) System, also ein Nebeneinander von öffentlich-rechtlichen und privaten Anbietern gesetzlich erlaubt.

Öffentlich-rechtliche Sender erfüllen einen gesetzlichen Auftrag. Sie sollen die **Grundversorgung** der Bevölkerung mit Informationen, aber auch mit Kultur, Bildung und Unterhaltung sicherstellen. Dafür dürfen die Sender von den Hörern und Zuschauern Gebühren erheben. Kontrolliert werden die öffentlich-rechtlichen Sender durch den Rundfunkrat. Er soll eine Programmgestaltung sicherstellen, die die Interessen aller wichtigen gesellschaftlichen Gruppen berücksichtigt.

*ARD
Arbeitsgemeinschaft der öffentlich-rechtlichen Rundfunkanstalten der Bundesrepublik Deutschland

*Reality-TV
Fernsehen über Alltägliches (ohne Berufsschauspieler)

*Nettowerbeeinnahmen
Einnahmen für die Werbung nach Abzug aller Kosten

*Video-on-demand
Video auf Abruf

*fiktional
erdichtet

Inhaltsfeld: Innovationen, neue Technologien und Medien

sinkenden Interesses, mit der Sendung zu pausieren. Viele der erfolgreichsten Sendungen der letzten Jahre, wie zum Beispiel die Casting-Show „Deutschland sucht den Superstar", sind weitere Formen von Reality-TV-Shows. […]

M3 Große Werbeeinnahmen
In dem selben Beitrag heißt es:

Die Einführung des privaten werbefinanzierten Fernsehens als Möglichkeit für die Industrie, Produkte in der Öffentlichkeit zu bewerben, hat sich als großer Erfolg herausgestellt. So stiegen die TV-Nettowerbeeinnahmen* in der Bundesrepublik seit dem Start des privaten Fernsehens erheblich: Sie verfünffachten sich zwischen den Jahren 1984 und 2009 von 694 Millionen Euro auf 3,64 Milliarden Euro […].
Der Markt für Fernsehwerbung ist fest in der Hand der Privaten: Weniger als sieben Prozent der Nettowerbeumsätze entfielen 2009 auf die öffentlich-rechtlichen Sender. […]

M4 Fernsehen auf Abruf
Der Abruf von Fernsehsendungen im Internet entwickelt sich zu einer neuen Art des Fernsehens und zu einem neuen Markt. Die Süddeutsche Zeitung schrieb im Juni 2011:

Die deutschen Fernsehsender liefern sich ein Rennen um die Macht im Netz – nach den Privaten hoffen nun auch ARD und ZDF mit einer Video-on-Demand-Plattform* auf das große Geld. Pro Sieben und Co sehen die neue Konkurrenz gar nicht gern. Denn zeitunabhängiges Fernsehen ist ein großer, wenn nicht sogar der Zukunftsmarkt.
Beim ZDF spricht man von einem „echten Sprung" im Jahr 2010. Im Schnitt käme die ZDF-Mediathek mittlerweile monatlich auf 23 Millionen Sichtungen. Tendenz steigend. […]

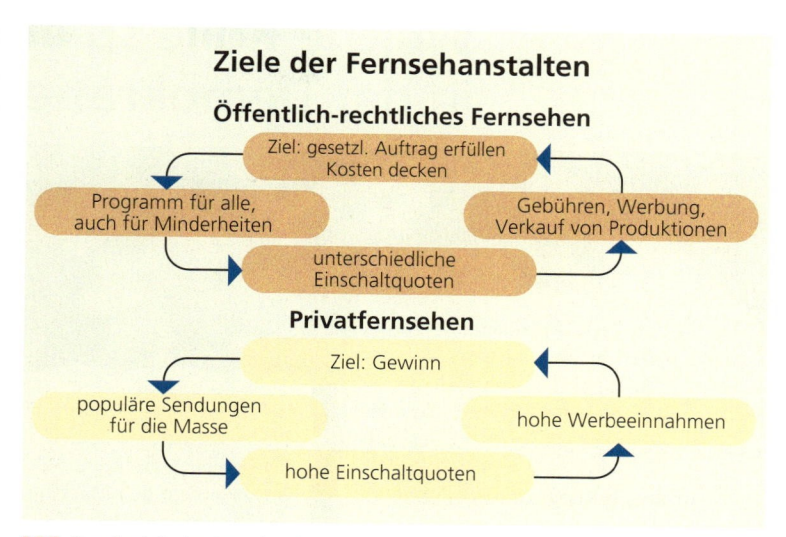

Ziele der Fernsehanstalten

Öffentlich-rechtliches Fernsehen
- Ziel: gesetzl. Auftrag erfüllen, Kosten decken
- Programm für alle, auch für Minderheiten
- Gebühren, Werbung, Verkauf von Produktionen
- unterschiedliche Einschaltquoten

Privatfernsehen
- Ziel: Gewinn
- populäre Sendungen für die Masse
- hohe Werbeeinnahmen
- hohe Einschaltquoten

M5 Sendeziele im Vergleich

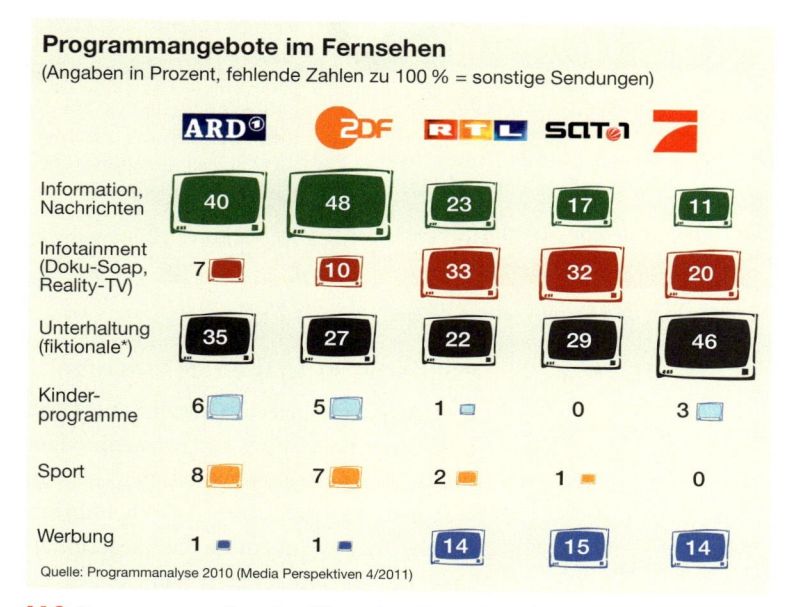

Programmangebote im Fernsehen
(Angaben in Prozent, fehlende Zahlen zu 100 % = sonstige Sendungen)

	ARD	ZDF	RTL	sat1	ProSieben
Information, Nachrichten	40	48	23	17	11
Infotainment (Doku-Soap, Reality-TV)	7	10	33	32	20
Unterhaltung (fiktionale*)	35	27	22	29	46
Kinderprogramme	6	5	1	0	3
Sport	8	7	2	1	0
Werbung	1	1	14	15	14

Quelle: Programmanalyse 2010 (Media Perspektiven 4/2011)

M6 Programmangebot der führenden Fernsehsender

1. Vergleicht die Sendeziele von öffentlich-rechtlichen und privaten Sendeanstalten (M5).
2. Beschreibt mit dem Text und M2, wie sich die Gründung von privaten Fernsehsendern auf das Programmangebot auswirkte.
3. Erläutert, welche Folgen die unterschiedlichen Zielsetzungen von öffentlich-rechtlichen und privaten Sendeanstalten auf die Programmgestaltung haben. Wertet dazu die Übersicht M6 aus.
4. Berichtet über die Rolle der Werbung im Fernsehen (M3). An welche Werbung, die ihr gut fandet, erinnert ihr euch noch?

Der Einfluss der Medien

Welche Rolle spielen die Medien in der Demokratie?

> Die schwierigen Prozesse der Politik schrumpfen in der Bearbeitung der Medien für ein großes Publikum häufig auf unterhaltsame Bilder der Stars der Politik. Der Bundeskanzler, der mit Bürgern eine Bockwurst isst, entschlossen auf einem Kriegsschiff steht oder in der Talkshow Witze reißt.
>
> *Thomas Meyer, Politikwissenschaftler*

> Politik ist Pop. Sie muss POPulär sein, sie muss sich verkaufen können. Mit denselben Mitteln, mit denen die 13. Boygroup auf den Markt gebracht wird, wird Politik verkauft.
>
> *Artikel aus einer Berliner Schülerzeitung. www.bennoshuette.de (12.10.2005)*

> Freie Medien sind ein unverzichtbarer Bestandteil der demokratischen Gesellschaft.
>
> *Horst Pötzsch, Politikwissenschaftler*

> Die Bevölkerung folgt in ihrer Meinungsbildung in Bezug auf politische Fragen in sehr vielen Fällen dem Tenor* der Berichterstattung nach.
>
> *Thomas Petersen, Meinungsforscher*

> Politikshows dienen aus Sicht der Politiker weniger der Analyse als vielmehr ihrer Selbstdarstellung. Die Politiker sind meistens Medienprofis.
>
> *Jürgen Falter, Politikwissenschaftler*

M 1 Medien und Demokratie. *Collage*

(1) Jeder hat das Recht, seine Meinung in Wort, Schrift und Bild frei zu äußern und zu verbreiten und sich aus allgemein zugänglichen Quellen ungehindert zu unterrichten. Die Pressefreiheit und die Freiheit der Berichterstattung durch Rundfunk und Film werden gewährleistet. Eine Zensur findet nicht statt.

(2) Diese Rechte finden ihre Schranken in den Vorschriften der allgemeinen Gesetze, den gesetzlichen Bestimmungen zum Schutze der Jugend und in dem Recht der persönlichen Ehre.

M 2 Grundgesetz, Artikel 5

Politische Aufgaben der Medien

Der Ausdruck „vierte Gewalt*" hebt die besondere Bedeutung der Massenmedien für die demokratische Gesellschaft hervor. Sie machen politische Entscheidungen durchschaubar, indem sie die Bürgerinnen und Bürger informieren und politische Zusammenhänge erklären. Und sie üben eine wichtige Funktion aus, indem sie Politiker kontrollieren, Machtmissbrauch, Ämterwillkür und Korruption* aufdecken.

Politik und Fernsehen

Politikerinnen und Politiker versuchen, in den Massenmedien präsent zu sein, um möglichst viele Menschen, Wählerinnen und Wähler, zu erreichen. Viele Zuschauer interessiert dabei an den Politikern mehr deren Aussehen oder Kleidung als die politischen Aussagen. Kritiker befürchten, dass Politik im Fernsehen zur bloßen Unterhaltung verkommt. Und tatsächlich wird schon von **„Infotainment"** gesprochen. Der Begriff verbindet „information" (Information) und „entertainment" (Unterhaltung). Statt Nachrichten werden „news" oder gar „action news" gesendet. Kaum ein Politiker kann es sich heute leisten, die bunte Welt der Unterhaltung links liegen zu lassen. Im Gegenteil, Politiker werden für derartige Auftritte professionell geschult.

Der „Feel-Good-Faktor" („Wohlfühlfaktor") ist zu einer unverzichtbaren Voraussetzung eines erfolgreichen Wahlkampfes geworden. Es gibt nicht nur ständig Talkshow-Auftritte, sondern auch Homestories, Gesangseinlagen und immer häufiger sogar Gastspiele in TV-Serien.

Wer kontrolliert die Medien?

Das Grundgesetz sichert die Freiheit der Medien, über alles zu berichten (Artikel 5, Abs. 1). Für die Medien gelten aber auch die allgemeinen Gesetze, d. h., dass Medien und Journalisten z. B. für ihre Berichterstattung keine Verbrechen begehen dürfen. Der Deutsche Presserat, eine Vereinigung von Verleger- und Journalistenverbänden, hat Richtlinien für die faire Berichterstattung in den Medien aufgestellt. Danach können Verstöße gegen diese Richtlinien abgemahnt werden. Auch die Rundfunk- und Fernsehräte wachen über die Berichterstattung der Sender.

M 4 „Bitte sehr – unser Entwurf für das optimale Politiker-Profil in Wahlkampfzeiten!" *Karikatur*

Medienkonzentration

Medien kontrollieren nicht nur Mächtige, die Medienbetriebe stellen auch selbst große Machtapparate dar. 65 Prozent aller verkauften Zeitungen und Zeitschriften stammen von nur vier großen Konzernen: Bertelsmann, Springer, Burda und Bauer. Diese Mediengiganten besitzen auch hohe Marktanteile bei den privaten Fernsehsendern und damit eine große Machtfülle. Daraus können Gefahren entstehen: Einschränkung der Pressefreiheit, Abhängigkeiten von Werbekunden, politische Einflussnahme.

*vierte Gewalt
die drei Staatsgewalten: Gesetzgebung, Vollziehung, Rechtsprechung

*Korruption
Bestechlichkeit von Amtspersonen, aber auch bei Geschäftsleuten

*Tenor
(Betonung auf dem „e") Haltung, Sinn, Wortlaut

M 3 Politiker in Talksendungen. *Fotos*

1 Untersucht M 1 und erläutert, welche Behauptungen aus eurer Sicht zutreffen.

2 Entwerft eine Schlagzeile als Überschrift für die Karikatur (M 4).

3 Erläutert, was nach eurer Meinung für einen erfolgreichen Auftritt eines Politikers im Fernsehen wichtig ist (M 3).

4 Erklärt anhand von Beispielen aus den Medien den Begriff „vierte Gewalt".

5 Zeigt Gefahren auf, die aus der Pressekonzentration entstehen können.

Der Einfluss der Medien

Wir untersuchen Rollenbilder in der Werbung

M 1 Traumauto mit Traumfrauen. *Zeichnung*

Wie stark prägt die Werbung in den Medien?

Werbung begegnet uns heute überall – in Zeitschriften, auf Plakaten, im Fernsehen oder im Internet. Aufgabe der Werbung ist es, Wünsche zu wecken und so zum Kauf eines Produkts anzuregen. Sie prägt aber unsere Wahrnehmung und formt manchmal auch unsere Rollenbilder, zum Beispiel unsere Vorstellungen, wie Frauen und Männern sein sollten oder wie wir gerne wären.

Männerbilder – Frauenbilder untersuchen

Am Beispiel der Männer- und Frauenrollen in der Werbung könnt ihr untersuchen, welche Rollen Mann und Frau in der Werbung zugewiesen werden und wie Werbung in unserer Gesellschaft wirkt. Zudem könnt ihr feststellen, wie sie euch selbst beeinflusst.

M 2 Checkliste für die Untersuchung von Rollenbildern

1. Vorbereitung

Werbeplakaten, -bildern oder -videos begegnet ihr in den unterschiedlichsten Medien. Ihr müsst deshalb erst einmal entscheiden, ob ihr nur Rollenbilder in Zeitschriften und Zeitungen untersuchen wollt oder auch im Fernsehen oder im Internet.

Ihr könnt Werbeanzeigen aus Zeitschriften mit unterschiedlichen Themenschwerpunkten wie Sport- und Autozeitschriften, Computer- und Spiele-Zeitschriften, Jugendzeitschriften sowie Frauenzeitschriften sammeln.

Für die Arbeit mit Fernsehwerbung könnt ihr einen Werbeblock aufzeichnen und gemeinsam anschauen und analysieren.

Bildet Gruppen und wählt jeweils einen Themenschwerpunkt aus.

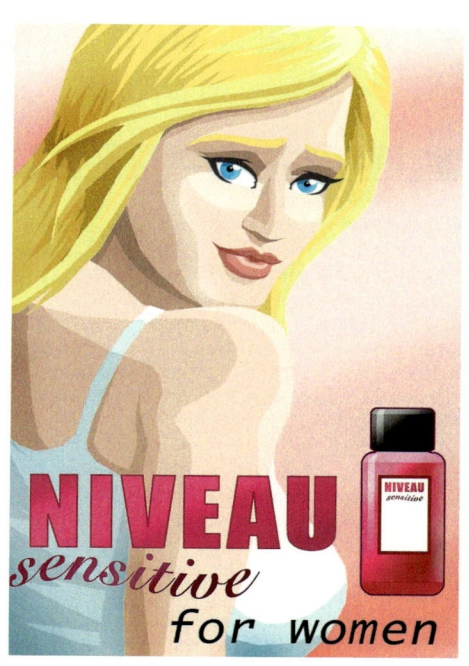

M 3 Werbung für ein Deo für Frauen. *Zeichnung*

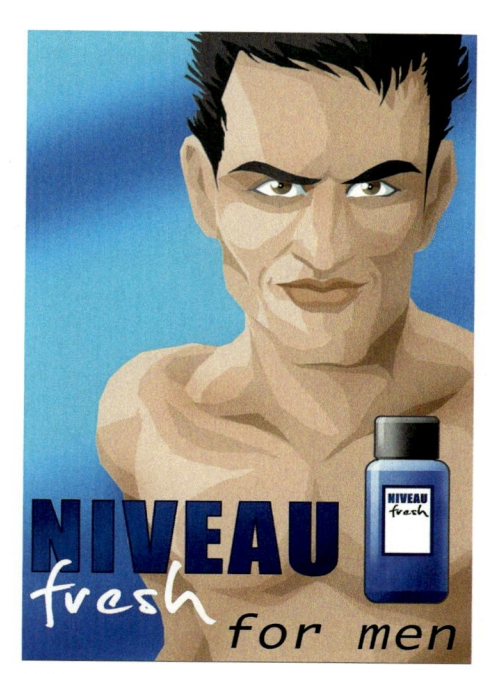

M 4 Werbung für ein Deo für Männer. *Zeichnung*

2. Bestandteile der Untersuchung

Damit ihr dem Männer- und Frauenbild in der Werbung auf die Spur kommt, könnt ihr Folgendes untersuchen:

- Stellt den Anteil der Männer und der Frauen in der Werbung fest.
- Gebt das ungefähre Alter der Werbepersonen an. Gibt es Unterschiede zwischen Männern und Frauen?
- Beschreibt das Aussehen der Personen in der Werbung.
- Betrachtet das Verhalten bzw. die Situation, in der die Personen dargestellt sind.
- Untersucht, wofür Männer und wofür Frauen besonders häufig werben.
- Gibt es Werbung, die nicht dem üblichen Rollenbild von Mann und Frau entspricht?
- Wer (Männer oder Frauen) soll mit der Werbung angesprochen werden?
- Erstellt eine Collage, in der ihr auf Werbefotos Frauen gegen Männer austauscht und umgekehrt. Welche Wirkung wird erzielt?

3. Auswertung

Vergleicht eure Ergebnisse und notiert, was ihr für Rückschlüsse auf das Männer- und Frauenbild in der Werbung ziehen könnt. Stellt ihr Unterschiede oder Gemeinsamkeiten fest? Prüft, wie stark ihr euch selbst von Werbung beeinflussen lasst.

1 Führt mithilfe von M 2 eine Untersuchung zu Rollenbildern in der Werbung durch.

2 Veröffentlicht eure Ergebnisse auf einer Wandzeitung, die ihr in der Schule aushängt (→ **Wir gestalten eine Wandzeitung**, S. 321).

Umgang mit dem Internet

Rund ums Internet – Chancen und Gefahren

Justin Bieber veröffentlicht Biografie

Justin Bieber wird im Oktober seine Biografie veröffentlichen. Er hat den Vertrag bereits unterzeichnet.

Justin Bieber, kanadischer Sänger und Mädchenschwarm, wird im Oktober seine Biografie veröffentlichen. In dem Buch geht es um Justins Erfolgsgeschichte vom „normalen" Jungen zum Sänger und Songwriter.
Justin Bieber veröffentlichte 2009 einige Videos auf Youtube.com, in denen er sein Talent zum Besten gab. Zahlreiche Fans klicken seine Videos und Justin wurde in kurzer Zeit zum Star!

M 1 Justin Bieber

Schüler-Protest: Ohne Internet geht gar nichts

5000 Schüler protestierten am Montag gegen die Wiederholung des Mathe-Tests

Berliner Schüler gehen immer häufiger für die Bildung auf die Straße – und organisieren ihren Protest online. Wie jetzt im Streit um die Wiederholung der Mathe-Klausur.
„Wir kamen nach Hause und haben erfahren, dass wir die Matheprüfung noch einmal schreiben sollen. Da haben wir beschlossen: Wir tun was dagegen", erinnert sich der 16-jährige Heiko. Der Zehntklässler hatte mit seinem Freund Florian vor einer Woche die Idee, gegen die Wiederholung der Prüfung auf die Straße zu gehen. Kurzerhand erstellte Florian eine Homepage. Die Seite informiert nun über die nächsten geplanten Schritte. „Innerhalb der ersten acht Stunden haben 9000 Leute die Internetseite besucht", sagt Heiko. „Mit so einem Echo haben wir nicht gerechnet."

M 4 Schülerprotest

Wieder Datenklau bei SchülerVZ

Bei dem Online-Netzwerk SchülerVZ sind erneut in großem Stil Nutzerdaten abgegriffen worden. Mithilfe künstlicher Profile und E-Mail-Adressen hat ein Nutzer den Kopierschutz des Netzwerks umgegangen, teilte SchülerVZ mit. Man sei vom Betreiber des Blogs netzpolitik.org auf den Fall aufmerksam gemacht worden.
Dem Blog zufolge habe der Nutzer 1,6 Millionen aktuelle Datensätze der bei SchülerVZ registrierten 12- bis 19-Jährigen eingesammelt, dies entspreche rund 30 Prozent aller Nutzerprofile des Sozialen Netzwerks.

M 2 Datenklau

Per Webcam beobachtet
Cyber-Spanner spioniert Schülerinnen aus

Schrecklicher Verdacht: Mithilfe manipulierter Webcams soll ein Hacker aus dem Rheinland mindestens 150 Kinderzimmer überwacht haben. […]
Als die Polizei den Mann festgenommen habe, seien auf dessen Rechnern mehrere Videos aus Kinderzimmern gelaufen, schrieb das Westfalen-Blatt aus Bielefeld am Freitag. […]

M 5 Cyber-Spanner

Soziale Netzwerke werden wichtiger für Erfolg im Beruf

Das ist das Ergebnis einer Forsa-Umfrage unter rund 1000 Erwerbstätigen zwischen 25 und 65 Jahren. Davon messen rund drei Viertel (74 Prozent) Seiten wie Facebook, Twitter oder Studi-VZ einen hohen Stellenwert bei, wenn es darum geht, wie erfolgreich sie im Beruf sind. (…)

M 3 Soziale Netzwerke

M 6 Prügel-Attacke

Prügel-Attacke: Polizisten werden versetzt

Am Rande der Großdemo „Freiheit statt Angst" am Samstag kam es offenbar zu Übergriffen der Polizei, die durch ein Video belegt wurden. Als erste Reaktion müssen zwei Beamte vorerst „neue Aufgaben" übernehmen. (...)
Eine Privatperson hatte die Szenen aufgenommen und das Video ins Internet gestellt. Darauf sei ein Mann zu sehen, „der nichts getan hat, und der massiv angegangen wird", sagte Polizeisprecher Frank Millert dem Fernsehsender N24. (...)

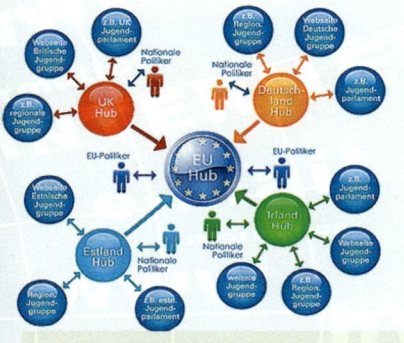

Europäisches Projekt fördert politische Beteiligung junger Menschen im Internet
Pilotprojekt HUWY gestartet

Über eine Hub-Webseite* sollen sich Jugendliche aus Großbritannien, Irland, Deutschland und Estland an Entscheidungen zu Themen der Internetnutzung beteiligen. Das Projekt läuft zunächst bis Januar 2011. Es ist zu erreichen unter http://www.huwy.eu/de.

M 7 Europäisches Projekt

*Hub-Webseite
nach dem englischen Wort *hub* = Zentrum, Mittelpunkt, Radnabe

Mobbing im Internet setzt vielen Schülern zu

Die Prügelei auf dem Pausenhof ist passé, stattdessen werden viele Jugendliche mittlerweile im Internet gemobbt.

Gegen Außenseiter in der Schule bilden sich feindselige Gruppen in Netzwerken wie SchülerVZ. Dort werden Gerüchte verbreitet und Schwächen breitgetreten. Betroffene sollten unbedingt Eltern oder Lehrer einschalten. [...]

M 8 Mobbing im Internet

Zum Thema „Internet und Co." habt ihr selbst sicher schon einiges an Wissen und Erfahrungen gesammelt. Auf den folgenden Doppelseiten könnt ihr dieses Wissen noch vertiefen.

1 Setzt euch in Gruppen zusammen. Legt eine Tabelle mit zwei Spalten an. Ordnet die Materialien dieser Doppelseite den Überschriften „Chancen des Internets" und „Gefahren des Internet" zu.
2 Findet in der Gruppe weitere Beispiele und schreibt sie dazu.
3 Tragt die Ergebnisse der Gruppen an der Tafel zusammen. Diskutiert: Ist die Zuordnung Chance/Gefahr immer einfach zu treffen?
4 Sammelt in der Klasse Fragen, die euch zu diesem Thema interessieren. Notiert sie auf einem Plakat.

Ihr könnt das gesamte Thema auf den Doppelseiten (Seiten 134 bis 141) in einem Gruppenpuzzle erarbeiten (→ **Wir erarbeiten ein Gruppenpuzzle**, S. 315). Wählt euch ein Thema aus, das euch interessiert, und setzt euch in Gruppen zusammen.

Umgang mit dem Internet

Jugendsünden? – das Internet vergisst nichts!

Hast du schon einmal Fotos von dir ins Internet gestellt?
a) Nein, noch nie (0)
b) Ja, aber nur ein oder zwei Bilder (1)
c) Ja, so ein paar, von verschiedenen Gelegenheiten (2)
d) Ja, je witziger und alberner, desto besser! (3)

Wenn auf einer Internetseite deine Adressdaten abgefragt werden …
a) Gebe ich sie ein (3)
b) Gebe ich sie nur selten ein (1)
c) Gebe ich sie eigentlich immer ein (2)

Wenn mich in einem Netzwerk eine Freundschaftanfrage erreicht …
a) Schaue ich mir das Profil erst genau an und stimme dann meistens zu (2)
b) Schaue ich mir das Profil genau an und stimme nur manchmal zu (1)
c) Stimme ich meistens erst mal zu und schau später vielleicht, wer das ist (3)
d) Stimme ich immer zu, denn das gehört im Netzwerk dazu (4)

Für wen sind die Angaben in deinem Netzwerkprofil sichtbar?
a) Ich bin in keinem Netzwerk (0)
b) Alle Angaben sind nur für Freunde sichtbar (1)
c) Teilweise sind sie für Freunde, teilweise für alle sichtbar (2)
d) Alle Angaben sind für jedermann sichtbar (3)

Was würdest du machen, wenn du verliebt bist?
a) Ich behalte es für mich oder schreibe es in ein Tagebuch (0)
b) Ich erzähle es nur meinen Eltern oder besten Freunden (0)
c) Ich erzähle es Eltern oder Freunden und dann auf meiner Profilseite im Netz (2)
d) Ich schreibe es als Erstes auf meine Profilseite (2)

Ein Party-Video von dir wurde ins Internet gestellt. Wie reagierst du?
a) Ich reg mich auf und verlange, dass es sofort gelöscht wird (0)
b) Es ist mir egal und ich mache nichts (3)
c) Ich find's ok und irgendwie auch ganz lustig. Nächstes Mal soll man mir aber vorher Bescheid geben (2)
d) Ich freue mich und verlinke es in meinem Profil selbst (4)

Welche dieser Angaben sind auf deinem Profil zu finden?
a) Nur erfundene Fantasie-Angaben (1)
b) Nur mein Name und vielleicht noch meine Schule (2)
c) Name, Schule, Hobbys, Vorlieben und noch ein paar Angaben (3)
d) Eigentlich fast alles, was mir zu meiner Person einfällt. Ich habe so gut wie keine Geheimnisse (4)

M1 Welcher Community-Typ bist du?

M2 Cookies: Surfen mit Zuschauern
Auf ihrer Website „Surfer haben Rechte" schreibt der Bundesverband der Verbraucherzentrale:

Gehört hat jeder von ihnen: den Cookies, die auf dem eigenen Computer landen. Was sie dort machen, wissen viele nicht so genau. […].
Mithilfe von Cookies kann das Surfverhalten eines Nutzers über lange Zeit und über verschiedene Webseiten hinweg aufgezeichnet werden: Welche Seiten besucht der Nutzer besonders häufig? Wofür interessiert er sich? Anhand dieser Informationen können umfassende Profile erstellt werden mit dem Ziel, die Werbung auf den Webseiten auf die Vorlieben des Nutzers abzustimmen. Wenn Sie verhindern möchten, dass Ihnen jemand beim Surfen allzu sehr auf die Finger schaut, sollten Sie regelmäßig alle im Browser gespeicherten Cookies löschen. Alle gängigen Webbrowser bieten auch die Funktionen, dass Cookies gar nicht erst gespeichert oder direkt nach dem Schließen des Browsers automatisch gelöscht werden. Wenn Sie keine personalisierte Werbung wünschen, dann aktivieren Sie am besten die Browsereinstellung, mit der Cookies von Drittanbietern – das sind nämlich meistens Werbefirmen – blockiert werden.
Blockiert man mithilfe der gängigen Webbrowser sämtliche Cookies, hat das auch eine Kehrseite: Einige Webseiten funktionieren dann einfach nicht mehr. Für diese Seiten muss man, wenn der Browser die Möglichkeit hierzu bietet, Ausnahmen von der Blockierung im Browser einstellen. […].

Medienrechtler* fordert Einführung eines Verfallsdatums für alle Internet-Daten

Damit sollen Bürger vor negativen Folgen geschützt werden, wenn sie private Daten online preisgeben. So könne verhindert werden, dass beispielsweise ein in einer Jugendlaune veröffentlichtes negatives Bild zu einem späteren Zeitpunkt gegen einen verwendet werden kann. Besonders Arbeitgeber greifen häufig auf die Recherche im Internet zurück, um mehr über einen potenziellen Mitarbeiter in Erfahrung zu bringen. [Einer englischen Studie] zufolge müssten 70 Prozent der 14- bis 21-Jährigen nach eigener Einschätzung erst einmal ein paar Dinge aus dem Internet entfernen, bevor sie Arbeitgebern erlauben würden, nach Informationen über sie zu suchen. (…)

„Wir leben heute in einer veränderten **Informationsgesellschaft**", meint Thilo Weichert, Leiter des Unabhängigen Landeszentrums für Datenschutz in Schleswig-Holstein. Das Internet ermögliche die nahezu unbegrenzte Datensammlung und -speicherung. Während die Menschen selbst eine Einzelheit nach der anderen vergäßen, erinnere sich das Internet minutiös* und dauerhaft an alles, was über jeden Einzelnen gespeichert ist. (…)

Unterdessen sind bereits mehrere Beispiele bekannt, bei denen Bürger aufgrund von im Internet veröffentlichten Informationen mit negativen Folgen konfrontiert worden sind. So soll eine angehende Lehrerin nicht mehr unterrichten dürfen, weil online ein Foto von ihr aufgetaucht sei, das sie als betrunkene Piratin mit Hut zeigt.

M 3 Das Internet vergisst nichts

M 4 Karikatur

***Medienrechtler**
Experte für Rechtsfragen des Internet

***minutiös**
peinlich genau

1 Macht den Community-Typ-Test (M1) (siehe auch Webcode). Tauscht euch über eure Ergebnisse aus. Welches Verhalten findet ihr richtig, welches nicht? Begründet.

2 Verhaltet ihr euch immer richtig? Wenn nicht, warum?

3 Sucht mithilfe von Google oder www.123people.de nach eurem eigenen Namen.

4 Jeder Test braucht auch eine Auswertung. Schreibt drei kurze Typ-Beschreibungen für den Test M1 (Typ 1: 0–7 Punkte, Typ 2: 8–14 Punkte, Typ 3: 15–23 Punkte). Lasst euch treffende Typnamen einfallen: Sicherheits-Surfer, Sorglos-User, …

5 Fügt jeder der drei Typ-Beschreibungen einen persönlichen Datentipp bei.

6 Verteilt den Test unter Freuden. Welche Community-Typen sind sie?

7 Erläutert, warum der Medienrechtler in M3 ein Verfallsdatum für Internet-Daten fordert.

8 Wertet die Karikatur aus (→ **Wir werten Karikaturen aus**, S. 317) und nehmt zu ihr Stellung.

Umgang mit dem Internet

Der digitale Fußabdruck – welche Schuhgröße hast du?

M 2 Informationsflut wächst jährlich um 60 Prozent

Die digitale Informationsmenge explodiert. Vor allem Digitalkameras, Digital-TV und Soziale Netzwerke treiben Datenwachstum voran. In einer Studie wurden 2007 neue Erkenntnisse zu Wachstum und Inhalten des weltweiten digitalen Datenvolumens bis 2011 veröffentlicht. Derzeit wächst die digitale Informationsflut jährlich um 60 Prozent und erreichte 2011 rund 1800 Exabyte (1,8 Zettabyte, das sind 1,8 Milliarden Terabyte).

Digitaler Fußabdruck: 45 GB pro Person und Jahr

Futter für das explosive Datenwachstum liefern der weltweit steigende Absatz von Digitalkameras und die zunehmende Popularität von Digital-TV. Statistisch gesehen hinterließ 2007 jeder Erdenbewohner einen „digitalen Fußabdruck" mit einer Größe von 45 Gigabyte im Informationsuniversum. Die zunehmende Internetnutzung in den Entwicklungsländern sowie der weltweite Boom sozialer Netzwerke sind Hauptverursacher des rasanten Wachstums digitaler Daten.

Der digitale Schatten

Erstmals wird in der Studie vom Phänomen des „Digitalen Schattens" gesprochen. Dieser Schatten beschreibt den passiven Anteil, den jeder Mensch täglich zum Informationswachstum beiträgt. Gemeint sind damit die Daten, die zum Beispiel bei der Benutzung eines Handys entstehen, gespeicherte Websuchen (z. B. über Cookies) oder digitale Aufzeichnungen von öffentlichen Kameras. Der digitale Schatten jedes Einzelnen ist mehr als doppelt so groß wie die Informationsmenge, die wir täglich aktiv durch digitale Fotos, PC-Arbeit oder E-Mail-Versand erzeugen.

Den Fußabdruck verringern

Je größer euer digitaler Fußabdruck ist, desto leichter ist es für andere, etwas über euch herauszufinden. Das muss nicht unbedingt schlecht sein. Will ein Freund euch etwas zum Geburtstag schenken, kann er in einem sozialen Netzwerk (z. B. SchülerVZ) versuchen, euer Geburtsdatum herauszufinden. Bei der Gelegenheit erfährt er vielleicht sogar, welche Hobbys ihr noch habt, von denen er nichts wusste. So kann er euch ein prima Überraschungsgeschenk machen.

Im Internet sind aber nicht nur Freunde unterwegs. Doch je größer euer digitaler Fußabdruck, desto leichter ist es, Informationen über euch zu sammeln. So würden viele Unternehmen gerne wissen, welche Hobbys ihr habt und für welche Marken ihr euch interessiert.

M 3 Gesichtserkennung: nie mehr anonym

Der Journalist Steffan Heuer berichtete im Juni 2011 über eine neue Technik:

[…] Wer neue Bilder bei Facebook hochlädt, dem macht nun eine Gesichtserkennungs-Software automatisch Vorschläge, welcher der Facebook-Freunde darauf zu sehen sein könnte. Hat der Algorithmus* tatsächlich die richtigen Personen erkannt, kann der Nutzer mit einem einzelnen Klick jedem Gesicht den entsprechenden Namen zuweisen („taggen").

1024 Bytes = 1 Kilobyte
1024 Kilobytes = 1 Megabyte
1024 Megabytes = 1 Gigabyte
1024 Gigabyte = 1 Terabyte
1024 Terabyte = 1 Petabyte
1024 Petabyte = 1 Exabyte
1024 Exabyte = 1 Zettabyte

M 1 Einmaleins der Datengrößen

Bereits im Dezember 2010 wurde dieser Dienst US-Nutzern zugänglich gemacht, im Juni wurde er stillschweigend auch in Deutschland und anderen Ländern scharf geschaltet. Betroffen sind zunächst einmal sämtliche Facebook-Mitglieder. Wer sich nicht taggen lassen möchte, muss selbst aktiv werden und die Option in einem gut versteckten Untermenü deaktivieren – ansonsten darf er damit rechnen, künftig auf allen möglichen Fotos im Facebook-Universum identifiziert zu werden. Doch auch für Menschen, die mit Facebook nichts am Hut haben, ist der Fall brisant: Er zeigt, dass die Gesichtserkennung den Sprung von der aufwendigen Spezialanwendung für Militär und Behörden zur preiswerten Massenanwendung für jedermann geschafft hat – […] Und kein anderer Webdienst (wie Facebook) verfügt über ein derart umfangreiches Bildarchiv wie dieses Internet-Unternehmen. Insgesamt sitzt der Social-Networking-Riese auf geschätzten 30 bis 40 Milliarden Fotos, und Monat für Monat kommen weitere 2,5 Milliarden Schnappschüsse hinzu, die oft bereits manuell von den Nutzern getaggt werden. Diese Mitwirkung der Mitglieder ist auf zweierlei Weise entscheidend für das Fortschreiten der Gesichtserkennung: Jedes Mal, wenn ein Nutzer per Mausklick meldet, ob die Software die richtige Person erkannt hat, liefert er damit ein wichtiges Feedback für die Verfeinerung des Algorithmus. Zweitens helfen die Nutzer durch die manuelle Zuweisung von Gesichtern zu Personen dabei, dass Facebook eine gigantische Vergleichsdatenbank mit Gesichtsprofilen aufbauen kann, anhand derer neu hochgeladene Fotos identifiziert werden können. […]

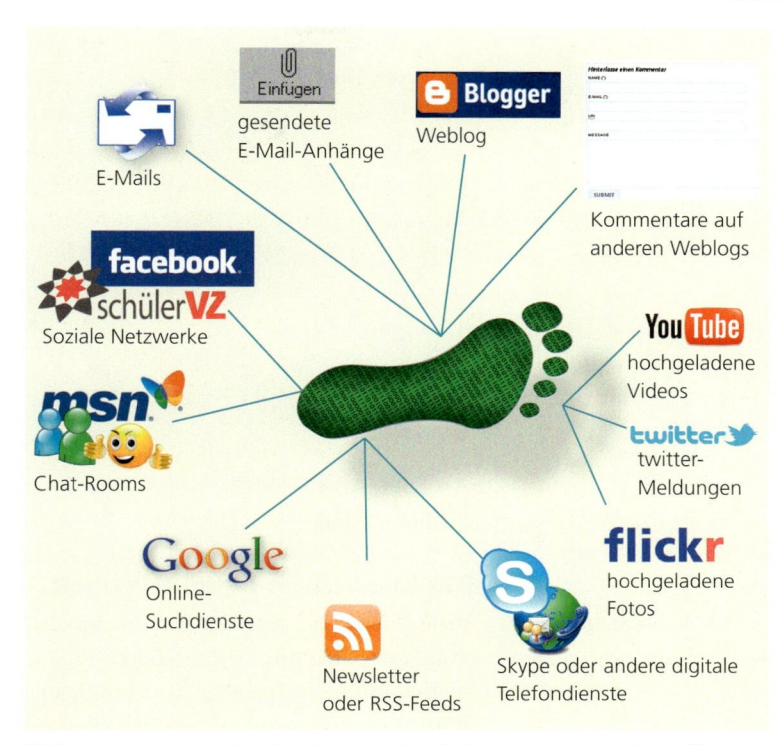

M 4 Ein digitaler Fußabdruck veranschaulicht in einer „Social Map"

*Algorithmus
Rechenanweisung für einen Computer; sie besteht aus komplizierten mathematischen Formeln.

1 Erklärt die Begriffe „digitaler Fußabdruck" und „digitaler Schatten".

2 Nennt die Hauptursachen für den Datenzuwachs des „Fußabdrucks" und des „Schattens".

3 Findet Beispiele dafür, warum ein großer digitaler Fußabdruck Nachteile haben kann.

4 Nennt Möglichkeiten, wie ihr euren digitalen Fußabdruck verringern könnt. Unterscheidet auch zwischen aktivem und passivem Beitrag.

5 Beurteilt die automatische Gesichtserkennung, die in einigen sozialen Netzwerken wie Facebook automatisch angeboten wird, im Hinblick auf die Vor- und Nachteile für euch als Nutzer.

6 Legt nach dem Vorbild von M 4 eine „Social Map" für euch an und vergleicht sie untereinander.

Umgang mit dem Internet

Zensur im Internet – sinnvoller Schutz oder Ende der Freiheit?

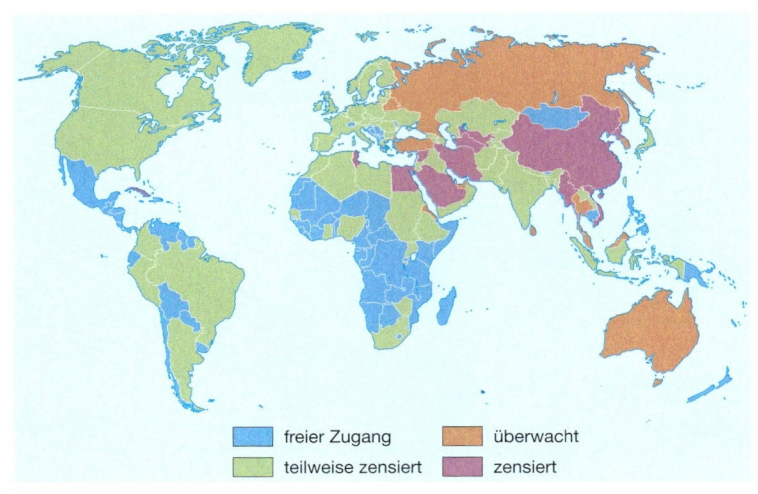

M 1 Einschränkungen der Freiheit im Internet

freier Zugang | überwacht
teilweise zensiert | zensiert

*volksverhetzend
Anreiz zum Hass oder Tätlichkeiten gegenüber Minderheiten

Ist ein Medium nicht „jugendfrei", darf es nicht für Kinder und Jugendliche zugänglich sein. Der Betreiber muss „geeignete" Maßnahmen ergreifen, um den Zugang zu verhindern. Das kann zum Beispiel ein wirksamer Alterscheck auf der Homepage sein.

M 2 Altersbeschränkung

Das Internet – die große Freiheit?

Viele halten das Internet für ein unkontrolliertes Medium. Hier scheint es angeblich alles zu geben: Bombenbauanleitungen, Waffen, Sex und absolute Meinungsfreiheit.

Das stimmt aber nur teilweise. Denn immer wieder hören wir Berichte, dass in Ländern wie China oder Iran der Zugang zum Internet eingeschränkt wird. In den genannten Ländern und einigen anderen (siehe M 1) werden die Medien durch den Staat überwacht. Es darf nur veröffentlicht werden, was vorab durch Behörden geprüft und genehmigt wurde. Diktatorische Regierungen versuchen so ihr politisches Handeln zu verschleiern und Einfluss auf die Meinungsbildung der Bevölkerung zu nehmen. Von dieser **Zensur** ist neben Fernsehen, Rundfunk und Printmedien auch der Zugang zum Internet betroffen.

In Deutschland ist im **Grundgesetz** (Artikel 5) die **Pressefreiheit** genauso geschützt wie die Meinungsfreiheit und das Recht der Bürgerinnen und Bürger, sich ungehindert zu informieren. Eine Demokratie kann nur funktionieren, wenn die Medien ihre Aufgaben zu informieren, zu kontrollieren und kritisieren umfassend und ohne Zensur wahrnehmen können. Eine Zensur findet nicht statt.

Doch auch wir erleben das Internet nicht „ungefiltert". Es gibt auch bei uns viele Internetseiten, die nicht oder nicht so einfach zu erreichen sind, obwohl Nutzer aus anderen Ländern uneingeschränkten Zugriff darauf haben. Denn die garantierte Pressefreiheit endet da, wo sie mit anderen Gesetzen, zum Beispiel dem Jugendschutzgesetz, in Konflikt gerät.

Was ist verboten?

Die Bonner „Bundesprüfstelle für jugendgefährdende Medien", kurz BPjM, ist nicht nur für Musik und Filme, sondern auch für die Inhalte des Internets zuständig. Viele haben schon einmal vom so genannten „Index" gehört, der jugendgefährdende Medien enthält. Ein solcher Index ist eine Liste, die es auch für das Internet gibt. Manche Listen erfassen jugendgefährdende Medien und andere komplett verbotene Inhalte. Diese dürften überhaupt nicht veröffentlicht werden. Inhalte können verboten sein, weil sie beispielsweise **volksverhetzend*** oder gewaltverherrlichend sind.

Die Rolle der Suchmaschinen

Die Suchmaschinen spielen eine besonders wichtige Rolle. Denn diese wären die „Vermittler" der Information, falls jemand über sie auf nicht jugendfreie Inhalte gerät. Um das zu verhindern, haben sich die größten Suchmaschinenbetreiber und einige andere Anbieter zur „Freiwillige Selbstkontrolle Multimedia-Diensteanbieter" (FSM) zusammengeschlossen. Diese Gruppe hat sich verpflichtet, die Liste der indizierten Seiten zu übernehmen und diese aus ihrem Suchindex zu entfernen. Auf Anbieter im Ausland haben deutsche Behörden aber keinen Zugriff. Hier bleibt nur die Möglichkeit, die Seiten aus Deutschland unerreichbar zu machen. Rein rechtlich dürfen die Behörden mittlerweile auch so genannte „Sperrverfügungen" erlassen. Diese können einen **Internetprovider*** zwingen, bestimmte Seiten durch technische Maßnahmen so zu filtern, dass seine Kunden auch nicht auf dem direkten Wege auf diese Seite gelangen können.

M 3 In einem Internetbeitrag von NZZ-Online hieß es Anfang 2010:

Iranische Justiz verschärft Internetzensur
Die Justiz in Iran hat eine Verschärfung der Zensur im Internet verfügt und dazu eine lange Liste mit strafbaren „Vergehen" veröffentlicht. […] Wie iranische Zeitungen berichteten, sind laut der von einem „Expertenausschuss" zusammengestellten Liste nunmehr alle Websites verboten, deren Inhalte gegen die „soziale Moral", „religiöse Werte" oder „die Sicherheit und den sozialen Frieden" verstoßen oder die „regierungsfeindlich" sind. […] Unter das Verbot fallen auch Internetseiten, die den Gründer der Islamischen Republik Iran, Ayatollah Khomeiny, oder den obersten Geistlichen Führer, Ayatollah Ali Khamenei, beleidigen. Verboten sind ferner Inhalte, die gegen die Verfassung verstoßen oder für „feindliche politische Gruppen" werben. […] Nach den jüngsten Protesten in Iran sollen fünf der festgenommenen Demonstranten als „Feinde Gottes" vor Gericht gestellt werden. Dies meldete die amtliche Nachrichtenagentur Irna unter Berufung auf das Revolutionsgericht in Teheran. Einzelheiten zu den Angeklagten wurden nicht genannt. Nach dem islamischen Recht droht ihnen bei einem Schuldspruch die Todesstrafe. […]

Aufstand via Twitter, YouTube & Co.

(Juni 2009) Nach der umstrittenen Präsidentschaftswahl im Iran organisiert sich die Opposition über das Internet – trotz Zensur. Ausgetauscht werden Termine für Demonstrationen, Bilder und Videos. „Der Marsch hat schon begonnen und befindet sich gerade an der Teheraner Uni." – „Wir gehen zur Kundgebung, betet für uns." […] Solche Einträge kann man in Echtzeit bei Twitter lesen. […] Unzählige Bilder aus Teheran sind auch bei Foto-Communitys wie Flickr oder Picasa zu sehen – fast live, direkt nach den Ereignissen in der Stadt: Demonstranten mit Fahnen, weinende oder verletzte Menschen und Polizeikolonnen. Offenbar mit Handy-Kameras gefilmte Videos der Aufstände haben Augenzeugen bei YouTube eingestellt. […]

Ein bei Twitter veröffentlichtes Foto zeigt einen jungen Mann wenige Tage nach der Präsidentschaftswahl. Auf seinem Plakat ist zu lesen: Wo ist unsere Stimme?

M 4 Aufstand nach Präsidentendwahl

*****Internetprovider**
Anbieter von Internetzugängen

1 Nennt mögliche Inhalte von Internetseiten, die dazu führen, dass sie in Deutschland eingeschränkt oder gar nicht abrufbar sind.

2 Beschreibt, wie Internetseiten unzugänglich gemacht werden.

3 „Das Internet: Für alle Menschen ein frei zugänglicher Raum, wo sie ihre Meinung äußern können." Nehmt mithilfe von M 1 Stellung zu dieser Aussage.

4 Wählt in M 1 einen Staat mit Internetzensur aus. Recherchiert im Internet Hintergründe zu den Zugangsbeschränkungen (→ **Wir führen eine Internetrecherche durch**, S. 316).

Auswirkungen des Medienkonsums

Das kann ich …

M 1 Collage: Medien und ihre Nutzung

- ✓ öffentlich-rechtliche Sender
- ✓ Privatsender
- ✓ Regeln für das Internet
- ✓ soziale Netzwerke
- ✓ Zensur
- ✓ Einfluss der Medien auf die Politik
- ✓ Wirkung von Werbung in Medien

M 2 Wichtige Begriffe

M 3 Google fällt in Deutschland auf Rang 2

Am 28. Juni 2011 berichtete die „Frankfurter Allgemeine Zeitung":

„Unser schärfster Wettbewerb heißt Microsoft", sagte der ehemalige Google-Chef Eric Schmidt noch Anfang des Jahres. Inzwischen hat er zugegeben, Facebook unterschätzt zu haben. Zwar hat Google mit 39 Millionen Nutzern klar die größte Reichweite im deutschen Internet, aber die meiste Zeit verbringen die Nutzer inzwischen auf den Seiten des sozialen Netzwerks Facebook.

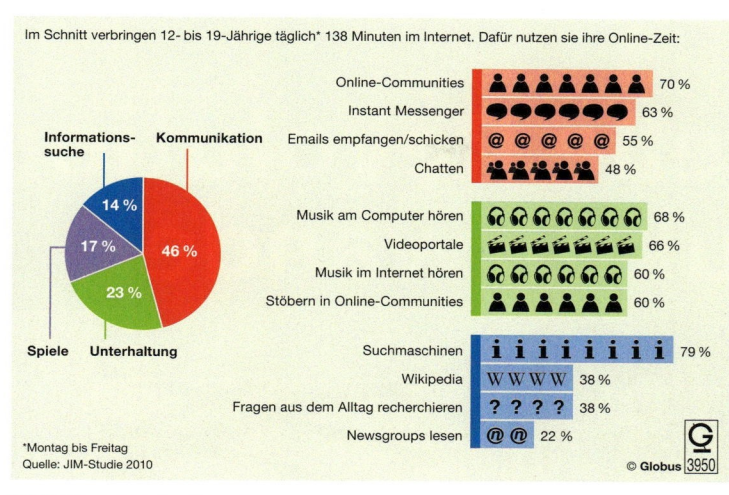

M 4 Nutzung des Internets

M 5 Karikatur

Was wir noch wissen

1. Erklärt euch gegenseitig die wichtigen Begriffe und schreibt die Bedeutung der Begriffe in eure Arbeitsmappe (M 2).

2. Zeigt mithilfe von M 1 und M 4 die verschiedenen Nutzungsmöglichkeiten des Fernsehens und des Internets.

3. Beschreibt den Einfluss der Medien auf Familie und Gesellschaft (M 1, M 5).

4. Nennt wichtige Regeln für die Nutzung des Internets und für den Umgang mit persönlichen Daten in sozialen Netzwerken.

5. Schildert an Beispielen Formen der Werbung und ihren Einfluss auf die Gesellschaft.

6. Schreibt Stichwörter zum Unterschied zwischen öffentlich-rechtlichem und privatem Fernsehen auf.

Wir meinen, dass …

8. „Durch die Nutzung sozialer Netzwerke kann man viele Kontakte knüpfen und sich gut informieren. Es gibt aber auch eine Reihe von Gefahren, die nicht zu unterschätzen sind." Nehmt Stellung zu dieser Aussage.

9. […] das Internet ein Medium zum freien Austausch von Gedanken und Ideen sein muss. Eine Zensur von Inhalten durch den Staat, oder Staaten ist deswegen abzulehnen. Begründet diese Ansicht! Gibt es Gegenargumente?

Gewusst, wie …

7. Beschreibt, wie man Rollenbilder in der Werbung untersuchen kann (→ **Wir untersuchen Rollenbilder in der Werbung**, S. 130/131).

Wir wenden an

10. Erstellt ein Lernplakat mit Regeln für die richtige Nutzung des Internets und sozialer Netzwerke (→ **Wir erstellen ein Lernplakat**, S. 318). Hängt das Lernplakat in der Klasse auf.

Inhaltsfeld: Wirtschaft und Arbeit

5 Industrielle Revolution und Strukturwandel

Im 19. Jahrhundert veränderte sich das Leben der Menschen in Europa völlig. Ursache dieses Wandels war der Beginn der Industriellen Revolution – zunächst in England, dann aber auch in allen anderen europäischen Ländern. Seit der Industriellen Revolution kommt es immer wieder zu tiefgreifenden Veränderungen im Leben und Wirtschaften der Menschen.

In diesem Kapitel erfahrt ihr, wie
- sich das Leben von Männern, Frauen und Kindern durch die Industrialisierung veränderte,
- wie Arbeiterinnen und Arbeiter oft unter unmenschlichen Bedingungen in den Fabriken arbeiteten und in Elendsvierteln leben mussten,
- welche Folgen die Ablösung alter Industrien durch moderne Industrien hatte und
- wie wichtig der Wettbewerb in einer sozialen Marktwirtschaft ist.

Am Ende des Kapitels wisst ihr, wie man den Besuch eines Industriemuseums vorbereitet und wie man mit WebGIS einen Raum erkundet.

Triebkräfte der Industrialisierung

Warum begann die Industrialisierung in England?

M 1 Pflügen in der Jungsteinzeit. *Zeichnung*

M 2 Landarbeiter beim Pflügen. *Ausschnitt aus einem Papyrusbild*

M 3 Pflügender Bauer. *Kupferstich, Ende des 18. Jahrhunderts*

rund 12 000 Jahre

rund 120 Jahre

M 4 Dampfpflug. *Holzstich, 1880*

M 5 Motorpflug. *Foto, um 1850*

M 6 Pflügender Bauer. *Foto, 2009*

Viertausend Jahre dieselbe Technik

Als die ersten Menschen damit begannen, Getreide anzubauen, mussten sie ihre Äcker bearbeiten. Um die Saat auszubringen, wurden Furchen in den Boden gezogen. Dazu wurde ein Hakenpflug verwendet, den Menschen oder Tiere zogen. An dieser Technik änderte sich über Tausende Jahre hinweg nichts.

Es begann in England …

Im 18. Jahrhundert stieg die Nachfrage nach Baumwollstoffen in England stark an. Deshalb wurden dort Spinn- und Webmaschinen entwickelt. Sie wurden nicht mehr durch die Menschen angetrieben, sondern mit **Dampfmaschinen**. Diese waren teuer und benötigten große Gebäude. Wohlhabende Menschen ließen diese Gebäude bauen und kauften die Maschinen.

M 7 Heimarbeiterinnen um 1770. *Jugendbuchillustration*

M 8 Die „Spinning Jenny", eine englische Erfindung von 1764. *Jugendbuchillustration*

So entstanden die ersten Fabriken, in denen industriell produziert wurde; das bedeutet: mit Maschinen und in Massen. Die industrielle Produktionsweise breitete sich bald in ganz Europa aus.

Voraussetzungen für die Industrielle Revolution

Eine wichtige Voraussetzung für den Beginn der Industriellen Revolution in England war die Steigerung der Ernteerträge durch bessere Anbaumethoden und neue Maschinen – z.B. die Sämaschine. Neue Anbaufrüchte wie die Kartoffel, aber auch Tomaten und Erbsen ergänzten die Versorgungsmöglichkeiten breiter Bevölkerungsschichten. Daneben führten verbesserte Sauberkeit und Hygiene* zu weniger Todesfällen und einem rasanten Anstieg des Bevölkerungszahl.

Je mehr Menschen es gab, desto größer war die Nachfrage nach Kleidung, vor allem nach preisgünstigen Stoffen. Großhändler und Unternehmer suchten jetzt verstärkt nach technischen Möglichkeiten, die Produktion zu erhöhen und gleichzeitig preiswerte Waren herzustellen.

Technische Erfindungen und die notwendigen Industriebauten kosteten sehr viel Geld. Kaufleute und Adelige konnten dieses Geld dafür zur Verfügung stellen, da sie in der Landwirtschaft und im Überseeund Sklavenhandel zum Teil große Reichtümer erworben hatten.

M 9 Egge mit Dünge- und Saatguttrichter. Die Maschine wurde 1745 in England entwickelt. *Zeitgenössische Radierung*

Ein neues Denken in der Gesellschaft, das darauf abzielte, hohe Gewinne im Wirtschaftsleben zu erreichen, sorgte zusätzlich dafür, dass neue Unternehmen das benötige Kapital* erhielten.

*Kapital
Geld, das für Unternehmungen ausgegeben wird

*Hygiene
Maßnahmen zur Verhütung von Ansteckungskrankheiten

1 Notiert, welche Veränderungen der Einsatz von Maschinen in der Landwirtschaft (Erträge, Beschäftigte, Kosten …) mit sich brachte (M 1 bis M 6).

2 Mitte des 18. Jahrhunderts mussten vier Bauern dafür arbeiten, um einen einzigen Menschen zu ernähren, der nicht in der Landwirtschaft tätig war. Heute versorgt ein Bauer über 130 Menschen. Erklärt die Ursachen dieser Entwicklung.

3 Nennt mit eigenen Worten die Voraussetzungen für den Beginn der Industriellen Revolution in England.

4 Beschreibt M 7 bis M 9, vergleicht M 7 und M 8.

Triebkräfte der Industrialisierung

Wie kam es zur Industrialisierung in Deutschland?

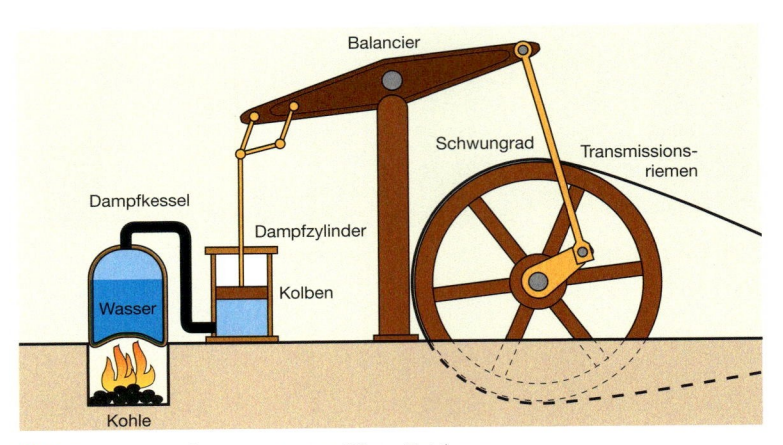

M 1 Dampfmaschine von James Watt. *Zeichnung*

M 2 Die erste deutsche Eisenbahn fuhr 1835 von Nürnberg nach Fürth. *Lithographie*

Eine grundlegende Erfindung

Dem Engländer James Watt gelang es 1769, eine leistungsfähige Dampfmaschine zu konstruieren. Er hatte hierfür eine ältere Erfindung des Ingenieurs und Schmiedes Newcomen aufgegriffen und weiterentwickelt. Mit der Dampfmaschine konnten nun Geräte und Maschinen angetrieben werden. Schon bald setzte man im Bergbau Dampfmaschinen ein. Man nutzte sie zunächst in Kohlebergwerken. Ein Teil der geförderten Kohle wurde zum Betrieb der Dampfmaschinen selbst verwendet. Durch den Einsatz der Maschinen konnte weit mehr Kohle als bisher gefördert werden. Es gab nun genug Kohle, um Dampfmaschinen auch in der Landwirtschaft und in Fabriken einzusetzen. Da sich in England große Steinkohlenvorkommen befanden, war genug Brennstoff für die Dampferzeugung vorhanden.

Die Dampfmaschine lernt Schwimmen und Laufen

Im Jahr 1807 hatte der Amerikaner Robert Fulton das erste Dampfschiff gebaut. Neun Jahre später fuhr der erste Dampfer auf dem Rhein: Die englische „The Defiance" nahm Kurs auf Köln. Für lange Zeit war der Rhein nicht nur für den Güter-, sondern vor allem auch für den Personentransport ein wichtiger Verkehrsweg.

Die erste Eisenbahn in Deutschland

1814 gelang es dem Engländer George Stephenson, die Dampfmaschine auf Räder zu setzen und sie in eine Zugmaschine zu verwandeln. Eine Lokomotive von Stephenson zog die Wagen auf der ersten Eisenbahnstrecke in Deutschland.
Auch der erste Lokführer war Engländer und wurde sozusagen „mitgeliefert"; immerhin hatte er den Zusammenbau der in hundert Einzelteile zerlegten Lokomotive zu überwachen.

Mit Volldampf hinterher

Die Industrialisierung begann in Deutschland erst spät – etwa um 1840. Deutschland besaß keine Kolonien, die billige Rohstoffe liefern konnten. Auch verhinderten die zahlreichen Einzelstaaten und ihre Zölle, die unterschiedlichen Währungen und Maße einen großen einheitlichen Währungsraum. 1834 fielen aber in fast allen deutschen Staaten die **Zollschranken**.

M 3 Industrialisierung in Deutschland um 1850

Unter preußischer Führung schlossen sich fast alle deutschen Länder zum **Deutschen Zollverein** zusammen.

Mit dem Ausbau des Eisenbahnnetzes konnten vor allem die Kohle- und Erzvorkommen in Oberschlesien, im Ruhrgebiet sowie im Saarland schnell zu den großen Industriestandorten befördert werden. Dies führte zur raschen Fortentwicklung des Kohlenbergbaus sowie der Eisen- und Stahlindustrie, die in Deutschland zu den wichtigsten Industriezweigen wurden.

Der Ausbau des Schienennetzes, der Bau von Lokomotiven und Wagen, Bahnhöfen, Wasserstationen, Wagenhallen und der Aufbau der Nachrichtentechnik für den Zugbetrieb war die treibende Kraft der ersten Phase der Industrialisierung in Deutschland.

1835	6
1840	549
1850	5822
1860	11026
1870	18560
1880	33865
1890	41818
1900	49878
1910	61209

M 4 Länge des Eisenbahnnetzes in Deutschland (in Kilometern)

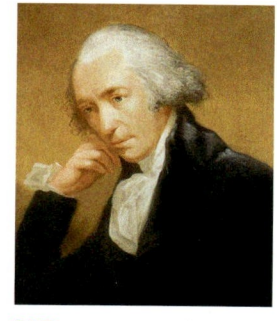

M 5 James Watt (1736–1819). *Gemälde von Friedrich Breck, 1792*

1 Beschreibt mithilfe von M 1 die Funktionsweise der Dampfmaschine.

2 Informiert euch über James Watt und über George Stephenson. Stellt diese Erfinder in der Klasse vor.

3 Wertet M 3 aus und zeigt die Zentren der Industrialisierung um 1850 in Deutschland (→ **Wir lesen Geschichtskarten**, S. 315).

4 Berichtet mithilfe des Textes sowie anhand von M 1, M 2 und M 4 über die beginnende Industrialisierung in Deutschland.

5 Schreibt eine Liste der Erfindungen der letzten 50 Jahre, die das Leben der Menschen und die Arbeitswelt so entscheidend verändert haben wie im 19. Jahrhundert die Erfindung der Dampfmaschine.

Triebkräfte der Industrialisierung
Welche Rolle spielten Kohle und Eisen für die Industrialisierung?

M 1 Kohlengewinnung mit Abbauhammer. *Foto, um 1920*

M 2 Kohlengewinnung mit Schrämlader*. *Foto, 1990*

*Schrämlader
Maschine, die Kohle bricht und abtransportiert

*Nebenerwerb
Wird etwas nicht als hauptsächliche Einnahmequelle betrieben, spricht man von „Nebenerwerb" (z. B. in der Landwirtschaft, wenn überwiegend ein anderer, nicht bäuerlicher Beruf ausgeübt wird).

*Stollen
waagerechter Tunnel im Gestein (im Gegensatz zu einem „Schacht" = senkrechter Tunnel)

Bergbau im Ruhrgebiet

In England war der Anstoß zur Industrialisierung von der **Textilindustrie** ausgegangen. In Deutschland wurden der **Steinkohlenbergbau** und die **Eisenindustrie** zum wichtigsten Antrieb. In der vorindustriellen Zeit wurden Metalle mithilfe von Holzkohle erzeugt und verarbeitet. Die Eisenerzbergwerke und Eisenhütten deckten hauptsächlich den Bedarf an Eisenwaren in der Umgebung. Wurde das Holz aus den vorhandenen Waldbeständen knapp, so musste auch die Eisenproduktion eingeschränkt werden.

Im Tal der Ruhr war Steinkohle lange Zeit von Bauern im Nebenerwerb* abgebaut worden. Das geschah im Stollenabbau* an den Hängen des Ruhrtals. Nach 1815 förderte der preußische Staat in seinen Provinzen Rheinland und Westfalen den Steinkohlenbergbau.

Etwa fünfzehn Jahre später gelang der Übergang vom Stollen- zum Tiefbau. 1835 hatten einige Schächte bereits 200 Meter Tiefe.

Dampfmaschinen übernahmen die notwendige Entwässerung und Belüftung der Gruben.

Die Kohlenbergwerke verdrängten die Nebenerwerbsbetriebe der Bauern im Ruhrtal. Der Bergbau wurde zu einer industriellen Arbeit. Sie war besonders hart und anstrengend. Männliche Jugendliche durften erst ab 16 Jahren unter Tage beschäftigt werden. Manche Zechenbesitzer beachteten diese Bestimmung nicht. Außerdem stellten sie viele Jugendliche ein, weil diese als Arbeitskräfte billiger waren als die erwachsenen Arbeiter.

Weitere wichtige Steinkohlenregionen gab es in Deutschland an der Saar und in Oberschlesien.

	Deutschland	davon: Ruhrgebiet
1860	12,3	4,4
1880	42,2	22,5
1900	109,3	60,1
1910	151,1	89,1

M 3 Steinkohlenförderung 1860 bis 1910 (in Millionen Tonnen)

M 4 In der Gussstahlfabrik Krupp in Essen. *Foto, um 1900*

Stahl von Krupp

Um Eisen und Stahl zu erzeugen, musste aus dem Eisenerz das Eisen herausgeschmolzen werden. Lange Zeit wurde dafür Holzkohle verwendet. Die englische Konkurrenz, die mithilfe von Koks* die Metallerzeugung kostengünstiger betrieb, spornte Unternehmer aus dem Ruhrgebiet an, die heimische Kohle zur Eisen- und Stahlproduktion zu verwenden. 1811 gründete Friedrich Krupp (1787–1826) in Essen eine Gussstahlfabrik.

Bei der Londoner Weltausstellung im Jahr 1851 staunten die Besucher über eine riesige Gussstahlkanone und einen gewaltigen Stahlblock der Firma Krupp.

Kapital für das Ruhrgebiet

Die Steigerung der Steinkohlenförderung sowie der Eisen- und Stahlproduktion erforderten viel Geld. Meist konnte ein einzelner Unternehmer dieses Kapital nicht aufbringen. Deshalb wurden Aktiengesellschaften* gegründet, bei denen viele Kapitalgeber ihr Geld zusammenlegten. Hohe Gewinne auf die Aktienanteile lockten auch ausländische „Kapitalisten" ins Ruhrgebiet. Banken beteiligten sich mit Krediten an den Bergbau- und Hüttenunternehmen.

	Aktiengesellschaften	Banken
1850	4	2
1853	16	3
1856	90	9

M 5 Gründung von Aktiengesellschaften und Banken

*Koks
aus Kohle gewonnener Brennstoff, mit dem höhere Temperaturen erzielt werden können

1 Beschreibt M 1 und M 2 und erläutert die Veränderungen für die Bergarbeiter. Überlegt auch, inwiefern Arbeitsbedingungen „vor Kohle" ähnlich geblieben sind.

2 Erläutert die Bedeutung des Ruhrbergbaus für das damalige Deutschland (M 3).

3 Erklärt, warum mit Kohle, Eisen und Stahl die Industrialisierung vorangetrieben wurde.

4 Findet Informationen zur Firma Krupp (Bibliothek, Internet, → **Wir führen eine Internetrecherche durch**, S. 316).

Triebkräfte der Industrialisierung

Wir bereiten den Besuch eines Industriemuseums vor

In Nordrhein-Westfalen gibt es zahlreiche kleinere und größere Industriemuseen, in denen die Geschichte der Industrialisierung „handgreiflich" in alten Fabrikgebäuden und mit den alten Maschinen gezeigt wird. Der Besuch eines solchen Museums in eurer Umgebung bietet eine gute Möglichkeit, eure Kenntnisse über die Industrialisierung und ihre Folgen vor Ort zu vertiefen.

M 1 Checkliste für die Vorbereitung und Durchführung eines Museumsbesuches

Industriemuseen haben oft einen entscheidenden Vorteil gegenüber anderen Museen, denn hier kann man vieles anfassen, weil es robust und solide ist. Oft kann der Besucher selbst an Nachbildungen und Modellen ausprobieren, wie z. B. die Weber an einem mechanischen Webstuhl gearbeitet haben oder wie eine Dampfmaschine funktioniert. Damit ein Museumsbesuch auch spannend für euch ist, muss er gut vorbereitet sein.

1. Schritt: Vorbereitung

Eine Arbeitsgruppe in eurer Klasse kümmert sich um die Organisation: Wann hat das Museum geöffnet? Wie viel kostet der Eintritt für Schulklassen? Gibt es einen Museumsplan? Welche Themen werden angeboten? Gibt es Führungen oder Vorführungen?

Da ihr in einem großen Museum nicht alles besichtigen könnt, müsst ihr euch zunächst gemeinsam für bestimmte „Themen" entscheiden: Themen können sein:
a) Womit wurde produziert? Was wurde hergestellt (Maschinen, technische Einrichtungen)?
b) Arbeitsbedingungen im Betrieb (Unfallgefahren, Arbeitszeit).
c) Veränderungen für die Menschen durch die Industrialisierung (Einwohnerzahl, Wohnbedingungen, Verkehr, Umweltbelastungen).

Wenn ihr euch für ein Thema entschieden habt, solltet ihr für eure Erkundung verschiedene Fragen dazu sammeln und auf einem Fragebogen notieren.

Ihr solltet außerdem festlegen, wie ihr eure Erkundungsergebnisse festhalten wollt (Schreibblock, Foto, Video). Erkundigt euch vorher, ob Fotografieren erlaubt ist.

2. Schritt: Im Museum

Sicher spricht nichts dagegen, wenn ihr zunächst einmal in Kürze durch das gesamte Museum streift, um euch einen ersten groben Überblick zu verschaffen. Aber bei größeren Museen wird man durch die Fülle der Ausstellungsstücke eher verwirrt oder verliert sogar die Lust an einer weiteren Besichtigung. Man muss sich deshalb auf bestimmte Bereiche konzentrieren. Museen sind entweder zeitlich oder nach bestimmten Themen aufgebaut. Einen Gesamtüberblick findet ihr zumeist im Eingangsbereich. Nach dem Gesamtüberblick geht es ins Detail. Versucht, nicht nur die Fragen von eurem Erkundungsbogen zu erforschen; notiert auch unerwartete Informationen und Beobachtungen zu eurem Thema.

3. Schritt: Auswertung

Zurück in der Schule, solltet ihr zunächst eure Ergebnisse zusammentragen.

Habt ihr etwas Neues oder Spezielles über euren Heimatbereich erfahren?

Hat sich der Weg ins Museum eurer Meinung nach gelohnt? War die Vorbereitung ausreichend? Was würdet ihr beim nächsten Mal anders machen?

Falls ihr mit eurem Ergebnis zufrieden seid, könnt ihr eine Fotoausstellung für die ganze Schule aufbauen zu dem Thema, das ihr im Museum erkundet habt.

M2 Links zu Industriemuseen in NRW

Hier findet ihr viele Informationen zu Industriemuseen in Nordrhein-Westfalen:
www.route-industriekultur.de
Rheinisches Industriemuseum mit sechs Standorten: www.rim.lvr.de
Westfälisches Industriemuseum mit acht Standorten: www.lwl.org/LWL/Kultur/wim

M3 Webmaschinen in Reih und Glied

[…] Für den heutigen Betrachter ist nur noch schwer nachzuvollziehen, wie neu und ungewohnt die Fabrikanlagen des 19. Jahrhunderts und die Arbeit in ihnen war. Vor allem die massenhafte Reihung gleichartiger Arbeitsmaschinen und der Lärm, der von ihnen ausging, hinterließen einen gewaltigen Eindruck. Die 32 Webstühle der Museums können nur ansatzweise einen Eindruck von den Dimensionen riesiger Arbeitssäle mit Hunderten in Reih und Glied aufgestellter Webmaschinen vermitteln. […]

M4 Grubentücher aus dem Museumsladen Bocholt

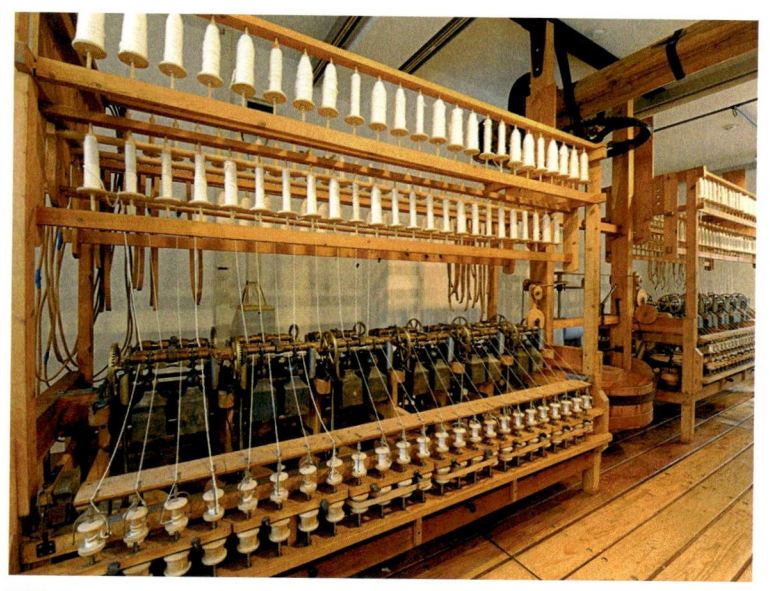

M5 Die Spinnmaschine in Ratingen wurde angetrieben durch Wasserkraft und war damit die erste Spinnmaschine, die unabhängig von Menschenkraft war.

M6 Blick in den Websaal des Industriemuseums Bocholt

1 Bereitet mithilfe von M1 einen Besuch in einem Industriemuseum vor.

2 Erkundigt euch während des Besuchs nach den Gründen für den wirtschaftlichen Untergang der Industrie, die im Museum gezeigt wird.

3 Prüft während eures Besuches, inwieweit der Umweltschutz damals eine Rolle spielte.

Die soziale Frage

Wie waren die Arbeits- und Lebensbedingungen?

M1 Blick in einen Maschinensaal. *Foto*

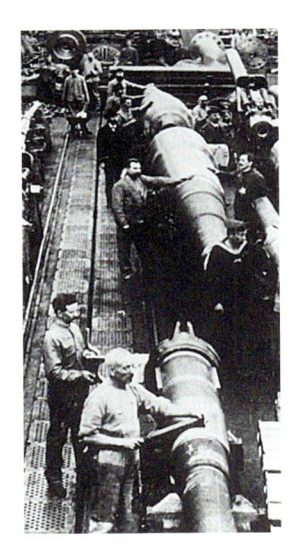

M2 Arbeiter in einer Kanonenwerkstatt bei Krupp. *Foto 1909*

Der Fabrikant als Herr im Haus

Q1 In der „Fabrik-Ordnung" für die Werkstätten einer Maschinenfabrik von 1846 heißt es:

[…] Art. 10: Jedem Arbeiter ist bei Vermeidung eines Abzugs von 15 Kr. untersagt, unnötigerweise in der Werkstätte oder überhaupt in der Fabrik umherzulaufen; derselbe Abzug trifft denjenigen, welcher sich Spielereien und Neckereien mit seinen Mitarbeitern erlaubt. Wer Zank oder Schlägerei veranlasst, wird mit 1 Taler 30 Kr. bestraft. […]

So wie in dieser Fabrikordnung forderten alle Fabrikanten von den Arbeiterinnen und Arbeitern harte Disziplin sowie die Unterordnung unter eine solche strenge Fabrikordnung. Das war ihrer Meinung nach notwendig, um die Arbeiter an die neuen Arbeitsbedingungen zu gewöhnen. Anders als beispielsweise in den kleinen Handwerksbetrieben bestimmten jetzt die Maschinen den Arbeitsablauf. Wurden sie frühmorgens angestellt, mussten alle Arbeiter an ihrem Arbeitsplatz sein. Kontrolliert wurde die Arbeitszeit vom Pförtner, bei dem alle Arbeiter eine Marke abzugeben hatten. Bei Strafe verboten waren Rauchen und Alkohol. Widerspruch gegen die Anordnung des Meisters konnte die sofortige Entlassung nach sich ziehen.

Q2 In aller Deutlichkeit warnte z. B. Alfred Krupp seine Arbeiter 1838:

[…] Jeder Arbeiter muss durch seinen Fleiß beweisen, dass er die Absicht hat, zum Nutzen der Fabrik zu arbeiten. Wer dies befolgt, hat zu erwarten, dass sein Lohn dem Wert seiner Arbeit nach bemessen wird. Wer trotzen will oder weniger seine Pflicht tut, wird entlassen. Frechheit wird augenblicklich bestraft. […] Jeder Faule, jeder Widerspenstige […] wird entlassen. […]

Kein Auskommen mit dem Einkommen

Trotz der langen Arbeitszeiten reichte der Lohn häufig kaum aus, um die Familien vor dem Verhungern zu bewahren. Da sehr viele Menschen Arbeit suchten, konnten die Unternehmer niedrige Löhne zahlen. Wer arbeitslos oder arbeitsunfähig wurde, erhielt keinerlei Unterstützung. Frauen und Kinder mussten in den meisten Familien mitarbeiten, um die Existenz zu sichern.

Sechs Personen in einem Zimmer

Bedrückend für viele Arbeiterfamilien waren neben der Arbeitsbelastung und der ständigen Geldnot die engen und ärmlichen Wohnungen, in denen sie leben mussten.

Q3 Werner Sombart, ein Volkswirtschaftler, schrieb 1906 über die Wohnverhältnisse des Proletariats:
[…] In den meisten deutschen Großstädten wohnt annähernd die Hälfte aller Menschen in Wohnungen, die nicht mehr als ein Zimmer umfassen. Überbevölkert nennt die Statistik eine Wohnung, wenn sechs Personen und mehr in einem Zimmer, elf Personen und mehr in zwei Zimmern hausen. Und selbst davon gibt es eine recht erkleckliche Anzahl. In Berlin nahezu 30000, in Breslau 7000, in Chemnitz 50000. […]

Bedingt durch die Landflucht der Landarbeiter und Bauern, die nicht genügend Land besaßen und mit ihren Familien die Dörfer verließen, wuchsen die Städte rasch an. Die Bevölkerung Berlins nahm allein in der Zeit zwischen 1800 und 1850 von 153000 auf 430000 Einwohner zu. Bereits 20 Jahre später war die Millionengrenze erreicht. In der Stadt – so hofften viele – würden sie Arbeit und Brot finden. Doch eine Arbeitsstelle garantierte noch längst keine Wohnung. Und mit dem explosionsartigen Städtewachstum konnte die Bauwirtschaft nicht Schritt halten. Angesichts der Wohnungsnot zimmerten sich kinderreiche Arbeiterfamilien am Stadtrand Berlins Hütten (mit undichten Fenstern) oder sie suchten in Kellern, Ställen und auf Dachböden Unterschlupf.

M3 Arbeiterfamilie in ihrer Berliner Wohnung, 1907. Der Mann und das älteste Mädchen (14 Jahre) fehlen bei dieser Aufnahme, die Großmutter ist anwesend. *Foto*

Die Ausstattung der Wohnungen war dürftig. Der einzig beheizbare Raum war die Küche, die zugleich Wohnzimmer war. Wasserleitungen in den Wohnungen gab es noch nicht. Von 1000 Wohnungen in Berlin verfügten noch 1880 nur 36 über ein Bad. Dennoch waren die Mieten unverhältnismäßig hoch.

1800	70 Stunden
1820	78 Stunden
1840	96 Stunden
1870	73 Stunden
1900	70 Stunden
1919	48 Stunden
1998	37 Stunden
2010	39 Stunden

M4 Durchschnittliche Wochenarbeitszeit in Deutschland

Mietskasernen

Wer konnte, zog mit seiner Familie in eine der großen „Mietskasernen". Hierbei handelte es sich um Wohnblöcke, die von wohlhabenden Bürgern errichtet wurden, weil sie sich davon hohe Einnahmen versprachen. Diese Arbeiterwohnungen bestanden meist aus zwei Zimmern, in denen Familien von sechs bis zehn Personen lebten. In den Betten schliefen oft vier Kinder, zwei am Kopf- und zwei am Fußende.

1 Untersucht Q1 und gebt den Inhalt mit euren Worten wieder (→ **Wir untersuchen Textquellen**, S. 320).
2 Beurteilt die Arbeitsordnung (Q1) aus heutiger Sicht und überlegt, warum solche Regelungen von den Unternehmern erlassen wurden.
3 Lest Q2 und beschreibt Krupps Einstellung zu den Arbeitern.
4 Fragt eure Eltern oder ältere Verwandte, welche Erwartungen heute in den Betrieben an die Mitarbeiter gestellt werden.
5 Beschreibt mithilfe der Materialien dieser Doppelseite die Lebensbedingungen der Arbeiterinnen und Arbeiter. Entwerft einen kurzen Vortrag.

Die soziale Frage
Wie lebten Arbeiterkinder und die Frauen der Arbeiter?

M 1 Kinder arbeiten in einem englischen Bergwerk. *Gemälde, um 1850*

M 3/M 4 Arbeitende Kinder in der Baumwollspinnerei und im Bergbau. *Fotos, um 1910*

Kinderarbeiter

Die Einkommen der Arbeiterfamilien waren oft so gering, dass auch die Kinder zum Lebensunterhalt beitragen mussten. Besonders im Bergbau und in der Textilindustrie wurden ihre kleinen Hände oder die geringe Körpergröße gebraucht. Vor allem waren sie von den Unternehmern als billige Arbeitskräfte geschätzt. Im Rheinland arbeiteten noch bis weit ins 20. Jahrhundert hinein viele Kinder in Ziegeleien und bei der Tongewinnung.

Erst allmählich wurde **Kinderarbeit** durch Gesetze eingeschränkt. So durften in Preußen seit 1839 keine Kinder unter zehn Jahren mehr in Fabriken beschäftigt werden; ab 1891 wurde das Mindestalter auf 14 Jahre heraufgesetzt. Dies galt jedoch nicht für die Landwirtschaft und die damals sehr verbreitete **Heimarbeit**.

M 2 Umzug eines Arbeiterhaushalts in Berlin. *Foto, um 1900*

Q 1 Aus einem Gesetzesvorschlag von 1837 an den König von Preußen:
[…] dass kein Kind vor dem vollendeten neunten Jahre zur Arbeit in den Fabriken bestimmt werden solle, […] dass die Kinder vor ihrem Eintritt in eine Fabrik einen dreijährigen Schulbesuch nachweisen sollen. […]

Q 2 Beobachtungen in einem englischen Bergwerk (um 1840) von Friedrich Engels:
[…] In den Kohlen- und Eisenbergwerken arbeiten Kinder von 4, 5, 7 Jahren; die meisten sind indes über 8 Jahre alt. Sie werden gebraucht, um das losgebrochene Material von der Bruchstelle nach dem Pferdeweg oder dem Hauptschacht zu transportieren. […] Der Transport der Kohlen und des Eisengesteins ist eine sehr harte Arbeit, […] oft über feuchten Lehm oder durch Wasser, oft steile Abhänge hinauf und durch Gänge, die zuweilen so eng sind, dass die Arbeiter auf Händen und Füßen kriechen müssen. […]

Frauen und Beruf

Weil die Löhne der Familienväter kaum zum Leben reichten, mussten auch die Frauen mitarbeiten. Viele machten Heimarbeit oder gingen in die Fabrik. Ohne die Chance einer Ausbildung wurden ihnen dort nur die am schlechtesten bezahlten Arbeitsplätze zugewiesen. Doch auch bei gleicher Arbeit war ihr Lohn im Schnitt gut ein Drittel niedriger als der Lohn für Männer.

Vor und nach ihrer Lohnarbeit musste die Arbeiterin ihren Haushalt versorgen. So dauerte ihr Arbeitstag oftmals 17 oder 18 Stunden. Die Kinder waren tagsüber unversorgt, sodass oft schon die Sechsjährigen auf die noch kleineren Kinder aufpassen mussten.

M5 Aussage einer Heimarbeiterin um 1900:

Kaum ist früh der Mann auf Arbeit, da wachen die Kinder auf und wollen angezogen sein, eine Flasche und zu essen haben. […] Dann setzt man sich hin und näht, denn es ist eilig zu liefern. Zwischendrein muss man wieder die Kinder baden usw. und wieder nähen, Geld verdienen, […] das Essen muss besorgt werden. Schnell wird etwas bereitet, das nicht viel Arbeit macht, denn man muss nähen. […]

M6 Aussage eines Dienstmädchens um 1900:

Ich bin die Anna und komme aus der Eifel. Mir geht es eigentlich gut, wenn nur nicht das Heimweh nach unserer großen Familie wär. Hier hab ich sogar eine eigene kleine Kammer unterm Dach. Im Winter ist die allerdings bitterkalt. Dann nehm ich mir einen heißen Ziegelstein mit ins Bett, der vorher auf dem Herd gelegen hat.

Morgens steh ich als Erste um fünf auf und mach die Öfen an. Den Tag über gibt es in dem großen Haushalt jede Menge Arbeit. Wenn ich nach dem Abendessen die Küche aufgeräumt und noch was Flickarbeit gemacht hab, fall ich um 10 Uhr todmüde ins Bett. Sonntag nachmittags habe ich bis 6 Ausgang. Dann geh ich mit zwei anderen Mädchen aus unserem Dorf spazieren.

> Die Nähmaschine ist unser wertvollster Besitz. Sie ist schon alt und klapprig. Wenn sie nicht mehr funktioniert, sind wir verloren!

M7 Arbeiterwohnung in Berlin. *Foto, um 1907*

M8 Dienstmädchen. *Foto, um 1900*

Schreibt den Lückentext in eure Arbeitsmappe und ergänzt ihn:
(■ = Arbeitern – Angestellten – Unternehmer – Industrie – niedrig – Frauen – Kindern – Wäsche – hart – Arbeit – Fabrik):
In der neu entstandenen ■-gesellschaft gaben die ■ den Ton an. Die ■ spielten eine Mittlerrolle zwischen Fabrikherren und ■. Die Arbeitsbedingungen waren ■ und der Lohn ■. Vor allem die ■ verdienten kaum das Nötigste zum Leben. Heim-■ wurde noch schlechter bezahlt als ■-arbeit, doch blieb Frauen mit kleinen ■ nichts anderes übrig, als beispielsweise ■ zu nähen.

1 Führt eine Umfrage in der Klasse durch und stellt fest, wer von euch schon gejobbt hat. Nennt die Gründe dafür und die Unterschiede zur Kinderarbeit im 19. Jahrhundert.

2 Beschreibt die Abbildungen M1 bis M4.

3 Vergleicht M1 mit den Aussagen in Q2.

4 Führt ein „Interview" mit den Eltern der Kinder aus M3 und M4.

5 Beschreibt M7 und erläutert das Bild mithilfe von M5.

6 Schildert die Situation berufstätiger Frauen im 19. und dem beginnenden 20. Jahrhundert; stellt insbesondere Heim- und Fabrikarbeit einander gegenüber.

7 Befragt eure Eltern nach den Arbeitsbedingungen für Frauen heute (Lohn, Möglichkeit der Kinderbetreuung usw.).

Die soziale Frage

Nur gemeinsam sind wir stark

M 1 Arbeiter beim Fabrikanten. *Gemälde von Stanislaw Lentz, 1895*

M 4 Ein Streik bricht aus. *Gemälde von Robert Köhler, 1895*

M 2 Karl Marx. *Zeitgenössische Darstellung*

M 3 Friedrich Engels. *Zeitgenössische Darstellung*

*Gewerkschaft
Organisation, welche die Interessen der Arbeitnehmer/-innen vertritt (die Mitgliedschaft ist kostenpflichtig)

Die Arbeitnehmer organisieren sich

Viele Unternehmer wehrten sich gegen Verbesserungen der Arbeitsbedingungen, weil sie diese Maßnahmen Geld gekostet hätte. Die Industriearbeiter erkannten, dass sie nur in gemeinsamen Aktionen etwas erreichen konnten. In **Streiks** zeigten sie, wie ernst sie ihre Forderungen meinten. Streik jedoch bedeutet Lohnausfall. Die Arbeiter schlossen sich deshalb zu Gewerkschaften zusammen. Diese leisteten den streikenden Arbeitern Unterstützung mit Geld.

In Deutschland gibt es seit 1848 **Gewerkschaften***. Anfangs hatten sie mit vielen Schwierigkeiten zu kämpfen. Offiziell waren sie erst ab 1872 erlaubt. Um die Chancen der Arbeiterinnen und Arbeiter zu erhöhen, sorgten Gewerkschaften auch für eine bessere Bildung ihrer Mitglieder.

Eine Partei für die Arbeiter

Die Verbesserung der Arbeitsbedingungen allein reichte einigen Menschen nicht aus. Sie forderten, dass es auch für Arbeiter möglich sein sollte, zu wählen und in der Politik mitzubestimmen. 1863 gründete der Journalist Ferdinand Lassalle den Allgemeinen Deutschen Arbeiterverein mit dem Ziel, das allgemeine Wahlrecht einzuführen. August Bebel und Wilhelm Liebknecht gründeten 1869 ebenfalls eine Arbeiterpartei. 1875 schlossen sich beide zur Sozialistischen Arbeiterpartei Deutschlands zusammen. Ab 1890 hieß sie **Sozialdemokratische Partei Deutschlands (SPD)**.

Der Rechtsanwalt und Journalist Karl **Marx** aus Trier sowie Friedrich **Engels**, dessen Vater eine Fabrik in Engelskirchen besaß, prangerten die Missstände in der Arbeitswelt des frühen Industriezeitalters auf das Schärfste an. Sie hielten eine radikale Umwälzung der politischen und gesellschaftlichen Ordnung für nötig. Ihre revolutionären Schriften – z. B. „Das Kommunistische Manifest" – hatten großen Einfluss auf die entstehenden Arbeiterparteien und auf die politische Entwicklung Europas im 20. Jahrhundert.

Gleichberechtigung

Immer wieder hatten Frauen bewiesen, dass sie ebenso gut wie die Männer ihre Familien ernähren, einen Betrieb führen oder gar ein Königreich regieren konnten. Die meisten Arbeiterfamilien waren zudem dringend auf ihre Mitarbeit angewiesen. Trotzdem verweigerte man ihnen

> Ich möchte für meine Töchter eine genauso gute Schulbildung wie für den Sohn. Es wäre wichtig, dass auch Frauen sich einen angesehenen Beruf wählen können, damit sie nicht mehr von Männern abhängig sind.

> Wir Arbeiterinnen wollen endlich gleiche Rechte und gleichen Lohn wie die Männer. Auch sollten unsere Arbeitsbedingungen erleichtert werden, z. B. für Schwangere und Mütter mit Kleinkindern. Natürlich sollten Frauen auch wählen oder sogar gewählt werden dürfen. Aber dafür werden die Gewerkschaften und die SPD schon sorgen.

M 5 Zwei Meinungen zur Gleichberechtigung der Frauen. *Collage*

lange Zeit die Gleichstellung mit den Männern. In Deutschland hatten sich seit Beginn des 19. Jahrhunderts Frauen wie Clara Zetkin oder Helene Lange politisch engagiert. Sie schlossen sich zu Vereinen zusammen und forderten die Gleichberechtigung.

Q 1 Auszug aus dem Preußischen Vereinsgesetz von 1851:

[…] Für Vereine, welche bezwecken, politische Gegenstände in Versammlungen zu erörtern, gelten nachstehende Beschränkungen: Sie dürfen keine Frauenspersonen, Schüler und Lehrlinge als Mitglieder aufnehmen. Frauenspersonen, Schüler und Lehrlinge dürfen den Versammlungen und Sitzungen solcher politischen Vereine nicht beiwohnen. Werden dieselben nicht entfernt, so ist Grund zur Auflösung der Versammlung oder der Sitzung vorhanden. […]

Gewerkschaften heute

M 6 Meinungen über Gewerkschaften 2011

Sind Gewerkschaften heutzutage wichtig?

wichtig	39 %
wichtig, müssen aber moderner werden	37 %
überholt, unwichtig	10 %
keine Meinung	14 %

M 7 Dafür sollen sich Gewerkschaften 2011 einsetzen (Auswahl):

Höhere Löhne	**61 %** (1999 43 %)
Kündigungsschutz	**47 %** (1999 43 %)
Besserstellung von Leiharbeitern	**42 %**
Verbesserung der Arbeitsbedingungen	**40 %** (1999 46 %)
Herabsetzung des Rentenalters, keine Rente mit 67	**36 %**
Mehr Mitbestimmung	**29 %** (1999 38 %)
Kürzere Arbeitszeiten	**9 %** (1999 17 %)
Längerer Urlaub	**5 %** (1999 7 %)

1 Gestaltet die Bilder M 1 und M 4 als Szenen: Worum geht es in den Bildern? Was sagen die einzelnen Personen?

2 Nennt Möglichkeiten, wie ihr eure Interessen in der Klasse und an der Schule vertreten könnt. Ist die SV eine „Schülergewerkschaft"?

3 Erklärt die Bestimmungen in Q 1. Was könnten die Gründe für den Ausschluss von Schülern, Lehrlingen und Frauen gewesen sein?

4 Erläutert die Unterschiede in den Vorstellungen über Gleichberechtigung bei den beiden Frauen in M 5.

5 Wertet M 6 und M 7 aus. Was bedeuten die Umfrageergebnisse für die künftigen Forderungen von Gewerkschaften?

6 Ladet eine/-n Gewerkschaftsvertreter/-in in den Unterricht ein und befragt sie/ihn zu heutigen Gewerkschaftsforderungen.

Die soziale Frage

Wie wurde den Arbeitern geholfen?

M 1 Wohnsiedlung der Firma Krupp in Essen, 1872 erbaut. *Zeitgenössischer Stich*

Großes Aufsehen erregte auch Papst Leo XIII. (1810–1903) mit einem Rundschreiben 1891, in dem er nicht nur die Arbeiter zur treuen Pflichterfüllung ermahnte, sondern auch die Arbeitgeber.

> **Q 1 Aus dem Rundschreiben des Papstes 1891:**
> [...] Unehrenhaft und unmenschlich ist es, Menschen wie eine Ware nur zum eigenen Gewinn auszubeuten. [...] Zu den wichtigsten Pflichten der Arbeitsherren gehört es, jedem das Seine zu geben. [...] Dem Arbeiter den verdienten Lohn vorzuenthalten ist ein großes Verbrechen, das um Rache zum Himmel ruft. [...]

Fürsorge der Kirchen

Angesichts des Elends, in dem die Arbeiter, ihre Frauen und Kinder leben mussten, stellte sich immer dringender die Frage: Was muss geschehen, um die menschenunwürdigen Lebensverhältnisse der Arbeiter zu bessern?

Auf diese Frage, die man als „Arbeiterfrage" oder „soziale Frage" bezeichnete, gab es im 19. Jahrhundert ganz unterschiedliche Antworten.

Schon in der ersten Hälfte des 19. Jahrhunderts setzten sich evangelische und katholische Geistliche mit diesem Problem auseinander. So gründete der Theologe Johann Heinrich Wichern (1808–1881) bereits 1833 in Hamburg das „Rauhe Haus", in das er verwaiste und obdachlose Kinder aufnahm.

Besonders erfolgreich wirkte der Gründer der katholischen Gesellenvereine, Adolph Kolping (1813–1865). Es gelang ihm in wenigen Jahren, ab 1849, überall in Deutschland „Kolpinghäuser" zu gründen, in denen wandernde Handwerksgesellen Unterkunft und Verpflegung fanden.

Fürsorge der Unternehmer

Einzelne Unternehmer versuchten, wenigstens in ihren Betrieben das Elend der Arbeiter zu mildern.

Alfred Krupp (1812–1887) ließ für seine Arbeiter billige Wohnungen bauen und beschaffte ihnen Lebensmittel zum Selbstkostenpreis. Kranke Arbeiter wurden im Krupp-Krankenhaus behandelt. Für alle Arbeiter gab es eine betriebliche Krankenkasse. So waren sie erstmals bei Krankheit überhaupt etwas abgesichert.

Ähnlich wie Krupp handelten z. B. auch die Industriellen Ernst Abbe (1840–1905) in Jena und August Borsig (1804–1854) in Berlin.

Staatliche Sozialpolitik

Die übermäßige Arbeitsbelastung der Arbeiterinnen und Arbeiter führte immer häufiger zu Unfällen in den Fabriken, zu Erkrankungen und zu früher Arbeitsunfähigkeit.

Die Arbeiterinnen und Arbeiter fühlten sich vom Staat im Stich gelassen. Große Teile der Arbeiterschaft sahen daher ihre Interessen vor allem von den Sozialdemo-

*Sozialistengesetz
ein Gesetz, das 1878 im Reichstag des Deutschen Kaiserreichs verabschiedet wurde (der ausführliche Name lautete: „Gesetz gegen die gemeingefährlichen Bestrebungen der Sozialdemokratie"); es kam einem Verbot der Partei gleich.

Gesetz		Wer zahlte die Beiträge?		Welche Leistungen wurden gewährt?
		Arbeitnehmer	Arbeitgeber	
(1883)	Krankenversicherung	2/3	1/3	ärztliche Behandlung, Heilmittel, Krankengeld, Krankenhaus, Wöchnerinnengeld* (alles für 13 Wochen)
(1884)	Unfallversicherung	–	1/1	Heilbehandlung, Unfallrente, Hinterbliebenenrente
(1889)	Alters- und Invalidenversicherung*	1/2	1/2	Invalidenrente bei Erwerbsunfähigkeit, Altersrente vom 70. Lebensjahr an

M 2 Gesetze zur Sozialversicherung am des Ende des 19. Jahrhunderts

kraten vertreten. Diese wurden jedoch von der Reichsregierung mit dem Sozialistengesetz* verfolgt und in ihrer politischen Arbeit stark behindert. Dennoch verdreifachte sich die Zahl ihrer Wählerschaft von 1877 bis 1890.

Sozialgesetze

Der damalige Reichskanzler Otto von Bismarck (1815–1898) sah in den sozialen Gegensätzen und dem Anwachsen der Arbeiterpartei auch eine Bedrohung der politischen Verhältnisse. Um der Arbeiterbewegung den Nährboden zu entziehen und die Arbeiterschaft zu besänftigen, beschloss die Regierung Gesetze zum sozialen Schutz aller Arbeiterinnen und Arbeiter.

Von 1883 bis 1889 wurden verschiedene Sozialversicherungsgesetze verabschiedet. Zur Durchführung dieser Gesetze wurden Ortskrankenkassen gegründet.

Diese neue Form staatlicher Sozialpolitik wurde im Ausland als bedeutende Neuerung angesehen und nachgeahmt. Auch die Unternehmer unterstützten die Sozialpolitik. Die Sozialdemokraten hingegen kritisierten die zu enge Beschränkung der Leistungen, den zu geringen Kreis der Betroffenen – ein Rentenanspruch bestand erst ab dem 70. Lebensjahr – und die geringe Höhe der Sozialleistungen, die keine wirkliche finanzielle Absicherung bedeutete. Eine Arbeiterrente betrug höchstens 40 Prozent des letzten Einkommens.

***Invalide**
(aus der lateinischen Sprache = kraftlos, schwach) dauerhaft beeinträchtigte Arbeitskraft (= Berufsunfähigkeit)

***Wöchnerin**
Mutter unmittelbar nach einer Geburt

M 3 Das soziale Netz heute

1 Beschreibt, wie verschiedene Gruppen die Not der Arbeiterinnen und Arbeiter ab der Mitte des 19. Jahrhunderts lindern wollten.

2 Erarbeitet aus dem Text die Motive für die Sozialgesetze des Reichskanzlers von Bismarck und notiert sie.

3 Untersucht M 2, indem ihr die Leistungen der neuen Sozialversicherung beschreibt und zeigt, wer für die Kosten aufkommt.

4 Sucht in den Medien (Bücher, Internet) Informationen zur Geschichte der SPD und prüft, ob die Sozialgesetze dazu führten, dass weniger Arbeiter die SPD wählten.

5 Wertet M 3 aus und nennt wichtige Teile des heutigen sozialen Netzes und seine Kosten.

Zukunft der Industriegesellschaft

Wie gestaltet das Ruhrgebiet seine wirtschaftliche Zukunft?

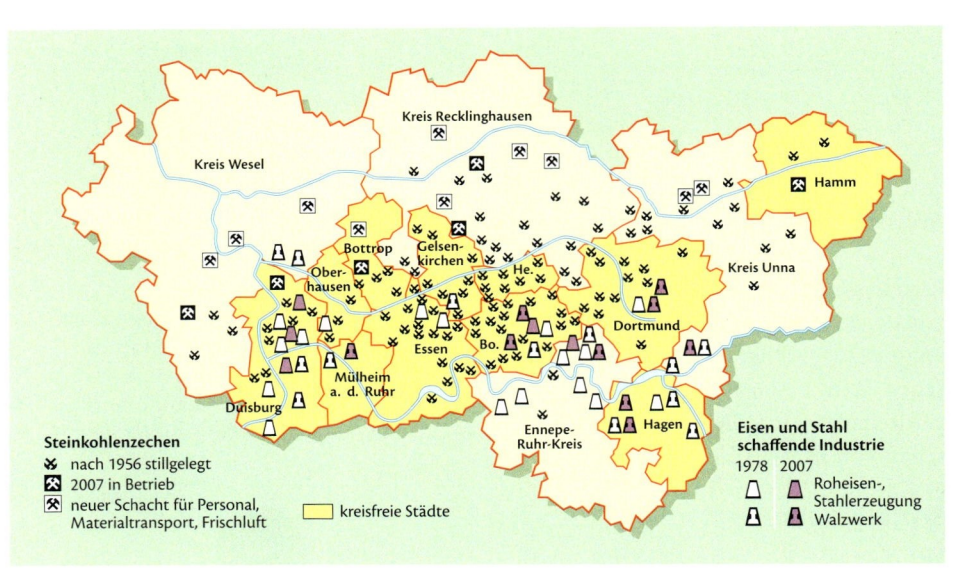

M 1 Veränderungen der Eisen- und Stahlindustrie und des Steinkohlenbergbaus im Ruhrgebiet

Essen	
1961	749 040
1990	582 447
2009	576 259

Ruhrgebiet	
1961	5 674 223
1990	5 396 208
2009	5 172 475

M 2 Entwicklung der Einwohnerzahlen Essens und des gesamten Ruhrgebiets

*Strukturwandel
Veränderungen in der Wirtschaft durch Veränderungen in Angebot und Nachfrage; dieser ständig ablaufende Prozess führt zu Anpassungen in Betrieben, Wirtschaftsbereichen und -räumen.

Das Ruhrgebiet in der Krise

Das Ruhrgebiet war bis etwa 1960 einseitig auf die Schwerindustrie und industrielle Großbetriebe mit Massenproduktion ausgerichtet. Ein Strukturwandel* wurde als unnötig angesehen, da die Kohlenförderung sowie die Eisen- und Stahlproduktion als langfristige **Wachstumsmotoren** eingestuft wurden.

Etwa ab 1960 ging aber der Steinkohlenabsatz stark zurück, denn die wichtigsten Großabnehmer – die chemische Industrie, die Stahlindustrie und die Stromerzeugung – nutzten verstärkt billigeres Erdöl als Energieträger. Hinzu kam die Konkurrenz von preiswerter Steinkohle aus dem Ausland.

In der Folgezeit geriet auch die Stahlindustrie in eine Krise, denn viele Metallteile – z. B. an Maschinen und Fahrzeugen – wurden durch Kunststoffe ersetzt. Die Folge waren Betriebsschließungen oder die Konzentration der Produktion auf wenige leistungsfähige Standorte.

Hohe Arbeitslosigkeit

Zu den Folgen der Krise gehörten eine hohe Arbeitslosigkeit und eine stetige Abwanderung der Bevölkerung. Auch die großen Umweltbelastungen sowie die geringe Qualifikation vieler Arbeitskräfte stellten kaum Anreize für die Ansiedlung neuer Wirtschaftsunternehmen dar.

Von 1960 bis heute verlor die Kohlen- und Stahlindustrie rund eine halbe Million Arbeitsplätze. Allerdings werden auch heute noch etwa zehn Prozent der Steinkohlen- und Rohstahlproduktion der Europäischen Union im Ruhrgebiet erzeugt. Die finanzielle Förderung von Steinkohlen soll in den nächsten Jahren auslaufen.

Umdenken und Umstrukturieren

Die **Umstrukturierung** des Ruhrgebietes ist ein schwieriger und lang andauernder Prozess. Er bedeutet u. a. Veränderungen von Landschaft, Städten und Siedlungen, Industriebetrieben und Dienstleistungsanbietern, aber auch einen Bewusstseins-

Inhaltsfeld: Wirtschaft und Arbeit

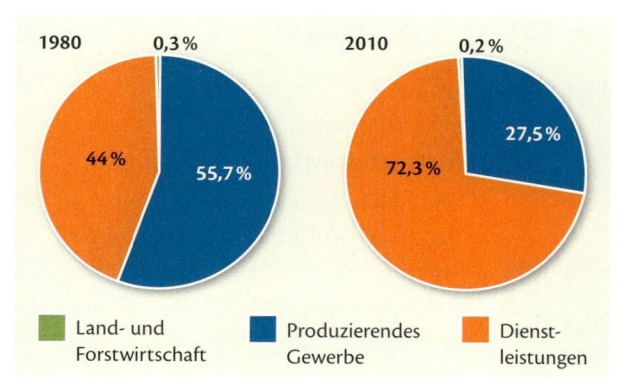

M 3 Beschäftigte im Ruhrgebiet nach Wirtschaftsbereichen

1980: Land- und Forstwirtschaft 0,3 %; Produzierendes Gewerbe 55,7 %; Dienstleistungen 44 %
2010: Land- und Forstwirtschaft 0,2 %; Produzierendes Gewerbe 27,5 %; Dienstleistungen 72,3 %

M 4 Im CentrO in Oberhausen

wandel der Bevölkerung weg vom überholten Bild des alten „Kohlenpotts". Folgende Maßnahmen kennzeichnen den **Strukturwandel** im Ruhrgebiet seit den 1970er-Jahren: Moderne Industriebereiche, die auf neue Technologien orientiert sind, wie der Fahrzeugbau und die Elektrotechnik/Elektronik, wurden angesiedelt. Zu diesem Zweck entstanden an den Rändern vieler Großstädte Industrie- und Gewerbeparks sowie später Technologiezentren.

Anreize für Investitionen* wurden über zahlreiche staatliche Förderprogramme geschaffen. Auch die Unternehmen vollzogen einen Umwandlungsprozess. Aus traditionellen Schwerindustrieunternehmen wie Mannesmann entstanden neue Technologiekonzerne, in diesem Fall D2, heute Vodafone.

Der Abbau von Umweltbelastungen

Der Abbau von **Umweltbelastungen**, die Beseitigung bzw. Sanierung von Halden und alten Industrieanlagen (Altlasten) sowie die Neugestaltung von Wohnsiedlungen führten zu einer spürbaren Verbesserung der Lebensqualität im Ruhrgebiet. Alte Industrieflächen wurden und werden umgestaltet. Beispielhaft dafür steht der Bau des CentrO in Oberhausen als eines der größten Einkaufszentren Europas auf einem alten Hüttengelände*.

Kampf um Arbeitsplätze

Trotz aller Fortschritte ist die Erfolgsgeschichte der wirtschaftlichen Umstrukturierung und Erneuerung des Ruhrgebietes nicht ungetrübt. So liegt die **Arbeitslosigkeit** immer noch deutlich über dem Bundesdurchschnitt und es gehen immer noch mehr Arbeitsplätze verloren, als neue entstehen.

Deshalb setzt das Ruhrgebiet verstärkt auf neue Ideen. Eine Zukunft sieht man in neuen Unternehmen der **Mikro- und Nanotechnologie*** sowie in der Ansiedlung vielfältiger Dienstleistungsbetriebe.

*Investition
Einsatz von Geld für ein Wirtschaftsunternehmen; die Person (bzw. das Unternehmen), die investiert (Investor), verspricht sich im Laufe der Zeit davon Gewinne (Rendite).

*Hütte
Industrieunternehmen der Stahlerzeugung

*Nanotechnologie
(*nános*: aus der griechischen Sprache = Zwerg) Technologie, die für kleinste Maßstäbe entwickelt wird (z. B. Oberflächen von Flugzeugen)

1 Beschreibt die geographische Lage und Größe des Ruhrgebietes (M 1, M 2). Benutzt dazu auch einen Atlas.

2 Erläutert am Beispiel des Steinkohlenbergbaus und der Stahlindustrie die Strukturkrise im Ruhrgebiet sowie deren Folgen (M 1 bis M 3).

3 Beschreibt mithilfe von M 1 bis M 4 den Strukturwandel und die verschiedenen Ursachen in einem kurzen Bericht.

4 Verfolgt in den Medien Berichte über das Ruhrgebiet und stellt die Kernaussagen der Klasse in einem Kurzvortrag vor (→ **Wir halten einen Kurzvortrag**, S. 317/318).

Zukunft der Industriegesellschaft

„Kohlenpott" – oder Kulturhauptstadt Europas?

M1 Logo

*klischeehaft
in der Weise eines
Klischees, d. h. eines
Vorurteils

*Motto
Leitgedanke, Wahlspruch, Thema

M2 Autobahnschild

1965/1966	2 500
1985/1986	100 000
2009/2010	178 000

M3 Studentenzahlen an Hochschulen im Ruhrgebiet

M4 Aus einer deutschen Sonntagszeitung vom 12.12.2010:
Erstmals in der Geschichte der Kulturhauptstädte hat eine ganze Region sich dieser Herausforderung stellen dürfen. Über zehn Millionen Besucher haben […] 5500 Veranstaltungen in den 53 Städten und Gemeinden besucht. Das ist ein Rekord in der Geschichte der Kulturhauptstädte. […] Auch Jahre nach dem Zechensterben wird die Region zwischen Haltern und Ennepetal, Moers und Hamm klischeehaft* wahrgenommen. Als ob hier immer noch zum Frühstück „Kohle gegessen" würde, wie der Bochumer Kabarettist Frank Goosen in seinem jüngsten Buch schreibt. […] Die Kulturhauptstadt Ruhrgebiet 2010 hat […] zweifellos Steinchen ins Rollen gebracht. Sie hat das Zusammengehörigkeitsgefühl der Menschen gestärkt, sie hat die Kooperationsfähigkeit der Kommunen und der Institutionen befördert. […]

Kulturhauptstadt Europas

Die alljährliche Ernennung einer so genannten „Kulturhauptstadt Europas" ist eine Idee der Europäischen Union (EU). 1985 wurde erstmalig dieser Titel an die griechische Hauptstadt Athen vergeben (damals noch „Kulturstadt Europas"). 1988 war mit Berlin-West zum ersten Mal eine deutsche Stadt ausgezeichnet worden und 1999 die kleine Stadt Weimar. Seit 2004 wird dieser Titel alljährlich an mindestens zwei Städte vergeben.

Für 2010 ernannte man neben der ungarischen Stadt Pécs die Stadt Istanbul sowie die Stadt Essen – sozusagen „stellvertetend" für das gesamte Ruhrgebiet. Die Auszeichnung einer Stadt soll Reichtum, Vielfalt und Gemeinsamkeiten des kulturellen Erbes in Europa herausstellen und ein besseres Verständnis der europäischen Bürger füreinander ermöglichen.

RUHR.2010

„Wandel durch Kultur – Kultur durch Wandel" lautete das Motto*, mit dem sich das Ruhrgebiet „nach außen" präsentieren will. Es soll darauf aufmerksam gemacht werden, dass das Ruhrgebiet (der viertgrößte Ballungsraum in Europa) einerseits starke industrielle Wurzeln hat. Andererseits ist es ein Raum, der in die Zukunft blickt und sich modernisiert. Man möchte das „alte Bild" in den Köpfen nicht weniger Menschen erneuern, die beim Stichwort „Ruhrgebiet" immer noch nur an Kohle und Stahl denken.

Zahlreiche Attraktionen und Aktivitäten standen 2010 im Zusammenhang mit der Kulturhauptstadt Europas. Eine ganz besondere Aktion war die sechsstündige Sperrung der Autobahn A40 am 18. Juli 2010 – unter anderem zur Nutzung durch nicht motorisierte „Räder-Fahrzeuge".

Inhaltsfeld: Wirtschaft und Arbeit

M 5 Am 18.07.2010 auf der Autobahn A 40 (Ruhrschnellweg) im Streckenabschnitt Essen

„Das Ruhrgebiet atmet nicht mehr Staub, sondern Zukunft"

M 7 Zitat des Schriftstellers Adolf Muschg (2005)

Das Ruhrgebiet – Kulturgebiet!

1965 wurde in Bochum die erste Universität des Ruhrgebietes eröffnet: die Ruhr-Universität. Einige andere Universitäten folgten ihr in den Städten Dortmund, Essen und Duisburg.

Neben den Universitäten gibt es zahlreiche andere Hochschulen, Fachhochschulen und Bildungseinrichtungen im Ruhrgebiet, die aus diesem Ballungsraum sozusagen auch einen „Bildungsraum" haben entstehen lassen.

Nicht zuletzt die große Zahl von Touristen im Ruhrgebiet gibt einen Hinweis auf seine Bedeutung auch als Kulturgebiet. 2010 wurden mehr als sechseinhalb Millionen Übernachtungen in den Beherbergungsbetrieben (Hotels, Pensionen etc.) gezählt. Nur in Berlin ist die Zahl der Übernachtung von Touristen dreimal so hoch.

Den Ruhrgebietsgästen wird allerlei Attraktives präsentiert. Bereits seit 1998 gibt es sogar eine spezielle Agentur, die sich um die Vermarktung des touristischen Angebotes im Ruhrgebiet kümmert.

M 6 Die Ruhr-Universität Bochum

1. Erläutert, was es unter der Bezeichnung „Kulturhauptstadt Europas" zu verstehen ist (Text).

2. Informiert euch über das touristische Angebot im Ruhrgebiet und berichtet darüber (Text, M 2, → **Wir führen eine Internetrecherche durch**, S. 316).

3. Gebt den Inhalt des Zeitungsartikels in euren Worten wieder (M 4).

4. „Das Ruhrgebiet – Kulturgebiet?" Schreibt dazu einen kurzen Artikel für die Schülerzeitung.

5. Entwerft ein Werbeplakat für einen Urlaub im Ruhrgebiet. Was würde euch locken?

Zukunft der Industriegesellschaft

Wir untersuchen einen Raum mit WebGIS

M 1 Startseite des Geodatenservers Rhein-Ruhr. *Screenshot, 2010*

WebGIS

Geographische Informationssysteme (GIS) sind Computerprogramme, die Daten für einen bestimmten Raum (z. B. Landkreis, Stadt, Deutschland) speichern und durch Tabellen oder Karten veranschaulichen. Wenn diese Daten – auch „Geodaten" genannt – über das Internet den Nutzern zur Verfügung gestellt werden, spricht man von „WebGIS".
Navigationssysteme für Autos, Vorhersagekarten der Meteorologen* oder auch die Anzeige der Wartezeit auf einen Bus basieren alle auf Geodaten. Ein bekanntes GIS ist Google Earth. Daten aus einem WebGIS haben den Vorteil, dass in der Regel keine Installation eines Programmes auf dem eigenen Computer erforderlich ist.

*Meteorologe
Wetterkundler (Metorologie = Wissenschaft vom Wetter)

M 2 Checkliste für die Arbeit mit einem WebGIS:

1. Schritt: Sucht nach einem geeigneten WebGIS (GeoServer):
Recherchiert im Internet mit den Suchbegriffen „Geoinformation", „Geodaten", „GIS", „WebGIS", „Geodienst" und der Angabe eures Bundeslandes, Wohnortes oder dem Namen der Heimatregion. Berücksichtigt bei eurer Suche, dass Geodaten privater Anbieter in der Regel kostenpflichtig sind und diese Kosten sehr hoch sein können. Versucht daher geeignete WebGIS vor allem von Behörden oder sonstigen staatlichen Einrichtungen zu finden. Einen ersten Anlaufpunkt bieten:
http://www.webgis-schule.de
http://geoportal.bkg.bund.de

2. Schritt: Informiert euch auf der Startseite über die Angebote des jeweiligen WebGIS (zumeist in der linken Spalte der Startseite zu finden) und wählt einen Anbieter für eure Arbeit.

3. Schritt: Macht euch mit den Funktionen des ausgewählten WebGIS vertraut. Dazu zählen insbesondere die Werkzeuge des Programms und die Navigationsmöglichkeiten.

4. Schritt: Wählt einen konkreten Untersuchungsraum, den ihr mithilfe des WebGIS bearbeiten wollt und für den Geodaten vorliegen.

5. Schritt: Betrachtet die in der Datenbank vorliegenden Themen und Karten. Wählt eine oder mehrere der bereits vorhandenen Karten aus, die ihr für eure Arbeit verwenden könnt. Falls die gewünschten Karten nicht bereits vorliegen: Wählt aus der Datenbank Themen aus und erstellt daraus mit dem Karteneditor neue aussagekräftige Karten. Ihr könnt diese dann ausdrucken (Kosten!) und für eure Arbeit verwenden.

6. Schritt: Bewertet die Arbeit mit dem WebGIS:
Welche Informationen haben wir erhalten? Waren die Geodaten für uns nützlich? Steht die notwendige Zeit für die Arbeit mit dem WebGIS in einem sinnvollen Verhältnis zu den erzielten Ergebnissen? Was können wir beim nächsten Einsatz von WebGIS ohne großen Aufwand besser machen?

Beispiel für die Untersuchung mithilfe von WebGIS unter dem Stichwort: „Ruhrgebiet".

Zu Schritt 1.: Wir geben die Suchbegriffe „Geodaten" und „Ruhrgebiet" ein und finden in der Ergebnisliste den Link „Geodatenserver – Metropole Ruhr" unter http://www.metropoleruhr.de/regionalverband-ruhr/karten-geodaten/geodienste-portale/geodatenserver.html
Unter dem Menü „Karten & Geodaten" finden wir den Unterpunkt „Geodienste & Portale"; darunter den Link „Geodatenserver".

Zu Schritt 2.: Der Geodatenserver mit dem Namen „LuKaS" (Abkürzung für: Luftbild- und Karten-Server) macht verschiedene Angebote. So ermöglicht er eine kostenlose digitale Reise durch das Ruhrgebiet, das Bergische Land und das Rheinland. Dabei präsentiert er hochaufgelöste Luftbilder aus dem Jahr 2009. Der Server zeigt Points-of-Interest, ermöglicht die Suche von Orten, zeigt die „Route Industriekultur" und weist auf freie Gewerbeflächen hin.

Zu Schritt 3.: Falls ihr Probleme bei der Bedienung habt: Die Hilfefunktionen des

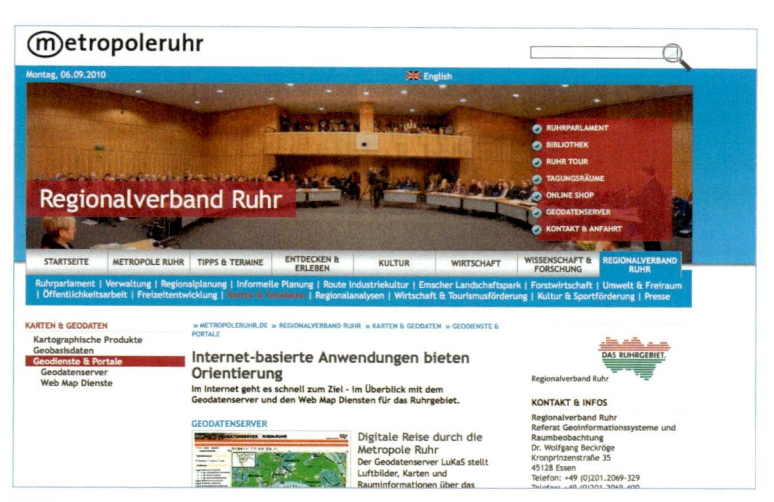

M 4 Angebote des Geodatenservers Metropole Ruhr. *Screenshot, 2010*

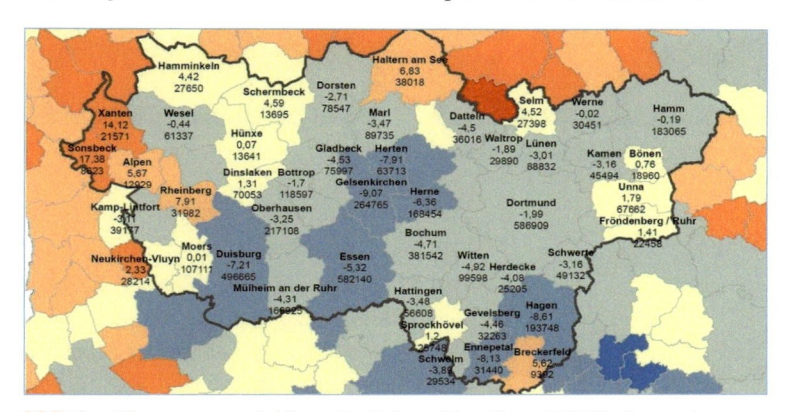

M 5 Bevölkerungsentwicklung im Ruhrgebiet (Stand 2009). *Screenshot*

jeweiligen Programms helfen in der Regel weiter (siehe M 3).

Zu Schritt 4.: Wir nutzen die Informationen des WebGIS zunächst für einen Überblick zum Ruhrgebiet (M 4).

Zu Schritt 5.: Der Geodatenserver Metropole Ruhr liefert umfangreiche Informationen zur Bevölkerungsentwicklung im Ruhrgebiet (M 5). Aber auch für Städte und Gemeinden sind in der Regel Informationen vorhanden.

M 3 Informationen der Hilfe-Funktion zu den Elementen der Internetseite. *Screenshot, 2010*

1 Sucht mithilfe von WebGIS für euren Heimat- oder Schulort nach Informationen. Berücksichtigt dabei die Methoden-Schritte 1 bis 6.

2 Beschreibt mithilfe der WebGIS die Bevölkerungsentwicklung im Ruhrgebiet (M 5).

Wettbewerb und Marktmacht

Was geschieht auf dem Markt?

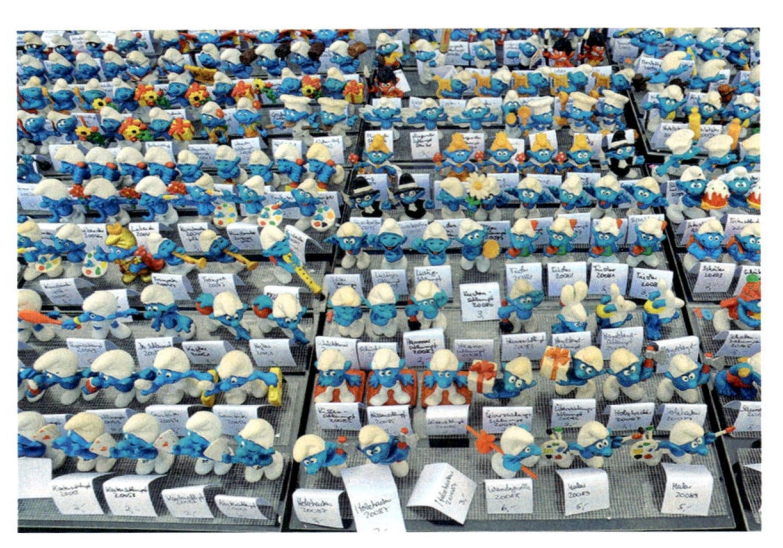

M 1 Auf einem Flohmarkt in Düsseldorf (2011)

Faktoren der Preisbildung
persönliche Bedürfnisse von Käufer und Verkäufer
finanzielle Grenze des Käufers
vergleichbares Angebot auf dem Markt

M 2 Faktoren der Preisbildung

„Das wäre doch etwas für den Flohmarkt …"

Endlich die Zimmereinrichtung, die man sich schon länger gewünscht hat – aber wohin mit all dem Kinderkram? Manches ist alt und verschlissen und wandert in den Müll, aber es finden sich auch Sachen, die für andere noch einen Wert besitzen könnten – z. B. Spiele, Bücher oder CDs. Ob das was für den **Flohmarkt** wäre? Man könnte damit doch sein Taschengeld aufbessern …?!

Die Perspektive des Anbieters

Auf dem Flohmarkt werden Waren verkauft, die man nicht mehr braucht, die also für den Verkäufer keinen Wert mehr haben. Dennoch möchte er sich durch den Verkauf etwas Extrageld verdienen und könnte folgende Überlegungen anstellen:
- Will ich schnell und um jeden Preis verkaufen?
- Lege ich eine Preisuntergrenze fest?
- Lasse ich mir beim Verkauf Zeit und warte verschiedene Angebote ab?

Die Perspektive des Käufers

Mögliche Käufer besuchen aus unterschiedlichen Motiven einen Flohmarkt. Die einen kommen ohne ein bestimmtes Kaufinteresse. Sie lassen sich vom Angebot ansprechen, plötzlich findet irgendein Gegenstand ihr Interesse und ein Kaufbedürfnis entsteht.

Andere sind auf der Suche nach ganz besonders günstigen Angeboten, ohne dass sie spezielle Produkte im Auge hätten. Wieder andere Besucher kommen mit genauen Kaufzielen, da sie ein spezielles Hobby haben oder sich als Sammler betätigen. Für sie steht die Ware im Vordergrund, erst in zweiter Linie der Preis.

Die Preisbildung

Auf einem Flohmarkt haben beide Seiten die Möglichkeit, vor ihrem Handel auf dem Markt Angebote und Preise zu vergleichen. Diese Beobachtungen beeinflussen ihre Ausgangsposition und ihre Verhandlungsstrategie. Das, was eine Ware einmal gekostet hat, spielt auf dem Flohmarkt keine Rolle mehr. Die Preise werden frei festgesetzt bzw. ausgehandelt. Dabei orientieren sich Verkäufer und Käufer an ihren persönlichen Preisvorstellungen.

M 3 Das Marktmodell

Inhaltsfeld: Wirtschaft und Arbeit

Konkurrenz und Nachfrage

Im Vergleich zum Flohmarkt entstehen den Händlern auf Wochenmärkten ganz andere Kosten. Sie produzieren ihre Waren, z. B. Salat, Gemüse und Obst. Dafür benötigen sie **Produktionsfaktoren** wie Land, Pflanzen, Dünger und Arbeitskräfte. Es ist selbstverständlich, dass die Herstellungskosten der Waren wieder hereingeholt werden müssen.

Der Erzeuger bildet (kalkuliert) seine Preise anhand von Durchschnittswerten. Er überschlägt die Gesamtkosten, die ihm bei der Produktion entstehen, und verteilt sie auf seine Produktionsmenge. Daraus ergibt sich ein **Herstellerpreis**.

Diesen Preis muss er mindestens erzielen, um seine Kosten zu decken. Er will jedoch einen Überschuss (**Gewinn**) erzielen. Der eigene Lebensunterhalt und der Unterhalt der Familie werden vom Gewinn bestritten. Die Höhe des **Verkaufspreises** richtet sich aber auch nach der Konkurrenzsituation und nach der Nachfrage.

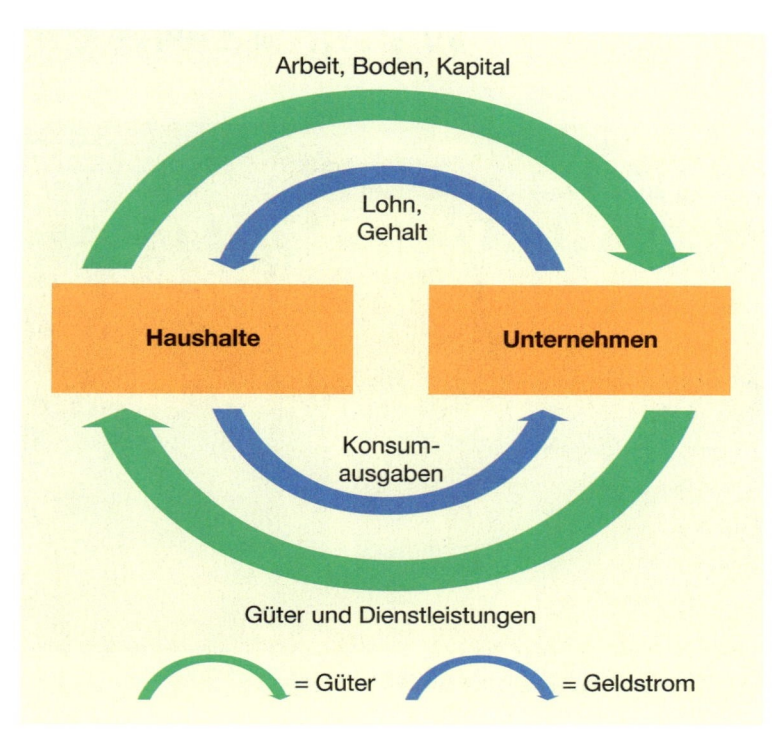

Der einfache Wirtschaftskreislauf

Schon im 18. Jahrhundert entstand der Gedanke, das Wirtschaftsgeschehen als einen Kreislauf darzustellen.

Das Kreislaufmodell (M4) erfasst nur die wesentlichen Tatbestände und vereinfacht die komplizierten Zusammenhänge: In seinem Grundaufbau geht es von zwei Wirtschaftseinheiten aus, den **privaten Haushalten** und den **Unternehmen**.

Dieses einfache Kreislaufmodell berücksichtigt nicht, dass die Produzenten (Hersteller) und Konsumenten (Verbraucher) in der Regel nicht in direkten Kontakt treten, sondern auf Märkten.

Auf den Gütermärkten sind die Haushalte Käufer – sie kaufen Waren und Dienstleistungen, die von Unternehmen hergestellt wurden.

Auf den so genannten **Faktormärkten*** sind die Haushalte Verkäufer, sie verkaufen Produktionsfaktoren: Ihre Arbeitskraft, ihre Grundstücke und Gebäude und ihr **Kapital** werden von Unternehmen für die Herstellung von Gütern eingekauft.

Der einfache Wirtschaftskreislauf bildet die Realität des Wirtschaftslebens nicht sehr genau ab, es fehlt zum Beispiel der Staat, der als wichtiger Faktor in das Marktgeschehen eingreift. Die Geld- und Warenströme werden allerdings deutlich gezeigt.

M4 Der einfache Wirtschaftskreislauf

*Faktormarkt
Markt, auf dem Produktionsfaktoren wie Arbeitskraft, Grundstücke usw. zum Verkauf angeboten werden

---

1 Beschreibt die Preisbildung zwischen Verkäufer und Käufer am Beispiel des Flohmarktes (M2).

2 Wertet M3 aus. Erklärt das Marktmodell am Beispiel des Wochenmarktes.

3 Erklärt, warum manchmal jemand seine Ware auf dem Wochenmarkt unter seinen Herstellungskosten verkaufen muss.

4 Beschreibt mithilfe von M4 die Geld- und Warenströme des einfachen Wirtschaftskreislaufs (Das Geld fließt von …).

5 Erläutert, welche Rolle Geld im einfachen Wirtschaftskreislauf spielt.

Wettbewerb und Marktmacht

Warum ist Wettbewerb nötig?

M 1 Ähnliche Produkte – unterschiedliche Preise

Die soziale Marktwirtschaft

Jede Gesellschaft benötigt neben einer politischen Ordnung auch eine Wirtschaftsordnung, d.h. funktionierende Regeln, deren Einhaltung kontrolliert wird.

Die Wirtschaftsordnung der Bundesrepublik Deutschland ist die **soziale Marktwirtschaft**.

Diese Wirtschaftsordnung wurde mit der Gründung unseres Staates zu Beginn der 1950er-Jahre eingeführt. Die „Väter" der sozialen Marktwirtschaft, Alfred Müller-Armack und der damalige Wirtschaftsminister, Ludwig Erhard, wollten aus den Fehlern früherer Wirtschaftsordnungen lernen.

In der neuen Wirtschaftsordnung sollte das „Prinzip der **Freiheit auf dem Markt** mit dem Prinzip des sozialen Ausgleichs" verbunden werden.

Durch eine aktive **Sozialpolitik** sollte der Staat die Bürgerinnen und Bürger vor der Marktmacht der Unternehmen schützen. Deswegen wurde das Regelwerk der Marktwirtschaft um zahlreiche soziale Vorschriften ergänzt.

Solche Ergänzungen waren beispielsweise:
– Regelungen für die Aushandeln der Löhne in freien Verhandlungen zwischen Arbeitgebern und Vertretern der Arbeitnehmer (Gewerkschaften),
– Arbeitsschutzgesetze,
– Kranken- und Altersversicherung und
– Arbeitslosenunterstützung sowie Ausbildungsförderung.

Die Kosten der Sozialpolitik werden über die Steuern und über Beiträge von Arbeitnehmern und Arbeitgebern aufgebracht. Von jedem verdienten Euro werden heute über 40 Cent für Steuern und Beiträge abgezogen. Der Haushalt des Bundesministerium für Arbeit und Soziales ist der größte aller Ministerien.

Damit die soziale Marktwirtschaft funktioniert, muss der Staat aber vor allem dafür sorgen, dass der Wettbewerb der Firmen auf dem Markt reibungslos läuft und die freie Preisbildung durch Angebot und Nachfrage sichergestellt ist.

Wettbewerb ist nötig

M 2 Arne Storn erklärt in einem Artikel der Wochenzeitung „Die Zeit" 2010 für Kinder, was Wettbewerb ist:

[…] Im Kern geht es bei einem Wettbewerb immer um ein Kräftemessen mehrerer Kandidaten. Also darum, wer schneller ist. Schlauer. Oder lustiger. Kurz: wer besser ist.

In der Wirtschaft ist das nicht anders. Der kleine Bäcker an der Ecke, der seine Brötchen noch von Hand macht, steht im Wettbewerb mit dem Fabrikbesitzer, der Brötchen mit großen Maschinen herstellt und im Supermarkt verkauft. Im Spielzeugladen kämpfen Prinzessin Lillifee und Hello Kitty um Fans. Und wenn Erwachsene sich ein neues Auto kaufen wollen, haben sie eine große Auswahl, zum Beispiel unter Autos von Volkswagen, Renault oder auch Ford. Fast immer gibt es mehrere Hersteller, die versuchen, mit ihren Produkten die Kunden zu überzeugen und möglichst viel zu verkaufen. Das ist nicht selbstverständlich. Denkbar wäre auch, dass ein Unternehmen alle Brötchen backt. Und ein anderes alle Autos baut. Solche Unternehmen hätten dann jeweils ein „Monopol*", sagt man. Ein Monopol ist das Gegenteil von Wettbewerb und, so glauben viele Menschen, meistens die schlechtere Lösung. Sie sind davon überzeugt, dass Wettbewerb entscheidend dafür ist, dass neue Ideen, Produkte und Technologien entstehen – denn wer immer wieder gegen andere antreten und um Kunden kämpfen muss, der muss sich ständig etwas Neues einfallen lassen. Er will und muss besser sein als die anderen. Dabei hilft auch, wenn seine Brote, Spielzeuge oder Autos von besonders guter Qualität sind und zugleich günstig. Andernfalls kaufen die Kunden bei anderen ein, und das Unternehmen muss schließen. Dass Firmen entstehen, Firmen vergehen, das gehört zum Wettbewerb dazu.

Was die Kunden aus der Vielfalt des Angebots auswählen, zeigt den Unternehmern, welche Wünsche die Kunden haben. Wettbewerb lässt sie oft das Richtige erfinden und hilft dabei, Maschinen, Geld und Arbeitskräfte sinnvoll einzusetzen.

Es wäre ja Verschwendung, wenn Maschinen oder Arbeitskräfte etwas herstellen, was keiner will und keinem nützt. […]

M 3 Beispiele für Konzentration und Marktbeherrschung:
VW-Konzern: Zum VW-Konzern gehören aktuell neben Volkswagen die früher selbstständigen Marken Audi, Lamborghini, Seat, Skoda, Bentley, Bugatti, Porsche, VW-Nutzfahrzeuge und Scania. VW hält außerdem 29,9 Prozent an MAN. MAN ist seinerseits Anteilseigner von Scania.

M 5 Beispiele für marktbeherrschende Unternehmen:
Microsoft: Auf 80 Prozent aller Computer läuft das Betriebssystem Windows.
Coca Cola: Dieses Unternehmen beherrscht den Limonaden-Markt.
Lego: Steckbausteine für Kinder kommen fast ausschließlich von Lego.
Deutsche Bahn: Fernreisen auf dem Schienenweg können nur mit der Deutschen Bahn durchgeführt werden.

M 4 Karikatur

*Monopol
Jemand, der ein Monopol innehat, ist in der Lage, eine Ware oder Dienstleistung allein anzubieten (es gibt für ihn keine Mitbewerber/Konkurrenten).

1 Beschreibt mit euren Worten die Ziele der „sozialen Marktwirtschaft".

2 Erklärt, warum in der „sozialen Marktwirtschaft" freier Wettbewerb der Firmen am Markt nötig ist (M 2).

3 Untersucht M 4 und stellt fest, welche Gefahr für die Gesellschaft der Zeichner darstellt (→ **Wir werten Karikaturen aus**, S. 317).

4 Zeigt an den Beispielen von M 3 oder mit eigenen Beispielen, welche Probleme für den Verbraucher durch marktbeherrschende Unternehmen entstehen können.

5 Gestaltet eine Wandzeitung zum Thema: „Die Wirtschaft braucht Wettbewerb" (→ **Wir gestalten eine Wandzeitung**, S. 321).

Wettbewerb und Marktmacht

Was macht eigentlich das Kartellamt?

M 1 Benzinpreise: auf und ab

Was ist ein „Kartell"?

Im Mittelalter war ein „Kartell" eine Übereinkunft zu den Regeln eines ritterlichen Turniers. Danach wurde der Begriff auf weitere Regelwerke und Verträge ausgedehnt.

Gegen Ende des 19. Jahrhunderts erfuhr der Begriff seine heutige Bedeutung: eine Absprache zwischen Unternehmen, gemeinsam zum eigenen Wohlergehen zu handeln – beispielsweise Verkaufspreise miteinander abzusprechen und gleichzeitig zu erhöhen.

Nach dem Gesetz gegen Wettbewerbsbeschränkungen (Kartellgesetz) sind Kartelle aber grundsätzlich verboten.

Das Bundeskartellamt verhängt im Falle eines Verstoßes gegen das Kartellgesetz ein hohes Bußgeld, das auch eine abschreckende Wirkung haben soll. Zwischen 2006 und 2009 flossen auf diese Weise annähernd eine Milliarde Euro in die Haushaltskasse des Bundes.

M 2 Das Bundeskartellamt schreibt auf seiner Web-Site:

Das Bundeskartellamt ist eine unabhängige Wettbewerbsbehörde, deren Aufgabe der Schutz des Wettbewerbs in Deutschland ist. Der Schutz des Wettbewerbs ist eine zentrale ordnungspolitische Aufgabe in einer marktwirtschaftlich verfassten Wirtschaftsordnung. Denn nur ein funktionierender Wettbewerb gewährleistet größtmögliche Wahlfreiheit und Produktvielfalt, damit Verbraucher ihre Bedürfnisse stets befriedigen und Unternehmen ihre Angebote stets optimieren können. [...]

M 3 Die Stuttgarter Zeitung berichtete 2011 über eine Untersuchung des Kartellamtes zu den Benzinpreisen:

[...] In ihrer Untersuchung haben sie festgestellt, dass die Mineralölkonzerne mit den Marken Aral, Jet, Esso, Shell und Total rund 70 Prozent des Kraftstoffes an den rund 14 700 deutschen Straßentankstellen absetzen und damit marktbeherrschend sind.

Über eine Preisanalyse an jeweils 100 Tankstellen in Hamburg, München, Leipzig und Köln wurde zudem festgestellt, dass die Preise bei den meisten dieser Tankstellen in den Jahren 2007 bis 2010 höher waren, als es bei mehr Wettbewerb nötig gewesen wäre.

Inhaltsfeld: Wirtschaft und Arbeit

2010: Hohe Strafe für Badezimmer-Kartell
Zwölf Jahre lang haben Anbieter von Badezimmer-Ausstattungen ihre Preise für Waschbecken, Badewannen und Armaturen abgesprochen. Jetzt verhängt die EU-Kommission gegen 17 Firmen Geldbußen über insgesamt 622 Millionen Euro. Dem Kartell gehörten sechs deutsche Firmen an. […]

2008: Kaffeeröster sollen Preise abgesprochen haben
Die Kaffeebranche ist in den Fokus der deutschen Kartellwächter geraten. Seit mindestens 2004 sollen mehrere Röster Preise abgesprochen haben. Das Bundeskartellamt durchsuchte am Donnerstag die Geschäftsräume der Hersteller. […]

2003: Kartellamt verhängt 660 Millionen Euro Bußgeld gegen Zementkartell
Das Bundeskartellamt hat gegen die sechs führenden Unternehmen der deutschen Zementindustrie Bußgelder von insgesamt 660 Millionen Euro verhängt. Dies sei insgesamt das höchste Bußgeld in der Geschichte des Kartellamtes, sagte der Präsident der Behörde. […]

2010: Hohes Bußgeld gegen Brillenglas-Kartell
Millionen Deutsche haben nach Ermittlungen des Kartellamtes in den vergangenen Jahren überhöhte Preise für ihre Brillengläser bezahlt. Die Wettbewerbshüter verhängten Bußgelder in einer Gesamthöhe von 115 Millionen Euro gegen die fünf führenden Brillenglashersteller.

M 5 Meldungen einer großen Tageszeitung

Die Mineralölkonzerne streiten solche Vorwürfe regelmäßig ab. Ihre Preise richteten sich nach den Vorgaben der internationalen Beschaffungsmärkte, sagen ihre Sprecherinnen und Sprecher. Die Schwankungen seien eher ein Hinweis auf scharfen Wettbewerb als auf einen eingeschränkten Wettbewerb. […]

M 4 Hoher Schaden
[…] Der Schaden für die Verbraucher ist schwer zu beziffern. „Man geht davon aus, dass Kartelle im Mittel zu um 25 Prozent überhöhten Preisen führen. Zum Teil sogar deutlich darüber hinaus", sagte Kartellamtspräsident Andreas Mundt. […] Schätzungen zufolge hat allein das Kaffeekartell die deutschen Verbraucher über die Jahre hinweg mehr als 4 Milliarden Euro gekostet. […]

Was ist kein (!) „Kartell"?
Nicht alles, was dem Verbraucher „nicht geheuer" vorkommt oder was ihn stört, ist ein Kartell. Vor diesem Problem steht auch das Bundeskartellamt. Beispielsweise sind die mit großer Regelmäßigkeit vor Schulferien und vor Wochenenden an Tankstellen steigenden Benzinpreise ein solches Problem. Die Kartellbehörde kann Preisabsprachen hier nicht ohne Weiteres unterstellen oder gar nachweisen.

Absprechen ist verboten, Abgucken jedoch nicht. So darf ein Tankstellenbetreiber, ohne dass es rechtswidrig wäre, durchaus beobachten, was sein Kollege auf der gegenüberliegenden Straßenseite mit „seinen Bezinpreisen" macht und ihm folgen. Es ist sogar erlaubt, dass Preiserhöhungen telefonisch untereinander als „bloße Information mitgeteilt" werden.

---

1 Erklärt die Aufgabe des Bundeskartellamts (M 2).

2 Erarbeitet mihilfe von M 2 bis M 5 einen kurzes Referat zu der Arbeit des Kartellamtes (→ **Wir halten einen Kurzvortrag**, S. 317/318).

3 Erläutert die Schwierigkeit einer Abgrenzung zwischen „gegenseitiger Information" und „unerlaubter Absprache" (Text).

4 Beurteilt mithilfe der Materialien dieser Doppelseite, ob die Arbeit des Bundeskartellamtes sinnvoll ist.

Industrielle Revolution und Strukturwandel

Das kann ich …

Hinweis: Bitte nicht in das Buch schreiben.

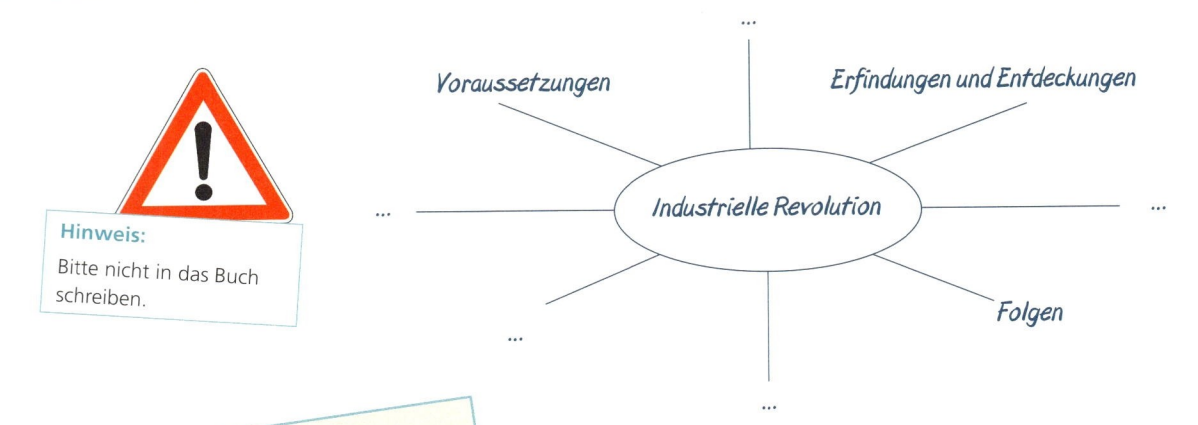

```
        ...         Erfindungen und Entdeckungen
   Voraussetzungen
...  ── Industrielle Revolution ── ...
        Folgen
   ...
```

M 3 Mindmap zur Industriellen Revolution

- ✓ Industrielle Revolution
- ✓ Triebkräfte der industriellen Revolution
- ✓ Folgen der Industriellen Revolution für die Menschen
- ✓ soziale Frage
- ✓ Strukturwandel
- ✓ Funktion des Geldes
- ✓ soziale Marktwirtschaft
- ✓ Preisbildung
- ✓ Kartell

M 1 Wichtige Begriffe

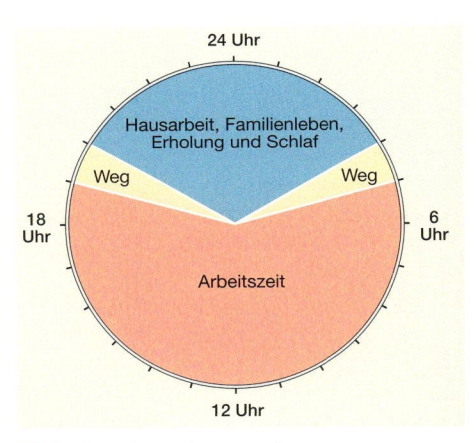

M 4 Tagesablauf eines Arbeiters um 1900

M 2 Die deutsche Sozialversicherung. *Plakat, 1913*

Inhaltsfeld: Wirtschaft und Arbeit

M 5

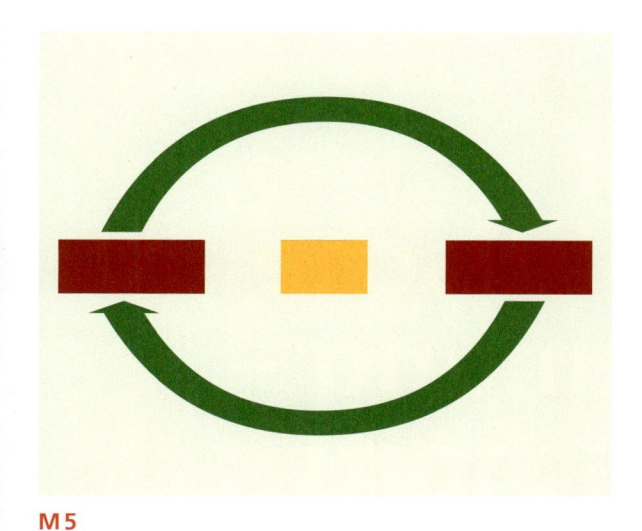

M 6

Was wir noch wissen

1 Erklärt euch gegenseitig die wichtigen Begriffe und schreibt die Bedeutung der Begriffe in eure Arbeitsmappe (M 1).

2 Vervollständigt die Mindmap zum Thema „Industrielle Revolution" (M 3 → **Wir erstellen eine Mindmap**, S. 318).

3 Zeigt anhand von Beispielen die verschiedenen Stationen des Strukturwandels auf. Berücksichtigt dabei die Standortfunktionen Rohstoffe, Energie und Verkehr.

4 Seit dem Beginn der Industriellen Revolution kam es zu einem tiefgreifenden sozialen Wandel. Berichtet mithilfe von M 2, M 4 und M 6.

5 Erklärt das Marktmodell sowie die Begriffe „Angebot" und „Nachfrage" (M 5).

6 Nennt Stichwörter, warum in der sozialen Marktwirtschaft der freie Wettbewerb der Firmen im Markt wichtig ist.

Gewusst, wie …

7 Beschreibt, wie man mit WebGIS einen Raum erkundet und was man dabei beachten muss. (→ **Wir untersuchen einen Raum mit WebGIS**, S. 164/165).

Wir meinen, dass …

8 Entwerft eine Tabelle mit zwei Spalten: „Vor- und Nachteile der Industriellen Revolution". Beurteilt damit ihre Auswirkungen für die Arbeiterinnen und Arbeiter.

9 „Der Strukturwandel im Ruhrgebiet führt zum Verlust vieler Arbeitsplätze, aber auch zur Wiederherstellung der zerstörten Natur!". Nehmt Stellung zu dieser Aussage.

Wir wenden an

10 Entwerft ein Schaubild „Die Folgen der Industriellen Revolution".

Inhaltsfeld: Herrschaft, Partizipation und Demokratie

6a Der Kampf um die politische Mitbestimmung – ein Längsschnitt

800   1000   1200   1400   16

In diesem Kapitel untersucht ihr über einen langen Zeitraum, wie sich die Beteiligung von Menschen an der Macht und an politischen Entscheidungen entwickelt hat.
Im übertragenen Sinne legt ihr einen „Längsschnitt" durch die Geschichte. Dabei stellt ihr an bestimmte ausgewählte Zeitabschnitte immer dieselben Fragen:

- Wer übt die Macht aus?
- Wie wird die Machtausübung gegenüber den Untertanen gerechtfertigt (Gewalt, von Gott gegeben, aufgrund der Zustimmung einer bestimmten Gruppe, aufgrund von Wahlen, wer darf wählen)?
- Wer gibt für alle geltende Anweisungen (Gesetze), wer ist an der Gesetzgebung beteiligt?
- Dürfen Untertanen mitbestimmen, mitwirken? Wenn ja, welche Gruppe der Untertanen? Wer ist von allen Entscheidungen ausgeschlossen – auch wenn er davon betroffen ist?
- Gibt es unabhängige Richter? Wer spricht Recht?
- Welchen Einfluss hat die Kirche?

Nicht alle diese Fragen sind auf den folgenden Seiten zu beantworten. Sie helfen aber dabei, einen „roten Faden" zu finden, um die Frage nach der Beteiligung an der Politik im jeweiligen Zeitraum beantworten zu können.

Notiert die einzelnen Zwischenergebnisse eurer Arbeit in eurer Arbeitsmappe.

1800   **2000**

Herrschaft im Mittelalter

Wie regierte Karl der Große?

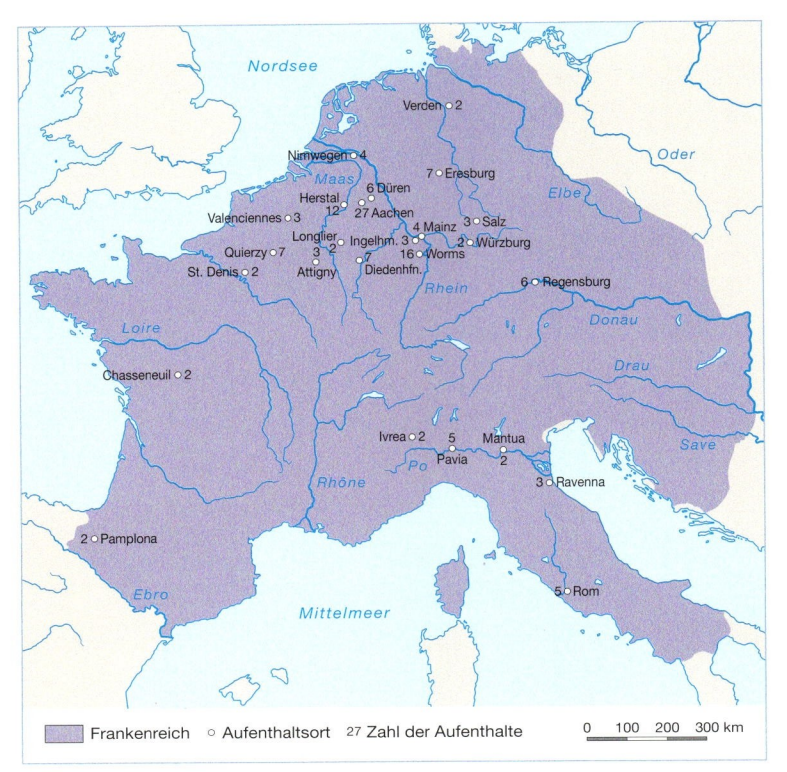

M 1 Aufenthaltsorte Karls des Großen im Frankenreich

*Pfalz
Burg oder Herrensitz von Adeligen

*Lehen
(= Geliehenes) im Mittelalter das Nutzungsrecht an einer Sache (Grundbesitz, Rechte, Ämter); es wird vom Eigentümer (Lehnsherr) an einen Lehnsmann übertragen.

Ein König auf Reisen

Das karolingische Reich hatte keine Hauptstadt. König Karl der Große war oft auf Reisen, um dafür zu sorgen, dass im ganzen Reich seine Gesetze und Befehle richtig ausgeführt wurden. In seinem Gefolge waren königliche Berater, Familienangehörige, Mägde und Knechte – insgesamt über tausend Personen.

Karl selbst hielt sich am liebsten in der Pfalz* zu Aachen auf. Hier empfing er ausländische Gesandte, hierhin kamen die Grafen und Bischöfe des ganzen Reiches, um Bericht zu erstatten.

Die Verwaltung des Reiches

Das Reich Karls war sehr groß. Er konnte deshalb nicht selbst überall nach dem Rechten sehen. Der König teilte das Reich daher in ungefähr 230 Gaue oder Grafschaften (Verwaltungsbezirke) auf:

- Die Verwaltung in diesen Gebieten übertrug er Männern seines Vertrauens, die er zu Grafen ernannte. Diese Gaugrafen hatten die Aufgabe, Steuern einzuziehen, Recht zu sprechen und im Kriegsfall ein Heer aufzustellen.
- In den besonders bedrohten Gebieten an den Grenzen des Reiches, in den Grenzmarken, setzte er Markgrafen ein. Die Markgrafen konnten im Fall der Gefahr auf eigene Verantwortung ein Heer aufstellen und in den Krieg ziehen.
- Um die Grafen zu kontrollieren, schickte der König Königsboten im Land umher, immer einen weltlichen und einen geistlichen Boten. Sie überwachten die Tätigkeit der Grafen, vor allem die Verwaltung und die Rechtsprechung.

Königshöfe als Wirtschaftszentren

Viele Bischöfe, Äbte und Grafen waren nicht begeistert, wenn der König mit seinem Gefolge kam, weil sie die Gäste kostenlos versorgen mussten. Karl hatte deshalb im ganzen Land königliche Güter errichten lassen, in denen er und seine Begleitung gut untergebracht und versorgt werden konnten.

Q 1 Um 795 erließ König Karl ein Gesetz, in dem auch Bestimmungen über die Verwaltung der etwa 250 Königshöfe enthalten waren:

[...] Unsere Krongüter, die wir eingerichtet haben, [...] sollen allein unserem Bedarf dienen. [...] Auf jedem unserer Königsgüter sollen die Verwalter einen möglichst großen Bestand an Kühen, Schweinen, Schafen, Ziegen und Böcken halten. Fehlen darf dieses Vieh niemals. [...] Mit ganz besonderer Sorgfalt ist darauf zu achten, dass alles, was mit den Händen verarbeitet und zubereitet wird, mit der größten Sauberkeit hergestellt wird, wie: Speck, Rauchfleisch, Sülze, Pökelfleisch, Wein, Essig, Most, Senf, Käse, Butter, Malz, Bier, Honig, Wachs und Mehl. […]

Persönliche Bindungen sichern die Herrschaft

Die eigentliche Stütze der Macht Karl des Großen und seiner Nachfolger war aber das Lehnswesen. Als „Lehen*" wurden vom König Landgüter, Kirchenämter (Bischof, Abt, Äbtissin) und hohe Verwaltungsämter vergeben, wie etwa das Grafenamt. Starb ein Vasall*, so sollte das Lehen an den Lehnsherrn zurückfallen. Der Lehnsherr konnte dann frei entscheiden, ob und an wen er das Lehen wieder ausgeben wollte. Durch die feierliche Vergabe eines Lehens wurde **ein persönliches und gegenseitiges Treueverhältnis** begründet: Der Vasall versprach seinem Herrn Rat und Hilfe, der König versprach dem Vasallen Treue und Schutz. Die Kronvasallen konnten ihrerseits einen Teil der Güter weiter verleihen, z.B. an die Ritter. Die Ritter leisteten dafür Kriegsdienst im Heer des Königs.

Im Laufe der Zeit setzten die Adligen im Frankenreich durch, dass sie das Lehen in ihrer Familie vererben konnten.

König Karl wird Kaiser

Um 795 war Karl, der König der Franken, der mächtigste Herrscher in Europa. Sein Reich umfasste weite Teile des ehemaligen Weströmischen Reiches. Dem Kaiser des Oströmischen Reiches fühlte er sich gleichrangig.

Im Jahr 800 n. Chr. wurde König Karl von Papst Leo III. in Rom zum Kaiser gekrönt. Er galt nun als Nachfolger der römischen Kaiser.

Karl der Große und seine Nachfolger sahen ihre Königsmacht als **gottgewollt** an. Ein Zeichen dafür war die Krönung und Salbung durch den Papst. Die enge Bindung zwischen der christlichen Kirche und den fränkischen Königen kennzeichnete das Mittelalter.

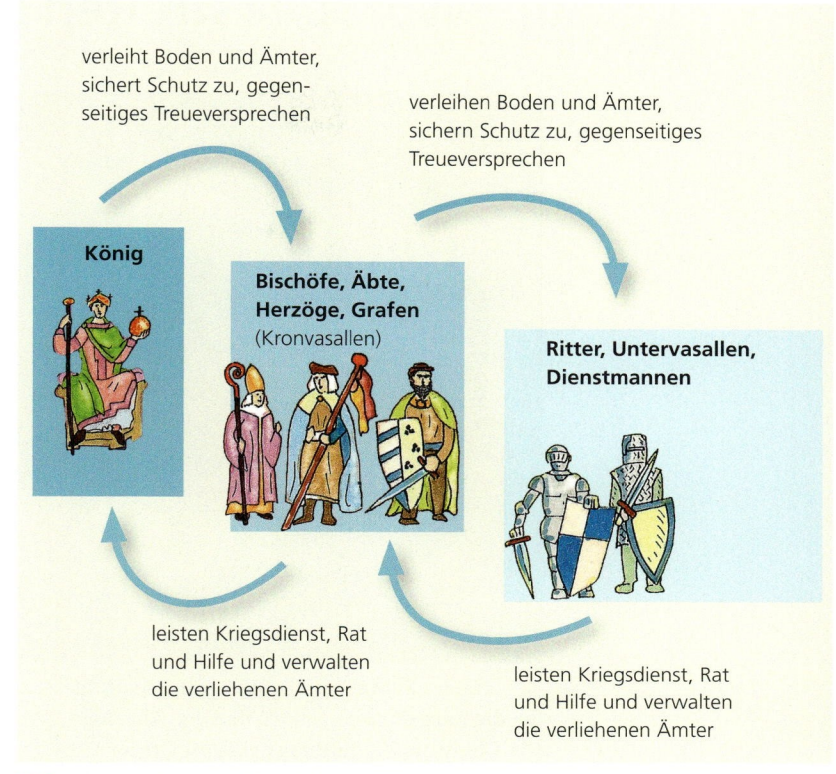

M 2 Schema des mittelalterlichen Lehnswesens. Durch gegenseitige Treueversprechen waren König, Herzöge und Bischöfe und Ritter bei der Herrschaftsausübung miteinander verbunden. Die große Mehrheit der Bevölkerung, die Unfreien, war nicht lehensfähig.

*Vasall
(Keltisch *gwas* = Knecht) Bezeichnung für einen Lehnsmann, der von einem Lehnsherrn abhängig ist; es wird noch unterschieden zwischen Kron- und Untervasallen.

1 Beschreibt, wie Karl der Große sein Reich regierte. Nennt mithilfe von M 1 und anhand des Textes die verschiedenen Maßnahmen.

2 Ermittelt mithilfe des Maßstabes der Karte (M 1) die Entfernung, die Karl der Große und seine Gefolge überwinden mussten, wenn er z. B. von Aachen nach Rom reiste.

3 Erklärt, wer im fränkischen Reich an der Machtausübung beteiligt war (M 2).

4 Berichtet, worauf Karl und seine Nachfolger ihre Macht stützten.

Herrschaft im Mittelalter

Worüber streiten König und Papst?

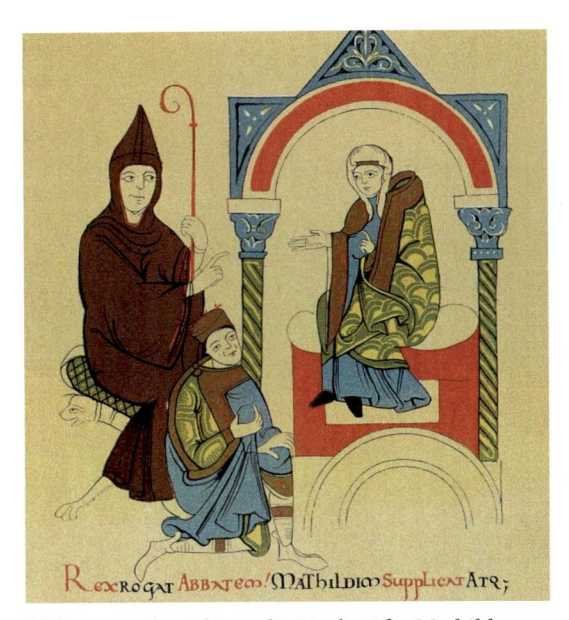

M 1 Heinrich IV. bittet die Markgräfin Mathilde, der die Burg Canossa gehört, und den Abt Hugo von Cluny um Vermittlung bei Papst Gregor VII.
Buchmalerei, 11. Jahrhundert

Die Forderungen des Papstes Gregor VII.

Q 1 Schon kurz nach seiner Wahl im Jahre 1073 nannte Papst Gregor VII. seine Vorstellungen vom Papsttum, z. B.:

[…] Einzig und allein von Gott ist die römische Kirche gegründet.
[…] Der römische Papst ganz allein kann Bischöfe absetzen oder auch wieder einsetzen. […]
Alle Fürsten haben die Füße einzig und allein des Papstes zu küssen. […]
Der Papst kann Kaiser absetzen. […]
Über den Papst besitzt niemand richterliche Gewalt. […]
Der Papst kann Untertanen vom Treueid gegenüber […] Herrschern entbinden. […]

Der Investiturstreit*

In der Mitte des 11. Jahrhunderts verschlechterte sich das Verhältnis zwischen den fränkischen Königen und dem Papst dramatisch. Es entwickelte sich ein folgenschwerer Machtkampf um die Frage, wer Bischöfe im Frankenreich einsetzen durfte. Dieser Streit weitete sich zu einer Grundsatzfrage aus: Wer ist im christlichen Europa die letztlich bestimmende Macht – der deutsche König und Kaiser oder der Papst?
Seit Kaiser Otto I. (936–972) bestimmten die deutschen Könige, wer zum Bischof oder Abt geweiht werden sollte. Sie wählten dazu nur Männer aus, auf die sie sich verlassen konnten und die in der Lage waren, große Besitzungen zu verwalten, Krieger für den Wehrdienst auszurüsten und in den Krieg zu führen. Ein frommer Lebenswandel war weniger wichtig.

König Heinrichs IV. Antwort

Als Gregor VII. diese Sätze veröffentlichte, herrschte im Deutschen Reich König Heinrich IV. (1056–1106). Dieser wurde von den Ansprüchen des Papstes völlig überrascht. Noch sein Vater hatte drei Päpste selbst abgesetzt. Ein Verzicht auf das Recht, Bischöfe einzusetzen schien ihm undenkbar. Bischöfe und Äbte waren die wichtigsten Stützen seiner Macht.
Da der König auch weiterhin Äbte und Bischöfe ernannte, drohte ihm der Papst mit dem Kirchenbann*.
Daraufhin berief Heinrich IV. im Jahre 1076 eine Reichsversammlung aller deutschen Fürsten nach Worms ein. Dort forderte er den Papst auf, zurückzutreten. Christus habe nur ihn, den König, in das Königsamt berufen, nicht aber den in seinen Augen unwürdigen Papst Gregor VII. Der Papst reagierte auf diese Herausforderung mit dem Kirchenbann. Allen Chris-

---

*Investitur
Einsetzen in ein (Bischofs-)Amt, abgeleitet von dem lateinischen Wort *vestire* = einkleiden

*Kirchenbann
Durch den Kirchenbann wurde eine Person aus der Kirche ausgeschlossen. Einem Gebannten war es z. B. verboten, eine Kirche zu betreten, und er konnte auch nicht kirchlich bestattet werden. Kein Christ durfte mit einem Gebannten sprechen, Geschäfte abschließen usw. Nach geleisteter Buße konnte der Kirchenbann wieder aufgehoben werden.

ten war es nun verboten, dem König zu dienen.

Herzöge und Grafen drohen dem König

Der päpstliche Bann wirkte sich für den König verhängnisvoll aus. Viele Herzöge und Grafen sahen ihre Chance gekommen, die eigene Machtstellung auszubauen. Sie weigerten sich, dem König länger zu gehorchen. Offen drohten sie Heinrich IV. damit, einen neuen König zu wählen, falls er nicht innerhalb eines Jahres vom Kirchenbann gelöst sei. So entschloss sich Heinrich IV. nach Italien zu ziehen, um vom Papst die Lossprechung zu erhalten. Der Papst befand sich zu dieser Zeit auf der Burg Canossa in Italien. Drei Tage lang stand der König als reuiger Sünder, nur mit einem Büßerhemd bekleidet, vor ihren Mauern. Erst am vierten Tag löste ihn der Papst vom Bann. Heinrich hatte damit die Forderungen der Fürsten erfüllt.

Machtkampf im Reich und in der Kirche

Herzöge und Grafen hatten aber schon vor der Entscheidung des Papstes einen Gegenkönig gewählt. Erst nach drei Jahren Krieg hatte Heinrich IV. den Gegenkönig vertrieben und seine Macht gefestigt. Schließlich setzte Heinrich IV. seinen langjährigen Gegner, Papst Gregor VII. ab und setzte einen neuen Papst ein.

Wormser Konkordat*

Die Auseinandersetzung zwischen Papsttum und Kaisertum war damit aber nicht beendet. Fast 40 Jahre dauerte es noch, bis es 1122 zu einem Kompromiss im Wormser Konkordat kam. Von nun an wurden die Bischöfe von der Versammlung der höchsten Geistlichen des Bistums, dem Domkapitel, frei gewählt. Dann erfolgte durch den König die Belehnung mit dem Zepter* als Zeichen der weltlichen Herrschaft. Anschließend erst erfolgte die Weihe. Vertreter des Papstes übergaben dabei Ring und Stab als Zeichen der kirchlichen Gewalt.

Insgesamt führte der Streit zwischen Kaiser und Papst in Deutschland zu einer Stärkung der Landesfürsten. Die geistlichen Fürsten verbündeten sich dabei mit den weltlichen Fürsten. Die Macht des Königs wurde geschwächt.

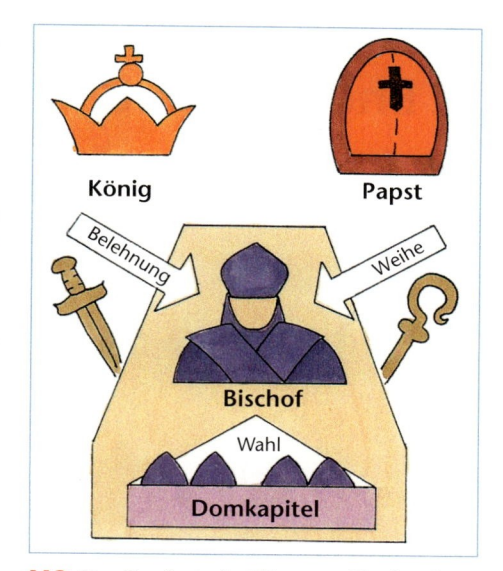

M2 Das Ergebnis des Wormser Konkordats. *Schaubild*

*Konkordat
Bezeichnung für einen Vertrag zwischen dem katholischen Kirchenstaat (Vatikan) und einem anderen Staat

*Zepter
(Griech.: *skeptron* = Stab) Stab aus wertvollem Metall, oft mit Edelsteinen verziert

1 Übertragt die Tabelle in eure Arbeitsmappe und füllt sie mithilfe des Textes aus.

Anspruch des Kaisers und Königs	Anspruch des Papstes

2 Beschreibt, wie der König und der Papst ihren Anspruch, Bischöfe einzusetzen, jeweils begründeten.

3 Beurteilt den Ausgang des Streits (Wormser Konkordat) aus Sicht des Königs und des Papstes.

4 Erklärt, warum die Stellung des Königs durch den Streit mit den Papst geschwächt wurde.

Herrschaft im Mittelalter

Welche Macht hatten die Könige in England und Frankreich?

M 1 England und Frankreich im 13. Jahrhundert

(Legende: Franz. Lehen im Besitz des engl. Königs nach 1259)

Der englische König hat alle Macht

Nach der Eroberung Englands 1066 enteignete der normannische König Wilhelm den alten Adel Englands und ersetzte ihn durch seine Gefolgsleute. Fast ein Fünftel des Grundbesitzes des alten Adels behielt er für sich selbst.

Den übrigen Grund und Boden verlieh Wilhelm als Lehen an normannische Adelige. Überall in England ließ Wilhelm neue Burgen errichten, von denen aus seine Gefolgsleute über das Land herrschten. Die Adeligen konnten ihr Land auch an Untervasallen weitergeben. Doch zuvor mussten die Untervasallen auch dem König den Treueeid leisten. So verhinderte der König in England, dass sich Kron- und Untervasallen gegen ihn verbünden konnten, wie es z. B. im Deutschen Reich immer wieder geschah.

Aufbau einer zentralen Verwaltung

Durch verschiedene Maßnahmen wurde England zum ersten europäischen Staat mit einer dem König unterstellten zentralen Verwaltung:

- das Land wurde in Grafschaften eingeteilt, die durch königliche Beamte streng kontrolliert und verwaltet wurden;
- dem Adel wurde das Recht auf seine eigene Rechtsprechung genommen; königliche Richter und „Oberste Gerichtshöfe" sorgten dafür, dass das königliche Recht im ganzen Land eingehalten wurde;
- die Könige setzten Steuern und Abgaben fest und richteten eine Geldeinnahmebehörde ein. In einer Art von Grundbuch wurden die vom König vergebenen Lehen verzeichnet.

Schwache deutsche Könige

Die Auseinandersetzungen zwischen dem Papst und dem König schwächten die deutschen Könige. Die Herzöge des Reiches versuchten, ihren Einfluss auszudehnen und bekämpften zeitweise den König. Die Fürsten entwickelten sich immer mehr zu selbstständigen Landesherren. Aufgrund der starken Stellung der Fürsten konnte sich im Deutschen Reich kein zentral geleiteter Staat entwickeln. Ganz anders verlief die Entwicklung in England und Frankreich.

Die Magna Charta von 1215

Nach einem verlorenen Krieg gegen Frankreich zwangen die englischen Adeligen den König, im Jahre 1215 eine umfangreiche Liste von Forderungen zu bewilligen, die „Magna Charta Libertatum" (Großer Freiheitsbrief) genannt wurde.

> **Q1 In der Magna Charta von 1215 heißt es:**
> 39. Kein freier Mann soll verhaftet, gefangen gehalten, enteignet, geächtet, verbannt oder auf irgendeine Weise zu grunde gerichtet werden, […] es sei denn aufgrund gesetzlichen Urteilsspruchs von seinesgleichen oder aufgrund des Landesrechts.

Fortan konnte der König nur noch mit der Zustimmung des Adelsrates Sonder- oder Kriegssteuern erheben. Aus dem Adelsrat der Magna Charta entwickelte sich im 14. Jahrhundert das Parlament*, in dem auch Vertreter der Ritter, der hohen Geistlichkeit und der Stadtbürger vertreten waren. Doch allein der König entschied, wann und ob das Parlament zusammentreten sollte.

Ausbau der Macht des französischen Königs

Auch in Frankreich stärkten die französischen Könige ihre Macht, indem sie die Rechte der Fürsten einschränkten. Seit dem 12./13. Jahrhundert konnten die Könige frei gewordene Lehen einziehen und neu vergeben; alle Vasallen, auch die Untervasallen, mussten nun in erster Linie dem König den Treueeid leisten. Die Gerichtsbarkeit des Hochadels wurde eingeschränkt und die gesamte Rechtsprechung wurde beim königlichen Hofgericht in Paris zusammengefasst. Königliche Beamte verwalteten das Land. Sie kontrollierten die Abgaben und die Steuereinnahmen in den neu geschaffenen Verwaltungsbezirken. Ab dem Jahr 1300 entwickelte sich Frankreich zu einem einheitlichen Staat, in dem die Könige ihre Macht gegenüber den Ansprüchen von Adel und Kirche immer stärker durchsetzen konnten.

1302 berief der französische König eine Versammlung aus hohen Geistlichen, Adel und wohlhabenden Bürgern ein. Sie sollte Angelegenheiten des Königsreiches beraten und zusätzliche Steuern bewilligen. Die herausragende Stellung des Königs wurde aber durch diese Versammlung nicht in Frage gestellt.

*Parlament
Versammlung von Adeligen, Geistlichen und Stadtbürgern, die 1265 erstmals in England einberufen wurde und die den König beraten sowie in Steuerfragen mitentscheiden konnte. Diese Versammlung war das Vorbild heutiger Parlamente, die aus gewählten Vertretern bestehen.

1 Beschreibt, wie Wilhelm, der König von England, den Adel an sich band.

2 Notiert, mit welchen Maßnahmen der englische König in England eine zentrale Verwaltung errichtete.

3 Untersucht Q1 und erklärt, was die beiden Bestimmungen für die adeligen und freien Männer damals bedeuteten.

4 Übertragt die Tabelle in eure Arbeitsmappe und füllt sie mithilfe des Textes weiter aus.

	Deutsches Reich	England	Frankreich
Vergabe der Lehen	Durch den König,		
Ausbau einer zentralen Gewalt	nein, Stärkung der Fürsten		

5 Vergleicht die Entwicklung im Deutschen Reich, in England und in Frankreich und stellt fest, wo sich Ansätze von Mitbestimmung entwickelten.

6 Schreibt auf eine Tapete oder auf Packpapier eine „Urkunde" mit den Rechten, die ihr von euren Eltern fordert („Wir die Eltern von … gewähren unserer lieben Tochter/unserem lieben Sohn folgende unveräußerliche Rechte …").

Absolutistische Herrschaft

Kann der französische König allein herrschen?

Der König will allein herrschen

Mit 22 Jahren übernahm Ludwig XIV. 1661 als König von Frankreich die Regierungsgeschäfte. König war er schon im Alter von fünf Jahren geworden, stand aber bis 1661 unter der Vormundschaft seiner Mutter, die durch den Kardinal Mazarin die Regierung führen ließ.

Schrittweise gestaltete Ludwig XIV. das Regierungssystem um. Nichts, so erklärte er den Ministern, dürfe von jetzt an ohne seinen Willen geschehen. Er allein werde in Zukunft die Befehle erteilen. Sache der Minister und Beamten sei es, diese auszuführen.

*Absolutismus (Lat.: *absolutus* = losgelöst) Bezeichnung für die Epoche vom 17. bis 18. Jahrhundert, in der Ludwig XIV. und seine Regierungsform in Europa als Vorbild galten. Der Monarch besaß die uneingeschränkte Herrschaftsgewalt.

*stehendes Heer Armee, die auch in Friedenszeiten einsatzbereit war

Q1 Ludwig XIV. schrieb in seinen Erinnerungen 1668:

[…] Ich wollte die oberste Leitung ganz allein in meiner Hand zusammenfassen. […] Ich bin über alles unterrichtet, höre auch meine geringsten Untertanen an, weiß jederzeit über Stärke und Ausbildungszustand meiner Truppen und über den Zustand meiner Festungen Bescheid. Ich gebe unverzüglich meine Befehle zu ihrer Versorgung, verhandle unmittelbar mit den fremden Gesandten, empfange und lese die Nachrichten und entwerfe teilweise selbst die Antworten, während ich für die übrigen meinen Sekretären das Wesentliche angebe. Ich regle Einnahmen und Ausgaben des Staates und lasse mir von denen, die ich mit wichtigen Ämtern betraue, persönlich Rechenschaft geben. […]

Ludwig XIV.: „Der Staat – das bin ich!"

Diese – allerdings nicht verbürgte – Aussage Ludwigs XIV. entsprach seiner Vorstellung von einer **absoluten* Herrschaft**, die er direkt von Gott erhalten habe.

Q2 Sein Hofprediger, Bischof Jacques Bossuet, schrieb um 1670 dazu:

[…] Gott setzt die Könige als seine Minister ein und regiert durch sie die Völker. Sie handeln als seine Diener und Stellvertreter auf Erden. […] Der königliche Thron ist nicht der Thron eines Menschen, sondern der Thron Gottes selbst. Aus all dem geht hervor, dass die Person des Königs geheiligt ist. […] Der König muss über seine Befehle niemandem Rechenschaft geben. […] Nur Gott kann über seine Maßnahmen urteilen. […]

DER KÖNIG
gestützt auf fünf Säulen

- **Einheitliche Verwaltung** mit Beamten, die Steuern eintreiben und nur den Befehlen des Königs gehorchen
- **Stehendes* Heer** 400 000 Mann, größte Armee Europas
- **Kirche**, die den König als von Gott eingesetzt verkündet
- **Wirtschaftssystem** staatlich gelenkt, sichert Einnahmen des Staates
- **Rechtssystem** Der König ist oberster Richter und Gesetzgeber

herrscht unumschränkt über

die bevorrechtigten Stände: **Geistlichkeit und Adel**

den dritten Stand: **die reichen Bürger und**

das „gemeine Volk" (Handwerker, Bauern, Knechte, Mägde usw.)

M1 Das absolutistische Herrschaftssystem in Frankreich

Die ständische Gesellschaft

Die Bevölkerung Frankreichs war – ähnlich wie im Mittelalter – in **drei Stände** eingeteilt: Klerus, Adel und dritter Stand. Den ersten Stand bildeten die Geistlichen, den zweiten die Adeligen. Zusammen machten sie gerade mal zwei Prozent der Bevölkerung aus. Die Angehörigen dieser beiden Stände genossen alle Vorrechte: Sie mussten keine Steuern zahlen, wurden bei der Vergabe hoher Ämter in Armee, Verwaltung und Kirche bevorzugt und lebten von den Abgaben, die von ihnen abhängige Bauern an sie entrichten mussten.

Der König verlangte, dass die Adeligen sich an seinem **Hof in Versailles** aufhielten. So hatte er sie immer unter Kontrolle. Fast alle Steuern, die der König einnahm, wurden vom dritten Stand bezahlt. Hierzu zählten Bankiers, Großkaufleute, Rechtsanwälte und Ärzte, die in den Städten lebten. Den größten Teil des dritten Standes aber stellte die Landbevölkerung – leibeigene Bauern und ihre Familien sowie Tagelöhner. Trotz ihrer unbeschreiblichen Armut mussten auch sie hohe Steuern für das luxuriöse Leben in Versailles entrichten. Steuereintreiber zogen durchs Land. Konnte ein Bauer seine Steuern nicht bezahlen, holten sie ihm das Vieh aus dem Stall oder rissen sogar die Türen heraus, um sie zu verkaufen.

M 2 König Ludwig XIV. von Frankreich. *Gemälde des königlichen Hofmalers Hyacinthe Rigaud, 1701*

Die Macht der Beamten

Um in der Verwaltung des Landes nicht auf den guten Willen des Adels angewiesen zu sein, setzte Ludwig XIV. in allen Provinzen königliche Beamte ein, die von ihm besoldet wurden. Gegenüber dem König waren sie zu absolutem Gehorsam verpflichtet.

Die Beamten überwachten die Steuereinziehung, die Gerichte, die Polizei und das Militär ebenso wie den Straßenbau, die Lebensmittelversorgung und die Religionsgemeinschaften.

1 Erstellt eine Liste mit allen Aufgabenbereichen, um die sich der König selbst kümmerte (Q 1).

2 Schreibt aus Q 1 jenen Satz heraus, in dem der König zum Ausdruck bringt, dass er allein regieren möchte.

3 Gebt mit eigenen Worten wieder, wer nach Bossuet (Q 2) die Könige einsetzt. Notiert Gründe, warum Ludwig XIV. mit den Aussagen seines Predigers wahrscheinlich sehr zufrieden war.

4 Beschreibt mithilfe von M 1 die fünf Stützen des absolutistischen Herrschaftssystems.

5 Untersucht M 2 und beschreibt, wie das Bild auf euch als „Untertanen" wirkt (→ **Wir lesen Bilder**, S. 314).

Absolutistische Herrschaft

Wir lesen ein Verfassungsschema

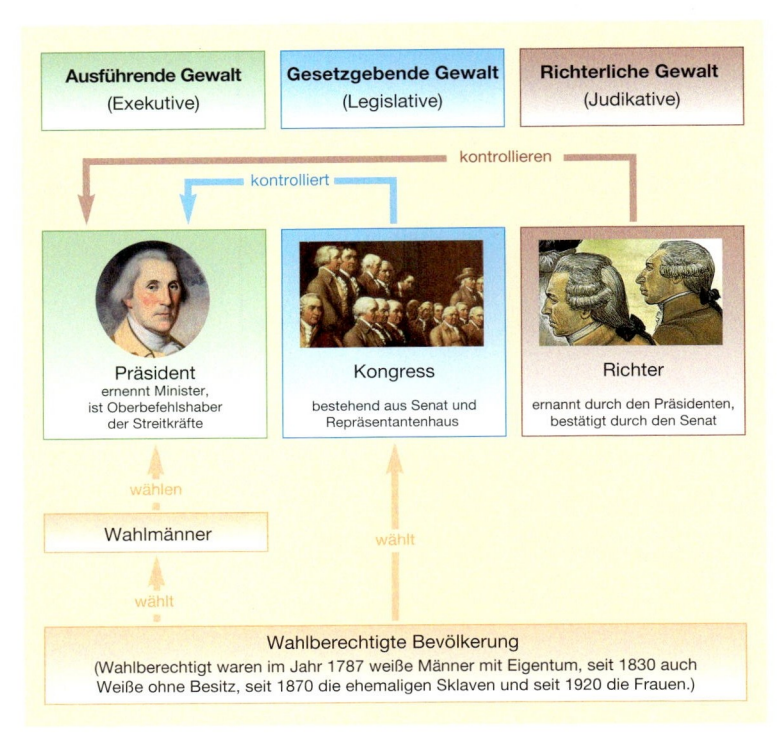

M 1 Die Verfassung der Vereinigten Staaten von Amerika von 1787; sie ist noch heute gültig. Gesetze kommen durch übereinstimmende Beschlüsse von Senat und Kongress zustande, der Präsident muss ihnen zustimmen.
Schaubild

M 2 Das Capitol in Washington – Sitz des US-Kongresses

Die drei Gewalten, die es in jedem demokratischen Staat gibt, sind in diesem Buch immer mit denselben Farben dargestellt.

Die grüne Farbe steht für die ausführende Gewalt, also für die Regierung und ihre Behörden – auch „Exekutive" genannt. Die blaue Farbe steht für die gesetzgebende Gewalt, also für diejenigen, die Gesetze beschließen – auch „Legislative" genannt. Die richterliche Gewalt, also die Gerichte eines Staates, wird mit einer braunen Farbe gekennzeichnet. Man nennt sie auch „Judikative".

Durch Pfeile und Texte werden in Verfassungsschemata die Beziehungen der drei Gewalten untereinander gezeigt. In ergänzenden Texten wird dargestellt, wie Gesetze zustande kommen und wer das Wahlrecht hat, wenn es in diesem Staat ein Wahlrecht gibt.

Mit folgenden Schritten könnt ihr ein Verfassungsschema lesen:

Was ist eine Verfassung?

Eine Verfassung regelt die Machtverteilung in einem Staat, sie ist das grundlegende Gesetz. In vielen Staaten gab es lange Zeit keine Verfassung, bis dahin bestimmten oft die Könige allein, wie die Macht in ihrem Staat ausgeübt wurde. Mit einem Verfassungsschema kann man sich die jeweilige Machtverteilung in einem Staat erarbeiten.

M 3 Checkliste: Ein Verfassungsschema lesen

1. Schritt: Art der Verfassung feststellen
Anhand der Bildunterschrift könnt ihr feststellen, welche Verfassung zu welchem Zeitpunkt dargestellt ist.

2. Schritt: Rolle des Volkes feststellen
Zunächst könnt ihr am unteren Rand des Schaubildes feststellen, wer wählen darf. Sind es alle Erwachsenen oder sind es nur Teile der Bevölkerung? Die Pfeile im Schaubild zeigen, wen das Volk wählen darf (Präsident, Parlament?).

3. Schritt: Art der Gewalten und ihre Beziehungen zueinander erfassen
Die farbigen Pfeile zeigen die Beziehungen der Gewalten untereinander. Aus der Anordnung der Gewalten wird deutlich, ob die Macht der drei Gewalten geteilt oder verbunden ist und ob die drei Ge-

walten unabhängig voneinander sind und sich gegenseitig kontrollieren.

4. Schritt: Zustandekommen von Gesetzen aufzeigen
Mithilfe des Textes des Schaubildes oder anhand der Pfeile könnt ihr feststellen, wer ein Gesetz beschließen kann.

5. Schritt: Rolle der Justiz feststellen
Mit dem Schaubild könnt ihr feststellen, ob die richterliche Gewalt unabhängig ist und von wem die obersten Richter ernannt werden.

6. Schritt: Zusammenfassende Bewertung
Aus euren Einzelergebnissen könnt ihr eine zusammenfassende Bewertung formulieren und zum Beispiel feststellen, ob angesichts der Beteiligung des Volkes die Verfassung „demokratisch" genannt werden kann.

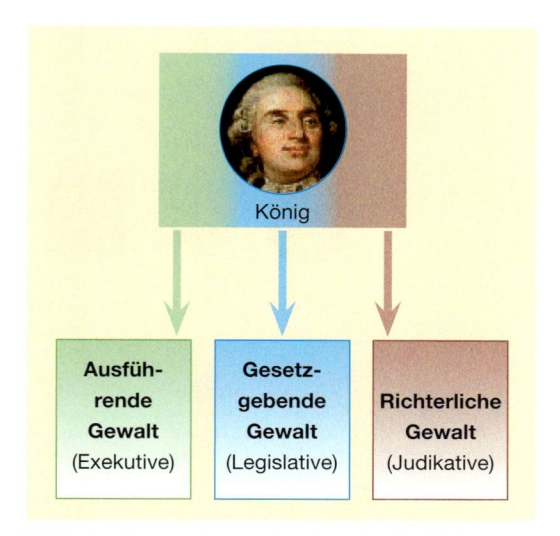

M 5 Die Staatsordnung Frankreichs bis 1789. *Schaubild*

M 4 Mögliche Lösung am Beispiel der Verfassung der Vereinigten Staaten (M 1)

zu Schritt 1:
Es handelt sich um die Verfassung der Vereinigten Staaten von 1787, die noch heute gilt.

zu Schritt 2:
1787 durften nur weiße Männer mit Eigentum wählen, das Wahlrecht wurde später ausgeweitet. Heute dürfen alle Erwachsenen wählen. Gewählt wurden und werden der Präsident (direkt vom Volk), der Senat und das Repräsentantenhaus.

zu Schritt 3:
Die Gewalten sind in der amerikanischen Verfassung geteilt und kontrollieren sich gegenseitig.

zu Schritt 4:
Ein Gesetz kommt durch gleichlautende Beschlüsse von Senat und Repräsentantenhaus zustande, der Präsident muss zustimmen.

zu Schritt 5:
Die obersten Richter sind unabhängig, sie werden vom Präsidenten ernannt und vom Senat bestätigt. Sie kontrollieren den Präsidenten.

zu Schritt 6:
Zusammenfassend kann man sagen, dass die Verfassung der Vereinigten Staaten in besonderer Weise demokratisch ist, da die Gewalten geteilt sind. Das Volk bestimmt in Wahlen den Präsidenten und den Kongress. Das Wahlrecht von 1787 entspricht nicht mehr in allen Punkten unseren heutigen Auffassungen. Es wurde schrittweise bis zur vollkommenen Gleichberechtigung aller Amerikaner ausgeweitet.

---

1 Untersucht M 1 und vollzieht die Lösung von M 4 schrittweise nach.

2 Untersucht mithilfe der Checkliste (M 3) M 5 und formuliert eine Aussage zur Staatsordnung Frankreichs bis zum Jahre 1789.

Absolutistische Herrschaft

Wie kam es 1788 in Frankreich zur Staatskrise?

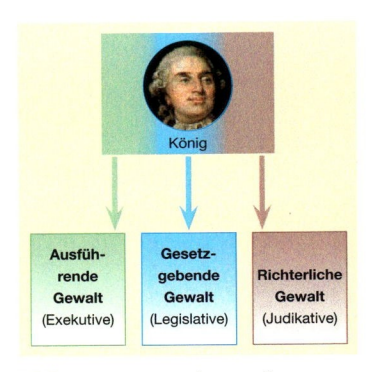

M 1 Die Staatsordnung des Absolutismus. *Schaubild*

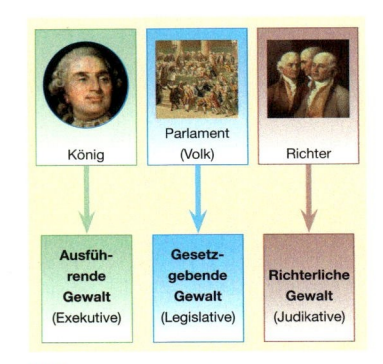

M 2 Die Staatsordnung nach Montesquieu. *Schaubild*

*Tyrann
Gewaltherrscher

*Prälat
Würdenträger der christlichen Kirche

*Gesinde(l)
Diener, Dienstpersonal

*Fronarbeiten
persönliche Dienstleistungen der Bauern für ihre Grundherren an einer festgelegten Zahl von Tagen im Jahr; dies konnten verschiedene Tätigkeiten sein – z. B. ein Feld zu pflügen oder Unkraut zu jäten.

Die Aufklärung

Je mehr sich der Absolutismus in Frankreich und Europa durchsetzte, desto lauter wurde die Kritik an dieser Herrschaftsform. Es waren vor allem französische Dichter, Philosophen und Schriftsteller, die sich zu Beginn des 18. Jahrhunderts hiergegen zur Wehr setzten. Das Zeitalter der Aufklärung begann.

Q 1 So schrieb der französische Philosoph Denis Diderot (1713–1784):
[…] Kein Mensch hat von der Natur das Recht erhalten, über andere zu herrschen. Die Freiheit ist ein Geschenk des Himmels und jedes Mitglied des Menschengeschlechtes hat das Recht, sie zu genießen, sobald es Vernunft besitzt. […]

Gewaltenteilung statt Alleinherrschaft

Q 2 Der Philosoph Charles de Montesquieu (1689–1755) schlug vor, die Macht im Staat aufzuteilen:
[…] In jedem Staat gibt es drei Arten von Gewalten: die gesetzgebende, die ausführende und die richterliche Gewalt. Um den Missbrauch der Gewalt unmöglich zu machen, müssen die Dinge so geordnet sein, dass die eine Gewalt die andere im Zaum hält.

Wenn die gesetzgebende Gewalt mit der ausführenden in einer Person vereinigt ist, dann gibt es keine Freiheit. Man muss dann nämlich befürchten, dass ein Herrscher tyrannische* Gesetze gibt, um sie als Tyrann auch auszuführen.

Es gibt keine Freiheit, wenn die richterliche Gewalt nicht von der gesetzgebenden und von der ausführenden Gewalt getrennt ist: Wenn die richterliche Gewalt mit der gesetzgebenden vereinigt wäre, so würde die Gewalt über Leben und Freiheit der Bürger willkürlich sein; denn der Richter wäre zugleich Gesetzgeber.

Wäre die richterliche Gewalt mit der ausführenden Gewalt verbunden, dann könnte der Richter die Macht eines Unterdrückers besitzen. […]

Die Krise des Absolutismus

Im Jahr 1774 wurde Ludwig XVI. König von Frankreich. Bedingt durch die Verschwendungssucht seiner Vorgänger übernahm er einen völlig verschuldeten Staat. Ganz Frankreich erhoffte sich von ihm eine Wende zum Guten: Würde der neue König die Staatsschulden tilgen und die Steuern senken? Würde er das ausschweifende Leben am Hof beenden?

Die Hoffnungen wurden enttäuscht. Ludwig XVI. interessierte sich nicht für die Fachgespräche mit seinen Ministern. Lieber hielt er sich in seiner Schlosserwerkstatt auf oder ging auf die Jagd. Wie seine Vorgänger gab er das Geld mit vollen Händen aus und der Adel tat es ihm nach.

186 — Inhaltsfeld: Herrschaft, Partizipation und Demokratie

Durch Missernten kam es zu Hungersnöten. 1789 verdiente ein Bauarbeiter 18 Sous pro Tag. Ein Vierpfundbrot kostete aber schon 14,5 Sous. Wie sollte man da noch seine Familie ernähren?

Q 3 1788 erschienen in Frankreich immer häufiger Flugschriften, die sich gegen die Vorherrschaft des Adels richteten:
[…] Eigentlich gibt es in Frankreich nur zwei Stände, den Adel und das Volk. Ich für meinen Teil […] behaupte, dass der Adel ein Nichts ist. Auf den Adel kann der König verzichten, nicht aber auf das Volk. […]

Q 4 In einer weiteren Flugschrift hieß es:
[…] Steht auf gegen den Klerus, den Adel. Duldet nicht, dass ungefähr 600 000 Menschen vierundzwanzig Millionen das Gesetz aufzwingen. Denkt an die Lasten, die ihr tragt. Schaut euch um nach den Palästen, den Schlössern, die gebaut sind mit eurem Schweiß und euren Tränen. Vergleicht eure Lage mit der dieser Prälaten* und Großen. Sie nennen euch Gesindel*! Lasst Sie erkennen, dass Gesindel diejenigen sind, die auf eure Kosten leben und sich mästen an eurer Arbeit. […]

Verdreifachte Schuldenlast

Im Jahr 1788 stand der französische König Ludwig XVI. vor einer katastrophalen Situation. Die Schuldenlast des Staates hatte sich in den letzten 15 Jahren verdreifacht und betrug nun fünf Milliarden Livres. Während die Einnahmen des Staates bei 503 Millionen Livres lagen, betrugen die Ausgaben 1788 rund 629 Millionen Livres. Alle Versuche des Königs, neue Steuern beim Adel oder dem hohen Klerus einzutreiben, scheiterten am entschlossenen Widerstand dieser beiden Gruppen. Was sollte nun werden?

M 3 Der dritte Stand trägt die Lasten. Auf dem Stein steht: die Kopfsteuer, das Steuerwesen und die Fronarbeiten*.
Kolorierter Kupferstich, 1789

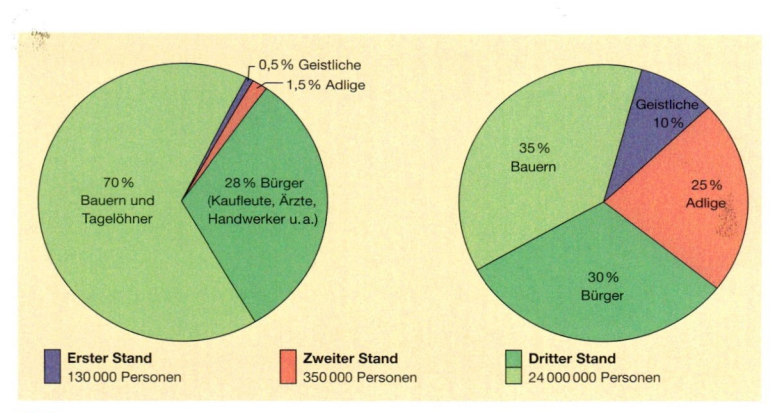

M 4 Die ständische Gliederung und die Verteilung des Grundbesitzes um 1780

1 Lest Q1 und Q2 und zeigt, was die Aufklärer vom absolutistischen Staat fordern (→ **Wir untersuchen Textquellen**, S. 320).

2 Erklärt, was der Begriff „Gewaltenteilung" (Q2) bedeutet und warum er für eine staatliche Ordnung wichtig ist.

3 Setzt Q1 in Beziehung zu Q2 und beschreibt den Unterschied in beiden Sichtweisen.

4 Untersucht Q3 und Q4 und gebt die Stimmung wieder, die sich in den beiden Flugschriften zeigt (→ **Wir untersuchen Textquellen**, S. 320).

5 Schreibt mithilfe des Textes sowie anhand von Q3, Q4, M3 und M4 eine Geschichtserzählung über Frankreich im Jahr 1788.

Mitbestimmung und Menschenrechte

Was führte zur Französischen Revolution?

M 1 Der Schwur im Ballhaus am 20. Juni 1789. *Gemälde von J. Louis David, um 1790*

Einberufung der Generalstände

In seiner verzweifelten Lage beschloss Ludwig XVI., die Vertreter aller drei Stände nach Versailles einzuberufen. Gemeinsam sollten sie über eine Lösung der Finanzkrise beraten, gemeinsam nach einer Lösung suchen. Am 5. Mai 1789 – so ließ er es im ganzen Land von den Kanzeln verkünden – treffen sich die Abgeordneten in Versailles. Im Februar und März fanden die Wahlen statt:
- Der erste Stand (120 000 Geistliche) wählte 300 Abgeordnete.
- Der zweite Stand (350 000 Adelige) wählte 300 Abgeordnete.
- Der dritte Stand (24 Mio. Franzosen) wählte 600 Abgeordnete.

Wählen durfte nur, wer männlich war und Besitz hatte.

*Nationalversammlung: eine verfassungebende Versammlung von Abgeordneten, welche die gesamte Nation vertritt

Wer vertritt das Volk?

Alle Abgeordneten waren vollzählig versammelt, als am 5. Mai 1789 der König in einem Saal seines Schlosses die Sitzung der Generalstände eröffnete. Gespannt warteten vor allem die Vertreter des dritten Standes darauf, wie der König auf die Beschwerdehefte und die darin enthaltenen Forderungen reagieren würde. Doch der König sprach nicht von Reformen, er wünschte nur die Zustimmung zu neuen Steuern.

Dann wurden die Abgeordneten entlassen. Sie sollten jetzt – jeder Stand für sich – über die Steuervorschläge des Königs beraten und abstimmen. Jeder Stand sollte eine einzige Stimme haben.

Gegen diese Anordnung des Königs wehrten sich die Abgeordneten des dritten Standes. Sie verlangten eine gemeinsame Beratung aller Abgeordneten und eine Abstimmung nach Köpfen. Doch der König und fast alle Abgeordneten des ersten und zweiten Standes lehnten diese Forderungen ab.

Q 1 Am 17. Juni 1789 erklärten schließlich die Abgeordneten des dritten Standes:
[…] Wir sind die Vertreter von 24 Millionen Franzosen. Wir sind die einzigen und wahren Vertreter des ganzen französischen Volkes. Deshalb geben wir unserer Versammlung den Namen „Nationalversammlung"*. Wir werden Frankreich eine Verfassung geben, die allen Franzosen die gleichen Rechte garantiert. […]

Der Schwur im Ballhaus

Als der König aus Empörung über das Vorgehen des dritten Standes den Sitzungssaal sperren ließ, versammelten sich die Abgeordneten in einer nahe gelegenen

Sporthalle, dem so genannten „Ballhaus". Hier schworen die Abgeordneten am 20. Juni 1789, sich nicht zu trennen, bis sie eine Verfassung für Frankreich verabschiedet hätten. Sie erklärten sich zur **Nationalversammlung.** Der König musste nachgeben, wenige Tage später schlossen sich beiden anderen Stände der Nationalversammlung an.

Der Sturm auf die Bastille

Unruhe lag über Paris am 14. Juli 1789. Das Brot war knapp und kostete doppelt so viel wie sonst. Der König ließ Truppen zusammenziehen. Jetzt rotteten sich einige Tausend Menschen zusammen und zogen zur Bastille, dem verhassten Staatsgefängnis. Gegen Mittag stieß die Menge bis an die geschlossene Zugbrücke vor. Der Gefängniskommandant verlor die Nerven und gab Befehl zum Feuern. Mehr als hundert Belagerer wurden getötet. Das steigerte aber nur die Wut der Volksmenge, die sich Kanonen verschafft hatte und nun zum Angriff überging. Schließlich gaben die Belagerten auf. Das Volk erstürmte die Bastille!
Bis heute ist der 14. Juli der Nationalfeiertag Frankreichs.

Die Revolution* auf dem Land

Von Paris aus griff die Revolution auf ganz Frankreich über. Da die Bauern seit Monaten schon auf die Beantwortung ihrer Beschwerden warteten, aber nichts geschehen war, sahen sie jetzt die Stunde gekommen, um selbst zu handeln. Sie zogen zu den Schlössern ihrer Grundherren und forderten die Herausgabe der Urkunden, worin ihre Abgaben und Dienstleistungen verzeichnet waren, und verbrannten sie. An vielen Orten gingen Schlösser in Flammen auf. Die Bauern weigerten sich, weiter Steuern oder Abgaben zu zahlen.
Unter diesem Druck hob die Nationalversammlung am 4. August 1789 die Leibeigenschaft auf. Die Grundherren waren fortan nicht mehr die Richter auf dem Land. Jetzt durften die Bauern auch auf ihrem eigenen Grund und Boden jagen. Von den Abgaben mussten sie sich allerdings gegen eine Geldabgabe freikaufen, was vielen infolge ihrer Armut nicht möglich war.

M 2 Der Sturm auf die Bastille am 14. Juli 1789. *Kupferstich von J. B. Laminit, um 1790*

*Revolution
Umsturz, tiefgreifende, oft gewaltsame Veränderung einer bestehenden Ordnung

1. Beschreibt, mit welchen Erwartungen Vertreter des dritten Standes und der Adeligen nach Versailles gekommen sind.
2. Vergleicht und bewertet die Zahl der Vertreter der drei Stände.
3. Erläutert, welche Ziele der König mit der Einberufung der Versammlung verfolgte.
4. Begründet, warum der dritte Stand das Recht für sich in Anspruch nahm, sich zur Nationalversammlung zu erklären.
5. Untersucht noch einmal den Ablauf der Ereignisse in Frankreich seit Februar 1789 und notiert die wichtigsten Schritte in der zeitlichen Reihenfolge. Kennzeichnet sie mit einem „roten R", wenn ihr sie als revolutionär anseht.

Mitbestimmung und Menschenrechte

Für wen gelten die Menschenrechte?

Freiheit – Gleichheit – Brüderlichkeit

Am 26. August 1789 verkündete die Nationalversammlung die **Menschen- und Bürgerrechte.**

Q1 Aus der Erklärung der Menschenrechte:

[…] Art. 1: Die Menschen sind und bleiben von Geburt an frei und gleich an Rechten.
Art. 2: Das Ziel einer jeden politischen Vereinigung besteht in der Erhaltung der natürlichen und unantastbaren Menschenrechte. Diese Rechte sind Freiheit, Sicherheit und Widerstand gegen Unterdrückung. […]
Art. 4: Die Freiheit besteht darin, alles tun zukönnen, was dem anderen nicht schadet. […] Diese Grenzen können nur gesetzlich festgelegt werden.
Art. 6: Das Gesetz […] muss für alle gleich sein.
Art. 7: Kein Mensch kann anders als in den gesetzlich verfügten Fällen […] verhaftet werden.
Art. 10: Niemand darf wegen seiner Meinung, selbst religiöser Art, belangt werden, solange die Äußerungen nicht die gesetzlich festgelegte Ordnung stören.
Art. 11: Freie Gedanken- und Meinungsfreiheit ist eines der kostbarsten Menschenrechte; jeder Bürger kann daher frei schreiben, reden und drucken, unter Vorbehalt des Missbrauchs dieser Freiheit. […]
Art. 17: Da das Eigentum ein unverletzliches und heiliges Recht ist, kann es niemandem genommen werden, außer im Falle öffentlicher Notwendigkeit unter der Bedingung einer gerechten und vorherigen Entschädigung. […]

M 1 Olympe de Gouges. *Zeitgenössische Darstellung*

*Asyl
Zufluchtsort bzw. Schutz vor Gefahr und Verfolgung

Noch heute gültig

Die Menschen- und Bürgerechte von 1789 waren zunächst nur eine Absichtserklärung, aber über die Jahrhunderte hinweg entfalteten sie eine fortbleibende Wirkung, auch wenn sie bis auf den heutigen Tag nicht in allen Staaten der Welt durchgesetzt und beachtet werden.

Q2 1948 erklärten die Vereinten Nationen allgemeine, überall gültige Menschenrechte:

Art. 1: Alle Menschen sind frei und gleich an Würde und Rechten geboren. […]
Art. 3: Jeder Mensch hat das Recht auf Leben, Freiheit und Sicherheit der Person.
Art. 4: Niemand darf in Sklaverei oder Leibeigenschaft gehalten werden.
Art. 5: Niemand darf der Folter oder grausamer, unmenschlicher oder erniedrigender Behandlung oder Strafe unterworfen werden.
Art. 6: Alle Menschen sind vor dem Gesetz gleich. […]
Art. 9: Niemand darf willkürlich festgenommen, in Haft gehalten oder des Landes verwiesen werden.
Art. 13: Jeder Mensch hat das Recht auf Freizügigkeit und freie Wahl seines Wohnsitzes innerhalb eines Staates. […]
Art. 14: Jeder Mensch hat das Recht, in anderen Ländern vor Verfolgung Asyl* zu suchen und zu genießen.
Art. 18: Jeder Mensch hat Anspruch auf Gedanken-, Gewissens- und Religionsfreiheit. […]
Art. 19: Jeder Mensch hat das Recht auf freie Meinungsäußerung. […]

Die Verfassung von 1791

Die von der Nationalversammlung am 3. September 1791 verabschiedete Verfassung schränkte die Macht des Königs erheblich ein. Die gesetzgebende Gewalt wurde von der gewählten Nationalversammlung ausgeübt. Aber von den etwa 26 Millionen Franzosen besaßen nur vier Millionen das Wahlrecht (Aktivbürger). Alle Frauen sowie jene Männer, die keine oder nur geringe Steuern zahlten, durften nicht wählen (Passivbürger). Die Menschen- und Bürgerrechte wurden der Verfassung vorangestellt.

Frauen fordern Rechte

Vor der Revolution waren die Frauen fast rechtlos. Selbst verheiratete Frauen durften ohne Zustimmung ihres Ehemannes keine Verträge abschließen. Der Ehemann verfügte über das Eigentum der Frau. Auch durch die Revolution veränderte sich die Lage der Frauen kaum. Zwar entstanden Frauenclubs, aber bereits 1793 wurden diese verboten und zahlreiche politisch aktive Frauen hingerichtet. Olympe de Gouges (1748–1793) forderte zeitgleich mit der Verkündigung der Verfassung Frauenrechte.

Q3 In der „Erklärung der Rechte der Frau und der Bürgerin" von 1791 von Olympe de Gouges heißt es:
Die Frau ist frei geboren und bleibt dem Manne gleich an Rechten. Die sozialen Unterschiede dürfen allein im Gemeinwohl begründet sein. […]
Das Gesetz soll Ausdruck des allgemeinen Willens sein. Alle Bürgerinnen und Bürger sollen persönlich oder durch ihre Vertreter an seiner Gestaltung mitwirken. Es muss für alle gleich sein. […]
Die freie Gedanken- und Meinungsäußerung ist eines der kostbarsten Rechte der Frau, denn diese Freiheit ermöglicht das offene Bekenntnis zur Vaterschaft an ihren Kindern. […]

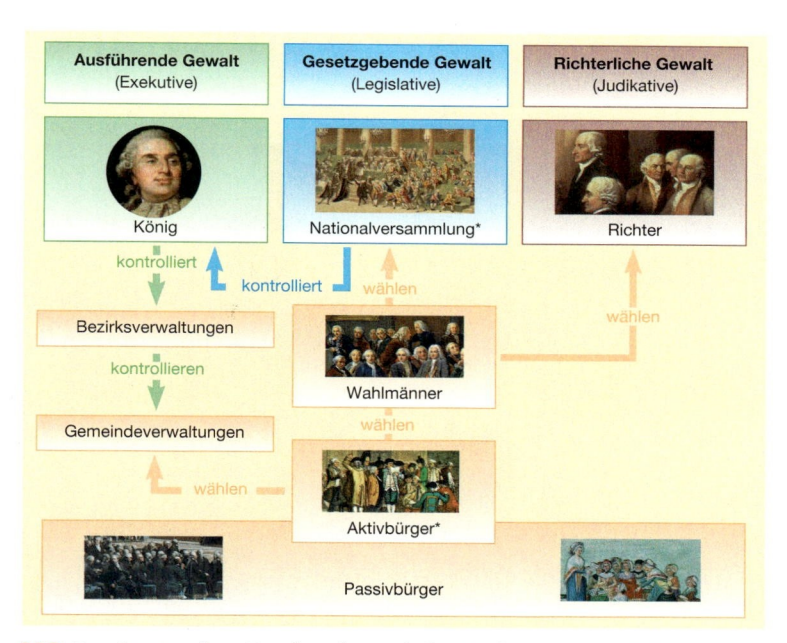

M2 Der Staatsaufbau Frankreichs nach der Verfassung von 1791

Das Eigentum gehört beiden Geschlechtern, seien sie vereint oder getrennt. […]

1793 wurde Olympe de Gouges hingerichtet, weil sie sich gegen die Entwicklung der Revolution zu einer blutigen Diktatur wandte.

*Aktivbürger
Nur Männer, die ein höheres Einkommen hatten und entsprechende Steuern zahlten, konnten wählen. Die Nationalversammlung konnte über Gesetze und Steuern und über Krieg und Frieden beraten und beschließen.

1 Lest die Artikel der Menschenrechtserklärung (Q1) und notiert euch Stichwörter zu ihrer Bedeutung.

2 Stellt fest, welche Artikel in Q1 auch für euch heute wichtig sind.

3 Vergleicht Q1 und Q2 (→ **Wir vergleichen Quellentexte**, S. 32). Lest dazu auch auf S. 246/247 über die Rolle der Menschenrechte heute nach.

4 Untersucht Q3 und zeigt, was an den Forderungen von Olympe de Gouges damals revolutionär war (→ **Wir untersuchen Textquellen**, S. 320).

5 Vergleicht M2 mit S. 186, M2 und zeigt den Einfluss Montesquieus auf die Verfassung von 1791. Was konnten die Zeitgenossen damals zu Recht kritisieren?

Mitbestimmung und Menschenrechte

Wie wurde Frankreich zur Republik?

> Auf, Söhne des Vaterlandes, der Tag des Ruhms ist gekommen! Die blutige Fahne der Tyrannei ist gegen uns erhoben. Zu den Waffen, Bürger! Reiht euch ein in die Bataillone*! Lasst uns marschieren, marschieren, damit das feindliche Blut unsere Furchen tränke!

M 1 Die französische Nationalgarde zieht in den Krieg. *Gemälde von Leon Logniet, 1836*

*Bataillon
(vom franz. Wort *bataille* = Schlacht) Verband bei den Streitkräften (beim Militär)

*Republik
(lat. *res publica* = die öffentliche Sache) Begriff für eine Staatsform mit einer gewählten Regierung, in der das Volk oder ein Teil des Volkes die Macht ausübt.

Revolution und Krieg

Die europäischen Staaten außerhalb Frankreichs wurden von Königen und Fürsten regiert. Sie fürchteten, dass sich die Ideen der Revolution auch in ihren Ländern ausbreiten könnten.

Viele französische Adelige, die ins Ausland gegangen waren, verstärkten die feindselige Haltung gegenüber Frankreich. Um einem Angriff der verbündeten Fürsten zuvorzukommen, beschloss die französische Nationalversammlung, 1792 mit dem Krieg zu beginnen. Jetzt erfasste eine nationale Begeisterung die Franzosen. Mit dem Ruf „Das Vaterland ist in Gefahr!" meldeten sich Zehntausende Franzosen freiwillig zu den Waffen. Zu Beginn des Krieges waren die Berufsarmeen der verbündeten Österreicher und Preußen überlegen. Aber dann eroberte die französische Revolutionsarmee zuerst Belgien, danach das Rheinland und stieß bis Frankfurt am Main vor.

Die Mainzer Republik

In Mainz gründeten revolutionär gesinnte Bürger nach der Besetzung durch die Franzosen eine rheinische Republik* – einen Staat ohne König. Der neue Staat sollte an Frankreich angeschlossen werden. Doch schon nach einigen Monaten eroberten preußische Truppen Mainz zurück und machten dem ersten republikanischen Staat auf deutschem Boden ein Ende.

Der König auf der Flucht

1791 war die absolute Macht des Königs durch die Verfassung stark eingeschränkt worden. Er musste sich jetzt an die von der Nationalversammlung beschlossenen Gesetze halten und war nicht mehr der

M 2 Hinrichtung Ludwigs XVI. am 21. Januar 1793. *Zeitgenössischer Stich*

> Ich bin ein Gegner der Todesstrafe. Aber er war gegen die Revolution. Ludwig musste sterben, weil das Vaterland leben muss.

> Uns Bauern ging es vor der Revolution wirklich schlecht. Aber darf man einen König köpfen? Das ist gegen Gottes Gebote.

> Ludwig war doch unschuldig. Hoffentlich bekommen diese Königsmörder bald ihre gerechte Strafe. Aber wer wird jetzt regieren?

> Er hat es nicht besser verdient. Der König hat uns bis aufs Blut ausgepresst. Jetzt kommen wir an die Macht.

M 3 Stimmen zur Hinrichtung des Königs

oberste Richter. Ludwig XVI. wollte sich nicht damit abfinden. Er nahm Kontakt zu französischen Adeligen auf, die im Ausland lebten. In der Nacht vom 20. Juli 1791 floh der König mit seiner Familie, wurde aber vor der Grenze erkannt und als Gefangener nach Paris zurückgebracht.

Die Hinrichtung des Königs

Ludwig XVI. wurde verdächtigt, mit den Gegnern gemeinsame Sache zu machen. Als der feindliche Oberkommandierende erklärte, Paris zu zerstören, falls Ludwig XVI. etwas zustoßen würde, stürmten Revolutionäre das Stadtschloss des Königs. Bei den Gefechten mit der königlichen Leibgarde kamen 400 Menschen ums Leben. Jetzt wurde der König abgesetzt und angeklagt. Eine knappe Mehrheit des Parlaments stimmte für die Todesstrafe. Am 21. Januar 1793 wurde Ludwig XVI. hingerichtet. Frankreich wurde eine Republik.

1 Beschreibt M 1. Achtet besonders auf die Mimik und Gestik der Soldaten und Zuschauer. Welche Stimmung vermittelt das Bild?

2 Lest den in M 1 einmontierten Text (Sprechblasen) der „Marseillaise" (gedichtet und erstmals in Marseille gesungen, heute Nationalhymne Frankreichs) laut vor. Wozu fordert das Lied auf?

3 Sucht Gründe für den Erfolg der französischen Revolutionsarmee.

4 Lest die Äußerungen der Menschen in M 3 laut vor. Zu welchen Bevölkerungsgruppen gehören die dargestellten Personen? Welche Meinung würdet ihr unterstützen, welche lehnt ihr eher ab?

5 Berichtet über das Schicksal des Königs.

Das Ende der Revolution

Wie kam es zur blutigen Terrorherrschaft?

*Terrorherrschaft
(Lat.: terror = Schrecken) der Zeitraum von Juni 1793 bis Ende Juli 1794; er war gekennzeichnet durch die massive Unterdrückung von Personen, die verdächtigt wurden, nicht mit der Revolution einverstanden zu sein. Willkür, Gewalt und die Verbreitung von Angst und Schrecken hatten zum Ziel, die Menschen gefügig zu machen.

M 2 Die Opfer der Terrorherrschaft*: Unter anderem Geistlichkeit, Parlament, Adel, Volk. *Stich von 1794*

M 1 Ein Sansculotte

*Sansculotten
(frz. = ohne Kniehosen) Pariser Revolutionäre, die aus armen Familien stammten; die Männer trugen lange Hosen, um sich auch in der Kleidung vom Adel zu unterscheiden.

Der Terror

Der König hingerichtet, die französischen Truppen auf der Flucht vor feindlichen Heeren und immer wieder Hungersnöte – Frankreich kam nicht zur Ruhe. Viele Menschen wandten sich daher ab von der Revolution und den Revolutionären.

> **Q 1 In einem Brief aus dieser Zeit heißt es:**
> […] Es wird aufgerufen, sich freiwillig zur Armee gegen die Preußen zu melden. Tausende tun das. Bald werden die ersten 40 000 Mann abmarschieren. Sie sind voller Begeisterung. Aber sie fragen sich: „Was wird geschehen, wenn wir weg sind?" Es gibt Tausende von Gegnern der Revolution in Paris. Werden diese Gegner nicht unsere Abwesenheit benutzen, um unsere Frauen und Kinder zu ermorden? […]

Um mit den vielfältigen Problemen fertig zu werden, übertrug der Nationalkonvent die Macht auf zwei Ausschüsse:
Die Mitglieder des Wohlfahrtsausschusses waren zuständig für die Versorgung der Bevölkerung, die Errichtung von Rüstungsbetrieben, für das Militär und die Polizei. Vorsitzender dieses Ausschusses wurde Maximilien de Robespierre, der gegenüber den wahren oder auch nur angeblichen Gegnern der Republik keine Gnade walten ließ.

Der **Sicherheitsausschuss** hatte die Aufgabe, „Feinde der öffentlichen Ordnung" aufzuspüren und verhaften zu lassen.
Beide Ausschüsse wurden von den Jakobinern beherrscht. Unterstützt wurden sie vor allem von den Kleinbürgern, den Sansculotten*. Diese Gruppe fürchtete, aufgrund der politisch unsicheren Lage seien die Errungenschaften der Revolution gefährdet, und glaubte, die Ordnung müsse mit Gewalt aufrechterhalten werden. So gerieten vermeintliche Gegner der Revolution schnell in den Blick der radikalen Revolutionäre: Einige unbedachte Äußerungen genügten bereits, um als „Feind der Republik" überführt zu werden.

> **Q 2 Am 11. Oktober 1793 erließ der Sicherheitsausschuss folgende Bekanntmachung:**
> […] Merkmale zur Kennzeichnung von Verdächtigen:
> 1. Wer Versammlungen des Volkes durch hinterhältige Reden und Zwischenrufe stört.

Inhaltsfeld: Herrschaft, Partizipation und Demokratie

2. Wer die Großpächter und habgierigen Händler bedauert, gegen die Maßnahmen ergriffen wurden.
3. Wer dauernd die Worte Freiheit, Republik und Vaterland im Munde führt, aber mit ehemaligen Adeligen verkehrt und an ihrem Schicksal Anteil nimmt.
4. Wer die republikanische Verfassung mit Gleichgültigkeit aufgenommen hat. […]

Vor dem Revolutionsgericht

Noch im gleichen Jahr wurde ein Revolutionsgericht gebildet, das die Feinde der Republik aburteilen sollte. Gegen seine Entscheidungen gab es keine Einspruchsmöglichkeiten.

Q 3 In einem zeitgenössischen Bericht steht:
[…] Verhöre und Verteidigungen gibt es nicht mehr. Zeugen werden keine vernommen. Wer im Gefängnis sitzt, ist bereits zum Tode verurteilt.
Der öffentliche Ankläger kommt kaum mehr zur Ruhe. In einem Raum neben seinem Büro wirft er sich nachts für einige Stunden auf die Pritsche, um dann aufgeschreckt wieder an den Schreibtisch zu wanken. […] Es gibt Verhandlungen, wo 100 oder 150 Angeklagte schon vor der Verhandlung als schuldig in die Listen eingetragen wurden. […] Der eine Richter vertreibt sich die Zeit damit, Karikaturen der Angeklagten zu zeichnen, andere sind oft betrunken. […]

Ein Mitglied des Wohlfahrtsausschusses erklärte später: „Wir wollten nicht töten, um zu töten. Wir wollten unsere Vorstellungen um jeden Preis durchsetzen." Ungefähr 500 000 Menschen wurden verhaftet, etwa 40 000 hingerichtet, darunter auch Kinder im Alter von zehn bis zwölf Jahren.

Ende des Terrors

Im Jahr 1794 konnten die zahlenmäßig überlegenen französischen Truppen ihre Gegner aus Frankreich vertreiben. Die Revolution schien gerettet. Die Mehrzahl der Abgeordneten im Nationalkonvent – so nannte sich jetzt die Nationalversammlung – sah jetzt in der Fortführung der Terrorherrschaft keinen Sinn mehr. Am 27. Juli 1794 ließen sie Robespierre verhaften und am nächsten Tag hinrichten.
Ein Jahr später beschloss der Nationalkonvent eine neue, die dritte Verfassung der Revolution. Zuerst wurde die Gewaltenteilung, die Robespierre außer Kraft gesetzt hatte, wieder eingeführt. Außerdem erhielten die Bürger mit höherem Einkommen wieder größere Rechte bei den Wahlen. Die eigentlichen Regierungsgeschäfte wurden einem Direktorium von fünf Konventsmitgliedern übertragen.
Den wirtschaftlichen Verfall konnte aber auch diese Regierung nicht aufhalten. Das Direktorium wurde daher bei der Bevölkerung immer unbeliebter. Schließlich konnte die allgemeine Ordnung nur noch mithilfe des Militärs aufrechterhalten werden.

M 3 Maximilien de Robespierre (1758–1794) war Rechtsanwalt und in der Nationalversammlung Abgeordneter des dritten Standes. Mit seinem Namen verbindet sich eng die Zeit der Terrorherrschaft 1793/1794.
Zeitgenössische Darstellung

1 Lest die Artikel 10 und 11 der Erklärung der Menschenrechte (siehe Q 1, S. 190). Wie beurteilt ihr im Vergleich dazu die Bekanntmachung des Sicherheitsausschusses (Q 2)?

2 Beschreibt M 2 und erklärt, welche Kritik an dem Vorgehen der Revolutionäre und am Revolutionsgericht zum Ausdruck gebracht wird (→ **Wir lesen Bilder**, S. 314).

3 Erläutert, warum eine Einspruchsmöglichkeit gegen Gerichtsurteile notwendig ist (vgl. Q 3).

4 Auch heute werden die Menschenrechte in einigen Staaten nicht beachtet. Dort versuchen die Regierungen ebenfalls, mit Terror ihre Macht zu erhalten. Recherchiert im Internet (Suchbegriffe „Einhaltung der Menschenrechte" und „Terrorherrschaft", → **Wir führen eine Internetrecherche durch**, S. 316).

Das Ende der Revolution

Wie veränderte Napoleon Europa?

Napoleon Bonaparte

Nach dem Sturz Robespierres kamen die Vertreter des wohlhabenden Bürgertums an die Macht. 1795 wurde eine neue Verfassung ausgearbeitet. Ein Direktorium aus fünf „Direktoren" bildete die Exekutive. Das Wahlrecht wurde wieder auf wohlhabende Männer beschränkt. Das Direktorium war nicht fähig, die Not breiter Bevölkerungsschichten zu beheben. Wiederholt kam es zu Unruhen und Aufständen. Seit 1798 herrschte das Direktorium uneingeschränkt. Der durch militärische Siege bekannt gewordene General Bonaparte stürzte es am 9. November 1799 und setzte sich an die Spitze eines Dreier-Direktoriums. Die Revolution erklärte er für beendet.

Sicherung der Macht

Mit einer neuen Verfassung und einem neuen Regierungssystem – dem Konsulat – sicherte sich Napoleon 1799 als Erster Konsul die größte Macht. Durch direkte Befragung des Volkes (Volksentscheid) festigte er seine Alleinherrschaft und ließ sich sein Konsulat 1802 durch einen Volksentscheid auf Lebenszeit verlängern. 1804 krönte er sich im Beisein des Papstes selbst zum Kaiser der Franzosen. Über die Besetzung der höchsten Ämter in der Verwaltung, in der Polizei und in der Armee entschied er selbst.

Sicherung der Ergebnisse der Revolution

Einige wichtige Rechte aus der Revolutionszeit ließ Napoleon jedoch unangetastet:
- die persönliche Freiheit,
- die Gleichheit vor dem Gesetz,
- das Recht auf Eigentum,
- die Freiheit der Wirtschaft.

1804 erschien die erste Ausgabe einer Gesetzessammlung (Code), die nach ihrem Urheber Napoleon Bonaparte auch „Code Napoléon" genannt wurde. Die einzelnen Bücher des Code regelten die Rechte der Personen und Fragen des Eigentums. Damit wurde zum ersten Mal ein für ganz Frankreich einheitliches geschriebenes Recht geschaffen. Dieses Gesetzbuch wurde zum Vorbild für ganz Europa.

Umgestaltung Europas

Napoleon führte ununterbrochen Krieg und konnte bis auf Großbritannien fast alle Staaten Europas unterwerfen.

> **Q 1 Über seine Ziele sagte Napoleon in einem Gespräch:**
>
> [...] Europa wird nicht zur Ruhe kommen, bevor es nicht unter einem einzigen Oberhaupt steht, unter einem Kaiser, der Könige als seine Beamten hat und der seinen Generalen Königreiche gibt. Wir brauchen ein europäisches Gesetz, einen europäischen Gerichtshof, eine einheitliche Münze, die gleichen Gewichte und Maße. [...] Aus allen Völkern Europas muss ich ein Volk machen und aus Paris die Hauptstadt der Welt. [...]

Als die französischen Truppen deutsche Gebiete eroberten, begann eine völlige Umgestaltung Deutschlands. Schon im Jahr 1801 hatten die deutschen Fürsten sich damit einverstanden erklärt, dass die von Napoleons Soldaten eroberten Gebiete links des Rheins auf Dauer zu Frankreich gehören sollten.
Für deutsche Fürsten, die dadurch Gebiete verloren hatten, wurde 1803 eine Entschädigung vereinbart:
- Geistliche Landesherren wurden enteignet. Die Gebiete verteilte man an

M 1 Napoleon Bonaparte (1769–1821) wurde bereits mit 16 Jahren Offizier und war ein erfolgreicher General der Revolutionsarmeen. 1799 übernahm er gewaltsam die Macht in Frankreich und krönte sich 1804 selbst zum Kaiser. Er starb 1821 in der Verbannung, nachdem seine Truppen 1815 von vereinigten europäischen Armeen endgültig besiegt worden waren.
Zeitgenössische Darstellung

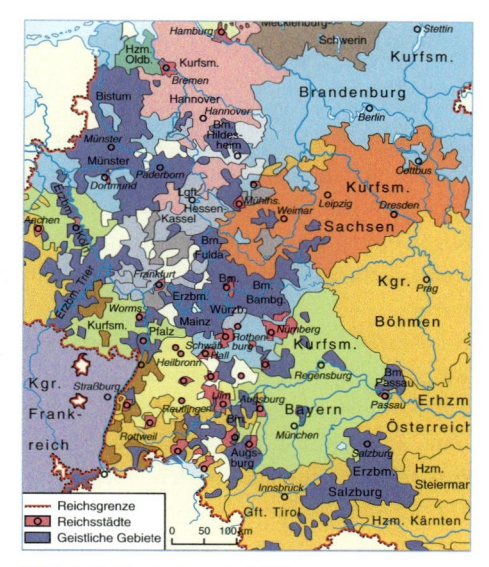

M 2 Mitteleuropa vor 1803

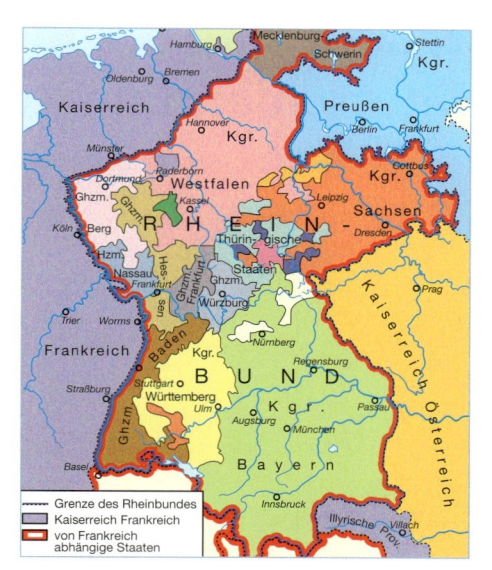

M 3 Mitteleuropa nach 1806

weltliche Fürsten. Fast alle Reichsstädte und zahllose Kleinstaaten teilte man mächtigeren Landesherren zu.

Etwa 300 kleine Herrschaftsgebiete verschwanden so von der Landkarte. Drei Millionen Menschen wurden neuen Herrschern unterstellt. Später erhob Napoleon die Fürsten von Bayern, Sachsen und Württemberg zu Königen.

Die Herrschaft Napoleons in den deutschen Staaten wurde durch seine Truppen gesichert. Unerbittlich ließ Napoleon jeden Widerstand niederschlagen.

1812 wurden Napoleons Truppen in Russland geschlagen. In einer weiteren Schlacht 1813 bei Leipzig konnten Russland, Preußen und Österreich seine Truppen erneut besiegen. Nach der endgültigen Niederlage 1815 bei Waterloo gegen britische und preußische Truppen wurde Napoleon auf die Insel St. Helena verbannt, wo er 1821 starb.

Wiederherstellung der alten Ordnung der Fürsten

Auf einem großen Kongress in Wien beschlossen die siegreichen Fürsten 1815 eine **Neuordnung Europas**, welche die Macht der alten Herrscher wiederherstellte. Um den Frieden in Europa zu sichern, sollte keine der Großmächte Frankreich, Großbritannien, Österreich, Preußen und Russland mehr Macht als ein jeweils anderer Staat ausüben können.

Alle demokratischen Einflüsse der Französischen Revolution – wie die Beteiligung der Bürger an politischen Entscheidungen – wurden zurückgewiesen und verboten.

1 Notiert aus dem Text Stichwörter zum Leben und Wirken von Napoleon. Ergänzt sie mithilfe von Lexika und dem Internet.

2 Untersucht Q1 und erläutert die Ziele Napoleons.

3 Vergleicht die Karten M2 und M3 und erläutert die Folgen der Herrschaft Napoleons in Mitteleuropa (→ **Wir lesen Geschichtskarten**, S. 315).

4 Macht eine Internetrecherche zum Thema „Wiener Kongress" und berichtet in der Klasse (→ **Wir führen eine Internetrecherche durch**, S. 316).

5 Notiert in eurer Arbeitsmappe eine Zwischenbilanz zur Entwicklung der politischen Mitsprache von Bürgerinnen und Bürgern in der Zeit von 1789 bis 1815.

Der deutsche Weg zur Demokratie

Womit sind die Bürger in Deutschland unzufrieden?

M 1 Der Zug auf das Hambacher Schloss am 27. Mai 1832. *Federlithographie*

> Die Fürsten sind die Unterdrücker des Volkes. Alle freiheitsliebenden Bürger müssen sich vereinigen und ihr Leben für Freiheit und Völkerglück einsetzen. Hoch, dreimal! Hoch das … republikanische Europa!

M 2 Georg August Wirth (1798–1848). *Stich*

> Vaterland, Freiheit – ja! Ein freies deutsches Vaterland – dies ist der Sinn des heutigen Festes. … Es wird kommen der Tag, wo der Deutsche vom Alpengebirge und der Nordsee, vom Rhein, der Donau und der Elbe den Bruder umarmt.

M 3 Philipp Jakob Siebenpfeiffer (1789–1845). *Stich*

Revolutionen in Frankreich und Polen

Im Juli 1830 protestierten reiche Bürger, Studenten, Handwerker und Arbeiter in Paris gegen den Versuch König Karls X., das Parlament zu beseitigen und die Pressefreiheit aufzuheben. Nach dreitägigen Straßenkämpfen musste der Monarch zurücktreten. Das französische Parlament setzte einen neuen König ein, der einer freiheitlichen Verfassung zustimmen musste.

Im November 1830 erhoben sich die Bürger Polens gegen die russische Herrschaft. Sie forderten ein vereintes Polen und eine freiheitliche Verfassung. Die russischen Truppen wurden vertrieben. Die Revolution hatte gesiegt. Aber schon ein Jahr später wurde die Revolution durch Waffengewalt der russischen Armee beendet. Viele polnische Freiheitskämpfer mussten ins Ausland fliehen. Auch in Deutschland wurden sie von freiheitlich gesinnten Bürgern aufgenommen.

Der erfolgreiche Verlauf der Julirevolution in Frankreich ermutigte auch die Bürger des Deutschen Bundes. Am 27. Mai 1832 zogen 30 000 Menschen zum Hambacher Schloss. Sie kamen aus Städten und Dörfern des Deutschen Bundes, ja, sogar aus Frankreich und Polen. Es waren unter anderem Juristen, Zeitungsverleger, Buchhändler, Handwerker, Bauern und Winzer. Auf dem Weg zum Schloss sangen die Demonstranten politische Lieder – z. B. „Fürsten zum Land hinaus". Auf dem Schloss wurden Reden gehalten.

1 Notiert die Forderungen von Siebenpfeiffer und Wirth.

2 Verfasst einen Zeitungsartikel über das Hambacher Fest, der Aufschluss über Ursachen, Motive, Teilnehmer und Forderungen gibt.

3 Findet heraus, welche Bedeutung die Farben Schwarz, Rot, Gold in der Fahne (M 1) hatten (→ **Wir führen eine Internetrecherche durch**, S. 316).

Wir verstehen politische Lieder

Die Texte und die Musik der Lieder, wie sie 1832 auf dem Hambacher Fest gesungen wurden, geben uns wichtige Hinweise in Bezug auf die Situation der Menschen in Deutschland in dieser Zeit. Auch das später entstandene Lied der Deutschen (M 3) zeigt eine damals wichtige politische Forderung.

M 1 Checkliste zum Verständnis politischer Lieder:

1. Schritt: Entstehung klären
Wer hat das Lied geschrieben?
Wann wurde es geschrieben bzw. gesungen? In welchem Land war es bekannt?

2. Schritt: Text untersuchen
Wie heißt der Titel des Liedes?
Was erfahren wir aus den einzelnen Strophen?
Welche Absichten könnte der Autor mit dem Lied verfolgt haben?
Wie können wir die Aussagen zusammenfassen (z. B. als Comic …)?

3. Schritt: Wirkung von Text und Melodie untersuchen
Ist die Musik eher schnell/langsam, laut/leise, fröhlich/traurig, mitreißend/zurückhaltend, kriegerisch/besänftigend?
Passen Text und Melodie zusammen?
Welche Gefühle könnte das Lied bei den Menschen damals ausgelöst haben?

4. Schritt: Beurteilung
Wie wirkt das Lied heute auf uns?
Welche Botschaft entnehmen wir dem Lied für die heutige Zeit?

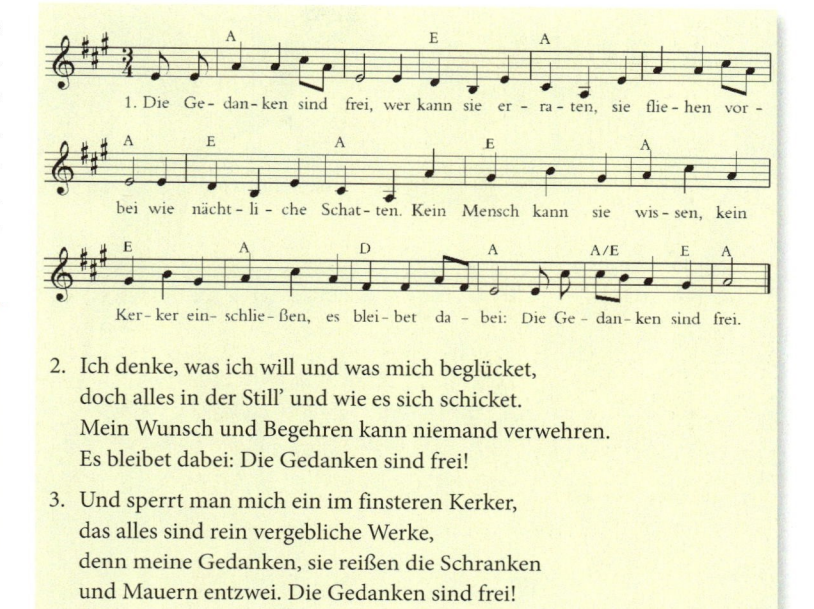

1. Die Gedanken sind frei, wer kann sie erraten, sie fliehen vorbei wie nächtliche Schatten. Kein Mensch kann sie wissen, kein Kerker einschließen, es bleibet dabei: Die Gedanken sind frei.

2. Ich denke, was ich will und was mich beglücket, doch alles in der Still' und wie es sich schicket. Mein Wunsch und Begehren kann niemand verwehren. Es bleibet dabei: Die Gedanken sind frei!

3. Und sperrt man mich ein im finsteren Kerker, das alles sind rein vergebliche Werke, denn meine Gedanken, sie reißen die Schranken und Mauern entzwei. Die Gedanken sind frei!

M 2 Die Gedanken sind frei. Der Text stammt von 1780 und wurde 1820 vertont. In den Zeiten politischer Unterdrückung wurde dieses Lied immer wieder gesungen.

Einigkeit und Recht und Freiheit für das deutsche Vaterland!
Danach lasst uns alle streben brüderlich mit Herz und Hand!
Einigkeit und Recht und Freiheit sind des Glückes Unterpfand.
Blüh im Glanze dieses Glückes, blühe deutsches Vaterland!

M 3 Dritte Strophe des Liedes der Deutschen, gedichtet 1841 von Heinrich H. von Fallersleben, heute unsere Nationalhymne

1 Bearbeitet M 2 und M 3 mithilfe der Checkliste M 1.

2 Sucht in Lexika und im Internet Informationen zur unserer Nationalhymne (→ **Wir führen eine Internetrecherche durch**, S. 316).

Der deutsche Weg zur Demokratie

Wie kam es zur Revolution von 1848?

M 1 Kämpfe zwischen Bürgern und Soldaten in Berlin. *Farblithographie, 1848*

Die deutschen Fürsten unterdrückten sowohl die demokratische als auch die nationale Bewegung in der Zeit von 1815 bis 1848 mit Gewalt. Es schien, als ob diese Unterdrückungspolitik die Macht der Fürsten sichern konnte.

Barrikadenkämpfe in Paris und Wien 1848

1848 kam es in ganz Europa zu revolutionären Aufständen. In Paris stiegen Studenten, Arbeiter, Handwerker und Tagelöhner auf die Barrikaden und besiegten die königliche Armee. Der König musste fliehen. Frankreich war eine Republik. Auch in Wien kam es zu Kämpfen auf den Barrikaden. Bauern, Handwerker und Arbeiter zwangen den Kaiser, eine Verfassung mit mehr Bürgerrechten anzuerkennen.

Berlin 1848

Der Funke der Revolution sprang auch auf Berlin über. Die Bürger forderten Presse- und Versammlungsfreiheit und die Berufung eines **deutschen Parlaments**. Am 18. März versammelten sich 10 000 Menschen vor dem Berliner Schloss. Plötzlich fielen – vermutlich aus Versehen – zwei Schüsse. Die Bürger fühlten sich vom König betrogen und errichteten Barrikaden. Bei den Kämpfen gegen das königliche Militär fielen 200 Barrikadenkämpfer. Danach griff die Revolution auf die größeren Städte des Deutschen Bundes über. In den ländlichen Gebieten blieb es aber meist ruhig.

Die Deutsche Nationalversammlung in Frankfurt

Nach den revolutionären Unruhen im März 1848 mussten die Herrscher in den Staaten des Deutschen Bundes Zugeständnisse machen. Die Fürsten und Könige

Wachsende Unzufriedenheit

Die Unzufriedenheit mit den bestehenden politischen Verhältnissen nach 1815 brachten vor allem die Studenten zum Ausdruck. Sie hatten sich 1815 in Jena zur Deutschen Burschenschaft zusammengeschlossen. Die Farben ihrer Verbindung waren Schwarz – Rot – Gold.

Viele Bürger wehrten sich gegen die Unterdrückung demokratischer Bestrebungen und schlossen sich daher den Liberalen* an. Die „Liberalen" verlangten: eine Verfassung für jedes Land, die Anerkennung der Menschenrechte und die Beteiligung der Bürger an den politischen Entscheidungen.

Eine andere politische Gruppe strebte die Bildung eines Nationalstaates an und setzte sich für ein geeintes Deutschland mit frei gewählten Volksvertretern ein.

*****

*Liberalismus
(von Lat.: *liber* = frei), politische Lehre, die seit dem Ende des 18. Jahrhunderts für die politische und wirtschaftliche Freiheit der Bürger eintritt

*Wahlen, Wahlrecht
Gewählt wurde nach einem allgemeinen und gleichen Wahlrecht für Männer. Arme Männer waren wie die Frauen von der Wahl ausgeschlossen. Man schätzt, dass 80 Prozent der Männer wahlberechtigt waren. Gewählt wurden Personen; Parteien gab es noch nicht.

- Fabrikanten (1)
- Eisenbahninspektoren (1)
- Studenten (1)
- Maschinenmeister (1)
- Handwerker (19)
- Handwerksgesellen (32)
- Lehrlinge (3)
- Arbeitsmänner (19)
- Frauen (5)
- Hausknechte (2)
- Diener (2)
- Wirte (1)
- Buchhalter (2)
- Maschinenbauer (3)

M 2 Unvollständiges Verzeichnis der Barrikadenkämpfer in Berlin im März 1848 (in Klammern die Anzahl der Getöteten)

behielten zwar ihren Thron, mussten jedoch freie Wahlen* zu einem Parlament – der **Deutschen Nationalversammlung** – zulassen. Als Sitz der Nationalversammlung wurde die Paulskirche in Frankfurt am Main ausgewählt.

Die Abgeordneten der Paulskirche

Erstmalig fanden im Frühjahr 1848 in ganz Deutschland allgemeine und gleiche Wahlen zu einer verfassunggebenden Versammlung statt. Frauen hatten allerdings kein Wahlrecht. Fast zwei Drittel der 573 Abgeordneten waren Professoren, Beamte, Juristen und Ärzte. Die übrigen Abgeordneten waren Vertreter der Wirtschaft. Arbeiter und Frauen fehlten jedoch in diesem Parlament, das am 18. Mai 1848 in der Paulskirche in Frankfurt am Main zu seiner ersten Sitzung zusammentrat.
Schon am Hambacher Fest 1832 hatten auch Frauen teilgenommen. An der Revolution von 1848 nahmen ebenfalls viele Frauen lebhaften Anteil. Sie besuchten regelmäßig die Sitzungen in der Paulskirche.

M 3 Einzug des Parlaments in die Paulskirche, 1848. *Holzstich nach einer Zeichnung von Fritz Bergen*

1 Beschreibt, was die nationale und die demokratischen Bewegungen nach 1815 forderten.

2 Berichtet mithilfe des Textes und anhand von M 1 von den Ereignissen im März 1848 in Berlin und deren Folgen.

3 Findet mithilfe von M 2 heraus, welche Berufsgruppen die höchste Anzahl von Todesopfern bei den Kämpfen aufwiesen. Notiert mögliche Erklärungen hierfür.

4 Berichtet über die Zusammensetzung der Deutschen Nationalversammlung.

5 Recherchiert die heutige Zusammensetzung des Deutschen Bundestages in Berlin (→ **Wir führen eine Internetrecherche durch**, S. 316).

Der deutsche Weg zur Demokratie

Woran scheiterte die Einführung der Demokratie?

M 1 Blick in die Frankfurter Nationalversammlung. *Kolorierter Stich, 1848*

M 2 Germania. *Gemälde von Phillip Veit, 1848*

Die Grundrechte

Q 1 Nach langen Diskussionen wurden im Dezember 1848 die Grundrechte des deutschen Volkes beschlossen. Dazu gehörten:

§ 137 Vor dem Gesetz gilt kein Unterschied der Stände. Der Adel als Stand ist aufgehoben. Alle Standesvorrechte sind abgeschafft. Die Deutschen sind vor dem Gesetz gleich.

§ 138 Die Freiheit der Person ist unverletzlich.

§ 139 Die Wohnung ist unverletzlich. […]

§ 143 Jeder Deutsche hat das Recht, durch Wort, Schrift, Druck oder bildliche Darstellung seine Meinung frei zu äußern. […]

§ 161 Die Deutschen haben das Recht, sich friedlich und ohne Waffen zu versammeln; einer besonderen Erlaubnis bedarf es nicht. […]

Viele Abgeordnete wollten, dass an der Spitze des Staates ein König oder Kaiser stehen sollte. Andere Abgeordnete befürworteten hingegen die Einführung einer Republik mit einem gewählten Präsidenten an oberster Stelle. Aber welcher Staat war gemeint? Sollte es ein großdeutsches Reich unter der Führung von Österreich sein oder ein kleindeutscher Staat (ohne Österreich) unter der Führung Preußens?

Ein König will nicht Kaiser werden

Am 28. März 1849 verabschiedete die Nationalversammlung in Frankfurt die Reichsverfassung. Im Anschluss daran wurde der preußische König Friedrich Wilhelm IV. mit 290 Stimmen und 248 Enthaltungen zum Kaiser der Deutschen gewählt. Es hatte sich also die kleindeutsche Lösung unter Ausschluss Österreichs durchgesetzt.

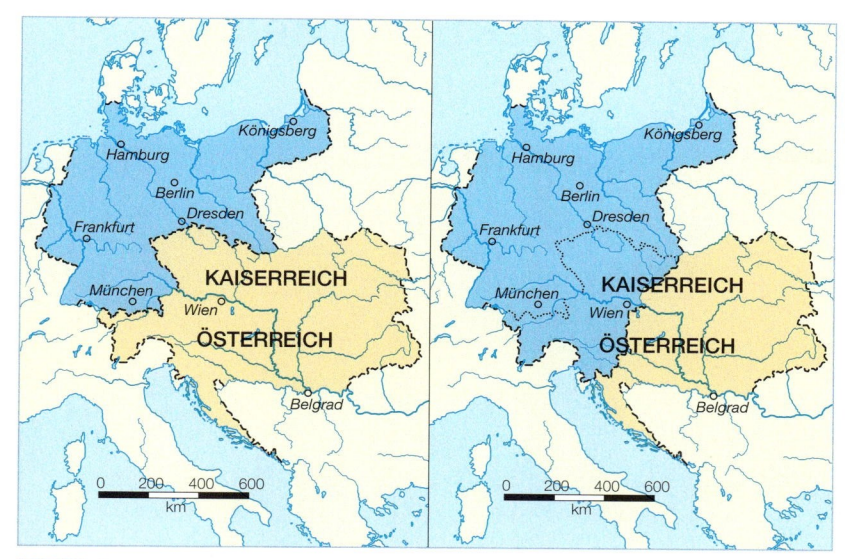

M 3/M 4 Kleindeutsche und großdeutsche Lösung

Am 3. April 1849 erschien eine Abordnung von 32 Abgeordneten der Paulskirche in Berlin. Sie bot dem preußischen König Friedrich Wilhelm IV. die Kaiserkrone an.

> **Q 2 Darüber hatte sich der König schon in einem Brief vom 13. Dezember 1848 Gedanken gemacht:**
>
> […] Einen solchen Reif aus Dreck […] gebacken soll ein rechtmäßiger König von Gottesgnaden und nun gar der König von Preußen, sich geben lassen, der den Segen hat, wenn auch nicht die älteste, doch die edelste Krone, die niemandem gestohlen ist, zu tragen? Ich sage es Ihnen, […] soll die tausendjährige Krone deutscher Nation wieder einmal vergeben werden, so bin ich es und meinesgleichen, die sie vergeben werden; und wehe dem, der sich anmaßt, was ihm nicht zukommt. […]

Das Scheitern der Nationalversammlung

Der preußische König antwortete nicht sofort auf dieses Angebot. Erst am 28. April 1849 lehnte er die Kaiserkrone und die Reichsverfassung ab. Danach weigerten sich andere mächtige deutsche Staaten (u. a. Bayern und Sachsen), die Reichsverfassung anzunehmen. Diese Ereignisse führten zur Spaltung des Parlaments in Frankfurt. Die Mehrheit der Abgeordneten verließ enttäuscht die Nationalversammlung. Eine Minderheit siedelte nach Stuttgart über. Dort bildeten diese Abgeordneten das so genannte „Rumpfparlament". Die Nationalversammlung war gescheitert – und mit ihr der Traum von einem vereinten deutschen Reich mit einer freiheitlichen Verfassung. Demokratische Aufstandsbewegungen wurden in Süddeutschland von preußischen Truppen niedergeschlagen.

1 Erläutert die beschlossenen Grundrechte (Q 1). Vergleicht sie mit den Beschlüssen der französischen Nationalversammlung (S. 190, Q 1).

2 Prüft, welche Grundrechte in unser Grundgesetz übernommen wurden (Anhang S. 332/333).

3 Untersucht M 3/M 4 und beschreibt mit euren Worten die klein- und großdeutsche Lösung eines neuen Staates.

4 Gebt die Auffassung König Friedrich Wilhelms IV. (Q 1) über die Verleihung der Kaiserkrone wieder.

5 Nennt Gründe, warum der Versuch scheiterte, 1848/1849 in Deutschland eine demokratische Ordnung einzuführen.

Der deutsche Weg zur Demokratie

Wie wurde das Deutsche Reich gegründet?

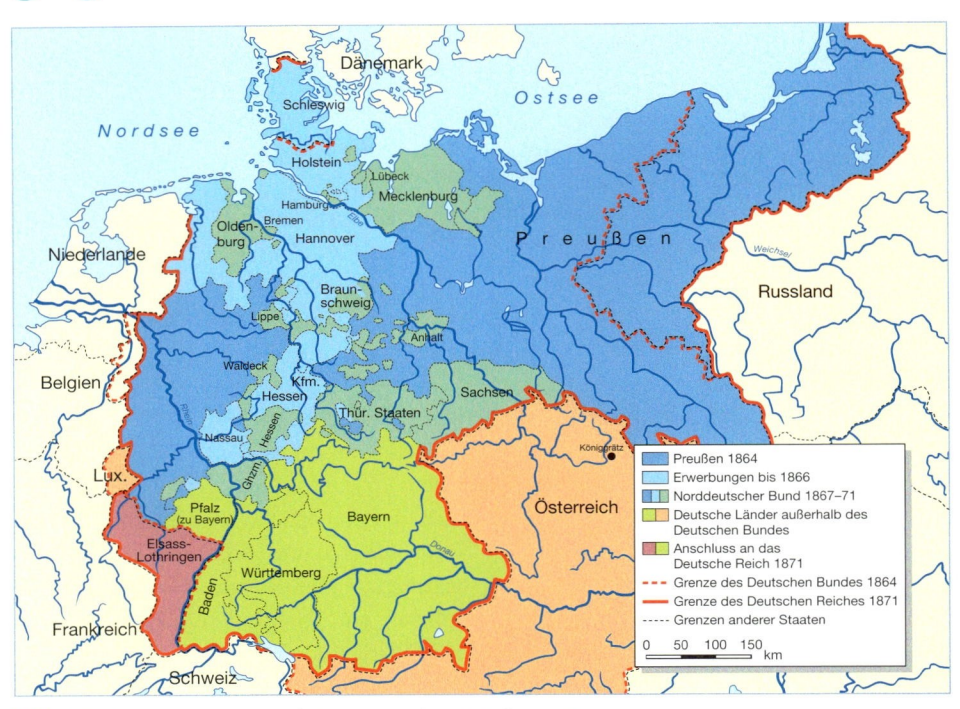

M 1 Länder des neu gegründeten Deutschen Reiches 1871

M 2 Otto von Bismarck (1815–1898) stammte aus einer preußischen Landadelsfamilie. 1862 wurde er unter König Wilhelm I. preußischer Ministerpräsident. 1871 trug er maßgeblich zur Gründung des Deutschen Reichs bei, dessen Reichskanzler er bis 1890 blieb. Sein Grab befindet sich in Friedrichsruh (Sachsenwald).
Zeitgenössische Darstellung

Der Wunsch nach nationaler Einheit

Schon im Zusammenhang mit dem Widerstand gegen Napoleon war eine Welle von Nationalbegeisterung durch Deutschland gegangen. Der von den Fürsten gegründete Deutsche Bund war aber nicht die von vielen erhoffte Lösung. Statt eines mächtigen, unter nur einem Herrscher vereinten Deutschland wurde ein lockeres Staatenbündnis von 39 Einzelstaaten gebildet, der Deutsche Bund.

Die Revolution von 1848 wollte neben demokratischen Freiheiten auch die staatliche Einheit der Deutschen erreichen. Dass dieses Vorhaben gescheitert war, hatte viele Menschen tief bestürzt.

In den Einzelstaaten hatte die „Obrigkeit" hart zurückgeschlagen: Berufsverbote für freiheitlich denkende Beamte und Lehrkräfte, Überwachung von Zeitungen und Vereinen – so sollten demokratische Gedanken verhindert werden. Deshalb verlagerte sich die politische Tätigkeit in zahlreiche Vereine – dies war ein Ausweg, um möglichen Verfolgungen zu entgehen.

Preußen gegen Österreich

Zwei Kräfte standen einander in Deutschland gegenüber: Preußen als stärkste Macht in Nord- und Ostdeutschland und Österreich mit starkem Einfluss im Süden Deutschlands. Wer würde die Oberhand gewinnen?

Der preußische Ministerpräsident Bismarck führte die Geschäfte für seinen König äußerst geschickt. Durch eine Reihe von Bündnisverträgen sicherte er Preußen Macht und Einfluss. Auch Österreich bekam im Krieg zwischen beiden Ländern im Jahre 1866 zu spüren.

M 3 Das Brandenburger Tor in Berlin. Festschmuck zum 25. Jahrestag der Schlacht bei Sedan. Der „Sedanstag" am 2. September war ein wichtiger Feiertag im Gedenken an die siegreiche Schlacht gegen Frankreich. *Foto, 2. September 1895*

Bei der Stadt Königgrätz kam es zur Entscheidungsschlacht zwischen Österreich und Preußen, die Preußen gewannen. Nach dem Sieg gegen Österreich nutzte Preußen seine Überlegenheit und erweiterte sein Staatsgebiet.

Krieg gegen Frankreich 1870/1871

Frankreich beobachtete mit großer Sorge den Aufstieg Preußens und wollte nicht zulassen, dass dessen Macht sich ausweitete. Eine Auseinandersetzung sahen beide Seiten kommen. Mit einem Trick sorgte Bismarck für eine Provokation* des französischen Kaisers Napoleon III., sodass dieser den Krieg gegen Preußen erklärte. Beinahe alle deutschen Staaten stellten sich unter preußischen Oberbefehl. Eine nationale Begeisterung war in diesem Krieg gegen Frankreich zu spüren.
In der Schlacht von Sedan in Nordfrankreich wurde der französische Kaiser am 2. September 1870 gefangen genommen; die französische Niederlage war nur noch eine Frage der Zeit. Schließlich verlor Frankreich den Krieg und musste demütigende Friedensbedingungen hinnehmen:
- Zahlung einer hohen Kriegsentschädigung
- Verlust der Grenzgebiete Elsass und Lothringen.

Die Gründung des Deutschen Reiches

Bismarck hatte schon während des Krieges mit den Fürsten der Länder Verhandlungen über eine Reichsgründung geführt. Dabei musste geklärt werden, welche Rechte der deutsche Kaiser haben sollte und auf welche Rechte die Fürsten verzichten sollten. Am 18. Januar 1871 war es so weit: Der preußische König Wilhelm I. wurde im Spiegelsaal des Schlosses in Versailles zum deutschen Kaiser ausgerufen. Mit großer Freude wurde die Reichsgründung in Deutschland aufgenommen, obwohl viele Demokraten von der Verfassung enttäuscht waren, in der z. B. die Grundrechte fehlten, die die Verfassung der Frankfurter Nationalversammlung von 1849 enthielt. Große Verbitterung herrschte hingegen in Frankreich über die Ausrufung des Deutschen Reiches in der Residenz der französischen Könige.

Q 1 Der Sohn Kaiser Wilhelms I., Kronprinz Friedrich, äußerte sich hinsichtlich der Reichsgründung 1871 so:
[…] Was nützt uns alle Macht, aller kriegerischer Ruhm und Glanz, wenn Hass und Misstrauen uns überall begegnen? Bismarck hat uns groß und mächtig gemacht, aber er raubte uns unsere Freunde, die Sympathien der Welt und – unser gutes Gewissen. […]

M 4 Abschied. Der übermütige deutsche Soldat sagt: „Lebewohl!" „Nein, wir treffen uns wieder. Besuche müssen erwidert werden!", antwortet der französische Soldat. *Französische Karikatur, 1872*

*Provokation
(vom lat. Wort *provocare* = hervorrufen) gezieltes Hervorrufen eines Verhaltens oder einer Reaktion bei einer anderen Person

1 Untersucht M 1 und beschreibt die Gebietsveränderungen zwischen 1864 und 1871 (→ **Wir lesen Geschichtskarten**, S. 315).

2 Beschreibt mithilfe von M 1 die Grenzen des neu gegründeten Deutschen Reiches.

3 Erklärt mithilfe von M 3 und Q 1, wie der Krieg gegen Frankreich beurteilt wurde.

4 Erläutert, welche Gefahr in der Karikatur (M 5) verdeutlicht wird (→ **Wir werten Karikaturen aus**, S. 317).

Der deutsche Weg zur Demokratie

War das Deutsche Reich demokratisch?

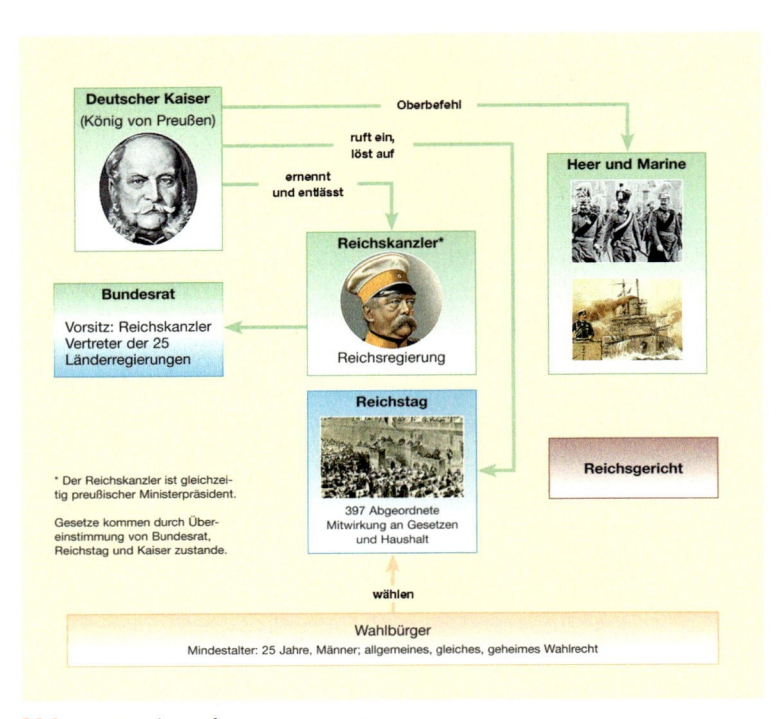

M 1 Die Reichsverfassung von 1871

M 2 Kaiser Wilhelm I. (1797–1888). Deutscher Kaiser von 1871 bis 1888. *Zeitgenössische Darstellung*

*Patriot eine Person, die ihr Vaterland liebt

Der Kaiser an der Spitze

Q 1 Die Stellung von Fürsten und Adel in der Gesellschaft fand sich in der Verfassung von 1871 wieder. Sie begann mit den Worten:

[…] Seine Majestät der König von Preußen im Namen des Norddeutschen Bundes, Seine Majestät der König von Bayern, Seine Majestät der König von Württemberg, […] Seine Königliche Hoheit der Großherzog von Hessen […] schließen einen ewigen Bund zum Schutze des Bundesgebietes und des innerhalb desselben gültigen Rechtes sowie zur Pflege der Wohlfahrt des deutschen Volkes. Dieser Bund wird den Namen „Deutsches Reich" führen. […]

Verfassung ohne Grundrechte

Im Unterschied zur Verfassung der Frankfurter Paulskirche von 1849 enthielt die Reichsverfassung von 1871 keine Liste von Grundrechten.

Die oberste Gewalt im Reich ging nicht vom Volk aus, sondern von den Fürsten. Alle Gesetze, welche die Abgeordneten im Reichstag verabschiedeten, mussten auch von den Vertretern der Fürsten im Bundesrat beschlossen werden.

Das Recht, über Krieg oder Frieden zu entscheiden, lag beim Kaiser. Er war unabhängiger und unkontrollierter Oberbefehlshaber der Armee. Er ernannte den Reichskanzler, der nur von ihm und nicht vom Reichstag abhängig war. Der **Reichskanzler** hatte damit gegenüber dem Reichstag eine starke Stellung. Er war nicht von den Vertretern des Volkes, sondern nur vom Vertrauen des Kaisers abhängig.

In der Außenpolitik des Kaiserreiches und in der Militärpolitik hatte der Reichstag keine Rechte. Im Wesentlichen entschied der Reichstag über den Haushalt und wirkte bei der Gesetzgebung mit.

Der Reichstag und die Parteien

In den Jahren vor und nach der Reichsgründung waren verschiedene Parteien entstanden – z. B. die Nationalliberale Partei (1866) und das Zentrum (1870). Alle drei Jahre – ab 1893 alle fünf Jahre – wurden nun Vertreter der Parteien neu in den Reichstag gewählt, um dort die Interessen ihrer Wählerschaft zu vertreten:

- Die Wähler der Nationalliberalen kamen aus dem Bürgertum und der Wirtschaft.
- Die Konservativen wurden meist von den Gutsbesitzern und Offizieren gewählt.

- Das Zentrum vertrat überwiegend die Interessen der Katholiken.
- Hinter den Sozialdemokraten standen hauptsächlich die Arbeiter. Die Partei band immer mehr Wähler an sich. Aber auch 1912, als sie die meisten Abgeordneten stellte, blieb die Partei von der Macht ausgeschlossen.

Kaiserkult und Nationalismus

Mit der Reichsgründung und der Ausrufung des preußischen Königs zum Kaiser war ein lang gehegter Wunsch vieler Deutscher in Erfüllung gegangen. Endlich gab es wieder ein einiges deutsches Reich, erkämpft durch einen Sieg über Frankreich. In der Schule, beim Militär und von den Kanzeln herab wurde der Bevölkerung verkündet, dass dieser Staat mit dem Kaiser an der Spitze für das Wohl aller seiner Untertanen sorge.

In vielen Städten und Dörfern wurden Kriegerdenkmäler, Denkmäler von ruhmreichen Feldherren oder Majestäten errichtet, die sich um das Vaterland verdient gemacht hatten. Bei den jährlichen Feiern zum Kaisergeburtstag und zum Andenken an die Schlacht von Sedan ließen die Festredner das Deutschtum hochleben; sie erinnerten an die Größe des Reiches, auf die man stolz zu sein hatte und die es zu verteidigen galt. Viele Menschen teilten diesen Stolz und als gute Patrioten* betonten sie ihre Vaterlandsliebe. Auch in zahlreichen Arbeiterwohnungen hingen neben Porträts der Arbeiterführer Bebel oder Lassalle auch Porträts des Kaisers oder Bismarcks.

Allmählich entwickelte sich ein nationales Überlegenheitsgefühl. Es war verbunden mit Feindschaft gegen alle, die man als Gegner dieses Staates ansah. „Feinde" waren die „neidischen" Nachbarvölker, insbesondere Frankreich, aber auch die deutschen Bürger jüdischen Glaubens oder die in Ostpreußen lebenden Polen.

M 3 So könnte es gewesen sein: Bürger einer Kleinstadt erwarten auf ihrem Bahnhof den Besuch des Kaisers. *Foto aus dem Spielfilm „Der Stolz der dritten Kompanie" von 1931*

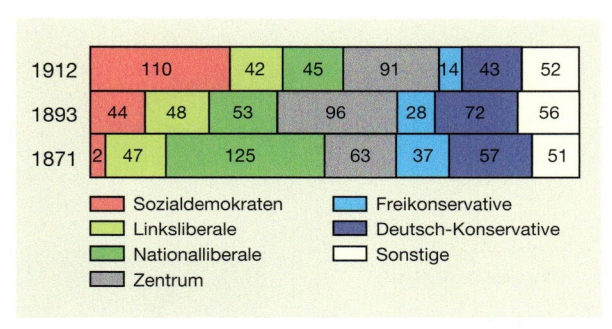

1912	110	42	45	91	14	43	52
1893	44	48	53	96	28	72	56
1871	2	47	125	63	37	57	51

- Sozialdemokraten
- Linksliberale
- Nationalliberale
- Zentrum
- Freikonservative
- Deutsch-Konservative
- Sonstige

M 4 Sitzverteilung der Parteien im Deutschen Reichstag 1871–1912 *(Auswahl)*

1 Lest den Beginn der Verfassung (Q 1) und gebt an, welche Personengruppe das Deutsche Reich gründeten.

2 Stellt fest, wer den Reichskanzler ernennt (M 1, → **Wir lesen ein Verfassungsschema**, S. 184/185).

3 Erkundigt euch, auf welche Weise heute bei uns die/der Bundeskanzler/-in bestimmt wird (Grundgesetz, Internet).

4 Schreibt aus M 1 und aus dem Text die Rechte des Reichstages heraus.

5 Erläutert, wer im Deutschen Reich wählen darf.

6 Lest den Textabschnitt über den Kaiserkult und den Nationalismus. Notiert, welche Gefahren hieraus entstehen konnten.

7 Ergänzt eure Zwischenbilanz über die Entwicklung der politischen Teilhabe um den Zeitraum 1848/1849 bis 1871 (Frage 5, S. 197).

Der Kampf um die politische Mitbestimmung – ein Längsschnitt

Das kann ich …

✓ Herrschaft der fränkischen Könige
✓ Lehnswesen
✓ Investiturstreit
✓ Absolutismus
✓ Menschenrechte
✓ Bürgerrechte
✓ Gewaltenteilung
✓ Wahlrecht
✓ Revolution 1848/1849
✓ Grundrechte
✓ Reichsgründung 1871

M 1 Wichtige Begriffe

M 2 Karl der Große. *Bronzestatue, um 800*

Q 1 In einer Schrift des Adels aus dem Jahre 1776:

[…] Die französische Monarchie besteht aus verschiedenen und getrennten Ständen. Diese Ordnung hat ihren Ursprung im göttlichen Willen: Die unendliche und unabänderliche Weisheit Gottes hat die Macht und Gaben ungleichmäßig verteilt. […]
Der Adelige weiht sein Blut der Verteidigung des Staates und hilft dem Herrscher mit seinen Ratschlägen.
Die letzte Klasse des Volkes, die dem Staat nicht so hervorragende Dienste leisten kann, leistet ihren Beitrag durch die Abgaben, durch Arbeitsamkeit und durch körperliche Dienste.
Das ist das uralte Gesetz der Verpflichtungen und Pflichten der Untertanen. […]

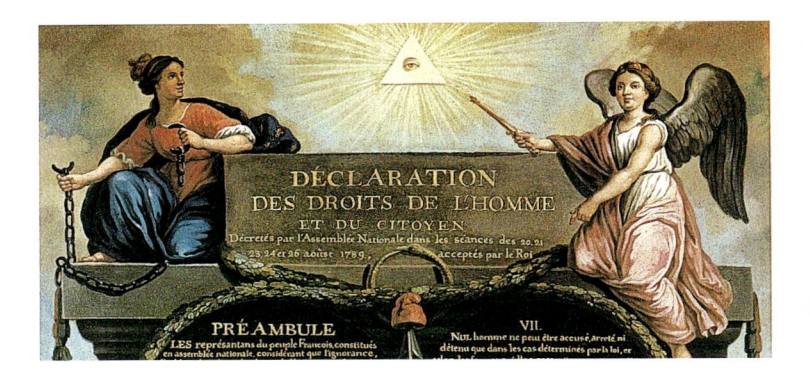

Q 2 Aus der Erklärung der Menschenrechte 1789:

[…] Art. 1: Die Menschen sind und bleiben von Geburt an frei und gleich an Rechten …
Art. 4: Die Freiheit besteht darin, alles tun zu können, was dem anderen nicht schadet. […] Diese Grenzen können nur gesetzlich festgelegt werden.
Art. 6: Das Gesetz […] muss für alle gleich sein.

M 3 Barrikadenkämpfe in Berlin, März 1848. *Lithographie*

Was wir noch wissen

1. Erklärt euch gegenseitig die wichtigen Begriffe und schreibt die Bedeutung der Begriffe in eure Arbeitsmappe (M1).

2. Beschreibt, wie Karl der Große im Frankenreich seine Herrschaft ausgeübt hat (M2).

3. Erläutert das Lehnswesen als Herrschaftsmethode.

4. Entwerft eine Mindmap zum Investiturstreit (→ **Wir erstellen eine Mindmap**, S. 318).

5. Erläutert, warum die Verkündigung der Menschen- und Bürgerrechte 1789 ein Epoche machendes Ereignis war (Q1, Q2).

6. Beschreibt, wie in Deutschland 1848/1849 versucht wurde, demokratische Rechte und eine Verfassung durchzusetzen (M3).

7. Berichtet, wie und vom wem die Reichsgründung 1871 durchgeführt wurde.

Gewusst, wie …

8. Erklärt euch gegenseitig, welche Fragen ihr an ein Verfassungsschema stellen müsst.

9. Untersucht S. 206, M1 mithilfe der Methodendoppelseite 184/185.

Wir meinen, dass …

10. Beurteilt die Mitbestimmungsmöglichkeiten der Menschen im Mittelalter, in der Französischen Revolution und heute. Erstellt eine Tabelle der Unterschiede und Übereinstimmungen.

11. „Auch nach mehr als 200 Jahre nach der Verkündigung der Menschenrechte, gelten sie nicht in allen Ländern". Bewertet diese Feststellung.

Wir wenden an

12. Erstellt eine Wandzeitung zum Thema: „Menschenrechte müssen überall gelten" (→ **Wir gestalten eine Wandzeitung**, S. 321).

Inhaltsfeld: Herrschaft, Partizipation und Demokratie

6b Mitwirken und Mitbestimmen bei uns

„Alle Staatsgewalt geht vom Volke aus. Sie wird vom Volke in Wahlen und Abstimmungen […] ausgeübt." So steht es in Artikel 20 (2) unseres Grundgesetzes. „Die da oben machen doch, was sie wollen", hört man hingegen an manchem Stammtisch. Spätestens am Wahltag stellt sich dieser Spruch als falsch heraus, aber auch sonst stimmt er nicht.

In diesem Kapitel könnt ihr
- die Regeln unseres demokratischen Systems erarbeiten,
- die Aufgaben der Parteien besser kennenlernen,
- herausfinden, wie Gesetze zustande kommen,
- erfahren, welche Aufgaben Regierung und Opposition haben
- und erarbeiten, welche Aufgabe der Landtag von Nordrhein-Westfalen hat.

Am Ende des Kapitels könnt ihr eine amerikanische Debatte führen.

Mitbestimmen bei uns

Was bedeutet Demokratie?

A. Jeder muss ein ausreichendes Einkommen haben.
B. Der Beruf muss frei wählbar sein.
C. Jeder muss seine Meinung frei äußern können.
D. Jeder darf an Demonstrationen teilnehmen oder sich Bürgerinitiativen anschließen.
E. Die Einkommensunterschiede in der Gesellschaft dürfen nicht zu groß sein.
F. Jeder muss reisen dürfen, wohin er möchte.
G. Die Gesetze müssen für alle gleich gelten.
H. Es darf keine Vorrechte für bestimmte Gruppen geben.
I. Die Richter sind von der Regierung unabhängig.
J. Es muss eine starke Opposition geben, um die Regierung zu kontrollieren.
K. Die staatliche Macht muss auf mehrere Institutionen verteilt sein, die sich gegenseitig kontrollieren.
L. Es muss ein Recht auf Arbeit geben.
M. Jeder muss eine Wohnung haben können.
N. Es muss unabhängige kritische Medien geben.
O. Es muss einen starken Staat geben.
P. Die Bürger müssen politisch gut informiert werden.
Q. Es muss auch in den Bundesländern Parlamente und in den Kommunen Gemeinderäte geben.
R. Die Bürger sollen über wichtige Fragen in Volksabstimmungen entscheiden können.
S. Das Privatleben muss absolut geschützt sein.
T. Es muss ein Recht auf freies Unternehmertum geben.
U. Es darf keine Verfolgung von Kritikern der Regierung oder politischen Gefangenen geben.
V. Staat und Kirche müssen getrennt sein.
W. Durch die Garantie der Menschenrechte werden Minderheiten geschützt.
X. Man muss bei Wahlen zwischen mehreren Parteien mit unterschiedlichen Parteiprogrammen wählen können.
Y. Es müssen regelmäßige Wahlen stattfinden.
Z. Durch Wahlen kann es zu einem Regierungswechsel kommen.

M 1 Forderungen an eine demokratische Gesellschaft

M 2 „Democracy is government of the people, by the people and for the people."
(Abraham Lincoln, 1863, ehemaliger amerikanischer Präsident)

Wo viele Menschen zusammenleben, müssen sie Regeln für ihr Zusammenleben festlegen. Dabei kann das Zusammenleben in einem Staat ganz unterschiedlich geregelt werden und wir sprechen hier von verschiedenen **Staatsformen**.

Weltweit behaupten heute nahezu alle Staaten, Demokratien zu sein. Eine Staatsform muss, um den Namen „moderne Demokratie" zu verdienen, jedoch einige grundlegende Anforderungen erfüllen, die nicht nur in der Verfassung niedergeschrieben, sondern auch im politischen Alltag von Politikern und Behörden umgesetzt werden müssen.

Der Begriff steht aber für mehr als eine Staatsform und seine Ordnung. Er ist auch Teil unserer Gesellschaft und beginnt schon in unserem Alltag – z. B. im Beruf, in der Schule oder in der Familie.

M 3 Demokratie

Der Begriff kommt aus dem Griechischen und bedeutet „Herrschaft des Volkes". In Deutschland gibt es diese Staatsform seit 1949, zuvor gab es sie bereits einmal von 1918 bis 1933. Demokratie heißt: Alle Bürgerinnen und Bürger haben die gleichen Rechte und Pflichten. Über sie herrscht kein Kaiser, auch kein König und kein General. Alle Menschen dürfen frei ihre Meinung sagen, sich versammeln, sich informieren. Es gibt unterschiedliche Parteien, die ihre Vorstellungen in so genannten „Parteiprogrammen" kundtun. Die Bürger wählen Personen und Parteien, von denen sie eine bestimmte Zeit lang regiert werden wollen. Und wenn die Regierung ihre Arbeit schlecht macht, kann das Volk bei der nächsten Wahl eine andere Regierung wählen.

In einer Demokratie muss alles, was der Staat tut, nach den Regeln der **Verfassung** und den geltenden Gesetzen erfolgen. In Deutschland stehen diese Regeln im **Grundgesetz**. Der demokratische Staat ist also immer auch ein Rechtsstaat.

M 4 Dazu verpflichte ich mich:

Ich bin bereit, mich einem Beschluss der Mehrheit in meiner Freundesgruppe anzuschließen. Ich tue dies aber nur, wenn:
- zuerst ausführlich diskutiert worden ist;
- wenn alle zu Wort gekommen sind;
- wenn alle Argumente bedacht worden sind;
- wenn andere nicht durch diese Entscheidung beleidigt, verletzt, diskriminiert oder ausgestoßen werden;
- wenn die Entscheidung nicht gegen meine grundsätzlichen Vorstellungen von Freundschaft und Zusammenleben verstößt;
- …

M 5 Gruppenfotos

1. In M 1 findet ihr 26 Forderungen an eine demokratische Gesellschaft. Welche sind für euch die wichtigsten? Arbeitet in Gruppen und streicht zehn Forderungen heraus, die ihr für weniger wichtig haltet.

2. Bringt die verbleibenden Forderungen in eine Rangliste von 1 bis 16. Stellt eure Ergebnisse der Klasse vor und begründet sie. Wenn ihr euch nicht einig seid, formuliert abweichende Meinungen.

3. Vergleicht eure Gruppenergebnisse mit der Definition in M 3. Stellt Gemeinsamkeiten und Unterschiede fest.

4. Schreibt einen Merksatz, was für euch Demokratie bedeutet. Setzt ihn in Beziehung zu M 2.

5. Sucht eines der Fotos (M 5) aus und erfindet dazu eine kurze Geschichte, in der es um Demokratie in der Freundesgruppe geht (M 4).

Mitbestimmen bei uns

Demokratieverständnis: direkt oder repräsentativ?

"Demokratie ist …

„…, dass Minderheiten über Mehrheiten bestimmen."

„… mich als Jugendvertreter im Betrieb einmischen zu können."

„…, dass Politiker viel quatschen und wenig bewegen."

„…, dass wir den Bundeskanzler direkt wählen sollten."

„… – keine Ahnung."

„… stets Kompromisse schließen zu müssen."

„… zur Wahl zu gehen."

M 1 Gedanken zur Demokratie. *Collage*

M 2 Sitzungssaal des Deutschen Bundestages. *Foto, 2010*

Demokratieverständnis im Grundgesetz

*votieren
bei einer Wahl eine Stimme abgeben
(Stimmabgabe = Votum)

Demokratie bedeutet Volksherrschaft. Alle politische Macht im Staat ist auf das Volk zurückzuführen. Das Volk kann entweder direkt über alle staatlichen Angelegenheiten entscheiden (= **unmittelbare Demokratie** bzw. Basisdemokratie) oder indirekt über die Wahl von Volksvertretern (= Abgeordnete) seine Interessen vertreten lassen (= parlamentarische bzw. **repräsentative Demokratie**).

Deutschland und beispielsweise auch Österreich sind repräsentative bzw. parlamentarische Demokratien. Die staatliche Macht wird den Abgeordneten **zeitlich begrenzt** für vier Jahre im Bundestag und für fünf Jahre z. B. im Niedersächsischen Landtag überlassen. Diese Volksvertreter (= Repräsentanten) haben die Interessen des ganzen Volkes zu vertreten. Sie sind an keine Aufträge oder Weisungen gebunden und nur ihrem Gewissen verpflichtet.

Zwischen den Wahlen kann der Bürger auf Bundesebene nur bei der Neugliederung von Bundesländern durch Volksentscheid mitentscheiden. Seit der Wiedervereinigung Deutschlands mehren sich jedoch Forderungen nach mehr direkter Demokratie auf Bundesebene. Doch die öffentlichen Befürworter z. B. für die Direktwahl des Bundespräsidenten oder eine **Volksabstimmung** über die EU-Verfassung fanden bisher nicht die entsprechende parlamentarische Unterstützung. Dennoch gibt es immer wieder Initiativen für die Einführung basisdemokratischer Elemente.

M 3 Der damalige Bundespräsident Horst Köhler zum Volksentscheid (23.10.2005)

Unser Grundgesetz kennt Volksentscheide bisher nur in Zusammenhang mit der Neugliederung des Bundesgebiets – gewiss auch ein bedenkenswertes Thema, aber gewiss nicht das einzige, bei dem die Bürger ein direktes Mitspracherecht verdienen. Darum plädiere ich dafür, auf Landes-, Bundes- und europäischer Ebene über mehr Elemente direkter Demokratie nachzudenken, wenn sich die Gelegenheit dafür bietet. […]

Inhaltsfeld: Herrschaft, Partizipation und Demokratie

Direkte Demokratie	Repräsentative Demokratie
Pro: Die Bürgerinnen und Bürger nehmen durch Volksabstimmung direkt Einfluss auf politische Entscheidungen. Bei Fragen, von denen sie direkt betroffen sind, sollten sie mitentscheiden können. Die „Macht" des Volkes darf sich nicht auf das Kreuz bei der Wahl alle vier Jahre beschränken.	**Pro:** Das Grundgesetz sieht als Hauptform der Machtausübung die Wahlen zu den Parlamenten vor. Die gewählten Abgeordneten entscheiden dann mit ihrer Sachkenntnis und nach ihrem Gewissen über die anstehenden Probleme. Die verschiedenen Bevölkerungsgruppen (z. B. Arbeitnehmerschaft, Selbstständige) können ihre Ziele und Interessen am besten im Parlament durch die Abgeordneten und Parteien vertreten lassen.
Kontra: Entscheidungen in der Demokratie können nicht nur nach „ja" oder „nein" abgestimmt werden. Viele Probleme können am besten von Fachleuten oder Politikern gelöst werden, die etwas von der Sache verstehen. Den Bürgerinnen und Bürgern fehlt oft das nötige Fachwissen. Außerdem besteht die Gefahr, dass aus augenblicklichen Stimmungen heraus entschieden wird.	**Kontra:** Die Wählerinnen und Wähler haben zwischen den Wahlen (im Allgemeinen vier Jahre) keine Möglichkeit, direkt Einfluss auf Entscheidungen zu nehmen. Über Volksabstimmungen könnte die Bevölkerung aktiver an der Politik beteiligt werden.

M 4 Formen der Demokratie im Vergleich

Alternative Demokratieformen

Schweiz

Ein Beispiel für die Verbindung von repräsentativer und direkter Demokratie ist die Schweiz. Dort besteht auf bundesstaatlicher Ebene die Möglichkeit, durch Volksentscheide unmittelbar in die Politik einzugreifen. Nach der Statistik folgen dabei die Schweizer in den meisten Fällen den Empfehlungen von Regierung und Parlamentsmehrheit. Allerdings gibt es auch Niederlagen für die Staatsregierung. So votierte* Anfang 2004 die Mehrheit der stimmberechtigten Bürger gegen ein großes Verkehrsprogramm und brachte damit den Bau einer zweiten Röhre des Gotthard-Straßentunnels vorerst zu Fall.

USA

Eine ganz andere Form der Demokratie stellt die **präsidiale Demokratie** der USA dar. Der Präsident wird über Wahlmänner direkt vom Volk gewählt. Regierung und Parlament sind stärker voneinander getrennt. Der Präsident vereinigt eine besonders große Machtfülle auf sich und repräsentiert die Nation nach außen.

M 5 Volksversammlung in der Schweiz. *Foto*

1 Vergleicht euren Merksatz von Seite 213, Aufgabe 4 mit den Aussagen in M 1 auf der Seite 214.

2 Erläutert den Unterschied zwischen direkter und repräsentativer Demokratie (M 4, M 5).

3 Sammelt Gründe für und gegen mehr direkte Demokratie auf Bundesebene (M 3).

4 „Volksentscheide sollten als demokratisches Mittel viel häufiger angewandt werden." Nehmt Stellung zu dieser Aussage eines Politikers.

Mitbestimmen bei uns

Deutschland – ein demokratischer Bundesstaat

Bundesangelegenheiten: Außenpolitik, Passwesen, Staatsangehörigkeitsrecht, Zoll, Währungswesen, Verkehrsrecht, Bundeskriminalamt, Bundeswehr

Länderangelegenheiten: Schul- und Kulturpolitik, Universitätswesen, Länderfinanzpolitik, Wirtschaftspolitik, Gemeinderecht, Kommunalpolitik

Angelegenheiten von Bund und Ländern: Rechtswesen, Vereins- und Versammlungsrecht, Flüchtlinge und Vertriebene, Fürsorge, Kernenergie, Arbeitsrecht, Förderung der Landwirtschaft, Straßen- und Schienenverkehr, Energiepolitik, Umweltschutz, Besoldungsrecht

M 1 Aufgabenverteilung zwischen Bund und Ländern (Auswahl)

Bund und Länder

Deutschland ist seit 1990 in 16 Bundesländer untergliedert, die selbstständige Staaten mit eigenen Verfassungen und Staatsorganen sind.

Die meisten staatlichen Aufgaben werden von Bund und Ländern gemeinsam geregelt. Der Bund achtet darauf, dass die Herstellung **gleichwertiger Lebensverhältnisse** im Bundesgebiet angestrebt wird. In einigen Bereichen, z. B. der Bildungspolitik, sind die Länder allein zuständig. Über einen Länderfinanzausgleich* unterstützen sie sich gegenseitig.

*Länderfinanzausgleich
Ärmere Bundesländer werden durch reichere Bundesländer unterstützt.

Durch den Bundesrat wirken die Länder bei der Gesetzgebung und Verwaltung des Bundes und in Angelegenheiten der Europäischen Union mit.

M 2 Artikel 50 GG

M 3 Karikatur: Gerhard Mester

Der Bundestag – Zentrum der Demokratie

Als einziges Verfassungsorgan wird der Bundestag direkt von den wahlberechtigten Bürgerinnen und Bürgern gewählt. Die Abgeordneten ziehen für vier Jahre ins Parlament. Die Hälfte der Abgeordneten wird direkt gewählt (Erststimme), die andere Hälfte gelangt über die Listen der Parteien in den Bundestag (Zweitstimme).

Die Zweitstimme entscheidet über die Zusammensetzung des Bundestages. Zu den **wichtigsten Aufgaben** des Bundestages gehören die Wahl der Bundeskanzlerin bzw. des Bundeskanzlers und die Gesetzgebung, teilweise zusammen mit dem Bundesrat.

Der Bundesrat

Der Bundesrat vertritt die Interessen der Landesregierungen gegenüber der Bundesregierung. Die Bundesratsmitglieder werden nicht wie die Bundestagsabgeordneten vom Volk gewählt, sondern sind **Mitglieder der Landesregierungen** der verschiedenen Bundesländer (zum Beispiel Ministerpräsidenten, Minister) und werden von diesen in den Bundesrat entsandt.

Die Bundesratsmitglieder sind bei der Abgabe ihrer Stimmen im Gegensatz zu den Bundestagsabgeordneten nicht frei und unabhängig, sondern an Weisungen ihrer jeweiligen Landesregierung gebunden. Wenn der Bundesrat einer zustimmungspflichtigen Gesetzesvorlage des Bundestages nicht zustimmt, können Bundestag, Bundesrat und die Bundesregierung versuchen, im Vermittlungsausschuss* eine Einigung zu erzielen.

Inhaltsfeld: Herrschaft, Partizipation und Demokratie

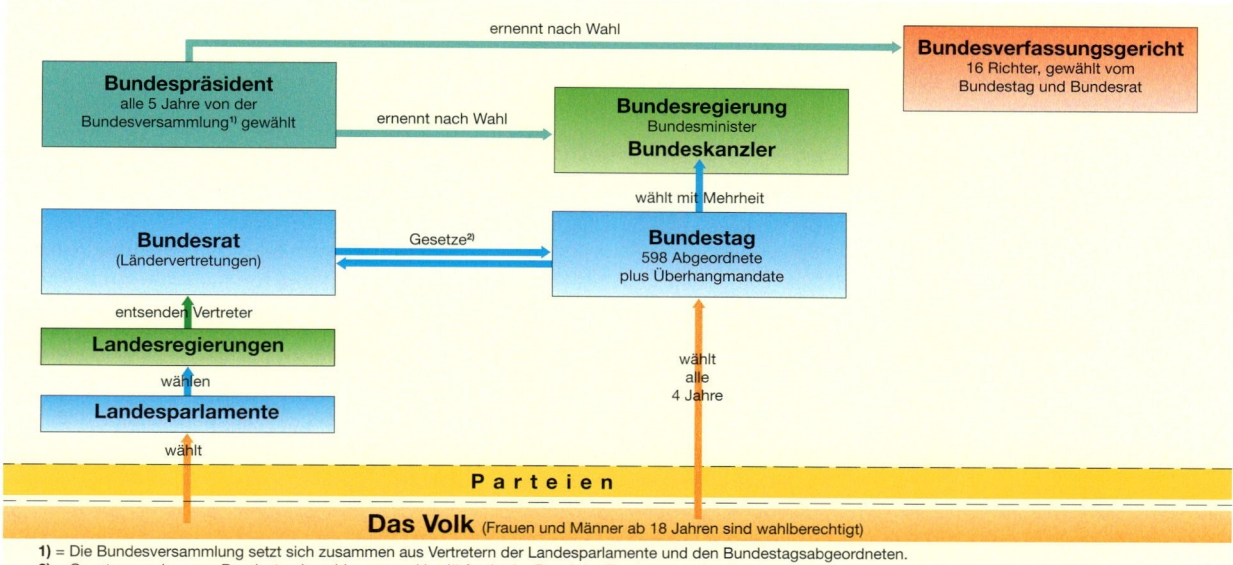

M 4 Das Regierungssystem der Bundesrepublik Deutschland

1) = Die Bundesversammlung setzt sich zusammen aus Vertretern der Landesparlamente und den Bundestagsabgeordneten.
2) = Gesetze werden vom Bundestag beschlossen und bedürfen in der Regel der Zustimmung des Bundesrates. Der Bundespräsident verkündet die Gesetze.

Der Bundespräsident

Obwohl der Bundespräsident keine direkte politische Macht hat – diese liegt beim Bundeskanzler und den Regierungsparteien des Bundestages –, übt er ein wichtiges politisches Amt aus. Er vertritt die Bundesrepublik nach außen, er schließt Verträge mit anderen Staaten und ernennt und entlässt die/den Bundeskanzler/-in und die Minister sowie die Beamten. Er unterschreibt die Bundesgesetze vor der Veröffentlichung und prüft, ob sie mit der Verfassung übereinstimmen. Der Bundespräsident vertritt das Land auf Staatsbesuchen im Ausland und wirkt nach innen und außen vor allem durch seine Reden zu wichtigen Themen. Er kann dadurch meinungsbildend wirken.

Das Bundesverfassungsgericht

Das völlig unabhängige **Bundesverfassungsgericht** ist für die Überprüfung der Verfassungsmäßigkeit der Gesetze zuständig. Das Gericht prüft auf Antrag, ob ein Gesetz mit dem Grundgesetz übereinstimmt. Solche Verfassungsklagen können die Bundesländer, die Bundesregierung oder eine politische Partei einreichen. Auch jeder Bürger kann sich an das Gericht wenden, wenn er sich durch ein Gesetz, eine Behörde oder ein Gericht in seinen **Grundrechten** verletzt sieht (Verfassungsbeschwerden). Die Entscheidungen des Gerichts sind für alle Verfassungsorgane bindend.

In der Geschichte der Bundesrepublik Deutschland hat das Bundesverfassungsgericht oft dafür gesorgt, dass die Grundrechte und andere Bestimmungen des Grundgesetzes eingehalten wurden. Die Unabhängigkeit der Gerichte ist wesentlich für eine demokratische Staatsordnung.

*Vermittlungsausschuss
ein von Bundestag und Bundesrat mit gleicher Anzahl besetzter Ausschuss, in dem versucht wird, Gesetze einvernehmlich zu verabschieden

1 Beschreibt die Aufgaben von Bundestag und Bundesrat. Wie wird man Mitglied im Bundestag und Bundesrat (M1, M4)?

2 Erläutert die Aufgaben des Bundespräsidenten und nennt seine Möglichkeiten, Politik zu gestalten.

3 Erklärt die Aufgabe des Bundesverfassungsgerichts. Wer kann sich an das Gericht wenden?

4 Wertet die Karikatur M3 aus (→ **Wir werten Karikaturen aus**, S. 317).

Mitbestimmen bei uns

Politische Willensbildung durch Parteien

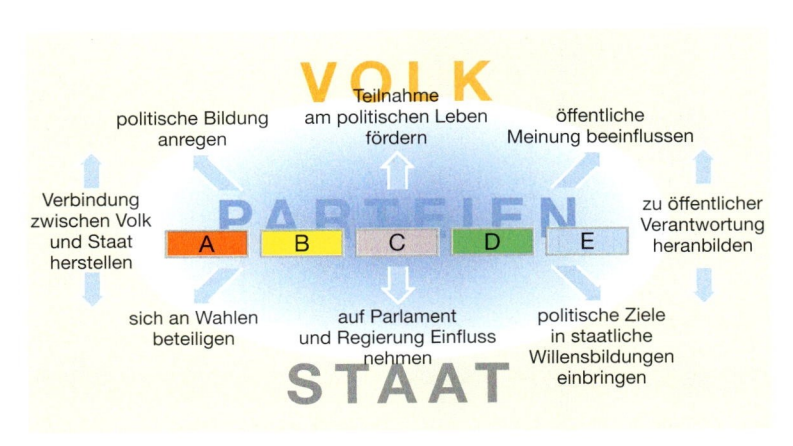

M 1 Aufgaben der Parteien. *Schaubild*

Was sind Parteien?

In einer modernen **Massendemokratie** können die Bürgerinnen und Bürger die politischen Entscheidungen auf sich allein gestellt kaum beeinflussen. Um ihre Interessen durchsetzen zu können, schließen sich Menschen mit gleichen politischen Zielen zu einer **Partei** zusammen.

Eine Partei will politischen Einfluss nehmen. Sie versucht dies, indem sie regelmäßig Kandidatinnen und Kandidaten für die Parlamentswahlen aufstellt.

Jede Partei verfügt über eine eigene Parteiorganisation, sie braucht eine Mindestanzahl von Mitgliedern und muss sich öffentlich betätigen.

*Satzung
schriftlich formulierte Grundordnung

*Delegierte
gewählte oder dazu beauftragte Personen, eine Organisation zu vertreten

*Bundeshaushalt
Verzeichnis der Ausgaben und Einnahmen (Steuern) des Bundes; wird jährlich beschlossen

Was heißt „Mitwirkung an der politischen Willensbildung"?

Das Grundgesetz legt in Artikel 21 fest, dass die Parteien an der Willensbildung mitwirken. Es sind die Parteien, die die unterschiedlichen politischen Vorstellungen und Interessen in der Gesellschaft in politischen Konzepten und Programmen bündeln.

Die Konkurrenz der verschiedenen Parteien um die Wählerstimmen zwingt sie dazu, die wichtigen Fragen der Gesellschaft aufzugreifen und sinnvolle – aber auch glaubwürdige – Lösungsvorschläge für bestehende Probleme anzubieten. Daran entzünden sich häufig **öffentliche Auseinandersetzungen**.

Interessengruppen nehmen Stellung, die Medien berichten und kommentieren. So vollzieht sich ein öffentlicher Willensbildungsprozess, der seinen Ausdruck in der Wahlentscheidung jedes einzelnen Wahlberechtigten findet.

Als Parlamentsmehrheit bilden sie dann die Regierung, als **Opposition** kontrollieren sie die Regierung und bieten politische Alternativen an. Die Rechte und Pflichten der Parteien sind durch ein spezielles Parteiengesetz geregelt. Bei Verstößen dagegen ist die normale Gerichtsbarkeit zuständig.

M 2 Aus dem Grundgesetz für die Bundesrepublik Deutschland
Artikel 21
(1) Die Parteien wirken bei der politischen Willensbildung des Volkes mit. Ihre Gründung ist frei. Ihre innere Ordnung muss demokratischen Grundsätzen entsprechen. Sie müssen über die Herkunft und Verwendung ihrer Mittel sowie über ihr Vermögen öffentlich Rechenschaft geben.

(2) Parteien, die nach ihren Zielen oder nach dem Verhalten ihrer Anhänger darauf ausgehen, die freiheitliche demokratische Grundordnung zu beeinträchtigen oder zu beseitigen oder den Bestand der Bundesrepublik Deutschland zu gefährden, sind verfassungswidrig. Über die Frage der Verfassungswidrigkeit entscheidet das Bundesverfassungsgericht.

Organisation der Parteien

Wie andere Vereinigungen auch haben die Parteien eine Satzung*, einen Vorstand und verschiedene Gremien, die nach demokratischen Prinzipien organisiert sein müssen. Alle Entscheidungen sind von den Parteimitgliedern oder durch Delegierte in Wahlen und Abstimmungen zu treffen.

Parteiämter müssen in geheimer Wahl besetzt werden, wobei alle Mitglieder gleiches Stimmrecht haben.

Parteien brauchen Geld

Parteien brauchen für ihre Organisation hauptamtliche Mitarbeiter. Diese führen Veranstaltungen durch, stellen Informations- und Werbematerial her und beteiligen sich an Wahlkämpfen. Das alles kostet viel Geld.

Die Einnahmen der Parteien setzen sich vor allem aus Mitgliedsbeiträgen, Spenden und öffentlichen Zuschüssen zusammen. So erhalten Parteien beispielsweise über den Weg der Wahlkampfkostenerstattung Mittel aus dem **Bundeshaushalt***. Die Höhe der Summe richtet sich nach dem Erfolg der Partei bei der Wahl. Die Namen der Spender (über 1000 €) müssen veröffentlicht werden.

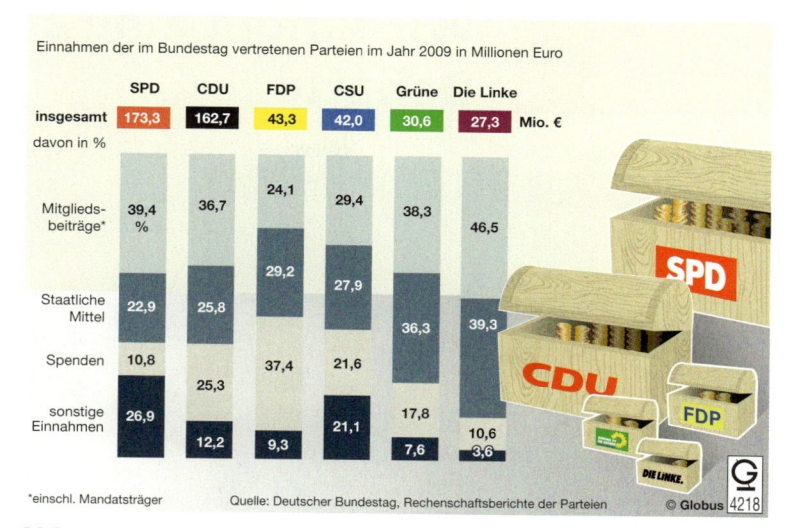

M 4 Einnahmen der im Bundestag vertretenen Parteien

Ohne Parteien gibt es keine Wahlen und keine Demokratie. Deshalb müssen sie auch aus der Staatskasse finanziert werden.	Die Politiker in den Parteien denken nur an Geld und Macht. Bei einem Skandal versuchen sie sich herauszureden.
Die Parteien besetzen Stellen im Staatsapparat mit ihren Mitgliedern. Oft entscheidet nicht die Qualifikation, sondern nur das Parteibuch.	Wer ist noch bereit, sich zu engagieren, wenn Parteimitglieder immer nur im Verdacht stehen, Karriere machen zu wollen?
Die Medien behandeln die Parteipolitiker nicht fair und bauschen kleine Verfehlungen zu Skandalen auf.	Parteien stehen allen offen. Die Mehrheit der Bevölkerung und der Parteimitglieder ist aber nicht zur Übernahme von Ämtern und Funktionen bereit.

M 5 Aussagen über Parteien

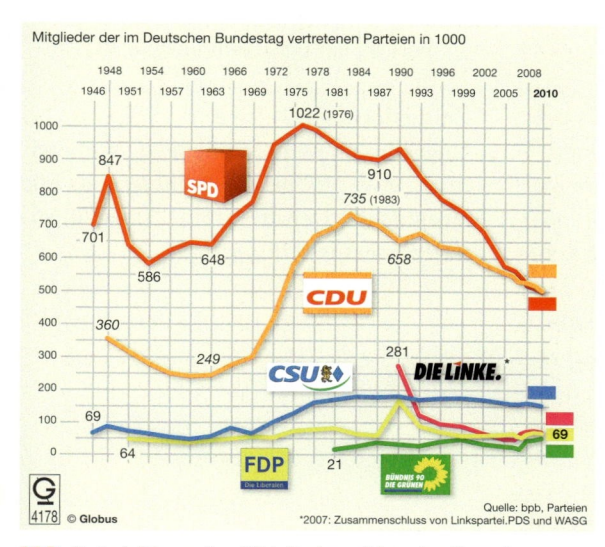

M 3 Entwicklung der Mitgliederzahlen der Parteien

1 Erläutert die Aufgaben von politischen Parteien (M 1, M 2).

2 Nennt die wichtigsten Regelungen der Organisation von Parteien.

3 Berichtet, über welche Geldquellen die Parteien verfügen (M 4).

4 Erläutert, welche Probleme mit großen Spenden an Parteien verbunden sein könnten.

5 Beschreibt die Entwicklung der Mitgliederzahlen der Parteien (M 3). Beurteilt die Entwicklung im Hinblick auf das Funktionieren einer Demokratie.

6 Ordnet die Aussagen über Parteien (M 5) nach positiven und negativen Meinungen.

Mitbestimmen bei uns

Wir führen eine amerikanische Debatte

M 1 Amerikanische Debatte

*kontrovers
(Lat.: *contra* = gegen;
versus = gerichtet)

*Plenum
(aus der lateinischen
Sprache = voll)
Gesamtheit

Politische Sachverhalte werden meistens kontrovers* diskutiert. Das bedeutet, dass es gegensätzliche Standpunkte zu einem Thema gibt. In der amerikanischen Debatte werden in Gruppen die Argumente der Pro-Seite (dafür) und der Kontra-Seite (dagegen) herausgearbeitet und in kontrollierter Form ausgetauscht.

M 2 Checkliste für eine amerikanische Debatte

1. Schritt: Vorbereitung
– Formuliert eine strittige Frage, die mit „ja" oder „nein" zu beantworten ist (z.B: Soll man mit 16 wählen dürfen?).
– Bildet zwei Gruppen. Die eine Gruppe trägt Pro-Argumente, die andere Kontra-Argumente zusammen.
– Notiert eure Argumente in Stichwörtern auf Karteikarten (für die anschließende Debatte).
– Jede Gruppe bestimmt mehrere Diskutierende, die sich an einem Tisch oder an zwei Tischen gegenübersitzen.

2. Schritt: Durchführung
– Die/der Diskussionsleiter/-in eröffnet die Debatte, indem sie/er einer Seite das Wort erteilt, um ihre Argumente vorzutragen.
– Nach Ablauf einer vorgegebenen Zeit (30 Sekunden bis eine Minute) ist die andere Seite an der Reihe. Dieser Wechsel wiederholt sich so lange, bis beide Seiten alle Argumente ausgetauscht haben.
– Die Diskussionsleiterin bzw. der Diskussionsleiter hat streng darauf zu achten, dass die Redezeiten eingehalten werden.

3. Schritt: Auswertung
Am Ende der Debatte findet eine Besprechung im Plenum* statt. Gemeinsam soll ausgewertet werden,
– wie sich die Teilnehmer/-innen in ihren Rollen fühlten,
– wie das Diskussionsklima war,
– welche Seite aus Sicht der Beobachter/-innen besonders überzeugend war und
– aus welchen Gründen (Argumente? Vortrag der Diskutierenden? usw.)

Zeitbedarf:
Ungefähr 30 bis 40 Minuten zur Vorbereitung, etwa 15 bis 20 Minuten für die eigentlichen Debatte, rund 15 bis 20 Minuten zur Auswertung.

Wählen mit 16?

NRW-Landtagswahl mit 16?

Bei der nächsten Landtagswahl in Nordrhein-Westfalen sollen auch Jugendliche im Alter von 16 Jahren wählen dürfen. Bisher liegt das Wahlalter bei 18 Jahren. SPD und Grüne befürworten das Vorhaben, die CDU lehnt den Vorschlag ab. Vorbild ist das Wahlrecht in Bremen, wo 2011 erstmals Jugendliche mit 16 Jahren die Bürgerschaft (das ist der dortige Landtag) wählen durften. Bei Kommunalwahlen dürfen Jugendliche in einigen Bundesländern bereits mit 16 wählen.

Pro

… Als das Wahlalter 1970 von 21 Jahren auf 18 Jahre gesenkt wurde, ging die Welt nicht unter – genauso wenig, als das Wahlalter 1918 von 25 auf 20 Jahre gesenkt wurde …

… Wählen mit 16 ist prima, da kann die Jugend mal sagen, was sie will …

… die Rentner denken doch gar nicht an uns Jugendliche, nur wenn wir selbst wählen dürfen, können wir unsere Interessen in die Politik einbringen …

… mit 16 können wir schon mitentscheiden, wer im Landtag Gesetze machen soll …

… so viel wie Rentner wissen wir schon lange über Politik, wenn nicht mehr …

… wer wählen darf, hat auch mehr Interesse an Politik …

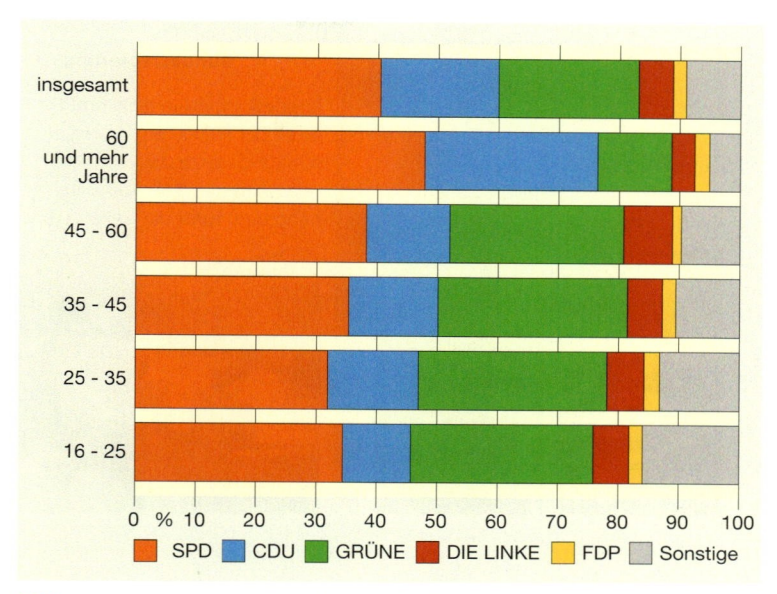

M 3 Stimmenanteile der Parteien bei der Bürgerschaftswahl in Bremen 2011 nach Altersgruppen

Kontra

… 16-Jährige interessieren sich weniger für Politik als 18-Jährige, sie haben noch kein eigenes Urteil zu politischen Fragen …

… In einer Umfrage wollten 63 Prozent der Befragten 16-Jährigen gar kein Wahlrecht …

… Wahlalter und Volljährigkeit gehören zusammen, also wählen mit 18 …

zur Wahl gehört eine gewisse Reife – und die haben 16-Jährige noch nicht …

16-Jährige wissen zu wenig über Politik …

1 Setzt euch in kleinen Gruppen zusammen und sammelt Argumente für und gegen das Wahlrecht mit 16. Wertet dazu auch M 3 aus.

2 Führt mithilfe von M 2 eine amerikanische Debatte.

Macht auf Zeit

Wer hat die Macht im Staat?

Gesetzgebende Gewalt
Bundestag – Bundesrat

Bundestag wählt Bundeskanzler/-in. Bundestag und Bundesrat beschließen Gesetze.
Bundestag und Bundesrat wählen Bundesrichter.

Vollziehende Gewalt
Bundesregierung

Bundeskanzler/-in bestimmt die Richtlinien der Politik. Bundesregierung schlägt Gesetze vor.
Verwaltung (z. B. Polizei, Finanzbehörden) führt die Gesetze aus.

Rechtsprechende Gewalt
Bundesverfassungsgericht

Bundesverfassungsgericht überprüft Gesetze, Urteile und Entscheidungen auf ihre Übereinstimmung mit Verfassung und Gesetzen.
Es entscheidet endgültig.

Verbände

Vereinigungen, die versuchen, die besonderen Interessen ihrer Mitglieder in den politischen Entscheidungsprozess einzubringen (Lobbyisten).

Parteien

Die Linke. PDS | Bündnis 90/ Die Grünen | SPD | CDU/CSU | FDP

In den Parteien finden sich Menschen mit gemeinsamen Interessen und gleichen politischen Zielen zusammen. Sie werben bei den Wählerinnen und Wählern um die Wahlstimmen.
Im Allgemeinen werden Mitglieder der Parteien als Abgeordnete in den Bundestag gewählt.

Medien

Als „vierte Gewalt" in der demokratischen Gesellschaft informieren Medien die Bürger und kontrollieren die Politiker.

Das Volk

Die Wählerinnen und Wähler bestimmen alle vier Jahre, wer die Macht im Staat – auf Zeit – ausüben soll.
Dazu wählen sie die Abgeordneten des Bundestages.

Über die Wahlen zu den Länderparlamenten nimmt das Volk indirekt Einfluss auf die Mitglieder des Bundesrates; das sind Mitglieder der Regierungen der Bundesländer.

M 1 Gewaltentrennung in der Bundesrepublik Deutschland

Gewaltenteilung

In der Zeit des französischen **Absolutismus**, vor mehr als 350 Jahren, war der König zugleich oberster Gesetzgeber, Regierungschef und oberster Richter. Sein Handeln unterlag keiner Kontrolle.
Dagegen forderte der französische Staatsmann Montesquieu (1689–1755) die strikte Trennung der drei Gewalten **Legislative** (Gesetzgebung), **Exekutive** (Regierung bzw. ausführende Gewalt) und **Judikative** (Rechtsprechung).
Nur wenn diese streng getrennt seien und sich gegenseitig kontrollieren würden, sei eine echte Demokratie möglich. Zusätzlich forderte er die Wahl der Legislative, des Parlaments, durch das Volk. Seine Vorstellung der strikten Gewaltenteilung ist heute nur in den USA verwirklicht.

Gewaltenverschränkung

In allen **parlamentarischen Demokratien**, also auch in Deutschland, wird die Regierung (Exekutive) von der Mehrheit des Parlaments (Legislative) gestellt. Nach einer Wahl zum Bundestag (unsere Legislative) bilden die Parteien die Regierung, die zusammen die Mehrheit gewonnen haben. Die stärkste Partei hat den Anspruch auf das Amt des Bundeskanzlers.
Da die Regierung von der Mehrheit des Parlaments gestellt wird, ist bei uns die **Gewaltenteilung** zwischen Regierung und Parlament stark geschwächt. Man spricht von einer **Gewaltenvermischung** oder **Gewaltenverschränkung**. Alle wichtigen Vorhaben der Regierung werden in einem Ausschuss der Mehrheitsparteien, dem **Koalitionsausschuss**, vorberaten und vorentschieden. Auch dadurch ist die Gewaltenteilung aufgehoben, da die Mehrheitsparteien die Gesetze im Bundestag in der Regel so beschließen, wie sie im Koalitionsausschuss verabredet wurden.

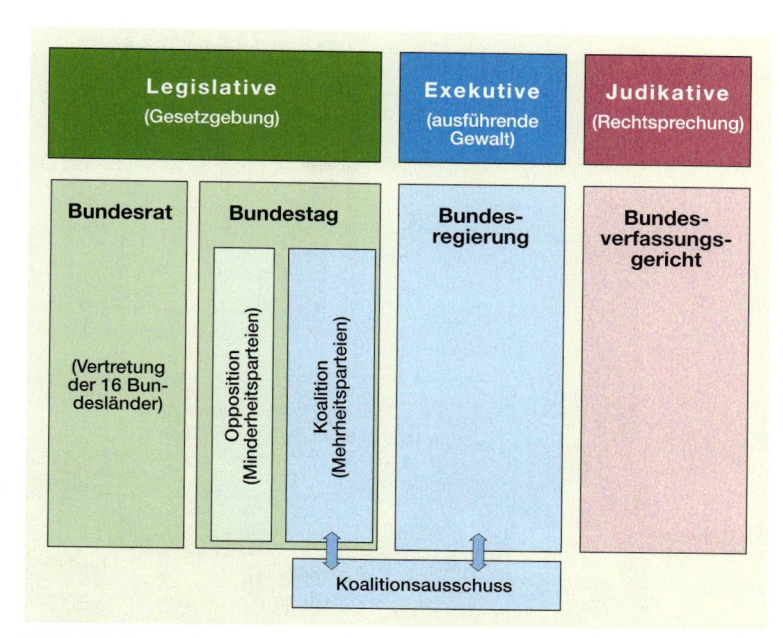

M 2 Gewaltenteilung und Gewaltenverschränkung

Die Opposition übt Kontrolle aus

Die Kontrollfunktion des Parlaments wird im Wesentlichen von der Opposition, den Parteien in der Minderheit, ausgeübt. Da sie aber stets die Minderheit ist, kann sie die Kontrolle nicht wirksam ausüben, denn die Mehrheitsparteien werden ihre eigene Regierung fast immer verteidigen und kritische Anträge mit ihrer Mehrheit ablehnen.
Deswegen wird heute die wirksamste Kontrolle des Regierungshandeln durch die sogenannte „vierte Gewalt", durch die freien Medien (Presse, Rundfunk, Fernsehen) ausgeübt.
Eine weitere sehr wirksame Kontrolle übt das unabhängige Bundesverfassungsgericht aus, das Gesetze auf ihre Übereinstimmung mit der Verfassung, dem Grundgesetz, überprüft. Da der Bundesrat fast allen wichtigen Gesetzen zustimmen muss, übt auch der Bundesrat, die Vertretung der Bundesländer, eine Kontrollfunktion gegenüber der Bundesregierung aus.

M 3 Information zu den Aufgaben der Opposition

1 Untersucht M 1 und beschreibt, welche Institutionen und Gruppen Macht in unserem Staat ausüben.

2 Erläutert mithilfe von M 2, warum man bei unserem Regierungssystem von einer „Gewaltenverschränkung" spricht.

3 Erklärt, welche Möglichkeiten der Kontrolle die Opposition gegenüber der Bundesregierung hat (M 3).

4 Diskutiert, warum freie Medien in einer demokratischen Gesellschaft wichtig sind (→ **Wir führen eine amerikanische Debatte**, S. 220/221).

Macht auf Zeit

Das Parlament – Herzstück der Demokratie?

M1 Sitzordnung im Deutschen Bundestag. *Foto, 2009*

Labels im Bild: Regierungsbank, Direktor, Präsident, Plenarassistenten, Bundesratsbank, Pressetribüne, Schriftführerin, Redner, Besuchertribüne, Fraktion der FDP, Fraktion der CDU/CSU, Fraktion Bündis 90/Die Grünen, Fraktion der SPD, Fraktion Die Linken, Diplomatentribüne

---

*Fraktionszwang
übliches Verhalten im Bundestag, dass die Mitglieder einer Partei (einer Fraktion) in der Regel geschlossen abstimmen

Donnerstag, 11.01.2007 — **14**
- 7.00 *Radiointerview: Morgen-Magazin*
- 8.00
- 9.00 *Plenarsitzung*
- 10.00 *Besuchergruppe*
- 11.00 *Bürotermin mit IHK-Vertretern*
- 12.00 *namentliche Abstimmung; Plenum*
- 13.00 *Ältestenrat*
- 14.00 *Fragestunde. Frage zum Haushaltsplan stellen!*
- 15.00 *Aktuelle Stunde (staatliche Kreditaufnahme)*
- 16.00
- 17.00 *Abstimmungsgespräch mit Fraktionskollegen*
- 18.00
- 19.00
- 20.00 *namentliche Abstimmung; Plenum!*
- 21.00 *Gespräch mit Botschaftern der ASEAN-Länder*
- 22.00
- Nicht vergessen: *Informationsmaterial für Besuchergruppe mitnehmen!*

M2 Terminplan einer Bundestagsabgeordneten

Der Bundestag

Der Deutsche Bundestag hat seit 1999 seinen Sitz in der Bundeshauptstadt Berlin. Zuvor tagte er in Bonn. Er besteht aus 622 gewählten Abgeordneten. Seine wichtigsten Aufgaben sind:
- die Wahl des Bundeskanzlers;
- die Kontrolle der Regierung;
- die Beratung und Abstimmung über Gesetze und über den Staatshaushalt;
- die Diskussion wichtiger politischer Themen.

Die Mitglieder des Deutschen Bundestages sind direkt gewählt und vertreten nicht nur die Interessen ihrer Wähler oder ihrer Partei, sondern die des **ganzen Volkes**.
Wenn eine Partei mindestens fünf Prozent aller Abgeordneten stellt, schließen sich die Bundestagsabgeordneten der Partei zu einer **Fraktion** zusammen. Diese kann auch aus zwei Parteien gebildet werden,

die gleiche oder ähnliche Ziele haben und in keinem Bundesland in Konkurrenz zueinander stehen (z. B. CDU und CSU).

Nach Art. 38 GG verfügen die Abgeordneten über ein freies Mandat. Sie sind also in ihren Handlungen und insbesondere bei Abstimmungen nur ihrem Gewissen verpflichtet.

Ein **Fraktionszwang*** besteht also nach dem Grundgesetz nicht, er wird aber in der Praxis ausgeübt. Die Partei- bzw. Fraktionsvorsitzenden dringen auf ein einheitliches Abstimmungsverhalten im Bundestag, um der Öffentlichkeit Geschlossenheit zu demonstrieren.

Wenn die Parteien, die die Regierung stellen, nur über eine knappe Mehrheit im Bundestag verfügen, garantiert der Fraktionszwang die Regierungsfähigkeit der jeweiligen Regierung, da Regieren im Kern bedeutet: Gesetze mit der eigenen Mehrheit zu beschließen.

Nur bei wichtigen **Gewissensentscheidungen** – z. B. dem Auslandseinsatz der Bundeswehr – wird auf die Einhaltung der Fraktionsdisziplin verzichtet und die Abstimmung von den Fraktionen freigegeben.

Aus der Arbeit des Bundestages

Wenn das Fernsehen eine Debatte im Bundestag überträgt, sieht der Zuschauer oft, dass nur 30 oder 40 Abgeordnete anwesend sind, von denen ein Teil Akten studiert oder Zeitung liest.

Sind die Abgeordneten zu uninteressiert oder zu bequem, um an den Sitzungen teilzunehmen?

Die Hauptarbeit des Bundestages findet nicht im Plenum statt, sondern wird in Ausschüssen oder Arbeitsgruppen geleistet. Wenn die Mitglieder der Bundestagsausschüsse in monatelangen Beratungen Argumente ausgetauscht haben, dann kann im Plenum über Gesetzesvorschläge oft schon nach kurzer Debatte entschieden werden.

M 3 Fraktionszwang. Karikatur: Gerhard Mester

M 4 Abstimmungsverhalten

Nach seinem Abstimmungsverhalten im Bundestag befragt, antwortete ein Politiker:

Ich finde, man muss bei Abstimmungen unterscheiden zwischen Sachen, die man selbst und aus fachlicher Sicht beurteilen kann, und Dingen, bei denen andere besser Bescheid wissen. Bei denen verlasse ich mich auf die fachpolitischen Sprecher meiner Fraktion und auf den in der Fraktion erarbeiteten Konsens.

(1) Die Abgeordneten des Deutschen Bundestages werden in allgemeiner, unmittelbarer, freier, gleicher und geheimer Wahl gewählt. Sie sind Vertreter des ganzen Volkes, an Aufträge und Weisungen nicht gebunden und nur ihrem Gewissen unterworfen.

M 5 Artikel 38 GG

1 Nennt wichtige Aufgaben des Bundestages.

2 Untersucht M 2 und erläutert, warum oft nur so wenige Abgeordnete im Plenum des Bundestages sitzen.

3 Setzt die Aussagen des Textes zum Fraktionszwang mit M 4 und Artikel 38 GG (M 5) in Beziehung und stellt Argumente für und gegen den Fraktionszwang gegenüber.

4 Untersucht M 3 und prüft, ob der Zeichner alle Aspekte des Fraktionszwangs gezeigt hat (→ **Wir werten Karikaturen aus**, S. 317).

5 Nehmt Stellung zu dem Satz in Artikel 38 GG „Abgeordnete […] sind Vertreter des ganzen Volkes […]" (M 5).

Macht auf Zeit

Welche Aufgaben haben Regierung und Opposition?

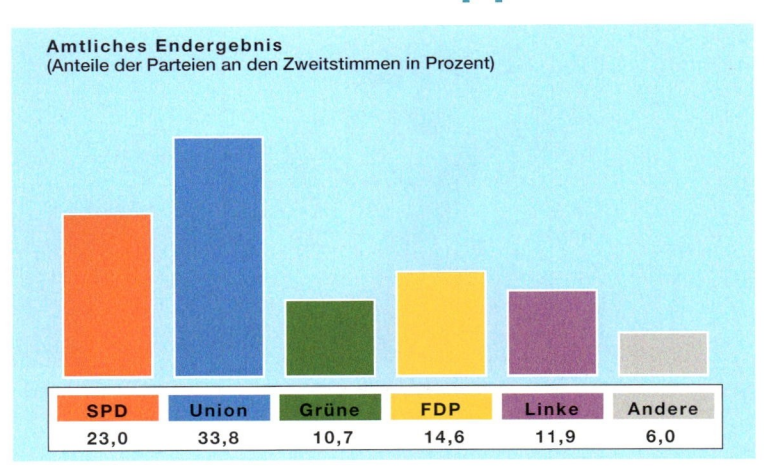

Amtliches Endergebnis
(Anteile der Parteien an den Zweitstimmen in Prozent)

SPD	Union	Grüne	FDP	Linke	Andere
23,0	33,8	10,7	14,6	11,9	6,0

M 1 Ergebnis der Bundestagswahl 2009. Union = CDU und CSU. *Schaubild*

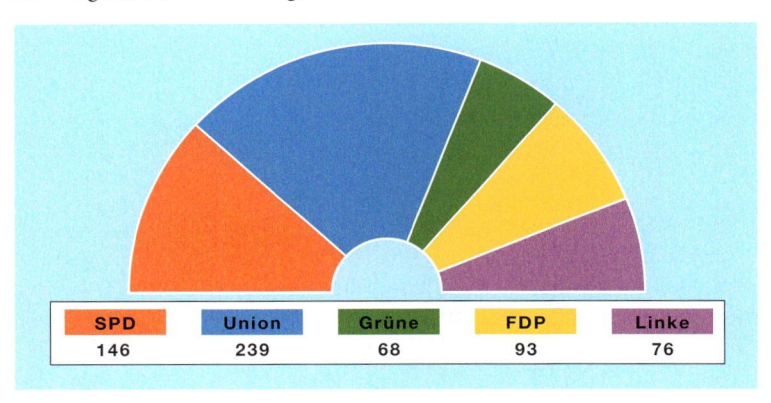

SPD	Union	Grüne	FDP	Linke
146	239	68	93	76

M 2 Sitzverteilung im Bundestag 2009. *Schaubild*

M 3 Kabinettssitzung am 29.06.2011

Die Regierungsbildung

In der Geschichte der Bundesrepublik gelang es bisher keiner Partei allein, die Regierungsmehrheit zu erlangen. Stets mussten **Koalitionen** (**Bündnisse**) gebildet werden.

Eine Regierung besteht aus der/dem Bundeskanzler/-in und den Ministerinnen bzw. Ministern. Wenn eine Regierung etwas durchsetzen will – beispielsweise neue Gesetze –, braucht sie eine stabile Mehrheit im Bundestag, also mindestens 50 Prozent der Stimmen. Man spricht von der **absoluten Mehrheit**.

Nach dem Wahlergebnis von 2009 besaß keine Partei im Bundestag die absolute Mehrheit. Die aus CDU und CSU bestehende Union meldete als stärkste Fraktion den Anspruch an, die/den Bundeskanzler/-in zu stellen, und nahm deshalb Gespräche mit anderen Parteien auf, um eine Koalition zu bilden. Nach längeren Verhandlungen einigten sich die CDU/CSU und die FDP darauf, eine Regierung zu bilden. In einem Koalitionsvertrag wurden die Ziele der neuen Regierung für die nächsten vier Jahre festgelegt. Daraufhin wählte der Bundestag Angela Merkel (CDU) zur Bundeskanzlerin.

Ihrer Regierung gehören neun Minister der CDU/CSU und fünf Minister der FDP an. Die übrigen Parteien im Bundestag bilden die Opposition.

Das Kanzleramt

Die Bundeskanzlerin/der Bundeskanzler bestimmt nach Artikel 65 GG die **Richtlinien** der Politik. Sie/er entscheidet, welche Minister vom Bundespräsidenten ernannt und entlassen werden. Da nur die Kanzlerin/der Kanzler vom Bundestag gewählt wird, steht sie/er allein gegenüber dem Parlament in direkter Verantwortung.

Die Amtszeit ist in der Regel identisch mit der **Wahlperiode** des Bundestages. Die Kanzlerin/der Kanzler kann nur durch die Wahl einer neuen Kanzlerin/eines neuen Kanzlers abgewählt werden (**konstruktives Misstrauensvotum**). Eine **vorzeitige Beendigung** der Amtszeit ist auch durch einen freiwilligen Rücktritt möglich. Die Kanzlerin/der Kanzler kann aber auch die Vertrauensfrage an die Abgeordneten richten. Verweigert der Bundestag das Vertrauen, so kann sie/er zurücktreten. Der Bundestag wählt daraufhin eine/-n neue/-n Bundeskanzler/-in. Möglich ist aber auch die **Auflösung des Bundestages** durch den Bundespräsidenten. Als Folge muss der Bundestag neu gewählt werden. Mit dem **Bundeskanzleramt** verfügt die Kanzlerin/der Kanzler über einen Apparat, der die Regierungsarbeit aufeinander abstimmt. Der Kanzlerin/dem Kanzler untersteht außerdem das Bundespresseamt, das die Öffentlichkeit über die Politik der Bundesregierung unterrichtet.

Funktionsweise und Aufgaben der Bundesregierung

Die Kanzlerin/der Kanzler bestimmt die Richtlinien der Politik, aber jede/-r einzelne/-r Minister/-in ist für ihren/seinen Aufgabenbereich allein verantwortlich. Minister und Kanzler bilden zusammen die **Bundesregierung**, die gemeinschaftlich über die von der Bürokratie erarbeiteten Vorlagen entscheidet. Den einzelnen Ministerien sind die obersten **Bundesbehörden** unterstellt, z. B. die Bundesagentur für Arbeit, die Bundesfinanzverwaltung, das Bundeskriminalamt oder die Bundespolizei.

Eine wichtige Aufgabe der Ministerien ist die Vorbereitung von Gesetzen. Die meisten **Gesetzesvorlagen** gehen von hier aus zum Bundestag und Bundesrat. Auch wenn der Bundestag die Gesetzesinitiative ergreift, werden die fachlichen Aspekte weitgehend in den Ministerien erarbeitet.

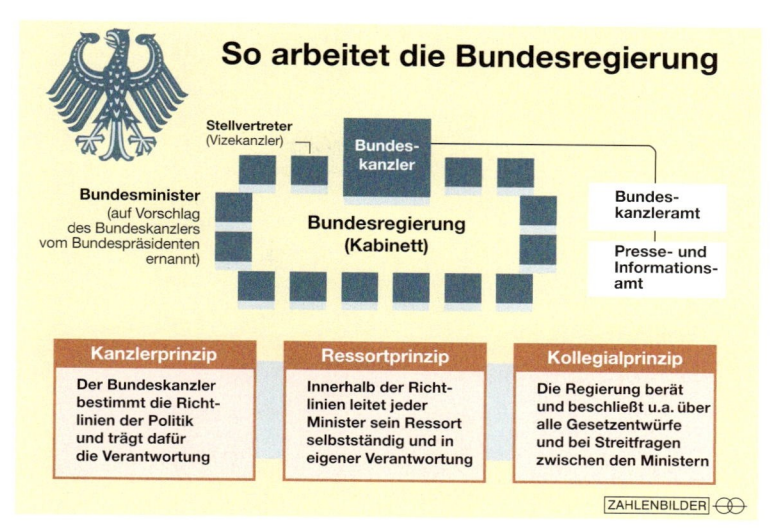

M4 So arbeitet die Bundesregierung

Bundeskanzler/-in ...	Bundesregierung ...	Opposition ...
bestimmt die grundsätzlichen Richtlinien der Regierungspolitik	arbeitet Gesetzesvorlagen aus und bringt diese in den Bundestag zur Abstimmung ein	gestaltet in Teilbereichen die Politik konstruktiv mit
schlägt die Bundesminister dem Bundespräsidenten zur Ernennung bzw. Entlassung vor	nimmt Stellung zu Gesetzesvorlagen des Bundesrates	kritisiert und kontrolliert die Regierungstätigkeit
übernimmt im Verteidigungsfall die Befehlsgewalt über die Bundeswehr	erlässt Rechtsverordnungen und Verwaltungsvorschriften zur Umsetzung von Bundesgesetzen	versucht eigene politische Ziele bei der Gesetzgebung durchzusetzen
kann über den Bundestagspräsidenten eine Bundestagssitzung beantragen	kontrolliert die Ausführung der Bundesgesetze durch die Bundesländer	hält sich für die Übernahme der Regierungsverantwortung bereit

M5 Aufgabenverteilung der Bundesregierung und der Opposition

1 Wertet das Ergebnis der Bundestagswahl 2009 (M1) aus (→ **Wir werten ein Diagramm aus**, S. 314/315).

2 Welches Problem ergibt sich aus der Sitzverteilung (M2) für die Regierungsbildung, wenn man davon ausgeht, dass eine Regierung die absolute Mehrheit (mindestens 50 Prozent) benötigt?

3 Klärt, welche Koalitionen möglich gewesen wären, um eine Regierung zu bilden.

4 Beschreibt mithilfe von M4 und M5 die Arbeit der Bundesregierung und der Opposition.

Macht auf Zeit

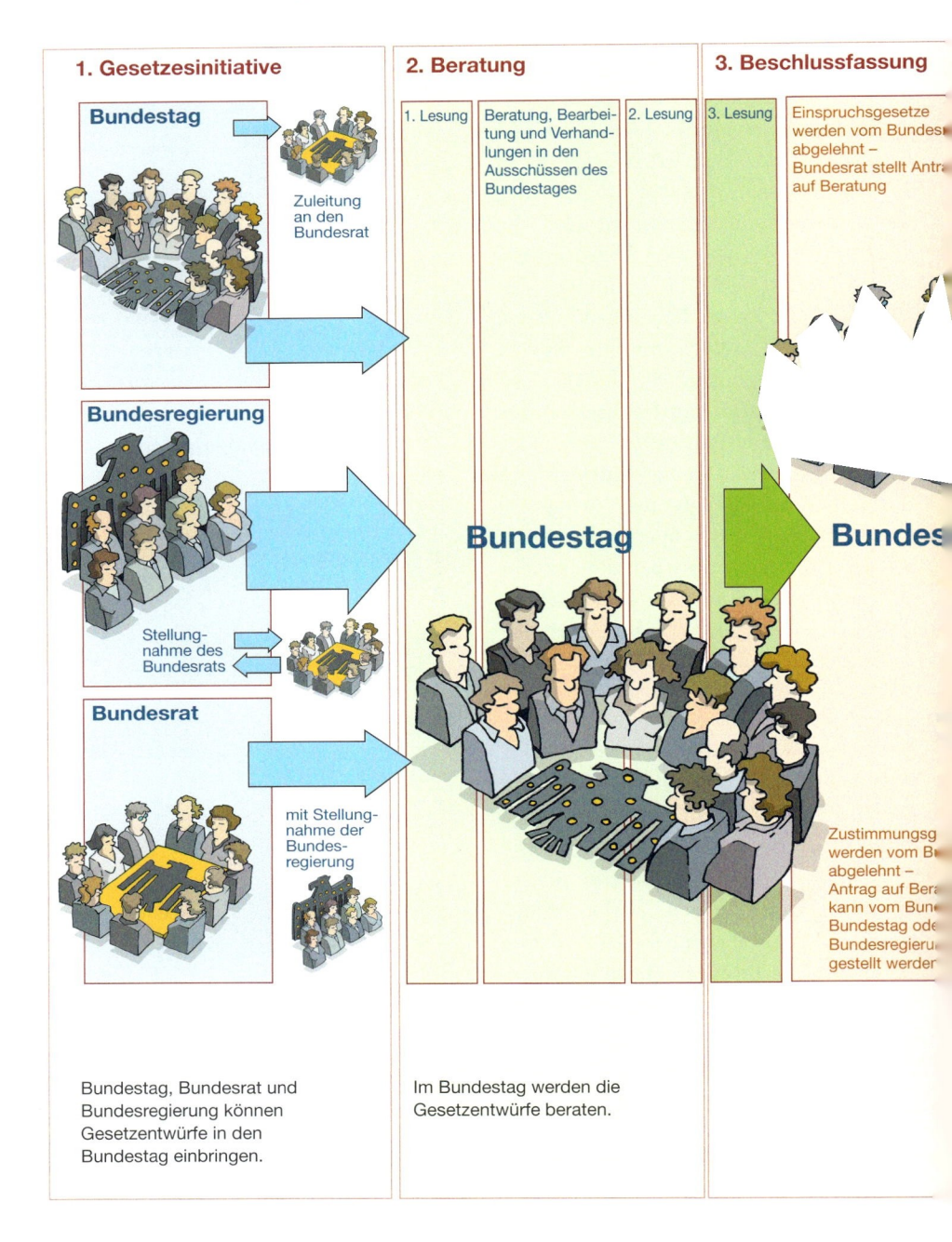

Die Gesetzgebung

1. Gesetzesinitiative

Bundestag — Zuleitung an den Bundesrat

Bundesregierung — Stellungnahme des Bundesrats

Bundesrat — mit Stellungnahme der Bundesregierung

Bundestag, Bundesrat und Bundesregierung können Gesetzentwürfe in den Bundestag einbringen.

2. Beratung

1. Lesung | Beratung, Bearbeitung und Verhandlungen in den Ausschüssen des Bundestages | 2. Lesung

Bundestag

Im Bundestag werden die Gesetzentwürfe beraten.

3. Beschlussfassung

3. Lesung | Einspruchsgesetze werden vom Bundes[rat] abgelehnt – Bundesrat stellt Antra[g] auf Beratung

Bundes[rat]

Zustimmungsg[esetze] werden vom B[undesrat] abgelehnt – Antrag auf Bera[tung] kann vom Bun[desrat,] Bundestag ode[r] Bundesregieru[ng] gestellt werden[.]

Konkurrierende Gesetzgebung

In einem Bundesstaat ist die Gesetzgebung sehr kompliziert. Nach dem Grundgesetz sind die Länder überall dort für die Gesetzgebung zuständig, wo der Bund nicht ausdrücklich verantwortlich ist. In vielen Bereichen der Bundesgesetzgebung sind die Länder zur Gesetzgebung befugt, solange und soweit der Bund von seinem Gesetzgebungsbereich nicht Gebrauch macht. Diese so genannte „konkurrierende Gesetzgebung" macht es erforderlich,

4. Unterzeichnung und Veröffentlichung

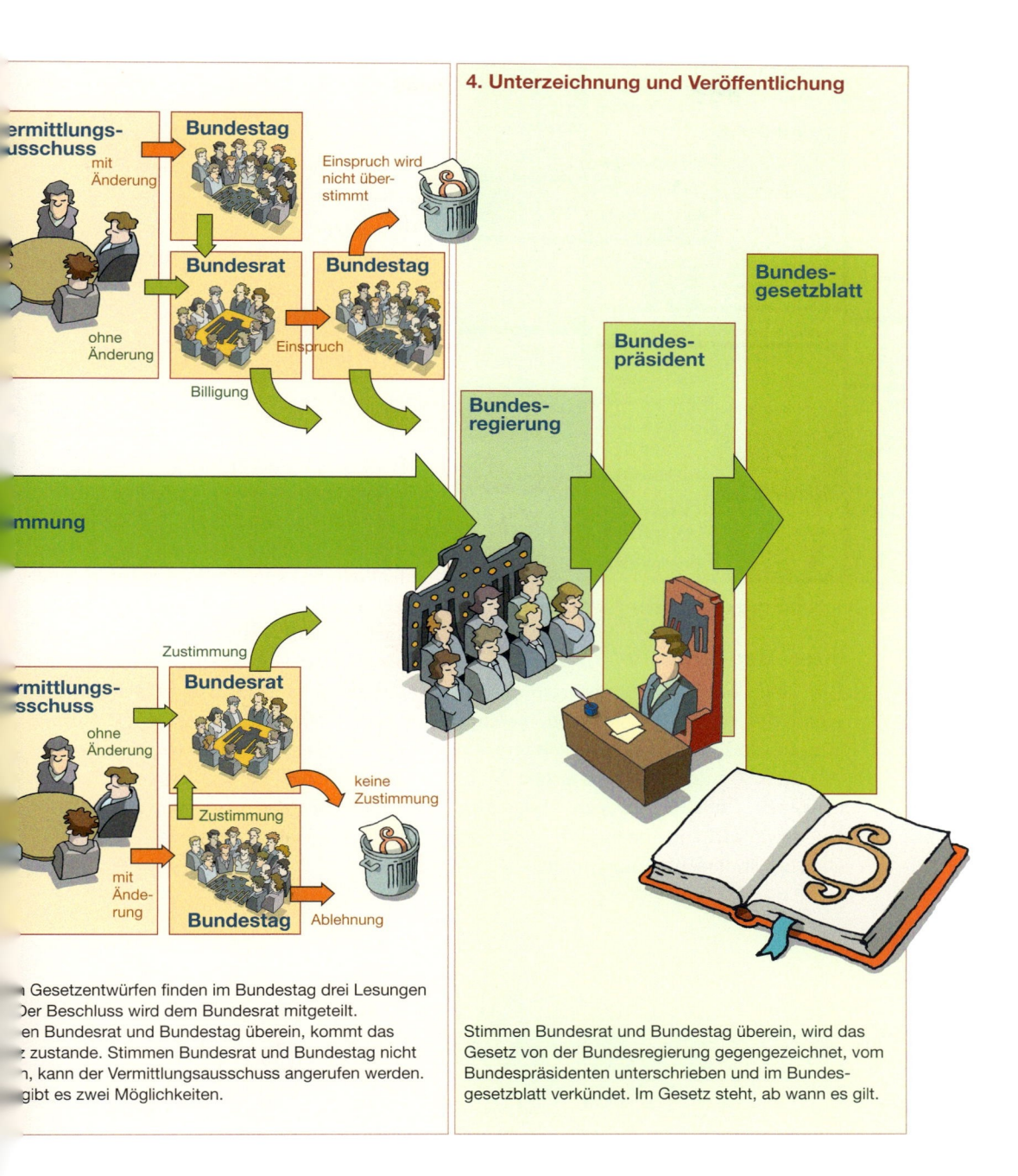

Zu Gesetzentwürfen finden im Bundestag drei Lesungen […] Der Beschluss wird dem Bundesrat mitgeteilt. […] en Bundesrat und Bundestag überein, kommt das [Gesetz] zustande. Stimmen Bundesrat und Bundestag nicht […], kann der Vermittlungsausschuss angerufen werden. […] gibt es zwei Möglichkeiten.

Stimmen Bundesrat und Bundestag überein, wird das Gesetz von der Bundesregierung gegengezeichnet, vom Bundespräsidenten unterschrieben und im Bundesgesetzblatt verkündet. Im Gesetz steht, ab wann es gilt.

dass die Länder über den Bundesrat maßgeblich an der Gesetzgebung des Bundes mitwirken. Außerdem erlässt der Bund in einigen Fällen Rahmengesetze, die von den Ländern auszufüllen sind.

1 Erklärt einander in Partnerarbeit die wesentlichen Schritte im Gesetzgebungsprozess. Unterscheidet dabei zwischen einfachen und zustimmungspflichtigen Gesetzen.

Einfluss auf politische Entscheidungen

Welche Macht haben Verbände?

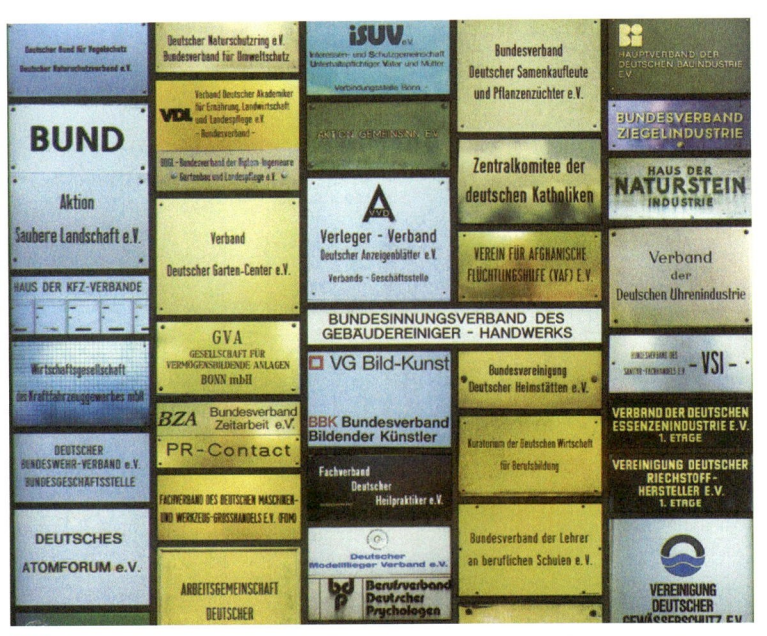

M 1 Einige der über 2100 beim Bundestag registrierten Verbände. *Foto*

(1) Alle Deutschen haben das Recht, Vereine und Gesellschaften zu bilden.

M 2 Artikel 9 GG

In Deutschland gibt es über 240 000 Vereine mit insgesamt 72 Millionen Mitgliedern. 58 Millionen der über vierzehnjährigen Deutschen gehören einem Verein oder auch mehreren Vereinen an.

Als eigentliche Interessenverbände werden die über 5000 Verbände angesehen, die politische Interessen verfolgen. Interessenverbände versuchen, politische Entscheidungen in Gemeinden, Ländern und im Bund zu beeinflussen.

Man bezeichnet die Einflussnahme auf Politiker und hohe Beamte in den Ministerien auch als **Lobbyismus**.

Die Interessenverbände versuchen auf diesem Wege – aber auch durch direkte Mitarbeit in den Parteien sowie durch Veröffentlichung von Stellungnahmen und intensive Medienarbeit –, politische Mehrheiten für ihre Interessen zu gewinnen. Über 2100 (Stand: 2010) von ihnen sind bundesweit tätig und haben sich in eine offizielle Liste eintragen lassen, die beim Bundestag geführt wird. Diese Verbände werden offiziell auch als **Lobby*** bezeichnet und können zu Anhörungen der Ausschüsse eingeladen werden.

Interessenverbände

Wir leben in einer organisierten Gesellschaft mit vielfältigen Vereinen, Vereinigungen und Verbänden, die Interessen vertreten. Das eröffnet uns große Möglichkeiten, unsere eigenen Interessen zu verwirklichen, indem wir uns mit Gleichgesinnten zusammenschließen.

***Lobby**
ursprüngliche Bezeichnung für die Vorhalle des britischen Parlaments, in der die Interessenvertreter mit den Abgeordneten sprachen

M 3 Lobbyisten. *Karikatur: Günther Kellner*

Inhaltsfeld: Herrschaft, Partizipation und Demokratie

Adressaten / **Mittel**

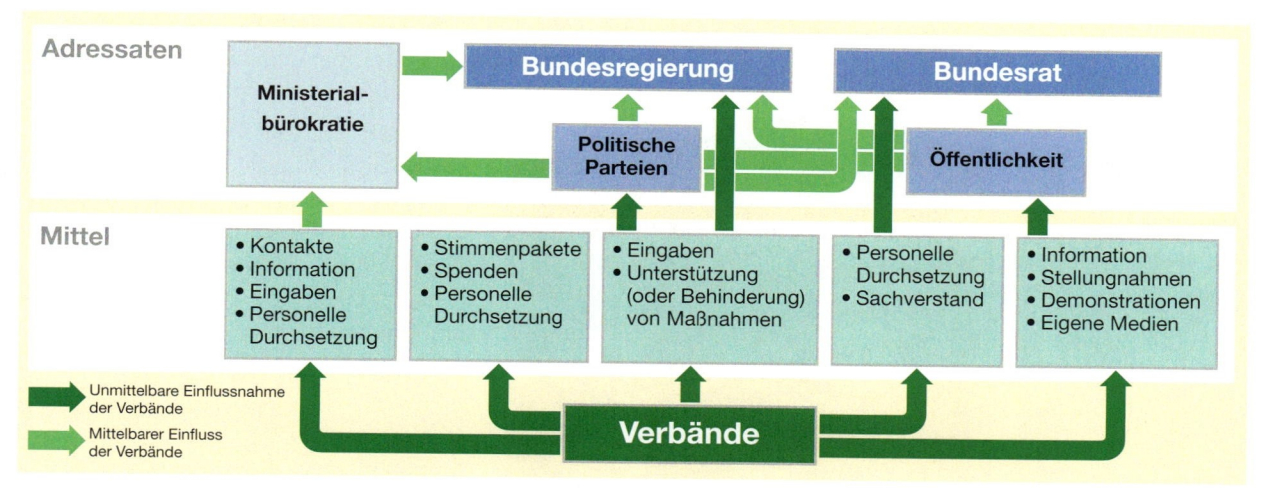

M4 Einflussmöglichkeiten von Interessenverbänden. *Schaubild*

Bürgerinitiativen

Bürgerinitiativen sind spontane und zeitlich meist begrenzte Zusammenschlüsse von Bürgern, die sich überwiegend aus einem konkreten Anlass zu Wort melden. Ihre Mitglieder sind in der Regel unmittelbar betroffen. Sie bemühen sich darum, in Bezug auf ein konkretes Anliegen (z. B. Bau einer Umgehungsstraße oder Ergreifen von Maßnahmen für einen sicheren Schulweg der Kinder) Abhilfe von Missständen zu erreichen.

Bürgerinitiativen bedienen sich dazu unterschiedlicher Wege: Sie greifen zur Selbsthilfe (z. B. Bau eines Kinderspielplatzes), sie mobilisieren die öffentliche Meinung oder sie üben Druck auf die Politik aus (z. B. durch Unterschriftensammlungen). Solche Bürgerinitiativen sind locker organisiert. Sie sind attraktiv, weil jeder sie „machen" kann und nahezu jedes denkbare Anliegen zum Gegenstand einer Initiative werden kann.

Bürgerinitiativen sind in der Regel **basisdemokratisch** organisiert, d. h., dass alle wichtigen Entscheidungen von den Betroffenen selbst abgestimmt werden.

M6 Titel des Nachrichtenmagazins „Der Spiegel", 2010

M5 Bürgerbeteiligung in der Demokratie. *Karikatur: Jupp Wolter*

1. Stellt fest, wer in eurer Klasse aus welchen Gründen Mitglied in einem Verein ist.

2. Stellt zu einigen der Interessenverbände aus M1 Überlegungen an, welche Interessen sie vertreten. Mit welchen Mitteln und bei welchen Adressaten könnten sie versuchen, ihre Ziele zu erreichen?

3. Erklärt, welche Kritik am Einfluss der Lobbyisten M3 beinhaltet.

4. Erläutert M4. Diskutiert die Vor- und Nachteile der Einflussnahme der Verbände auf die Politik.

5. Verdeutlicht, was die Karikatur aussagt (M5). Welche Haltung wird im Titelbild M6 deutlich?

Politik in NRW
Demokratie in Nordrhein-Westfalen

Landespolitik – wichtig für alle

Viele Entscheidungen, welche die Landesregierungen und der Landtag treffen, beeinflussen das Leben der Bürgerinnen und Bürger von Nordrhein-Westfalen unmittelbar. Das gilt vor allem für die Schul- und Bildungspolitik, aber auch für die Wirtschafts- und Strukturpolitik.

Der Landtag

Der **Landtag** ist die gewählte Vertretung des Volkes und somit das **oberste Verfassungsorgan** des Landes. Der Landtag verabschiedet die Landesgesetze, beschließt den Landeshaushalt und wählt die Ministerpräsidentin oder den Ministerpräsidenten. Außerdem wirkt der Landtag an der Regierungsbildung mit und kontrolliert die Landesregierung.

Das Wahlsystem für die Landtagswahl ist eine Mischung aus Mehrheitswahl und Verhältniswahl. Wer einen Wahlkreis gewonnen hat, ergibt sich durch das Auszählen der Erststimmen nach den Regeln der Mehrheitswahl. Die Gewinner erhalten in jedem Fall einen Sitz im Landtag. Die verbleibenden Sitze stehen den Bewerberinnen und Bewerbern auf den Landeslisten nach ihrem Stimmenanteil zu.

Die Landesregierung

Die **Landesregierung** besteht aus der Ministerpräsidentin bzw. dem Ministerpräsidenten sowie den Ministerinnen und Ministern. Sie bilden die Landesregierung (Kabinett). Die Landesregierung bestimmt die **Leitlinien der Landespolitik**. In der Regel sind wichtige politische Entscheidungen bereits im Koalitionsvertrag nach einer Wahl zwischen den jeweiligen Regierungsparteien verabredet.

Die Landesregierung verteilt die Aufgaben zwischen den verschiedenen Ministerien und beschließt Gesetzesentwürfe, die

M 1 Der Landtag in Nordrhein-Westfalen. *Foto vom 18.05.2011*

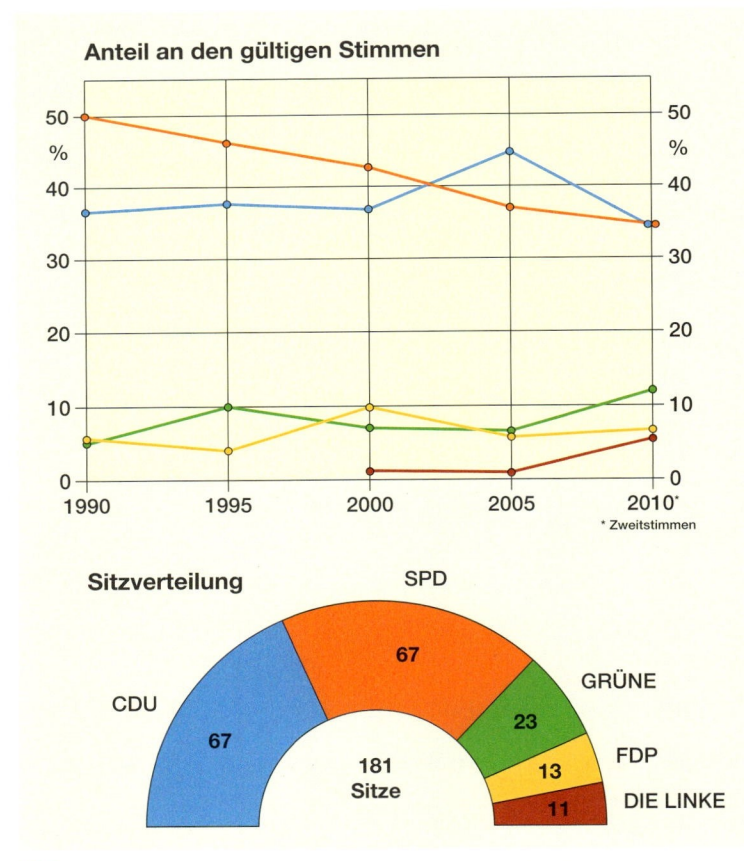

M 2 Landtagswahlergebnisse in Nordrhein-Westfalen 2010

Inhaltsfeld: Herrschaft, Partizipation und Demokratie

dann dem Landtag zur Abstimmung vorgelegt werden. Über den Bundesrat nimmt die jeweilige Landesregierung Einfluss auf die Bundesgesetzgebung. Das Kabinett legt jeweils fest, wie die Vertreter des Landes im Bundesrat abstimmen sollen.

Volksentscheide

Auch in Nordrhein-Westfalen gibt es die Möglichkeit des Volksentscheides. Zunächst müssen Bürgerinnen und Bürger, die gegen oder für eine bestimmte gesetzliche Regelung sind, für ihr Anliegen eine bestimmte Anzahl von Unterschriften von Personen sammeln, die den Antrag unterstützen (Volksinitiative).

Lehnt der Landtag den Antrag ab, kommt es zu einem Volksbegehren und schließlich zum Volksentscheid. Ein Volksentscheid ist angenommen, wenn eine Mehrheit der abgegebenen Stimmen von mindestens 15 Prozent der Stimmberechtigten (ca. 2 Mio. Stimmen) zustande kommt.

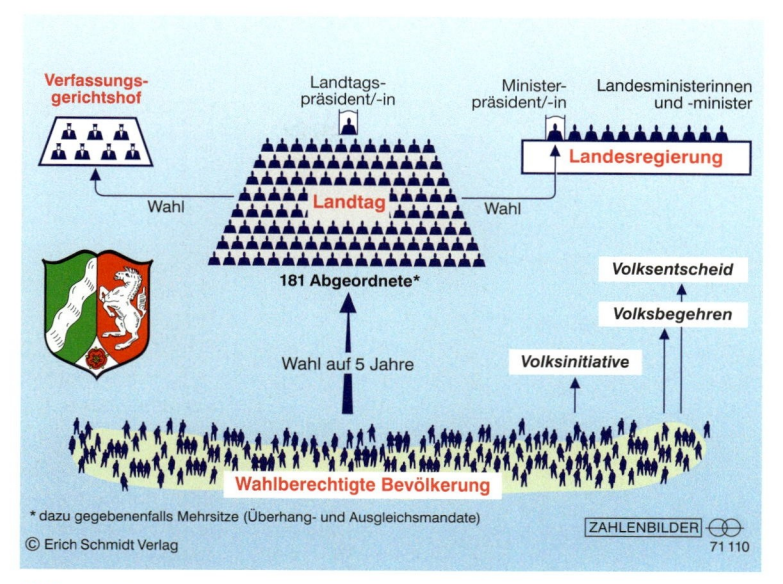

M 4 Die Verfassung des Landes Nordrhein-Westfalen

M 3 Aus der Verfassung von Nordrhein-Westfalen

§ 67a (2) Volksinitiativen müssen von mindestens 0,5 vom Hundert der Stimmberechtigten unterzeichnet sein. [...]

§ 68 (1) Volksbegehren können darauf gerichtet werden, Gesetze zu erlassen, zu ändern oder aufzuheben. Dem Volksbegehren muss ein ausgearbeiteter und mit Gründen versehener Gesetzentwurf zugrunde liegen. [...] Das Volksbegehren ist nur rechtswirksam, wenn es von mindestens 8 vom Hundert der Stimmberechtigten gestellt ist.

[...] (4) Die Abstimmung (im Volksentscheid) kann nur bejahend oder verneinend sein. Es entscheidet die Mehrheit der abgegebenen Stimmen, sofern diese Mehrheit mindestens 15 vom Hundert der Stimmberechtigten beträgt. [...]

M 5 Aufgaben des Landtages
- Beschluss Landesgesetzen
- Wahl der Ministerpräsidentin, des Ministerpräsidenten
- Beschluss über den Haushalt
- Umsetzung der unterschiedlichen politischen Meinungen der Bürgerinnen und Bürger in Bezug auf Entscheidungen des Landtages
- Wahl/Bestätigung der Mitglieder anderer Staatsorgane: Landesregierung, Staatsgerichtshof, Landesrechnungshof, Datenschutzbeauftragte
- Kontrolle der Regierung und der Verwaltung z. B. durch Untersuchungsrecht, Auskunfts- und Fragerecht, Etatrecht, Aktuelle Stunde

1 Beschreibt die Zusammensetzung und die Aufgaben des Landtages (Text, M 2, M 4, M 5).

2 Nennt die Aufgaben der Landesregierung.

3 Untersucht M 2 und beschreibt, wie sich das Kräfteverhältnis der Parteien seit 1990 verändert hat.

4 Diskutiert, ob in M 2 ein besonderes Merkmal der Demokratie sichtbar wird.

5 Verfolgt in den Medien aktuelle landespolitische Diskussionen (z. B. in der Schulpolitik) und berichtet der Klasse.

Mitwirken und Mitbestimmen bei uns

Das kann ich …

M 1 Wichtige Begriffe
- ✓ Demokratie
- ✓ repräsentative Demokratie
- ✓ direkte Demokratie
- ✓ Wahlen
- ✓ Verhältniswahlrecht
- ✓ Parteien
- ✓ Verbände
- ✓ Bundeskanzler(in)
- ✓ Bundestag
- ✓ Bundesregierung
- ✓ Opposition
- ✓ Landtag

	Richtig	Falsch	Weiß nicht
1. Alle Bundesländer entsenden die gleiche Zahl von Abgeordneten in den Bundestag.			
2. Die Zweitstimmen entscheiden über die Zusammensetzung des Bundestages.			
3. Die Bundestagswahlen finden in der Regel alle fünf Jahre statt.			
4. Bei den Bundestagsdebatten wollen die Abgeordneten sich gegenseitig mit Argumenten überzeugen.			
5. Der Wähler kann den Bundeskanzler direkt wählen.			
6. Um die Regierungsmehrheit zu erlangen, können die im Bundestag vertretenen Parteien Kabinette bilden.			
7. Der Bundestag beschließt, die Schulzeit im Gymnasium in Hamburg von 13 auf 12 Jahre zu kürzen.			
8. Parteien wirken bei der politischen Willensbildung mit.			
9. Der Bundesrat muss jedem Gesetzesentwurf zustimmen, damit das Gesetz in Kraft treten kann.			

M 3 Richtig oder falsch?

A	F	R	A	S	S	I	S	M	U	S	O	S	F	N	N
U	G	T	O	D	U	S	A	T	T	A	T	U	E	N	O
T	G	E	W	A	L	T	E	N	T	E	I	L	U	N	G
O	F	R	K	T	O	L	E	R	A	N	Z	S	M	U	S
K	O	R	O	L	E	R	A	N	Z	A	E	R	A	R	E
G	A	O	X	T	O	L	E	I	W	N	Z	U	O	M	R
O	M	R	E	X	T	R	E	M	I	S	M	U	S	R	E
T	S	A	L	F	R	E	C	H	T	S	S	T	A	A	T

M 2 Demokratie-Rätsel

Hinweis: Bitte nicht in das Buch schreiben.

Inhaltsfeld: Herrschaft, Partizipation und Demokratie

M 4 Macht des Wählers (Karikatur von Peter Leger)

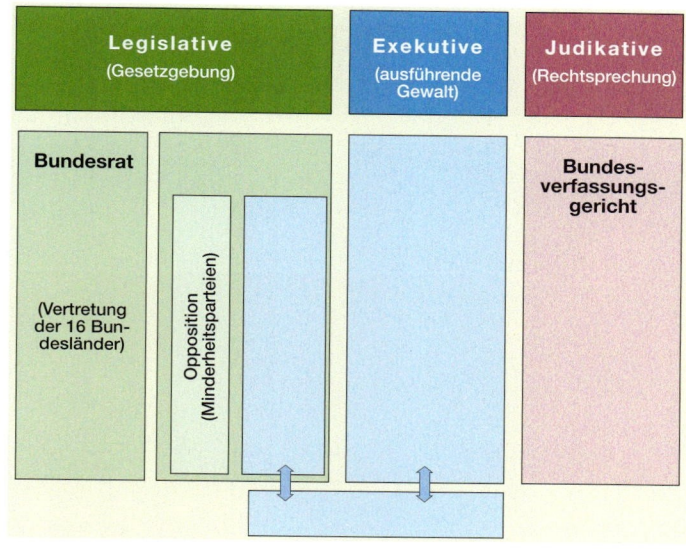

M 5 Gewaltenteilung und Gewaltenverschränkung

Was wir noch wissen

1. Erklärt euch gegenseitig die wichtigen Begriffe und schreibt die Bedeutung der Begriffe in eure Arbeitsmappe (M 1).

2. In dem Rätsel M 2 sind acht Begriffe zum Thema „demokratisch" – „undemokratisch" versteckt. Sie können waagerecht, senkrecht oder diagonal geschrieben sein. Sucht diese Begriffe und begründet, warum sie für eine Demokratie wichtig sind bzw. eine Gefahr für eine Demokratie darstellen.

3. Begründet, ob die Aussagen in M 3 richtig oder falsch sind.

4. Übertragt das Schema in eure Arbeitsmappe und schreibt die richtigen Institutionen in die unbeschrifteten Kästchen (M 5). Erläutert den Begriff „Gewaltenverschränkung".

5. Erläutert, was der Zeichner von M 4 ausdrückt (→ **Wir werten Karikaturen aus**, S. 317).

Gewusst, wie …

6. Erklärt euch gegenseitig, die Regeln einer „amerikanischen Debatte". Welche Vorteile hat sie gegenüber einer normalen Diskussion?

Wir meinen, dass …

7. „die Bürgerinnen und Bürger sich stärker in den Parteien betätigen sollten, aber dafür müssten die Parteien besonders für junge Menschen attraktiver werden!" Erläutert diese Meinung.

8. Die Opposition ist so lange machtlos, wie die Regierung ihre Mehrheit zusammenhält. Prüft, ob diese Aussage richtig ist.

Wir wenden an

9. Macht eine Umfrage bei Lehrerinnen und Lehrern und euren Mitschülerinnen und Mitschülern zum Thema: „Wählen mit 16?"

Inhaltsfeld: Identität, Lebenswirklichkeit und Lebensgestaltung

7 Grundrechte: Basis des Rechtsstaates

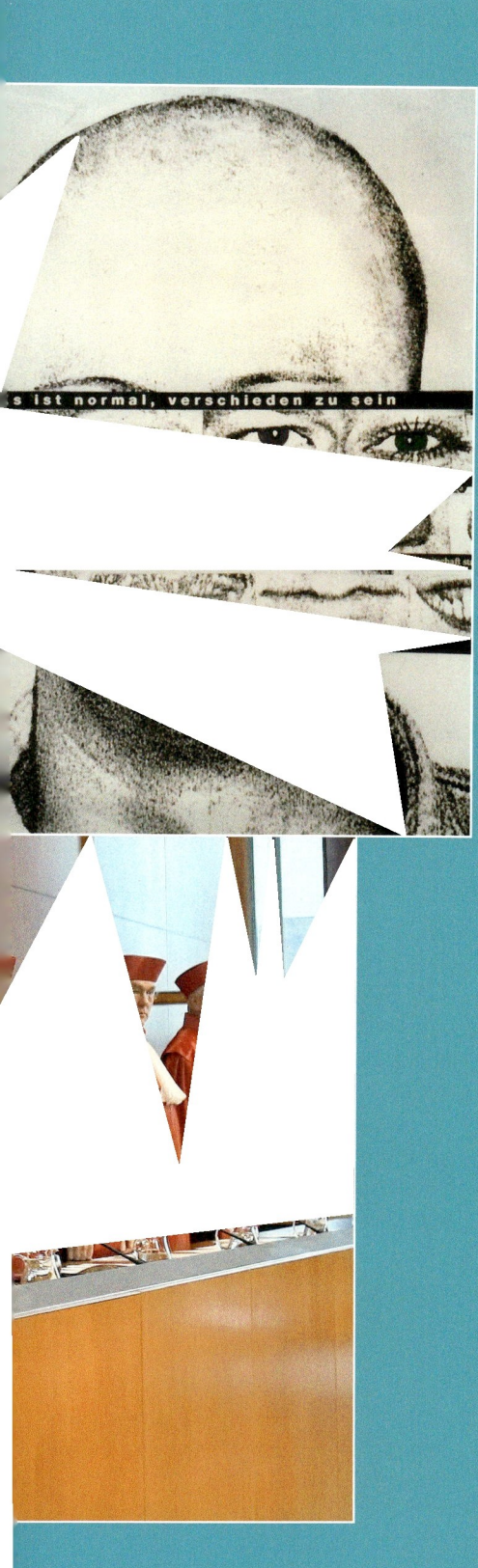

„Es ist normal, verschieden zu sein", steht auf dem Plakat. Auf den ersten Blick ist das ein selbstverständliche Aussage, die durch einen Blick in eure Klasse bestätigt wird. Trotz aller Verschiedenheit haben alle Menschen in unserem Staat gleiche Rechte, Grundrechte. Sie sind in der Verfassung garantiert. Schon 1789 wurden sie als „Menschenrechte" in der Französischen Revolution verkündet, aber bis heute sind sie immer noch nicht in allen Staaten der Welt durchgesetzt.

In diesem Kapitel könnt ihr erarbeiten
- welche Aufgaben der Rechtsstaat hat und warum es Gesetze gibt,
- über welche Rechte ihr mit zunehmenden Alter verfügt,
- was Grundrechte sind und wie man für deren Einhaltung eintreten kann und
- welche Umstände immer noch die Gleichberechtigung von Frauen und Männern behindern.

Am Ende des Kapitels wisst ihr, wie man erfolgreich in einem Projekt arbeiten kann.

Der Rechtsstaat

Darf man eigentlich gar nichts?

M 1 Kindersicherungen an Zigarettenautomaten – seit 2007 eine Pflicht

Darf man gar nichts?

Auch der Alltag von Jugendlichen ist, ohne dass sie sich dessen immer bewusst sind, von zahlreichen Rechtsregeln (Gesetzen) bestimmt.

1758, also vor über 250 Jahren, veröffentlichte ein Franzose namens Jean-Jacques Rousseau ein Buch mit dem Titel „Der Gesellschaftsvertrag". Der erste Satz des ersten Kapitels lautet (übersetzt): „Der Mensch wird frei geboren, und zugleich liegt er in Ketten." Dieser Satz ist auch heute noch aktuell. Mühelos könnte jeder von uns aufzählen, wie durch Verbote und staatliche Bestimmungen (Gesetze) unser Leben geregelt und oft eingeschränkt wird. Das beginnt für Schülerinnen und Schüler schon auf dem Weg zur Schule, im Bus, in der Schule, in der Pause und endet noch nicht mit der Ankunft zu Hause (Schulgesetz, Verkehrsgesetze).

M 2 Feiern und Ausgehen

„Die anderen dürfen aber auch bis nach 12 Uhr bleiben!" Der Frust von Jugendlichen ist groß, wenn Eltern den Jugendlichen Zeitgrenzen setzen oder sogar eine „Ausgangssperre" verhängen. Schließlich dürfen in den meisten Fällen die Freunde und Bekannten des Jugendlichen länger ausbleiben und der wöchentliche Kampf um den Diskothekbesuch ist vorprogrammiert.

Jugendliche unter 14 Jahren dürfen grundsätzlich keine Diskotheken oder anderen Gaststätten ohne Begleitung eines Erwachsenen besuchen. Anerkannte Träger der Jugendhilfe (z. B. Jugendtreff) dürfen jedoch altersgerechte Tanzveranstaltungen anbieten, an denen auch unter 14-Jährige bis 22 Uhr teilnehmen dürfen.

Die Ausgehzeiten und Gaststättenaufenthalte von Jugendlichen sind jedoch genau geregelt. So dürfen sich Jugendliche unter 16 Jahren grundsätzlich nur in Begleitung eines Erwachsenen in einer Gaststätte aufhalten. Auch die Teilnahme an öffentlichen Tanzveranstaltungen – sprich der Besuch einer Diskothek – ist ohne Begleitperson nicht erlaubt. Jugendliche, die älter als 16, aber unter 18 Jahren sind, dürfen bis 24 Uhr die Diskothek besuchen. Möchten sie länger bleiben, benötigen sie eine erwachsene Begleitperson.

Dasselbe gilt für Kinobesuche: So dürfen sich unter 14-Jährige bis 20 Uhr, unter 16-Jährige bis 22 Uhr und unter 18-Jährige bis 24 Uhr altersentsprechende Filme anschauen. Diese Zeitgrenzen gelten im Übrigen grundsätzlich für den Aufenthalt außer Haus. Das Ermessen liegt jedoch letztendlich bei den Eltern, wie lange ihre Kinder ausbleiben oder bei Freunden übernachten dürfen. Hierbei gilt, dass sie ihre Aufsichtspflicht nicht verletzen und für das Wohl der Kinder sorgen.

M 3 Genussmittel: Alkopops und Jugendschutz

Der Verkauf von Bier und Wein ist grundsätzlich erst ab 16 Jahren erlaubt und in §9 des Jugendschutzgesetzes geregelt. Unter 16 Jahren ist der Erwerb und auch der Verzehr von derartigen Genussmitteln verboten. Die einzige Ausnahme besteht darin, wenn die Eltern in ihrer Begleitung den Verzehr von Bier und Wein erlauben – dies fällt dann in den Verantwortungsbereich ihrer Sorgfalts- und Aufsichtspflicht, welche sie nicht verletzen dürfen.

Tabakwaren dürfen Jugendliche unter 18 überhaupt nicht erwerben, auch nicht an Automaten.

Branntweinhaltige Getränke wie Liköre, Schnäpse und entsprechende Mixgetränke sind in Deutschland erst ab 18 Jahren erlaubt. In diese Kategorie fallen übrigens auch so genannte „Alkopops*".

Ab 16 Jahren dürfen Jugendliche Mischgetränke trinken, welche keine branntweinhaltigen Zusätze enthalten. Erlaubt sind z.B. Bier-Limonaden-Mischgetränke und Wein-Mischgetränke. Werden die Getränke mit Spirituosen und hochprozentigem Alkohol angereichert (z.B. Longdrinks, Cocktails), so sind diese erst ab 18 Jahren erlaubt.

M 4 Jugendliche und Alkohol

*Alkopop
Wortzusammensetzung aus „Alkohol" und „pop" (einem englischen Begriff für ein alkoholfreies Erfrischungsgetränk)

1 Stellt aus M 2 und M 3 zusammen, was Jugendliche dürfen und was ihnen nicht erlaubt ist. Schreibt eure Ergebnisse in Listen für Jugendliche unter 16 und über 16 Jahren.

2 Macht an Bestimmungen, gegen die ihr in den letzten vier Wochen verstoßen habt, einen bunten Punkt für jeden Verstoß.

3 Erläutert euch gegenseitig, warum ihr die gesetzlichen Bestimmungen nicht eingehalten habt.

4 Beschreibt eure „Ketten" und sammelt Gründe, warum die Bestimmungen in M 2 und M 3 sinnvoll sind.

239

Der Rechtsstaat

Welche Aufgaben erfüllt der Rechtsstaat?

M 1 Zeitungsmeldungen aus dem Polizeibericht

M 3 Justitia, Göttin der Gerechtigkeit

„Eine Tat kann nur bestraft werden, wenn die Strafbarkeit gesetzlich bestimmt war, bevor die Tat begangen wurde." Der § 1 des Strafgesetzbuches hat denselben Wortlaut.

M 2 Artikel 103, Abs. 2 GG

Recht und Rechtsempfinden

Überall gibt es Vorschriften, Gebote, Verbote. Einige befolgt jeder automatisch, andere mit Widerstreben, manche nur von Fall zu Fall.

Die meisten Menschen sind sich darüber einig, was Recht und Unrecht ist. Dennoch deckt sich das, was in Gesetzen als Recht festgelegt ist, nicht immer mit unserem persönlichen **Rechtsempfinden**. Bestimmte Regeln werden nicht so ernst genommen wie andere: So empfinden es die meisten Menschen nicht als Unrecht, trotz Rotlichts an der Ampel über die Straße zu laufen, wenn gerade kein Auto kommt. Das Rechtsempfinden meldet sich nur schwach oder gar nicht – obwohl diese Handlung gesetzlich verboten ist.

Ganz anders ist es, wenn uns persönlich etwas gestohlen wird. Wir regen uns auf oder würden am liebsten die Sache selbst „in die Hand nehmen" und uns „auf eigene Faust" Recht verschaffen.

Aufgaben des Rechts

Die wichtigste Aufgabe des Rechts ist die Sicherung des Friedens. Das Recht sorgt dafür, dass alle Formen von Konflikten nach bestimmten Regeln ausgetragen werden müssen. In unserem heutigen **Rechtsstaat** zählt dazu vor allem das Verbot privater Gewaltanwendung. Bis auf den Fall von Notwehr ist der Gebrauch von Gewalt nur dem Staat erlaubt.

Niemand kann sich sein Recht, von dem er glaubt, es stehe ihm zu, selbst verschaffen. Duelle, Blutrache oder Selbstjustiz sind verboten. Jeder muss sich zur Durchsetzung seiner Rechte immer an die dafür vorgesehenen staatlichen Instanzen wie Polizei und Gerichte wenden.

Aufgaben des Rechts

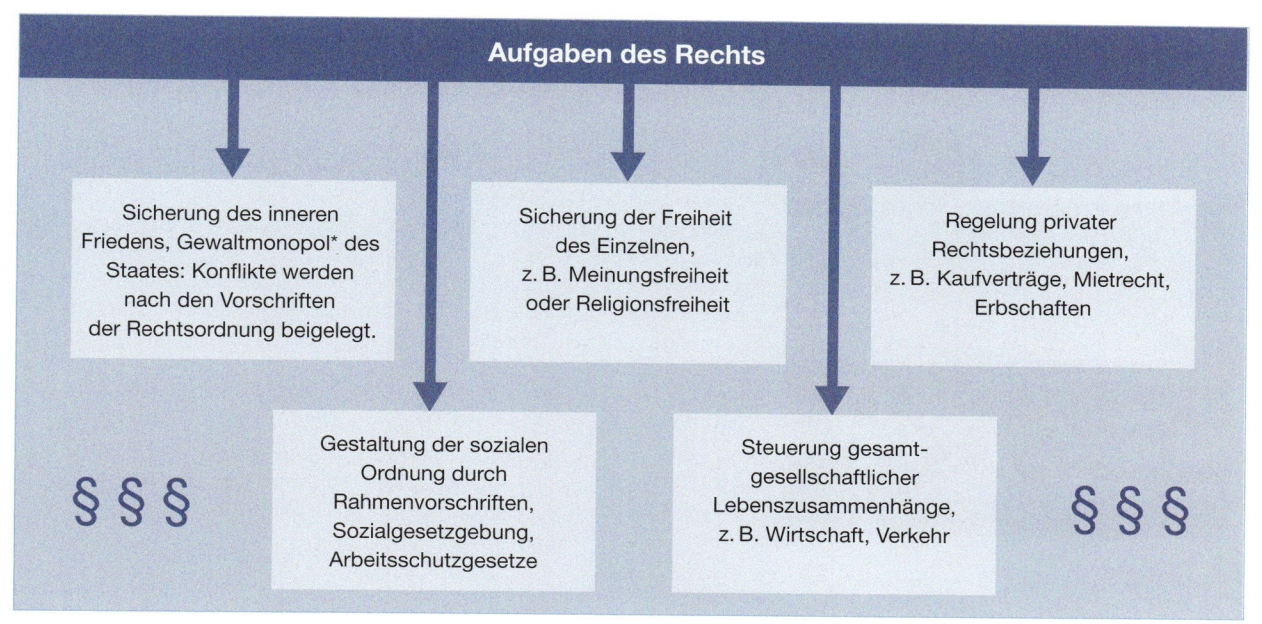

- Sicherung des inneren Friedens, Gewaltmonopol* des Staates: Konflikte werden nach den Vorschriften der Rechtsordnung beigelegt.
- Sicherung der Freiheit des Einzelnen, z. B. Meinungsfreiheit oder Religionsfreiheit
- Regelung privater Rechtsbeziehungen, z. B. Kaufverträge, Mietrecht, Erbschaften
- Gestaltung der sozialen Ordnung durch Rahmenvorschriften, Sozialgesetzgebung, Arbeitsschutzgesetze
- Steuerung gesamtgesellschaftlicher Lebenszusammenhänge, z. B. Wirtschaft, Verkehr

M4 Die vielfältigen Aufgaben des Rechts

Recht im Rechtsstaat

Das Rechtsstaatsprinzip soll den Einzelnen vor staatlicher Willkür schützen. In einem Rechtsstaat beschließen gewählte Vertreter des Volkes die Gesetze. Staatliche Institutionen sorgen dafür, dass dem Recht Geltung verschafft wird. Dabei ist der Staat selbst an Gesetze gebunden. Ein Polizist, ein Richter oder ein Verwaltungsbeamter darf nur solche Maßnahmen anordnen, die ihm die Gesetze erlauben. Diese rechtsstaatlichen Grundsätze sind bei uns in der Verfassung, dem **Grundgesetz**, festgelegt.

Grundsätze des Rechtsstaats

Die „Justitia" ist das Symbol der Gerechtigkeit und wird oft mit verbundenen Augen dargestellt (M3). Damit soll verdeutlicht werden, dass Richter in einem Rechtsstaat „gerecht" urteilen müssen. Gerechtigkeit vor Gericht soll durch drei wesentliche Grundsätze erreicht werden:
Rechtsgleichheit: „Alle Menschen sind vor dem Gesetz gleich" (Grundgesetz, Artikel 3 Abs. 1). Niemand darf bevorzugt oder benachteiligt werden.

Rechtssicherheit: Jeder Bürger muss sich auf die Gültigkeit des Rechts verlassen können und wissen, was erlaubt und verboten ist. Gesetze sollen klar und widerspruchslos formuliert sein.

Verhältnismäßigkeit: Bei der Rechtsprechung müssen die Lebensumstände des Einzelnen berücksichtigt werden, z. B. die Einkommensverhältnisse bei der Festsetzung der Höhe von Geldstrafen. Ein leichtes Vergehen darf nicht so hoch bestraft werden wie ein schweres.

***Gewaltmonopol**
gesetzliche Regelung, wonach der Staat bzw. seine Behörden als einziger (mono) Zwang ausüben darf

1 Stellt an einem Beispiel den Unterschied zwischen persönlichem Rechtsempfinden und dem gesetzlich festgelegten Recht heraus (Text).

2 Aus dem Polizeibericht (M1): Erläutert, welcher Verstoß gegen das Recht hier jeweils das Eingreifen der Polizei erforderlich gemacht hat.

3 Erklärt, warum die römische Göttin der Gerechtigkeit mit einer Waage, einem Schwert und mit verbundenen Augen dargestellt wird (M3).

4 Erläutert mit eigenen Worten, welche Aufgaben das Recht hat (Text, M4).

Der Rechtsstaat

Hat man mit 18 mehr Rechte?

Ein Graffitisprayer

Hannes ist vor vier Wochen vierzehn Jahre alt geworden. Zum Geburtstag hatte ihm sein Lieblingsonkel heimlich zusätzlich 30 Euro in die Hand gedrückt und gesagt: „Du hast sicher einen Extrawunsch, den nicht alle zu erfahren brauchen. Hier, kauf dir was!"
Hannes hatte tatsächlich einen Extrawunsch. Seit drei Monaten ist er unter die Graffitisprayer gegangen. Ihm gefallen die herrlich bunten Bilder auf den öden Hauswänden und den einfallslosen Vorortzügen. Die 30 Euro kann er gut für neue Spraydosen gebrauchen.
Heute will er seiner Freundin Gabi seine Kunst vorführen. Die allerdings scheint nicht sehr begeistert zu sein. „Das ist doch verboten. Und was passiert, wenn uns jemand erwischt?", fragt sie. „Keine Sorge", erwidert Hannes, „bis jetzt hat mich noch keiner gesehen. Außerdem, was kann schon groß passieren? Bestrafen kann mich keiner. Ich bin doch noch nicht volljährig. Ich bin erst vierzehn!"

M 1 Graffiti

Ein von dem Minderjährigen ohne Zustimmung des gesetzlichen Vertreters geschlossener Vertrag gilt als von Anfang an wirksam, wenn der Minderjährige die vertragsmäßige Leistung mit Mitteln bewirkt, die ihm zu diesem Zweck oder zu freier Verfügung von dem Vertreter oder mit dessen Zustimmung von einem Dritten überlassen worden sind.

M 2 Bürgerliches Gesetzbuch (BGB) § 110 („Taschengeldparagraf")

M 3 „Ich kaufe mir mein erstes eigenes Rennrad."

Peter strahlt. Er hatte Geburtstag. Allen hatte Peter erklärt, dass er sich als Geschenk Geld wünschen würde. Er möchte sich nämlich gerne einen großen Wunsch erfüllen und ein Fahrrad kaufen. Zudem hat der 13-Jährige bereits ein halbes Jahr gespart und mit Zeitungsaustragen, Rasenmähen und Autowaschen in der Nachbarschaft schon die Hälfte des Kaufpreises für das Rad angespart. Nun ist es so weit: Mit dem Geburtstagsgeld hat er die Summe für den Kauf des Rades beisammen und er kauft sich ein Rennrad mit allen Schikanen. Vorsichtig und voller Stolz radelt er nach Hause und zeigt seinen Eltern sein Fahrrad.
Groß ist seine Enttäuschung, als sein Vater ihn entsetzt anschaut und lospoltert: „Das Fahrrad bringst du auf der Stelle zurück! Unsere Straßen sind viel zu gefährlich und du bist viel zu unvorsichtig. Ich erlaube es dir nicht und der Händler darf es dir auch gar nicht verkaufen."

Gilt das Recht nur für Erwachsene?

„Das Grundgesetz gilt doch sowieso nur für Erwachsene. Eine Wohnung darf nicht durchsucht werden – aber meine Eltern können jederzeit in mein Zimmer kommen und herumschnüffeln. Wenn ich morgens, bevor ich zur Schule gehe, mein Zimmer abschließen würde – ich glaube, meine Eltern würden durchdrehen!" So reagierte ein Schüler der Klasse 8, als das Grundgesetz im Unterricht behandelt wurde.
Tatsächlich kann man erst mit Erreichen der Volljährigkeit, also ab dem 18. Geburtstag, alle Rechte eines Staatsbürgers in Anspruch nehmen. Bis dahin sind in der Regel die Eltern für ihre Kinder verantwortlich. Mit zunehmendem Alter wird die Verantwortlichkeit der Eltern aber geringer und die eigene Verantwortung steigt.

Die Rechtsfähigkeit

Rechtsfähigkeit beinhaltet die Fähigkeit, Rechte und Pflichten zu übernehmen, weil man in der Lage ist, seine Handlungen und ihre Folgen zu beurteilen. Diese Fä-

Lebensalter	Rechtsstellung	Gesetz
Geburt	Rechtsfähigkeit	Bürgerliches Gesetzbuch (BGB)
6 Jahre	Schulpflicht	Schulgesetz
7 Jahre	beschränkte Deliktsfähigkeit	BGB
	beschränkte Geschäftsfähigkeit	BGB
14 Jahre	beschränkte Strafmündigkeit	Jugendgerichtsgesetz (JGG)
	Religionsmündigkeit	Gesetz über religiöse Kindererziehung
	Ende des Beschäftigungsverbots	Jugendarbeitsschutzgesetz
16 Jahre	Ehefähigkeit	Ehegesetz
	Eidesfähigkeit	Zivilprozessordnung (ZPO) Strafprozessordnung (StPO)
	Besuch von Gaststätten	Jugendschutzgesetz
18 Jahre	Volljährigkeit	BGB
	volle Deliktsfähigkeit	BGB
	volle Geschäftsfähigkeit	BGB
	Strafmündigkeit	JGG
	Ehemündigkeit	Ehegesetz
	aktives und passives Wahlrecht	Grundgesetz
	Pkw-Führerschein	Straßenverkehrszulassungsordnung (StVZO)
21 Jahre	volle Strafmündigkeit	JGG
25 Jahre	Befähigung zum Schöffen	Gerichtsverfassungsgesetz

M 4 Überblick zu den Rechten einer Bürgerin / eines Bürgers in Deutschland

...higkeit ist abhängig vom Entwicklungsprozess der Heranwachsenden. Deshalb werden im Recht bestimmte Altersphasen unterschieden. Grundsätzlich beginnt die Rechtsfähigkeit mit der Geburt.

Die Geschäftsfähigkeit

Die **Geschäftsfähigkeit** ist das erste Recht, das Kinder aktiv ausüben dürfen. Allerdings wird sie zwischen dem 7. und 18. Lebensjahr beschränkt. Die meisten solcher Rechtsgeschäfte bedürfen der Einwilligung des gesetzlichen Vertreters, normalerweise also der Einwilligung der Eltern. Eine wichtige Ausnahme bildet der Taschengeldparagraf.

Deliktsfähigkeit und Strafmündigkeit

Bis zum 7. Lebensjahr sind Kinder nicht **deliktsfähig**, d. h., sie können wegen ihres Alters rechtlich für ihre Handlungen nicht verantwortlich gemacht werden.

Bei der **Strafmündigkeit** geht es um die strafrechtliche Verantwortlichkeit, das Einstehen des Täters für eine Straftat vor der Öffentlichkeit, vor der Gesellschaft.

1 Wertet M 1 aus: Welcher „Tatbestand" liegt vor? Hat Hannes Recht? Verwendet M 4.

2 Stellt fest, ob Peter das Rad kaufen durfte (M 2, M 3).

3 Beurteilt folgende Fälle mithilfe von M 4:
 – Zwei Jungen (13 und 14 Jahre) zerstören beim Spielen eine Schaukel und eine Wippe auf dem Spielplatz.
 – Anne (17 Jahre) möchte in den Gemeinderat gewählt werden.

4 Fasst die Übersicht M 4 in Form eines kurzen mündlichen Vortrags zusammen (→ **Wir halten einen Kurzvortrag**, S. 317/318).

5 Schreibt eine Antwort auf die Frage: „Gilt das Recht nur für Erwachsene?"

Jugendkriminalität

Warum werden Jugendliche kriminell?

M 1 In einer Jugendstrafanstalt

*Bagatelldelikt
Straftat von geringer Bedeutung (Gegenteil: Kapitalverbrechen = schwerste Straftat)

M 2 Die Journalistin Sabine Rückert schrieb in der Wochenzeitung „Die Zeit":

[...] 95 Prozent aller männlichen Jugendlichen werden mindestens einmal kriminell. [...] Die wenigsten werden allerdings erwischt, und das ist gut so. Denn Jugendkriminalität ist fast immer eine „Krankheit", die sich selber heilt. Die Mahnung „Wehret den Anfängen!" ist deshalb übertrieben, denn nur wenige Täter gehen über den Anfang hinaus. Die Verstöße Jugendlicher sind in der Regel Bagatelldelikte*: Schwarzfahren, Beleidigungen, Raufereien, Haschischkaufen, Klauen, Sachbeschädigung, kleine Einbrüche. [...] Auch Mehrfach- und Vielfachtätern ist der Weg vom jugendlichen Nichtsnutz zum professionellen Panzerknacker nicht schicksalhaft vorbestimmt. Die meisten finden auf den Pfad der Tugend zurück. [...]

Trotz alledem bleiben 92,5 Prozent der Jugendlichen und Heranwachsenden mit deutschem Pass polizeilich unauffällig. Von den 7,5 Prozent, die sich durch Straftaten hervortun, schlagen nur wenige (man spricht von 5 bis 10 Prozent der Auffälligen) tatsächlich eine kriminelle Karriere ein. Diese kleine Zahl chronischer Täter ist verantwortlich für über 50 Prozent der Jugendkriminalität und verdirbt den Ruf einer ganzen Generation. [...]

M 3 Die Jugendrichterin Ingrid Kaps sagte 2009 in einem Interview mit der Jugendzeitschrift „jetzt":

Was sind typische „Mädchendelikte"?
Meistens Diebstähle. Das passt auch ins Klischee: Sie klauen Lippenstifte, Kosmetika, Klamotten, weil sie dem Bild, das unsere Gesellschaft so gerne haben möchte, gerecht werden wollen. Bei den Jungs geht es meist um Diebstahl, Körperverletzung und Drogendelikte. [...]
Singles begehen [...] leichter Straftaten?
(lacht) Das will ich nicht sagen, aber Leute in ernsthaften Beziehungen sind da vielleicht gesicherter, denke ich.
Dann tauchen die Menschen also deswegen vor Ihnen auf, weil ihnen ein Mensch fehlt, der sie hält?
Schon. Ein Großteil unserer Straftäter kommt aus desolaten Familien. Wenn ihnen nicht der Zufall jemanden zur Seite stellt, dann ist diese innere Leere da. Die wird dann ausgefüllt. Mit irgendwas.
Geht es in den Verhandlungen in Wahrheit um Liebe?
Aus dem Bauch raus würde ich sagen, dass 80 Prozent aller Taten ihren Grund darin haben, dass niemand stabilisiert. Deshalb: Es geht um Liebe. Um die nicht vorhandene. [...]

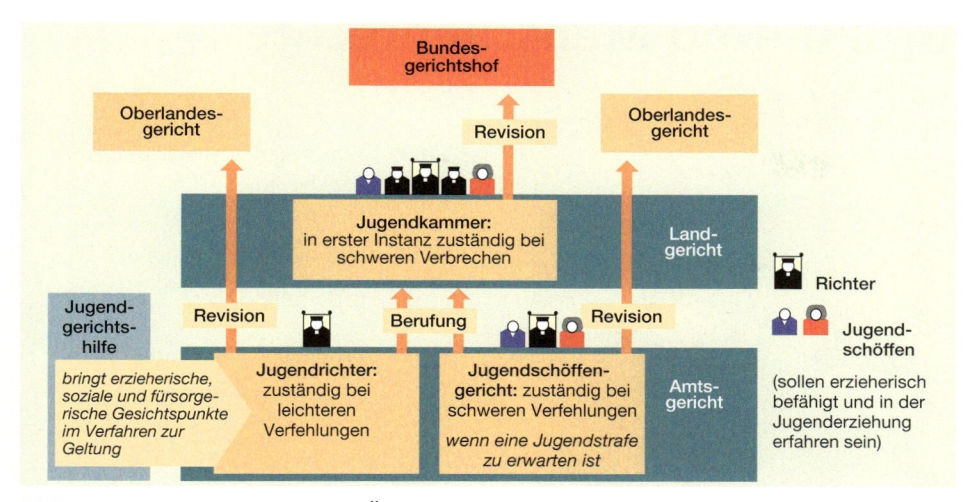

M 4 Die Jugendgerichtsbarkeit im Überblick

M 5 Die Berliner Jugendrichterin Kirsten Heisig schrieb 2010 in einem Buch:

[…] Damit sind Lebensumstände gemeint, die geeignet sind, Menschen zur Begehung von Straftaten zu veranlassen. Hierbei ist vor allem bei deutschen Jugendlichen der Alkoholmissbrauch im Elternhaus hervorzuheben. Wenn die Eltern trinken, sind sie mit sich selbst beschäftigt, haben keine Kontrolle über das eigene Leben und sind nicht in der Lage, auf die Bedürfnisse ihrer Kinder einzugehen. Die damit meist einhergehende Arbeitslosigkeit kommt hinzu. Häufig entlädt sich der eigene Frust, indem die Kinder misshandelt werden. […]

M 6 An anderer Stelle heißt es im Buch:

[…] Aus den bisherigen Ausführungen ergibt sich,
- dass sich die Jugendkriminalität im Laufe der Jahre verändert hat. Dennoch können viele Jugendliche und Heranwachsende nach wie vor vom Jugendgericht relativ milde behandelt werden, weil sie Straftaten begangen haben, die die Gesellschaft aushalten kann und muss.
- dass die Gewalttaten von größerer Brutalität und Häufigkeit gekennzeichnet sind, obwohl es wesentlich weniger junge Menschen gibt. […]
- dass die Schwierigkeiten der Täter innerhalb ihres Lebenslaufes meistens früh angelegt und auch erkennbar sind, hierauf jedoch nicht nachhaltig reagiert wird. Es ist offensichtlich, dass die mangelnde Bildung eine der Hauptursachen für die Entstehung von Jugendkriminalität darstellt und die Schuldistanz* konsequent zu bekämpfen ist. […]
- dass im Bereich der zweiten und teilweise dritten Generation der Migranten aus der Türkei und dem Libanon zunehmend erhebliche Integrationsprobleme bestehen, die sich teilweise in kriminellem Verhalten niederschlagen. […]

*Schuldistanz
Abstand zur Schule; zeigt sich z. B. durch häufiges Fehlen

1 Erstellt mithilfe der Materialien M1 bis M6 in Gruppen Lernplakate zum Thema „Jugendkriminalität (→ **Wir erstellen ein Lernplakat**, S. 318).

2 Sucht im Internet nach weiteren Informationen zum Thema „Jugendkriminalität" und ergänzt euer Lernplakat (→ **Wir führen eine Internetrecherche durch**, S. 316).

Die Grundrechte

Grund- und Menschenrechte

M 1 Karikatur (von Klaus Stuttmann)

Sprechblase: „Ein gewaltbereiter Journalist. Wollte Fotos schießen!!"

M 2 Die Geschichte der Menschenrechte

1789 Erklärung der Menschen- und Bürgerrechte

1948 Allgemeine Erklärung der Menschenrechte (Vereinte Nationen)

1950 Europarat – Konvention zum Schutz der Menschenrechte und Grundfreiheiten

1976 Weltpakte über bürgerliche und politische Rechte sowie über wirtschaftliche, gesellschaftliche und kulturelle Rechte

---

*Babylon
Hauptstadt Babyloniens (im Altertum) im heutigen Staat Irak (von Babylon sind nur Ruinen übrig geblieben)

*Schwarze
Heute ist es ratsam, den Begriff „Schwarze" nicht mehr zu verwenden, sondern durch „Farbige" oder „Afroamerikaner" (Amerikaner mit afrikanischem Ursprung) zu ersetzen.

Entwicklung des Rechts

Die erste uns bekannte Gesetzessammlung entstand in Babylon* vor rund 3800 Jahren. Der König ließ 220 Gesetze in einen Stein meißeln, der öffentlich aufgestellt wurde. Die getroffenen Regelungen schufen Rechtssicherheit. Dieses neue Recht war jedoch von einem Herrscher vorgegeben. Er bestimmte, was recht war. Von diesem Recht wurden auch nicht alle Menschen gleich behandelt. Noch immer gab es Sklaverei, noch immer bestanden große Unterschiede in der Rechtsprechung gegenüber Mann und Frau. Daran sollte sich über viele Jahrhunderte nichts ändern. Erst vor rund 200 Jahren konnte sich der Gedanke der Menschenrechte in Nordamerika und Frankreich Gehör verschaffen. Aber auch hier waren die Menschenrechte zunächst nicht für alle gültig: Schwarze* und Indianer waren lange ausgeschlossen. Für Frauen gab es in den USA wie in Frankreich noch keine Gleichstellung vor dem Gesetz.

Erklärung der Menschenrechte

Die Erfahrungen zweier Weltkriege führten dazu, dass eine Gruppe von Beauftragten für die Vereinten Nationen eine Allgemeine Erklärung der Menschenrechte verfasste, die 1948 verabschiedet wurde. Heute bekennen sich die meisten Staaten in ihren Verfassungen zu den Menschenrechten, so auch Deutschland.

Menschenrechte sind Rechte, die einem Menschen von Geburt an zustehen, egal wie alt er ist oder wie reich oder arm er ist. Sie werden deshalb auch „Naturrechte" genannt, die nicht vom Staat oder per Gesetz verliehen werden.

Um die Menschenrechte durchzusetzen, wurde in der Verfassung der Bundesrepublik, dem Grundgesetz von 1949, ein Katalog mit Grundrechten verankert, die die gesamte Rechtsordnung bestimmen. Dazu gehören das Recht auf freie Meinungsäußerung, die Glaubens- und Gewissensfreiheit sowie die Gewährleistung des Eigentums.

Inhaltsfeld: Identität, Lebenswirklichkeit und Lebensgestaltung

Grenzenlose Freiheit?

Die Grundrechte garantieren die Freiheiten des Bürgers, aber sie schränken sie auch ein, damit die Menschen in der staatlichen Gemeinschaft zusammenleben können. So ist die Handlungsfreiheit des Einzelnen (Art. 2, Abs. 1) dadurch beschränkt, dass der Einzelne nicht das Recht anderer verletzen oder gegen die verfassungsmäßige Ordnung verstoßen darf.

In der Straßenverkehrsordnung gilt z. B. die Grundregel, dass die Teilnahme am Straßenverkehr ständige Vorsicht und gegenseitige Rücksichtnahme erfordert. Auf diese Weise ist auch das Recht auf freie Meinungsäußerung eingeschränkt, soweit dadurch Persönlichkeitsrechte anderer Menschen verletzt werden (wenn z. B. die Würde einer anderen Person durch Beleidigung oder durch üble Nachrede verletzt wird). Die Freiheit des Einzelnen endet also immer dort, wo das Recht des anderen beginnt. Jedoch kann jeder, der sich durch ein Gesetz in seinen Grundrechten verletzt sieht, vor dem Bundesverfassungsgericht Klage erheben. Das Bundesverfassungsgericht legt das Grundgesetz für alle verbindlich aus.

M 3 Das Bundesverfassungsgericht in Karlsruhe

Artikel 1
(1) Die Würde des Menschen ist unantastbar. Sie zu achten und zu schützen, ist Verpflichtung aller staatlichen Gewalt.
(2) Das deutsche Volk bekennt sich darum zu unverletzlichen und unveräußerlichen Menschenrechten als Grundlage jeder menschlichen Gemeinschaft des Friedens und der Gerechtigkeit in der Welt.
(3) Die nachfolgenden Grundrechte binden Gesetzgebung, vollziehende Gewalt und Rechtsprechung als unmittelbar geltendes Recht.

Artikel
2 Freiheit der Person, Recht auf Leben
3 Gleichheit vor dem Gesetz
4 Glaubens- und Gewissensfreiheit
5 Meinungs-, Informations- und Pressefreiheit
6 Schutz von Ehe und Familie
7 Elternrechte im Schulwesen
8 Versammlungsfreiheit
9 Vereinigungsfreiheit
10 Brief-, Post- und Fernmeldegeheimnis
11 Recht auf Freizügigkeit
12 Freie Berufswahl
13 Unverletzlichkeit der Wohnung
14 Gewährleistung des Eigentums
15 Möglichkeit der Überführung in Gemeineigentum
16 Staatsangehörigkeit, Asylrecht
17 Petitionsrecht
18 Verwirkung von Grundrechten
19 Einschränkung von Grundrechten, Wesensgehalts- und Rechtswegegarantie

M 4 Die Grundrechte (Grundgesetz)

1 Nennt wichtige Etappen in der Geschichte und der Entwicklung der Menschenrechte (M 2).

2 Erläutert, was Menschenrechte sind und wem sie zustehen.

3 Erklärt, was die Karikatur M 1 zum Thema Menschenrechte/Grundrechte aussagt (→ **Wir werten Karikaturen aus**, S. 317). Vergleicht auch die Artikel 1 und 2 des Grundgesetzes (M 4).

4 Sammelt Argumente für und gegen die Behauptung: „Grundrechte geben Freiheit, schränken aber Rechte der Menschen ein."

5 Verteilt die in M 4 genannten Grundrechte auf kleine Gruppen. Lest ihren Wortlaut im Anhang (S. 332/333) nach und erklärt sie euch gegenseitig.

Die Grundrechte

Wir erarbeiten ein Projekt

Bei einem Projekt arbeitet eine Arbeitsgruppe selbstständig an einem Problem mit unterschiedlichen Fragestellungen. Jede Schülerin und jeder Schüler ordnet sich im Projekt den Fragen zu, die ihr/ihm besonders liegen. Projekte benötigen längere und intensivere Arbeitsphasen. Am Ende eines Projekts steht als Ergebnis ein Produkt, das ihr gemeinsam in eigener Verantwortung erstellt habt.

M1 Checkliste: Projektarbeit
1. Schritt: Vorbereitung
Themen sammeln:
Was könnte untersucht werden? Welcher Einzelaspekt interessiert besonders?
Ziel und Thema des Projekts:
Auf welches Thema kann sich die Gruppe festlegen, sodass alle engagiert mitarbeiten?
Zeitplan des Projekts bestimmen:
Projekte dauern mindestens eine, zumeist zwei bis drei Wochen.
Erstellt vor Beginn des Projekts einen genauen Arbeitsplan, um die Arbeit besser überschauen zu können.
Vorstellung der Arbeitsergebnisse:
Macht euch vor Beginn des Projekts Gedanken, wie ihr eure Arbeitsergebnisse präsentieren wollt. Ihr könnt z. B. eine Wandzeitung erstellen, eine Dokumentation oder eine Ausstellung anfertigen.

2. Schritt: Durchführung
Arbeitsgruppen einteilen:
Legt fest, wer mit wem arbeitet, und verteilt die Arbeit auf die einzelnen Gruppen. Auch innerhalb der Arbeitsgruppen solltet ihr genau klären, wer wofür verantwortlich ist, sodass es immer einen Ansprechpartner für die einzelnen Aufgabenstellungen gibt.

Material besorgen:
Material findet ihr in Tageszeitungen, Illustrierten, im Internet und Büchern. Vielleicht könnt ihr auch Videoaufzeichnungen auswerten oder im Rahmen eurer Präsentation Ausschnitte daraus vorstellen.
Arbeitsergebnisse überprüfen:
Zwischendurch solltet ihr euch immer wieder in der ganzen Klasse zusammensetzen und eure Zwischenergebnisse vorstellen.
Verständnisfragen und Nachfragen anderer Schülerinnen und Schüler, die das Gruppenthema nicht bearbeiten, helfen euch, Schwachpunkte der Arbeit zu erkennen. Diese Kritik innerhalb der Arbeitsphase ist sehr wichtig, weil dadurch das von der einzelnen Gruppe zu verantwortende Arbeitsergebnis immer wieder hinterfragt wird und verbessert werden kann.

3. Schritt: Vorstellung der Ergebnisse
Präsentation:
Teilprojekte in Gruppen erarbeiten, das Gesamtprojekt präsentieren alle gemeinsam – so lässt sich diese letzte Phase zusammenfassen.
Ankündigung:
Kündigt eure Präsentation in der Schule an. Ladet Eltern und Freunde ein.

Inhaltsf... Identität, Lebenswirklich...

Die Grundrechte

Die Würde des Menschen ...

Der Fall

Als Frau Heidenreich von ihrer Schülerin Katrin angerufen wird, kann sie das Mädchen kaum verstehen. Katrin ist aufgeregt, sie kämpft mit den Tränen. Sie bittet ihre Klassenlehrerin, sofort zum Altenheim zu kommen, es gebe dort Schwierigkeiten. Katrin ist Schülerin der Klasse 9b und macht im Altenheim St. Anna gerade ihr Praktikum.

Frau Heidenreich erfährt im Altenheim von Katrin den Grund für den Hilferuf: Katrin hat am Morgen – wie schon an den Vortagen – auf der Station das Essen ausgeteilt. Eine der Pflegerinnen hatte sie dann gebeten, ihr anschließend bei der Pflege einer alten Dame behilflich zu sein. Als Katrin ins Zimmer dieser Frau kam, saß sie in einem Sessel, ihre langen, schönen weißen Haare waren gelöst, sie reichten fast bis auf den Boden.

„Die Haare müssen ab, die kosten zu viel Zeit bei der morgendlichen Pflege", sagte die Pflegerin.

„Ich möchte meine langen Haare behalten, ich hab immer lange Haare gehabt, davon trenne ich mich nicht!", widersprach die alte Frau energisch.

„Blödsinn, Sie können Ihre Haare ja selbst nicht mehr pflegen, die kommen ab. Katrin, nimm ihre Hände, damit ich die Haare ungestört abschneiden kann", ordnete die Pflegerin an.

„Nein, das mache ich nicht!", rief Katrin spontan.

M 2 Schülerinnen und Schüler beim Rollenspiel: „Gespräch mit der Heimleitung"

„Wenn du das nicht kannst, dann bist du hier fehl am Platz. Dann solltest du dich um einen anderen Praktikumsplatz bemühen", warf die Pflegerin Katrin vor. Weinend verließ Katrin darauf das Zimmer und rief ihre Klassenlehrerin an. „Ich habe mir dabei vorgestellt, das wäre meine Oma", nannte sie als Grund für ihre Weigerung. Katrin und ihre Lehrerin lassen die Angelegenheit nicht auf sich beruhen.

M 1 Artikel 1 GG
(1)
Die Würde des Menschen ist unantastbar. Sie zu achten und zu schützen, ist Verpflichtung aller staatlichen Gewalt.

Hinweise zur Bearbeitung:
Auf dieser Seite und den folgenden Seiten findet ihr Material für euer Projekt zum Thema „Grundrechte". Es erleichert den Start eurer Arbeit, weitere Informationen müsst ihr in Bibliotheken und im Internet suchen. Bearbeitet euer Projekt mithilfe von S. 248, M 1.

1. Beschreibt, was im Altenheim vorgefallen ist.
2. Lest Artikel 1 des Grundgesetzes (M 1) und prüft, inwieweit die Würde der alten Frau verletzt wurde.
3. Nehmt Stellung zu Katrins Entscheidung, „nein" zu sagen.
4. Stellt euch vor, Katrin hätte euch angerufen. Was hättet ihr raten können?
5. Legt fest, welches Ziel Katrin und ihre Lehrerin erreichen wollen. Welchen Weg sollen sie dazu einschlagen?

Die Grundrechte

Alle Menschen sind vor dem Gesetz gleich …

Landhaus-Brennerei Büggel

Wir bieten für sofort oder nach Vereinbarung eine

Ausbildungsstelle als Koch

Eine anschließende Übernahme als Jungkoch ist vorgesehen. Kreative und motivierte junge Männer erhalten bei uns schon während der Ausbildung eine überdurchschnittliche Bezahlung. Wir bieten Ihnen eine interessante und abwechslungsreiche Aufgabe in einem jungen Team.
Senden Sie uns bitte Ihre Bewerbungsunterlagen oder rufen Sie uns einfach an.

Ihr Team von der *Landhaus-Brennerei Büggel*

M 1 Zeitungsanzeige

Der Fall

„Hier, lesen Sie sich die Anzeige mal durch, ist das nicht ungerecht?" Sonja ist so empört, dass sie sogar vergisst, ihrem Lehrer einen guten Morgen zu wünschen. Die Ursache ihrer Empörung hält sie in der Hand: eine Stellenanzeige, die sie aus der Tageszeitung geschnitten hat. „Aber eine ist sicher, da bewerb ich mich trotzdem!" „Da kannst du dich mit Recht aufregen", sagt ihr Lehrer, nachdem er die Anzeige gelesen hat, „zumal du so gern Köchin werden möchtest."

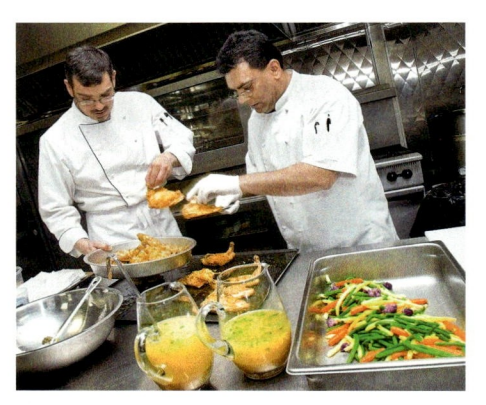

M 2 Koch – ein Männerberuf?

M 3 Artikel 3 GG
(1) Alle Menschen sind vor dem Gesetz gleich.
(2) Männer und Frauen sind gleichberechtigt. […]
(3) Niemand darf wegen seines Geschlechtes, seiner Abstammung, seiner Rasse, seiner Sprache, seiner Heimat und Herkunft, seines Glaubens, seiner religiösen oder politischen Anschauung benachteiligt oder bevorzugt werden. […]

1. Lest die Anzeige M 1 und findet die Textstellen, über die Sonja sich so geärgert hat.
2. Nennt die Formulierungen aus M 3, die gegen Artikel 3 des Grundgesetzes verstoßen (M 3).
3. Sonja hat sich trotzdem beworben. Doch das Restaurant hat Sonjas Bewerbung mit der Begründung abgelehnt, es gehe ja aus der Anzeige klar hervor, dass sie sich nicht zu bewerben brauche. Was kann Sonja nun unternehmen?
4. Schreibt die Anzeige so um, dass sie Frauen nicht benachteiligt.

Die Grundrechte

„Der Brief gehört mir"

Der Fall

Kurz vor Ende der Deutschstunde segelt ein Zettel durch die Klasse 8a. Der Absender hofft, seine „Luftpost" komme unbemerkt von der Lehrerin an, die gerade die Hausaufgabe an die Tafel schreibt. Doch noch ehe Schülerinnen und Schüler reagieren können, setzt die Lehrerin den Fuß auf den Zettel und nimmt ihn an sich. „Oh, das ist aber schön, eine Mitteilung für mich", wendet sie sich der Klasse zu. „Der ist nicht für Sie, ganz bestimmt nicht, ehrlich!", klingt es aus der Klasse zurück. Vanessa ist aufgestanden, sie ist rot im Gesicht, den Tränen nahe. „Vorlesen, vorlesen!", besonders die Jungen machen sich einen Spaß daraus, Vanessa noch mehr zu ärgern. Als die Lehrerin den Zettel, den sie aufs Pult gelegt hat, wieder in die Hand nimmt, schreit Vanessa: „Das dürfen Sie nicht! Wenn Sie das tun, zeige ich Sie an!"

M1 Vanessa

der ordnungsgemäße Empfänger, vorausgesetzt, er verfügt über den notwendigen „Schlüssel", also einen mathematischen Algorithmus*, mit dem der Text wieder lesbar gemacht wird. Bei sieben von acht getesteten Programmen war es möglich, die Verschlüsselung zu knacken und an die geschützten Daten zu gelangen. Damit ist eine E-Mail nicht besser vor den Augen Unbefugter geschützt als zum Beispiel eine Postkarte.

*Algorithmus
mathematische Vorgabe (ähnlich einer Formel)

M2 Gläsern im Internet?

Das Internet mit seinen Abermillionen Anwenderinnen und Anwendern ist schwer zu überblicken und noch schwerer zu überwachen. Und dennoch kennt es keine Geheimnisse. Zumindest fast keine. Denn wer elektronische Post sendet und empfängt, der muss immer damit rechnen, dass er Mitleserinnen oder Mitleser hat.
Ein elektronischer Brief passiert vom Absender bis zum Empfänger einen oder mehrere Computer, die über Telefon-Standleitungen verbunden sind. In den Leitungen und auf diesen Computern können technisch versierte Angreifer mittels kleiner Programme E-Mails herausfischen und lesen. Dagegen können sich die Nutzer mithilfe von Verschlüsselungsprogrammen schützen. Der Absender codiert seine Nachricht. Lesen kann sie nur

M3 Artikel 10 GG

(1) Das Briefgeheimnis sowie das Post- und Fernmeldegeheimnis sind unverletzlich.
(2) Beschränkungen dürfen nur auf Grund eines Gesetzes angeordnet werden. Dient die Beschränkung dem Schutze der freiheitlichen demokratischen Grundordnung oder des Bestandes oder der Sicherung des Bundes oder eines Landes, so kann das Gesetz bestimmen, dass sie dem Betroffenen nicht mitgeteilt wird und dass an die Stelle des Rechtsweges die Nachprüfung durch von der Volksvertretung bestellte Organe und Hilfsorgane tritt.

1 Diskutiert, ob während der Stunde geschriebene Zettel auch unter das Briefgeheimnis fallen, ob es rechtens ist, den Brief vorzulesen. Berücksichtigt dabei auch den Grundgesetztext (M3).

2 Überlegt, warum das Grundgesetz die in Artikel 10 erwähnten Nachrichtenformen unter besonderen Schutz stellt.

3 Vergleicht die Formen und Mittel der Kommunikation, die im Grundgesetz genannt sind, mit den unter M2 dargestellten. Versucht, entsprechende Ergänzungen zu Artikel 10 zu entwerfen. Welche Probleme gibt es dabei?

Die Grundrechte

Politisch Verfolgte genießen Asylrecht

M 1 Schüler der Heinrich-Hertz-Schule demonstrieren gegen die Abschiebung ihrer Mitschülerin, 12.6.08

(1) Politisch Verfolgte genießen Asylrecht.
(2) Auf Absatz 1 kann sich nicht berufen, wer aus einem Mitgliedsstaat der Europäischen Gemeinschaft oder aus einem Drittstaat einreist, in dem die Anwendung des Abkommens über die Rechtsstellung der Flüchtlinge und der Konvention zum Schutze der Menschenrechte und Grundfreiheiten sichergestellt ist.

M 2 Artikel 16a GG

M 3 Abgeholt im Morgengrauen
Ihren letzten Tag in Deutschland wird Liana Grigorjan nie vergessen. Am 31. März 2008 wird die 14-jährige Schülerin um fünf Uhr morgens von Motorenlärm geweckt. Sie geht zum Fenster und sieht zwei Polizeiautos und einen Bus, die in den Hinterhof einbiegen. Noch vier Stunden, denkt sie, dann beginnt die Schule. Zehn Minuten später klopft es laut an der Haustür. Als Liana öffnet, stehen ein Dutzend Personen vor ihr – Polizisten und Mitarbeiter der Ausländerbehörde. Ein Beamter sagt, die Familie werde nun abgeschoben. Ihr bleiben noch zwanzig Minuten, um ihre Sachen zu packen. Für Liana ist das ein Schock. Seit acht Jahren lebt sie mit ihrer Familie in Hamburg, erst vor zwei Wochen hatte die Behörde die Duldung der Grigorjans verlängert. Jetzt haben die Beamten aber einen Bescheid mitgebracht, der diese Duldung mit sofortiger Wirkung außer Kraft setzt. Dem Vater werden Handschellen angelegt. „Selbstverständlich bestand die Möglichkeit, einen Bevollmächtigten zu kontaktieren", sagt ein Sprecher der Ausländerbehörde. Es ist nicht der einzige fragwürdige Vorgang, der in den frühen Morgenstunden des 31. März passiert. Die Polizisten bringen nur den Vater Ruben Grigorjan, Liana und ihren zehnjährigen Bruder Grischo zum Flughafen. Lianas kleinste Schwester, die vierjährige Sona, und die Mutter müssen in Deutschland zurückbleiben. Eine kaum nachvollziehbare Entscheidung und ein klarer Verstoß gegen das deutsche Grundgesetz, das es verbietet, Familien langfristig und für eine unbestimmte Zeit zu trennen.

M 4 Mitschüler gehen auf die Straße
Unterwegs wurden Flugblätter verteilt, Transparente gezeigt und immer wieder „Liana und Grischo müssen zurück!" gerufen. Der beeindruckende Demonstrationszug am 04.06. zog gemeinsam mit der GEW, dem Flüchtlingsrat Hamburg, Freunden der Familie und SchülerInnen umliegender Schulen zur neuen Schulsenatorin. (...) Eine Delegation von SchülerInnen bat in einem Gespräch (...) um Unterstützung und Hilfe für das Geschwisterpaar. Es wurde ein Brief von Liana übergeben, indem sie darum bittet, wieder nach Hamburg und in ihre Klasse zurückkehren zu dürfen. (...) Am 12.06.08 fand eine Demonstration vor der Ausländerbehörde statt. (...)

1 „Liana soll in Deutschland bleiben!" Zeigt anhand von M 2 und M 3, wie die Mitschüler von Liana vorgehen.

2 Angenommen, ein ähnlicher Fall würde sich an eurer Schule abspielen – Wie würdet ihr vorgehen?

Die Grundrechte

Menschenrechte – weltweit?

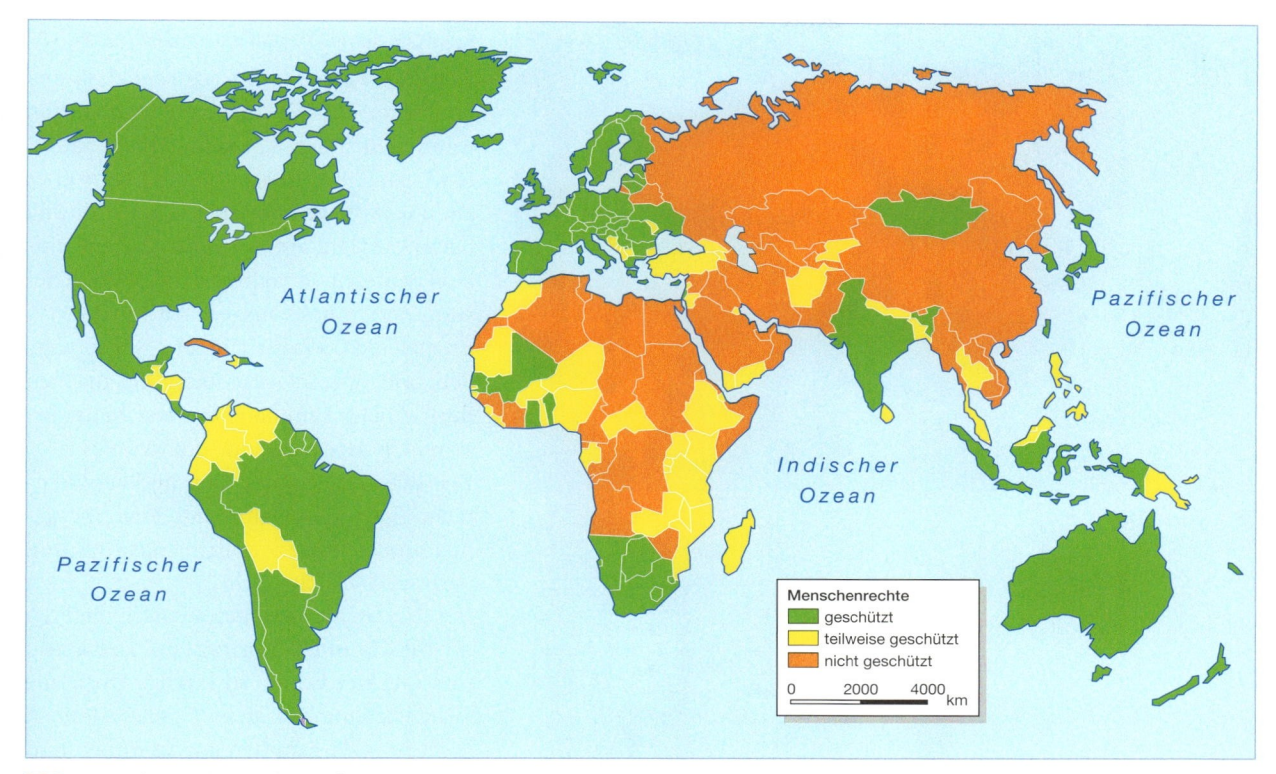

M1 Menschenrechte in der Welt

Menschenrechte durchsetzen

Mehr als 60 Jahre liegt es zurück, dass die UN-Generalversammlung die Allgemeine Erklärung der Menschenrechte verkündete. Heute ist die Einhaltung der Menschenrechte ein wichtiger Maßstab der internationalen Politik. Ungeachtet dessen wird in vielen Staaten der Erde gegen Menschenrechte verstoßen. Infolge der Schaffung eines **Internationalen Strafgerichtshofes** können Verbrechen gegen die Menschlichkeit strafrechtlich verfolgt werden.
Es gibt zudem eine ganze Reihe von nicht staatlichen Institutionen wie „Amnesty International" oder „Brot für die Welt", die sich für die Einhaltung der Menschenrechte einsetzen.

Amnesty International ist eine weltweite, von Regierungen, politischen Parteien, Wirtschaftsinteressen und Religionen unabhängige Mitgliederorganisation. Auf der Grundlage der Allgemeinen Erklärung der Menschenrechte wendet sich Amnesty International gegen schwer wiegende Verletzungen der Rechte eines jeden Menschen auf Meinungsfreiheit, auf Freiheit von Diskriminierung sowie auf körperliche und geistige Unversehrtheit.

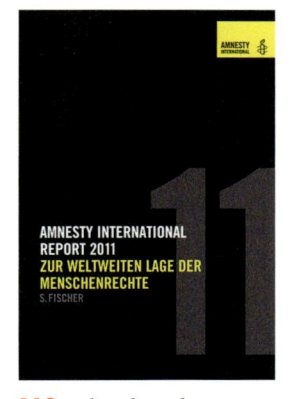

M2 Jahresbericht von Amnesty International

1 Listet die Staaten auf, in denen nach der Karte (M1) die Menschenrechte nicht geschützt sind (Atlas).

2 Verfolgt über einen festgelegten Zeitraum Meldungen über Menschenrechtsverletzungen in den Medien.

Rollenbilder

Zwischen Girls' Day, Gleichberechtigung und Gender

M 1 Girls' Day

M 2 Karikatur

Girls' Day

Am 26. April 2001 wurde in Deutschland erstmalig ein so genannter „Girls' Day" veranstaltet. Seither wird dieser spezielle Aktionstag für Mädchen und Frauen alljährlich durchgeführt.

Grundlegende Idee des Girls' Days ist eine Steigerung des Interesses von Mädchen an technischen und naturwissenschaftlichen Berufen.

Gleichberechtigung in der Familie

Es ist noch gar nicht so lange her, dass eine Frau zum Beispiel nicht arbeiten durfte, wenn es ihr Ehemann nicht erlaubt hatte. Noch bis 1958 entschied der Mann über alles, was die gemeinsame Lebensführung betraf: Er legte fest, wo und wie die Familie wohnte. Er verwaltete das Geld und bestimmte, wofür es ausgegeben wurde.

Er entschied, wie die Kinder erzogen wurden und welche Ausbildung sie machen durften. Der Familienname war selbstverständlich der Nachname des Mannes.

Erst seit 1977 legt das Ehe- und Familienrecht fest, dass Mann und Frau ihr gemeinsames Leben gleichberechtigt und partnerschaftlich regeln.

Heute ist nicht mehr automatisch die Frau für die Haushaltsführung und der Mann fürs Geldverdienen zuständig. Doch die Gleichstellung vor dem Gesetz ist noch nicht in allen Familien angekommen und führt oft zu Streit.

Gleichberechtigung in der Gesellschaft

Neben der Gleichstellung in der Familie kämpfen Frauen seit über hundert Jahren für die gesellschaftliche Gleichstellung. Es ging ihnen dabei zunächst um das Recht auf Bildung und freie Berufswahl.

1886 machten die ersten Frauen Abitur und ab 1900 durften Frauen studieren. Um ihre Forderungen und Rechte durchsetzen zu können, kämpften Frauen vor allem um das Wahlrecht.

Seit Beginn des 19. Jahrhunderts schlossen sich Frauen in Vereinen zusammen, um sich politisch engagieren zu können. Auf Versammlungen und Demonstrationen setzten sie sich für ein Wahlrecht für Frauen ein, das schließlich 1918 eingeführt wurde.

Inhaltsfeld: Identität, Lebenswirklichkeit und Lebensgestaltung

Gespräch mit der Gleichstellungsbeauftragten Andrea Matzmorr-Aretz:

Wo arbeiten Gleichstellungsbeauftragte wie Sie?
Gleichstellungsbeauftragte gibt es in allen öffentlichen Einrichtungen (z. B. Behörden, Polizei, Universitäten). In den meisten Fällen arbeiten sie betriebsbezogen. In den Gemeinden haben sie eine Doppelfunktion. Zum einen haben sie mit der Arbeitssituation der Frauen in der Verwaltung zu tun, zum anderen sind sie Anlaufstelle für Bürgerinnen und Bürger. Sie können aber immer in ihrer Arbeit eigene Schwerpunkte setzen.

Was genau sind Ihre Aufgaben?
Die Gleichstellungsbeauftragte macht auf Benachteiligungen von Frauen aufmerksam oder wird darauf von betroffenen Frauen aufmerksam gemacht und versucht, beim Abbau dieser Benachteiligungen zu helfen (z. B. bei Berufswahl, Beförderungen, Einstellungen).

Welche Veränderungen erreichen Sie?
Die kurzfristig sichtbaren Erfolge liegen erst einmal in der Arbeit vor Ort, wie gut besuchte Informations- und Weiterbildungsveranstaltungen. Gesellschaftliche und politische Veränderungen finden nur sehr langsam statt, wenn sich das Bewusstsein vieler Einzelner ändert und sie sich für diese Veränderungen aktiv einsetzen.

M 3 Gleichberechtigung – noch nicht selbstverständlich

Heute ist die Gleichberechtigung von Mann und Frau im Artikel 3 des Grundgesetzes verankert. Danach darf niemand mehr u. a. wegen seines Geschlechts benachteiligt werden.

Die Gendertheorie

Einige Sozialwissenschaftler vertreten die Auffassung, dass die Geschlechterrollen nur zu einem kleinen Teil – wenn überhaupt – biologisch (genetisch) festgelegt wären. Vielmehr gäbe es ein soziales und psychologisches Geschlecht, das einen Menschen infolge von Erziehung und Umwelteinflüssen prägen würde.
Da diese Forschungsansätze und Theorien aus dem englischen Sprachraum stammen, wird international der Begriff „Gender" (Geschlecht) damit in Verbindung gebracht.
Bei den meisten Menschen stimmen das biologische und das soziologische Geschlecht überein. Bei einigen Menschen gibt es zwischen beiden Bereichen deutliche Abweichungen. Wissenschaftler sprechen dann von „Transgender".

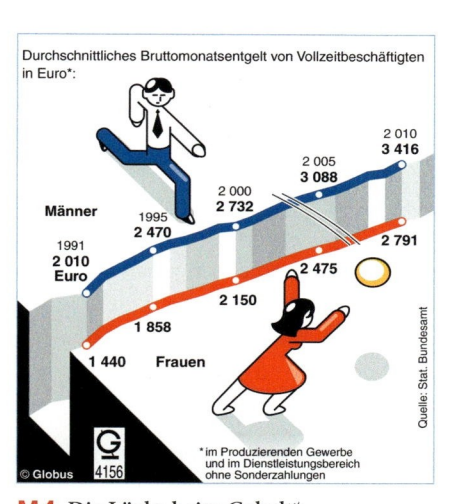

*Gehalt
Bezeichnung für ein bestimmtes Arbeitsentgelt; Arbeiter erhalten Lohn, Angestellte beziehen Gehalt, Beamte erhalten Bezüge.

M 4 Die Lücke beim Gehalt*

1 Fasst die Informationen zur Gleichberechtigung zwischen Männern und Frauen in euren Worten zusammen (Text, M 3).

2 Beschreibt die Unterschiede der Gehälter von Männern und Frauen (M 4) und versucht zu erklären, warum es so ist (→ **Wir werten ein Diagramm aus**, S. 314/315).

3 Wertet die Karikatur M 2 aus (→ **Wir werten Karikaturen aus**, S. 317) und setzt sie in Beziehung zum Thema „Girls' Day" (M 4).

4 Erläutert die so genannte „Gendertheorie" (Text).

Rollenbilder

Wann ist ein Mann ein Mann?

M 1 Männer bei der Arbeit

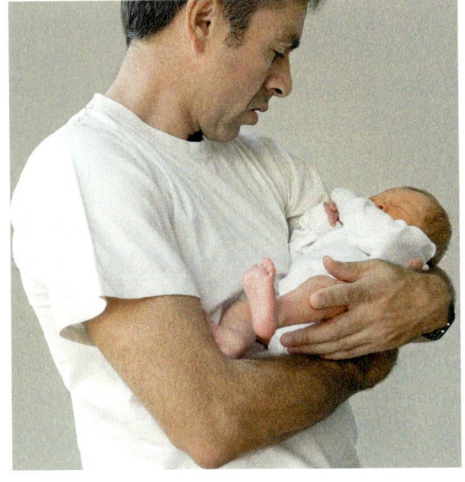

M 3 Vater und Kind

Mann-Sein

Man stößt man immer wieder auf Stereotypen*, die scheinbar typisches männliches und typisch weibliches Verhalten bzw. Eigenschaften wiedergeben. In der Beliebtheitsskala der vereinfachten „Weltweisheiten" ganz oben: „Frauen können nicht rückwärts einparken und Männer nicht zuhören".

Auch wenn eine solche Aussage schnellstens widerlegt werden kann, gibt es zweifellos Unterschiede zwischen Männern und Frauen – und diese sind nicht nur biologisch bedingt.

Schaut man beispielsweise in den Schuhschrank eines Mannes (falls er überhaupt einen Schuhschrank besitzen sollte) und den einer Frau, wird man in den meisten Fällen etwas Erstaunliches feststellen: hier zwei, drei Paar, insgesamt eher Richtung „sportlich", dort zig Paare, sortiert nach Formen und Farben.

Anderes Beispiel: In der polizeilichen Kriminalstatistik 2010 des Bundesministeriums des Innern ist zu lesen, dass knapp drei Viertel der Tatverdächtigen männlichen Geschlechts waren. Sind Männer also als „kriminell" zu bezeichnen?

*Stereotyp
ein gleichbleibendes oder häufig vorkommendes Muster (ähnlich einem Vorurteil oder Klischee)

*Synchronschwimmen
Sportart, bei der gleichzeitige (synchrone) Schwimmbewegungen durchgeführt und bewertet werden; zugleich eine olympische Disziplin nur für Frauen (wurde bis in die 1950er-Jahre nur von Männern ausgeführt)

M 2 Bill May – Mitglied eines US-Synchronschwimm*-Teams

Inhaltsfeld: Identität, Lebenswirklichkeit und Lebensgestaltung

M 4 Interview mit dem Männerforscher Prof. Dr. Walter Hollstein (am 31.01.2011)
FOCUS-Online: Warum ist Mann-Sein so kompliziert geworden?
Hollstein: Es gibt keine allgemein verbindliche Definition für Männlichkeit mehr, sondern eine Vielzahl von Möglichkeiten. Jeder Mann muss sich selbst als Mann definieren. Das macht die Sache viel schwieriger – aber es ist auch viel spannender, heute ein Mann zu sein.
FOCUS-Online: Männer sollen gute Väter sein, aufmerksame Ehemänner, sie sollen im Haushalt helfen, aber auch Karriere machen und für das Familieneinkommen sorgen. Wie finden Männer in unserer modernen Welt ihre Identität?
Hollstein: Das ist das große Problem. Männer bekommen von außen, von der Gesellschaft, keine Hilfe bei ihrer Identitätssuche. Deswegen wagen viele das Definitionsabenteuer gar nicht und verlassen sich auf überkommene Rollenbilder, die heute nicht mehr funktionieren. Oder sie laufen ganz und gar orientierungslos durch die Gegend. […]

M 5 Text aus einem Lied von Herbert Grönemeyer: „Wann ist ein Mann ein Mann?"
[…] Männer haben Muskeln
Männer sind furchtbar stark
Männer können alles
Männer kriegen 'nen Herzinfarkt
und Männer sind einsame Streiter
müssen durch jede Wand
müssen immer weiter
Männer haben's schwer
nehmen's leicht
außen hart und innen ganz weich
werden als Kind schon
auf Mann geeicht
wann ist ein Mann ein Mann?
wann ist ein Mann ein Mann?
wann ist ein Mann ein Mann? […]

Männer- und Frauengruppen

In den 1970er-Jahren entwickelten sich die ersten Gruppen für Männer, in denen sie „unter sich" über ihre Probleme, ihr Selbstverständnis und nicht zuletzt über ihre Verhältnisse zu Frauen sprechen konnten.
Parall dazu kam die so genannte „Frauenbewegung" (Emanzipation) immer mehr in Schwung. Ihr Ziel war es, die Unterdrückung der Frau in einer von Männer beherrschten Gesellschaft zu thematisieren und zu vermindern.

M 6 Karikatur

1 Fasst die Informationen zum „Mann-Sein" in euren Worten zusammen (Text, M 4).

2 Schildert eure Eindrücke, wenn ihr M 1 bis M 3 betrachtet.

3 Untersucht die Karikatur M 6 (→ **Wir werten Karikaturen aus**, S. 317) und setzt sie in Beziehung zum Thema „Mann-Sein".

4 „Wann ist ein Mann ein Mann?" – kommentiert den Textauszug aus dem Lied von Herbert Grönemeyer (M 5).

Grundrechte: Basis des Rechtsstaates

Das kann ich …

Hinweis: Bitte nicht in das Buch schreiben.

✓ Rechtsstaat
✓ Gesetze
✓ Grundrechte
✓ Menschenrechte
✓ Jugendschutzgesetz
✓ Jugendkriminalität
✓ Rollenzuweisung
✓ Gleichstellung Frauen/Männer

M 1 Wichtige Begriffe

1 Alle Menschen sind vor dem ▓▓▓ gleich …
2 Die Freiheit des ▓▓▓, des Gewissens und die Freiheit …
3 Niemand darf gegen sein ▓▓▓ zum Kriegsdienst …
4 Jeder hat das Recht, seine ▓▓▓ in Wort, Schrift …
5 Alle Deutschen haben das ▓▓▓, sich ohne Anmeldung …
6 Für Versammlungen unter freiem ▓▓▓ kann dieses Recht …
7 ▓▓▓ und Familie stehen unter besonderem …
8 Jeder hat das Recht auf die ▓▓▓ Entfaltung seiner …
9 Das ▓▓▓ und das Erbrecht werden …
10 Niemand darf zu einer bestimmten ▓▓▓ gezwungen …

Eine wichtige Garantie unseres Grundgesetzes enthält das Lösungswort. Ihr findet es, wenn ihr das jeweils fehlende Wort aus den Bestimmungen des Grundgesetzes bei der jeweiligen Ziffer einsetzt und dann von oben nach unten die farbig unterlegte Spalte lest. Die Grundgesetzbestimmungen findet ihr im Anhang. Kopiert euch das Rätsel, bevor ihr mit der Arbeit beginnt.

M 2 Typisch Vater?

M 3 Grundrechträtsel

Inhaltsfeld: Identität, Lebenswirklichkeit und Lebensgestaltung

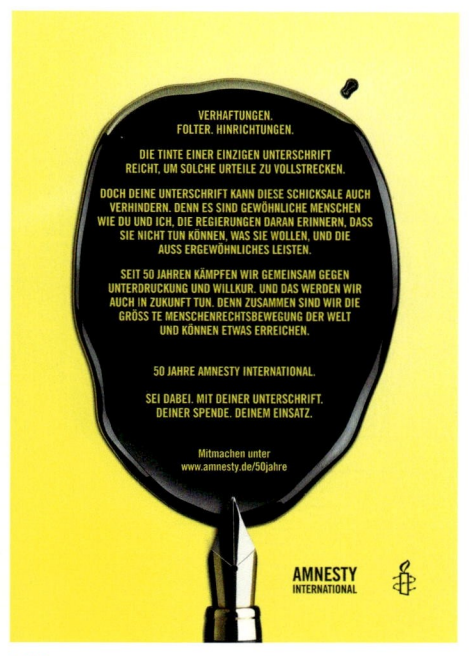

M4 Plakat von Amnesty International

M5 Wann gilt was?

Zeitleiste: von Geburt an, 6 Jahre, 7 Jahre, 12 Jahre, 13 Jahre, 14 Jahre, 15 Jahre, 16 Jahre, 18 Jahre

Begriffe: leichte und geeignete Arbeiten sind stundenweise erlaubt, Strafmündigkeit, Wahlrecht, Eidesfähigkeit, Religionsmündigkeit, Rechtsfähigkeit, Beginn der Schulpflicht, beschränkte Geschäftsfähigkeit, bedingte Deliktsfähigkeit

Was wir noch wissen

1 Erklärt euch gegenseitig die wichtigen Begriffe und schreibt die Bedeutung der Begriffe in eure Arbeitsmappe (M1).

2 Übertragt M3 in eure Arbeitsmappe und löst das Grundrechtsrätsel.

3 Nennt wichtige Grundrechte.

4 Übertragt die linke Zeitleiste aus M5 in eure Arbeitsmappe und ordnet Rechte und Pflichten dem richtigen Alter zu.

5 Nennt mögliche Ursachen, die bei einer kleinen Gruppe von Jugendlichen zur Jugendkriminalität führen.

6 Bescheibt, wie Rollenzuschreibungen auf Frauen und Männer wirken und wie man sich ihnen entziehen kann (M2).

7 Berichtet über die Arbeit von „Amnesty International" (M4).

Gewusst, wie …

8 Erläutert, was man bei einer Projektarbeit beachten muss.

Wir meinen, dass …

9 „dass sich alle Bürgerinnen und Bürger unseres Staates für die Einhaltung der Menschenrechte einsetzen sollten. Das gilt besonders für Menschen, die von Abschiebung bedroht sind." Begründet diese Forderung.

10 „Die im Grundgesetz garantierte Gleichstellung von Frauen und Männern muss auch bei der Bezahlung von gleicher Arbeit von Frauen und Männern erreicht werden." Sammelt Argumente für diese Forderung.

Wir wenden an

11 Erstellt ein „Grundrechtsplakat" auf dem ihr einige Grundrechte mit Bildern veranschaulicht.

Inhaltsfeld: Disparitäten

8 Vom Imperialismus zur Entwicklungszusammenarbeit

Unsere Welt ist eine Welt der Gegensätze – bittere Armut steht unvorstellbarem Reichtum gegenüber. Viele Menschen leben in guten Verhältnissen, während andere unter unmenschlichen Bedingungen arbeiten müssen, um überleben zu können. Eine der Ursachen für die großen Unterschiede in den Lebensbedingungen stammt aus der Zeit um 1880, in der die europäischen Staaten und die USA fremde Länder unter ihre Kontrolle brachten.

In diesem Kapitel könnt ihr untersuchen,
- welche Motive, die europäischen Staaten hatten, fremde Gebiete in Besitz zu nehmen,
- welche Folgen dies bis heute für die betroffenen Länder hat,
- was heute immer noch die Ursache von der ungleichen Verteilung von Reichtum und Armut ist und
- wie sich Länder und Städte seit dieser Zeit entwickelten.

Am Ende des Kapitels könnt ihr Bevölkerungsdiagramme lesen und die Entwicklung von Räumen untersuchen.

Imperialistische Machtpolitik

Warum teilten die Europäer die Welt unter sich auf?

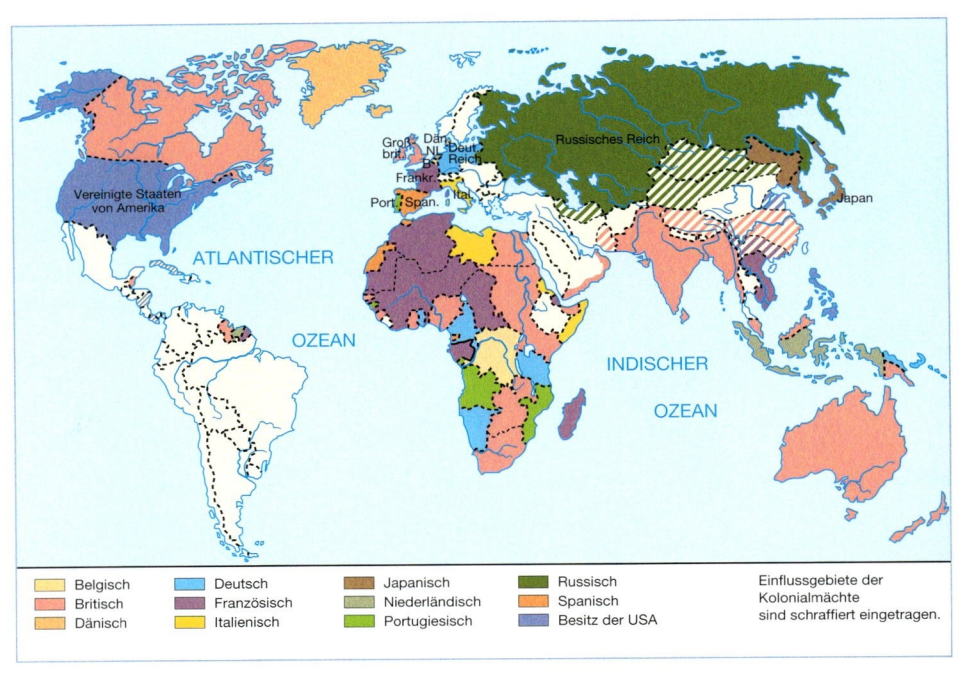

M 1 Die koloniale Aufteilung der Welt 1914

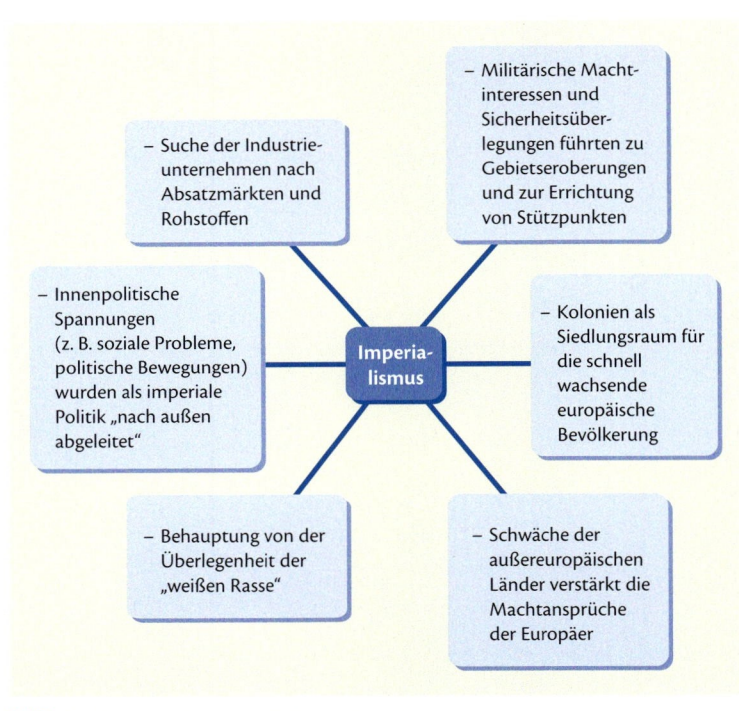

M 2 Triebkräfte der imperialistischen Expansion

- Suche der Industrieunternehmen nach Absatzmärkten und Rohstoffen
- Militärische Machtinteressen und Sicherheitsüberlegungen führten zu Gebietseroberungen und zur Errichtung von Stützpunkten
- Innenpolitische Spannungen (z. B. soziale Probleme, politische Bewegungen) wurden als imperiale Politik „nach außen abgeleitet"
- Kolonien als Siedlungsraum für die schnell wachsende europäische Bevölkerung
- Behauptung von der Überlegenheit der „weißen Rasse"
- Schwäche der außereuropäischen Länder verstärkt die Machtansprüche der Europäer

„Wettlauf" um die Weltherrschaft

Durch die industrielle Entwicklung waren viele Europäer stolz und selbstbewusst geworden. Sie waren überzeugt davon, dass das eigene Volk bedeutender sei als andere Völker. Diese nationalistische Überheblichkeit führte zu der Meinung, dass das eigene Land auch auf Kosten anderer Länder zu einem **Imperium**, einem Weltreich, werden müsse. Großbritannien mit seinem riesigen Kolonialbesitz diente als Vorbild. Frankreich, Deutschland und Russland wollten auch **Weltreiche** bilden. Seit etwa 1870 kam es deshalb zu einem Streit zwischen den europäischen Mächten um angeblich „freie" Gebiete in der Welt – besonders in Afrika. Alle europäischen Staaten gründeten Kolonien – entweder aufgrund von Verhandlungen mit den Eingeborenen oder mithilfe von militärischer Gewalt.

Imperialismus

In Afrika herrschten die Europäer in der Regel **„direkt"**, das heißt, sie errichteten in den Kolonien eine vom Militär geprägte Verwaltung, die den Eingeborenen Befehle erteilte und sie zur Arbeit für die Kolonialherren zwang. Große Teile Asiens wurden auf andere Weise abhängig. Sie wurden **„indirekt"** von europäischen Staaten und den USA beherrscht. Die einheimischen Regierungen blieben offiziell im Amt. Sie wurden, notfalls mit Waffengewalt, gezwungen, den jeweiligen Kolonialmächten große Einflussmöglichkeiten auf die Politik und die Wirtschaft ihres Landes zuzugestehen.

Diese Politik europäischer Staaten und der USA in der Zeit von 1870 bis 1918, Weltreiche durch die Unterwerfung fremder Völker zu errichten, nennt man **Imperialismus**.

Überhebliche Europäer

Die Europäer hielten es für selbstverständlich, dass sich die Menschen in Afrika und Asien den Weißen unterzuordnen hätten.

Q 1 In der Zeitung „Usambara Post", die für deutsche Siedler in Ostafrika erschien, war z. B. zu lesen:
[…] Der Afrikaner muss zu dem Weißen aufsehen mit Achtung und Vertrauen als zu einem Höherstehenden. […] Er soll und darf den Europäer nicht betrachten, als sei er seinesgleichen. Denn das ist er nicht! Und daran ändert auch keine Mission etwas! […]

Dieser Rassismus* schlug sich auch in beleidigenden Bezeichnungen für die einheimische Bevölkerung als „Wilde" nieder. Die Europäer rechtfertigten ihr Verhalten damit, dass sie den „rückständigen" Völkern „Kultur" brächten.

M 3 Die Aufteilung Chinas (von links nach rechts: Victoria, britische Königin; Wilhelm II., deutscher Kaiser; Nikolas II., russischer Zar; Marianne, Figur für Frankreich; Mutsuhito, japanischer Kaiser; stehend chinesischer Beamter). *Französische Karikatur 1898*

Q 2 In einem 1911 erschienenen Buch hieß es allerdings auch:
[…] Seien wir doch ehrlich und lassen die schönen Lügen fallen, wir gingen nach Afrika, um den Neger zu beglücken. „Zivilisatorische Mission" und wie die Schlagworte alle heißen sind nichts anderes als ein Mäntelchen für die einfache brutale Anwendung des brutalen Naturgesetzes vom Recht des Stärkeren. […] Wir brauchen uns dieser nackten Tatsache nicht zu schämen. […]

***Rassismus**
Wenn bestimmte körperliche Merkmale von Menschen (z. B. die Hautfarbe) mit bestimmten Eigenschaften gekoppelt werden (z. B. geistige Fähigkeiten) und damit eine Bewertung einhergeht (z. B. die Einschätzung des eigenen Volkes als grundsätzlich höherwertig gegenüber anderen, fremden Völkern), spricht man von „Rassismus".

1 Beschreibt mit euren Worten, was man unter „Imperialismus" versteht (M 1 bis M 3).

2 Erklärt die Begriffe „direkte Herrschaft" und „indirekte Herrschaft" im Zusammenhang mit der imperialistischen Politik europäischer Staaten sowie der imperialistischen Politik der USA.

3 Untersucht Q 1 und Q 2 und notiert den Inhalt. Beurteilt die Aussagen aus damaliger und heutiger Sicht (→ **Wir vergleichen Quellentexte**, S. 32).

Imperialistische Machtpolitik

Welche Folgen hatte die Aufteilung Afrikas?

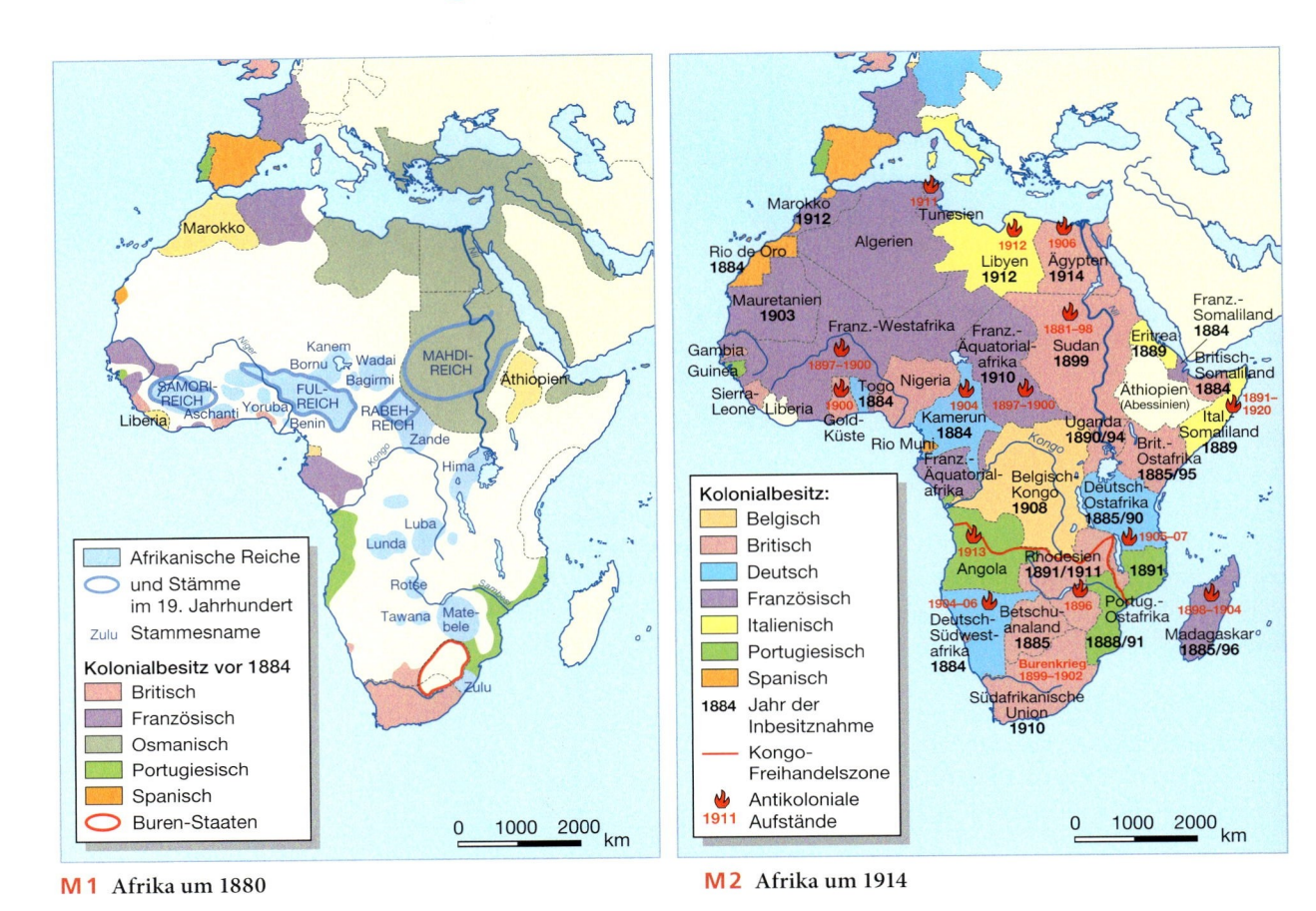

M 1 Afrika um 1880

M 2 Afrika um 1914

Deutsche Politik

Nach dem Vorbild Englands und Frankreichs wollte auch das Deutsche Reich Weltmachtpolitik betreiben.

Q 1 Der Staatssekretär im Auswärtigen Amt, Bernhard von Bülow, sagte 1897 im Deutschen Reichstag:

[…] Aber allerdings sind wir der Ansicht, dass es sich nicht empfiehlt, Deutschland in zukunftsreichen Ländern von vornherein auszuschließen vom Mitbewerb anderer Völker. [Zuruf der Abgeordneten: Bravo!] Die Zeiten, wo der Deutsche dem einen seiner Nachbarn die Erde überließ, dem anderen das Meer und sich selbst den Himmel reservierte […], diese Zeiten sind vorüber. […] Wir müssen verlangen, dass der deutsche Missionar und der deutsche Unternehmer, die deutschen Waren, die deutsche Flagge und das deutsche Schiff in China geradeso geachtet werden wie diejenigen anderer Mächte. [Lebhaftes Bravo!] […] Mit einem Worte: Wir wollen niemand in den Schatten stellen, aber wir verlangen auch unseren Platz an der Sonne. [Bravo!] […]

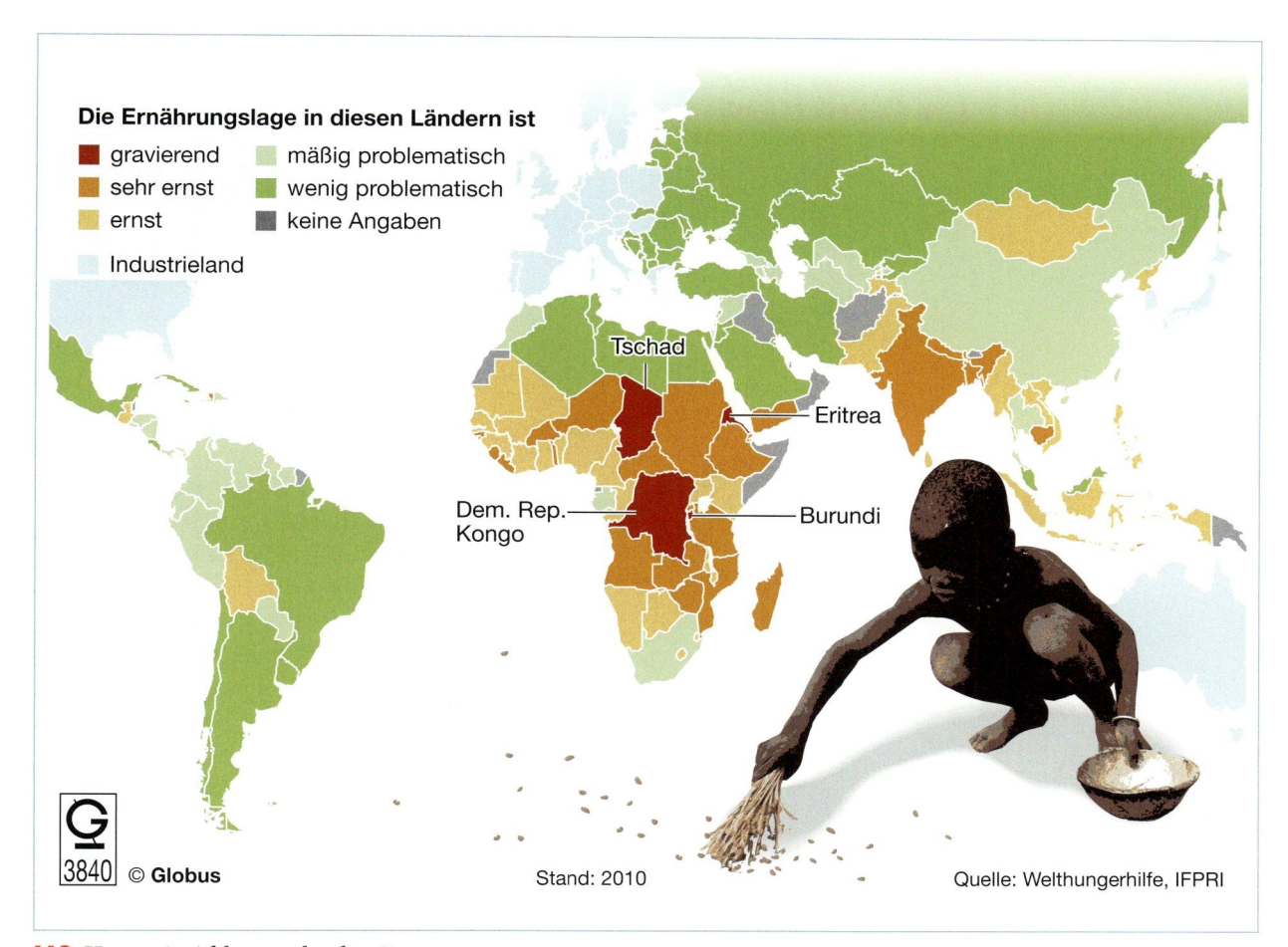

Die Ernährungslage in diesen Ländern ist
- gravierend
- sehr ernst
- ernst
- mäßig problematisch
- wenig problematisch
- keine Angaben
- Industrieland

Tschad, Eritrea, Dem. Rep. Kongo, Burundi

Stand: 2010 — © Globus 3840 — Quelle: Welthungerhilfe, IFPRI

M 3 Hunger in Afrka – und weltweit

Die Folgen der Kolonialherrschaft

Die meisten der afrikanischen Kolonien konnten sich erst um 1960 von der europäischen Vorherrschaft befreien. Die neu gebildeten Staaten hatten unterschiedliche Voraussetzungen für ihre weitere Entwicklung. In vielen Staaten verhinderten Bürgerkriege um die Vorherrschaft der unterschiedlichen Bevölkerungsgruppen die wirtschaftliche Entwicklung. Aber auch die unter der Kolonialherrschaft entstandene einseitige Ausrichtung der Landwirtschaft auf wenige Güter wie Kaffee, Kakao oder Baumwolle behinderte die wirtschaftliche Entwicklung. Erst die Funde und die Förderung von Erdöl führten in einigen Staaten zum wirtschaftlichen Aufstieg, wobei die große Masse der Bevölkerung in großer Armut verblieb.

1 Nennt mithilfe von Q 1 die Ziele der deutschen Politik um 1897 (→ **Wir untersuchen Textquellen,** S. 320).

2 Untersucht die Karten M 1 und M 2 und beschreibt mit ihrer Hilfe die Veränderungen zwischen 1880 und 1914 (→ **Wir lesen Geschichtskarten**, S. 315).

3 „Die Welt hungert – besonders in Afrika." Nehmt zu dieser Aussage mithilfe von M3 Stellung (→ **Wir lesen eine thematische Karte**, S. 42/43).

Imperialistische Machtpolitik

Wie kam es zum Völkermord in Namibia?

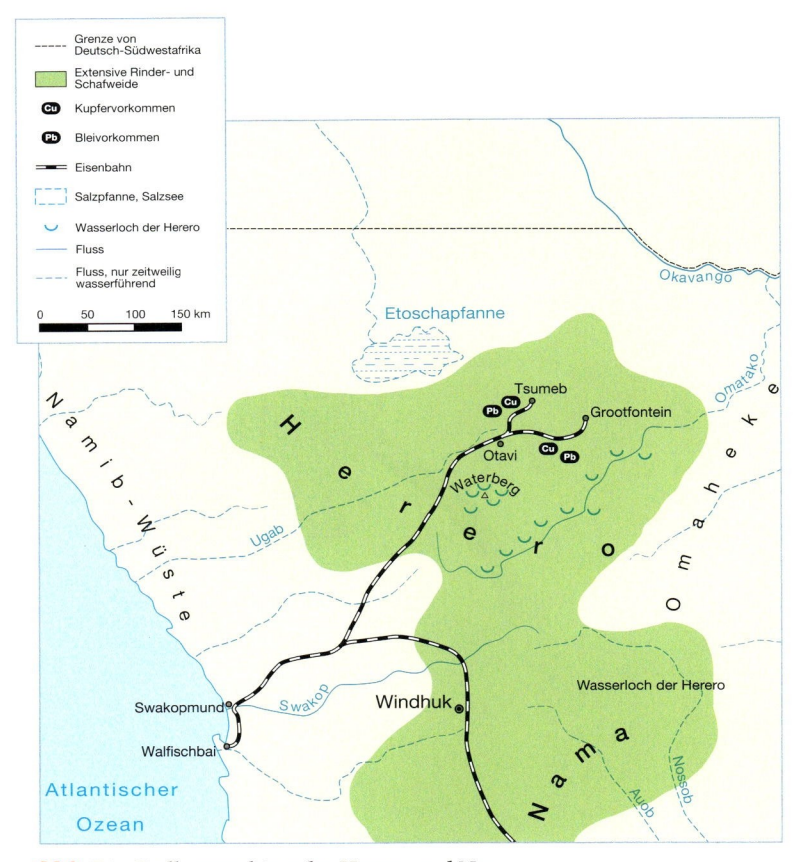

M 1 Die Siedlungsgebiete der Herero und Nama

Herero und Nama lebten vor allem von der Viehzucht. Ihr Leben veränderte sich fast schlagartig. Geldgierige Händler betrogen sie um Land und Vieh. Für kleinste Vergehen, z. B. „unverschämte Antworten", gab es die erniedrigende Prügelstrafe mit der Nilpferdpeitsche. Raub, Mord und Vergewaltigung durch die deutschen „Schutztruppen" waren an der Tagesordnung und wurden kaum bestraft.

Völlig hoffnungslos wurde die Lage für die Hereros, als man mit dem Bau einer Bahnlinie begann, die den Hafen Swakopmund mit den Kupfererzminen im Norden des Landes verbinden sollte. Wieder kam es zu großflächigen Enteignungen, die den Lebensraum der Hereros immer weiter einengten. Zudem wurden die Viehherden der Hereros durch die Eisenbahnlinie von den Wasserlöchern getrennt.

Hereros und Nama wehren sich

In ihrer verzweifelten Lage erklärten die Hereros und später auch die Nama den Deutschen im Jahr 1904 den Krieg. Männer, Frauen und Kinder der Hereros zogen mit all ihrer Habe von Kriegsschauplatz zu Kriegsschauplatz. „Wem gehört Hereroland? Uns gehört Hereroland!", riefen die Frauen, um ihre Männer im Kampf zu unterstützen.

Die Kolonialtruppen schlugen unbarmherzig zurück.

„Deutsch-Südwestafrika"

Im Jahr 1883 erwarb der Bremer Tabak- und Waffenhändler Lüderitz durch betrügerische Verträge mit afrikanischen Häuptlingen Gebiete des späteren Deutsch-Südwestafrika. Nur ein Jahr später übernahm auf seinen Antrag das Deutsche Reich den Schutz über diese erste deutsche Kolonie. Zu den größeren Stämmen in diesem Gebiet gehörten die Hereros mit etwa 80 000 und die Nama mit etwa 20 000 Angehörigen. Es waren stolze, freiheitsliebende Stämme, deren Friedfertigkeit deutsche Missionare später besonders betonten.

> **Q 1** Über die Kriegsführung berichtete Daniel Kariko, ein Unterhäuptling:
>
> […] Auf unseren geheimen Zusammenkünften beschlossen unsere Häuptlinge, das Leben aller deutschen Frauen und Kinder zu schonen. Auch die Missionare sollten geschont werden. […] Nur deutsche Männer wurden als unsere Feinde betrachtet. […]

Inhaltsfeld: Disparitäten

Q2 Aus einem zeitgenössischen Bericht:
[…] Ich war dabei, als die Hereros bei Hamakiri, in der Nähe des Waterberges, in einer Schlacht besiegt wurden. Nach der Schlacht wurden alle Männer, Frauen und Kinder ohne Gnade getötet, die den Deutschen in die Hände fielen. Dann verfolgten die Deutschen die übrigen Hereros, und alle Nachzügler am Wegesrand und im Sandfeld wurden niedergeschossen oder mit dem Bajonett niedergemacht. Die große Masse der Hereromänner war unbewaffnet und konnte sich nicht wehren. Sie versuchten nur, mit ihrem Vieh davonzukommen. […]

M2 Nahezu verhungerte Hereros, die vor den deutschen Truppen geflüchtet sind. *Foto, 1907*

Die deutschen Truppen, die aus dem Deutschen Reich zahlreiche Verstärkungen erhielten, konnten den ungleichen Kampf schon nach wenigen Monaten siegreich beenden. Nach der Schlacht am Waterberg im August 1904 wurden die Hereros in der wasserlosen Halbwüste Omaheke eingekesselt und ihrem Schicksal überlassen. Zehntausende verhungerten und verdursteten hier.

Q3 1907 schrieb der deutsche Generalstab in einem Bericht:
[…] Diese kühne Unternehmung zeigt die rücksichtslose Energie der deutschen Führung bei der Verfolgung des geschlagenen Feindes in glänzendem Licht. Keine Mühen, keine Entbehrungen wurden gescheut, um dem Feinde den letzten Rest seiner Widerstandsfähigkeit zu rauben: Wie ein halb zu Tode gehetztes Wild war er von Wasserstelle zu Wasserstelle gescheucht, bis er schließlich willenlos ein Opfer der Natur seines eigenen Landes wurde. […]

Von den etwa 80 000 Hereros lebten 1905 nur noch etwa 16 000. Die Überlebenden wurden in Reservate verbracht, wo sie unter erbärmlichen Bedingungen ihr Leben fristeten. Im Jahr 2004 bat eine Vertreterin der deutschen Regierung die Nachkommen der Überlebenden um Vergebung.

Erster Vernichtungskrieg

Die deutschen Truppen setzen im Kampf gegen die Hereros Maschinengewehre und erstmals sogar Kampfgas ein. Die Heeresleitung betrachtete vor allem den Einsatz des Gases als einen „geeigneten Test" für spätere „Ernstfälle". Der Krieg gegen die Hereros war der erste „Vernichtungskrieg", in dem der Gegner nicht mehr gefangen und besiegt, sondern getötet werden sollte, auch aufgrund von rassistischen Vorurteilen. An dieses Vorgehen knüpften die Nationalsozialisten im Zweiten Weltkrieg (1939–1945) an.

1 Stellt mithilfe der Karte 1 fest, warum die Hereros über die Streckenführung der Eisenbahnlinie empört waren (→ **Wir lesen Geschichtskarten**, S. 315).

2 Spielt eine Versammlung, auf der Herero-Häuptlinge ihr Vorgehen gegen die deutschen Schutztruppen beraten.

3 Lest Q2 und schreibt auf, wie die deutschen Soldaten die Hereros behandelten (→ **Wir untersuchen Textquellen**, S. 320).

4 Untersucht die Sprache von Q3 und notiert, welchen Eindruck der Autor beim damaligen Leser hervorruft (→ **Wir untersuchen Textquellen**, S. 320).

Imperialistische Machtpolitik

Welche Spuren der Vergangenheit gibt es in Namibia?

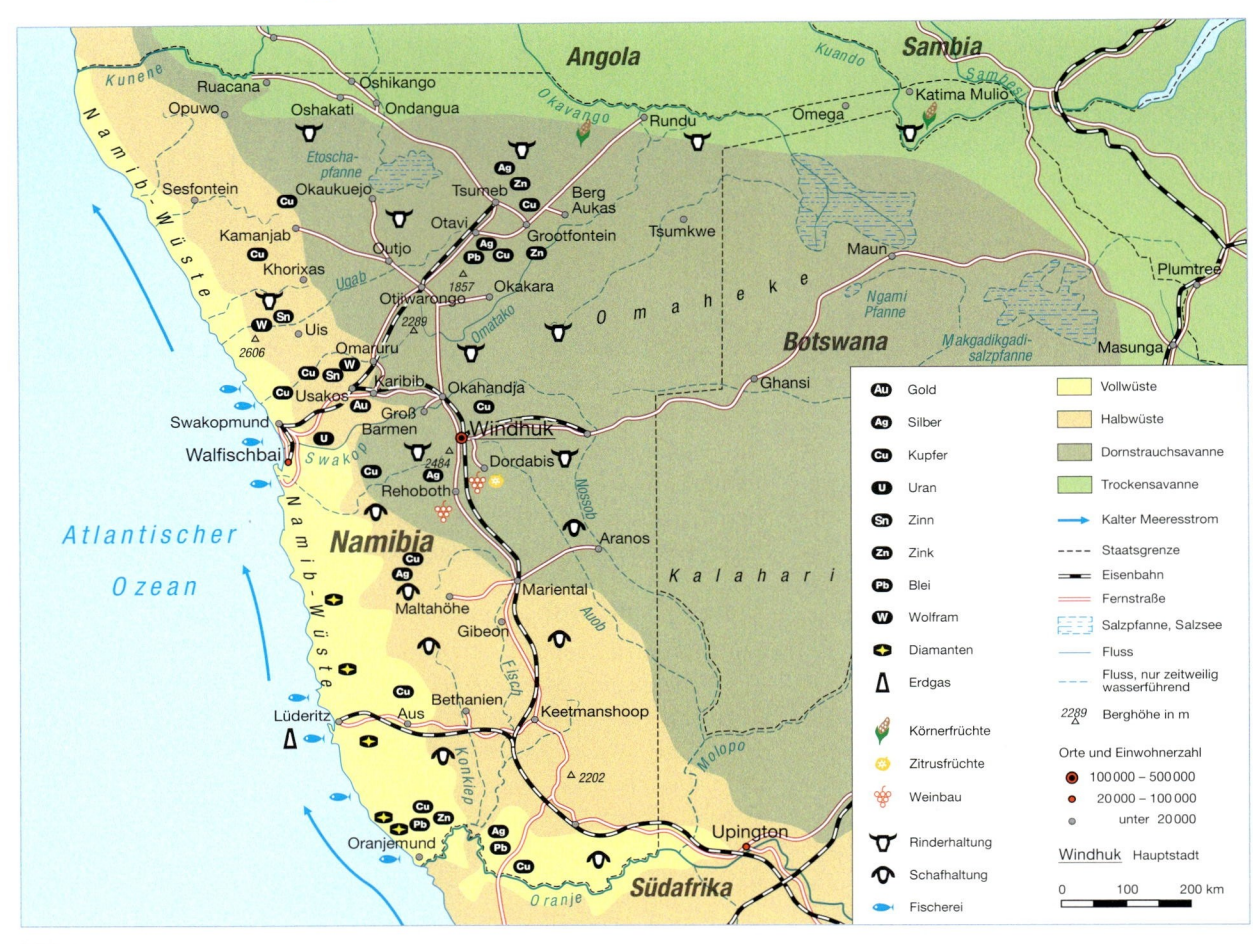

M 1 Namibia

*SWAPO
South-West Africa People's Organisation

*Safari
(aus der arabischen Sprache = Reise) Reise zur Erkundung der (Groß-) Tierwelt (in Afrika)

Wüstenland Namibia

Namibia ist fast doppelt so groß wie Deutschland, es hat nur etwas mehr als zwei Millionen Einwohner (Deutschland 82 Millionen).

Wer das Land besucht, begegnet auf Schritt und Tritt der Vergangenheit aus der Zeit der deutschen Kolonialverwaltung. Deutsche Straßennamen und deutsche Häuser prägen das Bild der Städte. Seit 1990 ist das Land unabhängig, zuvor wurde es durch Südafrika im Auftrag der UN verwaltet.

Das demokratisch regierte Land wird von der SWAPO* geführt, das ist die stärkste Partei im Land. Sie verfügt nach den letzten Wahlen 2009 über dreiviertel der Sitze im Parlament.

Wirtschaft in Namibia

Die Wirtschaft wird von zwei Industriezweigen geprägt: dem Bergbau (Uran und Diamanten) und dem Tourismus. Der größte Urantagebaubetrieb der Welt, die „Rössing Uranium Limited", gehört mehrheitlich der australischen Minenbetrieb Rio Tinto. Da es in Namibia kein Umweltschutzgesetz gibt, kann die Firma die Millionentonnen giftiger Schlämme, die bei der Gewinnung des Urans anfallen, ohne

Inhaltsfeld: Disparitäten

weiteren Schutz in einem alten Flussbett lagern.

Der Tourismus konzentriert sich auf wenige Orte, besonders deutsche Touristen besuchen gern den Etoscha-Nationalpark zur Tierbeobachtung und ausgedehnten Safaris*. Da man sich in Namibia gut mit Deutsch verständigen kann, ist das Land trotz der weiten Anreise bei deutschen Touristen sehr beliebt.

Auch zwanzig Jahre nach der Unabhängigkeit sind die Einkommensunterschiede in Namibia sehr groß.

M 3 Touristen im Etoscha-Nationalpark

Ein Reisebericht

M 2 In der Online-Ausgabe der Zeitschrift „Merian" konnte man 2011 folgenden Bericht über die Hauptstadt Windhoek lesen:

[…] Die rund 30 000 Weißen [leben], daran hat sich auch fast zwei Jahrzehnte nach dem Ende der Apartheid nur wenig geändert, in ihre[n] weißen, mit Elektrozaun abgesicherten Siedlungen in Avis, Eros und Klein-Windhoek, die Schwarzen [im] Norden der Stadt. Wer eine Idee von „Afrika für Fortgeschrittene" bekommen möchte, muss dorthin fahren, nach Katutura. […]

Geschätzte 90 Prozent der Einwohner Windhoeks leben in den Hütten und kleinen Häuschen dieses Stadtteils, fast 400 000 sind es mittlerweile und es werden immer mehr: Die Stadt wächst rapide, das jährliche Wachstum beträgt gut fünf Prozent.

Seinen Namen hat Katutura aus der Zeit der Apartheid, in der die schwarze Bevölkerung von den südafrikanischen Besatzern an den Stadtrand zwangsumgesiedelt wurde. Die Townships* gehören in Namibia wie im benachbarten Südafrika bis heute zur traurigen Realität. […]

Viele Menschen in Katutura legen eine Freundlichkeit und Lebensfreude an den Tag. […] Dabei hätten, zumindest statistisch, die meisten Menschen hier Grund zum Missmut: die offizielle Arbeitslosenquote in Namibia beträgt über 50 Prozent, die inoffizielle wird weit höher geschätzt. Wer irgendwie das Geld für ein Auto zusammenkratzen kann, verdingt sich als Taxifahrer, klebt sich eine Nummer auf die Tür und lässt sich einfach vom Fahrgast den Weg zum Ziel erklären. Aus den Taxiunternehmen wiederum ergibt sich Katuturas zweithäufigstes Geschäft: das Betreiben einer „Car Wash". Entlang der Evelyn Street gibt es etliche dieser Unterstände, und kehrt einmal ein Auto ein, stürzt sich meist ein ganzer Stoßtrupp mit Wassereimern und Schwämmen in die Arbeit. […]

*Township
Wohnsiedlung für die farbige Bevölkerung (mit keiner hochwertigen Ausstattung – zumeist nur Wellblechhütten)

1 Beschreibt mithilfe von M 1 die Naturräume und die Wirtschaftsstruktur Namibias (→ **Wir lesen eine thematische Karte**, S. 42/43). Entwerft einen Steckbrief Namibias.

2 Lest M 2 und kennzeichnet, welches Bild der Autor vom Leben in Windhoek entwirft.

3 Sucht im Text und M 2 Spuren der Vergangenheit und der imperialistischen Politik. Schreibt Stichwörter in eure Arbeitsmappe.

4 Ergänzt mithilfe einer Internetrecherche eure Informationen zum heutigen Namibia (Stichwörter: Politik, Tourismus, Abbau von Uran und Diamanten, → **Wir führen eine Internetrecherche durch**, S. 316).

Unterschiede im Entwicklungsstand

Wie verteilt sich die Weltbevölkerung?

50 Menschen wohnen **in Städten**, 15 davon **in Slums**

76 haben **Elektrizität**, die meisten nutzen Strom aber nur zur Beleuchtung

3 Menschen sind aus ihrem Heimatland ausgewandert, **1** Person ist **auf der Flucht**

Es gibt **13 Autos** und Kleintransporter

5 Menschen leben in einem Land, in dem **Krieg** herrscht

4 Menschen sind **arbeitslos**

19 Menschen **rauchen,** davon 16 Männer und 3 Frauen

10 Personen leben mit einer **Behinderung**

46 leben von weniger als **2,50 Dollar am Tag**

13 Erwachsene können **nicht lesen und schreiben**. **8** Kinder besuchen eine höhere Schule, es gibt **2** Studenten

14 Menschen **hungern**, **24** Erwachsene sind **übergewichtig**

12 Menschen haben einen **Computer**, **25** nutzen das **Internet**, **4** sind bei **Facebook**

Es gibt **68 Handys**

Es gibt **27 Kinder** und **73 Erwachsene**, darunter **8 Senioren**

4 Menschen haben heute **Sex**

1 Mensch ist **obdachlos**

59 Menschen sind **Asiaten**, **15 Afrikaner**, **11 Europäer**, **5 Nord-** und **9 Südamerikaner**. **1** kommt aus **Australien oder Ozeanien**

Es gibt **31 Christen**, **26 Muslime**, **13 Hindus** und **6 Buddhisten**. **11** Menschen sind **nicht religiös**

In diesem Jahr werden **2 Babys** geboren, **1 Mensch stirbt**

Muttersprachen: **12** Menschen sprechen **Mandarin**, **6 Arabisch**, **6 Hindi**, **5 Englisch**, **5 Spanisch**, **2 Russisch** und **1 Deutsch**. **13** beherrschen **Englisch** als **Fremdsprache**

35 Menschen leben weniger als **100 km vom Meer** entfernt

15 Personen fahren nächstes Jahr in **Urlaub**, **8** davon sind **Europäer**

50 Menschen leben **auf dem Land**

38 haben keinen Zugang zu **Sanitäranlagen**, **18** kein **sauberes Wasser**

M 1 Die Welt als Dorf. Wenn die Welt von 100 Menschen bevölkert wäre, dann …

(Quelle: DIE ZEIT, Illustration: Nora Coenenberg, Recherche: Christoph Drösser, Magdalena Hamm, Quellen: Human Development Index, Nasa, Vereinte Nationen, Plunkett Research, Welternährungsorganisation, Weltgesundheitsorganisation, Deutsche Stiftung Weltbevölkerung, Planet of Slums, Encarta, International Telecommunications Union, Unesco, Encyclopædia Britannica, Progressive Policy Institute, Weltbank, Welthandelsorganisation, Sozialverband Deutschland, Heidelberger Institut für Internationale Konfliktforschung, Nielsen, International Labour Organization, International Energy Agency, eigene Berechnungen)

Ungebremstes Wachstum

2011 ist die Weltbevölkerung auf fast sieben Milliarden angewachsen. Jedes Jahr wächst die Zahl der Menschen auf der Erde um weitere 80 Millionen, also etwa um die Bevölkerungszahl Deutschlands. Doch nicht überall wächst sie in gleichem Maße. Während in vielen Industriestaaten

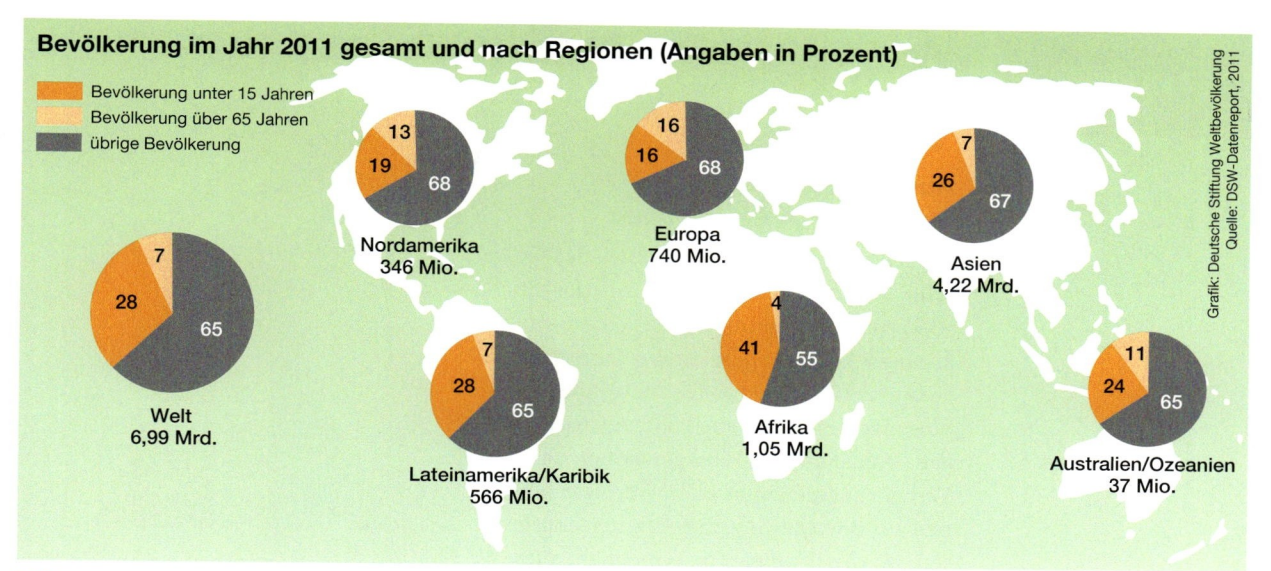

Bevölkerung im Jahr 2011 gesamt und nach Regionen (Angaben in Prozent)

- Bevölkerung unter 15 Jahren
- Bevölkerung über 65 Jahren
- übrige Bevölkerung

Welt 6,99 Mrd.: 28 / 7 / 65
Nordamerika 346 Mio.: 19 / 13 / 68
Europa 740 Mio.: 16 / 16 / 68
Asien 4,22 Mrd.: 26 / 7 / 67
Lateinamerika/Karibik 566 Mio.: 28 / 7 / 65
Afrika 1,05 Mrd.: 41 / 4 / 55
Australien/Ozeanien 37 Mio.: 24 / 11 / 65

Grafik: Deutsche Stiftung Weltbevölkerung
Quelle: DSW-Datenreport, 2011

M2 Afrika ist am jüngsten …

heute die Bevölkerungszahl stagniert* oder sogar leicht rückläufig ist, findet das **Bevölkerungswachstum** fast ausschließlich in den Entwicklungsländern statt.

Ungleiche Verteilung

Es gibt Regionen mit sehr hoher Bevölkerungsdichte und Räume, die nahezu menschenleer sind. Die Verteilung hängt von verschiedenen Faktoren ab: Gebiete mit fruchtbaren Böden, gemäßigtem Klima und Verkehrsgunst waren schon früh erschlossen und gehören noch heute zu den dicht besiedelten Räumen.

Auffallend ist auch die Häufung von **Millionenstädten** am Meer. Im Landesinneren findet man die Siedlungsschwerpunkte entlang der großen Flüsse. Hingegen sind die Wüsten der Erde, Teile der inneren Tropen sowie die Polarregionen fast menschenleer. Sehr dünn oder gar nicht besiedelt sind auch die Hochgebirge.

Sehr dicht besiedelte Staaten stehen Staaten gegenüber, die kaum bewohnt sind, und auch innerhalb eines Staates kann es äußerst dicht besiedelte Regionen und solche mit einer deutlich geringeren Bevölkerungsdichte geben.

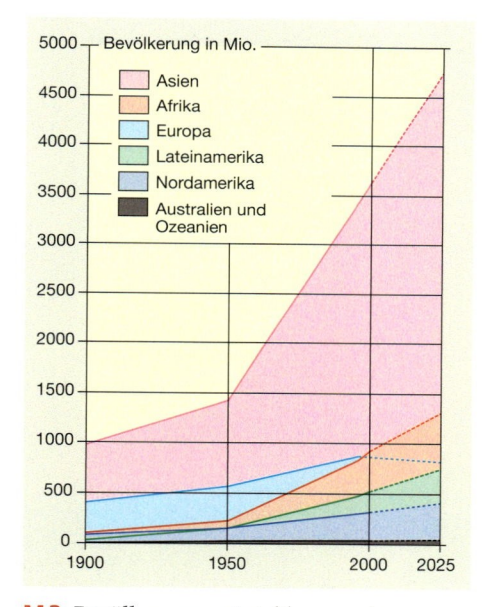

*stagnieren
auf gleicher Höhe bleiben, nicht wachsen

M3 Bevölkerungsentwicklung nach Kontinenten

1 Wertet M1 aus und schreibt Stichwörter zu den Informationen auf. Bedenkt, dass alle Informationen so berechnet wurden, als wenn nur 100 Menschen auf der Erde leben würden.

2 Berichtet über die Entwicklung der Weltbevölkerung (M2, M3).

3 Wertet M3 aus und erklärt, wo das Bevölkerungswachstum hoch ist. (→ **Wir werten ein Diagramm aus**, S. 314/315).

4 Nennt die am dichtesten besiedelten Regionen der Erde (Atlas).

Unterschiede im Entwicklungsstand

Wir werten Bevölkerungsdiagramme aus

Aussagekraft von Bevölkerungsdiagrammen

Der Altersaufbau, die Verteilung der Geschlechter und damit die Form der Bevölkerungsdiagramme spiegelt die Bevölkerungsentwicklung mehrerer Jahrzehnte. Geburtenrückgänge oder steigende Geburtenzahlen, aber auch die Auswirkungen von Kriegen, Hungersnöten sowie Wanderungsgewinne oder -verluste können aus Bevölkerungsdiagrammen abgelesen werden. Außerdem ermöglicht diese Darstellungsform Voraussagen, ob und warum eine Bevölkerung zukünftig wachsen, stagnieren oder schrumpfen wird.

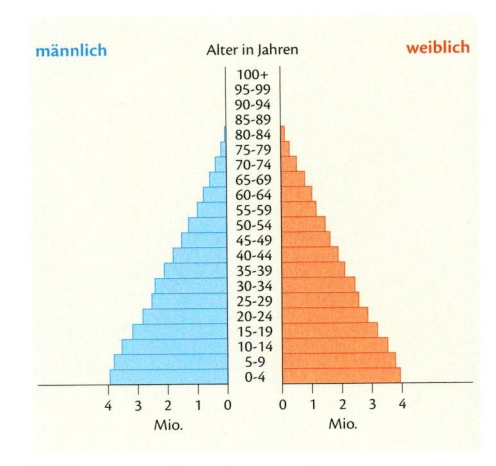

M 2 Altersaufbau der Bevölkerung in Deutschland 1910

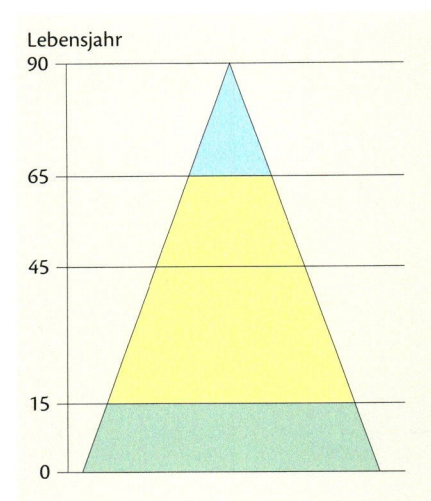

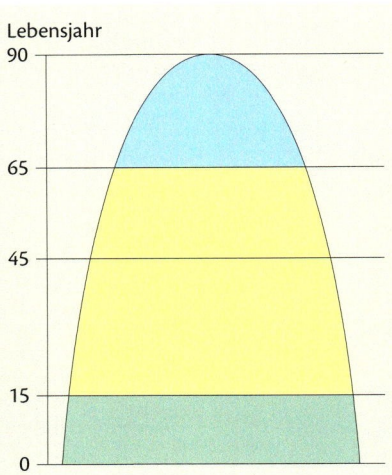

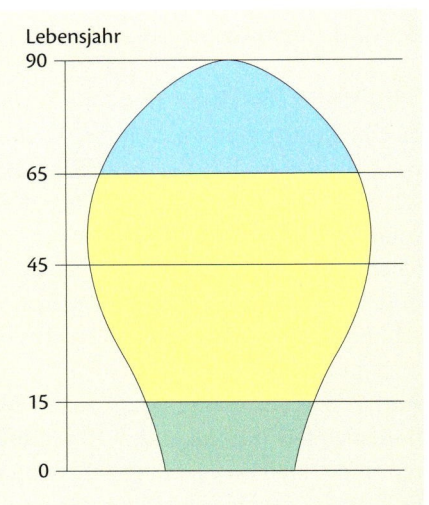

Die Pyramidenform kennzeichnet eine wachsende Bevölkerung. Von Jahr zu Jahr steigt der Bestand der Neugeborenen. Aber die Sterblichkeit setzt so früh ein, dass die Bevölkerung nur gering wächst. Die Lebenserwartung ist relativ gering. Diese Form ist typisch für viele **Entwicklungsländer**.

Bei der Glockenform (auch „Bienenkorb-Form") wird Jahr für Jahr etwa die gleiche Zahl von Kindern geboren. Die Sterblichkeit nimmt erst in den höheren Altersklassen deutlich zu, das heißt, die Lebenserwartung steigt an. Die Bevölkerungszahl bleibt unverändert oder wächst nur langsam.

Die Zwiebelform („Urnenform") ergibt sich, wenn jeder neugeborene Jahrgang kleiner als der vorhergehende ist. Folge: Die Bevölkerung schrumpft. Die Lebenserwartung ist hoch. Diese Form ist typisch für **Industrieländer**. Da der Anteil der über 65-Jährigen zunimmt, spricht man von „Überalterung".

M 1 Grundformen der Bevölkerungsdiagramme

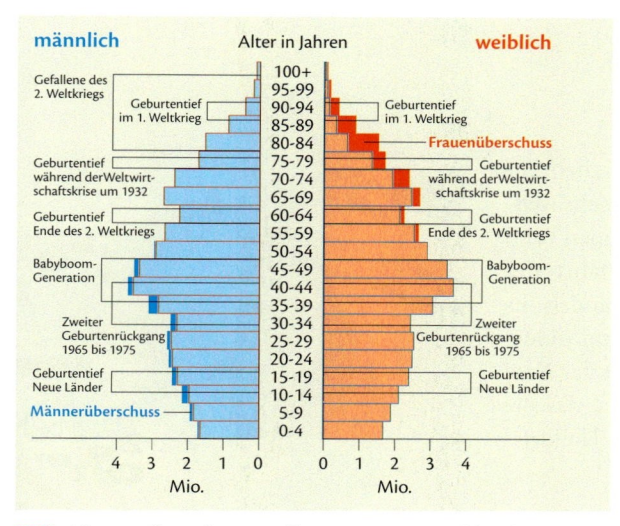

M 3 Altersaufbau der Bevölkerung in Deutschland 2008

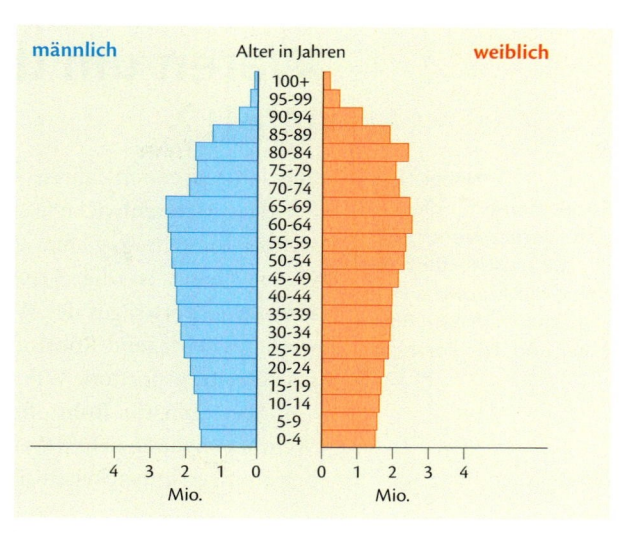

M 4 Prognose für Deutschland 2050

M 5 Checkliste zum Auswerten von Bevölkerungsdiagrammen

1. Schritt: Beschreibung

Beschreibt die Darstellungsform. Beachtet dabei:
- Raum und Zeitangabe,
- Angabe der Bevölkerungszahlen (absolute Zahlen in Tausend oder Millionen, relative Zahlen in Prozent),
- Einteilung der Altersstufen.

2. Schritt: Informationsentnahme

Entnehmt und vergleicht Informationen zur Altersstruktur der Bevölkerung. Erfasst zum Beispiel:
- die Geburtenzahl von Jungen und Mädchen,
- den Anteil der unter 20-Jährigen,
- den Anteil der Männer und Frauen im erwerbsfähigen Alter zwischen 20 und 65 Jahren,
- den Anteil der über 65-Jährigen,
- Unterschiede zwischen den Geschlechtern,
- Unterschiede zwischen den Altersgruppen.

3. Schritt: Klärung von Besonderheiten

Bestimmt die Grundform und ermittelt Besonderheiten des Bevölkerungsdiagramms. Zum Beispiel:
- größere Ungleichheiten der Anzahl von Männern und Frauen in bestimmten Altersgruppen,
- Einschnitte (Geburtenrückgänge bzw. -ausfälle),
- Ausbuchtungen (starke Geburtenzunahme).

4. Schritt: Auswertung und Interpretation
- Erklärt die Altersstruktur der Bevölkerung. Beschafft euch dazu zusätzliche Informationen aus Geschichte, Politik und Geographie.
- Erläutert Folgen und Probleme, die sich aus der Altersstruktur der Bevölkerung ergeben.

1 Beschreibt die Grundformen von Bevölkerungsdiagrammen (M 1).

2 Erläutert, welcher Sachverhalt zu der Form einer Bevölkerungspyramide (M 1, links) führt.

3 Wertet mithilfe von M 5 die Bevölkerungsdiagramme M 3 und M 4 aus.

Unterschiede im Entwicklungsstand

Warum reisen Waren um die Welt?

*Naher Osten
Bezeichnung für die Staaten Vorderasiens (Türkei bis einschließlich Iran sowie die Arabische Halbinsel zwischen dem Roten Meer und dem Persischen Golf)

Seit Jahrtausenden fahren Menschen zur See. Das Meer entwickelte sich zum weltweiten Verkehrsweg für Personen und Güter. Heute ist die Seeschifffahrt der Haupttransportträger des Welthandels. Es werden vorwiegend Rohstoffe und Industriegüter transportiert. Wie sieht das Netz von Seewegen für Rohstoffe aus, das die Weltmeere durchzieht? Welche Handelsbeziehungen entwickelten sich?

Weltseeverkehr

Handelsschiffe wählen aus wirtschaftlichen Gründen den kürzesten Weg. So bilden sich Seewege heraus, die oft von Hunderten von Schiffen in dichter Reihenfolge befahren werden. Nadelöhre des Seeverkehrs sind die europäischen Nebenmeere, Meerengen wie die Straße von Dover, der Bosporus, die Floridastraße, das Kap der Guten Hoffnung, die Straße von Hormus und die Malakkastraße sowie die drei großen Seekanäle, der Nord-Ostsee-Kanal, der Sueskanal und der Panamakanal. Die **Seeschifffahrtskanäle** wurden gebaut, um die Wege zu verkürzen und den Verkehr zwischen Atlantik und Pazifik zu erleichtern.

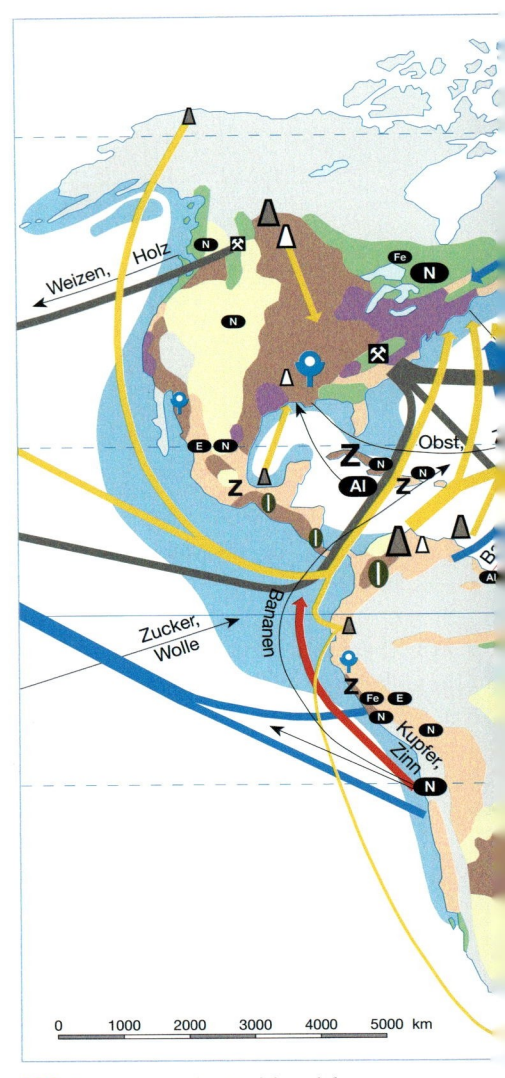

M 2 Hauptwege des Welthandels

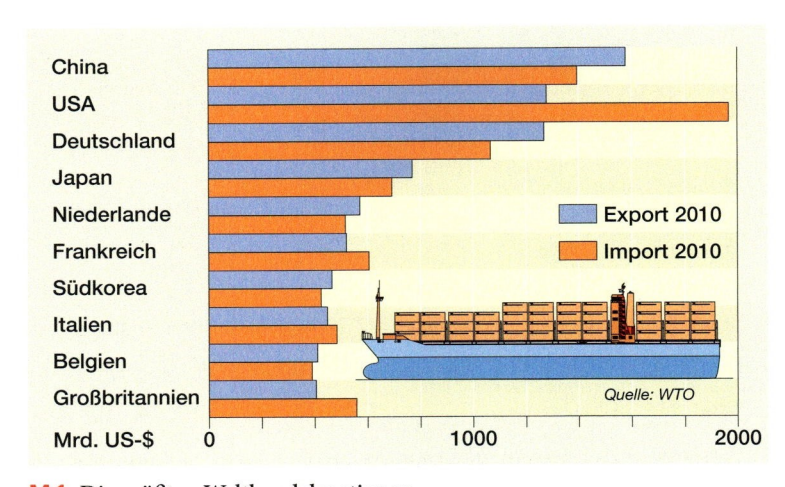

M 1 Die größten Welthandelsnationen

Austausch von Rohstoffen

Die Rohstoffe der Erde sind ungleichmäßig verteilt. Ländern, die reich an Rohstoffen sind, stehen rohstoffarme Länder gegenüber. Es gibt Länder, die ihre Bevölkerung nicht mit eigener landwirtschaftlicher Produktion ausreichend ernähren können. Andere Staaten erzeugen jedoch hohe Überschüsse an Grundnahrungsmitteln. Genussmittel wie Kakao, Tee und Kaffee sowie Südfrüchte wachsen nur in Ländern der subtropischen und tropischen Landschaftszonen. Eine Reihe von Industrieländern, darunter auch Deutsch-

Inhaltsfeld: Disparitäten

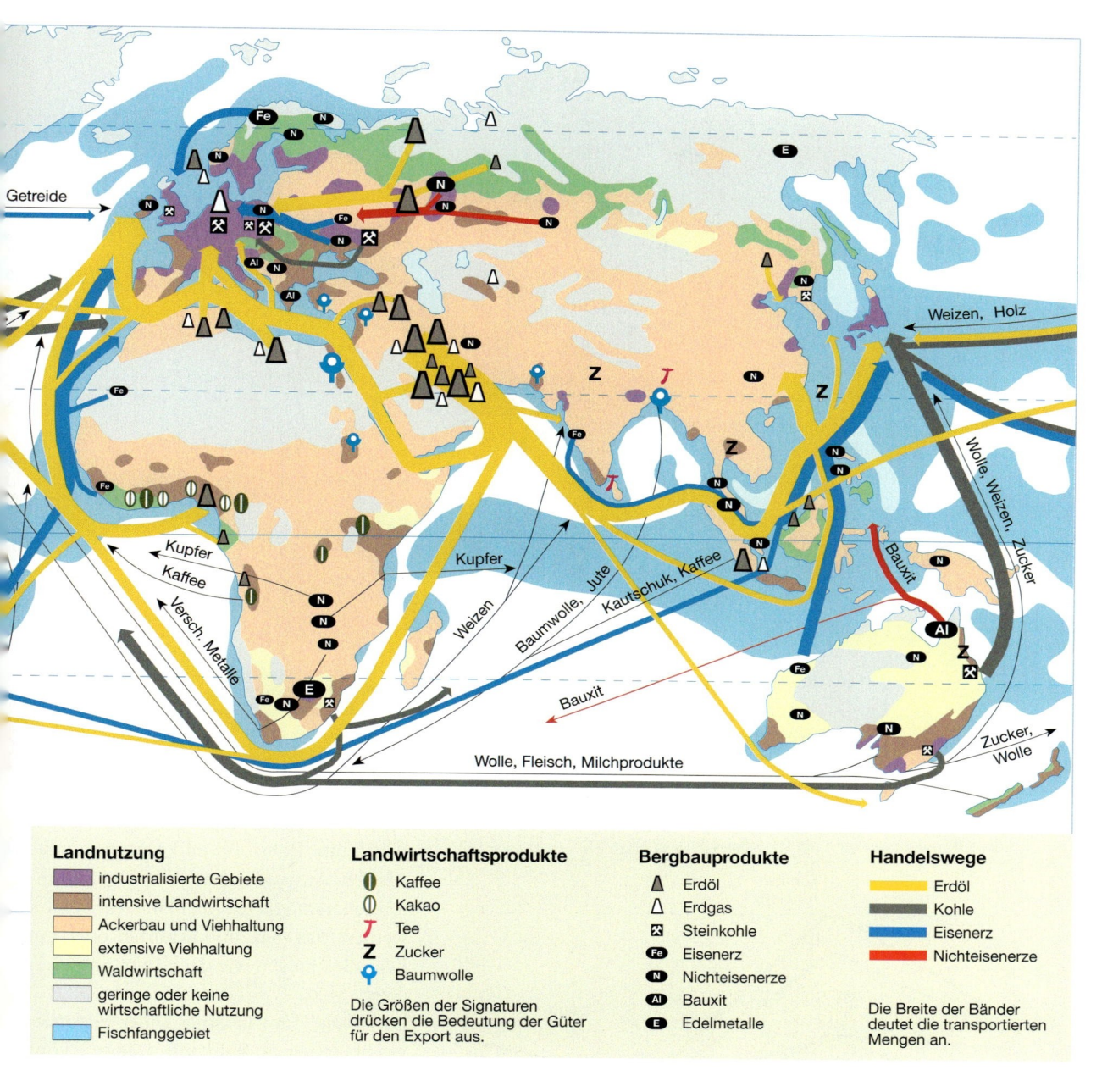

Landnutzung
- **industrialisierte Gebiete**
- **intensive Landwirtschaft**
- **Ackerbau und Viehhaltung**
- **extensive Viehhaltung**
- **Waldwirtschaft**
- **geringe oder keine wirtschaftliche Nutzung**
- **Fischfanggebiet**

Landwirtschaftsprodukte
- Kaffee
- Kakao
- Tee
- Zucker
- Baumwolle

Die Größen der Signaturen drücken die Bedeutung der Güter für den Export aus.

Bergbauprodukte
- Erdöl
- Erdgas
- Steinkohle
- Eisenerz
- Nichteisenerze
- Bauxit
- Edelmetalle

Handelswege
- Erdöl
- Kohle
- Eisenerz
- Nichteisenerze

Die Breite der Bänder deutet die transportierten Mengen an.

---

land, ist auf mineralische Rohstoffe aus anderen Ländern angewiesen. Japan muss mehr als 95 Prozent aller Rohstoffe für die industrielle Produktion importieren.

Energierohstoffe

Auch die Energierohstoffe sind äußerst ungleich verteilt. Erdöl und Erdgas werden auf Schiffen transportiert oder durch Pipelines gepumpt.

1 Beschreibt den Weg des Erdöls aus dem Nahen Osten* nach Europa. Nennt die Namen der Seehäfen, Länder, Kontinente, Meere, Meerengen und Seekanäle (M 2, Atlas).

2 Erläutert Seewege für den Handel mit einem Landwirtschaftsprodukt und für den Handel mit einem Bergbauprodukt (M 2).

3 Wertet M 1 aus (→ **Wir werten ein Diagramm aus**, S. 314/315).

4 Gestaltet in Gruppenarbeit Wandzeitungen: „Die drei großen Seeschifffahrtskanäle" (→ **Wir gestalten eine Wandzeitung**, S. 321).

Unterschiede im Entwicklungsstand

Wodurch entstehen wirtschaftliche Abhängigkeiten?

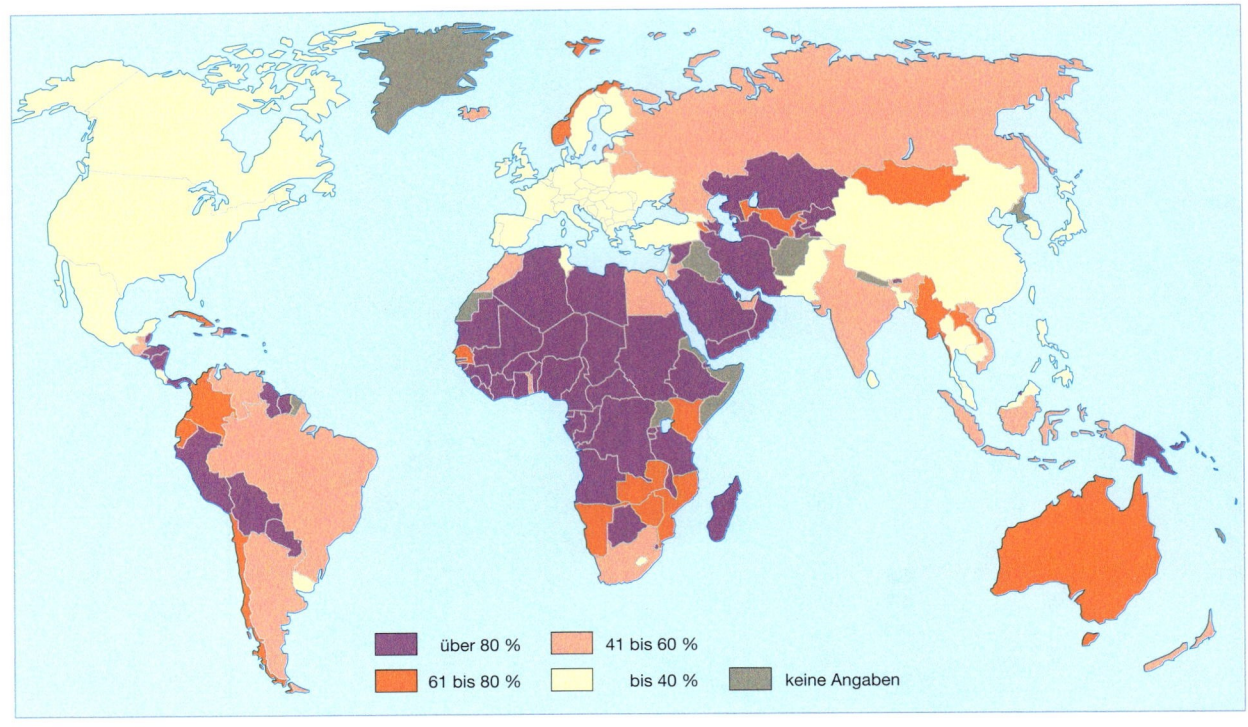

M 1 Rohstoffexporte in Prozent des Gesamtexports 2009

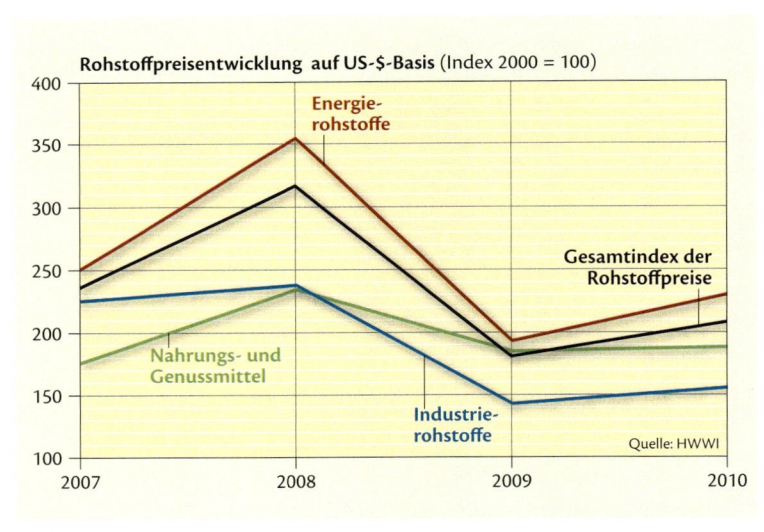

Legende: über 80 % | 61 bis 80 % | 41 bis 60 % | bis 40 % | keine Angaben

M 2 Entwicklung der Rohstoffpreise an den Warenbörsen (2007 bis 2010)

Rohstoffexporte

Jedes Land der Erde ist darauf angewiesen, bestimmte Rohstoffe und Fertigprodukte aus dem Ausland zu beziehen. Die Einfuhren sollen möglichst mit dem Geld bezahlt werden, das man mit Exporten oder mit Dienstleistungen wie dem Tourismus verdient.

Zahlreiche Entwicklungsländer exportieren überwiegend Rohstoffe. Dadurch können sie ihre Einfuhren von Fertigprodukten aus den Industriestaaten bezahlen. Wird der Wert der Exportgüter (Rohstoffe) mit dem Wert der Importprodukte (Industriegüter) zu Weltmarktpreisen verglichen, so erhält man die **Terms of Trade**. Die stark schwankenden Weltmarktpreise für Rohstoffe belasten die Entwicklungsländer, da sie nicht mit sicheren Einnahmen rechnen können.

Hohe Auslandsverschuldung

Die Abhängigkeit von den Rohstoffexporten hat für die Entwicklungsländer schwerwiegende Nachteile. Wegen der stark **schwankenden Rohstoffpreise** sind finanzielle Planungen schwierig. Sinken die Rohstoffpreise, so müssen überwiegend vom Export abhängige Länder Schulden machen. Viele Entwicklungs- und auch Schwellenländer sind gegenüber ausländischen Regierungen und Banken so hoch verschuldet, dass eine Rückzahlung dieser Gelder praktisch unmöglich ist. Die **hohen Schulden** behindern die Entwicklung in den betroffenen Ländern, da z. B. für Schulen oder das Gesundheitswesen kein Geld vorhanden ist.

In jüngster Zeit haben deshalb die führenden Industriestaaten der Erde beschlossen, den ärmsten Entwicklungsländern ihre Schulden ganz oder zum Teil zu erlassen, wenn diese sich verpflichten, die eingesparten Gelder für die Entwicklung des Landes zu verwenden.

Langfristig können sich die Entwicklungsländer aber nur aus der Abhängigkeit von Rohstoffexporten lösen, wenn eine neue **Weltwirtschaftsordnung** gerechtere Bedingungen für alle Staaten auf dem Weltmarkt schafft.

Welthandelsorganisation (WTO)

In der Welthandelsorganisation sind über 150 Staaten vertreten. Aufgabe dieser Organisation ist es, den Handel aller Länder untereinander durch gegenseitige Vereinbarungen zu erleichtern. Vor allem geht es darum, die Behinderung des Handels durch Zollschranken abzubauen. Besonders die Entwicklungsländer leiden unter den hohen Zöllen, die beispielsweise die EU oder die USA auf Waren aus diesen Staaten erheben, um ihre eigene Produktion zu schützen. Die Verhandlungen der WTO in Genf führten bis 2011 zu keinem Ergebnis, da einige Staaten nicht bereit waren, ihre Zölle zu senken.

Die am höchsten verschuldeten Länder der Erde
Angaben in % des Volkseinkommens

Land	Schuldenstand	Tilgung und Zinszahlungen
Liberia	646	0
Kongo (Brazzaville)	368	1,9
Guinea-Bissau	246	4,3
Zentralafrikan. Republik	155	0
Burundi	150	4,9
Dem. Rep. Kongo	150	2,6
Sambia	121	6,3
Sudan	120	0
Sierra Leone	118	3,0
Argentinien	117	5,3
Syrien	111	1,1
Libanon	110	15,8
Malawi	108	1,6
Angola	102	12,4
Kroatien	102	4,4
Estland	101	0,7
Elfenbeinküste	90	2,3

Quelle: Weltbank

M 3 Die Länder mit der höchsten Auslandsverschuldung

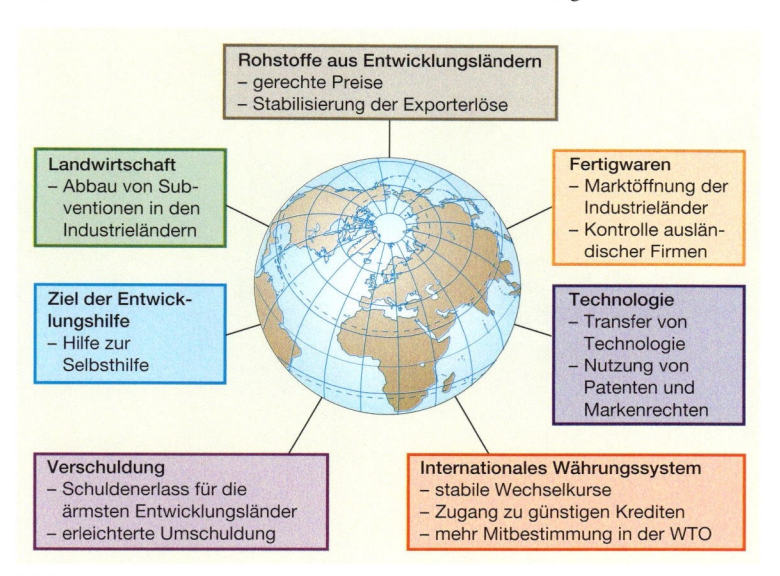

Vorschläge für eine neue Weltwirtschaftsordnung:

- **Rohstoffe aus Entwicklungsländern**
  - gerechte Preise
  - Stabilisierung der Exporterlöse
- **Landwirtschaft**
  - Abbau von Subventionen in den Industrieländern
- **Fertigwaren**
  - Marktöffnung der Industrieländer
  - Kontrolle ausländischer Firmen
- **Ziel der Entwicklungshilfe**
  - Hilfe zur Selbsthilfe
- **Technologie**
  - Transfer von Technologie
  - Nutzung von Patenten und Markenrechten
- **Verschuldung**
  - Schuldenerlass für die ärmsten Entwicklungsländer
  - erleichterte Umschuldung
- **Internationales Währungssystem**
  - stabile Wechselkurse
  - Zugang zu günstigen Krediten
  - mehr Mitbestimmung in der WTO

M 4 Vorschläge für eine neue Weltwirtschaftsordnung

---

1. Beschreibt, wo die Länder mit einem besonders hohen Rohstoffanteil am Export (M1) liegen. (→ **Wir lesen eine thematische Karte**, S. 42/43).

2. Wertet M2 aus. Informiert euch in den Medien über die aktuelle Entwicklung der Rohstoffpreise und ihre Schwankungen (→ **Wir werten ein Diagramm aus**, S. 314/315).

3. Nennt die Kontinente der Länder mit der höchsten Auslandsverschuldung (M3).

4. Fasst die Forderungen der Entwicklungsländer an eine neue Weltwirtschaftsordnung in einem eigenen Text zusammen (M4).

Unterschiede im Entwicklungsstand

Wie erreicht Entwicklungshilfe Nachhaltigkeit?

M 1 Trockenzeit in Burkina Faso

M 2 Regenzeit in Burkina Faso

Was macht das deutsche Entwicklungsministerium?

Im Jahr 1952 begann die Bundesrepublik Deutschland ihre Entwicklungszusammenarbeit (Entwicklungshilfe), seit 1961 gibt es hierfür ein eigenständiges Ministerium. Das Bundesministerium für wirtschaftliche Zusammenarbeit und Entwicklung (BMZ) legt die Leitlinien der deutschen Entwicklungspolitik fest.

Die deutsche Entwicklungszusammenarbeit konzentriert sich auf die Bereiche Bildung, Gesundheit, ländliche Entwicklung, gute Regierungsführung, Klimaschutz und nachhaltige wirtschaftliche Entwicklung. Ein wichtiges Ziel deutscher Entwicklungszusammenarbeit ist die **„Hilfe zur Selbsthilfe"** – damit ist gemeint, dass ein Empfängerland nicht dauerhaft auf Unterstützung angewiesen sein sollte.

Burkina Faso – Land und Klima

Burkina Faso (was so viel bedeutet wie: „Land der Aufrichtigen") ist eines der ärmsten Länder der Erde. Es liegt am südwestlichen Rand der Sahara (Westafrika) und ist in etwa drei Viertel mal so groß wie Deutschland.

In den meisten Landesteilen gibt es im Laufe eines Jahres eine deutliche Ausprägung von Trocken- und Regenzeiten (tropisches Wechselklima). Das erschwert eine ertragreiche Form der Landwirtschaft.

In der Regenzeit kann es zu einem Überangebot an Niederschlag kommen. Dann sind nicht nur die vom Wasser überspülten Pflanzen und Wurzeln gefährdet, sondern es besteht auch die Gefahr, dass fruchtbarer Boden weggeschwemmt wird. In der Trockenzeit hingegen kann es immer wieder zu langen Dürreperioden kommen, unter denen insbesondere die ländliche Bevölkerung leidet.

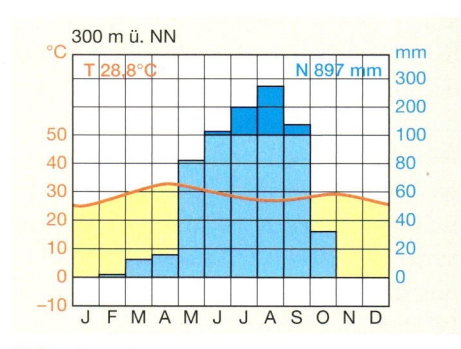

M 3 Klimadiagramm von Wagadugu (Burkina Faso)

Inhaltsfeld: Disparitäten

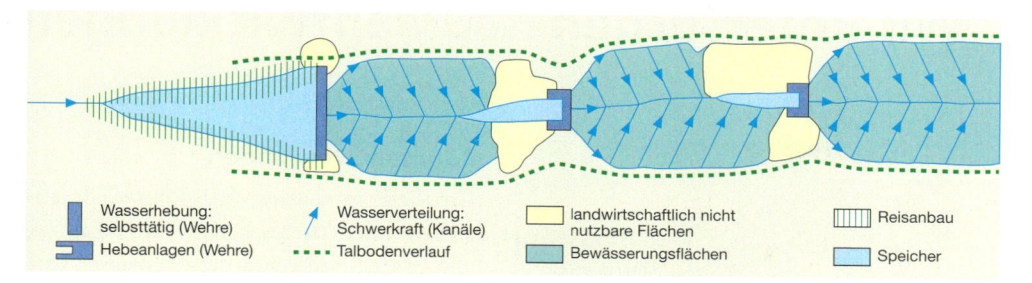

M 4 Bewässerung durch Aufstauungssysteme (Stauwehre und Kleinstaudämme) in Burkina Faso

Legende:
- Wasserhebung: selbsttätig (Wehre)
- Hebeanlagen (Wehre)
- Wasserverteilung: Schwerkraft (Kanäle)
- Talbodenverlauf
- landwirtschaftlich nicht nutzbare Flächen
- Bewässerungsflächen
- Reisanbau
- Speicher

Bewässerung in Burkina Faso

Reis, Ingwer, Zitronengras, Erdnüsse, Hibiskus für Tee – im Südwesten Burkina Fasos wächst vieles, wenn es genügend Wasser gibt. Doch die Felder werden noch immer nicht intensiv genutzt. Das liegt daran, dass sich hier in der Regenzeit das Wasser zunächst staut, dann aber bald versickert.

Jede zweite Reisernte vertrocknet. In einigen Dörfern gehört dies jedoch inzwischen der Vergangenheit an. Mit Unterstützung der deutschen Entwicklungszusammenarbeit bauen die Dorfgemeinschaften einfache, leicht zu wartende Anlagen für die Wasserbewirtschaftung – hauptsächlich für den Reisanbau. Mit Erdwällen werden die Felder in etwa 50 Parzellen unterteilt, die durch Kanäle verbunden sind. Der Wasserstand wird mit Schiebern aus Metall reguliert. Dort, wo es geht, werden auch Stauwehre oder Kleinststaudämme gebaut.

Die Dorfbewohner helfen kräftig mit. Größere Arbeiten übernehmen am Ort ansässige Baufirmen. Inzwischen wurden bereits 28 große Felder erschlossen und so 650 Hektar Land nutzbar gemacht. Davon profitieren rund 1500 Familien. Auch die Baumaßnahmen sorgen für Arbeit und Einkommen.

Einen zusätzlichen Nutzen für die Region, in der mehr als die Hälfte der Bevölkerung unterhalb der Armutsgrenze lebt, bringen Beratungen und Schulungen für Bauern, Unternehmer und Händler. Das ist Hilfe zur Selbsthilfe.

M 5 Anlage von bewässerten Reisfeldern in Burkina Faso

M 6 Nach der Ernte wird der Reis gedroschen.

1 Ordnet Burkian Faso mithilfe einer Atlaskarte geographisch ein und beschreibt die klimatischen Gegebenheiten (Text, M 1 bis M 3).

2 Beschreibt, welche Hilfe das BMZ in Burkina Faso leistet (Text, M 4).

3 Erläutert am Beispiel der Bewässerung in Burkina Faso wie „Hilfe zur Selbsthilfe" funktioniert.

Raumentwicklung untersuchen

Wir untersuchen Raumentwicklungen

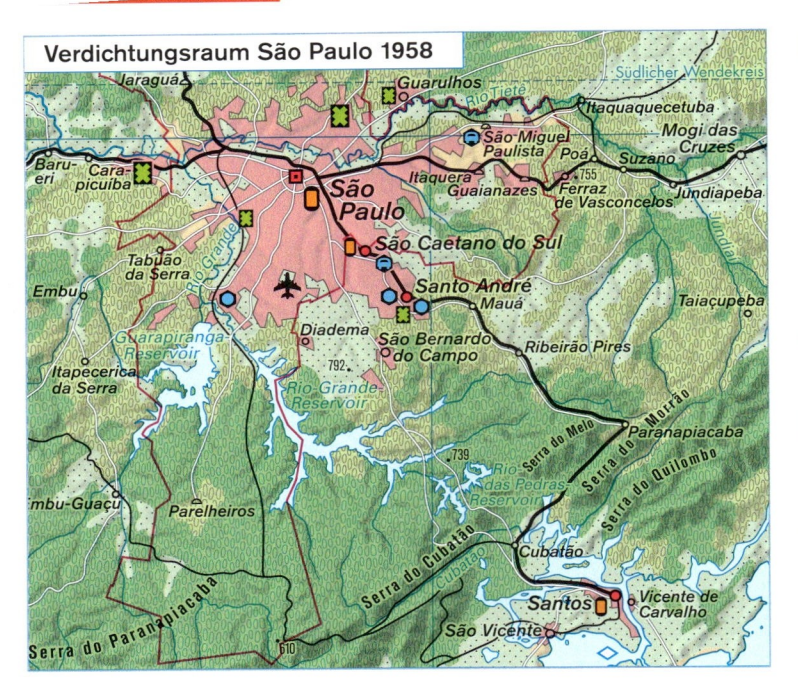

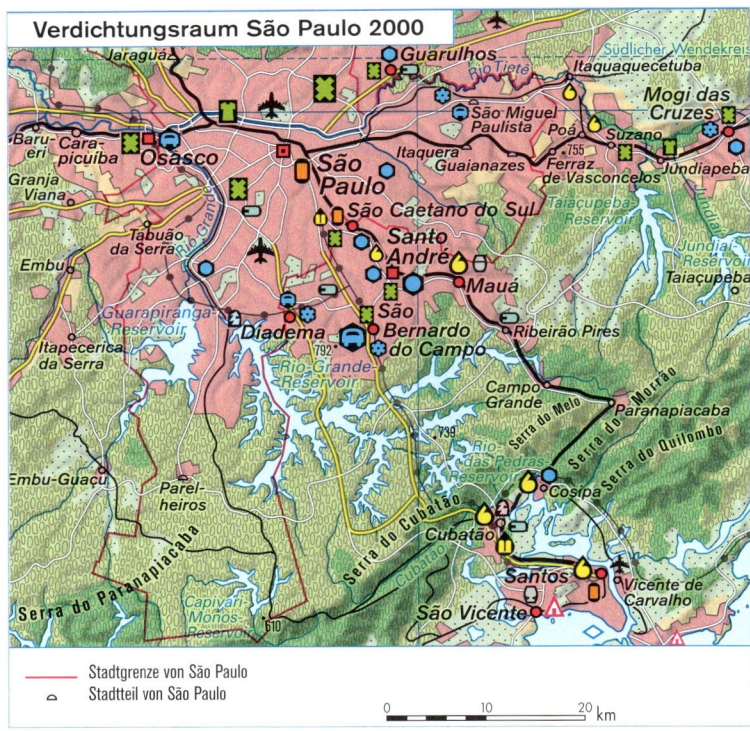

Raumentwicklungen

Um die Veränderung eines Raumes darzustellen oder nachvollziehen zu können, gibt es eine Reihe von Möglichkeiten. Insbesondere werden hierfür Karten aus unterschiedlichen Zeiträumen, aber auch Luft- oder Satellitenbilder verschiedener Jahre miteinander verglichen.

> **M2 Checkliste für eine Untersuchung von Raumentwicklungen**
> 1. Einordnung der Karten/Luftbilder in einen Großraum
> 2. Beschreibung der Ausgangslage
> 3. Vergleich mit einer späteren Zeit

Zum 1. Schritt: Einordnung der Karten/Luftbilder in einen Großraum

Bei der geographischen Einordnung solltet ihr mit dem Kontinent und dem Staat beginnen, danach erfolgt eine Bestimmung des Teilraums bzw. der Region. Im ausgewählten Beispiel wäre es: Südamerika, Brasilien, São Paulo (am südlichen Wendekreis in Nähe der Atlantikküste gelegen).

Zum 2. Schritt: Beschreibung der Ausgangslage

Die Ausgangslage erfasst die räumliche Situation São Paulos im Jahr 1958.
Die Siedlungsfläche ist in ihrer west-östlichen Ausdehnung etwa 45, in ihrer nord-südlichen ungefähr 26 Kilometer lang. Umgeben ist die Siedlungsfläche hauptsächlich von Buschwald, der in tropischen Regenwald übergeht.
Eine Eisenbahnhauptstrecke durchkreuzt die Stadt, am westlichen und am östlichen Stadtrand verzweigt sie sich. Eine Eisenbahnnebenstrecke markiert die östliche Grenze São Paulos. Autobahnen gibt es

M1 Verdichtungsraum São Paulo 1958 und 2000

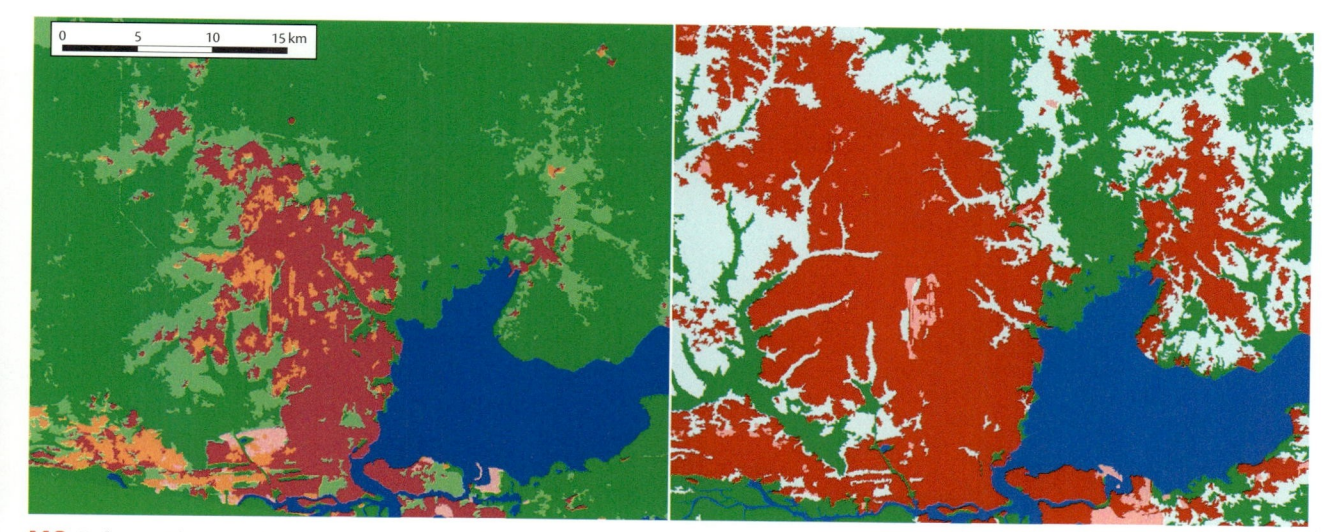

M 3 Bebaute Fläche in Lagos 1984 und 2000 (hier: Computergrafiken, die anhand von Satellitenbildern entstanden)

1958 noch nicht. Im Süden der Stadt befindet sich ein Flughafen.
Am Stadtrand befinden sich Betriebe der Textilindustrie, darüber hinaus gibt es Unternehmen der Nahrungsmittelindustrie und der Metall verarbeitenden Industrie. Auch die Kraftfahrzeugindustrie ist an zwei Standorten vertreten.
Im Süden São Paulos erkennt man drei große Wasserspeicher: das Guarapiranga-Reservoir, das Rio-Grande-Reservoir und das Rio-das-Pedras-Reservoir.

Zum 3. Schritt: Vergleich mit einer späteren Zeit

Bis zum Jahr 2000 hat sich die Fläche des Verdichtungsraums São Paulo stark vergrößert (etwa vervierfacht). Insbesondere in der West-Ost-Erstreckung ist der Verdichtungsraum wesentlich gewachsen (inzwischen rund 75 km Durchmesser). Die Flächen tropischen Regenwaldes sind weitgehend verschwunden.
Das Eisenbahnnetz entspricht noch dem aus dem Jahre 1958. Neben dem vorherigen Flughafen gibt es nun zwei weitere im Norden und Nordosten (kleiner) der Stadt. Aus Ost über Süd bis West führen Autobahnen in den Verdichtungsraum.

Außerdem führen zwei Erdölpipelines nach São Paulo.
Die Zahl der Unternehmen der Textilindustrie wuchs, die der Nahrungsmittelindustrie blieben konstant. Auch die Metall verarbeitende Industrie und die Kraftfahrzeugindustrie weisen im Jahr 2000 mehrere Standorte auf. Hinzu gekommen sind Unternehmen der Bekleidungsindustrie, der chemischen Industrie sowie eine Erdölraffinerie – hier enden die beiden Erdölpipelines.
Ebenfalls neu sind Ansiedlungen der Maschinenindustrie, der Elektroindustrie sowie der Zementindustrie.
Die Fläche der bisherigen Wasserspeicher wurde zwischen 1958 und 2000 erheblich ausgedehnt. Zwei weitere Wasserspeicher im Osten des Verdichtungsraums kamen hinzu (Taiaçupeba-Reservoir und Jundiaí-Reservoir).

M 4 Legende zu M 1

1 Erarbeitet mithilfe der Checkliste (M 2) und mit einem Atlas (oder Satellitenbildern bzw. Google Earth) die drei Schritte der Untersuchung einer Raumentwicklung für das Beispiel M 3.

2 Beschreibt die räumlichen Entwicklungen in São Paulo (M 1) und Lagos (M 3).

3 Erläutert die Ursachen der Veränderungen in beiden Städten.

Raumentwicklung untersuchen

Wie entwickelt sich Mumbai?

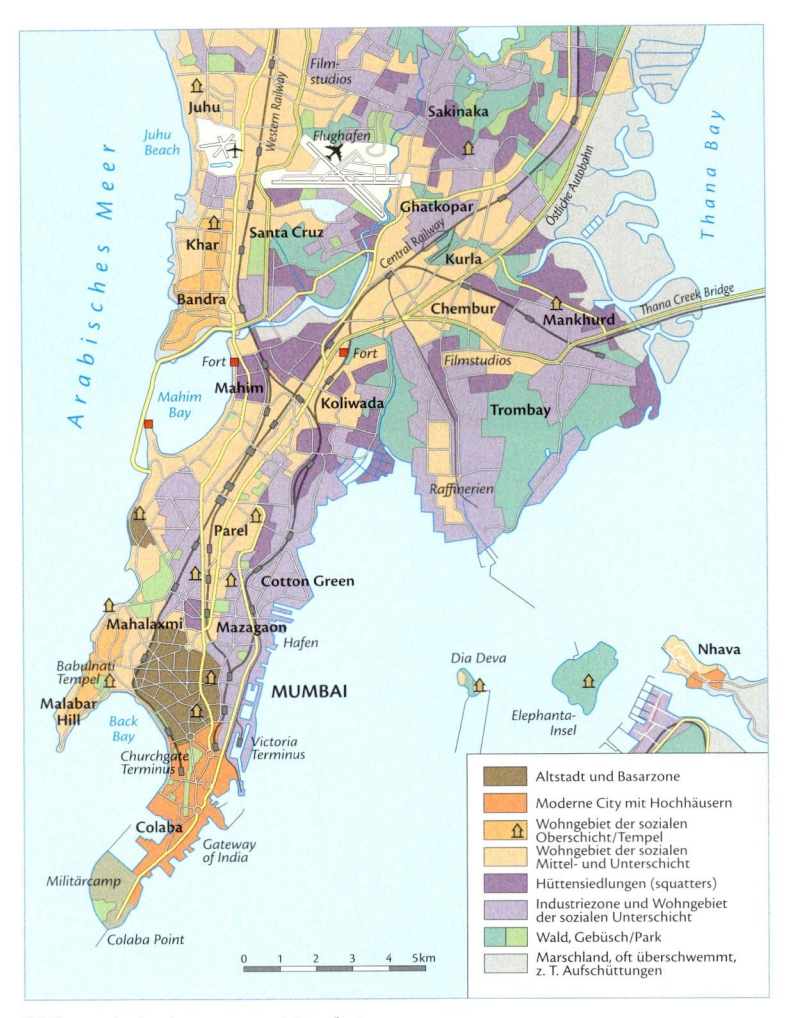

M 1 Stadtgliederung von Mumbai

Metropolregion
Großraum um eine Stadt oder Stadtlandschaft mit mehreren Millionen Einwohnern

penetrant
durchdringend

Exkrement
Körperausscheidung (Kot)

apathisch
teilnahmslos

Boombay

Mumbai ist die wichtigste Hafenstadt und das Zentrum von Finanzindustrie, Wirtschaft, Handel und Mode in Indien. Für die indische Bevölkerung versinnbildlicht es daher den wirtschaftlichen Aufschwung des Landes. Das Einkommen pro Kopf ist dreimal so hoch wie im Landesdurchschnitt. Weltbekannt wurde die Stadt auch durch ihre Filmindustrie („**Bollywood**"). Zu den Wohlstandssymbolen zählen die Bürohochhäuser am Nariman Point, dem „Manhattan Mumbais" mit den höchsten Immobilienpreisen der Welt. Mumbai beheimatet mehr Dollar-Millionäre als der New Yorker Stadtteil Manhattan.

Bis in die 1970er-Jahre verdankte Mumbai seinen Wohlstand der Baumwoll- und Textilindustrie sowie dem Hafen. Heute herrschen hier der Maschinenbau, die Diamantenbearbeitung und die Softwareindustrie vor. Zehn Prozent der industriellen Arbeitsplätze Indiens befinden sich in der Stadt und 40 Prozent des Außenhandels von Indien werden hier abgewickelt. Die indische Börse sowie 48 Banken haben in Mumbai ihren Sitz – ebenso wie die Hauptverwaltungen der größten, auch international tätigen Unternehmen.

Größte Metropole Indiens

Das ehemalige Bombay, das seit 1995 „Mumbai" heißt, ist eine der einwohnerreichsten Städte der Welt. In der Metropolregion* lebten 2009 laut Schätzung 21,3 Millionen Menschen. 1901 waren es „nur" 813 000. Auch die **Bevölkerungsdichte** ist mit über 31 000 Einwohnern auf einem Quadratkilometer entsprechend hoch, in Berlin sind es im Vergleich dazu 3800 Einwohner pro Quadratkilometer.

Slumbay

Über 50 Prozent der Bevölkerung leben in etwa 2500 Slums. Mumbai weist damit die höchste **Slumrate** in Indien auf. Ein Beispiel ist der im Zentrum von Mumbai gelegene Slum Dharavi, der mit schätzungsweise einer Million Einwohnern als der größte Slum Asiens gilt. Er erstreckt sich über knapp zwei Quadratkilometer.

Mumbais Straßen sind auch durch zahlreiche Obdachlose geprägt. Schätzungsweise 600 000 bis 1,5 Millionen Menschen leben ohne Dach über dem Kopf an Straßenrändern und auf Bürgersteigen. Hie-

Inhaltsfeld: Disparitäten

ran wird deutlich, wie dringend notwendig zusätzlicher preiswerter Wohnraum in Mumbai ist.

M2 Die Zeitschrift „Der Stern" schrieb 2008:

Sie klauben Stück für Stück den Abfallhaufen vor sich aus. […] Wenn die Kisten voll sind, schüttet ein Mann […] den Inhalt in einen Schredder, der Plastikkörner daraus macht. In einer klobigen Anlage […] entsteht dann durch Erhitzen eine Art Brei. Der wird durch Düsen gepresst und endlose Kunststoff-Spaghetti quellen heraus, die ein automatisches Messer in kleine Schnipsel zerhackt – Rohmaterial für neue Plastik-Artikel vom Yogurtbecher bis zum Fernseher-Gehäuse. […] Willkommen im Recycling-Zentrum Dharavi. […] Draußen riecht es penetrant* nach Abfall und Fäulnis. Der Kanal, der Dharavi entwässern soll, ist eine Brühe, die sich durch ein Bett aus Plastikflaschen, Blechdosen, Küchenabfall und Exkrementen* aller Art den Weg sucht. […] Den Menschen hier geht es deutlich besser als den Heerscharen der Zuwanderer, die jeden Tag in die Boomstadt Mumbai strömen und auf den Bürgersteigen und den Mittelstreifen der Ausfallstraßen unter freiem Himmel oder armseligen Plastikplanen kampieren. Denn Dharavi hat Strom und jeden Tag eine Stunde Wasser. […] Dieses Gewirr aus ein- und zweistöckigen Gebäuden ist kein Slum, in dem Menschen apathisch* die Tage verstreichen lassen […]. Hier werkeln in über 200 Recycling-Betrieben für Plastik, ein paar hundert Lederwerkstätten, Töpfereien und Kartonage-Fabriken jeden Tag Zehntausende meist von neun Uhr morgens bis neun Uhr abends. […]

M3 Nariman Point in Mumbai. *Luftbild, 2009*

M4 Dharavi, Asiens größter Slum. *Luftbild, 2009*

1 Beschreibt mithilfe einer Atlaskarte die geographische Lage Mumbais (→ **Wir arbeiten mit dem Atlas**, S. 314).

2 Entwerft eine Skizze der Raumentwicklung Mumbays (M 1) und tragt mit Pfeilen die Ausbreitung der Stadt ein. Beginnt mit dem Gebiet der Altstadt und geht dann zu den Industriezonen mit Wohngebieten (→ **Wir untersuchen Raumentwicklungen**, S. 280/281).

3 Findet mithilfe von Google Earth Nariman Point und Dharavi. Lokalisiert beides in M 1.

4 Verdeutlicht die „zwei Gesichter" Mumbais und erklärt die Bezeichnungen „Boombay" sowie „Slumbay" (M 1 bis M 4).

Vom Imperialismus zur Entwicklungszusammenarbeit

Das kann ich ...

✓ Kolonie
✓ Imperialismus
✓ Deutsch-Südwest-Afrika (Namibia)
✓ Unterschiede im Entwicklungsstand heute
✓ Entwicklungspolitik
✓ Hilfe zur Selbsthilfe
✓ Raumentwicklung

M1 Wichtige Begriffe

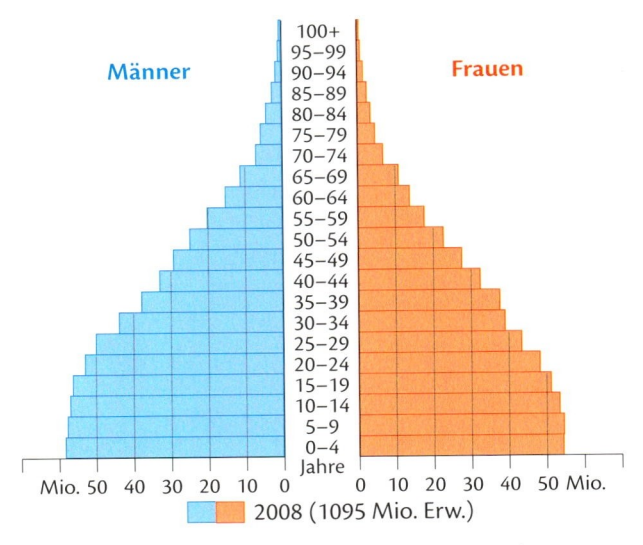

M3 Bevölkerungsdiagramm Indiens (2008)

M2 „Frankreich wird Marokko, Kultur, Wohlstand und Frieden bringen können." *Titelseite der Zeitschrift „Le petit Journal" vom 19.11.1911*

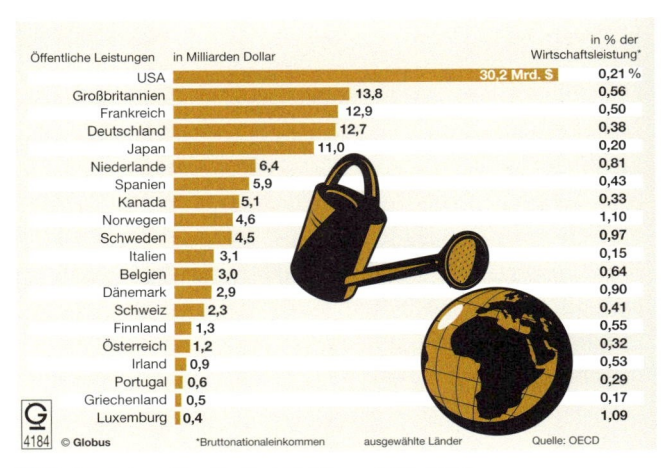

M4 Ausgaben für die Entwicklungshilfe 2010

Inhaltsfeld: Disparitäten

M 5 Postkarte aus Deutsch-Ostafrika 1906. Sie zeigt afrikanische Frauen, die zum Straßenbau gezwungen werden. Über dem Bild steht: „Negerweiber an der Kette (Dtsch.Ostafrika)".

M 6 Karikatur zu den Folgen des Imperialismus.
Unbekannter Zeichner, 1975

Was wir noch wissen

1 Erklärt einander die wichtigen Begriffe und schreibt die Bedeutung der Begriffe in eure Arbeitsmappe (M 1).

2 Nennt wichtige Motive der Politik des Imperialismus und schreibt sie in eure Arbeitsmappe.

3 Zeigt anhand von M 2 und M 5 die Einstellung der Europäer zu fremden Völkern auf. Setzt eure Ergebnisse in Beziehung zu den Ergebnissen der Aufgabe 2.

4 Untersucht M 6 und erläutert, ob die Aussage der Karikatur noch heute für Namibia odere andere Länder Afrikas gültig ist (→ **Wir werten Karikaturen aus**, S. 317).

5 Beschreibt das Ungleichgewicht im Austausch bei Waren zwischen Industriestaaten und Entwicklungsländern. Nennt die Ursachen.

Gewusst, wie …

6 Untersucht M 3 und zeigt, welche Probleme sich für das Land aus der demographischen Entwicklung ergeben. (→ **Wir werten Bevölkerungsdiagramme aus**, S. 272/273). Vergleicht mit Deutschland.

Wir meinen, dass …

7 „Die Handelsbeziehungen zwischen Industrieländern und Entwicklungsländern müssen grundlegend verändert werden". Nennt Gründe für diese Aussage.

8 Beurteilt das Projekt der Entwicklungszusammenarbeit in Burkina Faso (S. 278/279) nach seinen Zielsetzungen. Stellt fest, ob solche Projekte sinnvoll sind oder nicht.

Wir wenden an

9 Schreibt für die Schülerzeitung einen Artikel „Die Folgen des Imperialismus bis heute".

10 Gestaltet mit Ausrissen aus Zeitschriften ein Wandzeitung zum Thema „Entwicklungszusammenarbeit" (→ **Wir gestalten eine Wandzeitung**, S. 321).

Inhaltsfeld: Konflikt und Frieden

9 Der Erste Weltkrieg und seine Folgen

„Der Krieg". Gemälde von Otto Dix, 1929/1932

1870   1884   1904   1914–1918

Tod, Elend, Verwüstung – das Gesicht des Krieges. Der Maler Otto Dix versuchte 1929, das unaussprechliche Grauen des bis zu diesem Zeitpunkt größten Krieges der Menschheitsgeschichte darzustellen. An diesem Krieg hatte er selbst als Soldat teilgenommen. Der Erste Weltkrieg wurde von den großen Nationen Europas vor allem um die Vorherrschaft in Europa und der Welt geführt. Alle Nationen erwarteten einen schnellen und strahlenden Sieg ihrer Seite.

In diesem Kapitel könnt ihr herausfinden
- wie das Wettrüsten der europäischen Mächte die Kriegsgefahr erhöhte,
- warum es 1914 zum Ersten Weltkrieg kam,
- ob die Nachkriegsordnung von 1919 Europa und Deutschland Frieden brachte und
- warum der Versuch, in Deutschland eine demokratische Ordnung zu errichten, 1933 scheiterte.

Der Weg in den Krieg

Warum will Deutschland aufrüsten?

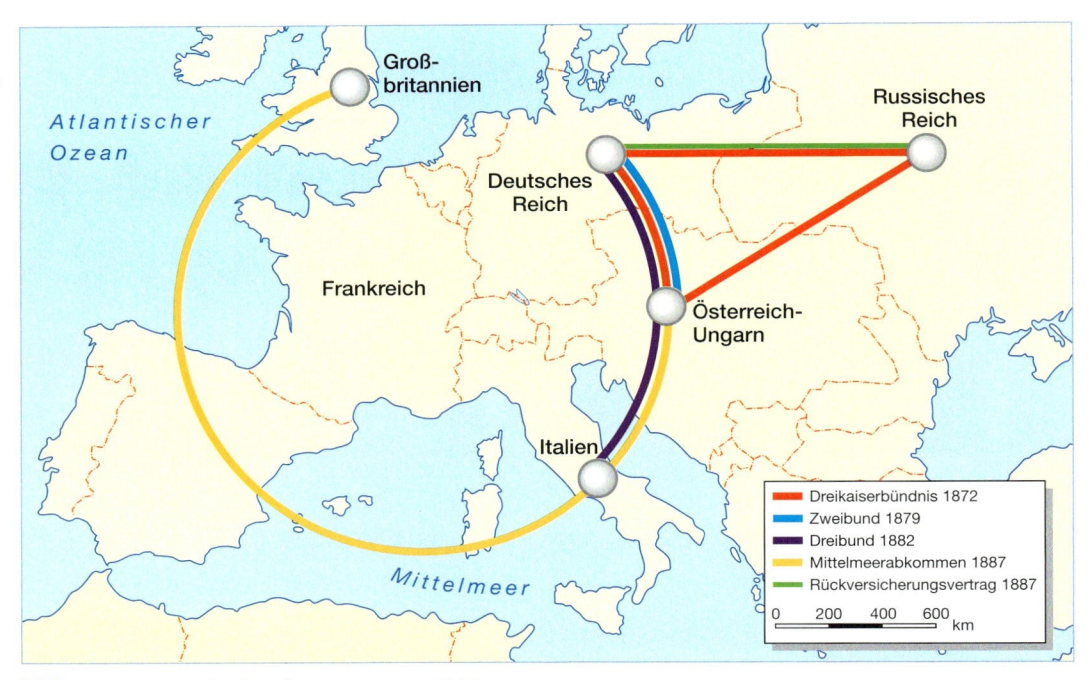

M 1 Das europäische Bündnissystem um 1887

Legende:
- Dreikaiserbündnis 1872
- Zweibund 1879
- Dreibund 1882
- Mittelmeerabkommen 1887
- Rückversicherungsvertrag 1887

M 2 Kaiser Wilhelm II. (1859–1941) betrieb eine von Geltungssucht und diplomatischem Ungeschick geprägte Außenpolitik, die insbesondere durch ihre Kolonialinteressen und die Flottenpolitik zur Kriegsgefahr in Europa beitrug.

Bismarcks Außenpolitik

Nach der Gründung des Deutschen Reiches 1871 erklärte Reichskanzler Otto von Bismarck gegenüber den Staaten Europas, dass Deutschland nun keine weiteren Gebietsansprüche habe und eine Politik des Friedens in Europa verfolgen wolle. Mit dem Krieg gegen Frankreich von 1871 sei die nationale Einigung Deutschlands abgeschlossen.

Mithilfe von Verträgen wollte Bismarck erreichen, dass der Frieden in Europa erhalten bliebe. Dabei sollte Frankreich isoliert werden, damit es Deutschland nicht gefährlich werden könnte. Alle anderen europäischen Mächte versuchte Bismarck in ein **Bündnissystem** mit Deutschland einzubinden. Konflikte sollten durch Verhandlungen gelöst werden. Bismarcks Politik hatte bis etwa 1890 Erfolg.

Eine neue Politik unter Wilhelm II.

1888 wurde nach dem Tod seines Großvaters, Wilhelm I., und seines Vaters, Friedrich III., der dreißigjährige Wilhelm II. deutscher Kaiser. Seine innen- und außenpolitischen Vorstellungen unterschieden sich bald grundlegend von denen Bismarcks. 1890 entließ der Kaiser deshalb seinen Kanzler, um verstärkt selbst den politischen Kurs Deutschlands zu bestimmen. Mit Aufsehen erregenden Reden forderte Wilhelm II. für Deutschland ein stärkeres Mitspracherecht in der Weltpolitik. Nach dem Vorbild Englands und Frankreichs sollte nun auch das Deutsche Reich Weltmachtpolitik betreiben.

Flottenbau und Aufrüstung

Seit 1871 war das Deutsche Reich bereits die stärkste Landmacht in Europa. Jetzt sollte auch noch eine mächtige Kriegsflotte gebaut werden, um Weltmachtpolitik betreiben zu können. Bei einem Festessen rief Kaiser Wilhelm II. aus, dass ohne Deutschland und ohne den deutschen Kaiser keine große Entscheidung mehr in der Welt fallen dürfe.

Q1 In seiner Ansprache zum neuen Jahr 1900 sagte der Kaiser:
[…] Und wie mein Großvater für Sein Landheer, so werde ich für Meine Marine unbeirrt in gleicher Weise das Werk der Reorganisation* fort- und durchführen, damit auch sie gleichberechtigt an der Seite Meiner Streitkräfte zu Lande stehen möge und durch sie das Deutsche Reich auch im Auslande in der Lage sei, den noch nicht erreichten Platz zu erringen. […]

Um Deutschlands machtpolitischen Anspruch in der Welt umzusetzen, baute Deutschland seit 1897 seine Flotte in verstärktem Maße aus.

Q2 Der Chef des Marineamtes, Admiral von Tirpitz, begründete den Flottenbau im Jahre 1900 so:
[…] Deutschland muss eine Flotte von solcher Stärke haben, dass selbst für die größte Flotte ein Krieg mit ihm ein solches Risiko in sich schließen würde, dass ihre eigene Überlegenheit gefährdet wäre […]

Durch die **Flottenpolitik** des Deutschen Reiches fühlte sich vor allem Großbritannien bedroht. Ziel Großbritanniens war es, eine Kriegsflotte zu besitzen, die so groß war wie die der beiden nächst größeren Flotten zusammen. Großbritannien begann deswegen mit dem Bau immer größerer Kriegsschiffe ein kostspieliges Wettrüsten mit Deutschland.
Der von Deutschland ausgelöste Flottenbau beider Länder steigerte die Kriegsgefahr.

M3 „Das erste Kaiserwort im neuen Jahrhundert". *Postkarte zum Flottenbauprogramm, 1900*

*Reorganisation (hier:) Neuordnung

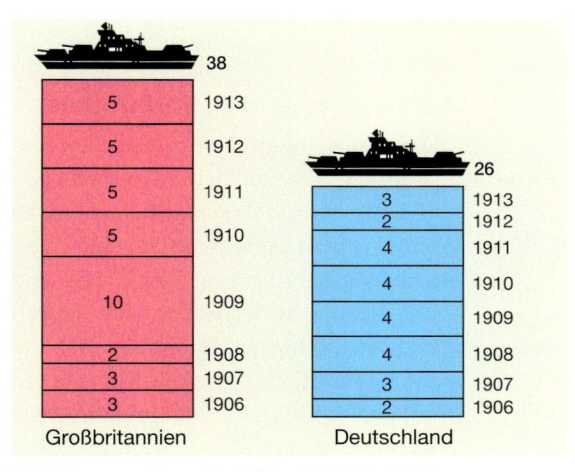

M4 Bau von Kampfschiffen 1906 bis 1913

1 Beschreibt mithilfe der Abbildung 1, mit welchen Staaten Deutschland Bündnisverträge hatte. Stellt eine Liste dieser Verträge zusammen (→ **Wir lesen Geschichtskarten**, S. 315).

2 Stellt Vermutungen an, mit welchen Staaten Frankreich gern Bündnisse eingegangen wäre. Schreibt eure Vermutungen auf.

3 Schreibt mithilfe des Textes sowie anhand von M3 und M4 einen Bericht über Deutschlands Politik seit 1900. Kennzeichnet die Gefahren dieser Politik.

Der Weg in den Krieg

Ist ein Krieg unvermeidbar?

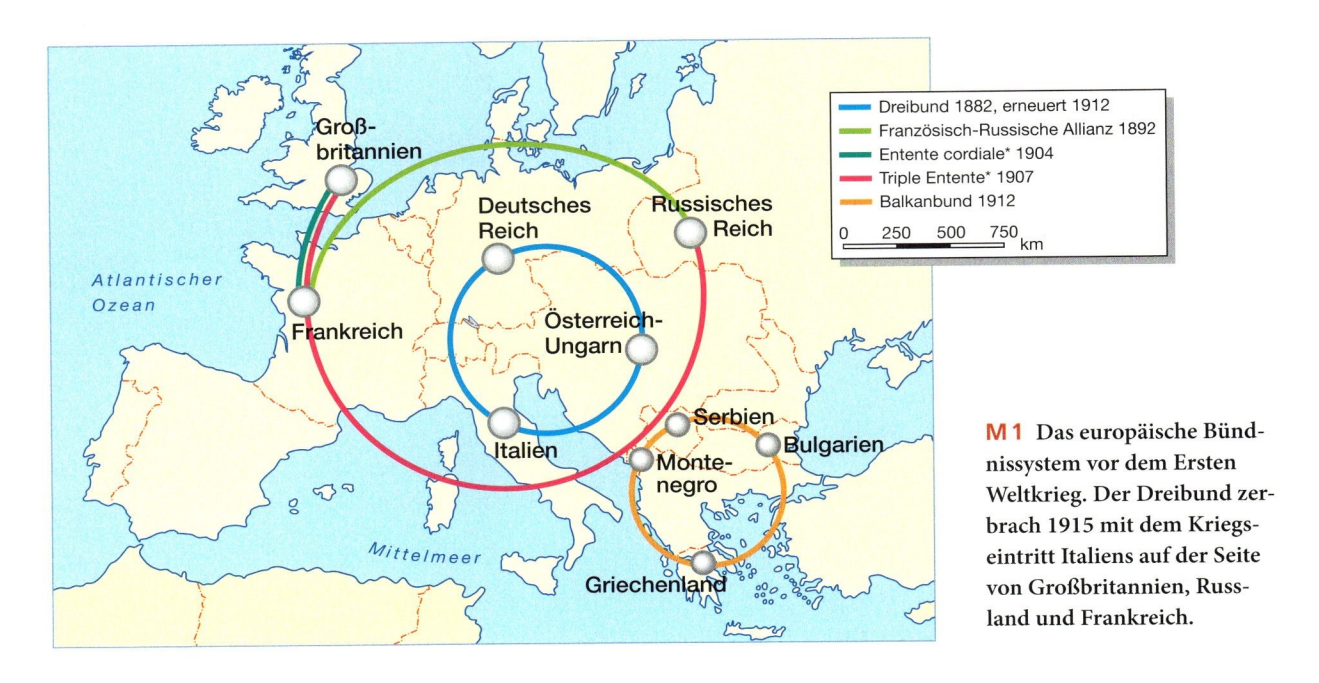

M 1 Das europäische Bündnissystem vor dem Ersten Weltkrieg. Der Dreibund zerbrach 1915 mit dem Kriegseintritt Italiens auf der Seite von Großbritannien, Russland und Frankreich.

*Entente cordiale (wörtlich: herzliches Einverständnis) Vertrag zwischen Frankreich und Großbritannien; er regelt im gegenseitigen Einverständnis die Einflussbereiche beider Länder in Afrika.

*Triple Entente Erweiterung der Entente cordiale mit Russland als Dreierbündnis (triple = drei) gegen Deutschland

Auf der Suche nach Verbündeten

Die Großmachtpolitik des Deutschen Reiches löste in England bei vielen Menschen Angst aus. Mehrmals versuchten englische Politiker, mit Deutschland zu einer Verständigung zu kommen. Der Kaiser und seine Berater widersetzten sich jedoch allen Bemühungen. Daraufhin näherte sich Großbritannien zunächst seinem „Erbfeind" Frankreich an. Im Jahre 1904 verständigten sich diese beiden Mächte über ihre Interessengebiete in Afrika. Nur drei Jahre später wurde auch mit Russland ein Vertrag abgeschlossen. Damit war in Europa ein neues Bündnissystem entstanden. Deutschland hatte jetzt nur noch einen Bündnisvertrag mit Österreich-Ungarn und Italien. Allerdings hatte Italien schon 1902 einen geheimen Nichtangriffspakt mit Frankreich geschlossen.

Krieg in Sicht

Die Aufrüstung der Armeen Frankreichs und Russlands geschah gleichzeitig mit der weiteren Aufrüstung des deutschen Heeres. Deutschland hatte durch seine Außenpolitik die Partner des Bündnissystems von Bismarck verloren und fühlte sich bedroht. Seinerseits bedrohte es seine Nachbarn in Europa. Alle Welt erwartete den Ausbruch eines Krieges als „reinigendes Gewitter".

Kämpfen statt Verhandeln

In allen europäischen Staaten entstand innerhalb der Regierungen und in der Öffentlichkeit Europas immer stärker der Eindruck, dass man künftige Krisen durch einen schnellen kurzen Krieg lösen sollte und nicht mehr durch langwierige Verhandlungen.

Q 1 Bereits 1911 erklärte der Vorsitzende der SPD, August Bebel, im Reichstag:

[…] So wird man eben von allen Seiten rüsten und wieder rüsten, man wird rüsten bis zu dem Punkte, dass der eine

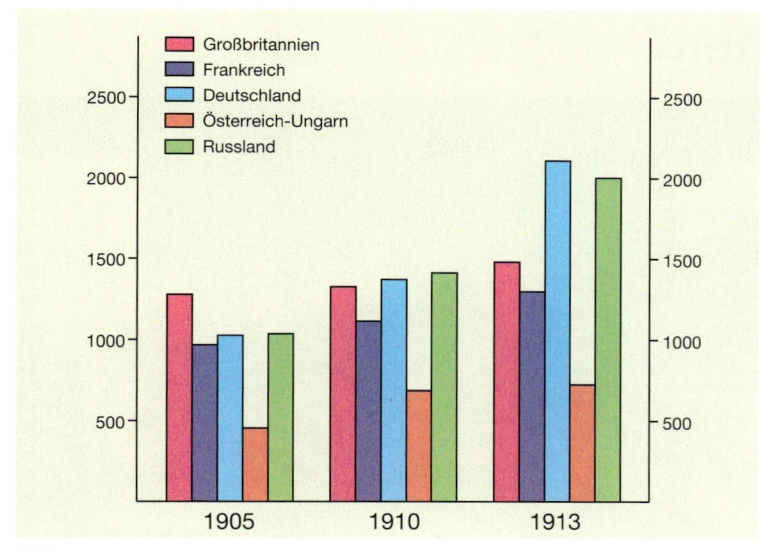

M 2 Rüstungsausgaben zwischen 1905 und 1913 (in Mio. Mark)

M 3 „Wie sollen wir uns da die Hand geben?"
Karikatur aus dem Simplicissimus von 1912

oder andere Teil eines Tages sagt: Lieber ein Ende mit Schrecken als ein Schrecken ohne Ende.
(Sehr richtig! bei den Sozialdemokraten)
[…] Eines Tages kann die eine Seite sagen: Das kann nicht so weitergehen. Sie kann auch sagen: Halt, wenn wir länger warten, dann geht es uns schlecht, dann sind wir der Schwächere statt der Stärkere. Dann kommt die Katastrophe. […] Was wird die Folge sein? Hinter diesem Krieg steht der Massenbankrott, steht das Massenelend, steht die Massenarbeitslosigkeit, die große Hungersnot.
(Widerspruch rechts)
Das wollen Sie bestreiten?
(Zuruf rechts: Nach jedem Kriege wird es besser!) […]

Q 2 1912 schrieb ein pensionierter deutscher General in einem Buch „Deutschland und der nächste Krieg":
[…] Der Krieg ist im Gegensatz zum Frieden der größte Machterweiterer und Lebenserwecker, den die Geschichte der Menschheit kennt. […]

In Deutschland rechnete man mit einem Zweifrontenkrieg gegen Frankreich und Russland. Der der deutsche Generalstab erklärte bereits 1912: „Je eher, desto besser". Man hoffte, so als Sieger aus dem als unvermeidlich angesehenen Krieg hervorgehen zu können.

1 Erläutert die bündnispolitische Lage Deutschlands vor 1914 mithilfe der Karte M 1. Notiert, wie sich die Lage Deutschlands verändert hat (S. 288, M 1).

2 Beschreibt anhand von M 2 die Entwicklung der Rüstungsausgaben der damaligen fünf europäischen Großmächte zwischen 1905 und 1913 (→ **Wir werten ein Diagramm aus**, S. 314/315). Notiert jeweils für die drei angegebenen Jahre, welches Land das meiste Geld für Rüstung ausgab.

3 Untersucht Q 1 und Q 2 und schreibt aus beiden Quellen Schlagwörter heraus (→ **Wir untersuchen Textquellen**, S. 320).

4 Schreibt dem General eine Antwort auf seine Behauptung (Q 2).

5 Beurteilt den Zuruf: „Nach jedem Krieg wird es besser!" (Q 1).

6 Erarbeitet aus M 3, was der Zeichner 1912 seinen Lesern in Deutschland zum Rüstungswettlauf sagt (→ **Wir werten Karikaturen aus**, S. 317).

Der Weg in den Krieg

Warum war der Frieden nicht zu erhalten?

M 1 Friedenskundgebung der SPD. *Foto, 1911*

M 2 Bertha von Suttner (1843–1914). Die Baronin aus Österreich gehörte zu den führenden Köpfen der Friedensbewegung. Ihr Buch „Die Waffen nieder!" wurde in großer Anzahl gedruckt und in viele Sprachen übersetzt. *Foto*

Alfred Nobel: Frieden durch Waffen

Alfred Nobel (1833–1896), einer der reichsten Männer Europas, schrieb im Jahre 1893 an Bertha von Suttner*, dass er einen großen Teil seines Vermögens für die Stiftung eines Preises einsetzen wolle. „Dieser Preis soll demjenigen oder derjenigen zuerkannt werden, der oder die Europa am weitesten vorangebracht hat auf dem Wege zur Befriedung der Welt."
Nobel verdankte seinen Reichtum vor allem seinen Geschäften mit „Dynamit oder Nobels Sicherheitspulver", die er maßgeblich in seinem Werk in Geesthacht entwickelt hatte. Abschreckung durch Aufrüstung – dies schien ihm die einzig mögliche Garantie für einen dauerhaften Frieden zu sein.

Bertha von Suttner: Frieden ohne Waffen

Ganz anderer Ansicht war die Baronin: Frieden schaffen ohne Waffen – das war ihr Ziel. Im Jahre 1889 erschien ihr Buch „Die Waffen nieder!"; es wurde in fast alle Weltsprachen übersetzt. Als Präsidentin der österreichischen Friedensgesellschaft schrieb sie an Nobel: „Es wäre schön, wenn der Erfinder des Kriegssprengstoffes einer der Förderer der Friedensbewegung wäre." Nobel antwortete ihr: „Die Abrüstung fordern, bedeutet so viel wie, sich lächerlich machen, ohne jemandem zu nützen." Bertha von Suttner ließ sich von solchen Hinweisen nicht entmutigen. Unermüdlich hielt sie Vorträge, schrieb an die europäischen Regierungen, um vor einem kommenden Krieg zu warnen.

Sozialdemokraten treten für Frieden ein

Ebenfalls für Abrüstung und Frieden kämpften die Sozialdemokraten in ganz Europa. Ein Krieg könne nur verhindert werden, so hofften sie, wenn sich in allen Staaten die Arbeiterinnen und Arbeiter dagegen wehren würden. In großen Demonstrationen versuchten sie, ihren Forderungen öffentlich Nachdruck zu verleihen. Doch weder die führenden Politiker noch die Militärs wollten einen Krieg ernsthaft verhindern, denn jeder glaubte an einen schnellen Sieg seines Landes.

Inhaltsfeld: Konflikt und Frieden

Dauerkrise auf dem Balkan*

Im Lauf des 19. Jahrhunderts hatten sich die Völker des Balkans von der türkischen Herrschaft befreit. Griechenland, Serbien und Bulgarien waren selbstständige Staaten geworden. Die staatliche Zuordnung von Albanien sowie Bosnien blieb umstritten.

Die Großmächte Österreich-Ungarn und Russland versuchten, ihren Einfluss auf dem Balkan zu vergrößern. Österreich-Ungarn nahm 1908 Bosnien, das zur Türkei gehörte, endgültig in seinen Besitz. Dagegen protestierte das mit Russland verbündete Königreich Serbien.

Russland hoffte, mit der Unterstützung Serbiens einen direkten Zugang zu den Dardanellen* zu bekommen. In den Jahren 1912/1913 wurden zwei Kriege um die Frage der staatlichen Neuordnung auf dem Balkan geführt. Ihr Ergebnis war, dass Griechenland, Bulgarien und Serbien ihr Staatsgebiet vergrößerten. Albanien wurde ein selbstständiger Staat.

Deutschland und Großbritannien verhinderten durch Verhandlungen, dass sich Österreich-Ungarn und Russland direkt an den Balkankriegen beteiligten. So konnte 1912 der Ausbruch eines großen europäischen Krieges noch vermieden werden.

Vom Attentat zur Julikrise

Alle wichtigen Staaten Europas waren zum Krieg bereit. Es fehlte nur noch ein Anlass. Man fand ihn in der Ermordung des österreichischen Thronfolgers Franz Ferdinand und seiner Frau Sophie durch serbische Nationalisten in Sarajevo. Deren Ziel war der Anschluss der serbischen Teile Bosniens an das Königreich Serbien. Nachdem sich Serbien weigerte, österreichische Beamte an dem Ermittlungsverfahren zu beteiligen, erklärte Österreich-Ungarn – von seinem Bündnispartner Deutschland bedingungslos unterstützt – Serbien am 28. Juli 1914 den Krieg. Dass Russland im Fall eines militärischen Vorgehens Österreichs gegen Serbien als dessen Schutzmacht nicht tatenlos zusehen würde, wurde in Kauf genommen. Noch am gleichen Tag erfolgte in Russland die Teilmobilmachung*. Und so gab es kein Halten mehr: Am 1. August 1914 erklärte Deutschland Russland den Krieg, am 3. August Frankreich. Als am 3. August deutsche Truppen durch das neutrale Belgien marschierten, war dies schließlich auch für England Anlass, Deutschland den Krieg zu erklären. Aus dem begrenzten Konflikt war ein europäischer Krieg geworden.

M3 Staaten auf dem Balkan 1913

Balkan
Teilbereich Südosteuropas zwischen dem Adriatischen Meer und dem Schwarzen Meer (Balkan auch Name eines südosteuropäischen Gebirges)

Dardanellen
Meerenge in der Türkei zwischen Marmarameer und Ägäischem Meer; der Zugang war strategisch wichtig.

Mobilmachung/ Mobilisierung
(Frz.: *mobile* = beweglich, marschbereit)
Maßnahmen, durch die die Streitkräfte eines Landes für den Kriegseinsatz bereitgestellt werden

1 Untersucht die Positionen von Alfred Nobel und Bertha von Suttner. Bewertet beide Ansichten aus damaliger und heutiger Sicht.

2 Erkundigt euch im Internet, in Lexika oder Zeitschriften nach den Zielen von Friedensbewegungen heute und berichtet in der Klasse.

3 Beschreibt mithilfe von M2 (→ **Wir lesen Geschichtskarten**, S. 315) und anhand des Textes die Veränderungen auf dem Balkan. Stellt die Interessen der Großmächte dar.

4 Erklärt mit euren Worten, warum es zum Krieg kam. Unterscheidet dabei zwischen Anlass und Ursachen des Kriegsausbruchs.

Der Erste Weltkrieg

Wie sah der Kriegsalltag aus?

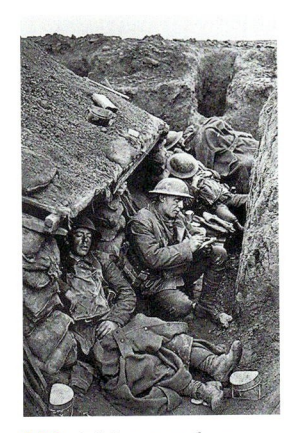

M 1 Schützengraben mit englischen Soldaten. *Foto, 1917*

M 2 Durch Gasangriff erblindete Soldaten. *Foto, um 1916*

M 3 Soldaten mit Gasmasken. *Foto, 1916*

M 4 Verbandsplatz. *Foto, 1918*

Vom Bewegungskrieg zum Stellungskrieg

Der **Erste Weltkrieg** begann wie die Kriege zuvor. Die Kolonnen marschierten, gelenkt von den Heerführern. Ihr Ziel war, entweder die Armee des Gegners einzukreisen oder in die Flucht zu schlagen, um auf diese Weise das Gebiet des Gegners zu erobern. Dieser so genannte **Bewegungskrieg** bedeutete für den einzelnen Soldaten, mit etwa 20 bis 40 Kilogramm Gepäck zu marschieren. Dann traf man auf den Gegner und es kam zum Gefecht. Doch im Westen – auf belgischem und französischem Gebiet – setzten sich die Fronten fest. Die feindlichen Truppen lagen in diesem Stellungskrieg einander gegenüber – oft nur 50 Meter voneinander entfernt. Beide Seiten versuchten, durch ungeheuren Einsatz von Material (Materialschlachten) und stundenlanges Granatfeuer die gegnerischen Stellungen aufzubrechen und die Soldaten zu zermürben. „Siege" oder „Erfolge" sahen oftmals so aus, dass – wenn überhaupt – nur kurzzeitig Boden gewonnen werden konnte, der gleich danach wieder zurückerobert wurde.

Neue Waffen

Währenddessen versuchten beide Seiten, durch den Einsatz neuer Waffen (z. B. Maschinengewehre), einen entscheidenden Vorteil zu erringen. Erstmals unterstützten Flugzeuge die Bodentruppen. Zu Wasser wurden nun U-Boote eingesetzt. Die moderne Kriegsführung setzte alle Reserven der am Krieg beteiligten Völker ein. Es war ein Krieg, bei dem erbittert gekämpft wurde. 1916 rückten die Engländer zum ersten Mal mit Tanks, Vorläufern von Panzern, an. Der Einsatz von Giftgas seitens der Deutschen führte zur Erblin-

M 5 An der Westfront bei Arras, Frankreich. *Foto, 1916*

dung oder zum qualvollen Tod von unzähligen Soldaten. Zum Schutz dagegen kämpfte man mit Gasmasken.

Vier Jahre Stellungskrieg

M 6 Der Verlauf des Krieges
1914: Die deutsche Offensive (Angriff) im Westen beginnt mit dem Einmarsch in das neutrale Belgien. Im Osten besiegen die deutschen Truppen die russische Armee. Französische Truppen stoppen den deutschen Vormarsch.
1915: Die englische Seeblockade verschlechtert die Lage Deutschlands und seiner Verbündeten.
1916: Schlacht und Stellungskrieg bei Verdun (Frankreich). Beide Seiten verlieren insgesamt 600 000 Soldaten.
1917: Uneingeschränkter U-Boot-Krieg. Die USA erklären Deutschland den Krieg.
1918: Russland scheidet aus dem Krieg aus. Kapitulation Deutschlands im Oktober/November.

M 7 Kriegsalltag an der Front. *Foto, 1916*

1 Erarbeitet mithilfe der Bilder und des Autorentextes auf dieser Doppelseite, wodurch sich dieser Krieg von anderen Kriegen unterschied.

2 Schreibt einen Zeitungsartikel – Überschrift: „Die Folgen des modernen Krieges für die Menschen".

3 Legt mithilfe von M 6 eine Zeitleiste über den Verlauf des Krieges an.

4 Erläutert für jeden Punkt in M 6, inwiefern er die Lage der jeweiligen kriegsteilnehmenden Staaten verbesserte oder verschlechterte.

Der Erste Weltkrieg

Wie endete der Krieg?

M 1 Frauen arbeiten in der Rüstungsindustrie. *Foto, 1917*

Besonders Kranke und Arme litten unter der Hungersnot

1917 betrug die wöchentliche Ration eines Stadtbewohners:
- 3 kg Kartoffeln
- 1,5 kg Brot
- 250 g Fleisch
- 62 g Butter oder Fett.

Arbeitskräfte fehlen

Auch an Arbeitskräften mangelte es. Millionen Männer waren an der Front und fehlten in der Heimat. Frauen wurden nun in fast allen Bereichen in den bisher von Männern ausgeübten Berufen eingesetzt. Sie verrichteten auch schwerste Arbeiten. Dafür wurden Schutzbestimmungen aufgehoben – z. B. die Anordnung, dass Frauen nicht mehr als zehn Stunden am Tag arbeiten und auch keine Nachtarbeit übernehmen dürfen.

Für die Staatsführung war klar: Im Krieg geht die Rüstungsproduktion unbedingt vor.

Mangel an der „Heimatfront"

Seit Kriegsbeginn häuften sich die Schwierigkeiten in Deutschland. Viele Rohstoffe für die Industrieproduktion und die Ernährung mussten schon vor dem Krieg importiert werden. Hier setzten jetzt die Kriegsgegner an: Sie verhängten gegen Deutschland eine **Blockade** zu Land und zur See. Dabei kam es zum Mangel an wichtigen Gütern.

Die Ernteerträge gingen immer weiter zurück: Missernten bei Kartoffeln und Getreide führten im Winter 1916/1917 zu einer großen **Hungersnot**.

Lebensmittel gab es nur noch auf Bezugskarten (= **Lebensmittelkarten**). Aber viele Nahrungsmittel waren trotz Bezugskarten nicht zu bekommen. Kohlrüben wurden zu einem wichtigen Lebensmittel. Man mischte sie dem Brot bei oder aß sie anstelle von Kartoffeln.

M 2 Bezugskarte für Kohlrüben (1917)

M 3 Braunschweiger Pfadfinder bei der Ablieferung von gesammelten Kartoffelschalen als Viehfutter. *Foto, 1916*

Inhaltsfeld: Konflikt und Frieden

Uneingeschränkter U-Boot-Krieg

England hatte bei Kriegsausbruch mit seiner Flotte sofort die Nordsee zum Kriegsgebiet erklärt und eine Blockade über Deutschland verhängt. Minenfelder und englische Kriegsschiffe sperrten den Ärmelkanal und die Nordsee zwischen Norwegen und England.

So konnten auch neutrale Schiffe, die für Lebensmittelnachschub für Deutschland sorgten, nicht mehr deutsche Häfen anlaufen. Deutschland war isoliert. Die deutschen U-Boote griffen daraufhin englische Handelsschiffe an.

Kriegseintritt der USA

Im Februar 1917 entschloss sich Deutschland zum **uneingeschränkten U-Boot-Krieg**. Dies bedeutete, dass nun nicht nur militärische Schiffe, sondern auch Handelsschiffe ohne Vorwarnung von Torpedos* beschossen wurden. So gerieten auch Schiffe aus den USA unter Beschuss. Daraufhin erklärten die USA Deutschland den Krieg.

Deutsche Schlussoffensive scheitert

Durch den Friedensvertrag Deutschlands mit Sowjetrussland im März 1918 war der Zweifrontenkrieg vorbei. An der Westfront versuchte die Heeresleitung, die Offensive der Alliierten* zu durchbrechen. Wieder starben Hunderttausende Soldaten auf beiden Seiten.

Die Stimmung unter den deutschen Soldaten an der Westfront im Spätsommer 1918 war sehr gedrückt, da immer deutlicher wurde, dass Deutschland den Krieg verlieren würde.

Die Zahl der Alliierten wächst ständig

Im Verlaufe des Krieges hatten die Kriegsgegner Deutschlands immer mehr Verbündete. Letztendlich standen 31 Staaten gegen Deutschland im Krieg.

M 4 Torpedoangriff eines deutschen U-Bootes auf ein englisches Schiff. *Foto, 1915*

M 5 Die geschlagene deutsche Armee auf dem Rückmarsch. *Foto, 1918*

Die Niederlage

Trotz Aufbietung aller Kräfte war der Krieg nicht zu gewinnen. Dazu hatte wesentlich der Kriegseintritt der USA 1917 beigetragen. Ihre Soldaten waren gut ausgerüstet, während die Deutschen durch den schon drei Jahre andauernden Krieg entkräftet und abgekämpft waren.

Der mit so viel Begeisterung und Siegeszuversicht begonnene Krieg endete mit der deutschen Niederlage. In Berlin musste der Kaiser abdanken, zwei Tage später wurde am 11. November 1918 der **Waffenstillstand** unterzeichnet. Die Truppen kehrten nach Deutschland zurück: geschlagen, verzweifelt, verbittert.

*Torpedo
Unterwasserwaffe mit eigenem Antrieb und Sprengladung

*Alliierte
(verwandt mit dem Begriff „Allianz")
Verbündete

1 Beschreibt mithilfe der Bilder und anhand des Textes den Kriegsalltag der Bevölkerung.

2 Tragt die Lebensmittel zusammen, die 1917 für einen Stadtbewohner ausreichen mussten. Macht euch eine Vorstellung von der Menge, indem ihr ausrechnet, wie viel er davon an einem Tag essen darf.

3 Beschreibt die Endphase des Krieges und die Stimmung in Deutschland.

Die Weimarer Republik

Wie kam es zur Novemberrevolution?

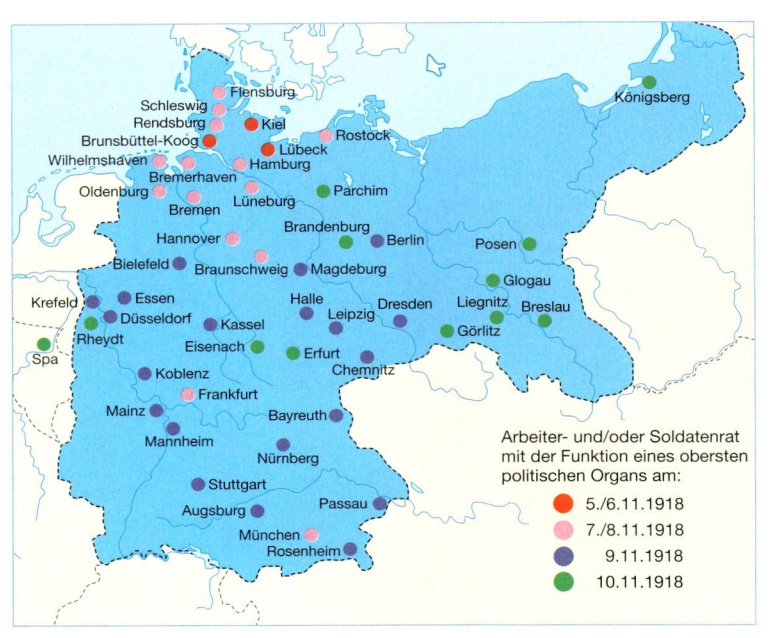

M 1 Die Novemberrevolution 1918 in Deutschland

Der Aufstand der Matrosen

Das Ende des Ersten Weltkriegs stand bevor, nachdem Deutschland im August 1918 eine große militärische Niederlage in Frankreich erlitten hatte. Die Oberste Heeresleitung (OHL) glaubte nicht mehr an einen Sieg und stellte ein **Friedensersuchen** an den amerikanischen Präsidenten Wilson. Die Waffenstillstandsverhandlungen, die nun begannen, zogen sich jedoch wegen der harten Bedingungen der Alliierten hin.

Im Oktober 1918 wurde in ganz Deutschland bekannt, dass Waffenstillstandsverhandlungen eingeleitet worden waren. Die deutsche Seekriegsführung bereitete aber in Wilhelmshaven noch einen großen Angriff auf England vor. Als der Befehl zum Auslaufen kam, verweigerten Matrosen und Heizer am Abend des 29. Oktober den Gehorsam. Auf mehreren Großkampfschiffen löschten sie die Feuer unter den Kesseln und machten die Geschütze unbrauchbar. Die beginnende **Meuterei*** wurde aber niedergeschlagen. Viele Matrosen wurden verhaftet, der Angriff abgesagt und ein Teil der Flotte wurde nach Kiel verlegt.

Die Mannschaften auf den Kriegsschiffen in Kiel verbündeten sich jedoch mit ihren verhafteten Kameraden, für die sie Todesurteile befürchteten. So flammte der Aufstand am 3. November von neuem auf. Soldaten, Matrosen und Arbeiter der Kieler Werften übernahmen die Gewalt in der Stadt und bildeten einen **Arbeiter- und Soldatenrat***.

Ihre Hauptforderungen waren die Freilassung aller politischen Gefangenen, straffreie Rückkehr der Matrosen auf die Schiffe sowie Rede- und Pressefreiheit.

Die Ausrufung der Republik

Auch in Berlin hatte sich ein Arbeiter- und Soldatenrat gebildet. Er forderte die Abdankung des Kaisers, Schaffung einer sozialen Republik sowie Übergabe der Regierungsgewalt an die Arbeiter- und Soldatenräte. Tausende von Menschen zogen am Morgen des 9. November auf das Regierungsviertel Berlins zu, um diese Forderungen durchzusetzen.

Das Herannahen der Massendemonstration setzte den kaiserlichen Reichskanzler Prinz Max von Baden stark unter Druck. Als der Kaiser sich mittags immer noch weigerte, zurückzutreten, verkündete von Baden eigenmächtig dessen **Abdankung**. Aber die Massen waren nicht mehr zurückzuhalten. Am Mittag des 9. November 1918 versammelte sich die Menge vor dem Reichstag. Es wurde bekannt, dass Karl Liebknecht, der Führer des Spartakusbundes*, eine sozialistische Republik ausrufen wollte. Anhänger der SPD drängten ihr Vorstandsmitglied Philipp Scheidemann, dem zuvorzukommen.

---

*Arbeiter- und Soldatenräte in den Fabriken von Arbeitern und in den Kasernen von Soldaten gewählte Vertretungen, welche die bisherige Obrigkeit ersetzen sollen; ein nationaler Rätekongress aus Delegierten der regionalen Räte erhob den Anspruch, das oberste politische Machtorgan zu sein.

*Spartakusbund von der SPD abgespaltene linksextreme Gruppe um Karl Liebknecht und Rosa Luxemburg

*Meuterei Aufstand

Inhaltsfeld: Konflikt und Frieden

M 2 Philipp Scheidemann (SPD) ruft am 9. November 1918 die Republik aus. *Foto*

M 3 Demonstranten auf dem Weg zum Berliner Schloss. *Foto, 1918*

Q 1 Philipp Scheidemann sagte gegen 14 Uhr:

[…] Das deutsche Volk hat auf der ganzen Linie gesiegt. Das alte Morsche ist zusammengebrochen; der Militarismus ist erledigt. Die Hohenzollern* haben abgedankt! Es lebe die deutsche Republik! Der Abgeordnete Ebert ist zum Reichskanzler ausgerufen worden. Ebert ist damit beauftragt worden, eine neue Regierung zusammenzustellen. Dieser Regierung werden alle sozialistischen Parteien angehören. Jetzt besteht unsere Aufgabe darin, diesen glänzenden Sieg, diesen vollen Sieg des deutschen Volkes nicht beschmutzen zu lassen, und deshalb bitte ich Sie, sorgen Sie dafür, dass keine Störung der Sicherheit eintrete! Wir müssen stolz sein können in alle Zukunft auf diesen Tag! Nichts darf existieren, was man uns später wird vorwerfen können! Ruhe, Ordnung und Sicherheit, das ist das, was wir jetzt brauchen! […] Es lebe die deutsche Republik! […]

Q 2 Um 16 Uhr hielt Karl Liebknecht, Anführer des Spartakusbundes, eine Rede. Er sagte:

[…] Der Tag der Revolution ist gekommen. Wir haben den Frieden erzwungen. […] Das Alte ist nicht mehr! […] Parteigenossen, ich proklamiere* die freie sozialistische Republik Deutschland, die alle Stämme umfassen soll, in der es keine Knechte mehr geben wird. […] Wir müssen alle Kräfte anspannen, um die Regierung der Arbeiter und Soldaten aufzubauen und eine neue staatliche Ordnung des Proletariats zu schaffen, eine Ordnung des Friedens, des Glücks und der Freiheit unserer deutschen Brüder und unserer Brüder in der ganzen Welt. Wir reichen ihnen die Hände und rufen sie zur Vollendung der Weltrevolution auf. […]

*Hohenzollern
deutsches Fürstengeschlecht; es stellte ab 1701 die preußischen Könige und ab 1871 die deutschen Kaiser.

*proklamieren
etwas öffentlich ausrufen

1 Nennt die Gründe, die die Matrosen und Heizer zum Aufstand trieben.

2 Erläutert mithilfe von M 1 die Ausbreitung der Aufstände.

3 Beschreibt M 3. Beachtet die Gesichter der Menschen, ihre Haltung und Kleidung.

4 Vergleicht die beiden Redeauszüge und schreibt Stichwörter der Hauptforderungen in zwei Spalten mit der Überschrift „Scheidemann" und „Liebknecht" auf (Q 1, Q 2).

Scheidemann	Liebknecht
Das Volk hat gesiegt	Ziel: sozialistische Republik
…	…

5 Notiert aus eurer Zusammenstellung jeweils das Ziel der künftigen Politik der SPD und des Spartakusbundes.

Die Weimarer Republik

Wie verlief der Weg zu einer demokratischen Ordnung?

M 1 Der Berliner Soldatenrat tagte im November 1918 im Reichstag. *Foto*

*Regime
Begriff für ein in der Regel negativ bewertetes, weil unterdrückerisches Herrschaftssystem

*MSPD
Mehrheitssozialisten; Bezeichnung für die SPD nach Abspaltung der USPD im Jahr 1917

*USPD
Unabhängige Sozialdemokratische Partei Deutschlands; linksextreme Abspaltung von der SPD

*Volksmarinedivision
Bezeichnung für eine militärische Einheit von politisch linksgerichteten Matrosen

Bildung einer Regierung

Am nächsten Tag, dem 10. November 1918, bildete die SPD eine provisorische Regierung: Sie nannte sich **Rat der Volksbeauftragten**. Sie bestand aus Mitgliedern der MSPD* und der USPD*. Inzwischen hatte sich die Kriegslage für Deutschland noch weiter verschlechtert. So schloss die provisorische Regierung schon am 11. November den Waffenstillstand mit den Alliierten. Um die Mittagszeit dieses Tages wurden die Kampfhandlungen an allen Fronten eingestellt.

Rätekongress

In vielen Betrieben und Truppenteilen waren inzwischen **Arbeiter-** bzw. **Soldatenräte** gewählt worden. Vom 16. bis 21. Dezember 1918 fand im preußischen Abgeordnetenhaus in Berlin ihr erster Gesamtkongress statt. Zwei Drittel der Delegierten gehörten der gemäßigten MSPD an und ein Drittel der linksextremen USPD. Der Spartakusbund war nicht zugelassen.

Die Entscheidung über die künftige Verfassung Deutschlands war die wichtigste Aufgabe des Kongresses. Dabei ging es um die Frage, ob Deutschland nach russischem Vorbild eine **Räterepublik*** oder eine **parlamentarische Demokratie*** nach westlichem Vorbild werden sollte. Nach heftigen Debatten lehnte der Rätekongress am 18. Dezember 1918 mit 344 gegen 98 Stimmen den Antrag ab, den Arbeiter- und Soldatenräten die höchste gesetzgebende und vollziehende Gewalt zuzugestehen. Das war die grundsätzliche Entscheidung für eine parlamentarische Demokratie.

Aufstände

Einige Beschlüsse des Kongresses zur Demokratisierung des Heeres waren sowohl bei der Obersten Heeresleitung (OHL) als auch bei linken Soldatenräten auf heftigen Widerstand gestoßen. Eine Abteilung der linksextremen Volksmarinedivision* besetzte aus Protest mit Waffengewalt das Berliner Schloss. Diese Meuterei konnte der Rat nicht hinnehmen, zumal ein Regierungsmitglied als Geisel genommen worden war. So schloss der Vorsitzende des Rats, Ebert, mit dem Chef der Obers-

M 2 Barrikadenkämpfe im Berliner Zeitungsviertel. *Foto, 1919*

M 3 Revolutionäre Soldaten am Brandenburger Tor in Berlin. *Foto, 1919*

*Freikorps
Soldaten der ehemaligen kaiserlichen Armee, die sich nach der Revolution 1918 freiwillig in einer Art Privatarmee organisierten

*parlamentarische Demokratie
Regierungsform, bei der die wichtigsten Entscheidungen von einem Parlament getroffen werden, das aus einer freien Wahl hervorgegangen ist; die gewählten Volksvertreter von Parteien repräsentieren das Volk. Das Parlament wählt und kontrolliert die Regierung und ist auch verantwortlich für die Gesetzgebung.

*Räterepublik
Regierungsform, bei der die Herrschaft von direkt gewählten Räten ausgeht; wahlberechtigt sollen nur Arbeiter und Soldaten sein. In der Räterepublik gibt es keine Gewaltenteilung und keine Parteien, weil die Räte den einheitlichen Volkswillen verkörpern sollen.

ten Heeresleitung (OHL), Groener, ein Bündnis. Groener ließ Reichswehrtruppen in Berlin einmarschieren, um die gegen den Rat meuternden Matrosen niederzuwerfen. Dies führte wiederum zu einer breiten Aufstandsbewegung von Arbeitern und Soldaten gegen die Regierung Ebert/Scheidemann.

Niederschlagung

Mit den Worten „Meinetwegen, einer muss der Bluthund werden, ich scheue die Verantwortung nicht!" übernahm Gustav Noske (MSPD) den Oberbefehl, um die Aufstände niederzuschlagen. Zu diesem Zweck wurden regierungstreue Freikorps* zusammengestellt. In Berlin wüteten die Kämpfe eine Woche lang. Zu den Opfern gehörten auch die Führer des Spartakusbundes, Karl Liebknecht und Rosa Luxemburg. Sie wurden am 15. Januar 1919 von Freikorps-Offizieren ermordet. Auch in anderen Teilen Deutschlands kam es zu Aufständen, die auf Weisung der nun allein regierenden MSPD-Regierung Ebert/Scheidemann von Militär und Freikorps niedergeschlagen wurden.

Wahlen zur Nationalversammlung

Am 19. Januar 1919 fanden die Wahlen zur **Deutschen Nationalversammlung** statt. Es gingen 83 Prozent der Wahlberechtigten zur Wahl. Zum ersten Mal durften auch die Frauen wählen. 54 Prozent der abgegebenen Stimmen stammten von Frauen.

Wegen der Gefahr weiterer Unruhen in Berlin wurde Weimar zum Tagungsort der Nationalversammlung bestimmt. Hier hoffte man, unter dem Schutz eines Freikorps ungestört tagen zu können.

1 Berichtet über die Arbeit des Rätekongresses und seine Entscheidung für eine Verfassung Deutschlands. Prüft, ob diese Entscheidung voraussehbar war.

2 Beschreibt, was M 2 und M 3 über die Lage in Berlin im Januar 1919 deutlich machen.

3 Bewertet die Höhe der Wahlbeteiligung und den Anteil der Stimmen von Frauen.

4 Erklärt euch gegenseitig mithilfe der Erklärungen in der Randspalte die Begriffe „Räterepublik" und „parlamentarische Demokratie".

Die Weimarer Republik

Was regelte die Weimarer Verfassung?

M 1 Friedrich Ebert (1871–1925), Mitglied der SPD, war von 1919 bis 1925 der erste Reichspräsident der Weimarer Republik. *Foto*

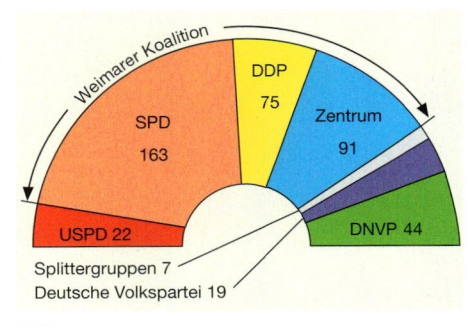

M 2 Sitzverteilung der Parteien nach der Wahl zur Nationalversammlung 1919

*Souverän (Franz. = „eigenständiger und unumschränkter Herrscher"); vom Souverän geht die Macht im Staat aus; in einer Monarchie ist dies der König, in einer Demokratie das Volk.

*Volksbegehren das Recht einer Mindestzahl stimmberechtigter Bürger, dem Parlament einen Gesetzentwurf vorzulegen und dessen Erlass zu verlangen; dies kann in Form eines Volksentscheids erfolgen.

Nationalversammlung

Die Wahlen zur Nationalversammlung hatten inmitten der Januarunruhen stattgefunden. Am 6. Februar 1919 trat die Versammlung in Weimar zusammen. Sechs Parteien und mehrere Splittergruppen waren in diesem Parlament vertreten. Am 11. Februar wählte man Friedrich Ebert zum **Reichspräsidenten** und zwei Tage später die erste demokratische Regierung Deutschlands (SPD, DDP, Zentrum).

Weimarer Verfassung

Nach langen Diskussionen in der Nationalversammlung wurde die Verfassung am 11. August 1919 in Kraft gesetzt.

Q 1 Der erste Artikel der Verfassung lautet:
[…] Das Deutsche Reich ist eine Republik. Die Staatsgewalt geht vom Volke aus. […]

Dem Volk als dem eigentlichen Souverän* war die unmittelbare Mitwirkung an der Staatspolitik durch direkte Wahlen des Reichspräsidenten, der Mitglieder des Reichstages und der Länderparlamente gegeben. Außerdem wurde die Mitwirkung durch Volksbegehren* und Volksentscheide geregelt.

Beide Verfahren wurden in der **Weimarer Republik** angewandt und führten jeweils zu heftigen politischen Auseinandersetzungen. Im Grundgesetz der Bundesrepublik Deutschland sind beide Verfahren nicht vorgesehen.

In einem zweiten Hauptteil der Verfassung werden die Grundrechte aufgeführt:
- die Gleichheit aller vor dem Gesetz, auch der Frauen (Art. 109, 119, 128),
- die Unverletzlichkeit der Person (Art. 114), der Wohnung (Art. 115) und des Post- und Fernmeldegeheimnisses (Art. 117),
- die Freiheit der Meinungsäußerung in Wort und Bild sowie die Pressefreiheit (Art. 118),
- die Versammlungs- und Glaubensfreiheit (Art. 123),
- die Vereinsfreiheit (Art. 124),
- die Freiheit des Eigentums (Art. 153).

Neben diesen schon 1848 verkündeten Grundrechten wurden neue Rechte in der Verfassung verankert:
- der Schutz der Jugend,
- das Recht auf Unterhaltszahlung bei unverschuldeter Arbeitslosigkeit,
- die Anerkennung der Gewerkschaften als Tarifpartner.

Die Verfassung galt als sehr demokratisch und freiheitlich. Ein neues Wahlrecht nach dem Verhältniswahlrecht ermöglichte auch sehr kleinen Parteien die Mitwirkung im Parlament.

Rechte des Reichspräsidenten

Die Verfassung gab dem Reichspräsidenten eine große Machtfülle, besonders für Notzeiten. Er war Oberbefehlshaber der Wehrmacht, er ernannte und entließ den Reichskanzler und auch die Minister. Der Reichstag musste aber die Ernannten mit Mehrheit bestätigen. Weiterhin konnte der Reichspräsident den Reichstag auflösen.

M 3 Weimarer Verfassung

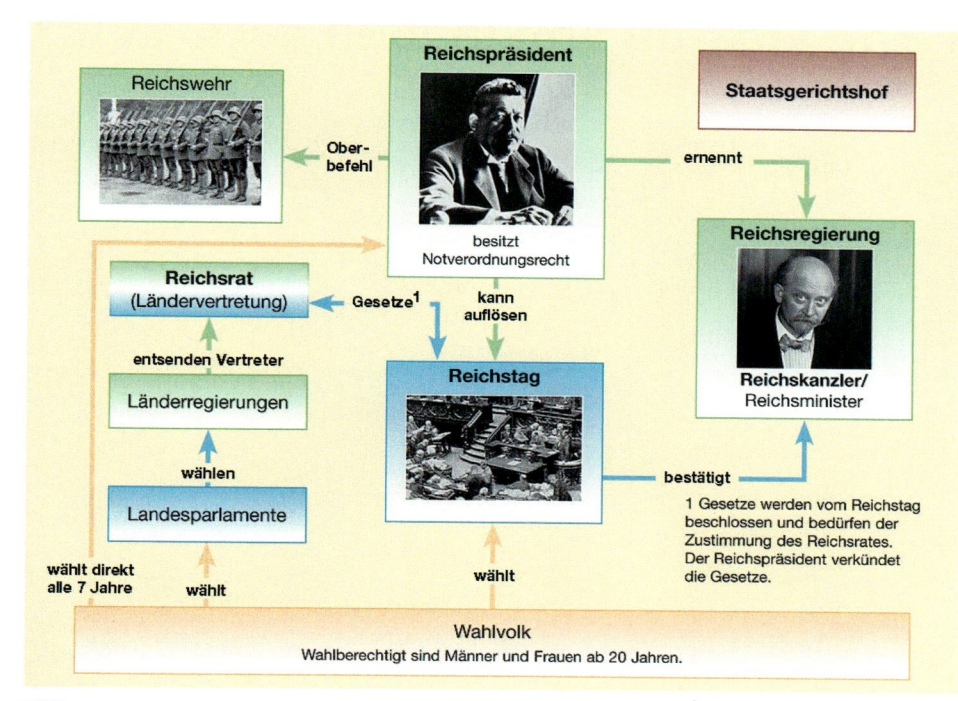

M 4 Paul von Hindenburg (1847–1934), war von 1925 bis 1934 Reichspräsident. *Foto, 1932 bei einer Rundfunkansprache*

Gefahr für die Demokratie

Die Machtfülle des Reichspräsidenten in Notzeiten wurde ab 1930 selbst zu einer Gefahr für die Demokratie. Das Notverordnungsrecht nach Art. 48 (2) der Verfassung erlaubte es dem Reichspräsidenten, die Grundrechte außer Kraft zu setzen und für eine bestimte Zeit Notverordnungen mit Gesetzeskraft zu erlassen.

> **Q 2 Artikel 48 (2):**
> Der Reichspräsident kann, wenn im Deutschen Reiche die öffentliche Sicherheit und Ordnung erheblich gestört oder gefährdet wird, die […] nötigen Maßnahmen treffen, erforderlichenfalls mithilfe der bewaffneten Macht einschreiten. Zu diesem Zweck darf er vorübergehend die in den Artikeln 114, 115, 117, 118, 123, 124 und 153 festgesetzten Grundrechte […] außer Kraft setzen. […]
> (3) Von allen gemäß […] Abs. 2 dieses Artikels getroffenen Maßnahmen hat der Reichspräsident unverzüglich dem Reichstag Kenntnis zu geben. Die Maßnahmen sind auf Verlangen des Reichstags außer Kraft zu setzen […]

In der Schlussphase der Weimarer Republik (1930–1933) gab es im Reichstag keine regierungsfähigen Mehrheiten mehr. Die Gegner der demokratischen Ordnung konnten mithilfe der Notverordnungen des Reichspräsidenten Paul von Hindenburg schrittweise die demokratische Ordnung beseitigen (siehe S. 311).

- gesetzgebende Gewalt
- ausführende Gewalt
- richterliche Gewalt

M 5 Gewaltenteilung

---

1 Untersucht M 3 und erklärt den Aufbau der Verfassung sowie das Zustandekommen von Gesetzen (→ **Wir lesen ein Verfassungsschema**, S. 184/185).

2 Zeigt mithilfe von M 3 und M 5 die Elemente der Gewaltenteilung in der Weimarer Verfassung.

3 Begründet, warum die Weimarer Verfassung den Zeitgenossen als sehr freiheitlich galt. Berücksichtigt dabei die Regelungen im Kaiserreich.

Die Weimarer Republik

Welche Staaten entstanden nach 1918?

M1 Mittel- und Osteuropa 1914

M3 Mittel- und Osteuropa 1920

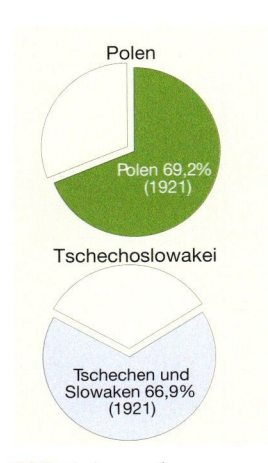

M2 Polen und Tschechoslowakei: nationale Minderheiten 1918 bis 1939 (Anteil des Staatsvolkes an der Gesamtbevölkerung in Prozent)

Polen 69,2% (1921)

Tschechen und Slowaken 66,9% (1921)

Die Auflösung der alten Ordnung

Am Ende des Ersten Weltkrieges zerbrachen die bisherigen Staaten Mittel- und Osteuropas. Noch vor dem offiziellen Waffenstillstand und während der Friedensverhandlungen in Paris bildeten sich aus dem zerfallenden Kaiserreich Österreich-Ungarn neue Staaten.

Verhandlungen der Sieger in Paris

1919 tagten die Siegermächte unter Führung der großen Staaten USA, Großbritannien und Frankreich monatelang in Paris, um durch umfangreiche Vertragswerke die Staatenwelt Europas neu zu ordnen und den Frieden in Europa zu sichern.

Neue Staaten

Aus dem Kaiserreich Österreich-Ungarn entstand die Republik Österreich, die das deutschsprachige Südtirol gegen den Widerstand der dortigen Bevölkerung an Italien abtreten musste. Italien gewann zusätzlich die Gebiete Friaul und Istrien. Das 1795 aufgelöste Polen wurde aus Teilen Österreichs, Deutschlands und Russlands wiederbegründet. Die österreichisch-ungarischen Gebiete Kroatien, Slowenien, Bosnien und Herzegowina sowie die Staaten Serbien und Montenegro bildeten 1918 ein gemeinsames Königreich, das seit 1929 „Königreich Jugoslawien" hieß. Aus Böhmen, Mähren, Teilen Schlesiens, der Slowakei und Karpaten-Russland entstand Ende 1918 die Tschechoslowakei.

Auch Ungarn verlor am Ende des Ersten Weltkriegs mit Siebenbürgen, Kroatien und der Slowakei große Teile seines bisherigen Staatsgebiets. Rumänien hingegen konnte sein Staatsgebiet bis 1918/1919 fast verdoppeln, Siebenbürgen, die Bukowina und ein Teil des Banats wurden hinzugewonnen.

Große Gebietsverluste musste auch die Türkei hinnehmen, welche die arabischen Provinzen und einen Teil Anatoliens verlor.

Im Norden Europas entstanden durch Abspaltung vom ehemaligen Zarenreich Russland die Staaten Estland, Lettland und Litauen. Finnland hatte sich bereits im November 1917 von der russischen Oberhoheit befreit.

Nationale Minderheiten

In fast allen neuen Staaten Mittel- und Osteuropas lebten große nationale Minderheiten, deren Wunsch nach einem eigenen Staat nicht berücksichtigt worden war. Dadurch war eine krisenhafte politische Entwicklung in diesen Staaten mit neuen Konflikten zwischen der Mehrheitsbevölkerung und der nationalen Minderheit angelegt. So lebten z. B. in der Tschechoslowakei 46 Prozent Tschechen und Slowaken, 28 Prozent Deutsche, 13 Prozent Kroaten, acht Prozent Ungarn, drei Prozent Ukrainer und je ein Prozent Polen.

Der Völkerbund

Eine 1920 neu gegründete internationale Organisation – der Völkerbund – sollte, so die Absicht der USA, Kriege unmöglich machen und den Weltfrieden sichern. Der Völkerbund bestand bis 1946.

Die Ziele des Völkerbundes waren die Förderung der Zusammenarbeit unter den Staaten und die Gewährleistung des internationalen Friedens und der Sicherheit. Der Völkerbund hatte aber keine militärischen Mittel, um die Bewahrung des Friedens durchsetzen zu können. Da die USA aus innenpolitischen Gründen dem Völkerbund nicht beitraten, blieb er ohne großen Einfluss in der internationalen Politik. Dennoch ging vom Völkerbund eine richtungweisende Wirkung aus. Zum ersten Mal wurden gemeinsame Abrüstung und Friedenssicherung in Ansätzen verwirklicht.

Nach dem Zweiten Weltkrieg wurde 1945 die UNO gegründet. Sie wurde ermächtigt, notfalls mit militärischen Truppen der Mitgliedsstaaten, den Frieden in der Welt zu sichern.

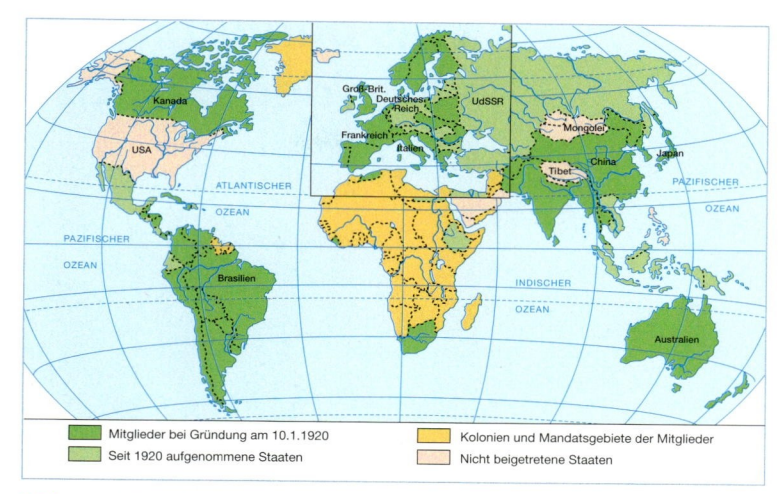

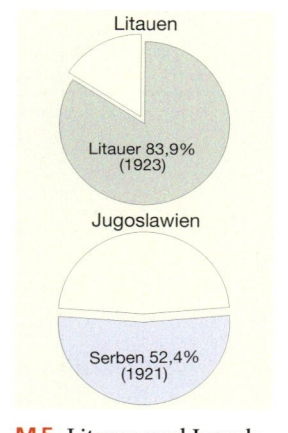

M 4 Der Völkerbund ab 1920

M 5 Litauen und Jugoslawien: nationale Minderheiten 1918 bis 1939 (Anteil des Staatsvolkes an der Gesamtbevölkerung in Prozent)

1 Vergleicht M 1 und M 2 und listet die nach 1918 entstandenen Staaten auf (→ **Wir lesen Geschichtskarten**, S. 315).

2 Prüft anhand der Karten, aus welchen bisherigen Gebieten sich das neue Polen und die neue Tschechoslowakei zusammensetzten.

3 Stellt mithilfe des Atlas fest, welche Staaten es heute auf dem Balkan und in Osteuropa gibt (→ **Wir arbeiten mit dem Atlas**, S. 314).

4 Erstellt mithilfe von M 4 eine Liste der Gründungsmitglieder des Völkerbundes (→ **Wir lesen Geschichtskarten**, S. 315).

5 Sucht im Internet nach Informationen zu den Möglichkeiten der UNO den Frieden in der Welt zu sichern (→ **Wir führen eine Internetrecherche durch**, S. 316).

Die Weimarer Republik

Was behinderte die Entwicklung einer demokratischen Ordnung?

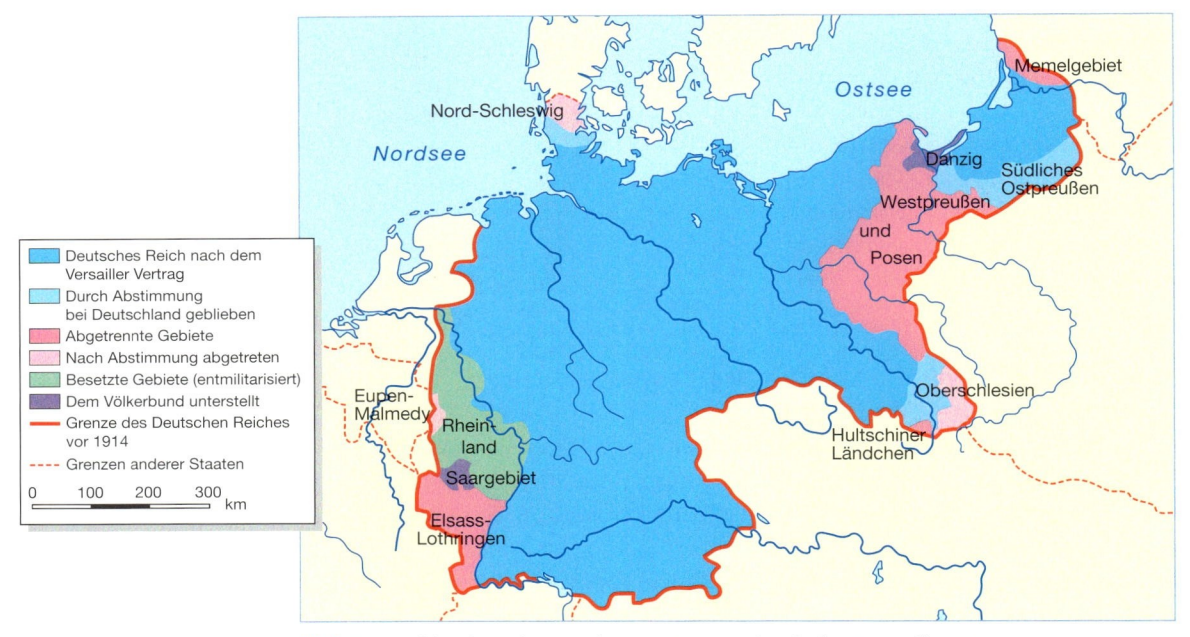

M 1 Deutschlands Gebietsverluste in Europa durch den Versailler Vertrag

Der Friedensvertrag von Versailles

Der 1919 in Versailles abgeschlossene **Friedensvertrag** enthielt auf Drängen Frankreichs besonders harte Friedensbedingungen für Deutschland.

Er schrieb deutsche Gebietsabtretungen, die Abrüstung der deutschen Armee und das Verbot der allgemeinen Wehrpflicht vor. Weitere Punkte waren die Wiedergutmachung der alliierten Kriegsschäden und mögliche Eingriffsrechte der Alliierten in Deutschland. Deutschland musste alle Kolonien abtreten, für alle Kriegsschäden aufkommen und **Reparationen*** zahlen; die Höhe der Zahlungen sollte erst später festgelegt werden. Das deutsche Heer wurde auf 100 000, die Marine auf 15 000 Mann beschränkt. Schwere Waffen, Flugzeuge und U-Boote wurden dem deutschen Heer verboten. Deutschland blieb vom Völkerbund vorläufig ausgeschlossen.

Die Siegermächte lehnten fast alle deutschen Einwände und Forderungen ab. Sie zwangen die neue demokratische Regierung Deutschlands im Juni 1919 zur Unterschrift.

In der deutschen Bevölkerung hatte man den Ersten Weltkrieg als einen aufgezwungenen Verteidigungskrieg verstanden. Deshalb war man empört und wütend über den Versailler Vertrag. Die innenpolitischen Gegner der neuen Demokratie in Deutschland benutzten die im Vertrag festgeschriebene Alleinschuld Deutschlands am Ersten Weltkrieg (Artikel 231) dazu, die junge deutsche Demokratie mit Hassparolen („Vaterlandsverräter") zu bekämpfen.

Putschversuche*

Von links und rechts unternahmen Gegner der Republik Putschversuche. Als im

***Reparationen**
Zahlungen Deutschlands an die Siegermächte, mit denen Deutschland für die durch seine Aggression verursachten Zerstörungen und Kosten des Ersten Weltkrieges aufkommen sollte

***Putsch**
Regierungssturz (zumeist durch das Militär)

Frühjahr 1920 die Freikorps aufgelöst werden sollten, widersetzten sich einige und marschierten in Berlin ein. Sie erklärten die Regierung für abgesetzt. Der extrem nationalistische Wolfgang Kapp ernannte sich selbst zum Reichskanzler. Dagegen riefen die Gewerkschaften und die SPD zum Generalstreik auf. Als dieser im ganzen Reich befolgt wurde, brach der so genannte „Kapp-Putsch" zusammen.

Ruhrbesetzung

Eine sehr große Belastung für Deutschland waren die Reparationen und der Wertverlust des Geldes. In der Zeit von 1919 bis 1923 verlor die deutsche Währung stark an Wert, am 18. Oktober 1923 kostete ein Pfund Butter 572 500 000 Mark. Das Geld war praktisch wertlos. Durch die **Inflation*** verloren viele Menschen ihre Ersparnisse.

Als Deutschland Ende 1922 mit Holz- und Kohlelieferungen im Verzug war, ließ die französische Regierung Soldaten ins Ruhrgebiet einmarschieren, um auf diese Weise die Reparationszahlungen zu sichern und Deutschland gleichzeitig wirtschaftlich zu schwächen. Daraufhin rief die Reichsregierung die Menschen an der Ruhr zum **passiven Widerstand*** auf. Aufgrund der wirtschaftlichen Not gab die Reichsregierung im September 1923 den passiven Widerstand gegen die Besetzung des Ruhrgebietes auf.

Hitlerputsch

In dieser verworrenen Situation versuchte Adolf Hitler die Macht in München an sich zu reißen. Hitler war damals der Vorsitzende der rechtsradikalen Nationalsozialistischen Deutschen Arbeiterpartei (NSDAP), einer völlig unbedeutenden politischen Splittergruppe in Bayern.
Als am Abend des 8. November 1923 führende Politiker in München im Bürgerbräukeller versammelt waren, drang Hitler mit Waffengewalt in den Saal ein. Er erklärte die Reichsregierung in Berlin und die bayerische Landesregierung in München für abgesetzt. Die Polizei beendete den Putsch vor der Feldherrnhalle in München, zu der die Putschisten marschiert waren. Es gab Tote und Verwundete.

1924 wurde Hitler zu fünf Jahren Zuchthaus verurteilt, davon musste er aber nur neun Monate wegen „guter Führung" absitzen. In der Haft schrieb er sein Buch „Mein Kampf", in dem er seinen Hass gegen die demokratische Ordnung und seinen Rassenhass darlegte.

Ausbau des „sozialen Netzes"

Noch 1918 wurden in den Betrieben **Betriebsräte** eingesetzt und der Achtstundentag eingeführt. 1923 wurde die Arbeitszeit wieder verlängert. Das Sozialversicherungssystem wurde schrittweise weiter ausgebaut.

Die Krankenkassen mussten neben den Heilbehandlungskosten für die Versicherten auch die Kosten für die Familienangehörigen übernehmen. Den Frauen der Versicherten standen bei Geburten zehn Wochen Krankengeld und die Erstattung der Entbindungskosten zu. Die Leistungen der Rentenversicherung wurden deutlich angehoben. 1927 wurde die **Arbeitslosenversicherung** gesetzlich eingeführt.

Wohnungsbauvereine und Genossenschaften unternahmen zusammen mit den Städten und Gemeinden große Anstrengungen, menschenwürdige Wohnungen zu schaffen.

M 2 Adolf Hitler (1889–1945), seit 1921 Vorsitzender der Nationalsozialistischen Deutschen Arbeiterpartei (NSDAP). Als er 1933 Reichskanzler geworden war, beseitigte Hitler mithilfe der NSDAP die demokratische Ordnung und errichtete eine Diktatur, die 1939 den Zweiten Weltkrieg auslöste. Das Foto wurde 1923 aufgenommen. Hitler übt hier eine Rede ein.

***passiver Widerstand**
friedliche Verweigerung der Mitarbeit

***Inflation**
Entwertung des Geldes; sie kann langsam (schleichend) oder schnell (Hyperinflation) geschehen

1 Erläutert die Bestimmungen des Versailler Vertrages und seine Folgen. Benutzt dazu M1 (→ **Wir lesen Geschichtskarten**, S. 315).

2 Notiert Stichwörter zu den Krisen und Belastungen der jungen Demokratie. Nennt dabei Ziele der Gegner der Republik.

3 Beschreibt den Ausbau des sozialen Netzes in der Weimarer Republik. Erkundigt euch bei euren Eltern nach der heutigen sozialen Sicherung und berichtet der Klasse.

SCHAUPLATZ

Arbeitsamt Hannover 1930

Inhaltsfeld: Konflikt und Frieden

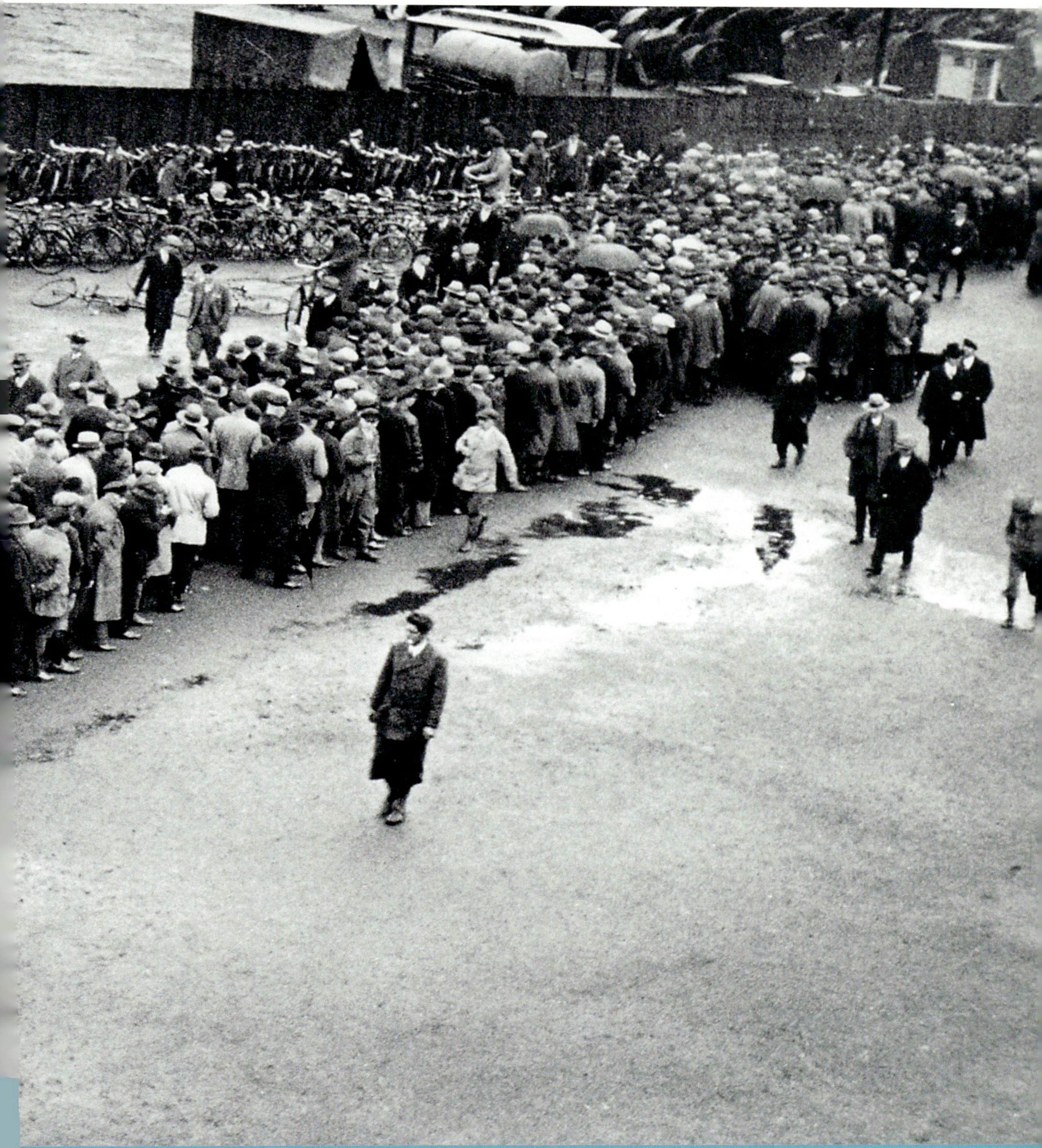

Die Weimarer Republik

Warum ging die Weimarer Republik unter?

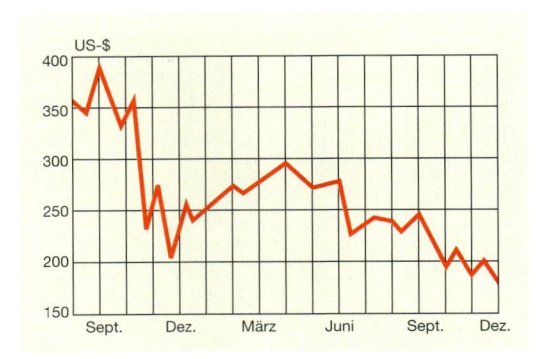

M 1 Aktienkurse in den USA 1929/1930

Der Börsenkrach in New York

Der Zusammenbruch der New Yorker Börse am Donnerstag, dem 24. Oktober 1929, löste eine weltweite, lang andauernde **Wirtschaftskrise** aus. Der Tag ging als „Schwarzer Donnerstag" in die Geschichte ein.

Viele amerikanische Aktienkäufer hatten mit geliehenem Geld auf immer höher steigende Aktienkurse gesetzt. Da die Lage der US-Industrie in der wirtschaftlichen Realität diesen überhöhten Kursen nicht entsprach, kam es zu Panikverkäufen der Spekulanten und zum Zusammenbruch der Börse. Etwa 10 000 Banken wurden zahlungsunfähig, Millionen von Menschen wurden in den USA arbeitslos.

In Europa und besonders in Deutschland waren die Auswirkungen der Wirtschaftskrise verheerend. Bis zum Jahre 1932/1933 stieg die Zahl der Arbeitslosen auf durchschnittlich sechs Millionen. Die erst 1927 gegründete Arbeitslosenversicherung brach zusammen.

Der Zusammenbruch des politischen Systems

In der Weltwirtschaftskrise von 1929 bis 1933 zerbrach aber auch das parlamentarische Regierungssystem der Weimarer Republik. In schnell aufeinander folgenden Wahlen gewannen die Partei der äußersten Rechten (NSDAP) und die Partei der äußersten Linken (KPD) hohe Stimmenanteile. Beide Parteien lehnten das demokratische System ab.

Die Parteien der Mitte waren untereinander zerstritten und konnten so auch keine stabilen Regierungsbündnisse bilden.

In dramatischer Weise stieg der Stimmenanteil der rechtsextremen „Nationalsozialistischen Deutschen Arbeiterpartei" (NSDAP) unter ihrem „Führer" Adolf Hitler. Ihr Stimmenanteil stieg von drei Prozent im Jahre 1928 auf 32 Prozent im Jahre 1932. In diesem Aufstieg spiegelte sich der **Vertrauensverlust** der Demokratie von Weimar. Viele Menschen waren von der demokratischen Ordnung enttäuscht, da sie die Not nicht beseitigen konnte.

Hitlers Versprechen

Die Versprechen Hitlers, die Demokratie abzuschaffen und den Menschen Arbeit zu geben, fanden immer mehr Zuspruch. Im Unterschied zu den anderen Parteien führten er und seine Partei einen hitzigen Wahlkampf. Die NSDAP setzte entsprechende Plakate und Filme ein. Bei Massenauftritten trat Hitler den Menschen wie ein Retter in der Not gegenüber. Dabei benutzte er bewusst auch religiöse Formeln und Rituale.

Die NSDAP war die erste „Volkspartei", die mit ihren Versprechen fast alle Schichten erreichte. Um Hitler zu wählen, musste man nicht alles gut finden.

Hitler versprach
- schnell Arbeit zu verschaffen,
- das demokratische System zu beseitigen,
- den Vertrag von Versailles mit seiner Aussage, Deutschland sei am Ersten Weltkrieg allein schuldig, zu bekämpfen.

- ein neues Deutschland mit einer schlagkräftigen Armee zu schaffen.

Vor allem aber beschuldigte er unablässig die Juden, die eine Minderheit von 0,5 Prozent der Bevölkerung ausmachten, an der wirtschaftlichen und politischen Krise Deutschlands schuld zu sein. Dieser brutale **Antisemitismus*** wurde von vielen seiner Wähler unterstützt oder zumindest hingenommen. Viele Menschen konnten sich nicht vorstellen, dass Hitler seine Aussagen über die „Beseitigung" der Juden verwirklichen würde.

Ein Feind der Republik wird Reichskanzler

Aber auch die anderen Parteien trugen ihren Anteil am Untergang der Weimarer Republik. SPD und KPD bekämpften einander, statt sich gemeinsam gegen Hitler zu verbünden. Die Regierung des Zentrumsabgeordneten Brüning versuchte, ab 1928 ohne Parlament, nur mit **Notverordnungen** des Reichspräsidenten zu regieren. Brünings Wirtschaftspolitik des „Gesundsparens" verschärfte jedoch die wirtschaftliche und politische Krise. Reichspräsident von Hindenburg, der im Ersten Weltkrieg die Oberste Heeresleitung (OHL) leitete, war kein Freund der Demokratie, hielt sich aber an die Vorschriften der Verfassung.

Unter dem Einfluss seiner Ratgeber ernannte der über 80-jährige Reichspräsident auf dem Höhepunkt der politischen Krise Adolf Hitler am 30. Januar 1933 zum Reichskanzler.

Die führenden Persönlichkeiten aus Wirtschaft, Landwirtschaft und der Reichswehr unterstützten Hitlers Ernennung. Sie begrüßten die Übergabe des Reichskanzleramtes an Adolf Hitler – den größten Feind der demokratischen Ordnung.

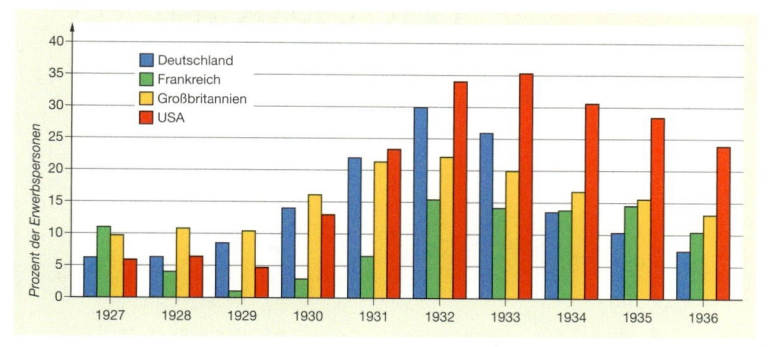

M 2 Arbeitslosigkeit in Deutschland (D), Frankreich (F), Großbritannien (GB) und den USA (in Prozent der Erwerbspersonen)

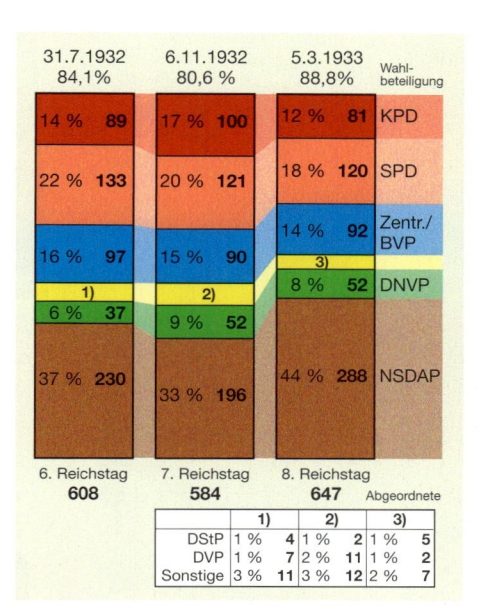

M 3 Ergebnisse der Reichstagswahlen 1932/1933

M 4 Plakat der NSDAP, um 1932

***Antisemitismus** seit Ende des 19. Jahrhunderts gebräuchlicher Begriff für „Judenhass" oder „Judenfeindlichkeit"

1. Wertet M 1 und M 2 aus und beschreibt, wie sich die weltweite Wirtschaftskrise auswirkt (→ **Wir werten ein Diagramm aus**, S. 314/315).

2. Notiert, was Hitler den von der Wirtschaftskrise betroffenen Menschen versprach.

3. Stellt die Folgen der Wirtschaftskrise für das politische System der Weimarer Republik dar. Bezieht M 3 und M 4 mit ein (→ **Wir werten ein Diagramm aus**, S. 314/315; → **Wir lesen Bilder**, S. 314).

Der Erste Weltkrieg und seine Folgen
Das kann ich …

✓ Aufrüstung
✓ Flottenpolitik
✓ Erster Weltkrieg
✓ Gesicht des Krieges
✓ Novemberrevolution
✓ Versailler Vertrag
✓ Weimarer Republik
✓ Probleme der Weimarer Republik

M1 Wichtige Begriffe

Gliederung: Der Erste Weltkrieg
a) Ursachen
b) Kriegsausbruch
c) Kriegsgegner
d) Kriegsziele Deutschlands, Frankreichs, Großbritanniens und Russlands.
e) „Gesicht des Krieges" auf den Schlachtfeldern
f) Kriegsalltag in Deutschland
g) Ende des Krieges
h) Die Folgen des Krieges

M2 Gliederungsvorschlag

M3 Deutsche Soldaten 1914 auf dem Weg an die Front

M4 Plakat 1919

M 5 „Ich suche Arbeit jeder Art!". *Foto, um 1930*

M 6 A. Paul Weber: Das Verhängnis. *Zeichnung 1932*

Was wir noch wissen

1. Erklärt euch gegenseitig die wichtigen Begriffe und schreibt die Bedeutung der Begriffe in eure Arbeitsmappe (M 1).
2. Schreibt mithilfe von M 2 und M 3 ein Referat zum Thema „Der Erste Weltkrieg".
3. Schildert, wie es im November 1918 zur Gründung der ersten deutschen Demokratie kam.
4. Nennt mithilfe von S. 303, M 3 und S. 312, M 4 wichtige Elemente der neuen demokratischen Ordnung.
5. Entwerft eine Mindmap zum Scheitern der Weimarer Republik und berücksichtigt dabei wichtige Probleme, die die Weimarer Demokratie belasteten. (M 5, → **Wir erstellen ein Mindmap**, S. 318).

Gewusst, wie …

6. Untersucht S. 303, M 3 mithilfe der Methodenseiten 184/185.

Wir meinen, dass …

7. „der Friedensvertrag von Versailles sehr viel Konfliktstoff enthielt, den die Gegner der Weimarer Republik für sich nutzen konnten." Begründet diese Aussage mit Beispielen.
8. Untersucht M 6 und stellt dar, was der Zeichner bereits 1932 voraus sah. Sucht Gründe dafür, dass viele Menschen dies nicht sehen wollten.

Wir wenden an

9. Ladet Vertreter heutiger demokratischer Parteien ein und befragt sie, wie man sich heute a) für die Erhaltung der Demokratie einsetzen kann und b) wie man sich heute gegen demokratiefeindliche Bestrebungen wehren kann.

Methoden

Wir präsentieren Arbeitsergebnisse siehe S. 116/117

Wir arbeiten mit dem Atlas

Der Atlas besteht meist aus drei großen Teilen: Kartenweiser und Inhaltsverzeichnis, Kartenteil, Namensverzeichnis (Register).

Der **Kartenweiser** (die **Kartenübersicht**) zeigt, welche Kartenblätter im Atlas vorhanden sind. Er erleichtert damit die Orientierung über den Inhalt des Atlas. Um eine Atlaskarte im Kartenweiser zu suchen, muss man ungefähr wissen, wo sich das gesuchte Gebiet befindet.

Das **Namensverzeichnis** (**Register**) befindet sich hinter dem Kartenteil im Atlas. Hier sind die Namen aller in die Atlaskarten eingetragenen Orte, Staaten, Gebirge, Flüsse, Seen, Landschaften, Inseln, Halbinseln und Meere in alphabetischer Reihenfolge aufgeführt. Zum gesuchten Namen werden die Kartenseite und die Lage im **Gradnetzfeld** angegeben.

Wie findet ihr die geeignete Atlaskarte?

Orientiert euch im Kartenweiser und/oder im Inhaltsverzeichnis über das Kartenangebot.

Wählt eine geeignete Atlaskarte aus. Prüft anhand des Kartenthemas, des Kartenausschnittes, des Maßstabes und der Zeichenerklärung (Legende), ob die Karte wirklich geeignet ist.

Wie findet ihr einen Namen im Register?

Sucht den Namen im alphabetisch geordneten Register. Stellt fest, ob es sich um einen Fluss, einen Ort, einen Staat oder einen anderen Sachverhalt handelt.

Sucht die Angaben zur Kartenseite und zum Gitternetzfeld.

Schlage die angegebene Karte auf und sucht das Objekt im Gradnetzfeld.

Wir werten Bevölkerungsdiagramme aus
siehe S. 272/273

Wir untersuchen Bevölkerungsentwicklungen siehe S. 71

Wir lesen Bilder

1. Schritt: Einzelheiten des Bildes beschreiben

Welche Daten zum Bild sind bekannt (Künstler, Titel, Entstehungszeit)?
Was ist dargestellt (Thema, Personen, Dinge, Ort, …)?
Wie viele Personen sind dargestellt (forscht von links nach rechts und von oben nach unten)?
Wie sind sie gezeigt (Körperhaltung, Kleidung, Frisur, Merkmale, …)?
Welche Tätigkeiten üben die Personen aus?
Gibt es Größenunterschiede, verschiedene Farben oder Hell-Dunkel-Unterschiede?

2. Schritt: Zusammenhänge klären, um das Bild zu deuten

Zu welchem Zweck wurde das Bild geschaffen?
Welche Figuren erkennt man aufgrund von besonderen Merkmalen?
Wie ist das Verhältnis der Figuren zueinander?
Was lerne ich über geschichtliche Ereignisse oder Hintergründe?
Welche offenen Fragen ergeben sich aus dem Bild?

Wir erstellen eine Collage

Collagen sind Bildplakate zu einem bestimmten Thema. Als Material könnt ihr Bilder aus Zeitungen und Zeitschriften ausschneiden, Fotos und Postkarten auf ein großes Blatt Papier kleben, aber auch selbst dazu malen und beschriften. Besonders wirkungsvoll kann es sein, wenn ihr die Collage in einen Umriss klebt, der mit dem Thema zu tun hat.

Wir führen eine amerikanische Debatte siehe S. 220/221

Wir werten ein Diagramm aus

Mit einem Diagramm (Schaubild) kann man Zahlenwerte anschaulich darstellen und dadurch besser vergleichen.

Bei einem Balkendiagramm erfolgt die grafische Darstellung in waagerechten (farbigen) Farbstreifen (Balken).

Ein Kreisdiagramm ist eine besondere Form eines Diagramms. Hier werden die Daten als Teil eines Kreises dargestellt.

In einem Kurvendiagramm wird eine Entwicklung, eine Zeitspanne dargestellt. Auf den Achsen (x und y) werden jeweils Beziehungen zwischen den Angaben dargestellt.

Bei einem Säulendiagramm erfolgt die grafische Darstellung in senkrechten (farbigen) Streifen (Säulen) oder in einer ähnlichen Form (beim Balkendiagramm sind sie waagerecht).

Wir lesen Geschichtskarten

1. Thema ermitteln
Das dargestellte Gebiet bestimmen,
den Zeitraum ermitteln,
das Ereignis oder den Sachbereich feststellen.
2. Kartenlegende erfassen
Die Farben und Schattierungen erklären,
die Symbole (Signaturen) entschlüsseln,
Maßstab und Entfernungen bestimmen.
3. Auswertung
Aussagen zu einzelnen Punkten zusammentragen, eine Gesamtaussage der Karte formulieren (Stichwörter), offene Fragen notieren.

Wir lernen in Gruppen

Beim „Lernen in Gruppen" gibt es zwei Arbeitsphasen. In der ersten Phase erarbeitet ihr euch ein Thema. In der zweiten Arbeitsphase, der Präsentationsphase, stellt ihr euer Arbeitsergebnis vor.
Arbeitsphase
1. Bildet kleine Gruppen an einem Gruppentisch in der Klasse. Klärt, welches Thema ihr erarbeiten wollt.
2. Ihr müsst danach die einzelnen Arbeitsschritte planen und einen Zeitplan aufstellen: Wer besorgt zusätzliche Informationen aus dem Internet?
Wer sucht in der Bibliothek (Schul-oder Stadtbibliothek) nach Material?
Was ist für die Erstellung der Wandzeitung nötig (Stifte, Papier, Kopien von Bildern etc.)?
Wer schreibt erste Textentwürfe?
Wer malt Schaubilder, Karten?

Wann müsst ihr mit der Gruppenarbeit fertig sein?
Präsentationsphase
Wenn alle Gruppen ihre Arbeiten fertiggestellt haben, beginnt die zweite Arbeitsphase: die Präsentationsphase. (siehe „Wir präsentieren Arbeitsergebnisse" S. 116/117)

Wir erarbeiten ein Gruppenpuzzle

Diese Arbeitsform bietet sich an, wenn ihr in einer Gruppe ein Thema bearbeiten wollt, das verschiedene Gesichtspunkte hat. Nachdem ihr das Thema und die Unterthemen (Gesichtspunkte) benannt habt, geht ihr so vor:
1. Setzt euch in Stammgruppen je nach Anzahl der Unterthemen zusammen, in diesem Beispiel vier. Entscheidet euch in der Gruppe, welches der Unterthemen euch am meisten interessiert. Teilt euch entsprechend der Themen auf.

2. Jede Gruppe hat einen zukünfigen Experten für jedes Thema benannt. Die Experten setzen sich nun in den Expertengruppen zusammen. Hier eignen sie sich die Informationen über das Thema an. Anschließend diskutieren sie, wie sie das Bearbeitete am besten erläutern können. Hierzu können kleine Skizzen, Mindmaps etc. angefertigt werden.

3. In der dritten Runde kehren die Experten wieder in ihre Stammgruppen zurück. Jeder Experte erläutert nun sein Spezialthema und klärt Rückfragen.

4. Sind die Stammgruppen fertig, kann das Hauptthema in der gesamten Klasse diskutiert werden.

Wir beschaffen uns Informationen

Am häufigsten suchen wir uns zusätzliche Informationen in anderen Büchern. Wir finden sie in Büchereien oder Bibliotheken.

1. Im Katalog suchen
Wenn ihr nach den gewünschten Büchern suchen wollt, müsst ihr in den „Katalog" schauen. Der Autorenkatalog hilft euch, wenn ihr schon wisst, welches Buch von welchem Autor ihr haben wollt. Der Schlagwortkatalog ist für den Anfang besser. Hier könnt ihr unter einem Stichwort nachsehen.

2. Bücher ausleihen

Im Katalog findet ihr zu jedem Buch eine Buchstaben- und Zahlenkombination, „Signatur" genannt. Notiert die Signatur, den Namen des Autors sowie den Buchtitel und fragt nun die Angestellten, wie es weitergeht.

3. Eine Dokumentation anlegen

Wenn ihr wichtige Informationen behalten wollt, müsst ihr diese Informationen auswählen und festhalten. In einem Hefter sammelt ihr Fotokopien von Bildern und Texten aus den ausgeliehenen Büchern. Wichtige Informationen aus langen Texten lassen sich besser kurz mit eigenen Worten zusammenfassen. Auf jedem Blatt solltet ihr als Überschrift das Thema festhalten, um das es geht. Am besten nummeriert ihr die Seiten durch, wenn eure Dokumentation abgeschlossen ist.

Wir bereiten einen Besuch eines Industriemuseums vor siehe S. 150/151

Wir führen eine Internetrecherche durch

1. Schritt: Startet die Suchmaschine

Gebt in das Adressfeld der Internet-Startseite entweder die gewünschte Adresse oder die Kennung der Suchmaschine ein. Drückt anschließend die Enter-Taste, um die Suche zu starten.

2. Schritt: Gebt einen Suchbegriff ein

Fügt den Suchbegriff ein und entsprechende Web-Seiten werden angezeigt. Manchmal ist es sinnvoll, erst nach Oberbegriffen zu suchen und dann weiter ins Detail zu gehen. Dies ist dann der Fall, wenn ein Begriff auch in anderen Bereichen benutzt wird oder so selten ist, dass eine Suchmaschine ihn nicht findet.

3. Schritt: Wählt die Web-Seite(n) aus

Wählt aus den gefundenen Einträgen einige aus. Auf den Seiten finden sich oft Links, die weitere Informationen zum Thema bieten. Dabei werdet ihr feststellen, dass einige Seiten nicht zu eurem Thema passen. Wenn keine der gefundenen Seiten geeignet sind, solltet ihr zum zweiten Schritt zurückkehren und einen anderen Suchbegriff eingeben.

4. Schritt: Speichert die Information(en) auf dem Computer ab

Die wichtigen Informationen werden markiert und auf dem Computer abgespeichert. Manchmal verbergen sich hinter einem Link ganze Buchkapitel oder Aufsätze. Markiert die Seiten oder Absätze, die euch wichtig erscheinen. Denkt daran, die genaue Adresse der Website als Quelle zu kopieren, damit eure Lehrerin, euer Lehrer die Fundstelle überprüfen kann. In einem Referat oder Bericht müsst ihr übernommene Gedanken und Informationen stets kennzeichnen.

Wir führen ein Interview durch

Wenn man etwas genau wissen möchte, gibt es die Möglichkeit, z. B. Fachleute (Experten) zu interviewen (befragen). Sie können uns mit ihrem Wissen helfen, schwierige Zusammenhänge besser zu verstehen. Wenn ihr bei der Vorgehensweise einige wichtige Dinge beachtet, steht einer erfolgreichen Befragung nichts mehr im Wege.

Arbeitsschritte für ein Interview

1. **Fragen sammeln und ordnen:** Beginnt im Unterricht mit einer Ideensammlung (Brainstorming). Danach könnt ihr eure Ideen nach Sachgebieten ordnen und Leitfragen herausarbeiten.

2. **Einen Experten suchen:** Überlegt euch, wen ihr einladen und befragen wollt. Nehmt mit den Personen Kontakt auf (z. B. Telefon, Brief, E-Mail), schildert ihnen euer Vorhaben und vereinbart einen Termin.

3. **Befragung vorbereiten:**
   - Legt fest, wer von euch welche Fragen stellt und wer für die Gesprächsführung verantwortlich ist.
   - Klärt im Vorfeld ab, welche technischen Voraussetzungen erwünscht sind (Beamer, Flip-Chart, Tafel, Tageslichtprojektor…).

4. **Durchführung der Befragung:**
   Begrüßt den Gast und stellt ihn vor. Gebt einen kurzen zeitlichen und inhaltlichen Überblick über die Befragung. Bei Video- oder Kassettenaufzeichnungen müsst ihr vorher unbedingt um Erlaubnis fragen! Einigt euch auf ein/-e Fragesteller/-in.

5. **Befragung auswerten:**
   Klärt in einem Klassengespräch ab, ob ihr mit der Befragung zufrieden wart und ob alle Fragen beantwortet wurden.
   Jetzt könnt ihr euch Gedanken darüber machen, wie ihr eure Ergebnisse präsentieren wollt. Dafür gibt es

viele Möglichkeiten: z. B. ein Plakat zu gestalten oder einen Bericht in der Schülerzeitung veröffentlichen.

Wir werten Karikaturen aus

1. Schritt: Den ersten Eindruck festhalten
Notiert, was euch bei der Betrachtung der Karikatur zuerst auffällt. Wie ist eure erste Reaktion?

2. Schritt: Ideen sammeln (Brainstorming)
Sammelt alle Ideen und Gedanken, die euch beim Betrachten der Karikatur einfallen.

3. Schritt: Die Einzelheiten beschreiben
Welche Personen und Sachverhalte sind erkennbar? Achtet auf Gesichtsausdruck, Körperhaltung, Kleidung und kennzeichnende Gegenstände. Welche Symbole werden verwendet? Achtet auf einzelne Wörter und/oder die Bildunterschrift.

4. Schritt: Die Bedeutung klären
Welche Bedeutung haben die Personen und Gegenstände? Auf welche Bildteile bezieht sich der Text (eventuell in einer Tabelle notieren)?

5. Schritt: Die Aussage der Karikatur formulieren
Fasst in wenigen Sätzen zusammen: Auf welche Situation, auf welches Ereignis bezieht sich die Karikatur? Was sagt die Karikatur über das Thema aus? Welche Wirkung könnte die Karikatur haben?

Wir lesen eine physische Karte

1. Informiert euch über das Thema der Karte. Lest dazu den Kartentitel.

2. Ordnet die Karte in einen größeren Zusammenhang ein (z. B. Nordrhein-Westfalen in den Raum Deutschland).

3. Beschreibt den Karteninhalt:
a) die Oberflächengestalt des Gebietes nach der Höhenlage (Tiefland, Mittelgebirgsland, Hochgebirge); benennt einige Berge und gebt deren Höhen an.
b) das Gewässernetz (Meere, große Seen, Flüsse, Kanäle); vermerkt bei den Flüssen die Hauptfließrichtung.
c) Siedlungen (Größe, Lage); schreibt die Namen der größten Orte auf.
d) Verkehrswege (Eisenbahnlinien, Straßen); beschreibt, wie die größeren Orte miteinander verbunden sind.

Wir lesen eine thematische Karte siehe S. 42/43

Wir werten Klimadiagramme aus siehe S. 90/91

Wir halten einen Kurzvortrag (ein Kurzreferat)

Ein Kurzvortrag ist eine mündliche Form der Präsentation, also der Darstellung eines Themas. Ein Kurzvortrag ist in drei Abschnitte (Schwerpunkte) gegliedert: Einleitung – Hauptteil – Schluss. Wenn ihr einen Kurzvortrag zu einem bestimmten Thema halten sollt, beachtet folgende Schritte:

1. Das Thema/Problem erfassen: Wie genau lautet das Thema eures Vortrages? Formuliert eine passende Überschrift oder Fragestellung.

2. Informationen recherchieren, sammeln und ordnen: Informationsquellen können euer Schulbuch, weitere Bücher aus Bibliotheken oder das Internet sein. Angesichts der Fülle der Informationen müsst ihr Schwerpunkte festlegen und das vorhandene Material sortieren.

3. Erstellt eine Gliederung für euer Referat. Bedenkt, dass es sich um einen kurzen Vortrag handelt (etwa fünf bis zehn Minuten).

4. Ihr könnt bei eurem Vortrag auch Anschauungsmaterial einsetzen: Bilder, Gegenstände, Tabellen, ein Poster oder Ähnliches sowie Schlüsselwörter an die Tafel schreiben.

5. Referate sollen frei vorgetragen werden. Dabei hilft euch eine Zusammenstellung der wichtigsten Stichwörter auf Karteikarten. Achtet dabei auf eine gut lesbare und große Schrift. Beschränkt euch auf das Wesentliche. Vermeidet komplizierte und verschachtelte Sätze.

6. Damit euer Minireferat gelingt, müsst ihr den Vortrag üben. Es empfiehlt sich, alles einem Freund oder einer Freundin oder der Familie vorzutragen.

7. Tipps für den eigentlichen Vortrag:

- Stellt euch so hin, dass euch alle sehen können.
- Versucht, frei zu sprechen.
- Orientiert euch an euren Stichwörtern.
- Schaut beim Sprechen die Zuhörer/Mitschüler an.

8. Nach dem Vortrag können die Zuhörer Rückfragen stellen, um Begriffe und Sachverhalte zu präzisieren.

Wir erstellen ein Lernplakat

Das Lernplakat dient der Ergebnissicherung. Mit einem Lernplakat kann man wichtige Lernergebnisse zusammenfassen und veranschaulichen das, was man sich unbedingt merken will und anderen mitteilen möchte. Lernplakate können gut in Gruppen entworfen werden:

1. Die Teilnehmer legen den Inhalt des Lernplakates fest.

2. Sie verständigen sich über die Botschaft, die ihr Plakat vermitteln soll.

3. Sie sammeln Ideen über einen interessanten Spruch und die Überschriften. Für die Fertigstellung werden Plakatkarton und dicke Filzstifte benötigt.

- Für kurze Sprüche ist Hochformat besser geeignet als Querformat.
- Format, Bild und Text müssen gut zusammenwirken.
- Die Botschaft des Plakats muss auf weite Entfernung lesbar sein.

Wir erstellen eine Mindmap

Eine Mindmap (= Gedankenkarte) anfertigen, ist eine Arbeitstechnik, um ein Thema zu strukturieren und Zusammenhänge aufzuzeigen.
Gehe dazu folgendermaßen vor:

1. Verwende ein Blatt im Querformat.

2. Schreibe das Thema in die Mitte des Blattes und hebe es durch einen Kreis hervor.

3. Sammle alle Ideen, die dir zum Thema einfallen, zunächst auf einem „Schmierzettel".

4. Welche dieser Ideen sind besonders wichtig? Notiere die wichtigsten Hauptideen in Druckbuchstaben auf Linien (= Zweigen), die direkt vom Thema weggehen. Verwende dabei möglichst nur Stichwörter (Schlüsselbegriffe) oder kurze Formulierungen.

5. Füge für Unterpunkte eines Hauptastes weitere Nebenzweige ein.

6. Gestalte deine Mindmap durch Symbole, kleine Zeichnungen, Farben, unterschiedliche Schrift.

Wir führen ein Planspiel durch

Ausgangspunkt eines Planspiels ist ein Problem oder ein Konflikt.

1. Schritt: Verteilung der Rollen, Gruppenbildung

Beteiligt sind an der Auseinandersetzung verschiedene Gruppen und Personen:
Die Schülerinnen und Schüler teilen sich in Gruppen auf und entscheiden sich pro Gruppe für einen wichtigen Teil der Streitfrage. Sie argumentieren dann später aus dieser Interessenlage.
Benötigt wird ferner eine Spielleitung, die in die Diskussionen eingreifen kann und die Diskussionen leitet.

2. Schritt: Erarbeitung der Rollen und Durchführung des Planspiels

Das Planspiel findet in mehreren Runden statt. In der ersten Runde treffen sich die Gruppen in getrennten Sitzungen, um einen gemeinsamen Standpunkt ihrer Gruppe zu finden. Dabei geht es um die Frage, welche Lösung angestrebt wird.
Ziel ist es, in der eigenen Gruppe einen Kompromiss zu finden und eine Gesprächsstrategie zu entwickeln, mit der die andere Seite anhand von Argumenten überzeugt werden kann.

Vorbereitung der ersten Runde

Informationen für die Vorbereitung der ersten Runde findet ihr auf Rollenkarten.
Jede Gruppe tagt zunächst für sich, sie kann sich auch noch weiter unterteilen. Wichtig ist, dass die Gruppe die eigenen Interessen herausarbeitet und formuliert („Was wollen wir?").

Zweite Runde

In der zweiten Runde treffen alle Gruppen aufeinander. Die Spielleitung eröffnet das Planspiel und nennt nochmals das Thema. Sie gibt zunächst den Vertretern einer Gruppe das Wort.

Danach tauschen alle Gruppen, bzw. ihre Sprecher, ihre Argumente aus und versuchen, sich gegenseitig zu überzeugen.

Die Spielleitung kann selbstständig oder auf Wunsch einer Gruppe die Verhandlung unterbrechen. Die Gruppen können so ihre Strategien neu überdenken. Das Planspiel soll in der letzten Runde zu einer Entscheidung führen. Am Ende des Planspiels kommt es zu einer Abstimmung.

3. Schritt: Auswertung

Wichtig ist die Auswertung des Planspiels.
Fragen: Waren die Argumente der Gruppen einleuchtend und überzeugend? An welcher Forderung ist ein Kompromiss gescheitert? Was hat den Kompromiss möglich gemacht? Welche Rolle hat der Machtwille einzelner Personen gespielt? Wie wichtig ist es, bei Verhandlungen gut reden zu können?
Was konntet ihr aus diesem Planspiel lernen? Woran ist die Durchführung des Planspiels gescheitert?

Wir verstehen politische Lieder siehe S. 199

Wir erarbeiten ein Projekt siehe S. 248

Wir führen eine Pro-und-Kontra-Diskussion durch

Schritt 1: Thema vorstellen
Zunächst sollte man ein oder zwei Gesprächsleiter bestimmen und das Thema als Entscheidungsfrage an die Tafel schreiben.

Schritt 2: Abstimmung
Vor der Diskussion, findet die erste Abstimmung statt. Das Ergebnis wird an der Tafel festgehalten. Ein Tipp: Wenn ihr bei der ersten Abstimmung die Augen geschlossen haltet und nur die Lehrerin, den Lehrer zählen lasst, werdet ihr nicht durch das Abstimmen eurer Mitschüler beeinflusst.

Schritt 3: Wahl der Anwälte
Aus der Pro- und aus der Kontra-Gruppe werden je zwei bis drei „Anwälte" gewählt, die die Argumente ihrer Seite vortragen und vertreten.

Schritt 4: Streitgespräch
Wenn die Argumente vorgetragen sind, können die Anwälte die Vertreter der Gegenseite befragen und mit ihnen ein Streitgespräch beginnen. Der Gesprächsleiter führt die Diskussion und erteilt den Rednern das Wort. Anschließend können auch die Zuschauer die Anwälte befragen.

Schritt 5: Schlussvortrag
Am Ende hält je ein Anwalt jeder Partei einen Schlussvortrag. Darin fasst er die wichtigsten Argumente seiner Gruppe zusammen.

Schritt 6: Abstimmung und Auswertung
Es folgt die Schlussabstimmung. Vergleicht das Ergebnis mit der Abstimmung vor Beginn der Diskussion. Haben sich die Ansichten geändert? Welche Gründe werden dafür genannt? Sind die Teilnehmer nun sicher in ihrer Entscheidung oder sind noch Fragen offen?
Was könnt ihr bei der nächsten Pro-und-Kontra-Diskussion besser machen?

Wir vergleichen Quellentexte siehe S. 32

Wir untersuchen Raumentwicklungen siehe S. 280/281

Wir untersuchen Rollenbilder in der Werbung siehe S. 130/131

Wir spielen in verschiedenen Rollen: ein Rollenspiel

1. Schritt: Vorbereitung
Um welches Problem geht es?
Was soll mit dem Rollenspiel geklärt werden?
Welche Rollen gibt es?
Wo findet die Handlung eigentlich statt?
Auf einer Situationskarte wird die Ausgangslage beschrieben.

2. Schritt: Verteilung der Rollen
Auf Rollenkarten wird die jeweilige Rolle näher bestimmt. Sie werden als „Drehbuch" an die einzelnen Spieler verteilt. Hier wird festgelegt:
Welche Einstellungen werden vertreten?
Welche Ziele will der Einzelne erreichen?
Wie soll er auftreten?
Die Rollen werden verteilt.

3. Schritt: Auswertung
Für jeden Spieler sind mehrere Beobachter zuständig. Sie beobachten und untersuchen folgende Punkte:

Hat sich der Spieler an seine Rolle gehalten und diese verständlich dargestellt?
Haben seine Argumente überzeugt?
Hat der Spieler laut und deutlich gesprochen?
Sind das Problem und eine mögliche Lösung deutlich geworden?

Wir verstehen Sachtexte

1. Schritt:
Überfliegen und Thema erfassen
Lest den Text einmal ganz durch.
Um welches Thema geht es?
Was wisst ihr schon darüber?
Was möchtet ihr noch wissen?

2. Schritt:
Fragen stellen
Um welche Sorte von Text handelt es sich?
W-Fragen:
  Wer? – **W**as? – **W**ann? – **W**o? – **W**ie? – **W**arum?

3. Schritt:
Ein zweites Mal lesen und alle Schlüsselwörter unterstreichen
Markiert die wichtigsten Wörter im Text.
Markiert sparsam und verwendet verschiedenfarbige Stifte.
Markiert in einer eigenen Farbe schwierige/unklare Textstellen.

4. Schritt:
Zwischenüberschriften finden
Notiert Überschriften für die einzelnen Abschnitte, die ihren Inhalt knapp zusammenfassen.
Passt eure Überschrift zum Inhalt des Abschnitts und zur Art des Textes?

5. Schritt:
Inhalt wiedergeben
Gebt mithilfe der Zwischenüberschriften und unterstrichenen Wörter den Inhalt des Textes wieder – in Stichwörtern oder wenigen, kurzen Sätzen.

Wir untersuchen Textquellen

Wenn man einen Text richtig verstehen will, muss man ihn mehrmals lesen. Beim ersten Lesen versucht man nur zu erfassen, um was es geht. Beim zweiten und dritten Lesen macht man sich Notizen und erarbeitet sich den Inhalt mit den folgenden Fragen:

1. Fragen zum Verfasser
Was wissen wir über die Verfasserin, den Verfasser (Lebensdaten, Amt, Herkunft etc.)? Wann ist der Text geschrieben, schreibt sie/er als Zeitzeuge oder viele Jahre nach dem Ereignis?
Auf welche Quellen stützt sie/er sich?
Mit welcher Absicht schreibt sie/er für wen?
Hinweise zu diesen Fragen findet ihr in der Regel in der Einleitung einer Quelle.

2. Fragen zum Text
Um welche Textsorte handelt es sich (Geschichtsdarstellung, Bericht, Urkunde, Briefe, Inschrift, Zeitungsartikel)?
Wovon handelt der Text? Hier geht es um die Beantwortung der „W-Fragen": **W**er? **W**o? **W**ann? **W**as? **W**ie? **W**arum?
Gibt es unbekannte Wörter, die ihr im Lexikon nachschlagen müsst?
Wie ist der Text gegliedert? Könnte man für einzelne Abschnitte Überschriften finden?
Welcher Gesichtspunkt befindet sich im Mittelpunkt des Berichtes?

3. Fragen zur Sichtweise
Welche Absichten verfolgte der Verfasser mit seinem Text?
Gibt es Textstellen (Wörter), die eine bestimme Wertung oder ein Urteil enthalten?
Versucht der Autor, neutral zu sein oder ergreift er deutlich Partei für eine Seite oder Person?
Welche Widersprüche, Übertreibungen oder einseitigen Darstellungen enthält der Text?
Kommen andere Meinungen im Text vor?

Wir erarbeiten eine Untersuchung siehe S. 122–125

Wir lesen ein Verfassungsschema siehe S. 184/185

Wir gestalten eine Wandzeitung

1. Materialsammlung
a) Zunächst müsst ihr das genaue Thema eurer Wandzeitung festlegen.
b) Danach müsst ihr in einer vorläufigen Liste sammeln, was ihr für diese Wandzeitung benötig:
Tapete, Papier von einer Zeitungsrolle oder Karton, Stifte, Farben, Kleber, Schere, Bilder, Karten, Texte zu …
2. Verbindliche Verabredungen
Verabredet einen verbindlichen Arbeitsplan.
3. Gestaltung
Die Wandzeitung sollte auch aus einiger Entfernung gut lesbar sein. Deswegen müssen die Überschriften groß und deutlich gestaltet werden. Auch Bilder und Grafiken, Karten und Tabellen sollten nicht zu klein sein. Eure handschriftlichen Texte müssen gut lesbar sein.
Das Thema der Wandzeitung sollte am Kopf der Wandzeitung in großer Schrift hervorgehoben werden.

Wir untersuchen einen Raum mit WebGIS
siehe S. 164/165

Lexikon

A

Abdankung: (auch: „Abdikation" vom lat. Wort: *abdicare* = sich lossagen) förmlicher Verzicht des Inhabers eines hohen öffentlichen Amtes (insbesondere von Monarchen); umgangssprachlich wird das Wort heute manchmal auch (mehr oder weniger scherzhaft) für den Rücktritt eines Trainers (oder eine ähnliche Begebenheit) benutzt.

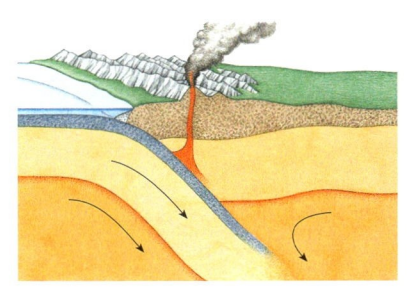

Abtauchzone: Bereich der Erde, wo Erdplatten sich (infolge der Schwerkraft) unter andere Erdplatten bewegen und diese dann anheben; solche Vorgänge verlaufen in extrem langsamer (geologischer) Zeit (durch das Untertauchen einer anderen Erdplatte wird beispielsweise das Himalaya-Gebirge jedes Jahr um nur etwa einen Zentimeter angehoben – ungefähr so schnell wächst ein Fingernagel)

Aktiengesellschaft (AG): Während bei einem Einzelunternehmer das Betriebskapital aus dem Vermögen des Unternehmers stammt, wird das Betriebskapital bei Aktiengesellschaften dadurch beschafft, dass viele Einzelpersonen oder andere Unternehmen Anteilscheine (Aktien) an dem Unternehmen kaufen. Das durch den Verkauf eingenommene Geld bildet das Betriebskapital. Der Gewinn eines Unternehmens wird anteilig jährlich auf die Besitzer der Aktien verteilt. Die Aktien werden auch an der Börse, dem Handelsplatz für Aktien, gekauft und verkauft. Die Aktiengesellschaft wird nicht durch einen Unternehmer, sondern durch einen von den Aktienbesitzern bestimmten Vorstand geführt.

Antike: Zeitabschnitt des Altertums im Mittelmeerraum (etwa von 1200 v. Chr. bis 600 n. Chr.)

Apartheid: „Apartheid" ist ein Wort aus der niederländischen Sprache bzw. der ihr verwandten Sprache Afrikaans. Damit wird eine Zeit (zwischen 1948 und 1994) bezeichnet, in der es in Südafrika eine Trennung zwischen hell- und dunkelhäutigen Menschen gab. Beispielsweise gab es getrennte Schulen und unterteilte Eisenbahnwagons. Außerdem durften nur hellhäutige Menschen (Weiße) wählen. Ab 1974 führten zunehmende Proteste der schwarzen Bevölkerung und Kritik aus dem Ausland zu einer allmählichen „Aufweichung" der Bestimmungen. 1994 war die Abschaffung der Apartheid in allen Einzelheiten vollzogen.

Aufklärung: Bewegung von Philosophen und Naturwissenschaftlern vor allem in Frankreich nach 1650, die dazu auffordern, nur das als wahr anzunehmen, was man nachprüfen kann; gegenüber dem alles kontrollierenden König fordern sie Freiheit der Gedanken. Sie fordern die Menschen auf, selbst zu denken und nichts ungeprüft zu glauben. Nach dieser Bewegung wird die Zeit von 1650 bis 1789 als „Zeitalter der Aufklärung" bezeichnet.

Auslandsverschuldung: Gesamtheit aller finanziellen Verpflichtungen, die ein Land gegenüber einem anderen Land hat (ähnlich wie das Verhältnis eines Kreditnehmers gegenüber seiner Bank); je länger eine (Staats-)Verschuldung dauert, desto größer wird der üblicherweise fällige Zinssatz für den Kredit; insbesondere ärmere Staaten können dann ihre Schulden nicht mehr tilgen.

B

Ballhaus: Ein Ballhaus war ein Gebäude, in dem Ballspiele durchgeführt wurden („Ball" also nicht im später erweiterten Sinne des „Tanzens", als in Ballhäusern tatsächlich nicht nur sportliche Aktivitäten, sondern auch Tanzveranstaltungen stattfanden). Im Ballhaus von Versailles wurde ein Vorläufer vom Tennis gespielt.

Bastille: Die „Bastille" (aus dem Französischen = kleine Bastion – also ein vorgezogener Verteidigungspunkt für eine Festung) war ursprünglich eine Burg (im Osten von Paris) in der Funktion eines Stadttores (zum Schutz gegen den Angriff englischer Truppen). Seit der Zeit Ludwigs XIII. wurde sie als Gefängnis genutzt.

Bezugskarte: → Lebensmittelkarte

Biografie: Lebensrückschau bzw. Lebensgeschichte oder Lebenserinnerungen (Memoiren); eine Biografie umfasst einerseits objektive Daten wie den Geburtstag oder andere wichtige Zeiten („Meilensteine"), andererseits beruht die Auswahl von Ereignissen z. T. auf subjektiven Entscheidungen (eine selbst verfasste Biografie heißt „Autobiographie"; *auto* = selbst).

Brandrodung: Vernichtung von (unerwünschten) Pflanzen durch Feuer, um die so frei werdende Fläche landwirtschaftlich nutzen zu können; es handelt sich um eine alte Methode (Tradition), die in den Tropen durchgeführt wird; die Asche der verbrannten Pflanzen liefert aber nur kurz und vergleichsweise wenig Nährstoffe (Mineralien) für eine ackerbauliche Nutzung.

Bundesgesetzblatt: offizielle „Zeitung" (Amtsblatt) der Bundesrepublik Deutschland zur Bekanntgabe von Gesetzen und Verordnungen; mit der Verkündigung treten Gesetze nach Ablauf einer Frist in Kraft. Das Bundesgesetzblatt kann man im Internet einsehen.

Burschenschaft: Das Wort „Bursche" leitet sich von dem alten Wort „Burse" ab. Eine Burse war im 18. und zu Beginn des 19. Jh. eine allgemeine Bezeichnung für „Studenten".

D

da Vinci, Leonardo: Gelehrter, der von 1452 bis 1519 lebte; geboren wurde er in Anchiano, einem kleinen italienischen Ort in der Nähe der Stadt „Vinci" (*da Vinci* = aus Vinci) in der Toskana. Er war Maler und Erfinder. Sein wohl berühmtestes Gemälde ist die Mona Lisa (hängt im großen Pariser Museum „Louvre").

deliktsfähig: Begriff aus der Rechtswissenschaft; deliktsfähig ist ein Mensch in Deutschland erst, wenn er das siebente Lebensjahr vollendet hat (§ 828 Bürgerliches Gesetzbuch); d. h., bis zu dieser Altersgrenze kann er für einen Schaden, den er einem anderen zugefügt hat, nicht zur Verantwortung gezogen (gerichtlich bestraft) werden.

Deutscher Zollverein: Der Deutsche Zollverein trat am 1. 01. 1834 in Kraft. Ziel des Zollvereins war eine Vereinheitlichung von unterschiedlichen Abgaben (Zöllen), die an den Grenzen der 35 Länder des Deutschen Bundes zu entrichten waren. Bei einem Transport von Königsberg nach Köln wurde die Ware vor Gründung des Deutschen Zollvereins achtzigmal kontrolliert.

Disparität: (Lat.: *disparatum* = abgesondert, getrennt) ein Nebeneinander von Ungleichem; hierunter wird in der Geographie auch verstanden, dass in einem Großraum unterschiedliche Lebensbedingungen gibt (z. B. „auf dem Land" oder in einer Großstadt). In den Wirtschaftswissenschaften versteht man darunter auch eine gesellschaftliche (soziale) Ungleichheit (z. B. zwischen Industriestaaten und Entwicklungsländern).

Drittstaat: Ein Drittstaat ist ein Staat, der nicht zu einem bestimmten Bündnis gehört, zum Beispiel zur Europäischen Union (EU). Gegenüber den Mitgliedern der EU ist zum Beispiel Australien ein Drittstaat.

E

Eisenindustrie: In den Betrieben der Eisenindustrie werden Produkte aus Gusseisen (Roheisen) hergestellt. Aus dem Eisen wiederum kann Stahl gewonnen werden, der eine höhere Qualität als Eisen hat (aus Stahl werden z. B. Schiffe und Autos hergestellt).

Energierohstoff: brennbarer „Stoff" (Substanz), der (die) noch nicht weiter verarbeitet wurde; ein Beispiel wäre Erdöl, das noch nicht zu Heizöl oder Benzin verarbeitet worden ist.

Erotik: Zuneigung (gesteigerte Aufmerksamkeit) in Bezug auf einen anderen Menschen, die sich von der (gefühlvollen, gedanklich tiefen) Liebe und der (körperlichen) Sexualität unterscheidet

Europäischer Gerichtshof für Menschenrechte: Der Europäische Gerichtshof für Menschenrechte (EGMR oder auch EuGHMR) hat seinen Sitz in Straßburg (Frankreich). Gegründet wurde der

EGMR 1959, hatte zunächst jedoch nur recht eingeschränkte Befugnisse bzw. „Macht".

Exekutive: Bezeichnung für die ausführende Gewalt (Regierung und ihre Behörden) in einem Staat. In demokratischen Staaten gibt es daneben die Legislative, das Parlament, für die Gesetzgebung und die Judikative, die Gerichte, für die Rechtsprechung.

F

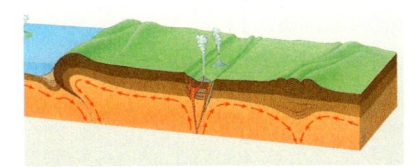

Fließzone: „Fließzone" ist eine Bezeichnung aus der Erdwissenschaft (Geologie). Anders als ihr Name vermuten lässt, ist die Fließzone nicht mit einem Gewässer zu verwechseln. Vielmehr ist es eine nur in gewisser Weise formbare Gesteinsschicht zwischen zwei festen Schichten.

Flotte: „Flotte" bezeichnet ganz allgemein eine größere Anzahl von Schiffen in der Handelsschifffahrt oder beim Militär (= Marine). Im engeren Sinne wird unter „Flotte" bei Militär die Gesamtheit der verfügbaren (Kampf-)Schiffe verstanden.

G

Gasmaske: Atemschutzmaske, die gegen Atemgifte schützen soll; die erste Gasmaske (mit einem Kohlefilter) wurde 1915 erfunden. Im Ersten Weltkrieg gab es auch Gasmasken für Pferde, denn Pferde spielten bei diesem Krieg noch eine große Rolle.

Grundgesetz (GG): Verfassung der Bundesrepublik Deutschland, die am 23. Mai 1949 in Kraft trat und seit der Wiedervereinigung im Oktober 1990 in leicht veränderter Form in ganz Deutschland gilt.

H

Hochgebirge: Bergkette mit mehr als 1500 Metern Höhe (bis zu dieser Höhengrenze spricht man von einem „Mittelgebirge")

I

Imperialismus: (Lat.: *imperare* = herrschen) Bestreben eines Staates (bzw. dessen Führung), seine (ihre) Herrschaft auf andere Länder auszudehnen (z. B. der Imperialismus im Römischen Reich = Römisches Imperium). Die Zeit, in der europäischer Mächte nach 1870 bis 1918 Weltreiche errichten wollten, wird „Zeitalter des Imperialismus" genannt.

Internationaler Strafgerichtshof: Der Internationale Strafgerichtshof ist zuständig für die Verfolgung von Verbrechen wie Völkermord und massenhafte Menschenrechtsverletzungen. Er ist 1998 durch einen internationalen Vertrag gegründet worden. Die USA und China erkennen ihn nicht an. 2009 fand die erste Verhandlung statt.

J

Jakobiner: Jakobiner waren Mitglieder einer wichtigen politischen Organisation zur Zeit der Französischen Revolution. Die Jakobiner wollten die Monarchie (das Königtum) abschaffen und mit Gewalt die Gleichheit aller Franzosen durchsetzen. Sie fanden in ärmeren gesellschaftlichen Kreisen große Unterstützung. Ihr Name leitet sich von ihrem Versammlungsort ab, dem Kloster Saint-Jacques in Paris.

K

Kathedrale: (genauere Bezeichnung: „Kathedralkirche") großes prachtvolles Kirchengebäude. In der Regel ist sie das Gotteshaus eines katholischen Bischofes.

Klerus: Gesamtheit aller Angehörigen des (katholischen) Priesterstandes; Angehörige des Klerus werden auch als „Kleriker" bezeichnet.

Klima: Aus dem (durchschnittlichen) Wetter einer längeren Zeit (etwa 30 Jahre) ergibt sich ein für einen Ort üblicher Zustand der Wetterelemente – das Klima.

Kontinent: (Lat.: *continens* = zusammenhängend) Festlandmassen im Gegensatz zu Meeren und Inseln. Die sieben Kontinente (Erdteile) sind: Afrika, Antarktis, Asien, Australien, Europa, Nord- und Südamerika.

Konvent: (Lat.: *conventus* = Zusammenkunft) Die Versammlung der Mönche in einem Kloster wird „Konvent" genannt. Der französische Nationalkonvent (*convention nationale*) tagte zwischen dem 20.09.1792 und dem 26.10.1795 (also während der Französischen Revolution; am 21.09.1792 wurde das französische Königtum abgeschafft).

L

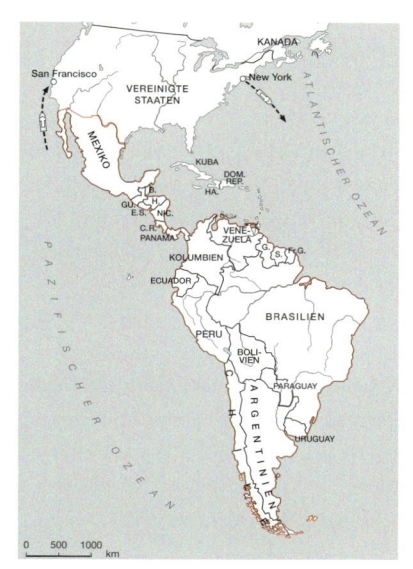

Lateinamerika: der südliche Teil des amerikanischen (Doppel-)Kontinents, mit anderen Worten: die Länder, in denen die vom Lateinischen abstammenden Sprachen Spanisch oder Portugiesisch (Brasilien) gesprochen werden (im Gegensatz zum nördlichen „Anglo-Amerika", wo Englisch (in Kanada allerdings auch Französisch) gesprochen wird)

Lebensmittelkarte: Eine Lebensmittelkarte enthält so genannte „Lebensmittelmarken," mit deren Hilfe eine Staat in Notzeiten (z. B. in einem Krieg) die Verteilung von Lebensmitteln steuert. Über Lebensmittelzuteilungen hinaus gab es im Ersten Weltkrieg in Deutschland auch andere Bezugskarten (z. B. für Schuhe und Strickwaren).

Leibeigenschaft: Eine vom Mittelalter bis zur frühen Neuzeit weit verbreitete persönliche Verfügungsbefugnis eines Leibherrn über einen Leibeigenen (Leibeigene durften z. B. nur mit Genehmigung ihres Leibherrn heiraten). Im Gegensatz zu Sklaven waren Leibeigene keine handelsfähige Ware, konnten aber vererbt oder freigelassen werden.

M

Mehrheitswahl: Wahlverfahren, bei dem (anders als bei einer → Verhältniswahl) die Wähler jeweils eine Stimme für eine Person abgeben können; gewählt ist, wer die meisten Stimmen auf sich vereinigt, auch wenn die Mehrheit der Wähler diese Person nicht gewählt hat (z. B. Kandidaten A = 30 %, B = 45 %, C = 25 %; B wäre Wahlsieger/-in, obwohl 55 % B nicht gewählt haben).

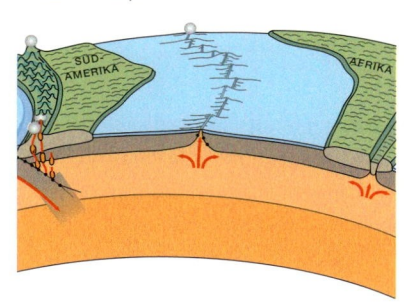

Mittelozeanischer Rücken: im mittleren (küstenfernen) Bereich eines Ozeans (= Meer) gelegene Erhebung am Meeresboden, die infolge vulkanischer Aktivitäten entstand (und z. T. noch weiter entsteht); dieser neu entstandene oder entstehende Meeresboden drückt die hier angrenzenden Erdplatten auseinander.

N

Nationalkonvent: → Konvent

Nomaden: Menschen, die mit ihren Nutztieren (Herden) umherziehen, um so für ihren Lebensunterhalt (Milch, Käse, Fleisch) sorgen zu können; unregelmäßige bzw. nicht gleichbleibende Niederschläge zwingen zum Nomadentum (insbesondere in den → Steppen und in den wechselfeuchten Tropen), weil sonst den Tieren nicht in ausreichendem Maß Futterpflanzen zur Verfügung stehen (in der gemäßigten Zone).

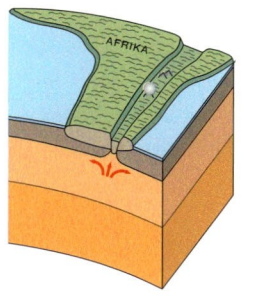

O

Ostafrikanischer Graben: infolge geologischer (im Erdinneren wirkender) Kräfte entstehende Senke; sie wird durch Erdplatten bewirkt, die sich auseinander bewegen.

R

Reformation: (von Lat.: *reformatio* = Wiederherstellung, Erneuerung) Erneuerungsbewegung Martin Luthers; die Reformation bezeichnet heute die kirchliche Veränderungen, die nach 1517 zur Gründung evangelischer Kirchen in Europa führte (Lutheraner, Reformierte).

Regierungsbezirk: In Deutschland sind einige Bundesländer in Regierungsbezirke unterteilt (in NRW: Arnsberg, Detmold, Düsseldorf, Münster und Köln). Oberster Beamter ist der Regierungspräsident (bzw. die Regierungspräsidentin). Regierungsbezirke sind u. a. für die Verwaltung der Schulen zuständig.

Rousseau, Jean-Jacques: Rousseau wurde 1712 in Genf (heutige Schweiz) geboren und verstarb 1778 in der Nähe von Paris. Er war Schriftsteller, Naturforscher und Komponist. Mit seinen Gedanken zur → Aufklärung gilt er als ein Wegbereiter der Französischen Revolution. Berühmt wurde mit seinen Schriften zur Erziehung der Kinder und seinen politischen Schriften, in denen er die Durchsetzung der Gleichheit aller Menschen forderte.

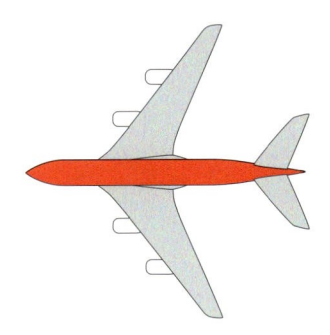

Rumpf: Ein Körper ohne Kopf, Hals, Arme und Beine bildet einen Rumpf. Bei einem Flugzeug ist der röhrenförmige Mittelteil (ohne Fahrwerk und Flügel) der Rumpf. Ein „Rumpfparlament" ist in Anlehnung an diese Wortbedeutungen ein Parlament, das unvollständig ist.

S

Sanierung: (vom Lateinischen *sanare* = heilen; z. B. im Wort „Sanitäter") Maßnahmen zur Gesundung bzw. Wiederherstellung eines unbelasteten Zustands; eine Sanierung kann beispielsweise an einem (hoch verschuldeten) Staatshaushalt (Haushaltssanierung) oder an einem vernachlässigten Stadtteil (Stadtsanierung) erfolgen. Wenn Halden oder alte Industrieanlagen saniert werden, bedeutet das oft eine Entgiftung des Bodens und Wiedernutzbarmachung (für andere Zwecke).

Schmalkalden: Stadt im heutigen Bundesland Thüringen (am Südwesthang des Thüringer Waldes)

Slum: Bezeichnung für einen verwahrlosten Stadtteil, in dem große gesellschaftliche Probleme (Kriminalität, Gewalt, Umweltverschmutzung usw.) herrschen; solche Merkmale gibt es weltweit in einigen großen Städten – unabhängig von der politischen Führung oder dem Reichtum eines Landes.

Spinning Jenny: umgangssprachliche Bezeichnung für die erste industrielle Spinnmaschine zum Verspinnen von Wolle zu Garn (eigentlich: *spinning engine*); vor dieser Erfindung kam es oft zu Engpässen bei der Garnproduktion (musste von vielen Webern hergestellt werden), sodass auch nur eingeschränkt Stoffe hergestellt werden konnten.

Steppe: (das Wort geht auf die russische Sprache zurück) baumlose Graslandschaft der gemäßigten Breiten; die Winter in den Steppen sind meistens kalt bis sehr kalt, im Sommer ist es dort trocken.

Sturmflut: außergewöhnlich hohes Hochwasser, das durch die unterstützende Wirkung eines starken Windes an eine Küste oder in eine Flussmündung gedrückt wird; ältere Schutzdämme halten einer solchen Belastung teilweise nicht stand.

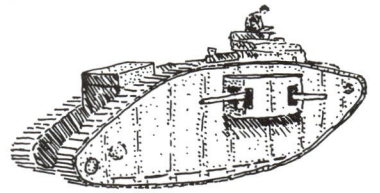

T

Tank: engl. Bezeichnung für „Panzer"

Terms of Trade: Kennziffer, die das wertgleiche Austauschverhältnis von verschiedenen Waren, Gütermengen, im Austauschhandel zwischen zwei Staaten angibt. So entspricht heute der Wert eines deutschen Lkw dem Wert von 60 Tonnen Bananen, vor 20 Jahren war er noch für 30 Tonnen zu erhalten. Die Terms of Trade haben sich also für das Lieferland der Bananen verschlechtert.

V

Vegetation: Gesamtheit der Pflanzen, die in einem bestimmten einheitlich geprägten Gebiet wachsen (z. B. die „Alpenvegetation"); ein ähnliches Wort ist das Englische *vegetable* (= Gemüse).

Verbannung: Verweisung einer Person aus ihrem angestammten Lebensraum; eine Verbannung erfolgt nicht freiwillig (das wäre ein selbst gewähltes „Exil"), sondern wird mit Zwang ausgeübt.

Verfassungsgerichtshof Nordrhein-Westfalen: Der Verfassungsgerichtshof Nordrhein-Westfalen prüft bei Bedarf (im Falle einer entsprechenden Klage) die Vereinbarkeit (Verfassungsmäßigkeit) von Gesetzen (und ähnlichen rechtlichen Bestimmungen) mit der Verfassung dieses Bundeslandes. Bürgerinnen und Bürger können nicht direkt Klage beim Verfassungsgerichtshof erheben. Der Verfassungsgerichtshof Nordrhein-Westfalen hat seinen Sitz in Münster.

Verhältniswahl: Bei einer Verhältniswahl werden (anders als bei einer → Mehrheitswahl) Kandidatengruppen aufgestellt. Das Verhältnis der Stimmen (z. B. ein Drittel der gültigen Stimmen) wird auf eine Anzahl von Sitzen (z. B. in einem Parlament) übertragen. Vorteil gegenüber dem Mehrheitswahlrecht ist die Tatsache, dass jede einzelne Wählerstimme gleich viel zählt. Der größeren Wahlgerechtigkeit stehen Nachteile gegenüber: Es können durch das Verhältniswahlrecht auch kleinste Gruppen mit wenigen Stimmen ins das Parlament gelangen, was die Mehrheits- und Regierungsbildung erschwert. Deswegen erhalten in Deutschland nur solche Parteien einen Sitz im Bundestag, die mindestens fünf Prozent der Stimmen erreichen.

Versailler Vertrag: Der Friedensvertrag von Versailles (Versailler Vertrag) beendete (1919) den Ersten Weltkrieg zwischen Deutschland und seinen Gegnern. Die Siegermächte, vor allem Frankreich, setzen schwer wiegende wirtschaftliche und politische Belastungen für Deutschland durch; unter anderem musste Deutschland die Alleinschuld am Ersten Weltkrieg anerkennen. Der Name „Versailler Vertrag" stammt von der Stadt, in der der Vertrag abgeschlossen wurde: dem Paris nahe gelegenem Sitz der französischen Könige mit dem berühmten Schloss.

Völkermord: Absicht, eine nationale, religiöse (oder ethnische = größere Teilgruppe in einem Staat mit kulturell übereinstimmenden Merkmalen) Gruppe ganz oder teilweise zu zerstören

W

Wirbelsturm: Stürme, die sich um eine senkrechte Achse drehen; abgesehen von dieser gemeinsamen Eigenschaft unterscheiden sich die Wirbelstürme der Erde je nach Großraum stark voneinander (ein Hurrikan z. B. kann nur entstehen, wo das Meerwasser über 26 Grad Celsius warm ist).

World Trade Organization (WTO): Die World Trade Organization ist eine internationale Einrichtung mit Sitz in Genf. Die WTO wurde 1994 gegründet, sie beschäftigt sich mit der Regelung von Handels- und Wirtschaftsbeziehungen zwischen den Mitgliedsstaaten (Stand 2011: 153 Mitgliedsstaaten). Im Falle eines Streits zwischen ihren Mitgliedern versucht sie zu vermitteln.

WTO: → World Trade Organization

Sachregister

A
Ablass* 62
Absolutismus* 182, 186, 223
Abstimmungsverhalten 225
Ätna 77
Aktivbürger* 191
Alliierte* 297
amnesty international (ai) 253
Andalusien 52–55
Antisemitismus* 311
Apartheid 268
Arbeiter- und Soldatenräte* 298
ARD 126
arid 91
Asien 10
Asylrecht 252
Aufklärung 186
Auslandsverschuldung 277
Azteken 24, 28–33

B
Bagatelldelikt* 243
Balkan* 293
Balkanbund 290
Balkankrieg 293
Ballhaus 188
Bastille 189
Bataillon* 192
Bauernaufstände 64
Bauernkrieg 65
Bautzen 69
Beaufortskala* 86
Behaim, Martin 22
Bergbau 148
Bevölkerungsdiagramm 272
Bevölkerungswachstum 271
Bewegungskrieg 294
Bildsignatur 43
Bismarck, Otto von 204
Blizzard 87
Blockade 296
Boatpeople* 39

Bürgerinitiativen 231
Bundeshaushalt* 218
Bundeskanzler(-in) 217
Bundespräsident 214, 217
Bundesrat 216, 222
Bundesregierung 217, 222
Bundesstaat 216
Bundestag 216, 222
Bundesverfassungsgericht 217, 222, 247
Burkina Faso 278

C
Calvin, Johannes 67
Calvinisten 67
Christentum 18
Code 196
Code Napoléon 196
Córdoba 52–55
Cortés 28

D
da Gama, Vasco 24
Dampfmaschine 144
Dardanellen* 293
da Vinci, Leonardo 61
Debatte (amerikanische) 220
de Gouges, Olympe 190
de las Casas, Bartolomé 35
Delegierte* 218
deliktsfähig 243
Demokratie 19, 212
de Robbespierre, Maximilien 195
Desertifikation 108
Deutsch-Südwestafrika 266
Deutscher Zollverein 147
Dreibund 288
Dreikaiserbündnis 288
Dreißigjähriger Krieg 68

E
Ebert, Friedrich 302

Einwanderungsland 40
Eisenbahn 146
Elcano 24
Emigranten 36
Engels, Friedrich 156
Entdeckungsreisen 24
Entente cordiale 290
Entwicklungshilfe 278
Entwicklungszusammenarbeit 278
Erdkruste 78
Erdplatten 80
Erster Weltkrieg 294
Eurasien 10
Euro 21
Europa 10
Europäische Union (EU) 20, 44
Exekutive 223

F
Faktormarkt* 167
Ferdinand II. 68
Flächensignatur 43
Fließzone 78
Flottenbau 288
Flüchtlinge 38
Forest Stuartship Council (FSC)* 101
Fraktion 224
Fraktionszwang* 224
Französische Revolution 188
Freikorps* 301
Friedensvertrag von Versailles 306
Friedrich Wilhelm IV. 202
Fronarbeit* 186
Frondienste* 65
Frühwarnsystem 88
Fürsorge 158
Fukushima 85

G
Gender 254
Gendertheorie 254

Geschäftsfähigkeit 243
Gesetzgebung 228
Gewaltenteilung 303
Gewaltentrennung 222
Gewaltmonopol* 241
Gewerkschaft* 156
Gewissensentscheidung 225
Girls' Day 254
Glaubenskriege 54–59, 68
Gleichberechtigung 156, 254
Gleichstellung 255
Globus 22
Götzendienst* 33
Gouges, Olympe de 190
Granada 52–55
Gregor VII. 178
Großlandschaft 12
Grundgesetz* 40
Grundrechte 202, 217, 246
Gruppenpuzzle 132–139

H

Hambach 198
Heiliges Römisches Reich 70
Heimarbeit 154
Heinrich IV. 178
Herero 266–269
Hindenburg, Paul von 303
Hirse 112
Hitler, Adolf 307
Hochkultur* 28
Hütte* 161
Humanität* 39
humid 91

I

Idrisi 51
Immigranten 36
Imperialismus 262
Industrialisierung 142
Industrielle Revolution 145
Industriemuseum 150
Inflation* 307
Infotainment 128
Inhumanität* 39
Inka 24, 28
Integration 45

Interessenverbände 230
Invalide* 159
Investition* 161
Investitur* 178
Investiturstreit 178
IT-Spezialist* 41

J

Jahreszeiten 102
Jerusalem 58
Juden 57
Judikative 223
Jugendgerichtsbarkeit 245
Jugendschutz 238

K

Kaiserkult 207
Kanzlerprinzip 227
Karl V. 66
Karl der Große 176
Karte 42
Kartell 170
Kartellamt 170
Kartographie* 26
Kathedrale 19
Kinderarbeit 154
Kirchenbann* 178
Klimadiagramm 90
Klimazone 14, 92
Koks* 149
Kollegialprinzip 227
Kolonialherrschaft 33
Kolonien* 34
Kolumbus, Christoph 24
Kompass 22
Kolonialherrschaft 262
Konfession* 66
Konkordat* 179
Kontinentale Tiefbohrung (KTB) 79
Kontinentalverschiebungen 81
Konvektionsströmung 82
Kreuzzüge 56–59
Kulturhauptstadt 162
Kurfürst* 62

L

Länderfinanzausgleich* 216
Landesregierung (NRW) 232
Landklima 14
Landtag (NRW) 232
Lateinamerika 30
Lebensmittelkarte 296
Legislative 223
Lehen* 176
Liberalismus* 200
Liebknecht, Karl 299
Liniensignatur 43
Lobby 230
Lobbyismus* 230
Ludwig XIV. 182
Ludwig XVI. 188
Luther, Martin 62, 66

M

Magellan, Ferdinand 24
Magma 78
Markt 166
Marx, Karl 156
Massendemokratie 218
Maya 24, 28
Medien 122
Menschenrechte 19, 190, 246
Metropolregion* 282
Mietskasernen 153
Migration 36
Missionierung* 33
Misstrauensvotum 227
Mittelatlantischer Rücken 80
Mittelmeerabkommen 288
Mobilisierung* 293
Mobilmachung* 293
Monopol* 169
Montezuma 30
MSPD* 300
Muslime 52–55

N

nachhaltig 100
Nährstofffalle 99
Nährstoffkreislauf 99
Naher Osten* 274
Nama 266–269

Namibia 266–269
Nanotechnologie* 161
Napoleon Bonaparte 196
Nationalhymne 192, 199
Nationalismus 207
Nationalversammlung* 188, 200, 302
Naturrechte 246
Nebenerwerb* 148
Nobel, Alfred 292
Nomaden 111
Notverordnungen 311
Novemberrevolution 298

O
öffentlich-rechtliche Rundfunkanstalten 126
Opposition 218
Orkan 86
Ostafrikanischer Graben 80

P
Pangäa 80
Parlament* 181
parlamentarische Demokratie* 301
Parteien 218
Passivbürger 191
passiver Widerstand* 307
Paulskirche 201
Pfalz* 176
Plattentektonik 81
Polder 16#
Pompeji 77
Prärie 104
Präsentation 116
Prager Fenstersturz* 68
Preisbildung 166
Privatsender 126
Protestanten* 66
Provokation* 205
Puritaner 67
Putsch* 306
Pygmäen 97

Q
Quellentexte 32

R
radikal* 41
Räterepublik* 301
Rassismus* 263
Raumentwicklung 280
Reality-TV* 126
Rechtsempfinden 240
Rechtsfähigkeit 242
Rechtsgleichheit 241
Rechtssicherheit 241
Rechtsstaat 238
Reconquista* 55
Reformation* 62
Regenfeldbau 112
Reichsacht* 63
Reichstag 206
Reichskanzler 206
Religionsfriede 67
Renaissance* 60
Reparationen* 306
Republik* 192
Ressortprinzip 227
Revolution* 189
Revolutionsgericht 195
Richterskala 83
Robbespierre, Maximilien de 195
Rollenbilder 130
Rückversicherungsvertrag 288
RUHR.2010 162
Ruhrgebiet 148, 160–165

S
Safari* 268
Sahelzone 108
Sansculotten* 194
Savanne 106
Satzung* 218
Schalenbau 78
Scheidemann, Philipp 299
Schichtvulkan 76
Schildvulkan 76
Schmalkalden 66
Schrämlader* 148
SchülerVZ 132
Schuldistanz* 245
Schwarze* 246
Seefahrt 22
Seeklima 14
Signatur 43
Sklavenhandel 35
soziale Marktwirtschaft 168
Sozialgesetze 159
Sozialistengesetz* 158
Sozialpolitik 158
Spartakusbund* 298
SPD 156
Staatskrise 186
Stände 182
stehendes Heer* 182
Steinkohlenbergbau 148
Stellungskrieg 295
Stereotyp* 256
Stollen* 148
Strafmündigkeit 243
Strukturwandel* 160
Sturmflutwehr 17
Suttner, Bertha von 292
SWAPO* 268

T
Taschengeldparagraf 242
Terms of Trade 277
thematische Karte 42
These* 40
Teilraum 10
Terrorherrschaft* 194
Toledo 52–55
Toleranz 53
Torpedo* 297
Toscanelli 26
Township* 269
Triple Entente 290
Trockengrenze 112
Tsunami 83

U
U-Boot-Krieg 296
Übergangsklima 14
Umstrukturierung 160
USPD* 300

V
Vasall* 177
Vegetationszone 94

Verfassung 191
Verfassungsschema 184
Verhältnismäßigkeit 241
Vermittlungsausschuss* 217
Vernichtungskrieg 267
vierte Gewalt* 129
Völkerbund 305
Völkermord 266
Volksentscheid 214, 233
Volksmarinedivision* 300
Vulkanismus 76–81
Vulkantypen 76

W

WebGIS 164
Weimarer Republik 302–311
Weizen 104
Weltbevölkerung 270
Welthandel 274
Welthandelsorganisation (WTO) 277
Weltherrschaft 262
Weltwirtschaftsordnung 277
Werbung 130
Westfälischer Frieden* 70
Wettbewerb 168
Wikinger 28
Wilhelm I. 206
Wilhelm II. 288
Windischeschenbach 79
Wirbelstürme 86
Wirtschaftskreislauf 167
Wirtschaftskrise 310
WTO (Welthandelsorganisation) 277

Y

Yanomami 96

Z

Zai-Methode* 115
ZDF 126
Zehnt* 65
Zensur 138
Zepter* 179
Zollschranken 146
Zusammenleben 44
Zweibund 288
Zyklon 87

*Die mit einem Sternchen markierten Begriffe werden auf der jeweils (zuerst) genannten Seite erläutert.

Aus dem Grundgesetz der Bundesrepublik Deutschland

Artikel 1
(1) Die Würde des Menschen ist unantastbar. Sie zu achten und zu schützen, ist Verpflichtung aller staatlichen Gewalt.
(2) Das Deutsche Volk bekennt sich darum zu unverletzlichen und unveräußerlichen Menschenrechten als Grundlage jeder menschlichen Gemeinschaft, des Friedens und der Gerechtigkeit in der Welt.
(3) Die nachfolgenden Grundrechte binden Gesetzgebung, vollziehende Gewalt und Rechtsprechung als unmittelbar geltendes Recht.

Artikel 2
(1) Jeder hat das Recht auf die freie Entfaltung seiner Persönlichkeit, soweit er nicht die Rechte anderer verletzt und nicht gegen die verfassungsmäßige Ordnung oder das Sittengesetz verstößt.
(2) Jeder hat das Recht auf Leben und körperliche Unversehrtheit. Die Freiheit der Person ist unverletzlich. In diese Rechte darf nur auf Grund eines Gesetzes eingegriffen werden.

Artikel 3
(1) Alle Menschen sind vor dem Gesetz gleich.
(2) Männer und Frauen sind gleichberechtigt. Der Staat fördert die tatsächliche Durchsetzung der Gleichberechtigung von Frauen und Männern und wirkt auf die Beseitigung bestehender Nachteile hin.
(3) Niemand darf wegen seines Geschlechtes, seiner Abstammung, seiner Rasse, seiner Sprache, seiner Heimat und Herkunft, seines Glaubens, seiner religiösen oder politischen Anschauungen benachteiligt oder bevorzugt werden. Niemand darf wegen seiner Behinderung benachteiligt werden.

Artikel 4
(1) Die Freiheit des Glaubens, des Gewissens und die Freiheit des religiösen und weltanschaulichen Bekenntnisses sind unverletzlich.
(2) Die ungestörte Religionsausübung wird gewährleistet.
(3) Niemand darf gegen sein Gewissen zum Kriegsdienst mit der Waffe gezwungen werden. [...]

Artikel 5
(1) Jeder hat das Recht, seine Meinung in Wort, Schrift und Bild frei zu äußern und zu verbreiten und sich aus allgemein zugänglichen Quellen ungehindert zu unterrichten. Die Pressefreiheit und die Freiheit der Berichterstattung durch Rundfunk und Film werden gewährleistet. Eine Zensur findet nicht statt. [...]
(3) Kunst und Wissenschaft, Forschung und Lehre sind frei. Die Freiheit der Lehre entbindet nicht von der Treue zur Verfassung.

Artikel 6
(1) Ehe und Familie stehen unter dem besonderen Schutze der staatlichen Ordnung.
(2) Pflege und Erziehung der Kinder sind das natürliche Recht der Eltern und die zuvörderst ihnen obliegende Pflicht. Über ihre Betätigung wacht die staatliche Gemeinschaft. [...]

Artikel 7
(1) Das gesamte Schulwesen steht unter der Aufsicht des Staates.
(2) Die Erziehungsberechtigten haben das Recht, über die Teilnahme des Kindes am Religionsunterricht zu bestimmen. [...]

Artikel 8
(1) Alle Deutschen haben das Recht, sich ohne Anmeldung oder Erlaubnis friedlich und ohne Waffen zu versammeln.
(2) Für Versammlungen unter freiem Himmel kann dieses Recht durch Gesetz [...] beschränkt werden.

Artikel 9
(1) Alle Deutschen haben das Recht, Vereine und Gesellschaften zu bilden.
(2) Vereinigungen, deren Zwecke oder deren Tätigkeit den Strafgesetzen zuwiderlaufen oder die sich gegen die verfassungsmäßige Ordnung oder gegen den Gedanken der Völkerverständigung richten, sind verboten. [...]

Artikel 10
(1) Das Briefgeheimnis sowie das Post- und Fernmeldegeheimnis sind unverletzlich.
(2) Beschränkungen dürfen nur auf Grund eines Gesetzes angeordnet werden. [...]

Artikel 11
(1) Alle Deutschen genießen Freizügigkeit im ganzen Bundesgebiet. [...]

Artikel 12
(1) Alle Deutschen haben das Recht, Beruf, Arbeitsplatz und Ausbildungsstätte frei zu wählen. Die Berufsausübung kann durch Gesetz […] geregelt werden.

Artikel 12a*
(1) Männer können vom vollendeten achtzehnten Lebensjahr an zum Dienst in den Streitkräften, im Bundesgrenzschutz oder in einem Zivilschutzverband verpflichtet werden.
(2) Wer aus Gewissensgründen den Kriegsdienst mit der Waffe verweigert, kann zu einem Ersatzdienst verpflichtet werden. […]

Artikel 13
(1) Die Wohnung ist unverletzlich.
(2) Durchsuchungen dürfen nur durch den Richter, bei Gefahr im Verzuge auch durch die in den Gesetzen vorgesehenen anderen Organe angeordnet und nur in der dort vorgeschriebenen Form durchgeführt werden. […]

Artikel 14
(1) Das Eigentum und das Erbrecht werden gewährleistet. Inhalt und Schranken werden durch die Gesetze bestimmt.
(2) Eigentum verpflichtet. Sein Gebrauch soll zugleich dem Wohle der Allgemeinheit dienen.
(3) Eine Enteignung ist nur zum Wohle der Allgemeinheit zulässig. […]

Artikel 16
(1) Die deutsche Staatsangehörigkeit darf nicht entzogen werden. […]
(2) Kein Deutscher darf an das Ausland ausgeliefert werden. […]

Artikel 16a
(1) Politisch Verfolgte genießen Asylrecht.
(2) Auf Absatz 1 kann sich nicht berufen, wer aus einem Mitgliedstaat der Europäischen Gemeinschaften oder aus einem anderen Drittstaat einreist, in dem die Anwendung des Abkommens über die Rechtsstellung der Flüchtlinge und der Konvention zum Schutze der Menschenrechte und Grundfreiheiten sichergestellt ist. […]

Artikel 17
Jedermann hat das Recht, sich einzeln oder in Gemeinschaft mit anderen schriftlich mit Bitten oder Beschwerden an die zuständigen Stellen und an die Volksvertretung zu wenden.

Artikel 18
Wer die Freiheit der Meinungsäußerung, insbesondere die Pressefreiheit (Artikel 5 Abs. 1), die Lehrfreiheit (Artikel 5 Abs. 3), die Versammlungsfreiheit (Artikel 8), die Vereinigungsfreiheit (Artikel 9), das Brief-, Post- und Fernmeldegeheimnis (Artikel 10), das Eigentum (Artikel 14) oder das Asylrecht (Artikel 16a) zum Kampfe gegen die freiheitliche demokratische Grundordnung missbraucht, verwirkt diese Grundrechte. Die Verwirkung und ihr Ausmaß werden durch das Bundesverfassungsgericht ausgesprochen.

Artikel 19
(2) In keinem Falle darf ein Grundrecht in seinem Wesensgehalt angetastet werden.

Artikel 20
(1) Die Bundesrepublik Deutschland ist ein demokratischer und sozialer Bundesstaat.
(2) Alle Staatsgewalt geht vom Volke aus. Sie wird vom Volke in Wahlen und Abstimmungen und durch besondere Organe der Gesetzgebung, der vollziehenden Gewalt und der Rechtsprechung ausgeübt.
(3) Die Gesetzgebung ist an die verfassungsmäßige Ordnung, die vollziehende Gewalt und die Rechtsprechung sind an Gesetz und Recht gebunden.
(4) Gegen jeden, der es unternimmt, diese Ordnung zu beseitigen, haben alle Deutschen das Recht zum Widerstand, wenn andere Abhilfe nicht möglich ist.

Artikel 20a
Der Staat schützt auch in Verantwortung für die künftigen Generationen die natürlichen Lebensgrundlagen und die Tiere im Rahmen der verfassungsmäßigen Ordnung durch die Gesetzgebung und nach Maßgabe von Gesetz und Recht durch die vollziehende Gewalt und die Rechtsprechung.

Artikel 21
(1) Die Parteien wirken bei der politischen Willensbildung des Volkes mit. Ihre Gründung ist frei. Ihre innere Ordnung muss demokratischen Grundsätzen entsprechen. Sie müssen über die Herkunft und Verwendung ihrer Mittel sowie über ihr Vermögen öffentlich Rechenschaft geben.

* Die Wehrpflicht wurde zum 1. Juli 2011 auf Beschluss der Bundesregierung ausgesetzt.

Textquellen

22 Q1 Zit. nach: Brevis Germaniae Descripto. Darmstadt (Wissenschaftliche Buchgesellschaft) 1976, S. 91, bearbeitet von Karl Langosch
26 Q1 Schmitt, Eberhard/Meyn, Matthias (Hrsg.): Dokumente zur Geschichte der Europäischen Expansion, Bd. 2. München (C. H. Beck) 1984, S. 113
27 Q3 Christoph Kolumbus: Das Bordbuch 1472. Hrsg. und bearb. von Robert Grün, Tübingen/Basel (Horst Erdmann) 1978, S. 86
30 Q1 Bernal Diaz del Castillo: Wahrhaftige Geschichte der Eroberung und Entdeckung Mexikos. Hrsg. und bearb. von Georg A. Narciß, Stuttgart (Steingrüben Verlag) 1965, S. 240
30 Q2 Miguel Léon-Portilla/Renate Heuer (Hrsg.): Rückkehr der Götter – Die Aufzeichnungen der Azteken über den Untergang ihres Reiches. Übers. von Renate Heuer. Köln (Middelhauve Verlag) 1962, S. 46
31 Q3 Knoch, Peter (Hrsg.): Kolonialismus – Die Entstehung der Unterentwicklung am Beispiel Lateinamerika. Weinheim (Beltz Verlag) 1978, S. 65
32 Q1 Cortez, Hernan, in: Claus Litterscheid (Hrsg.): Die Eroberung Mexikos. Übers. von C. W. Koppe und Mario Spiro, Franfurt/M. (Insel Verlag) 1980, S. 42
32 Q2 Zit. nach: Urs Bitterli: Die Entdeckung Amerikas. München (C. H. Beck) 1999, S. 299 f
38 M3 dpa/cag: Hunderte Flüchtlinge auf Lampedusa. http://www.sueddeutsche.de/politik/trotz-abschiebeabkommen-hunderte-fluechtlinge-auf-lampedusa-1.1107727, München (Süddeutsche.de GmbH) 11.06.2011, Abruf: 16.06.2011
39 M4 Prantl, Heribert: Absaufen und Tee trinken. http://www.sueddeutsche.de/politik/lampedusa-europa-und-die-migranten-absaufen-und-tee-trinken-1.1082702, München (Süddeutsche.de GmbH) 08.04.2011, Abruf: 16.06.2011
40 M2 Woelk, Rike: Deutschland ist ein Einwanderungsland. http://www.tagesschau.de/inland/mariaboehmer100.html, Hamburg (Tagesschau.de), Abruf: 16.06.2011
40 M3 nik/DPA/AP: Deutschland wird Top-Einwanderungsland. http://www.stern.de/panorama/bevoelkerungsbericht-deutschland-wird-top-einwanderungsland-657550.html, Hamburg (stern.de GmbH) 11.03.2011, Abruf: 16.06.2011
41 M4 Klimm, Leo: Einwanderungsland a. D.. Financial Times Deutschland, Hamburg (G + J Wirtschaftsmedien) vom 29.08.2006
41 M5 Einbürgerungstest, Berlin (Bundesministerium des Innern) September 2008
44 M2 „(Vor)urteile – alles Klischee oder was? Tourism Watch Heft 3/2000. Bonn (eed Evangelischer Entwicklungsdienst e. V.), S. 38
45 M3 Zit. von Richard von Weizsäcker: Das Fremde und das Vertraute.
47 M4 Roland Preuß/Silke Bigalke: Viele Ostdeutsche tief enttäuscht. http://sueddeutsche.de/politik/743/481216/text/, München (Süddeutsche.de) 20.07.2009, Abruf: 24.01.2010
53 M2, 54 M3 Traub, Rainer: Andalusische Spurenlese". SPIEGEL special 1/1998 vom 01.01.1998, http://www.spiegel.de/spiegel/spiegelspecial/d-7810789.html, Hamburg (Spiegel online GmbH), Abruf 19.07.2011
54 M4 Hottinger, Arnold: Ein Gott und drei Religionen. In: Damals, 9/2007, Leinfelden-Echterdingen (Konradin Medien GmbH), S. 31
56 Q1 Borst, Arno (Übers.): Lebensformen im Mittelalter. Berlin (Ullstein) 1988, S. 318
56 Q2 Fleckenstein, Joseph (Hrsg.): Idee und Wirklichkeit der Kreuzzüge. Übers. von Arno Borst, Germering (Stahlmann) 1965, S. 19
57 Q3 Neubauer, Adolphe (Hrsg): Hebräische Berichte über die Judenverfolgung während der Kreuzzüge. Übers. von Seligmann Baer. Hildesheim (Olms) 1997, S. 153, Nachdruck der Ausgabe Berlin (Simion) 1892.
58 Q1 Pernoud, Regine (Hrsg.): Die Kreuzzüge in Augenzeugenberichten. Übers. von Hagen Thürnau, Hamburg (Karl Rauch Verlag) 1961, S. 100f
58 Q2 Gabrieli, Francesco (Hrsg.): Die Kreuzzüge aus arabischer Sicht. Übers. aus dem Italienischen von Barbara von Kaltenborn-Stachau unter Mitwirkung von Lutz Richter-Bernburg. Zürich/München (Artemis) 1973, S. 49 f
58 Q3 Milger, Peter: Die Kreuzzüge – Krieg im Namen Gottes. München (Bertesmann) 1988, S. 117 u. 119
59 Q4, Q5 Milger, Peter: Die Kreuzzüge – Krieg im Namen Gottes. München (Bertesmann) 1988, S. 223 f
60 Q1 Manetti, Gianozzo: Fürsten Künstler Humanisten. Übers. von John R. Hale, Reinbek (Rowohlt) 1973, S. 26
61 Q2 Brizio, Anna Maria: Leonardos Wort. Stuttgart (Belser) 1985, S. 133 f
62 Q1 Luther, Martin: Reformation in Augenzeugenberichten. Übers. von Helmar Junghans und Franz Lau, Düsseldorf (Rauch) 1973, S. 58
64 Q1 Luther, Martin: Reformation in Augenzeugenberichten. Übers. von Helmar Junghans und Franz Lau, Düsseldorf (Rauch) 1973, S. 58
64 Q2 Dickmann, Fritz (Bearb.): Geschichte in Quellen Bd. 3. München (BSV) 1970, S. 144
69 Q1 Sach, August: Deutsches Leben in der Vergangenheit. (Verlag der Buchhandlung des Waisenhauses) 1891
87 M3 Flath, Martina: Unsere Erde 7/8 Realschule Niedersachsen. Berlin (Cornelsen Schulverlage) 2009, S. 27

96 M3 Richter, Dieter: Geografie 5 Sachsen. Berlin (Volk und Wissen) 2001, S. 22
97 M5 Breitbach, Thomas: Mensch und Raum, Gymnasium 7, Nordrhein-Westfalen. Berlin (Cornelsen) 2004, S. 51
101 M5 Weber, Christian/Blawat, Katrin: Regenwald schrumpf weiter. http://www.sueddeutsche.de/wissen/trotz-nachhaltigkeit-regenwald-schrumpft-weiter-1.1106508, München (Süddeutsche.de) vom 08.06.2011, Abruf: 27.06.2011
114 M2 Gemeinsam sind wir stark – Mali: Ein Motor für die Frauen. Hessischer Rundfunk Juni 2005
115 M1, M2 Schmundt, Hilmar: Ground Zero ergrünt. DER SPIEGEL Nr. 17/2009; Hamburg (Spiegel Verlag) 20.04.2009, S. 136
126 M2 , 127 M3 Goldhammer, Klaus: Entwicklung des privaten Rundfunks-Fernsehen. Information zur politischen Bildung 309 – Massenmedien, Bonn (Bundeszentrale für politische Bildung) 4/2010
127 M4 Feldmer, Simon: Goldgräberstimmung. http://www.sueddeutsche.de/medien/2.220/fernsehen-im-internet-goldgraeberstimmung-1.1113099, München (Süddeutsche.de) 28.06.2011, Abruf: 08.07.2011
132 M1 http://erdbeerlounge.de/stars-entertainment/Justin-Bieber-Biographie-wird-veroeffentlicht-861-_a11541/sitel-0-0, Abruf: 09.08.2010
132 M2 Wieder Datenklau bei SchülerVZ. http://www.tagesschau.de/inland/schuelervz110.html, Hamburg (tagesschau.de), Abruf: 03.08.2010
132 M3 dpa: Soziale Netzwerke werden wichtiger für Erfolg im Beruf. http://www.macwelt.de/artikel/_News/372535/soziale_netzwerke_weren_wichtiger_fuer_erfolg_im_beruf/1, vom 23.07.2010, Abruf: 03.08.2010
132 M4 Walter, Stephanie: Ohne Internet geht gar nichts. http://www.tagesspiegel.de/berlin/landespolitik/ohne-internet-geht-gar-nichts/1258954.html, Berlin (Verlag Der Tagesspiegel GmbH) vom 18.06.2008, Abruf: 03.08.2010
132 M5 dpa: Cyber-Spanner spioniert Schülerinnen aus. http://www.sueddeutsche.de/digital/per-webcam-beobachten-cyber-spanner-spioniert-schuelerinnen-aus-1.976146, vom 16.07.2010, Abruf: 03.08.2010
133 M6 Beikler, Sabine/Buntrock, Tanja: Prügel-Attacke: Polizisten werden versetzt. http://www.tagesspiegel.de/berlin/polizei-justiz/pruegel-attacke-polizisten-werden-versetzt/1599220.html, Berlin (Verlag Der Tagesspiegel GmbH) vom 14.09.2009, Abruf:03.08.2010
133 M8 dpa: Mobbing im Internet setzt vielen Schülern zu. http://www.welt.de/Wirtschaft/web-welt/article2954130/Mobbing-im-internet-setzt-vielen-schuelern-zu.html, Berlin (Axel Springer KG) vom 31.12.2008, Abruf: 03.08.2010
134 M1 Welcher Community-Typ bist du? www.checked4you.de, Düsseldorf (Verbraucherzentrale Nordrhein-Westfalen e. V.), Abruf: 22.07.2011
134 M2 http://www.checked4you.de/UNIQ128108161624219/communities, Düsseldorf (Verbraucherzentrale Nordrhein-Westfalen e. V.), Abruf: 05.08.2010
135 M3 Schütz, Anja: Datenschutz-Problematik: „Das Internet vergisst nicht". http://www.silicon.de/hardware/netzwerk-storage/0,39039015,39161512,00/datenschutz_problematik+_das+internet+vergisst+nicht.htm, München (CBS Interactive GmbH) vom 15.01.2008, Abruf: 03.08.2010
136 M2 Heuer, Steffan: Nie mehr anonym. http://www.heise.de/tr/artikel/Nie-mehr-anonym-1266313.html, Hannover (Heise Zeitschriften Verlag) vom 29.06.2011, Abruf 07.07.2011
139 M4 sda/afp/Reuters: Iranische Justiz verschärft Internet-Zensur. http://www.nzz.ch/nachrichten/international/iran_internet_zensur_1.4462559.html, vom 07.01.2010, Zürich (Neue Zürcher Zeitung, NZZ-Online)Abruf: 04.08.2010
139 M5 Frickel, Claudia: Aufstand via Twitter YouTube & Co. http://www.focus.de/digital/internet/iran-aufstand-via-twitter-youtube-und-co_aid_408261.html, München (Focus Online) vom 15.06.2009, Abruf: 04.08.2010
140 M3 Google fällt in Deutschland auf Rang 2. http://www.faz.net/artikel/C30563/leserbrief-goole-faellt-in-deutschland-auf-rang-2-30449283.html, Frankfurt (FAZ.NET) vom 27.06.2011, Abruf: 07.07.2011
151 M3 http://www.lwl.org/LWL/Kultur/wim/portal/S/bocholt/ort/dauerausstellung, Dortmund (LWL Industriemuseum, Textilmuseum Bocholt), Abruf: 04.07.2011
152 Q1, Q2 Jungmann, Christel: Das System Krupp. Der Patriarch und seine Arbeiter, in: www.dradio.de vom 26.11.2003, Köln (Deutschlandradio)
153 Q1 Sombart, Werner: Das Proletariat. Frankfurt/M. (S. Fischer) 1906, S. 23
154 Q1 Gesetzentwurf des 5. Rheinischen Provinziallandtages an den preußischen König
154 Q2 Friedrich Engels: Die Lage der arbeitenden Klasse in England, in: Sozialistische Klassiker in Nachdrucken, Hannover (Verlag J. H. W. Dietz Nachf.) 1965
155 M5, M6 Sander, Else: Lebenskunde. Leipzig (Klinkhardt) 1922, S. 185
157 Q1 Preußisches Vereinsgesetz von 1851
157 M6 Zit. nach: Gewerkschaften und Streiks im Spiegel der öffentlichen Meinung, Institut für Demoskopie Allensbach, Allensbacher Archiv, IfD Umfrage 10071, Mai 2011, S. 2

157 M7 Zit. nach: Gewerkschaften und Streiks im Spiegel der öffentlichen Meinung, Institut für Demoskopie Allensbach, Allensbacher Archiv, IfD Umfrage 6083 und 10071, Mai 2011
158 Q1 De Buhr, Hermann/Regenbrecht, Michael (Übers.): Industrieelle Revolution und Industriegesellschaft. Frankfurt/M. (Hirschgraben) 1983, S. 138
162 M4 Hoffmans, Christiane: Gut, aber nicht gut genug. http://www.welt.de/print/wams/nrw/article11574248/gut-aber-nicht-gut-genut.html, Berlin (Axel Springer KG) vom 12.12.2010, Abruf: 30.06.2011
168 M2 Storn, Arne: Was ist Wettbewerb? http://www.zeit.de/2010/42/Wirtschaft-fuer-Kinder/komplettansicht, Hamburg (Zeit online) vom 19.10.2010, Abruf: 10.07.2011
169 M3 Autorentext
169 M5 Autorentext
170 M2 Was macht das Bundeskartellamt? http://www.bundeskartellamt.de/wDeutsch/bundeskartellamt/BundeskartellamtW3DnavidW262.php, Bonn (Bundeskartellamt), Abruf vom 24.07.2011
170 M3 Koch, Wolfgang: Das Diktat der mächtigen Fünf. http://www.stuttgarter-zeitung.de/inhalt.benzinpreise-das-diktat-der-maechtigen-fuenf.8926d4ca-1375-4c4d-849b-4a7491ecd6e5.html, Stuttgart (Stuttgarter Zeitung Online) vom 25.04.2011, Abruf: 10.07.2011
171 M4 Bünder, Helmut: Der organisierte Verbraucherbetrug. http://www.faz.net/artikel/S31151/kartelle-der-organisierte-verbraucherbetrug-30002254.html, Frankfurt/M. (FAZ.NET) vom 25.06.2010, Abruf: 10.07.2011
171 M5 o. li. Hohe Strafe für Badezimmer-Kartell. http://www.faz.net/artikel/C31151/verbotene-preisabsprachen-hohe-strafe-fuer-badezimmer-kartell-30018003.html, Frankfurt/M. (FAZ.NET) vom 25.06.2010, Abruf: 10.07.2011
171 M5 o. re. Kaffeeröster sollen Preise abgesprochen haben. http://www.faz.net/artikel/C31151/kartellamt-durchsucht-geschaeftsraeume-kaffeeroester-sollen-preise-abgesprochen-haben-30026395.html, Frankfurt/M. (FAZ.NET) vom 03.07.2010, Abruf: 10.07.2011
171 M5 u. li. AFP/Reuters/vwd: Kartellamt verhängt 660 Millionen Euro Bußgeld gegen Zementkartell. http://www.faz.net/artikel/C31151/kartellamt-durchsucht-geschaeftsraeume-kaffeeroester-sollen-preise-abgesprochen-haben-30026395.html, Frankfurt/M. (FAZ.NET) vom 14.04.2003, Abruf: 10.07.2011
171 M5 u. re. Bünder, Helmut: Hohes Bußgeld gegen Brillenglas-Kartell. http://www.faz.net/artikel/C31151/verbotene-preisabsprachen-hohes-bussgeld-gegen-brillenglas-kartell-30021596.html, Frankfurt/M. (FAZ.NET) vom 25.06.2010, Abruf: 10.07.2011
176 Q1 Bühler, Johannes: Das Frankenreich. Leipzig (Insel Verlag) 1923, S. 370
178 Q1 Lautemann, Wolfgang: Geschichte in Quellen Bd. 2. München (BSV) 1978, S. 291
181 Q1 Zit. nach: Franz, Günther: Staatsverfassungen, München (Oldenbourg) 1964, S. 499–503
182 Q1 Peter, Karl-Heinrich: Brief zur Weltgeschichte. (Stender) 1962, S. 202
182 Q2 Bossuet, Jacques: Geschichte in Quellen Bd. 3. Übers. von Fritz Dickmann. München (BSV) 1970, S. 429
186 Q21 Hug, Wolfgang/Danner, Wilfried (Übers.): Geschichtliche Weltkunde, Bd. 2, Quellenlesebuch. Frankfurt/M. (Diesterweg) 1980, S. 136
186 Q2 Hartig, Irmgard A./Hartig, Paul (Übers.): Die Französische Revolution. Stuttgart (Klett) 1990
187 Q3 Reichardt, Rolf: Ploetz – Die Französische Revolution. Freiburg (Herder) 1988, S. 35
187 Q4 Hartig, Paul: Die Französische Revolution. Stuttgart (Klett) 1990, S. 11
188 Q1 Markov, Walter (Übers.): Die Revolution im Zeugenstand, Bd. 2. Leipzig (Reklam) 1985, S. 71
190 Q1 Lautemann, Wolfgang/M. Schlenke (Hrsg.): Amerikanische und Französische Revolution, in: Geschichte in Quellen. München (bsv) 1981, S. 200
190 Q2 Hartung Fritz: Die Entwicklung der Menschen- und Bürgerrechte von 1776 bis zur Gegenwart. Göttingen (Vandenhoek & Ruprecht) 1972, S. 145 ff
191 Q3 Noack, Paul (Übers.): Olympe de Gouges 1748 bis 1793. München (DTV) 1992, S. 164
194 Q1 Markov, Walter: 1789 – Die Große Revolution. Berlin (Akademie) 1975, S. 382
194 Q2 Lautemann, Wolfgang (Übers.):Geschichte in Quellen, Bd. 4, München (BSV), S. 341 f
195 Q3 Göhring, Walter: Die Geschichte der großen Revolution. Tübingen (Mohr-Siebeck) 1951, S. 382
196 Q1 Kircheisen, Friedrich M.: Gespräche Napoleons, Bd. 1. Stuttgart (Cotta) 1912, S. 63
203 Q1 Ranke, Leopold von: Aus dem Briefwechsel Friedrich Wilhelm IV. mit Bunsen. Leipzig (Dunker & Humblot) 1847, S. 60
205 Q1 Geschichte in Quellen – Das bürgerliche Zeitalter 1815–1914. Bearb. von Günter Schönbrunn. München (BSV) 1980, S. 368
206 Q1 Lautermann, Wolfgang/Schlenke, Manfred (Hrsg.): Geschichte in Quellen, Bd. 5. Bearb. von Günter Schönbrunn. München (BSV) 1980
208 Q1 Hartig, Irmgard A./Hartig, Paul (Übers.): Die Französische Revolution im Urteil der Zeitgenossen und der Nachwelt. Stuttgart (Klett) 1980
208 Q2 Lautemann, Wolfgang/M. Schlenke (Hrsg.): Amerikanische und Französische Revolution, in: Geschichte in Quellen. München (bsv) 1981, S. 200
212 M1 Autorentext

213 M3 Schneider, Gerd/Christiane Toyka-Seid: Demokratie. http://www.hanisauland.de/lexikon/d/demokratie.html, Bonn (Bundeszentrale für politische Bildung) Abruf: 03.08.2011
213 M4 Autorentext
214 M3 Köhler, Horst: Bundespräsident Horst Köhler zum Volksentscheid in Saarbrücken 23.10.2005
223 M3 Autorentext
225 M4 Bundestag macht Schule, Zur Sache Politik 227. www.bundestag.de, Berlin (Deutscher Bundestag, Pressestelle)
238 M2 Feiern bis nach Mitternacht – Disko, Kino und Jugendtreff. http://www.anwaltseiten24.de/rechtsgebiete/familienrecht/rechte-von-jugendlichen.html, Hamburg (Seiten24 GmbH) Abruf: 04.08.2011
239 M3 Genussmittel: Alkopops und Jugendschutz. http://www.anwaltseiten24.de/rechtsgebiete/familienrecht/rechte-von-jugendlichen/rechte-von-jugendlichen-3.html, Hamburg (Seite24 GmbH), ergänzt, Abruf: 04.08.2011
242 M1 Autorentext
242 M2 Autorentext
244 M2 Rückert, Sabine: Wie man in Deutschland kriminell wird. DIE ZEIT, Nr. 5 vom 22.01.2004, Hamburg (Zeit Verlag)
244 M3 Wanger, Peter: Richter können nie alleine helfen. http://jetzt.sueddeutsche.de/texte/anzeigen/448321, München (Süddeutsche.de) 24.09.2008, Abruf: 10.08.2011
245 M5 Heisig, Kirsten: Das Ende der Geduld: Konsequent gegen jugendliche Gewalttäter. Freiburg (Herder) 2010, S. 19
245 M6 Heisig, Kirsten: Das Ende der Geduld: Konsequent gegen jugendliche Gewalttäter. Freiburg (Herder) 2010, S. 100
251 M2 Lauer, Herbert: Demokratie Live! Herausgegeben vom Bundesministerium des Innern, Referat für Veröffentlichungen. Wiesbaden (Universum) o. J., S. 27
252 M3 Maier, Christian: Abgeholt im Morgengrauen. http://zuender.zeit.de/2008/30/abgeholt-im-morgengrauen-abschiebung-armenien-familientrennung-gericht-31-politik, Hamburg (Zeit Online), gekürzt, Abruf: 04.08.2011
252 M4 Aktion: Komm zurück! http://www.hh.schule.de/hhs/index.php?ArtikelNr=71, Hamburg (Heinrich-Hertz-Schule) 2008, Offenes Hamburger Schulnetz, OHS e. V. (Hrsg.), Abruf: 04.08.2011
255 M3 Erzner, Frank: Menschen Zeiten Räume, Hessen 2, Berlin (Cornelsen) 2009, S. 315
257 M4 Jung, Barbara: Wann ist der Mann ein Mann? http://www.focus.de/wissen/bildung/leben/tid-21138/gesellschaft-wann-ist-der-mann-ein-mann_aid_594249.html, München (Focus Online) vom 31.01.2011, Abruf: 14.07.2011
263 Q1 Tetzlaff, Rainer: Koloniale Entwicklung und Ausbeutung. Wirtschafts- und Solzialgeschichte Deutsch-Ostafrika 1885–1914. Berlin (Duncker & Humblot) 1. Auflage 1970, S. 200
263 Q2 Wolfgang Bickel: Seien wir doch Praxis Geschichte Nr. 5/1991, S. 26 f
264 Q1 Ritter, Gerhard A. (Hrsg): Historisches Lesebuch 2. Frankfurt/M. (S. Fischer TB) 1967, S. 300 (Reichstagsdebatte 6.12.1897)
266 Q1 Patemann, Helgard: Lehrbuch Namibia. Deutsche Kolonie 1884–1915. Wuppertal (Peter Hammer Verlag) 1984, S. 41
267 Q2, Q3 Drechsler, Horst: Südwestafrika unter deutsche Kolonialherrschaft, Bd. 1. Der Kampf der Herero und Nama gegen den deutschen Imperialismus. 1966 im Auftrag der SED-Staatsführung. Berlin (Akademie Verlag) 1986. 3. und aktuelle Auflage
269 M2 Nico Cramer: Afrika für Fortgeschrittene. http://www.merian.de/reiseziele/artikel/a-756577.html, Hamburg (Merian.de/Spiegel Online), Abruf: 05.08.2011
283 M2 Fiedler, Teja: Dharavi – Ein Slum als Trendviertel. http://www.stern.de/politik/ausland/dharavi-ein-slum-als-trendviertel-638645.html, Hamburg (stern.de GmbH) vom 26.08.2008, Abruf: 05.08.2011
289 Q1 Zit. nach: Salewski, Michael: Neujahr 1900. Die Säkularwende in zeitgenössischer Sicht, in: Archiv für Kulturgeschichte 53,2. Köln (Böhlau Verlag) 1971, S. 347
289 Q2 Eyck, Erich: Das persönliche Regiment Wilhelm II. Zürich (Erlenbach: Rentsch) 1948, S. 263 f
290 Q1 Stenographische Berichte des Reichstages, 201. Sitzung, 9.11.1922, S. 1130
291 Q2 Hüppauf, Bernd-Rüdiger (Übers.): Ansichten vom Krieg: vergleichende Studien zum Ersten Weltkrieg in Literatur und Gesellschaft. Königstein/TS. (Forum Academicum) 1984, S. 5
299 Q1 Kuhn, Axel: Deutsche Parlamentsdebatten, Bd. 1, 1871–1918. Frankfurt/M. (Fischer Bücherei) 1970, S. 191 f
299 Q2 Kuhn, Axel: Deutsche Parlamentsdebatten, Bd. 1, 1871–1918. Frankfurt/M. (Fischer Bücherei) 1970, S. 194 f
302 Q1 Die Weimarer Reichsverfassung, Artikel 1, vom 11. August 1919
303 Q2 Die Weimarer Reichsverfassung, Artikel 48, vom 11. August 1919

Bildquellen

akg-images: 5 o. re. (Wh. S. 286/287) (© VG Bild-Kunst, Bonn 2011), 19 M3 (Stefan Drechsel), 19 M5 (Hilbrich), 22 M1, 22 M5, 29 M4, 46 M3, 50 M1 (British Library), 53 M3 (A. F. Kersting), 61 M2 (Erich Lessing), 63 M3, 64 M1, 66 M1, 67 M4, 68 M1, 69 M2 (Sotheby's), 144 M1, 144 M2, 144 M3, 144 M5, 149 M4, 154 M1, 154 M3, 154 M4, 155 M7, 156 M1, 156 M2, 156 M3, 178 M1, 183 M2 (Joseph Martin), 192 M1, 194 M1, 198 M1, 200 M1, 204 M2, 205 M3, 208 M2, 263 M3, 297 M4, 308/309 (Walter Ballhaus);
Albertina, Wien: 62 M1 (Inv.-Nr. DG1930/217);
Amnesty International Deutschland: 253 M2, 259 M4;
Holger Appenzeller, Stuttgart: 212 M2;
York Arend, Berlin: 242 M1;
S. Aretz, Dörverden: 255 o. re.;
David Ausserhofer, Berlin: 116 M1 re.;
Bayerische Staatsbibliothek, München: 73 M6;
Bergmoser + Höller/Zahlenbilder, Aachen: 227 M4, 233 M4;
Constantin Beyer, Weimar: 19 M4;
bpk-images: 27 M4, 31 M3 (Kunstbibliothek, SMB/Knut Petersen), 31 M4, 51 M4 (SBB), 65 M3, 144 M4, 145 M9, 146 M2, 147 M5, 152 M1 (Georg Buxenstein Co.), 154 M2 (Heinrich Zille), 155 M8 (J. J. Fitz), 156 M4 (Jürgen Liepe), 172 M2, 187 M3, 188 M1 (RMN/Bulloz), 189 M2, 201 M3 (Dietmar Katz), 209 M3 (Kunstbibliothek, SMB/Knut Petersen), 291 M3 (Kunstbibliothek, SMB/Dietmar Katz), 292 M2, 313 M5 (Herbert Hoffmann), 313 M6 (© VG Bild-Kunst, Bonn 2011);
Bridgeman Berlin: 29 M2 (© Sean Sprague/Mexicolore), 55 M6, 190 M1, 196 M1;
Bundesarchiv, Koblenz: 297 M5 (Robert Sennecke) (Bild 146-1970-081-06);
Bundesbildstelle: 222 o. (1) (VG Bild-Kunst, Bonn 2011), 224 M1 (Hans-Christian Plambeck) (© VG Bild-Kunst, Bonn 2011);
Calwer Verlag/Kösel Verlag: 59 M3;
CCC, www.c5.net: 100 M2 (ALEX);
CentrO Oberhausen: 161 M4;
Cliché Bibliotheke Nationale, Paris: 58 M1;
Nora Coenenberg/Christoph Drösser, Magdalena Hamm: Grafik „Unser Weltdorf", DIE ZEIT 2009.11.05: 270 M1;
Competence Center Neue Technologien, Fraunhofer-Institut: 133 m. li.;
Corbis: 104 M1 (Mark Karrass), 322 re. (Gianni Dagli Orti);
Cornelsen Verlagsarchiv: 8/9 (Einklinker), 78 M1 re., 95 M3 (A, C, D, E, G, H);
DB AG/BahnimBild, Berlin: 12 M4;
DHM, Berlin: 294 M3, 312 M4;
DK Images, London: 23 M6, 29 M5;
Europäische Kommission – Bildarchiv: 20 M1;
Miguel Fernandez: 135 M4;
Forest Stewardship Council Deutschland: 101 M6;
fotolia: 72 M5 (© corellino), 132/133 (Hintergrund) (© frenta), 132 M5 (© topark), 132 u. li. (© tom), 133 u. li. (© eyezoom1000), 134 M1 (Hintergrund) (© tom);
Bernd Gerken, Borken: 249 M2;
Germanisches Nationalmuseum, Nürnberg: 22 M3, 22 M4 (Wh. S. 72 M4) (Inv.-Nr. WI 1826), 202 M2;
Gesamtverband des deutschen Steinkohlenbergbaus, Essen: 148 M2;
Peter Ginter: 230 M1;
Elke Häußler, Neuenstein: 116 M1 li.;
Heinemann Educational Oxford: 145 M7, 145 M8;
Heinrich-Hertz-Schule/Nadia Linde, Hamburg: 252 M1 (1–2);
Historisches Archiv Krupp: 158 M1;
Historisches Museum Frankfurt: 202 M1 (Inv.-Nr. C12527);
Fouad N. Ibrahim, Wunstorf: 95 M3 (B);
images.de: 96 M1 (© Dani-Jeske/Lineair), 97 M7 (© Mark Edwards / Still Pictures);
Imperial War Museum: 294 M1, 294 M4;
Interfoto: 51 M1 (Friedrich);
© Günther Kellner: 230 M3;
Jutta Knipping, Georgsmarienhütte: 237 o. li.;
Elisabeth Köster: 157 M5 (1–2);
Langewiesche-Brandt, Ebenhausen: 311 M4;
© Peter Leger (Künstler)/Stiftung Haus der Geschichte, Bonn: 235 M4;
Henning Lüders, Berlin: 214 M1;
LWL-Industriemuseum/Martin Holtappels: 151 M4, 151 M6;
Mauritius Images: 12 M2 (Mehlig), 12 M3 (Schmied), 33 M1 (Jose Fuste Raga), 97 M6 (Wendler);
Mediacolor's Bildagentur Merten, Zürich: 239 M4 (© dia/mediacolors);
Gerhard Mester, Wiesbaden: 129 M4, 216 M3, 225 M3;
© montan.dok/Bergbau Archiv Bochum: 148 M1;
NASA Visible Earth: 3 o. li. (Wh. S. 8/9, Hintergrundfoto);
Partnerschaft Afrika e. V., Geesthacht: 110 M4, 111 M1, 112 M1, 112 M3, 113 M1, 113 M2, 114 M1 (1–4), 115 M2;
K. Petrik, Prag: 12 M1;
picture-alliance: 3 u. li. (Wh. S. 48/49) (landov/Debbie Hill), 4 u. li. (Wh. S. 142/143) (DeFodi), 10 M1 (Antoine Juliette/Oredia), 10 M2 (beyond/Claudia Göpperl), 30 M1 (imagestate/HIP), 49 o. li. (Marius Becker), 60 M1 (Artcolor/A. Koch), 72 M5 (Wh. S. 323 o. m.) (Artcolor/A. Koch), 76 M2 (© Evolve/Photoshot/Gerald Cubitt), 82 M4 (NHPA/Photoshot), 84 M1 (Photoshot), 88 M2 (maxppp/© 2005 by 20050529), 106 M2 (picture-alliance/Norbert Guthier), 129 M3 (2) (Eventpress Müller-Staufenberg), 129 M3 (3) (Geisler-Fotopress), 132 M1 (Newscom/Jorge Rios/iPhoto), 140 M1 (2) (Reinhard Kungel), 140 M1 (3) (Sven Simon), 166 M1 (Horst Ossinger), 184 M2 (chromorange/Günter Fischer), 195 M3 (maxppp/© Selva/Leemage), 222 o. (4) (dpa), 247 M3 (Uli Deck), 250 M2 (Design Pics), 251 M1 (Koen Suyk), 256 M1 (Bildagentur-online/Falkenstein), 256 M3 (Cultura), 257 M6 (die KLEINERT.de/Beate Fahrnländer), 258 M2 (Jörg Lange), 269 M3 (Lonely Planet Images), 284 M2 (imagestate/HIP), 287 o. (Burkhard Jüttner/Vintage.de), 303 M4 (IMAGO/Schostal Archiv), 307 M2 (picture-alliance), 322 m. (United Archives/DEA Picture Library), 323 re. (Artcolor/Wolfgang Korall), 325 u. re. (maxppp/© Selva/Leemage), 327 li. (Mary Evans Picture Library), 327 o. re. (landov/Chris Auston);
picture-alliance/akg-images: 37 M5, 56 M1, 67 M3, 69 M3, 152 M2, 193 M2, 205 M4, 206 M2, 208 u. re., 288 M2;
picture-alliance/Arco Images GmbH: 13 M6, 103 M3 (Therin-Weise);
picture-alliance/Bildagentur Huber: 55 M5 (Gräfenhain), 103 M5 (Bernhart);
picture-alliance/dpa: 278 M2 (epa-Bildfunk);
picture-alliance/dpa © dpa: 3 o. re. (Wh. S. 74/75) (Ingo Wagner), 4 u. re. (Wh. S. 210/211) (© VG Bild-Kunst, Bonn 2011), 5 o. li. (Wh. S. 236/237) (Ili Deck), 30 M2, 36 M2, 38 M1, 47 M5, 75 o. li., 82 M2 (AFP), 84 M2 (Wojciech P. Onak), 85 M5 (Marius Becker), 118 M3, 118 M4, 128 M1 (Hintergrund), 143 o. li., 214 M2 (VG Bild-Kunst, Bonn 2011), 232 M1, 236/237 (Uli Deck), 259 M5, 261 u. li. (Bernd Kubisch), 283 M3, 283 M4, 326 re. (Bernd Thissen);
picture-alliance/dpa © dpa-Bildarchiv: Titelfoto, 77 M4 (Fabrizio Villa), 79 M4, 95 M3 (F), 215 M5, 244 M1;
picture-alliance/dpa © dpa-Fotoreport: 254 M1;
picture-alliance/dpa © dpa-Report: 86 M1, 100 M1, 129 M3 (1), 142 o. li., 168 M1, 226 M3, 278 M1, 323 li.;
picture-alliance/dpa © dpa-Sportreport: 256 M2;
picture-alliance/dpa/dpaweb © dpa: 17 M4, 20 M2, 88 M1, 89 M4 o., 144 M6 (Uwe Zucchi);
picture-alliance/dpa-Grafik © Globus-Infografik: 83 M5, 83 M6;
picture-alliance/dpa-infografik © dpa-infografik: 38 M2, 40 M1, 45 M5, 141 M4, 159 M3, 219 M3, 219 M4, 255 M4, 265 M3, 284 M4;
picture-alliance/Globus Infografik © Globus Infografik: 277 M3;
picture-alliance/Fotoagentur Kunz/Augenblick: 5 u. li. (Wh. S. 261 o. li.);
picture-alliance/OKAPIA KG, Germany: 105 M4 (C. C. Lookwood), 106 M1 (Sohns), 279 M5 (Werner Layer), 279 M6 (Jean Loup Blanchet);
picture-alliance/ZB © dpa-Report: 238 M1;
picture-alliance/ZB © ZB-Fotoreport: 222 o. (2);
Thomas Plaßmann, Essen: 254 M2;
Project Photos: 171 M5 (Hintergrund);
Erich Rauschenbach, Berlin: 41 M6;
Regionalverband Ruhr (RVR) – Route Industriekultur, 2011: 162 M2, 173 M6;
Ritsch und Renn, www.ritsch-renn.com, Wien: 141 M5;
Jan Roeder, Krailling: 213 M5;
Ellen Rudyk, Wiesbaden: 77 M5;
Ruhr.2010 GmbH, Essen: 162 M1, 163 M5 (Matthias Duschner), 163 M7;
Ruhr-Universität Bochum/Pressestelle: 163 M6;
Sammlung LVR-Industriemuseum/Fotograf: Jürgen Hoffmann: 151 M5;
Thomas Schulz, Teupitz: 220;
Reiner Schwalme, Groß Wasserburg: 169 M4;
Stadtarchiv Erfurt: 296 M2;
Apolonia Specht, Berlin: 170 M1 (1–2);
Spiegel Verlag, Hamburg/DER SPIEGEL 35/2010: 231 M6;
Wilhelm Stöckle, Filderstadt: 285 M5, 289 M3;
Klaus Stuttmann, Berlin: 246 M1;
Süddeutsche Zeitung Photo: 207 M3 (Scherl), 295 M7 (Scherl), 301 M2 (Scherl);
ullstein bild: 31 M5 (Granger Collection), 153 M3 (ullstein bild), 194 M2 (Roger Viollet), 198 M2, 198 M3, 240 M3 (Rufenach), 260 (Granger Collection), 267 M3 (ullstein bild), 292 M1 (Haeckel), 294 M2, 295 M5, 296 M1, 296 M3, 299 M2, 299 M3, 300 M1, 301 M3, 302 M1, 312 M2, 312 M3 (Archiv Gerstenberg);
Vario Images/Ulrich Baumgarten: 222 o. (3);
Michael Weber, Borchen-Nordborchen: 102 M2;
Benja Weller, Seddiner See: 45 M4;
Wikipedia/gemeinfrei: 4 o. re. (Wh. S. 174/175);
Peter Wirtz, Dormagen: 4 o. li. (Wh. S. 120/121), 121 o. li., 140 M1 (1);
© Jupp Wolter (Künstler)/Stiftung Haus der Geschichte, Bonn: 231 M5;
World Trade Organization (WTO): 327 u. re.;

Nicht in allen Fällen war es möglich, die Rechteinhaber der Abbildungen ausfindig zu machen. Für eventuell entstandene Fehler oder Auslassungen bitten wir um Verständnis. Berechtigte Ansprüche werden selbstverständlich im Rahmen der üblichen Vereinbarungen abgegolten.